云南省曲靖市陆良县板桥镇旧州学校旧址（1913—2018）大门正面
来源：金荣拍摄于 2021 年

云南省曲靖市陆良县板桥镇旧州学校新址（2018 年启用）教学楼
来源：金荣拍摄于 2022 年

● 插页照片由本书亲历者和访谈者提供，特此鸣谢。

1943 年，陆良县三岔河公社某乡村中学教室一角
来源：陆良县三岔河镇政府

20 世纪 50 年代，同一班级中学生之间年龄相差较大，图为姐弟同班读书学习
来源：《陆良县教育志》

1960 年，袁培香老师（后排左一）参加"全国文教群英会"，同日照县其他代表合影
来源：袁培香

1975 年，陈建帮老师在大咀子小学教职工宿舍门外看书
来源：陈建帮

1986年的"一师一校"，杨泽忠老师（后排左一）在新房子校点授课
来源：杨泽忠

20世纪80年代，李玉仙老师（左二）参加农村扫盲
来源：李玉仙

20 世纪 90 年代，旧州民族学校的小学生在课间游戏
来源：《陆良县教育志》

1990 年，马友明老师（左二）举办六一儿童节活动
来源：马友明

1957 年，费镇（正）寅老师的速成师范毕业证书
来源：费镇寅

1960 年，陈建帮老师获得的"先进工作者"奖状
来源：陈建帮

1981 年，蒋世昌老师被评选为巴音郭楞蒙古自治州"教育战线模范教师"
来源：蒋世昌

1982 年，陈建帮老师的民办教师任用证书
来源：陈建帮

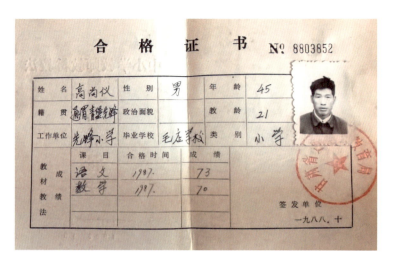

1988 年，高尚仪老师的中小学教师教材教法合格证书
来源：高尚仪

1998 年，和国锋老师的家访记录节选
来源：和国锋

20世纪50年代，陈洪波老师（四排左五）的初中毕业合影
来源：陈洪波

1965年，罗康健老师（一排右一）与良田小学老师、学生干部合影
来源：罗康健

1975 年，吴泽晶老师（一排左二）参加教师资格培训班的合照
来源：吴泽晶

1976 年，段泰宇老师（一排右二）参与垢甸学校初中毕业合影
来源：段泰宇

1979 年，陈洪波老师（一排右二）与东风小学教师合影
来源：陈洪波

1986 年，强德庆老师（后排右一）与参加河北省第一次少代会代表合影
来源：强德庆

1992 年，李贵生老师（一排右四）在旧州学校参与六乙班全体师生毕业合影
来源：李贵生

2005 年，杨朝春老师（后排左五）参加鲁图完小毕业合影
来源：杨朝春

新中国人物群像口述史

不灭的薪火

40位乡村教师口述实录
1949—2024

胡 洁　主编

张 寒　副主编

创于1897　商务印书馆　The Commercial Press

本书受
南京大学"双一流"建设之卓越研究计划
"社会学理论与中国研究"项目
资助

"新中国人物群像口述史"丛书

编辑委员会委员

（以姓氏拼音为序）

陈云松　邓燕华　黄　菡　金一虹　刘亚秋

卢云峰　陆　远　钱力成　孙　江　吴晓萍

宣朝庆　翟学伟　周海燕　周晓虹　周　怡

编辑委员会主任

周晓虹

数风流人物,还看今朝(总序)

2019 年,是中华人民共和国成立 70 周年的重要时刻。70 年来,尤其是改革开放 40 年来,伴随着古老中国发生的巨大历史变化,也涌现出了无数可歌可泣的社会群体。他们用自己的青春年华和辛勤汗水缔造了中华民族今日的辉煌,而他们的努力不仅为促进中国社会的转型与进步做出了杰出的贡献,也为我们的历史缔造或书写了一个个鲜活的人物群像。

一、 研究的缘起

2018 年末,南京大学"双一流"建设之卓越研究计划,正式批准当代中国研究中心①设立"社会学理论与中国研究"重大课题。此后我们就一直思考如何能够将社会学理论的探索与当代中国社会的研究相衔接。为此,一进入 2019 年,借中华人民共和国成立 70 周年之际,我们就在当代中国研究领域推出两项研究计划:其一,新中国工业建设口述史研究;其二,新中国人物群像口述史研究。

就前一个主题而言,几乎是在踏进 2019 年的门槛之际,我们就以古都洛阳两家著名的大型国有企业为研究对象,开启了这项极富意义的口述史研究。2019 年 1 月 3 日,一过元旦假期,南京大学口述史研究团队即前往洛阳,入住"一拖"集团青年公寓。在接下来的十余天时间里,我们访问了第一拖拉机厂(一拖集团)和洛阳矿山机械厂(中信重工集团)两家企业的 130 余位不同历史时期的亲历者。接着,在 2019 年 7 月,我们又奔赴贵州省,辗转于贵阳、安顺、遵义、都匀、凯里和六盘水的 011(航空)、061(航天)和 083(电

---

① 南京大学当代中国研究中心成立于 2001 年,为更好地开展南京大学"双一流"建设之卓越研究计划"社会学理论与中国研究"项目,2019 年 5 月 25 日正式更名为南京大学当代中国研究院。

子)三大基地的十余家"三线建设"企业,完成了 160 余位亲历者的口述历史采集。在这近 300 位不同时期的亲历者中,有许多已年逾耄耋的老人,他们或于 20 世纪 50 年代从上海、长春、沈阳、北京等老工业基地动身,挈妇将雏,义无反顾地奔赴洛阳涧西,参加在第一个"五年计划"期间开启的第一拖拉机厂和洛阳矿山机械厂的建设;或于 60 年代从包括上述城市在内的各大城市出发,辗转多地,历经艰辛抵达贵州的群山峻岭之中,投身于 1964 年开始的"三线建设"。2020 年 10 月,我们还将前往鞍山钢铁公司和大庆油田,在这两个毛泽东时代同样闻名遐迩的企业采集更多的口述史料;并希望能够在 2021 年后,将新中国工业建设口述史研究推向邓小平时代所有制形态各异的另外五家(群)企业,并由此勾勒出新中国工业化绵延 70 年的变迁历史。

在我们已经完成的口述史采集中,新中国工业建设的第一代亲历者们及他们的后代,向我们讲述并分享了与国家的宏大历史经纬编织在一起的个人的生命历程,或长或短,或波澜壮阔或平淡自得,其中有自豪、欢乐、惊喜、满足,自然也有泪水、委屈、失望甚至痛楚。我们尊重他们的叙事,体认他们的情感,理解他们的选择,同样更感激他们的付出。尽管我们知道,无论如何努力,我们能够记载下的都不及他们丰富人生体验之万一,但我们依旧执着于做好每一场访谈。我们希望能够用他们每一个人的丰富多彩的口述叙事,为新中国工业化的宏大画卷补齐一角。

就后一个主题而言,有鉴于在中华人民共和国 70 年的风雨历程之中,涌现出了无数可歌可泣的社会群体,我们也立志用十年的时间,收集他们的口述历史,为他们雕塑值得留存的人物群像。按时间先后,这些群像包括但不限于:抗美援朝老兵、劳动模范、女兵(战士)、赤脚医生、"铁姑娘"("三八"红旗手)、工作队员、宣传队员、"知青"、工农兵大学生、"1977 级人"、个体户、"农民工"、企业家、"下海"知识分子、学者(社会学家)、"海归"、"白领"(中产)等,我们将根据研究的可行性以及研究者的兴趣和经费的许可程度,安排相应的口述历史研究。我们以为,正是活跃在毛泽东和邓小平两大时代中的千百万普通而平凡的人物及其个人生活史,建构了我们民族横跨 70

年的当代奋斗史。

二、 国家叙事与个人口述:历史的补白

我们之所以在观照新中国工业建设的历史叙事的同时①,开启人物群像的口述史研究,是因为我们深信,以往我们对于当代中国的研究,在宏大的国家叙事之外,对每一个个体的鲜活历史和深邃感悟没有予以应有的重视,以致那些本该栩栩如生流传下去的历史无法显示自己的内在纹理。其实,如果历史的记述者能够考虑到底层的或自下而上的视角,就容易体悟到:不但每当宏大的历史车轮在每一个个体的生命历程中驶过的时候,都会留下或深或浅的辙印,并由此埋下他或她未来人生走向的草蛇灰线;而且更重要的是,无论是宏大的国家叙事还是悲壮的民族史记,虽说不能简单地还原为个人的欲望和努力,但也缺少不了芸芸众生的生命历程的交相编织。因此,可以毫不夸张地说,在宏大的国家叙事的画卷上,如果缺少了形色各异的个体补白,所有的历史都将是灰色的。

从单纯的国家叙事,转向对个人表述的兼容并蓄,这样一种新的历史观的发展与 20 世纪 50 年代以来口述史学的发展密切相关。口述历史在当代的流行,既归因于历史学的转向,也归因于现代技术手段的便捷。所以,虽然几乎有关口述史学的历史追溯都会提及阿兰·内文斯(Allan Nevins)1948年在哥伦比亚大学创建口述历史研究室的壮举,但口述史的真正动力却受益于英国社会史学倡导的"自下而上"看历史的传统,它使得从 50 年代起从

---

① 其实,在我们的计划中,还有开启新中国农业建设口述史和新中国历史地标口述史研究的计划。前一个计划最好的执行方式就是收集不同时期著名的村庄(大队或公社)的口述历史,比如收集 20 世纪 40 年代末土改时期的黑龙江尚志县元宝村(元茂屯)、50 年代合作化时期的河北遵化县西铺村("穷棒子社")、人民公社时期的河南省遂平县嵖岈山镇(人民公社)、六七十年代山西省昔阳县大寨村、七八十年代家庭联产承包责任制时期的安徽凤阳县小岗村、八九十年代改革开放初期的天津静海县(区)大邱庄、1990 年后的"中国第一村"江苏省江阴市华西村等地的口述历史;而后一个计划则是收集不同时期的历史文化地标的口述历史,比如南京长江大桥、红旗渠、共青城、马兰核基地、汉正街以及改革开放的窗口——深圳的口述历史。也许最终我们没有精力铺开这些研究,但这些研究对于了解当代中国及其社会变迁却有着连城之价。

事口述史研究的前辈们对记录"普通"劳动者的经验发生了浓厚的兴趣。①就后者而言,不仅最初的口述史学的流行有赖于 20 世纪录音设备和技术的进步——由此使得从中国社会代代相传的说书人到现代社会学的田野访谈者所进行的类似工作有可能获得方便的记录,而且当前"新的数字技术也正在改变我们记录、解释、分享和呈现口述历史的方式"②,并因此引发了口述史学领域新的范式革命。

在口述史学中,"口述"(oral)和"历史"(history)这两个概念的并置,既标明了口述者与传统历史记载的隔离性,同时也揭示了当这两个概念组合在一起时可能产生的颠覆性意义。尽管包括《荷马史诗》和《诗经》在内最早的历史是以口述的形态流传下来的,但在历史学或职业历史学家产生之后,普通的口述者或亲历者就被正统的历史排斥在外,后者关注的是帝王将相或国家民族的宏大叙事,而包括贩夫走卒在内的普通人则成了历史研究中的边缘人或弱势群体,在传统的历史中他们几乎占不到任何有意义的叙事空间。

从这样的角度来说,口述史学对传统史学的颠覆性意义起码表现在两个方面:其一,因为口述史学自出现之时即将普通人的生活及其经历作为关注的对象,由此使得国家历史的宏大叙事获得了个体体验的具体补充;其二,口述史学也让原先被忽视了的下层民众、妇女和少数族裔获得了表达自己的意见、感受、荣耀甚至不满的可能。在口述史学诞生之前,不仅恩格斯在《英国工人阶级状况》的调查中使用过口述材料,欧洲最早的一批经验社会的研究者也都是口述资料的娴熟使用者:以研究伦敦的贫困现象著称的

---

① 社会学家的工作也是促进这一转向出现的重要力量之一。波兰社会学家埃利·扎列茨基在选编《身处欧美的波兰农民》一书时,曾评论道:包括托马斯与兹纳涅茨基在内的改革者们所做的一系列奠基性工作,促成了"社会史学家寻求'自下而上'地书写历史,换言之,就是去理解由普通的男男女女——奴隶、农民、工人——进行的种种斗争在历史上留下的形态",而"社会史学的发展,使上一代人对美国历史的理解发生了革命性的改变"。参见埃利·扎列茨基:《〈身处欧美的波兰农民〉引言》,载托马斯、兹纳涅茨基:《身处欧美的波兰农民:一部移民史经典》,张友云译,译林出版社 2000 年版,第 1 页。

② Alistair Thomson, "Four Paradigm Transformations in Oral History", *The Oral History Review*, Vol. 34, No. 1 (2007), pp. 49–70.

查尔斯·布思(Charles Booth)广泛使用了来自访谈的口头叙述①,而撰写《欧洲工人》(1855)的法国人勒·普莱(Le Play)更是收集了大量的口头资料,他甚至懂得从工人对上层人物的闲言碎语中推论当地社会的疏离程度②。在口述史学出现之后,收集口述资料不仅被用来训练学生们的历史感③,而且尤其在劳工等中下层民众的研究方面取得了相当的进展:这类研究不仅使原本默默无闻的普通劳工成为历史叙事的主体,并且通过社会认同的激发,"导致某些大型厂矿和钢铁基地中集体性的传记写作群体的形成"④,这也是我们今天的同类研究的前导。其实,宽泛一点说,即使在较为封闭的20世纪50—70年代,对"革命传统"的片面强调或对基层劳动者的"斗争实践"的过度关注,也激发了相似的历史学尝试在中国以"忆苦思甜"或编撰"新四史"的方式予以呈现。⑤

我们无意于用个人口述取代国家叙事,但我们相信个人口述起码可以起到为国家叙事"补白"的作用,它使得我们的历史不仅全面,而且更为生动。我们知道,在有关口述史的讨论中,最具争议性的议题,常常集中在口述史的真实性或口头资料来源的主观性上,这也常常被人们认为是口述史与传统史学最大的区别。持实证主义立场的批评者坚信,人们的记忆不可避免地会"受到耄耋之年身体的衰弱、怀旧情感、采访者和被访者双方的个人偏见,以及集体的影响和对过去的回顾性叙事等诸种因素的歪曲"⑥。更为尖锐的批评甚至认为,口述历史正在进入"想象、选择性记忆、后期抛光

---

① 周晓虹:《西方社会学历史与体系》(第1卷·经典贡献),上海人民出版社2002年版,第148页。

② Paul Lazarsfeld, "Notes on the History of Quantification in Sociology: Trends, Sources and Problems", *ISIS*, Vol. 52, No. 2 (1961), p. 330.

③ Marilyn Geary, "Hooked on Oral History", *The Oral History Review*, Vol. 29, No. 2 (2002), pp. 33-36.

④ 保尔·汤普逊:《过去的声音:口述史》,覃方明、渠东、张旅平译,辽宁教育出版社2000年版,第18—19页。

⑤ 汤普逊所说的"新四史"(new four histories),指的是村庄、工厂、家庭和人民公社的地方历史,这一编撰运动始于1960年,在"四清""文革"期间趋于停止。参见 Paul Thompson, "Changing Encounters with Chinese Oral History", *Oral History*, Vol. 45, No. 2 (2017), pp. 96-105。

⑥ Alistair Thomson, "Four Paradigm Transformations in Oral History", *The Oral History Review*, Vol. 34, No. 1 (2007), pp. 49-70.

（overlay）和完全主观性的世界"①。

　　站在建构主义的立场上，口述史既然是个体的生命过程、社会经历和情感世界的叙事，就一定充满了主观性、不确定性和变动性。但是，承认口述史及集体记忆的主观性和历史价值，并非要否认其历史真实性或客观性。口述史的客观性最浅显的表述，是任何个体的口述史都在一定程度上反映了被访者所亲历的时代进程和社会状况，以及亲历者本人在时代及其变迁下的个人经历、体验与反省。虽然受社会、政治和当下处境的制约，口述者存在掩饰或歪曲个人行为或事件意义的可能，但这几乎是所有社会科学的定性研究资料都可能存在的问题，绝非口述史料的独疾：显而易见，就口述史与传统史学所依赖的史籍、档案相比而言，普通的亲历者有意掩饰或歪曲个人生活史或生活事件的可能不会大于历朝历代的统治者、权贵阶级及其代言人；就口述史与社会学通过各类访谈获得的资料相比，你也不能想象一个人对过往的叙事会比对当下的叙事具有更多的掩饰或歪曲动机。进一步，有鉴于口述史的采集常常涉及同一群体的不同成员，这也为我们比较、对照和核实历史细节与生活事件的真伪提供了可能。

三、　唯本色能大英雄

　　在400多年前的明万历年间，曾居住在南京秦淮河一带的名士洪应明（自诚）借宋代大儒汪革的"嚼得菜根者，则百事可成"②一语，写成了后来赢得大名的《菜根谭》一书。其间"唯大英雄能本色，是真名士自风流"一句格言更是赢得后人称颂。南怀瑾在《论语别裁》《老子他说》《习禅录影》等许

---

① 　Patrick O'Farrell，"Oral History：Facts and Fiction"，*Oral History Association of Australia Journal*，No. 5（1982–1983），pp. 3–9.

② 　有意思的是，近代教育家李瑞清（1867—1920）先生也以"嚼得菜根，做得大事"作为两江师范学堂的校训。李瑞清1894年中进士，1905—1911年任南京大学之前身的两江师范学堂监督（校长）。在他的悉心主持下，两江师范学堂成为江南地区规模最大、声誉最高的学府，学生成绩为江南各校之冠。著名学者如柳诒徵、刘师培、夏敬观、姚明辉、雷恒、萧俊贤、松本孝次郎皆曾执教于此。

多著述中,多次引述洪应明的这句话,他想表达的是真正的英雄总是保持着自己的本色,真正的名士无须矫揉造作便在举手投足之中能够体现出自己的洒脱风流。而我们以为,这句话不如修改为"唯本色能大英雄"——一切本色百姓,或者说布衣芒屩、贩夫走卒其实都自有其或可歌可泣或风流倜傥的一面,就像俗话所说"行行出状元"。在他们形色各异的举止之下,在他们丰富多彩的人生之中,不但显现了社会变迁的基本纹理,也常常蛰伏了影响历史前行的潜在动能。

从这样的意义上说,如若想真正理解1949年以后整整70年波澜壮阔的历史,除却梳理宏大的国家与社会的经纬外,还存在另一条独辟的小径——以米尔斯所倡导的"社会学的想象力",探索芸芸众生或普通人的生命史,探索他们的人生遭际和个人困窘与大时代的交织关联。从社会学的宏观和微观两个方面而言,这种探索显然具备双重的学术意义:其一,它能够通过个人的生活史叙事,展演历史的纵深和社会的幅员,在补白国家的宏大历史的同时,建构出由个体参与其间而勾勒出的大时代的内在理路;其二,它能够使作为社会纽结的每一个个体,透彻地了解自己的人生意义和社会价值,像米尔斯所言,"个人只有置身于所处的时代之中,才能够理解他们自己的经历,并把握自己的命运,他只有变得知晓他所处的环境中所有个人的生活机遇,才能明了他自己的生活机遇"①。

了解当代中国的人都注意到,在1949年后的70年里,层出不穷的社会群体的涌现几乎都与国家的整体走向或宏观变动有着千丝万缕的联系,有些甚至是一段时期内党和国家所施行的计划或政策的产物。从这样的角度说,几乎所有的群体成员的个人生活脉络都镶嵌在国家编织的历史经纬之中。不但毛泽东时代抗美援朝战士、劳模、赤脚医生或"知青"等群体是国家决策或社会计划的产儿,即使邓小平时代个体选择性或曰"自由度"颇高的个体户、"农民工"、企业家(尤其是民营企业家)、"下海"知识分子或"白领"阶层等新兴群体的兴起,一样是由1978年后国家所倡导的"改革开放"政策催生的。但是,指明每一个个体成员的生命史与国家的宏观历史走向的深

---

① C. Wright Mills, *The Sociological Imagination*, London: Oxford University Press, 1959, p. 5.

度交织,并非说明在历史的大潮下,个体就是被动的"玩偶"或随波逐流的"庸众"。相反,一个国家的历史经纬是由每一个个体的行动编织或建构而成的,个体的欲望、理想、向背、抉择和行动不仅决定了一个国家或一个社会当下的形态,而且也从根本上决定了一个国家的走向与未来。

　　正是秉承上述信念,我们从 2019 年开始着手新中国人物群像的口述史研究,立志用十年或更长的时间通过对不同社会群体的个人生活史的采集,从个体或微观的层面描述新中国的社会历史变迁,将不同社会成员的个体经历、喜悦或困窘转化成能够在宏观的制度结构和历史背景中讨论的公共议题,并由此提升我们的社会学想象力。为此,在 2019 年启动新中国工业建设口述史研究的同时,我们也开启了新中国人物群像口述史研究,包括学者(社会学家)、劳模、乡村教师、"知青"、女兵、"铁姑娘"在内的人物群像,都已经开始进入我们的研究计划之中。鉴于 2019 年是中国社会学恢复与重建 40 周年的历史节点,我们首先完成的自然是《重建中国社会学:40 位社会学家口述实录(1979—2019)》,而在我撰写这篇序言时,《戴花要戴大红花:40 位劳模口述实录(1956—2023)》和《飒爽英姿五尺枪:30 位女兵口述实录(1948—2020)》也已基本完成口述史料的采集工作,正在几十位参与者手中整理成册。

　　因为历史顺序的缘故,更因为毛泽东时代的各类社会群体成员都已近古稀或耄耋之年,除了《重建中国社会学》因恰逢社会学恢复与重建 40 周年的历史时刻而先期完成外,我们的研究计划中自然会先期安排改革开放前"各领风骚"的那些社会群体。我们从已经完成的百余位劳模、女兵和"知青"的口述史料采集,以及对洛阳和贵州两大工业基地的 300 位亲历者的访谈中,已经深深地体验到在亲历者有关个人的生命历程的口头叙事中,其自身的生命时长及叙事时点不仅影响到其叙事的欲望和动机,还影响到其叙事的风格和饱满度。尽管没有人规定口述史的访谈对象只能是年长者,但显然包括我们在内,从事口述史研究的人都有过这样的体会,即尽管年长者有时存在语言的障碍、理解的困难、体力甚至认知的缺陷,但他们对待访谈的认真、细节的"较劲"和过程的铺陈却常常超过年轻人。显然,在一个人的晚年,不仅因为其生命的跨度较长和经验的饱满性使得叙事更有意义,同样也因为个体的终极思考使得叙事更为紧迫。① 他们通过"讲故事"维持记忆,复述过去,激活以往的体验,同时建构与修复终其一生的集体认同。这样的解释不仅在一定程度上说明了为什么老人更有叙事的欲望(用单纯的个体孤独来解释这种欲望,不仅简单肤浅,而且本质上是一种还原主义逻辑),更重要的是它同时表明了普通的民众不自觉地参与历史的复述与建构的浓郁兴趣。从这样的意义上说,在中华人民共和国成立70周年之际,在最早的新中国建设者和各类社会群体都已进入古稀或耄耋之年的时候,我们的工作比任何时候都更显紧迫和富有意义。由此,帮助他们复述并重构其生活事件的历史意义,就是包括社会学家在内的研究者的基本使命。

周晓虹

2020 年 10 月 1 日

写于南京紫金山东麓寓所

---

① 周晓虹:《口述史与生命历程——记忆与建构》,《南京社会科学》2019 年第 12 期。

目 录

薛国兴

扎根东北乡村耕耘三十载

亲 历 者:薛国兴

访 谈 人:孙一丹

访谈助理:薛兆爽

访谈时间:2022 年 6 月 10—12 日,2015 年 8 月—2016 年 3 月

访谈地点:线上访谈;吉林省松原市宁江区薛国兴家中

访谈整理:孙一丹

亲历者简介:薛国兴,男,1932 年生于吉林省扶余市四马架乡发德村。14 岁进入扶余县(今吉林省扶余市)九校学习,入读一年级。此后因社会动荡,求学生涯一度被迫中断。1955 年,毕业于扶余初级师范学校,是该校第一届也是唯一一届毕业生。毕业后分配至薛家小学工作,担任班主任及全科老师;1966 年,薛家小学改为薛家学校,年级从幼儿班扩展到高三,薛国兴教过全部年级,后任高中语文单科老师;1983 年因病退休,教龄 28 年。

薛国兴(左)接受访谈

一、从四代农民，到走入学堂

　　我太爷爷他们是老哥四个，全家共 65 口人，世代生活在河北省保定府冀州县①，我太爷爷是老三。他们哥四个闯关东，从关里来到东北之后，得找个地方落户。在吉林省扶余县落脚之后，家分四股，我太爷爷这一股就在松花江南边的一片荒地立了门户。那时候，松花江被称为"北江"，以北就是黑龙江，从江北到南边做生意的人就在这里落脚。到冬天了，江面封冻，江南和江北之间就只靠马拉大车在冰面上运货卖粮，来回路途远，人们到这儿住一宿、吃点饭，再去扶余县城。我太爷爷就在这儿开了车马店，往来的人逐渐就多了起来。扶余县里、江南江北，人人都知道薛家的车马店，屯子名"薛家店"②就是这么来的。

　　到了我爷爷那一辈，家里已经圈了 100 多垧地，车马店里有车有马，我有两个奶奶，可我的大奶奶不生育，不生育就是后继无人，我爷爷愁得去抽大烟，抽上瘾了，只能一直卖地买大烟，最后就剩十垧地了。到了民国，薛家店开始"闹麻烦"——好多穷人吃不上饭，没有职业，就组织到一起抢劫，老百姓就叫他们"胡子"。那时候我家有车有马，胡子来了，把车和马套上就赶走了。当时那是倾家荡产，就得自个儿找出路。我四姑奶奶在发德村，有亲投亲，我爸爸就带着一家搬到了四马架乡发德堡③。

　　我四姑奶家有点地，但不多。和我爸爸一起走的还有他弟弟，哥俩儿都在那块儿干活，但用不了那些人，于是我老叔留下种地，我爸去了当地的大地主家赶大车。我爸小时候就喜欢马，因为家里是开车马店的，他会赶车，就在那儿落户了。我爸这一赶车，就是十年。1932 年，"九一八"事变过去的第一个春天，我在发德出生了。因为没上过学，不懂事儿，我对从小长大的发德村没啥印象。只记得每年秋天干完活，地主家都会把粮食送到家里，一家人能吃饱。小时候的冬天，我妈都不穿棉裤，只穿着一条单裤，夏天穿啥

---

①　今河北省衡水市冀州区。
②　薛家店，位于乡驻地西 8 千米，薛家村驻地。清道光年间薛姓立屯开店，因此得名。
③　四马架乡位于扶余西北部，距县城 5 千米。日伪统治时期曾为发德村所属。

冬天还穿啥。东北的天气冷啊,我们兄弟三个没有挨过冻,但她没有棉裤穿。

伪满洲国时期,进行了一次"剿匪运动",把胡子都抓走了,薛家店消停了,我爸他哥俩就回老家种地去了。当时在下坎儿①,还有些(我爷爷)家里留下来的地。自己种地比给别人种地强,给别人这一年干到头,只能给几袋粮食作为报酬,但自己种就能多打粮食,自己吃完还有点富余,能卖点零花钱,生活就充足点。回屯落②以后,我去上了私塾。伪满洲国时有私塾学堂,学堂里有一个老师,我坐在炕上,炕上有书桌,像饭桌一样放着,学生们盘着腿坐着。一共十来个学生,都和我差不多,十来岁的年纪,从《三字经》开始念书,从《百家姓》《名贤集》,再到《论语》《中庸》。老师翻开书本,要你在这个时间内把这半篇背下来,到点儿了,老师一拍桌子问:"这咋背?"我就念叨:"人之初,性本善,性相近,习相远。"老师提了这本书里的一句话,你就得接上,背完一篇再背下一篇,就这么念。我在私塾念了不到一年。我爸爸念过私塾,在农村,过年要写对子,村里没有识字人能写,他念过书,就给邻居们写对联。我妈妈一天书没读过,那时私塾里没有女孩,但她这人聪明,待人接物特别有分寸,对我念书也很重视。俩人合计合计,决定让我和二弟上街③去念书,街上的学校是"官小"④。"想要不挨累(种地),就得走出去、有文化,不念书的话你能走吗?"我妈这样跟我说。薛家祖上四代都是农民,除了我爸,只有两位远些的亲戚读过书,一位是我的十一爷爷,另一位是我的舅舅。这就是薛家家族几十口人里全部的读书人。我要成为家里第一个上学的学生了。

二、 从离乡求学,到回乡任教

1945 年春天,我 14 毛岁,隐瞒两岁算 12 岁,才上了小学一年级,是薛家

---

①　下坎儿,指山下,薛家店的地形有一定坡度,以伯都为分界线,伯都以下即下坎儿。
②　口语,指薛家屯子。
③　街,即扶余县城。
④　东北沦陷时期,改初级小学为"国民小学",高级小学为"国民优级小学"。

出名的"大"学生——年龄大。我和二弟去的是扶余县城的县九校①，我们在学校附近找了一间房子住宿，我妈来了给我哥俩做饭。那时候上学年龄都晚，班里都是十来岁的学生，我是岁数最大的，比别人差不多要高一头，一直坐在后排。又因为我学啥都快，老师讲啥会啥，都是满分，就当了班长和学习委员。那个年代，从薛家出来县城读书的只有我和二弟，前后街有二三十个同龄的孩子，没听说别人出来念书。我爸跟我俩说了一句话："别当庄稼人。"我们家世世代代都是农民，不念书，就得下庄稼地。因为是日本人开的学校，课程里还有日语课。刚读半年，放暑假时就听说东北"光复"了，伪满洲国倒台子了，学校也不开了，我俩就回了薛家店。

那时候，薛家店开始了土地改革，当地也有农民会组织的学校②，办了一个小学班，最高是三年级。不识字的青年都要求参加，农民白天干了活儿，晚上吃完饭到学校，老师给讲讲课、教识字。学生不用付费，老师是义务教学。我在那里上了不到一年学，薛家店又有一阵"闹麻烦"，匪盗多，这个当口不平静，于是我们家就搬到了街里。我爸除了赶马车，也没有什么技能，就用马车拉人拉货，有点东西就往这块儿、那块儿送一送，以维持生活。那时正赶上扶余县里闹灾病，刚解放医疗水平低，人一染上就会死亡，于是隔离政策开始了，县里家家户户大门紧锁，运输停了，赶车维持不了生计，我爸就把两匹马卖了换衣食。一直到秋天天气转凉，灾病才停止传播。1947年冬，农民会才将我们一家接了回去。

回屯后，农民会给我家定了"中农"成分，因为没剥削过别人，也没被剥削过，虽有自己的土地，但没雇用过别人干活，一直自给自足，因此也就没挨过批斗。但别人家就不一定了。有一天，天都黑了，我的一位舅舅把他的老丫头③领我家去了，说："你把老丫头领去，你要不领去就让穷小子抢去了。"她家在农村有地，被划成了地主成分。就这样，我和第一任妻子王静结婚了。

---

① 伪满时期旧称，即扶余县第九小学。
② 1945年县区解放，在实行土改的村屯，主要采取"民办公助"形式办学，多采用半日班或早学、午学等形式。
③ 俚语，即小女儿。

　　王静的家里没有兄弟，只有姐妹两个，她大姐结婚了，姐夫在银行工作。当时参与土改的老农民到街里接她爸爸（回乡接受批斗），结果一个拐弯给他摔下去摔坏了，不能站起来，就不能批斗了，所以（她爸）就没挨打，送回来到街里慢慢养着，经营个食杂店，卖烟卷和小吃，就这么维持生计。王静是伪满洲国优级校毕业，正要考"国高"，伪满洲国就倒台子了。那时候她算文化程度不低的，尤其是读书的女孩很少。我们结婚回屯后正值土改，她是共产党员、薛家大队的党支部副书记兼妇女主任，就参加宣传工作，发动农民，宣传分田地，从早到晚在外边给农民开会，白天农民干活，晚上她给农民讲课。她对念书很重视，跟我讲："你要不读书，最好就当一个庄稼人。但即使你当一个最好的农民，你还得挨累。如果你当个教师，风不吹、雨不淋的，那有多好。"有这句话，我想当老师了，还得继续念书。

　　土改时，县城里的人下放到农村，一个薛家屯的人姓孙，回到屯里做"裁量"，就是现在的会计。他在伪满洲国时期上过师道学校①，文化在当时算是高中，很高的。他很重视教育。他的表弟也在屯里，和我差不多大的年龄——我俩从小就关系好——还没上学，于是他推荐我俩同去县城考优级校。可是我只念了半年书，上来就考四年级的课程，上哪会呀？我还记着，数学考的是行程问题、和差问题，我都没接触过，可能数学就得了零分。语文作文考的是给中国人民志愿军写一封慰问信，那时候正值抗美援朝，写信得按格式写，我没学过，于是作文不会写，除了会点儿遣词造句，语文没得零分也差不多。就这样，我俩都没考上。没考上还得念书。我的妻子王静跟孙会计联系，给我开了介绍信，帮忙到县城里的二校四年级插班。就这样，17毛岁隐瞒两岁，我终于又上学了。上小学时，我住在县城里丈母娘家，多亏了她家支持。可惜的是，我的妻子王静，因为在农村给农民讲课过于劳累，有一次感冒得了肺炎，吃了点药好些了就没继续吃，后来病情严重去世了。没有她，就没有我的今天。

---

①　1944年，扶余县成立国立师道学校，有5个班。1945年县区解放后，部分学生并入联合中学。

　　我在二校念了两年半,正好赶上学制改革①,原先都是春季3月份招生,但因为当时常说的口号是"苏联的今天就是我们的明天",学习苏联的学制,就改成秋季9月份招生,得少念半年,于是六年级的第一学期结束,我就毕业了,被称作"5年3期"。当时小学课程有语文、算术、常识(包括自然常识、政治常识)、自然课等等,考试制度也学习苏联,实行五分制,二分不及格,五分满分。在我去念二校的同时,我弟弟去了朝阳中心校②念书,后来又去了亲属家附近的学校寄宿念书,小学毕业后赶上长春市公安四分局招民警,他报名后考上了,到医院体检合格,就上公安干部学校培训了六个月,从此就在长春站下③了。他主要的工作是反特务,后来成了反特务组的组长。

　　我毕业后,机会也挺好,正赶上那年扶余县原先的"简师"——就是简单培训民办和代理教师的学校——改为正式初级师范学校④,招生的对象就是小学毕业生。那一届不用考试,学校推荐,因为我成绩好,是班主席、校学生会主席、校团(新民主主义青年团)支部书记,推荐是头一号。我们五年级两个班,一百来人,一共推荐了八个人。我被分到了三班。初师的课程和初中一样,有语文、数学、地理、历史、自然、常识,还有动植物科学,二年级多了教育学和各科的教学法。因为第一年招生是推荐制,班上的同学都是各乡镇村屯拔尖儿的。我是班长,天天要点名,所以人名记得清楚,五十来个人,女生有十几个,数我岁数大。毕业后时兴"哪来哪去",都分配到了各自当地的学校,少部分岁数小的继续上了中级师范学校。

　　1955年7月10日,这是我参加毕业典礼的日子,当时在屯里鼓励我读书的薛家老户孙会计已经是扶余县教育局局长,他在毕业动员大会上讲教师工作如何光荣。结束后,他把我叫到跟前说:"你回老家吧,把咱们屯的教

---

① 1951年学制改革,推行苏联教育家凯洛夫(1893—1978,20世纪四五十年代苏联教育界最主要的代表人物,是世界上首次运用马克思主义观点探讨社会主义教育原理的教育家)的"五段教学法",教育体制学习苏联,招生由春季3月改为秋季9月,考试也改为五分制。

② "中心校"即"乡(镇)中心学校",主要指我国设立在乡镇一级,对所辖小学、初中具有一定管理、指导职能的学校。

③ 方言,即留下了。

④ 1952年,吉林省教育厅在扶余设初级师范学校,1956年并入双辽师资。

育好好搞一搞。我给你写封信,拿着到朝阳那嘎①找学区委书记。"第二天,我拿着推荐信和其他6个同学的档案,到了朝阳区中心校报到,中心校的校长看了我的档案,因为学习好又是干部,就要把我留下,给我分配到了薛家小学。那时候,我已经跟第二任妻子焦素梅结婚了,大儿子已3岁,屯里上有老下有小,谁不想回家? 再加上局长的那句话,我就回去了,没考虑过留在城里。虽然没有成文的政策,但基本上按照分配和个人意愿,当时同班农村选送上来的学生都和我一样,毕业后回到了家乡做老师,个别优秀的留在了中心校。在我们毕业之后,扶余初师就和榆树的学校合并了,所以我们是唯一的一届师范生,让我赶上了,也是时运。那时候,初师毕业的老师,在乡镇就是高才生了。

"家有二斗粮,不当孩子王。"民间不觉得当老师是个好职业,对教育不重视,但我一心想做个老师。那个时候找个工作挺困难的,像那种上高中、升大学然后国家分配工作的人都很少。老师是个少有的稳定职业。毕业时写同学录,老师给我留言:"工作不忘学习,学习能促进工作。"这句话我一直记着。回想起来,我能当上老师,离不开贵人的帮助、妻子的支持和时代的发展(第一届扶余初级师范学校成立)。我赶上了时候,自己也抓住了机会。1955年7月11日,毕业第二天,我回到薛家小学报到,从此开始了近三十年的教师生涯。

20世纪50年代,参加工作后,薛国兴拍摄了人生中第一张照片

---

① 方言,指"那块儿"。

三、 从新手教师，到规模教学

　　我回乡教书时，薛家小学已有两位老师、六个年级，每个年级只有一个班。在我来之前，有一位代理教师，我来了之后他就被打发走了。按年级分学年组，一二年级是低年组，三四年级是中年组，五六年级是高年组，单有"把关教师"教考学内容。我做了四年级的班主任，班级有四十多人，女生占三分之一。因为三年和五年学生少，两个班加起来二十来人，放到一个教室搁①一个老师教，这叫"复式班"②。一开始上班，因为薛家小学的老师少，什么科目都要教，我成了全科老师，(教授的科目)有语文、数学、地理、图画、体育、音乐等；我不会唱歌，就跟别的老师串课，他帮我教音乐，我帮他教地理；体育课我还不错，单杠双杠高低杠、走步、稍息、立正、体操、打球、毽子——我念书时就喜欢体育，但当时音乐课就对付着听，乐理里的拍子、几分音符也懂，就是不会唱。就这样，一天没有歇着的时候，早八晚五，六节课都是我一个人教。

　　除了上课，老师们每周还要开教研会。每周周三学生上半天，老师业务学习半天，有时候还要学习政治，读报看时事。工作日以外，周六也要学习半天。写教案也很费时间，这既是学校要求的，也是因为我是科班出身，师范学校毕业的学生有这习惯——有的老师不做教案，上课拿书去一讲就完了。教学任务本来就重，我工作还死心眼儿，实打实地认真，一点儿不带差的。周日我也捞不着休息，把判不完的学生作业拿家里头判。因为学校离家近，有时候也直接去学校判作业。那时候我觉得咱得对得起孩子，不能糊弄，这叫良心事业。学校里，不仅学生要学习，老师也要进修文化课。薛家小学归扶余县教育局管辖，教学由中心校统一管理，每学期有一次集中到中心校培训，给老师们讲文化课，提高教师的文化水平，听完还要考试。"文

---

① 方言，即用的意思。
② 复式教学为课堂教学的一种特殊形式，指把两个或两个以上年级的学生编在一个班里，由一位老师在同一节课内，分别用不同的教材，交叉地对不同程度的学生进行教学的组织形式，主要在人口居住分散、交通不便、学生少教师少的农村地区设置。

革"时期,薛家小学从小学扩展成了"薛家学校",从幼儿班到高中全都有。那时候中央号召:"打回老家去,就地闹革命。"于是在外地的薛家店的老师就都回本屯了。一下子,学校里有了十几个老师,学生也变多了,校舍也扩建了。老师多了,不再需要全科老师,我就教了单科语文。老师在"文化大革命"期间是"臭老九",没人太尊重。但咱还挺好,屯子里一般都是我教过的学生,对老师挺尊重的。

教学近三十年,我印象最深的就是教地理课,为啥?地理课上面有图解、地图,讲到哪个地方,比如说咱吉林省的行政划分,省市乡镇、物产、农产品、矿产品等,凡是教地理课,我都会拿着大方尺,按地图原样画出来,再在上面标上文字,学生搁后边一看就清楚了。虽然麻烦点儿,有的老师可能就不画了,但我愿意认真去做。教学中最有成就感的时刻就是我教过几节"公开课",也叫"规模教学"。乡上的老师都要来薛家学校听我讲课,这一课讲完后大家进行讨论,谈成功的地方怎么学习。只有讲得好的老师才能开公开课,全公社几所学校的老师都会来。那时候虽然没有什么证书表彰,有时候就是口头表扬,但我也很高兴。

在当地,当老师还算是富裕户。因为我是师范学校毕业分配的,是公立教师,有编制,赚工资。编制由乡教育局给名额,一个屯的编制不多,就看当地多少学生、几个年级,需要几个老师来分配。我刚开始工作时有六个月的试用期,工资只有24块钱,试用期过后转正,工资就达到31块5毛。那时候,我爸在农村种地,有吃有喝的,我这点儿钱买点儿油盐酱醋的,再添点衣服,吃饱喝足,还有零钱花,觉着挺好。在农村没有零钱花的农民,就得等夏天鸡下蛋了,拿鸡蛋去供销社换咸盐。听说在城里教书的同学和我的工资水平也差不多,如果当教导主任管业务了,挣钱就多了。有一位同我关系好的同事姓梁,他上进心挺强,又是党员,乡上成立中学后就去中学当教导主任了,他儿子后来成了我的女婿。他原是代理教师,工作很认真,因为我是师范毕业的,业务比较熟,所以他照样学习,后来转正了。那时候,代理教师由教育局任命,估计教育局也不知道乡下谁能胜任,还是得由乡里推荐。代理教师同公立教师一样赚工资,由教育系统发,在六个月的考察期后,如果胜任就可以转正,如果不合格就要清退。转正了就是普通公立老师,最低工资标准是 31 块 5 毛,之后学校会根据教龄、实际教学水平、工作能力、教学质量,开大会民主评定薪资。每次涨薪由学校提名,领导班子批准,老师点评,过程公平透明。每次涨薪都有我,从上班起,我的工资一共涨了三次,从 31 块 5 毛、44 块 6 毛 1 分,最后涨到了 51 块 5 毛,直到 1983 年我 51 岁时,因先天性的心脏病退休,教龄 28 年。

四、 从家访动员,到"父母教师"

我这一个班的五十来个人,可不是只有薛家店一个屯的学生。薛家大队有三个自然屯,薛家店之外,还有幺屯、常家岗子的学生都来上学;刚上班的时候,薛家店西边的蔡家坨子、横岗子都没有学校,虽然行政区划上不归薛家大队管,但那里的学生也来这儿上学;常家岗子也有一个小学,但只有两位老师,教一二年级,到了三四年级,他们的学生也来我这上学了。一天一般是六节课,学生早晨八点上学,下午五点放学。那时候幺屯学生不多,只有十几个,他们家庭比较困难,不愿意往这头来。国家提出来普及教育①,都必须识字上学,就让一些地方简单地上半天课,叫"简易小学",给 12 周岁以下的没上过学、家庭困难的(学生)上课。我们学校也安排老师去上课,我有个自行车,去幺屯不远,二里多路,上午在薛家店上课,回家吃完午饭就去幺屯。幺屯没有教室,就在生产队里把那些孩子组织起来上课。那时候累啊,就这样来回跑了几年,等孩子大了,就过来薛家店读书了。

当时,教育部门要求 8—13 周岁的适龄生普及上学率得达到 95% 以上。因为普及教育,完全不上学的文盲比较少,一般都得念到四五年级,但再往上念的学生就少了。那时农村的家庭教育意识不强,老师要上各家去动员,跟他们说,这是中国新社会,人人都得识字,不能没有文化。有一年我病休,

---

① 旧时代,扶余当地文盲很多,中华人民共和国建立后,为杜绝"新文盲"的产生,从 20 世纪 50 年代初便开展了普及小学教育工作。1958 年,扶余县贯彻中央关于普及初等教育的指示,采取"两条腿走路"的方针,除教办小学外,农村各大队都办有小学。

上班接的是小学一年级,有一个学生,老师管不了他,我刚进屋,他就站桌子上唱二人转,说:"薛国兴,我知道你,你厉害!"然后就跑了,不上学了,我就得去找家长讲,让孩子念书。屯里的百姓不大重视教育,孩子调皮捣蛋,家里不咋管,有的还维护(孩子),像这样念到一半就辍学的有很多,我常常去做家访。虽然学校不要求家访,但我也去做。屯里有一家的孩子都挺聪明,能考上初中,可惜一到能拿动锄头的年龄,就让回家挣工分①,六年毕业以后就去生产队参加劳动了,至今他们一家还都在农村,一直种地。还有个女孩姓梁,是我的学生,学习成绩特别好。有一次全朝阳乡统一考试,四年级一共七个班,她考第一,数学满分,语文也满分。语文那没有(打满分的)啊,就她一个。但她念完小学就回去种地了,也没上初中。她爸爸是土改的老干部,也是党员,但就算是这样的家庭,那时候在农村也不那么重视(教育),看孩子六年级毕业了,记工分、看公账啥的都会了,就不让上学了。那时候的学生不像现在的孩子,明确知道自己学习的目的,上完小学还要念中学、大学。我接触的东北农村里的孩子,你教啥,他学啥,听话的就成绩好,没有谁

2021 年,薛国兴夫妇(中)与他的学生们在薛家小学旧址重聚

---

① 　工分,新中国成立以后,农业集体化时代计算农村社员工作量和劳动报酬的单位。

有明确的想法,说"我读书要走出乡村,我要干啥干啥",大多数是稀里糊涂的。不过,我的学生劳动都干得挺好,即使小学毕业不念了,去了生产队,也是当政治队长、团书记等等。有些学生走出了乡村,比如我三儿媳妇的姑姑和姑父就是我教的,后来在城里当了大夫;也有不少学生留在农村,我在屯里住得年头多,前后街多半都是我的学生。

上师范的时候,我没想象过回村当老师是啥样,学生素质咋样,能不能走出乡村——没想过那么多。一般学生对我都挺尊重的,很听话。那时候,我教书就是认真负责,没有什么别的想法,没想过我教过的孩子要考上大学、升官发财,我就是教书育人。我经常和学生生活在一起,下了课和他们一起活动。有时我也找他们谈话,先表扬表扬好的地方,再把不足提一提,要是开头就硬给他一顿批评,就不行。当一个老师,你心里头得装着学生,哪个孩子学习啥样、道德品质啥样,都得了解。这是当老师最重要的工作。在那个年代的农村,当班主任就像当父母,把这一班的学生都交给你,你得对学生负完全责任。有些家庭贫困的学生,几块钱的学杂费①交不起,我就先垫付,给他们买笔买本子。因为数目不大,这样的学生最多也不超过三个,所以负担得起。我家有缝纫机,我还会给学生做衣服。一开始不会做,我就上成衣铺去,做完了衣服回来把它拆开、铺上纸,显出来样儿来,自己学着裁,就这样,无论上衣、裤子还是单夹皮棉,我都会做。当时幺屯有个孩子,到夏天都没有衣服穿,甚至裤衩都是破的,光着膀子,我给他做了件衣服。我还会给学生们剪头,使推子,男生女生的头都会剪。那时候上剪头匠那儿剪一个头3毛钱,咱自己剪就给孩子省了3毛钱。

后来搞勤工俭学,学校有自己的地,是村里拨给学校做校田地的,收入学校可以拿来办公用。老师带领着学生一起种地去,学校和生产队挂钩,生产队春天种地,学生到夏天铲地,这样双方都不用花钱。在农村,学生没有太多业余的活动,农忙时节,夏天帮生产队除草,秋天就扒苞米。有时候劳动可以赚点工分,合多少钱,到秋天开支的时候,就可以上生产队去领回来

---

① 新中国成立后,扶余各中、小学从1954年开始向学生收缴学杂费,每学期每人收费标准为:初小2元,高小2.5元,中学4.5元。

做班费——一年有几十块钱就不错了,办个板报,买点本子和笔,就没有了。到了冬天,取暖就是一件大事。一开始县教育局给取暖费,按班级人数发,可以买(煤)砖,后来勤工俭学就不发了,只能自己搞。生产队还会送来一些苞米瓢子,但取暖要烧炉子,没地方去买砖,就得老师自己拖砖坯子、搞砖模子,和泥一块一块地给它晾干了,用来垒炉子。我整那个屋特别暖和,有了炉子,我还搭上火墙,就在教室中间,从前到后有两米多长,两边都垒上砖,从炉子里烧火,一大排像炕似的,这墙就热乎了。到了冬天,一直都是用这个办法取暖。一开始,学校的房子挺简陋的,砖房里有一些课桌。"文革"以后学校变成各个年级都有,学生多了,教室也扩建了。在原校址东边,盖了前后两栋小房。现在还能看到学校旧址残存的围墙,上面印着"全面贯彻党的教育方针,为家乡的繁荣服务"的字样。目前,由于薛家店的年轻人口流失,上学的学生少,薛家学校已经合并到了常家岗子。从前是那边的学生来薛家店上学,现在是我们的学生过去。

薛家学校旧址围墙上还留有当年的宣传语

五、 从走出农村,到教师之家

薛家生产大队一共七个生产队,我家在第三小队。小队有生产队长、政治队长、管理员、会计,都是挣工分的。到秋天生产队结账了,好的生产队分值是3元、5元,不好的只有几毛钱。那时候我们三队就不好,那一年一个分只有3毛钱。也就是说,铲一天地才挣3毛钱。好多人的生活口粮挣不回来。后来生产队黄了,也真苦了老百姓了,大队也没钱了,就变成了三角债。我当时挣工资,但家里没啥人可以下地干活,孩子上学,只有我爸和妻子干活,挣的工分就少,就得找人"顶账"——先让别人在生产队给我们记上工分,我月月有工资,发工资后我就给他送去。好多人上赶着找我,因为我讲信用,到时候51块5毛的工资,留1块5毛钱买点咸盐,那50块钱就交给人家。除了吃饭之外,也没啥余钱,(我家孩子的衣服)哪像人家孩子左一套右一套的棉的厚的,(只能)大的穿完给小的穿,老大老二穿新的棉袄棉裤,紧着穿①,穿两年三年小了,拆了把补丁补上,再给小孩。小的都没穿过新衣服。

　　我妻子不会使缝纫机,就得搞手针,那得老功夫了②。那时候还在点煤油灯,她眼睛不好,就得拿在眼跟前儿瞅着,有时候那火儿呼啦一下子,就把头发或眉毛给燎了。因为我上班不能下地干活,我妻子不仅要给孩子们做衣服,还要去干活挣工分。那时候她可挨累了,农忙时候生产队要起火,她就去集体食堂做饭挣工分,但这挣的工分也不够一家人的口粮。我小女儿那时候还小,还在吃奶,我妻子如果出去铲地的话就不能回来送奶,咋整?山上有马要喂谷草,需要用绞刀扎成一捆,这是最累的活,她也去干。刀的大轮有刀片,两个人一边一个把手,就这么拽着扎草,可吃力了。就这样,她一天能挣8分。在我退休前几年,实行分田到户,家里有地了。因为我还在上班,家里没有劳力,就让别人帮着种,花工钱雇人种、沆、拉、打,到秋天要收庄稼了,就求人找朋友。咱亲戚朋友都挺好,在那屯里住的都是(我的)学生,有车有马的都来帮忙。退休后,我和妻子一起种地,回了家,她先给牛拴上,牛歇着倒嚼③,我妻子就得空能躺在炕上打个盹儿,往那儿一佝偻,把鬓

---

① 方言,轮流的意思。
② 方言,即特别费时费力。
③ 即反刍的俗称,指牛、羊等偶蹄类动物把粗粗咀嚼后咽下去的食物再反回到嘴里细细咀嚼,然后再咽下的过程。

埽嘎达①往脑瓜一搁（就睡了），那时候就那么苦、那么困。她睡觉，我喂牛。等她睡醒了，我把牛喂饱了，她还得起来做饭，吃完饭套上牛车就走，继续出去干活。农忙的时候得从早到晚地种地，要不然那地就没办法种完。那些年，我妻子吃了不少苦。孩子们不上学的时候也得下地忙活，我大女儿在春天弄小苗的时候，一放学就赶快去帮着把杂草薅了。

　　为了增加收入供孩子们读书，我开始种葡萄。葡萄好种，知道什么时候插秧、什么时候防寒就行。到了冬天，把葡萄沟和架用沙子培上，底下是沙子，上面盖上树叶，再压上柴火，藤在冬天不冻，把芽眼保存好，到了春天，"五一"前后再把它打开，然后上架就发芽了。到了秋天丰收的时候，我就把葡萄一串串剪下来装箱，等到放假我大儿子和二儿子回来了，就拿出去卖。每年我能收获 1000 多斤的葡萄，但是怎么能卖上价呢？头几年不明白，就（直接在薛家店）3 毛钱卖了。后来，在和平窝棚的一个亲戚脑瓜可活了，知道我家有葡萄，就来问我卖不卖。因为当时没有运输工具，我想省着（从农村）往街上运了，还得借生产队的车，就 3 毛钱 1 斤都卖给他了。结果谁知道，他拉到肇源②，隔一条江就卖了 1 块钱 1 斤。他不动力气，就倒腾一下，没少赚钱。后来知道了这个法子，我的儿子们就跟生产队长求来了一辆小毛驴车，借用一趟拉到松花江边，雇个小船过江去卖。1000 来斤的葡萄能装 20 多箱，就能赚 1000 块钱，再加上种地卖粮能得 1000 块钱，这 2000 块钱就能供孩子们念书了。

　　庄稼人家里的各种家具是自己做的，我用榆树条编筐，可以编成各种形状，像元宝形状的就叫元宝筐，用来装盛食物；也用木头做小板凳和车棚。冬天翻鱼、夏天钓鱼最有意思了。到了冬天，水泡都结冰了，鱼就在冰面底下的活水里游。天气冷的时候，冻的冰有一米多厚，我就拿着翻鱼的工具叫"冰镩"，先镩出一个井状的冰窟，然后顺着这一圈继续镩；紧接着用铁锹把冰翻出去，再继续镩，一层层地镩。当地那些有经验的农民，知道镩到多深刚好（留一层）经得住人（站），这时在边儿上猛地打一个冰眼儿，再紧忙儿镩

---

① 　方言，指扫把。
② 　肇源镇，隶属于黑龙江省大庆市肇源县，南濒临松花江，与吉林省松原市隔江相望。

开。因为冰面的巨大压力，里面的水会向外窜，底下鱼多的话，就会随着水跳出来，（冰窟）里面一大圈儿全都是鱼。这个过程就叫打"冒眼儿"。冬天水泡里的鱼，鲜美肥厚，谁打上来就算谁的，这就是冬天农村一般家庭的食物来源。我没打过"冒眼儿"，因为翻冰的过程可费劲了，那时候我家里劳动力少，我就在别人打完的冰窟里用"搅捞子"转圈儿搅鱼。搅鱼就是通过水的旋转让鱼晕掉，在收网时突然一变方向，就收了迷迷糊糊的鱼。我最擅长搅鱼，这个工作要有耐心，有时候一拃长的鲫瓜子鱼能打出一小筐，足够全家人好好吃上一顿。夏天住在薛家店时，我家院子后面就是大堤坝，吃完晚饭，我就去坎儿上①插好鱼竿，隔一段距离就插一个。倒削的鱼钩很结实，鱼咬上钩就不会掉。鱼饵一般是蚯蚓，钓大鱼的话就用青蛙。用绳子把鱼饵绑在柳条杆做的鱼竿上，插进水中，鱼顺这儿一游就吃着上钩了。那钓上来的小鲫鱼特别多，只有一拃长，是东北的特产。第二天一早我去遛钩，离老远儿一看鱼竿在动，就知道有鱼上钩了。自己提前准备好一根绳子作鱼串子，顺着鱼鳃穿进去，能串一大串儿；或者拿着用榆树条编织的小筐，提着一筐鱼就满足地回家了。现在想起来，农村的生活虽然苦，但真有意思。

为啥一定要让孩子念书？我生在农村、长在农村，整天看的就是农民生活，起早贪黑地吃苦，一年四季没有闲的时候。我那时候在农村深刻体会到，你只要是能念好书，能出息，能有个工作，就能少挨累，就能有好生活。因此我深信要走出农村。从社会关系上，我们没有亲属当官的。以往家里要是有当干部的，到时候使把劲，书念完了给你安排个地方，分配干点啥，都很容易。但是咱那时候没有那样的亲戚，所以我就告诉孩子们："咱们啥门路都没有，就靠你自己，只要你学习能行，你念到哪我供到哪，我砸锅卖铁也供你念书。"我的孩子们都挺努力的，都是从学校出来走上社会的。

我大儿子从人民公社时期的出纳员，后来当上了宁江区的副区长。人民公社时期，全村的钱都由生产队保管，以前的出纳员经常暗地里就把钱都花光了，因为他们挣工分存钱，生产队穷的时候拿不出来现钱，花了也无可

---

①   即堤坝，薛家店根据地形分为上坎儿和下坎儿。

1989 年，薛国兴夫妇与儿子们在蔡家沟镇家中合影

厚非。为了改变这种状况，生产队招聘出纳员。大家一致认为薛家三代老实忠厚，于是大儿子被选为出纳员。他管现金的时候，分的粮、算的账回来结账核对，一分钱都不差。后来他又担任了村团书记和生产队长，1974 年被推荐以工农兵身份上大学，进入东北师范大学化学系，在校任年级团书记并入党。毕业后仍在"文革"，提倡回老家闹革命，于是他被分配回二中教化学，也做了老师。后来他被选调到扶余县委宣传部工作，先后担任过蔡家沟镇党委书记、宁江区政府办公室主任、宁江区委宣传部部长和宁江区人民政府副区长，2014 年 5 月退休。

　　1976 年，"文革"还没结束，我二儿子高中毕业不能上大学，经乡里推荐，回乡在村小当了民办老师。后来风华①中心校成立，在全乡选调教师，因为他教得好，被选中去教小学毕业班的语文。再后来，乡中学开设英语课，正缺英语教师，他跟着收音机自学英语。中心校为了培养师资，让他和另一个

---

① 大洼镇风华乡，当时薛家店隶属该乡。

老师一起离职学习三个月,他俩都考上了。当时教育局的说法是,"风华出了'两颗卫星'"。他回乡中学做了英语老师,可他还是民办教师,咋能留住?学校打报告申请,地区教育局特别批准了,他就转成公办教师了,1982年调到扶余一中任教至1990年。后来,他又在扶余市委宣传部、扶余区文化局、宁江区委办公室、宁江区人大常委会办公室和宁江区审计局工作。

我的大女儿1989年从东北师范大学外国语言文学系英语专业毕业,先后在辽宁辽化高中、珠海市第一中学任英语老师。小女儿1991年从吉林大学化学系毕业,目前也在教育系统里任职。三儿子在市人大工作,小儿子从军。我有两位儿媳妇也是老师,我们家成了真正的"教师之家"。一家六个孩子,全都走出农村,并且出了三个大学生,在那个年代的农村是少有的。我教的很多学生也很聪明,但是念了几年书,家里都叫他们回去种地了,这是理念问题。"读书改变命运",是我一直坚信的理念。我这一生(的生活和事业)都在农村,回想起来,我感到很幸福、很光荣。我今年91岁了,回到老家,70岁往上的学生一见到我,离老远地都叫"薛老师来了"。我这一辈子,值了。

郭翠花
农村女性的自我救赎与时代和解

亲 历 者:郭翠花
访 谈 人:赵丽敏
访谈时间:2022 年 2 月 23 日、8 月 11—12 日
访谈地点:山西省繁峙县下小沿村郭翠花寓所
访谈整理:赵丽敏

亲历者简介:郭翠花,女,1937 年出生,山西繁峙人。1944 年开始读书,1952 年完小①毕业。毕业之后分别在上浪涧、下小沿村、西沟村和前所村等地民办学校担任代课老师;1958 年成为正式教员在柏家庄任教;1962 年根据上级关于"精兵简政"和"村校公办转民办"的工作部署,结束了教师职业生涯,此后全身心务农。

郭翠花(右)接受访谈

---

① "完小"即"完全小学"的简称,1922 年民国学制规定,小学分初(一至四年级)、高(五六年级)两级,初、高两级合设者称为"完小"。普及九年制义务教育后,农村小学一般也称为"完小"。

一、 婆家供我读完完小

　　我出生在一个贫苦的家庭,几辈都是农民。爷爷奶奶主要的收入来源是庄稼。父亲是看水库的,由于工作的性质,长期下水,身体严重受损,在我9岁时就已去世。姥爷一开始是照看庙宇,后来在地主家干活,成了一名长工。我的母亲是一个地地道道的(农村)妇人,在我的印象里,她有干不完的活和使不完的力气。我的丈夫是一个孱弱的病人,几乎每天都是生病的状态,家里的农活都需要靠我一个女人。当然,他也是一个有责任心的人,当时公社让他负责喂养牲口,他一直很尽心尽力,以至于家里的事务难免会顾及不到。我有一个姐姐和一个弟弟,我姐也是个苦命人,她在襁褓中就有了夫家,原因是我父亲赌博输了12块,便将我姐抵了出去,她26岁时因病去世;我弟弟读了高中,是一名工程师,在地质队上班。

　　我5岁时就有了婆家。当时是因为我父亲和我二叔闹意见,我母亲也牵连其中,气不过,就带着我俩姊妹去了亲戚家,没办法就"出口"①,但我父亲却没有和我们一起。我母亲带着我们去了我姑姑家,姑姑觉得我母亲一个女人带着两个孩子太可怜,不让"出口",说是给我找个婆家,可以缓解当时的困境。于是,姑姑做媒人,5岁的我隐瞒成6岁才说好了这门亲事,当时的婆家是一个半地主半富农的家庭,也因此我们有了20块的银元可以换取粮食过日子,后来是我爷爷又把我们接了回去。

　　我8岁时开始读书,是在一个本家爷爷的私塾房里读的,他是五服内的爷爷。因为我父亲和爷爷都不识字,父亲见我灵②,就想供我读书,为的是以后在外买东西的时候,用粮票③我可以看得懂,也能花得出去。那一年也正是我记事最清楚的时候,虽然是抗战时期,我们村还可以断断续续地读书,但日本人一来我们就要立马放下书本躲起来。我虽然没有和日本人正面对

---

① 　指去外面粮食多的地方另起家。
② 　口语,即聪明。
③ 　此处或指晋冀鲁豫边区发行的兑米票,也可能指日伪政权发行的粮食兑换票据。

视过,但我见过他们。有一次日本人傍晚来我们村,村里的信号旗一倒①,我们全村的人都躲在窑洞的房檐下,我当时想去厕所,父亲拦住我说:"你可别出声,要不然就把你抓走了。"夜晚的刀明晃晃的,只看到日本人拿着长刀牵着大狼狗,在东梁上走着,到处寻人,当时我也害怕极了,顿时就没有了什么尿意;我还记得母亲和我说过,她当时头疼得厉害,日本人扫荡的时候还给了她一颗药——这就是我印象中的日本人。当然,我们普通农民都躲在一起,村里大地主家的房子大,就能躲在自己家。

在我9岁时,父亲去世了,母亲却只有32岁,大姐13岁,弟弟4个月大。一大家子没有办法生活,依靠我姥爷帮忙种地干活,才解决了一些生活上的困境。我也一直以半农半读的形式上学,上午去学校读书,下午去地里干活。我们那个年代,比我年纪大的富家小姐还会裹小脚,我们这种在地里干活的农民,裹小脚不方便干农活(就没裹),何况我父亲已去世,更是没有人管这些事。当时我们整个班级穿的都是带补丁的衣服,以大裆裤为主,男女都差不多,只有地主家的孩子穿得比我们好看点。但吃食都是一样的,个人掏粮食上学,莜面、小米、土豆等,早晨和中午是一人一碗小米,之后有了共产党才有了大米。读书最开心的时候就是冬季,可以不用务农,读一冬天的书。这个时候读书是没有数学这门功课的——后来读了完小才有了数学——只有语文,我记得我们主要的读物是《三字经》《百家姓》和《千字文》。抗战时期的书有两个版本——日本人的书和共产党传授的课本,先生传授知识时用的是我们共产党的课本,书本知识不再只是传统的蒙学读物,而是加入了一些基础知识,比如认识人的身体构造等。只有在日本人进村时,我们才拿着日本人的书装模作样。我记得有一次日本人搜东西的时候,在一个先生家里搜到了一箱子有关共产党的书籍,便因此判定我们先生是八路军,就把他的七间瓦房全部烧没了,他之后还坐过几年的大牢,我听说他坐牢的时候每天都是饥肠辘辘,两只手被绳子朝后捆住,饿得不行时就吃自己肩膀上棉衣里面的棉花,太可怜了。之后抗日战争胜利,新中国成立,

---

① 当时日本人一进村,村中放哨的人就会把旗杆放倒,以提醒村民日本人来了,尽快躲避。

农民翻了身,有了自己的土地,大家高兴得很。以前有日本人的时候,上一堂完整的课都困难,你不知道什么时候日本人就进村了,但新中国成立后不一样了,我们可以安稳地上完一堂课了。

我喜欢读书,看见别人念书就很羡慕,我想多学点知识,一直坚信知识可以改变命运。我读书的时候,先生当天布置的作业如果在学校没有默写完整,就回家继续。当时家里穷,舍不得点油灯,我就借着月光去背书,边背边用树枝在地面上默写,因为当时家里只有一床被子,我和姥爷用一个被子,夜晚的时候只能在心里默写,第二天就早早起床再背一次。我虽然记性差但很勤奋,即使农活再忙,老师布置的作业,我当天一定会完成。到了四年级的时候,我毕业考了第一名,考完小的高级小学阶段,也考了第一名。但是因为家里太穷,供不起一个女孩读书——我姐姐不识字,我算是幸运的了。母亲让我去找婆家供我读书,最后,由母亲卖了牛羊换了钱给我交学费,婆家提供粮食,就这样供我读了一年的书。当时没有衣裳穿,只能穿我母亲的,因为没有可替换的,晚上洗了,第二天无论是否晾干都要穿着去学堂,当时我年纪小,也没觉得什么,就是特别想读书。

我在柏家庄读的完小,完小学业的担子就重了,有四五门功课,其中自然科目是最容易学的。一个班级大概有五十多个人,班里的女生大部分都是本村的,像我这种外村来的女生很少,也很少像我这种家庭,既没有父亲,家又穷。虽然我家庭条件不好,但是我争气,学习好,一般都是第一名,写的日记和作文经常被老师夸奖,被刊登在学校的板报上,也曾担任过班长和纪律委员。完小毕业后我得了一场大病,四肢无力,没什么精神头,游离在生死边缘。但即使再病,家里也需要我这个劳动力,那时候没多余的钱治病,病了就死扛,以至于去放牛的时候我也没心思,就把牛绳捆在腰上,躺在草地上,由着牛任意拉扯走动。后来我二叔挣钱回来见我可怜,花钱给我治病,吃了几副中药,病情才慢慢好转。

二、　教书撑起一个家

1952年完小毕业后我遇到了此生的伯乐——杨老师,在他的指引下,

（我）在上浪涧村、后河村民办学校代课两年。1954年我结婚了，本可以不结婚，但我的良心实在是过不去，婆家也帮了我很多，人不能忘本呐！若婆家不供我读书，我哪有机会读完完小呢？做人不能忘记别人的恩情，何况人家的粮食来得也不容易。初结婚时我并没有考虑到我将要嫁的丈夫品行如何、将来是否会给我幸福，只知道他家供我读书一年，我需要去还恩情。我俩领结婚证的时候，知晓事件原委的村民都为我感到惋惜，因为我嫁的是一个孱弱的病人，他没有读完完小，我们常常会发生分歧，所以婚姻关系不是很如意。我婆婆见我是穷人家的女儿，并不喜欢我，我的丈夫又憨厚老实，性情软弱，分家的时候只给了我一些破烂家当，我和丈夫一人一个破碗，大女儿都没有碗，只能用盆吃饭，更别说分粮食了。生活所迫，我又捡起我的笔墨，去考了教师。那时候完小毕业就是有学问的人了，大多数农村人都不读书，我们村完整地读完完小的人很少。选拔教师的方式是考试，考语文、数学、自然、地理、历史。因为这个锅没锅、灶没灶的"穷光景"，我再一次站在那三尺讲台，才买得起锅灶，才撑起一个家庭。

　　我先在西沟村教了两年，又调到柏家庄、前所村教了一年，后又调回柏家庄，在柏家庄教了大概四年的时间，其中，柏家庄学校和前所学校是公立学校。在西沟村教书的时候，我教的是一个复式班，包括一至四年级。一开始我先教低年级，教完之后布置作业，再教其他高年级，以此类推。一般上午授课，下午指导学生（做作业），授课内容包括语文、数学、唱歌、美术和体育，一个星期上六天课，星期日休息。西沟村学校是村里大队办的，没有校长，当时整个学校就我一个老师，校长、教导员都是我，学校有什么问题就和我讲，因为它是一个小村儿。我教学很负责，村里的领导和村民都很关照我。学校的经费是由村里支持的，在这个学校教书不到两年的时间，我从未向村干部要过钱，也不会主动申请教学经费，因为那时候都穷，有困难咱就克服困难。

　　当时的教学环境很艰苦，三间窑洞房既是村里开会的地方，也是教学的地方，所以只有学生放学了村里才组织开会。当时教室没有桌椅板凳，只有炕头，也没有电灯，只有煤油灯。一年级四五个人，二年级三四个人，三年级三四个人，两条炕都坐不满，就这样零零散散地组成了一个复式班。书本是学校向上头汇报人数得到的。村里的干部都是有文化的，赶着条件好点，就让扩建学校，我也就跟着一起去修建学校。之后由于工作的调动，我去了柏家庄学校——去柏家庄学校是我和杨老师提出的要求，当时年轻，觉得自己是一个女人，不方便总和村里的领导联系，后来就把我调到柏家庄学校。那时候人与人之间的感情很淳朴，我走的时候村里都舍不得我走，学生和家长都来送别，很感人。

我教书多年，学会了"相面"。无论是乖巧的学生还是顽劣的学生，我都喜欢。如果这个学生比较调皮，就拿好言对待他；如果这个学生乖巧懂事，就拿知识教育他——要使对方式方法。有的老师会打学生，以此来管束学生，但我从不打学生，我会用话语去劝说。我记得，自己曾教过一个女同学，班里就数她最捣蛋了，谁都管不住，后来我任命她去当班长，她一开始还说"当不来"，后来我鼓励她说："老师教你，你能当。"等放学了有两个学生就问我，她那么坏，为什么让她当班长，我就说："她当了班长，首先要管好自己，才能服众，这样她就不捣蛋了。"当上（班长）后，班里有捣蛋的同学，她就会想办法，一下子就乖了。先生们都说："这个老师有点东西了，能把这么捣蛋的学生抬住（管住），不容易。"我也去家访过，如果有学生不来上课了，我便要亲自去问问。我记得有个五年级的学生，家长也是没办法，家里有很多农活需要他帮忙，为了让他不落下功课，我专门去他家给他补课。

教书的时候，先生们都夸奖我教得很好，只是叹惜我是个女儿身，又离家远。村里人对我也很好，有什么食物便给我送来，虽然那时候也没什么好的或像样的吃食，村里人吃什么就给我送什么，比如油蛋（炸糕）、凉粉，但就是这样质朴的村民，才让人情味更真切。我不教书之后遇到过以前学生的家长，他家包了羊肉包子还问我吃不吃，虽然我不吃荤，但还是很感激他记得我。聊天的过程中我才知晓，原来我走后他儿子经常和老师打架，当时他也很关切地询问我为什么不教书了，也为我感到惋惜。有一个印象深刻的事情是，我生孩子回去坐月子的时候是另外一个老师代课，听别人说班里的学生就剩下两个了，但等我出了月子回学校，又是满满一炕的学生，我很欣慰。当时就有人问:"为什么她能够收留住学生?"

三、能教书已经是万幸

当时教师行业里的民办老师很多,大学校是学校雇佣你,小学校是村雇佣你。民办老师一般教较低的年级,代课工资是一个月18.5元,师范生毕业后代课是20元,编制老师的工资则是一个月24.5元。为了生活,我将刚出生的大女儿留给丈夫,几个月大的时候白天是她奶奶照顾,晚上是她父亲照看;一岁半的时候,我婆婆对孩子总是一副咒骂的嘴脸,我实在舍不得孩子那么小就受委屈,让我母亲帮忙照看,但我母亲也需要种地干农活,只能把她也抱着一起去庄稼地。北方的早晨比较冷,女儿也没什么衣服可穿,冻得两个脸颊都是红扑扑的,我最愧对的就是大女儿,她还那么小……虽然我婆婆对我不满意,觉得我一个妇人就应该留在家里相夫教子,但是她的儿子没有本事,也只能这样。1958年我成为正式教员,在柏家庄任教。柏家庄学校是一个公立学校,校长和老师由国家分配,它是一个大学校,村里人口众多,教室用的是之前"老财"的房子,东西院,很大,教室有桌椅,虽然没有电灯,但是这比西沟村的教学环境好很多,起码这是个堂①。一年级有三个班,二年级有两个班,记不清三年级和四年级有几个班了,五年级和六年级都是两个班。刚开始教书的时候我特别开心,因为每月可以领24.5元。我的同事们发了工资就在一起"打平伙"②,吃鸡蛋、吃鸡,我不和他们一起,我舍不得,我的工资还需要支付在学校的伙食费(一个月6元)、二女儿寄养在母家的生活费(一个月6元)和家里的生活支出。刚结婚的时候我也不是很想回家,因为我看到这个家就很苦恼,而且我教书习惯了,只教书便够了,不用操心农活。我记得有一年学校放假,我婆婆就不让我回家,起因是他儿子病情一直没有好转,觉得是我"方"③了她的儿子,我也只能回娘家。

----

① 指这个学校的教室起码是一个教室的样子,而非西沟村用住房代替教室。
② 打平伙是山西的一种传统民间交际风俗,指大家把吃的贡献出来一同享用。
③ 方言,指克夫。

在柏家庄学校的时候,不需要我教授多个年级的课程,当时只教二年级的语文和数学,一年级太难管了,二年级已经"训练"出来了。一个班大概五十个学生,以前不用跟班教学,四年以来,一直教的是二年级。二年级的数学有小数点的运算题,语文主要以识字和默写为主。我的教学方式比较传统,比如语文课先是我读一遍,之后再让学生一起跟读,而后检查,检查的过程中,针对每个人的学习成果进行个别重新教授。布置作业时,语文主要以默写的形式并打分来判别学生的学习情况,遇到分数低的学生,一般会多教育他;若是学生表现好,成绩优异,那时候没有奖状或者大红花用以鼓励学生,只是将这些学生的姓名写在黑板上作为表扬。并且,衡量班级优秀与否是综合班级考试得满分的人数和来学校的人数(考勤)而决定,我的班级经常是优秀班级。大部分学生上课都很认真,课后我会和学生一起"捣鼓"①,我虽然文化程度不高,但很热爱自己的工作,也很喜欢自己的学生,深受学生和家长的爱戴。

当时有政治劳动课,需要我们割草喂养学校里的猪。一般情况下,下午校长会组织我们去割草。在西沟村的时候不需要天天去,你教书就可以了,但需要管理学生的伙食,一天需要多少粮食,你要统计出来,和大师傅要讲清楚。教师吃饭也是有量的,一个教员有多少粮食,就去粮仓取,然后去登记。当时的24块钱就能过一个年,农民根本没钱,靠挣工分。那时候无论在大学校还是小学校,生活都很艰苦,一天给一斤粮,如果不够,下午给学生布置好作业后,我就和其他老师一起去野地里挖野菜,这样也算一顿饭。那时也恰逢三年困难时期,我记得当时太饿了,就和其他女老师摘着"柳毛毛"(柳树叶),问学校大食堂要了几个土豆,煮过之后拌着吃,有男老师在窗边看到后,边嚷着问我们要,边端走了这盆菜,我们当时既生气又觉得好笑,大家都是同事,就又重新做了一盆。那些岁月真的太苦了,什么都吃,地里拔的"刺柳柳、地柳柳、草籽籽",都吃。学生来上课也饿,早晨可以吃烧土豆已经很不错了。当时的条件虽然艰苦,也不敢落下一堂课,生病了就去打针或者去寝室睡觉,但没有缺过一堂课,因为我自身的知识水平低,能教书已经是万幸了。

①　指讲故事。

　　学校有十二个先生,其中有五个女老师,剩下都是男老师。女老师中有两个是本村配的代课老师,因为有点文化能识字,就来临时教书,剩下的都是正式教员。正式教员里其他老师的学问都比我高,都是师范毕业、简师毕业或者初中毕业,而我只是完小毕业。虽然我学问低,但是没有人歧视过我,我交际能力比较好,对待老师们都和善,所以和其他老师的关系都很好。我记得工作时遇到了一个简师毕业的好同事——简师就是那种读一到两年就可以毕业的师范学校——我文化程度低,经常和她讨教关于教育学生的问题和工作上的事,她很乐意帮助我。我的文化知识水平低,学过的书文少,古文更少,所以我认识的词语不是很多,教书的时候学校也会针对我们这些教员进行轮训,我记得我去代县轮训过,学习了大概四个月。我没有什么兴趣爱好,但我经常会看小说,工作的时候利用课余时间去读书是我最常做的事,经常在放学之后吃完饭便回到寝室看书,直到深夜。我看过《钢铁是怎样炼成的》《红楼梦》《三国演义》和《水浒传》等,这些都是其他老师的书,我借来看的,也正是这些小说让我的课堂丰富了起来。比如在上课之前,我会给学生讲一小段《钢铁是怎样炼成的》里的故事,以此调动学生的学习兴趣,当时学生们可"拥护"我了。

　　柏家庄学校的学生大多是本地人,高年级会有来自外村外乡的。学生留堂回家晚了,家长会来学校查看,也都比较通情达理。我们每天早晨七八点上课,上课之前老师都需要对学生点名,校长也要统计人数看谁没有来。有一次点名的时候,我发现有个学生没来,就去她家叫,她妈妈看到我说,我娃不能去学校,因为没有鞋子穿。当时是10月,北方已经有点冷了,我看到她穿的单裤、薄衣,赤脚没鞋穿,很心疼她,见她可怜,我就把我的袜子给了她,并嘱咐她将鞋子钉一钉还能穿,也不至于那么冷。我当时也很穷,没有多余的衣服,那双袜子虽然是旧的,但她也不嫌弃,她母亲很感激我。正是因为这样,柏家庄村村民对我的教学很认可,学校也比较看重我。当时我带的这个班,班里女学生不多,只有三分之一,中途也有退学的学生,其中两到三个是女同学,都是因为家庭的缘故选择不读书。我当时特别不愿意他们退学,这些学生对我很尊重,我也很喜欢他们。其中有一个男孩子中途要退学,我就耐心询

1961 年,郭翠花(一排左二)与柏家庄学校教师合影

问:"蛋哎(孩子),你怎么不念了?"他就和我说:"俺娘供不起。"知道这个情况后,我就把他的学费给免了。每个班级都有贫困生免学费的名额,我通过了解每个家庭的经济情况,向学校提出免除学费的申请,也是因为我对每个学生都负责,学生也很信任我,之后我"下放"的时候,学生都不情愿让我走。

四、"下放"成了庄稼人

我考取正式教员的时候,二女儿刚出生,工作和家庭无法同时兼顾,我没有办法继续喂养她,家里也没有奶水,只能寄养在养母身边,所以丈夫和婆婆一直不支持我去教书,怕以后女儿会埋怨我。当年我在柏家庄学校教书时,二女儿寄养的地方也在柏家庄。我心疼自己的女儿,学校里有什么稀罕的吃食(馒头、粥和菜),我便装起来留给她,我自己就吃点咸菜和粥。记得有一次养母说二女儿生病了还不听话,我就去她养母家看望她,早晨 4 点出发,七十多里地,没有交通工具,靠两条腿赶路,路上空无一人,还遇到了一个尾随的人,我走得快他也走得快,幸好最后甩开了。

我没有什么大的理想,工作后只希望可以摆脱贫困,让我和家人可以吃饱饭。但后来教员缩减,我被"下放"了,同时"下放"的还有其他两个代课老师。本来"下放"的是另外一个教师,但是他的社会网络较强,所以回家的是我。当时两个孩子没有人看管,我的丈夫听说我被"下放"了,就觉得我可以帮家里干农活,不愿我再出去教书,我没有遇到一个可以支持我的家庭。

1962年"下放"刚回来,后河村小学有个老师怀孕了,公社就让我代了几个月的课,工资是用怀孕老师的工资支付。下小沿村没有初中,后来才有的初中,配了六七个教员,这是公社分配的,平常也没有运动会或者其他文艺活动,全村以农业为主,不重视教育。我在下小沿村教夜校,主要是教民兵和妇女。在冬天没有农活的时候,或者是下午不农忙的时候参加过扫盲运动——村里文盲较多,都是念不起书的人——学生多则二十多人,少则几个。在妇联工作时,领导认为我教过书有文化,让我留在妇联,具体的工作便是和公社其他妇联工作人员一起下乡,检查某一处的卫生和土地耕种情况。而工分是依照你是否开会(而定),一般劳动才有工分,我在妇联工作了大概有三年,之后便成了一个真正的庄稼人。哎,后悔呀!

郭翠花在下小沿村居住的窑洞

　　我对男孩女孩都一样地疼爱,我的五个儿女都很乖巧懂事,放学了就会帮助我干农活、做家务、放羊,他们成绩都优异,但奈何家里穷。在我小的时候,重男轻女的思想太严重,家里经济条件又差,我当时是有机会读初中的,却没有人供读,我的母亲重男轻女,先紧着让我弟弟读书,加上我弟弟又遇到好的政策,顺利读完高中是一件很幸运的事。如果我不早早嫁人,也不至于这样;但话又说回来,没有婆家给我粮食,支持我读书,我连完小也读不到。我姐也很聪明,记性也好,也很爱学习,但我母亲的思想比较顽固,当时我家有个亲戚,想带着我和我姐去浑源县读中学,培养我俩,这样我家的日子就会宽松一点,但我母亲觉得自己的孩子就应该自己带,不让我们离开她。我的思想也比较固执,之前我考上正式老师的时候,公社也想任用我,但我当时一心想当老师,错过了机会,不过也收获了不一样的经历。

1969 年,郭翠花母亲、
弟弟和弟媳(二排)

　　我觉得我的弟弟就是靠知识改变命运的,他没有从小就结亲,在沙河镇读的初中,后来国家政策好,依靠教育优惠政策,国家承担他的学费,一个月给 8 元,让他读完了高中。他高中毕业之后,地质队去招人,会先紧着孤儿寡母的家庭,他既是高中生又是孤儿寡母,还是贫下中农,满足了全部的条件,就去了忻州市,成为一名工程师。我的同学里也有很多有出息的,有和我一样的教书先生,也有在铁路、法院等处上班的,或在县城里工作的。我"下放"回到村里后,村里人见我有文化,对我比较尊重,村里的男人也很敬重我,不觉得我只是一个女人,认为我看问题有深浅,有纠纷时首先会找我进行调解,虽然都是些小事。

　　回望我这一生,也快潦草地结束了,年轻时穷,日子不好过,现在什么都好,就是身体状况差。

袁培香

一切听从党安排，无怨无悔做教师

亲 历 者：袁培香
访 谈 人：郑世志　郑泰成
访谈助理：郑泰成　苗馨丹
访谈时间：2022 年 2—6 月
访谈地点：山东省日照市东港区袁培香寓所
访谈整理：郑泰成　苗馨丹　郑世志

亲历者简介：袁培香，女，1937 年 3 月出生，山东日照人，中共党员，小学高级教师。1954 年开始积极投身扫盲工作，1956 年被共青团中央授予"扫除文盲"金质奖章；1958—1960 年任日照县（今山东省日照市）邢家沟小学民办教师（1958 年被授予"全国青年突

袁培香（左二）接受访谈

击手"称号并出席"第二次全国青年社会主义建设积极分子大会"，1959 年被全国妇联授予"三八红旗手"称号）；1960—1971 年任日照县南湖中心小学公办老师（1960 年参加全国"文教群英会"，被授予"全国先进工作者"称号，1965 年毕业于日照函授师范学校）；1971—1989 年分别在日照县南湖中心小学、后村中心小学、日照街道第三小学任副校长；1989 年退休。

一、 我们村的识字班

　　我的父母是农民,父亲早逝,母亲跟我舅舅学了点文化,粗通些文字。打从记事的时候起我就喜欢学习,那时候我哥哥上私塾,到后来又上冬学①,每天晚上我就假装睡觉,听我哥哥放学回来了,就从床上爬起来央求他教我认字儿和念书。他去借来人家小孩念的课本,教我念念唱儿,有时候也教我写字,也就是学个"中国""人民"什么的,间或还会教我用掌握的字词造个句。我现在依旧还记得他教过我的朗朗上口的顺口溜:"看看咱(zèn),看看咋,看看墙东二大妈……"这样的学习生活持续了一段时间,我娘疼儿子,劝我说:"你一直这样缠着他教你认字儿,让他不能好好睡觉还行? 他白天还得劳动,晚上再教你,到什么时候是个头儿? 你哥哥累啊,我看你就别学了吧。"老母亲三番五次地这么说,我也就不得不听了,从那以后每晚跟哥哥学习的事情也就作罢了。我哥哥是位地下工作者,很多新思想、新知识我都可以从他那听到。他每次回家都会说一些实时战况和我能听得懂的道理,比如,"蒋介石,完了蛋,被咱一赶到台湾,大批国土都解放,只剩下海南岛、西藏和台湾。这些地方不长久,最后残余在眼前"。有时还憧憬着全国解放了,到那时"楼上楼下,电灯电话;点灯不用油,耕地不用牛;走路不注意,苹果碰着头"的幸福生活。我姐姐先是自卫队队长,后来在前方的野战医院工作,也算是革命家庭了。

　　我们四百多户的村,刚解放的时候有一所小学。因为我原先是有文化基础的,所以就直接插班上三年级下学期的课程。初小完了上高小,大约在1954 年毕业的时候,我就直接回村扫盲教书了。刚回村我就寻思着约上几个同龄人向村里的领导要活儿干,其他人都不好意思开口,羞于主动出面,我不怕。我说:"咱们是有文化的年轻人,为集体多做点事情,村里会支持的。"我就跑去问村领导:"咱村里的黑板报我们来负责出行不行?"领导听了以后高兴得不得了,爽快地答应了。于是村里就用水泥把墙面抹平,涂上墨

---

① 　利用冬天的农闲时节上课的一种方式。

汁做黑板,把这块"阵地"交给了我们,我们就可以出黑板报了。这个工作其实也不难,报纸上都带着各种文章,你愿意出啥就从中挑出来写上,平时自己也看看年画内容,编一些快板、小剧,村里有谁干了什么好事,就写上他的名字表扬一番……村子里的黑板报不定期地出,谁路过那都会停下来看,不识字的听识字的念,刚认识字的努力地看,课堂上学过没记住的,这时候就露马脚了,赶紧找出课本再温习一下——黑板报成了第二课堂。我们村的民兵连长姓袁,他经常叉着腰站在村头东山上朝着庄里广播,表扬村里又有啥好人好事,我若受了表扬就知足得不行,村里的大事小情只要有人约,我就马上去。我母亲也很开明,很支持我干这些事情。每到过年我们就组织一起到军烈属家去走访。大家生活都很艰苦,一年到头极少吃白面,这时候村里会每家发上二斤面,我们去和她们拉个呱儿、聊会天儿,热热闹闹凑一起包顿饺子以示慰问。

　　刚解放那阵子村里头几乎都是文盲。我们村是县领导们的驻点村,全村搞扫盲,热火朝天地组织起来办学校。当时扫盲是全民扫盲,男女老少都来报名,但以适龄学生为主。我们村扫盲工作的主要领导就是我,那阶段没有校长那么一说,我就负责和他们开个会,沟通安排一下关于工作的事情。扫盲正式班有四个,四个班大概一百多个学生,家长们都特别支持,一共持续办了七八年。上课的时段分上午或者下午各半天。学生数量有时候多有时候少——他们都是干农活的人,不能耽误太多农忙时间,所以有时候出勤率也没法做硬性要求。我自己教两个白天的半日班,有四五十个学生。晚上夜校的学生也差不多这些。办扫盲夜校不需要人家给报酬,自己也没有这方面的想法,全凭着一腔热血和激情。我俩哥哥和姐姐都在部队,就我一个孩子和老娘相依为命过日子,客观上家里也挺困难的,生活虽然艰辛,但我觉得精神上很充实,有使不完的劲儿。因为扫盲是我自己找的活儿,自己喜欢干这事,整天没白没黑的除了干农活就是扫盲。扫盲识字班上的学员里大姑娘小媳妇的很多,后来叫习惯了,就专把那些姑娘们叫作"识字班儿"①了。学员上课的时候都得坐好,讲课过程中也会有个别交头接耳、闲聊

---

①　"识字班儿"也成为日照当地对年轻未婚女性的一种代称。

说话的,就得劝说一下,让大家遵守纪律,和现在要求孩子的课堂纪律是一样的。那时候解放区村庄的扫盲工作遍地开花,一般每个村都会派人去参加扫盲会议,交流学习。后来在区里的会上,我就把自己办扫盲班的事情汇报了一下。汇报后反响很好,上级部门肯定了我的成绩,于是就决定奖励我。那时候的奖品是粉笔,对我而言非常实用。别人的奖品只是发一盒或两盒,发给我的是十多盒。得到这些奖励以后,很长一段时间粉笔就够用了,再也不用自己掏钱买。作为扫盲工作优秀的一员,上级领导还把大会经验交流的文件稿奖给我,这样我就可以回家后细细阅读,琢磨一下有哪些经验可以借鉴。

我母亲在家的时候和周围的老年人凑在一起学习文化,也上了识字辅导班。我姐姐后来转业在东北,老母亲去探亲住了一年多。在东北期间,她学的那些文化知识有了用武之地,居然也悄悄地办起了扫盲班,教她左邻右舍的老太太们学文化。有一次我去东北探望她,在厨房的墙上看到了关于办扫盲班的表。我一看,又惊又喜,同时又暗自佩服。我回来对孩子们说:"你们的姥姥真厉害,还在东北办了一个扫盲班!"现在想想真是可惜,当时要是把那个表揭下来就好了,起码还能做个念想儿。

二、 北山上的扫盲班

我们村北山上的住家也不少,一个识字的都没有,都是过去穷得实在吃不上饭的村民,从村里搬到偏远一点的山上去,随便搭个茅草屋在那过日子。看到这情况,我就决定在北山上办个扫盲先进班。报名先进班的条件也是不论男女,只要积极就成。等都报了名后,就和他们开个会,说什么时候开学,每天什么时候来上课,什么时候放学。一般都是 48 天一期,期满就算扫盲毕业。只要参加了这个班,不管刮风下雨,每天晚上都得去。学生们真的很认真,到后来这里就当个重点班抓了。我做主管教师,再配上两个老师做辅导,其中有位男老师,我们两家在村里住得不远,每晚就约着一起去上课。

有一次晚上放学的路上,漆黑的夜里静悄悄的,我听着水库沿儿上的石头呼啦啦地响,我听着心里一惊,因为怕有马虎①啥的,原先农村田野里到处都有这东西。听着那动静后我也不敢吱声,我想我若是吱声那他不也得害怕? 实际上他也听着了,他想得跟我一样,也没敢吱声。我俩不约而同地加快了脚步,一直到了村北头,他才喘着粗气说:姑,你没听着水库沿儿上那石头呼啦啦地响? 我问:你听着了? 他说:嗯。我故作平静地说:甭害怕,可能是谁家的一条狗。我没敢直接说是狼,他年龄比我还小,我担心一说出来他会害怕,其实我不说他也知道,只是他也没敢吱声罢了。头天晚上遇了这么档子事,第二天我又去约他。他为难地说:姑,我不想去了。我说咋? 他说:我觉着害怕,昨晚上吓坏了,我没敢和你说,那可能真的是条狼。我说:别介,还是去吧,已经成立了这个班,办得又这么好,这都有了名气了,咋还能说不去就不去了? 他说:我不想去了,怎么着也不去了。任凭我怎么动员他,磨破了嘴皮子也不行,只好作罢。其实我自己何尝不是更害怕? 但是害怕也得去,我是一个责任感非常强的人,不能耽误后山上那些孩子们。我和班里一个学生说起遇见狼这件事,他是个很积极也很爱学习的孩子,说:老师,那每晚我们送你到家吧。我说:你今晚上送我到庄北头就成。那天晚上他就约了几个人把我送到庄北头。远看着村里有了灯光,他问我:前面还有一段路你不害怕? 我说不要紧的,你们也赶紧回去吧。打那以后,他和那几个同学每天晚上都送我回家,从未间断。有年冬天一连下了好几天的大雪,天地茫茫一片,都看不着路,放学路上我不留神一下子磕倒在地上,手一下摔在大雪掩埋的一段梓椤揸子②的斜茬上了,血呲呲地止不住地冒,那个疼啊,很长时间才好,当时磕的痕迹现在还看得出来。那时候觉得受这些罪没啥,现在想想真是艰苦啊。

为了能够完成扫盲计划,我又琢磨出一种识字的小教具,给它起了个名字叫作“识字机”:我自己画了个图,找个手巧的木匠给做出来,其原理就是把字拆成偏旁、部首两部分。识字的地方,我就用纸壳做成一条条的用小钉

---

①　狼的当地俗称。

②　一种带刺的荆棘灌木树桩。

子挂着，认字的、组词的、认生字的各一栏。我还没到教室的时候，早去的学生们就可以先预习着，互相认生字，我到了教室后直接上课，提问一下他们，或者带着一起复习几遍就成，效果事半功倍。这个班到了毕业的时候组织了个毕业考试，考得非常理想，同学们全部毕业，我自己也很有成就感。学生们积极肯干、肯学，我也像样地教他们，学生家长都支持——办扫盲夜校，咱又不图这不图那的，好好教他们识字，还有哪个不支持？班里有个学生姓邢，是个学习积极分子，脑子很灵通，经常帮我出主意；因为参加了扫盲班有了文化，会念报纸、写个小材料啥的，算是那个时候村里的文化人，后来他当了村里的支部书记。20世纪80年代我在马庄公社教书的时候，他到公社开会经常找我，每次见我时裤兜里都揣着张报纸，自豪地跟我说："老师，我念念报纸给你听听？"他家里种着苹果树，逢季节就送筐精心挑的又大又甜的苹果给我。我坚决给他钱，他不收下都不成。这事我嘱咐过几个孩子，倘若他来送苹果的时候我不在家，必须得付钱。老百姓自己种点水果不容易，心意我领了，钱是必须给的。

　　他们这批学生毕业后，我上乡里开扫盲会顺带汇报了一下，乡领导一听很感兴趣，过了一段时间就到现场验收，考试成绩很满意，领导就让我写了

1957年，袁培香（前排右二）在日照县出席全县扫盲积极分子会议时的合影

份扫盲班办学材料，他们帮我整理后就报上去了，到了秋天派我去开全县的扫盲大会。负责宣传的同志在县一中西门口画了一张我教学的现场图，会议期间人们都围着看这个报道。两城镇有个青年看到我的事迹以后非常激动地说：我要向袁培香同志学习！一边说着一边把自己的手指头咬破了，意气风发地写了封血书表决心。我得知这个消息很感动，心里想：咋还能这样啊，我这只是自己分内的工作而已。其实我觉得也没做多少工作，就是认真，觉得这么多孩子不愿当睁眼瞎，想识字学文化，新社会不是讲究个男女平等么，男人女人都得学文化，有了文化该多好，最起码进趟县城，认识个"男""女"二字，找厕所不至于跑错吧？

三、 进京见到毛主席

我是一名共产党员，入党的时间可早了。因为我常常去县里、省里和中央开会、学习，天天不得空闲，入党手续一直拖到了1958年才办，其实思想上早就入了党。1958年大炼钢铁的时候，县里在西湖镇修日照水库。工地上每个公社一个水利营，也叫一个区。有领导有组织的，大家吃住都在水库上。那会儿很多青年在工地上修水库，大多数没有文化。我因为青年工作搞得好，又是积极分子，听党的指挥，上级领导就调我去做青年们的扫盲工作。

水库建设的劳力主要靠手推车。修水库工期紧、劳动量大，有一种叫"卫星车"①的是四个粪篓，推车顶上再培出个小山尖儿似的（容量再加高）。我去那儿除了扫盲工作以外觉得还应该立个榜样，于是平时一有空暇时间就像民兵那样练习打靶。后来省里要到日照水库开关于民兵打靶的现场会议，公社的领导跟我说，其他事情你暂时先不用管了，你就一门心思练打靶，届时济南（的领导）来开现场会，就看你的本领了。公社里原来一直有十来个男民兵，但是没有女的。领导发了话，我就找了几个跃跃欲试的女民兵，

---

① 即在独轮车左右分别加装两个容器（一般为荆条编成的大筐），共四个，使车的载重容积扩大。

组织起来天天练。

等到了省里来验收那天，来了那么多吉普车，大家都高兴得不得了。现场会议上有四个男的加上我们四个女的，开会时突然宣布打活靶。我们一听说打活靶也有点紧张，打活靶对于射击者要求更高，发令枪响后，几个人扛着活靶在壕沟里走，十秒钟一发，靶子在里面立着，十秒过去了靶子放倒，你就不能打了。每人十发，我十发十中，是个满堂红。这下可轰动了，现场一阵沸腾，省里来的记者又给我照相又叫我写材料。打靶完毕以后大会宣布我是个"三红姑娘"——扫盲、青年、练武三个方面的优秀者。现场会上起这么个名字，我是头一回听。大喇叭里喊：请三红姑娘上台来领奖，我就昂首挺胸地走向主席台。我记得那会儿奖的是一条毛巾、搪瓷茶缸、一件小褂，三样奖品。水库施工现场专门有个工作园地，挑着红旗，周围彩旗环绕，一圈黑板报的牌子围着，贴着各种新闻、消息、模范人物和事迹的报道。支持日照水库建设这段时间，我除了负责青年工作，还兼任识字班班长，因为一边参加建设施工，一边扫盲传授文化，被全国妇联授予了"三八红旗手"称号。

1959 年，袁培香（前排左三）于修建水库时的合影①

① 照片中袁培香穿的小褂，就是上述比武大赛的奖品之一。

　　1957 年我刚满 20 周岁，以山东省扫盲积极分子代表的身份走进了北京中南海怀仁堂，那是我第一次见到毛主席，也是头一次进首都，兴奋得都不知道自己是谁了；1958 年秋天，我以"青年社会主义建设积极分子"的身份又一次来到北京，前面说的修水库就是在这之后，"作为模范，要时时处处争先，要时刻想到影响一大片！"我将铺盖卷背到了日照水库修建工地，热火朝天搞工作；1959 年，我第三次进京参加全国"三八"妇女节庆祝活动；1960 年夏天，我又一次走进北京，参加"全国文教群英会"——教育、文化、卫生、体育和新闻五个方面的大会，又一次见到了伟大领袖毛主席。

　　进京开大会的阵势可真了不得，主席台的中央都是国家领导人，刘主席、朱老总、周总理、宋庆龄、邓小平他们都在。这些领导人平时只是在报纸上看到、在广播里听到的。怀仁堂（的场地）就是下边好似个方的，越往上越像个喇叭形状。人家提早写好了位置，照着牌子的安排坐就成，我们的座次在三楼。在怀仁堂里，我见到了毛主席本人，我坐得跟他隔得不远，看得清清楚楚。毛主席他老人家高大、魁梧、浓眉大眼，面带笑容，和蔼可亲。不时跟周边打着招呼。我们激动地拍手，那感觉就跟上了天似的。毛主席的讲话就是："你们青年人……朝气蓬勃……正在盛旺时期……好像早晨八九点钟的太阳……"这些话我都背下来了，到现在记忆犹新。现场热烈的场面真是令人目不暇接，会堂里的花彩"嗖嗖"地你抛给我我抛给你，五颜六色各种的花和红绸子的彩，击鼓传花一样的你传给我我再传给你，很长时间停不下来，人们一直在欢迎，一直在拍手，啪啪啪拍着手，一个劲地吆喝："毛主席万岁！共产党万岁！毛主席万岁！共产党万岁！"就那个样儿，雷鸣般的掌声和欢呼声，暴风骤雨般地此起彼伏，一浪高过一浪。主席台上每讲出来一个事（议题），还没讲完就淹没在排山倒海般的掌声中，止不下来。我就觉着我的头眩晕得乌麻，脸也涨得通红。在那个兴奋又激动的氛围中，就觉得自己像在半空中飘在云彩里一样，霎时间就要飞了起来。具体也说不出是一种什么感觉，那股高兴劲儿就甭说了。群英会讲究个"工农群众知识化、知识分子劳动化"，我们都在认真地听，不肯放过每一个字，觉得句句都说在我们心坎上。大家使劲地拍手，手掌拍红了拍疼了都在所不惜。领导们都在主席台上,眼真儿真儿地在我的眼前,我一个农村的小孩,见到了毛主席和这些领导,那真了不得,简直就像做梦一样。我自己都觉得荣幸、光荣,同时又觉得自己做得还不够,受之有愧。

茶话会是各个部门自己安排,票上大体一提会有什么活动。我参加的第一场茶话会是上朱总司令那儿去了,到那以后是朱德总司令接见的我。朱总司令眉毛特别浓,笑容慈祥,眼睛炯炯有神,微笑着和我握手,问我:"你干什么工作?"(我答)扫盲工作。朱总司令说扫盲工作如何如何重要,他说我们这个单位是当兵的,文盲太多了,你(的扫盲工作)都怎么搞的?我就大体一说。临了总司令还郑重地又(和我)握了手。当时还拍了大合影。我们这些劳模们站起队来,一层一层地站一个大扇形,照相的师傅在中间,照相机转一圈,就照下来了。谁愿意要就得自己掏钱买,我没钱要,很多人也没要。人家县里不说,哪好意思说给我买照片的事?那才刚解放几年,钱是多么珍贵。毛主席都不舍得花钱,你去花钱买照片?1960 年群英会的奖品是英雄 100 号钢笔。刚开始不舍得用,就是有时候拿出来看一看,然后再包好收起来,天天珍藏着,到最后也用了,可惜天天使它,上面的字都磨去了。

1960 年,袁培香(后排左一)与参加"全国文教群英会"的日照县代表合影

从北京回来后,上级部门安排我去临沂、石棉矿、苍山县①、安岚公社②

---

① 今山东省临沂市兰陵县。
② 今山东省日照市岗山区。

等地宣传会议精神,领导和听众们在台下一起听得津津有味。朱德总司令说以后你们得领着青年好好练,意思是革命不容易,不要丢了优良传统。我当时对着总司令表态说我回去就练,不但自己练,我还要发动青年们一起练。从那开始我就把这话记在心上了。我的特点是不管哪个领导讲了话,我都很认真地记着并努力去付诸实践,不论在哪个岗位都这样,到现在依旧如此。从北京到家后我就找俺村民兵连长,跟他复述了这个事情,他很兴奋地说,既然朱总司令这么说,那你就得好好练啊,光这一件事,也得叫你上北京开会呐! 我说那咱今天上午就开始练? 他一口答应了下来,一溜烟儿回家找出民兵训练的那本书,拿了一件蓑衣,随手抄起杆枪说,在村后面有好几堆坟,去那练习就成。到了那儿他就和我说动作要领,他说需要记住一个口诀:"枪打一口气,左眼闭,右眼睁,缺口对准星,三线合一线,照着目标下一端。"一说我就能够背下来了,那时候天就有点冷了,但依旧挡不住我练习打靶的热情。

恰巧第二天就是公社里民兵练武,民兵连长就非我一起去试试,我也就壮着胆子去了现场,结果我打了个良好,那些男民兵们纷纷说:我们当了多少年民兵的也没能良好,你这头一天下午学了学,第二天就打个良好,真不赖呀! 于是就约我好好练,一个月后再比赛看成绩。结果一个月后,再比赛时我打了个优秀! 这一下子出名了,从那以后他们打靶就约上我,我就这样又成民兵了。民兵连长四处宣传我的打靶成绩,还发了我一杆马盖子枪,我就天天扛着枪,无论外出开会还是晚上去夜校,走山路我都是用枪挑着个书包,包里捎几个煎饼以备充饥。那真是一种荣耀的感觉。

四、 平凡忙碌的日子

我回来后一直在马庄从事教学工作。因为是模范,县团委、教育局、妇联都想要我,县委书记和我说,这三个单位都要你,你看看自己怎么打算? 他的意思是现在农村扫盲工作更需要你,(你就)在这边干得时间长一点吧。县委书记这么说,我打从心眼里绝对服从组织的安排,就说一切听党的安排,让我干啥就干啥呗。公社党委安排我成了公办老师的时候,工资大概就28块5毛,在哪个单位都一样的工资,不分你模范不模范。我们学校里有二十来个老师,男的多女的少,分工是一样的。学校规模大了,学生也多,课程设置逐步完善起来。从语文、数学、政治、常识到劳动、音乐、美术,啥都有,每个老师都身兼数职,什么课都得教,一专多能。老师们普遍整体文化程度低,业务有不会的就现学,同事们也互相请教,那个时候的学习氛围特别浓厚。

老师们每天的工作时间都会超过八个小时。一睁开眼就去学校,早操、自习,孩子们八点半左右回家吃早饭,九点再上课,中午十二点放学,下午一点半上课,晚上还得批作业、备课,有时候还需要去学生家家访。那时候有生产劳动课,主要任务就是建设自己的学校,平整校园操场。学生的平时支出主要是几毛钱的书本费,有钱的就买个新本子用,没有的自己练习时用本子反面,交作业的时候再用个好一些的。人们生活水平都差不多,有个别学生耍赖似的,会说没有钱交不起,学校领导这时候催着收,哪个班哪个班还没交齐,左右为难的老师最后没法子,就只好自己掏钱给交上了事。

我曾经教过的一个学生姓高,家里很穷。他当年在村里的半日班上学,我课堂上检查他作业,作业写得认真,上课学得也扎实。我教整日小学的时候教过他哥哥,所以对他兄弟俩印象深刻。他这小脑袋瓜真好,但就是不准时到校,老是迟到。有一次我在村头碰着他娘,问她:"孩子脑子真好,就是经常不准时去学校,是啥个原因?"他娘说:"不得了,不关孩子的事,我干一天活累得乏困,早晨起不来,两个孩子只有自己在家做早饭,所以耽误了去学校。"我说:"可别那个样,那样耽误孩子的学习。"他迟到的情况我这就了解了。我还跟他娘说:"这孩子写字很好又有才气,这么聪明不能给耽误了,得让他上整日班。"他家人听了我的劝,就让他调到了整日班上学,以后又上了小学,之后入了团,还当了团书记。我调走的时候,他那个班缺个数学老师,校长看他各方面很优秀,就叫他教数学,一天给他1毛钱,也算是补贴家用。多年以后,他考上了大学,最后在东营当了局长。他经常给我打电话、发信息,前年还来了一回,请我吃饭。那晚在饭店里说起来往事,他说:"老师,没有你我就没有今天啊,也就没有这一步的成绩和一切,我得叫你妈啊。"他一边激动地说着,一边就要跪下来,我赶紧说你别这样,当年我对你严格要求,那是我的职责所在,也是我作为一名老师应该做的,你不能这样,你自己学习好了有了出息,是为国家培养个人才,对个人来说,又是一条不错的出路,这都是你自己努力的结果。

后来,我又去日照师范系统学习了三年,那三年里我学习了更多的知识,许多工作中的困惑得到了释疑,不仅仅是业务的学习,更是对自己身为教师的身份认同和认识的提高。想想那些老师同事们,一辈子扎根在校园,也没有调出去当干部的,基本都是踏踏实实干了一辈子教育工作。

我爱人当年也是老师出身。他当老师早,17岁那年当的,刚开始在尹家河教书。他那时候能够吃红粱①,后来因为工作需要经常四处调动。我和他早先是因工作关系认识的,别人又给我提搞对象的事情,一直拖了四五年时间,没说可以也没说不可以,我那时候也忙,一心扑在工作上,没心思考虑别的。我那时候图他个啥? 他家庭情况很一般,他自己也说家里穷。我就图他的脑力好、爱学习、有知识、心灵手巧。在南湖小学,他每次都考第一。对长辈也孝敬,虚岁17就当老师,学生和同事都喜欢,学校领导对他的工作也十分肯定。

当时结婚还是封建的那一套,一磕头二作揖的,我想我们都是解放了的新青年,我自己又是扫盲识字的女教师,我不能再按封建的老规矩行事。于是结婚那天,我是和自己的公婆按公家人的形式握的手,据说当时也算是个小轰动,看喜事的人们都觉得既新鲜又新奇。既然我想给他们带来点新气象,那就要从自身做起,以身示范。

那时候各项工作需要人,哪里需要就调哪去了,好使唤的、有点才能的根本闲不下。我俩经常因工作分居,你在这里我在那里的,生活困难得不得了,受老罪了。不过也没有办法,一切为了工作,就那么各人过各人的。我一直住在学校里,三个孩子都跟着我上学,但没在我班上。那时候我就在南湖中心小学当校长了,还带个政治课。对他们的学习我一点也不放松,吃饭

---

① 旧时的一种教师工资报酬方式,即学生上学每年拿一些地瓜干等粮食作为教师工资。

的时候总在一起边吃边聊。闺女有时说，俺们出了作文题了，想互相交流一下看看怎样做，儿子就说，我们大家不要说，叫她自己想想该咋写。孩子们都指望着星期六，晚饭后我就吹着哨，在宿舍门口领着他们跑跑步、聊聊天，如果能再回去讲个故事啥的躺下睡觉，那个周末就觉得非常惬意了。

20 世纪 80 年代，袁培香（前排左一）一家在南湖镇的合影

　　大儿子 5 岁多一点就跟着我上学。我那时在师范学校开一百天的教师会，他就天天跟着我。他说想去上学，我说你还小，等大一点吧，你先好好在家写写字。过一阵又跟我说：我会写了，还不行？ 学校到了 7 月份招生，他又问我：上学还不行？ 我说还不行。秋天学校开学好几个月了，他还问我上学的事。我实在拗不过他，只好和教导主任说了这件事。教导主任说正好还剩下一套书，孩子自己有这样的想法，就叫他跟班上吧。那时候学校里也上早自习，寒冷的冬天天不亮就得起来，他就一直坚持着早起。教导主任也说，既然已经上了，就让他继续上吧，于是就那么坚持了下来。俩儿子先后考进了山东大学，一个学电子，一个学法律，老大是 16 岁考的山大，很不简

单，后来去了新加坡，两口子都是博士。闺女考了青岛的学校。

当教师的时候我和干部、老百姓关系都真好，哪怕就是来个乞丐，我都多给舀上点吃的，我就这样的人。那时候干部好、民风好，干群关系也就好，工农兵大学生和民办老师推公办都是我推荐，各级领导都信任我，我从不推荐那种不成气候的人。我的原则就是一碗水端平，把心放当中间，推荐各方面都优秀、叫人家口服心服的人。

1984年，袁培香（二排左一）参加日照县"五一"劳模座谈会合影

我觉得教师是个体面的工作，也很有成就感。帮那些不识字的人认识了字，有了文化就不再是睁眼瞎，就会明白许多道理，办起事来也有主张。这辈子我从来没想过离开教育战线。要干啥事就要把它干好，不跟有些人似的，干一阵子不行就放弃。我曾经跟大儿子说，我跟你爸爸干了一辈子教育事业，既没贪点也没图点，没从公家里拿点东西，干干净净一辈子，人家也没有说咱个不好的，就是没给你们挣下点金银珠宝值钱的东西。孩子们都说这就不错了，他们很满意也很知足。那个年代供应两个大学生，我是省吃俭用尽了力量了。我工资待遇方面要求不高，能糊口就成。儿女也不缺，我也不用儿女的。比较起来，我觉得这也不低，说实话现在发多少钱我也没个

数,反正够吃够喝就成了。

国家在乡村教育方面的改善已经天翻地覆。各方面待遇已经可以了,人心无尽,啥事就怕比较。但现在的孩子打小就这么的补习、那么的辅导,仿佛不应该,我觉得得改一改,总得有个统筹规划和安排。国家不是一直提倡素质教育吗?这个决策很好,不能拔苗助长,也不能涸泽而渔,孩子成长是一个漫长的过程,仿佛吃饭一样,得一口一口来,不能就那样填鸭似的教育,要全面发展,各种"微量元素"综合"施肥",这样才能长出好苗子,长成好大树。

回想起自己这一生就是作为一名党员,一切听党的安排,叫干啥就干啥。我自己也觉得没啥,党却给了这么些荣誉。其实换成谁在这个岗位上也会这么干,干一行就要爱一行,爱一行就要把它干得出彩。我这辈子当老师,就没有后悔过。

陈洪波

乡村提灯人：三十八年教书生涯

亲 历 者：陈洪波
访 谈 人：曹潇雨
访谈助理：李　琴
访谈时间：2022 年 1 月 26 日、5 月 3 日、8 月 9 日
访谈地点：重庆市江津区陈洪波寓所；线上访谈
访谈整理：曹潇雨

亲历者简介：陈洪波，男，1939 年 6 月 4 日生，重庆江津人，中共党员。1962—1973 年，任重庆市江津县（今重庆市江津区）仁沱镇龙井山龙井小学乡村语文教师；1973—1981 年，调至仁沱镇龙井初中任教；1981—1984 年，龙井初中撤销，再回龙井小学任教；1984—1993 年，任龙井小学副

陈洪波（右）接受访谈

校长（1985 年被评为江津县"优秀教师"，1991 年被评为江津县"优秀共产党员"）；1993—2000 年，任仁沱镇仁沱中心小学副校长（1999 年被评为江津市工会"优秀工作者"）；2000 年退休。

一、梦想开始的地方

我出身地主家庭,父亲叫陈泽惠,有七个兄弟。我是家里第五个孩子,1939 年 6 月 4 日出生在江津①真武马森子。小时候,我的梦想是长大了当一名人民教师,因为自幼就觉得老师这职业那么神圣、那么崇高。因为老师能把一个天真无知的孩子教育培养成为有知识、有理想、有作为的人。我的小学班主任叫程洪文,是石门永安人,我对他的印象是最深刻的。他待人和蔼可亲,教我们语文课,经常讲故事,我们都爱听。还有历史老师杨炳麟,讲八国联军侵略中国,说八个国家包括德法俄英美奥意日;还讲战国时期齐楚燕韩赵魏秦,很好记。

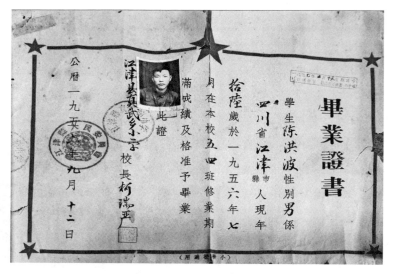

1956 年,陈洪波的小学毕业证书

1956 年,我小学毕业,以全校第一名的成绩保送到江津一中读初中。当时全校有两千多个学生,一百二十多个老师,我感到很新奇。特别是傅道文

---

① 江津的区划归属比较复杂,1949 年后江津县属四川璧山专区,1951 年璧山专区迁至江津县,改称江津专区,1968 年改为江津地区,1981 年改为永川地区。1983 年永川地区撤销,包括江津县在内的所辖八县并入重庆市,1992 年江津撤县设立县级市,1997 年江津市归重庆直辖市管辖,2006 年江津撤市设区。

校长,是清华大学毕业的,他课讲得好,口齿清楚,用词好;他一讲话,全校就鸦雀无声。还有教地理的赵家怡老师,知识渊博,他也没带什么教案,就摆起龙门阵①,让人听得津津有味;他写的提纲也非常好记;他对学生好,你有什么天南海北的问题问他,他都可以给你回答,那些人喊他"知识通"。他教育有方,"文化大革命"前的那年,他的两个娃儿一个考的西安交大,一个考的同济大学,后来调到了永川的文理学院。

我上学的过程中也有困难的时候。有一次,我的钱(学费)被我哥拿去用了,就给学校打了欠条。班上的同学一个人出了一点钱给我缴上,还是让我读书,喊我不要退学。后来老师看我表现得这么好,就给我申请了助学金。因为我表现得还可以,一直都是国家给的助学金,所以我的想法就是党和人民对我这么关心爱护,虽然我的家庭出身不好,但是我也想要表现好。

比如当时在江津一中的时候要勤工俭学,要担煤炭,女同学力气比较小,我的力气比较大,有五六个同学的煤炭都是我帮忙搬的。全班同学都还是比较喜欢我的。我在炼钢运动中表现也很好,为学校和班上出了力、争了光,被评为学校"先进工作者"。班主任陈明高认为我当老师最合适,于是1959年初中毕业,我考入江津师范学校,编入中师62级2班。因为我力气比较大,到了中师我还是挑重担,每周劳动,不是往厨房挑水,就是挑粪淋菜,我记得当时自己学习和工作都比较好,深受同学的欢迎。

1962年,陈洪波江津师范学校的毕业证书

---

①　方言,指聊天。

刚解放的时候,大家普遍没有什么文化,只要是表现好,出身不好的也可以教书。有些人表现不好就被评为右派分子,被下放到农村,剩下的都是所谓比较好的;如果表现不好,那么出身好不好都会被评为右派,当不了老师。1962年,我中师毕业,分配到江津仁沱镇龙井村完小(仁沱第二完小)当老师。我22岁扎根山村,一干就是31年。1993年调到仁沱中心校工作七年,一共38年,然后退休。党和政府一直都对我很关怀,所以我从学校出来之后教书应该是对得起党和人民的。起初入党很困难,如果出身不好的话就要经过很多考验,"文化大革命"结束后出身不好的也可以入党了。我1985年3月加入中国共产党,当年正逢新中国第一个教师节。我一直好好干工作,报答祖国、党和人民对我的关怀、培养、教育,在偏僻的山村中,坚守共产党员不变的初心和教师的价值,温暖一方百姓。

二、 做乡村教师很苦,但很值得

龙井小学是公办的,1949年新中国成立以后设立的。当时的地址还不在现在的这个位置,而是顺着路往下的地方。因为那个地方交通适中,离各个地方都比较近。洞口、水库、铜山、和平(村)的娃儿都在这里读书。当时叫龙井小学,1966年迁校,改名叫东风小学,因为"文革"时期"破四旧、立四新",而且那座山叫东风山。至1978年又改回原来的名字,叫龙井小学。到1998年或者1999年,改名叫希望小学了,具体时间我不太清楚,因为当时我已经不在龙井小学了。当时一个搞房地产的人捐了八万块钱,还有附近的村民、龙井小学的校友都捐款,修了希望小学。龙井小学是2000年以后撤销的,我早就已经退休了,所以不是很清楚。因为人员少了,很多人都去城市里面或者是镇上读书了,学校招不起生,就只有撤销。

我们去的时候村子比较落后,就是一个村小,有一到六年级。我以前教过复式班,就是几个年级在一起(上课),这边讲完又讲那边。"文化大革命"之前没有迁校的时候在老校区上过,"文化大革命"之后就没有了。当时社会上人们普遍文化程度很低,人才少,村子里文盲很多,占了百分之二三十吧。那里很落后，因为是偏僻的山村，领导就跟我们讲，龙井小学整得很差，有一年一个都没考取（中学），希望你们去改变这种面貌。我们去的那一年好像考取六个。我们去以后，1973 年开始办中学，到 1981 年，培养了一些人才，有（考入）北京大学、重庆大学、四川大学、云南大学、重庆交通大学的。学校人数最多的时候有五百多人，加上初中有十一二个班、十几个老师。初中人数最多的时候，一个班有 68 个人。我们那个时候中学有三个班，有时候是两个班，小学一到六年级都有。

　　"文化大革命"结束以后，重庆市范围内大多数民办老师都转成正式编制了。有一个老师，他教数学教得很好，口齿清楚，条理清晰，结果没有转正。当时他打算去支坪转民办，管学校的区委领导说，你留在这里代课是一样的。后来一转正，他是代课老师就干不起了①，只有他一个人没转正。政策嘛，民办老师就可以转正，代课老师就转不了正。他后来在仁沱一直教初三，而且基本上一直是教初三的补习班，因为复读班（升学）的希望比较大，所以很多优秀的老师都去教复读班了。龙井小学的老师是按照编制来的，好多个班，好多个老师，（教师数量和班级数量的比例是）二点几还是一点几，小学按一点五，中学好像是二点几。龙井小学的老师最多的时候有十二三个，基本上够用，但是农村不怎么留得住（人）。因为是偏僻的山村，交通不方便，来的老师都想到大城市、中心校，交通方便点。有些老师是师范学校分来的，有的老师是来了一两年、两三年走的，几个月、半年就走了的也有；有通过考试来的，也有通过关系的，只有我在那里教得久一点。

　　校长一般都是上面任命的。那时候由仁沱区里面专门管教育的部门任命校长，各个村完小、中心校都是这样。当时都没有中学，都是"文化大革命"后才办的中学。工资开始是 29.5 元，转正之后是 32 元，后来 36 元，一直到 1978 年；1978 年之后涨了点工资，是 71 元。当时工资都没有多高，我记得我当时当管事务的老师，全校一个月一共也只有五六百元的工资，因为工资不高，每个人只有三十多块钱。后来随着工资提升，1976 年以后就七十多

---

① 方言，指不行。

1979 年,陈洪波(一排右二)与龙井小学教师合影

元,后来年年都在增加工资。我没有记过工分,都是管工资的。"文化大革命"当中没有按时发,因为银行、供销社都关了门了,之后又补发工资;其他时候都是按月发工资,还是比较正常的。当时城里老师的工资比我们高多少我也不是很清楚,我们都没有打听过,不过中心校和龙井小学都是一样的。

我们去的时候是用石桌子、石板凳。有些学生没有凳子就坐地上,有些娃儿在外面搬烂砖来叠着当板凳坐,拿块板板来搭着——因为没有桌子。后来条件好了,上面就弄了些桌子来,就没有用石桌子、石板凳了。老师晚上办公就照煤油灯,一个月半斤煤油,后来增加为一斤。再后来就照马灯,马灯有罩子,就是可以用兜兜提着走的那种。再后来架设电线了,就照电灯。用得上电灯是"文化大革命"以后。

改革开放以前,生活当然艰苦一点。那个时候没有车子,到仁沱开会都是走路。每周星期六的下午到中心校去集体学习、开会,每次要走一个多小时,我走了 31 年。去学习半天,由中心校的校长、书记来主持,就是学习文件、学习提高业务水平、学习政治时事。星期天可以耍一天,暑假开会学习,一般都耍不了。平时周一到周五的工作时间就是从早上起来,上班以后 8 点钟,学生来了就上课;中午休息;下午是三四点钟放学,放了学要坐夜班、改作业、办公,晚上大概九点还是十点才能休息。星期天有空的时间,学校有点地拿来种。有些老师回家,可能能休息半天吧,在家里也会帮忙搞生产。那时候放假就去支一下农,割麦子,有时是半个月,有时是一周。当时还是很苦的。开始的时候,我年轻不知道累,一周只有两节课的休息时间,语文、数学包班,年轻受得了。后来逐渐轻松一点了,因为分班分科了,语文(老师)教语文,数学(老师)教数学。再后来教中学,我只教语文一科,就感觉没有多辛苦。

三、 做又红又专的人民教师

1966—1967年那段时间,原来的那个老校区破旧了,而且交通逐渐不方便了。老校区下雨的时候蚊子多得很,所以申请搬迁,从老的川祖庙搬到和尚山,就是山垭口那里。迁校的时候,新的学校没有建好,老的学校又被拆除了——因为要用老学校的原料,就像石头、砖、瓦、格子板板那些建筑材料,不然材料不够——所以没有教室上课。我们老师和学生就去找村民借那种不用的老瓦房,抬黑板、抬桌子、抬椅子,然后搭建起临时的教室,给学生上课。如果村民要用老瓦房了,我们再搬走。像在柏林、老瓦房、龙井坎,还有好多地方,我们都上过课,分作几处教。虽然是在"文化大革命"时期,外面那些学校停课了,但我们因为是山区,受"文革"的影响比较小,还是坚持上课,都没有停过一天课。

修建新的学校,除了工人以外,老师们和学生们都一起帮忙。老师们白天收材料,收矿石、石灰石,打地基。我记得我们在西湖收石子,学生们力气小,就搬一点木材、格子板板、桌椅什么的。记得建校期间,我一天之内从龙井小学到镇上往返四次,往返一次要两个多小时,一共将近十个小时,当时都没修路,没有汽车,不像现在这样有汽车,(所以)全靠走山路。第一次是去取钱,那时候我当会计;第二次是去取锁和零件;第三次是去送信;第四次是带什么东西——年轻嘛,不知道累。校长叫郑光福(音),他现在已经去世了,很大公无私。尽管生活很困难,他还是坚持跟那些工人一起劳动、一起生活。我记得他家里面很穷,有时到了那一关①的话都没有吃的,那时候吃得少,他饿了的话就在伙食团②舀米汤吃。"文化大革命"结束之后,学校要修院墙。但是因为"文革",银行已经倒闭了,没办法取钱,郑校长就跑去教委,找教委要钱,然后把钱转交给我,有一万两千块钱。这在当时是很大一笔钱,我生怕弄丢了,就把钱藏在楼板底下,都没有跟家人说。

　　学生当时在学校没什么支出,有些学生中午提一些饭来蒸,两分钱或者一分钱,然后就是交一点学费。最低的时候缴两块钱,或者是三四块钱,有的时候还给他免费。本子的话就直接发,书本费也是放在学费里面的。像我那个班级我就知道,国家会拿一些名额,免费就全部都免了,免了就缴不了什么钱。我记得当时我帮那些困难的学生交了很多,就让他不缴了,我给他垫钱。但是有些孩子的家长还是承受不起,(所以)要劝他来读、喊他来读,他才会来读。通过说服、教育,跟他说学文化的好处,有些还是能坚持学完的。有少数人因为家庭没有文化,比较落后,就没有读书了,不过是少数。学生们早上来上学,远一点的早一点就来了,近一点的就晚一点来。因为有些家庭孩子多、负担重,学生自己也在勤工俭学,来读书之前都要担一挑煤炭,或者下一点力,割草、喂牛、打猪草,把家里的事做完了才能上得了学。有些人要割一筐草才能上学,有些同学要搬一些东西到街上去,然后才能来上学。不像现在这样读书就读书,那时候还要劳动。以前的学生要纯粹得多,听话得多,还是很认真的,但是文化很低。特别是对于女孩子来说,受教育程度比男孩子更低,后来就好些了。

　　读书认真的同学有些是为了改变家庭的落后面貌。老师会给他说,你只有努力读书才能改变家庭的落后面貌,你要是想摆脱农村,就要认真读书,考上好一点的学校然后才有出路;你不读书的话就是待在农村,摆脱不了。有读书厉害一点的,他就非常认真地读书,还是想改变落后的面貌。当然有一些家庭困难一点的,他倒无所谓这些——管他呢,当几天和尚撞几天

---

① 指某个青黄不接的时间段里。
② 指食堂。

钟,就在学校混日子。很艰苦的学生也有,比如燕子寺的梁同学,他就比较困难,读书比较艰苦,也都在努力读书。

一个班什么类型的学生都有,几十个学生就有几十个学生的想法。但是老师要掌握他的情况——他家庭的经济状况、文化水平、收入以及要求。我们当时基本上都要家访的,我根据自己的情况来说,班上有56个学生,每个学生家里我都去家访过。他在哪里住,家里有多少人,父母有没有文化,识不识字,这些情况都要明白,了解好了才可以有针对性地教学生。根据这些来教育学生,效果就会好些。当时有一个学生的家长是工人,他就要求学生学更多的文化。比如又有一个学生,他的父亲是挖煤炭的,巴不得他的娃儿多读一点书。然后我再跟学生讲,你爸爸的要求是什么,想法是什么,需要你干什么,这样对学生就有好处。而有些家长就完全是农民,住在山里面,他就无所谓。比如说黄同学,他就住在山里面,家长也没有太重视这个事情,随便学多少。但是我都走访过的,他还是配合。家访的路程有远有近,这边就是水库下面应该有五六里的地方,龙井村那边就在凉风丫;有到铜山那边的,有到七龙星那边的;有些要走一个多小时才能走到,有些倒是很近。

1981 年,陈洪波(一排右三)与毕业学生合影

我的妻子比我小五岁,以前不认识。她的哥哥是白沙师范校毕业的,她的爸爸是师范校的老师,和我一起教书。她爸爸跟我认识,之后她也到农村来了,后来转成知青。当时我们一家人都住在学校,生活状况一般。因为娃儿多,我妻子就没参加工作,照顾娃儿了。当时就是读到哪里算哪里,有些娃儿读了高中,我小的那个娃儿后来读的白沙工商学校,他们都没有读到大学。他们的成绩都一样,几个娃儿都在我那里读过书的,我也没有单独辅导、单独培养,都是集体讲。当时娃儿说可不可以给我单独辅导一下,我说:"我课堂上讲的那些你听懂了就行。"

我们大队还是支持我们教师工作的。当时有什么问题给周书记说的话,他都支持,比如想买什么东西啊,各个方面。当时学校没有风琴,去跟他说买个风琴,然后大队就出了钱,二百多块钱一副风琴都买到了。我觉得在龙井小学教书还可以,没有遇到什么困难,只是有的时候给家长做工作要注意。我记得我遇到过这样一件事情:有个学生没回去,也没有跟我说,我不知道他去哪儿了。家长就认为娃儿是在路上或者是落进茅厕被淹死了,然后家长就来找我,我觉得当时我也没什么想法,我也没有吵你的娃儿,也没有做什么,他怎么会这样呢?家里面的人就到处问、到处找,半夜三更也没有找到。第二天上学,(娃儿)就照乎乎①来了。我说,你还整得好,整出多大一个风波,你去哪儿了?原来他跑到他亲戚那里去住了,没有跟老师说,也没有跟家长说。第二天家长来赔小心②,请吃晌午③。我遇到过这样的事情,其他的倒没有遇到过什么事情,以后那些家长都很支持我的工作。我觉得我在村民当中、在群众当中,说话还是比较有威望的,大家还是很拥护、很支持,他们都说,"你给我教育我很放心""你给我管着,给我管紧一点",就是这些话。

---

① 方言,指照常。
② 方言,指赔不是。
③ 方言,指吃午饭。

1985 年,陈洪波获得江津县"优秀教师"证书

　　我是一个农村孩子,党把我培养成为一名教师,我没有理由不好好工作。无论在仁沱龙井村完小还是在仁沱中心校,我总是挑重担当班主任、教语文,和老师们一起工作,和同学们一起学习。当时我只有一个念头——兢兢业业,把学生教好,不误人子弟。工作的目标是争先进、赶先进,做一名又红又专的人民教师。由于我工作踏实,为人正直,参加学校的管理,先是教导主任,后又提升为副校长,在同志们的帮助下,我努力工作,积极进取,工作不分分内分外,1985 年被评为县级"优秀教师",1991 年被评为县级"优秀共产党员",1999 年被评为市工会"优秀工作者",还多次被评为区乡级"优秀教师"和"优秀工作者"。1993 年因工作需要,组织上调我到仁沱中心校任副校长,教了两个年级的语文。在我的辅导下,通过自身的努力,同学们的文章在重庆《金钥匙报》上发表过很多篇,至今他们都难以忘怀。

四、　因材施教,为国家培养人才

　　在教学理念方面,我自己在几十年教书的过程中总结出几条。一是对学生要因材施教;二是不歧视差生,不侮辱学生;三是让学生在实践当中去体会——我教语文就是写嘛。比如说,我记得有一个黄同学,是九村挖煤匠的女儿。她基础差,数学也不行,语文也不行,什么都不行。我后来就跟她说:你愿不愿意学?她说愿意学。我说:"你就抄语文学练字,能够认得到就行了,背的话你肯定不行,你先把它认到,就抄。"后来毕业的时候,她还基本上背得那些书,字还写得好。后来她毕业出去,因为字写得好,有个老板就雇她去,她还很发财。这就叫因材施教,如果你歧视她,觉得她啥都不行,就没得法子了。还有一个同学,我拿了三本书给他,我说你好好看,看了之后就把好的词句记下来,你认真的话一定会赶上。他毕业以后写了很多书,我那里也有,后来也勉强算是个作家。所以就是不能歧视差生。

还有就是要实践,要让学生去体会。比如好几次我都让学生出外去看田。那些冬水田①,太阳照在上面像点点银子。我说,这句话怎么写呢?同学们想了以后,我说:"这句话应该这么写:太阳照在水面上,微风一吹,发出碎银似的闪光。你把冬水田、太阳写下来。"还有爬山,我就启发他们,当时跑着的那种感觉,也可以用一个排比句:"时而苍松拂顶,时而万籁俱寂,时而花香鸟语。"我说,你就用这几个排比句,时而什么,时而什么,说明同学们爬山的时候专心致志,跑得快。我在教学中总是认真钻研教材、认真备课、认真上课;对学生因材施教,循循善诱,让优生学得更好,抓两头带中间,不歧视差生,不侮辱学生的人格,还鼓励学生好好学习,这样全班学生和谐团结,积极向上,学习气氛很浓,大家你追我赶,共同进步。最使我难忘的是初中73级毕业晚会上,同学们都要老师留言,依依不舍,热泪盈眶,互相赠送礼物,久久不想离开。

我当时很爱帮助学生,多次资助困难学生,如缴学费,免费提供书包、文具,有很多学生毕业几十年还念念不忘。有一次,古同学晚上要放学了,肚皮痛得很,那时候我晚上都还在(学校),我把他背去看病。我们都是晚上去访问家长的多,因为白天的时候人家都在劳动,不得空,晚上把学生送回去,再把孩子的情况、在学校的表现告诉他。有学生困难,比如没有米吃,有时候我都拿给那些学生。我记得古同学家里很困难,他父亲原是西宁市供销

---

① 冬水田是重要的湿地资源,是川渝陕南浅山丘陵地带冬季蓄水的稻田,不仅给来年水稻提供自给水源,更是保春播栽插、培养土壤肥力、蓄水保湿、增强抗旱的一种特殊稻田。

社的总会计,由于思想上受了一点委屈,就一气之下回来了。回来时有几万块钱,当时他觉得几万块钱可以用,结果因为一家有好几个人,那几万块钱不经用,后来很困难,家里确实吃不饱。有的学生就来跟我说:"老师,古同学偷你的红薯吃!"我晓得他困难,不但没有批评他,反而拣了一些红薯给他。所以他毕了业以后对老师特别尊敬。还有一位同学学习成绩不好,我晚上送他回家,顺便帮他辅导功课,晚上和他一起睡。结果第二天早上起床,发现那个娃儿尿床了,我全身都湿透了。

　　功夫不负有心人,教十年初中,有升中专、师范的学生,考上大学的学生也很多,其中甚至还有考上北京大学的。我为国家培养了不少人才,深受当地群众和学生的好评。

1991年,陈洪波被评为江津县"优秀共产党员"

　　在我教的学生中,有发展得很好的。当时学校十几个老师,主要是抓教学。我记得1981年,我们学校有两个初中班,考上了两个中师,中师当时很不好考,一个同学考了二中,钟同学和李同学是考出去的。而中心校一个都没有,我们还有两个,就是因为老师们在教学上很认真。学生读书的话,首先是根据他个人的天分,也就是脑子好坏的程度。马同学是北大毕业,在环保部工作。他就是智商高,读书厉害,肯看书,博览群书,肯下棋,肯摆龙门阵。比如说他在江津一中读书的时候,第二天要考试,他前一天还在看小说。老师很冒火,把他批评了一顿。考了以后,他超过北大的录取分数线50多分。他就是智商高,家里人也是挺有文化,对他要求也严格,但主要还是靠自己。

傅同学是龙井村会计的孩子,他也是智商高,家里也是愿意让他读书。他考的重庆交通大学,现在还在那里教书,还去美国考察过。他之前说他不想读书了,因为他自己是家里老大,所以要把家庭顶起来;但是他的家庭又想让他读书,他的家长就找到我,让我跟孩子谈一下,让他去读书。我问他:"娃儿愿不愿意读书?"他说:"就是不太愿意。"做了几次工作之后,我去四中跑了两三趟。当时(四中)书记是我的侄儿,他说你就让娃儿来看一下,娃儿愿不愿意来。后来就把他喊去看,(觉得)还是可以。娃儿后来就说了一句:"要读我就重新读过。"后来因为他的读书天分好,经过努力,他就考上了重庆交通大学。

钟同学是重庆大学毕业的,现在在四川大学教书。教他的时候我也是根据个人的情况(对症下药)。他最开始读书的时候,我说你不是什么其他的差,就是语文的基础知识太差了;我说你多写作吧,你一周写两个作文拿给我看,我也不给你改,就口头给你指点一下。后来他就考上了重庆大学,现在除了教书,还开了一家软件公司。他是学电脑的,很发财。

还有就是喻同学,他的父亲是艺术学校毕业的,很聪明。他第一次考试的时候是1981年,当时想考师范,本来他应该能考上的,但是当时贪玩,不太用心,没有考上,就还想去读师范。我说,你怎么这么倒霉呀,非要去读师范,像你的智商,去读高中发展得更好些。他说,我钱都缴了。我说你钱缴了就让你妈妈去退一下,才十块钱。他说,要得。后来他跟我说他要去二中读书,二中录取了他。我说,你读高中比读师范好,前途大得很。高中毕业以后,他考的是云南大学生物系,考上之后跟我说他考了多少分。我说:"你好好读书。"毕业以后,他就在遵义董酒厂当品酒员、经理,后来在一心堂药店当过老总,现在他又在跟那些做生意的大商家当参谋。

很多娃儿都是智力强,并且本身又愿意读书,那就培养他好好读书。我教了几十年,还是有一些好一点的,当然有些智商低的就再怎么培养也干不起。也有些在"文化大革命"当中读不了书,就培养不了。也有推荐的工农兵大学生,当时就是推荐两个。像林同学是推荐去的师范,后来江津卫生院把他招去了。

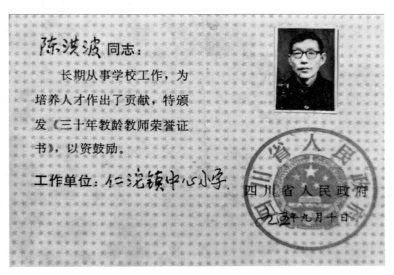

1995 年,陈洪波获得三十年教龄教师荣誉证书

除了教娃儿,我也教农民。很多村民写不起信①,我会帮他们写。还有就是晚上教夜校,附近的农民天黑了就来读书,劳动完毕,他晚上宵了夜②之后来学一两个小时。基本上到齐了就教一些基本的知识给他们。主要就是生活上必需的字,比如说怎么认自己的名字,怎么写自己的名字,常用的锅碗瓢盆这些字,后来就教一下毛主席语录。有的农民很认真,积极性很高,晚上回家了还会自己学。那是在"文革"前和"文革"中,后来就没有夜校了。

---

① 方言,指不会写信。
② 方言,指吃了晚饭。

五、 奉献自己的余热

建龙井小学的时候,上级的考虑是集中办学校,后来有的人到城里打工就把娃儿带走了,招不起生,然后就拆了,(学生和教师)合并到中心校。后来幼儿园也都招不起了,就都拆到仁沱去了。到中心校以后,家长就住在中心校附近,在街上租房子住,这样解决这个问题。

对于现在的乡村教育,我没有了解,只是晓得一点。人民群众最厌烦的就是乱补课、乱收费,比如说那些老师想去收点费用,就乱补课,上正课的时候不上,然后喊去补课,补课就收钱,群众的埋怨声很大。现在国家出手制止,不准补课,就要好一点了。改革开放之后,农村的学生改变命运说容易也容易,说难也难。现在娃儿的条件好了,认真读书的也多,有些娃儿还是在很努力地读书,但是读书还是要根据自己的情况。现在读书倒容易,想读的都能读。但是也要看他家长想不想,一般还是支持读书的。因为以后没文化的话,还是不容易,很难找钱。什么都需要有文化,要凭文凭高低。文凭高的话,你的工资就要高一点,文凭低的话,就只能下力气。现在想让学生多学一点东西的话,就要耐心地教育学生,多做学生的工作、家长的工作,使学生能够多学知识,多为国家出力。在这些方面,老师还是要努力,为党

2017 年,陈洪波荣获"乡村学校从教 30 年"荣誉证书

的教育事业出力。现在需要年轻人忠诚于党的事业，在工作中要热心、认真、负责，根据国家的需要，在不同的岗位上为国家贡献自己的力量，尽心尽力，这样的年轻人就是最好的，希望未来乡村的学生们能成长为这样的年轻人。

我在教书育人的过程中，默默奉献了38年，当了20个班的班主任和语文老师，送走毕业生一千多名。我找到了人生价值最佳的坐标，不仅照亮了别人，也温暖了自己的内心。人生就像列车一样匆匆从我们身边掠过，我不觉已退休22年，走过了83年的人生路程，我很满足于儿女们的孝顺，有一个和谐幸福美满的家。我的大姑娘退休了，（以前）在西南机动车驾校公司工作；第二个姑娘在江津化肥厂（工作）；第三个姑娘在江津驾校培训中心教学站工作；最小的一个幺儿，原来在珞璜水泥厂推销水泥，又转为管几个厂的水泥，后来他觉得不好，就跟政府一起买了几个水厂来供应水，有朱杨、夏坝、先锋、白溪等地方，他比较有钱。我的女婿是当老师的，原来是江津实验中学的校长。

我经常想：如何让退休生活更充实，更有意义，奉献自己的余热？我牢记：老有所养、老有所乐、老有所学、老有所为。我做了一些有益于人民的工作，为祖国的改革开放、实现中华民族伟大复兴贡献了自己的力量。有偿也罢，无偿也罢，我都去做。我平时爱旅游、摄影，去过北京、海南和三峡；去过哈尔滨的太阳岛，湖南的张家界、凤凰古城，去过华东五市；还去过邓小平的家乡广安。祖国的每一个地方，人情风采，各有不同，这些名胜风景、人物，我都一一拍摄下来，收藏了几百张，送给朋友一百多张，看着友人拿走自己的照片，心里乐滋滋的，比吃蜜还甜。在仁沱，我出钱修龙安桥的路；在江津，把孩子们给我的零花钱积蓄起来，救助残疾人、救助困难群众、资助困难学生，我还多次参加小西门社区组织的时事政治学习和退休支部活动，经常帮助邻居打扫院坝，2017年"七一"节我被评为小西门社区的优秀党员。我常常想，生命在于运动，人老了，应该想办法抗拒衰老，使身心健康，锻炼散步、摄影、科学养生、读书看报、练字作画、栽花种草，只觉得天天有事可做，生活很充实、很有滋味、精神爽快，不感到无聊、虚度年华。人老了如何保养身体,如何使生命得到延长？我自己总结的就是——预防比治疗更重要;最好的医生就是自己;身体好,一切都好。

　　我通过回顾自己的教学生涯和退休生活,感触良多,在学习中我体会到人的素质提高了,晚年生活更充实。另外,知识无止境,活到老,学到老,生命不息,学习不止。在学习和参加各项活动的过程中,我结识了很多新朋友,又从他们那里学到很多优秀品质。我希望退休的朋友们都阳光、时尚、健康、快乐,为实现中华民族的伟大复兴奉献余热,让晚年生活更有意义。

费镇寅
起起落落四十年

亲 历 者：费镇寅
访 谈 人：费爱华
访谈时间：2022 年 2 月 18 日、2 月 22 日、7 月 5 日
访谈地点：江苏省南京市玄武区费镇寅寓所
访谈整理：费爱华

亲历者简介：费镇寅，男，1939 年生于江苏兴化。1957 年毕业于江都速成师范学校，1960 年参加高邮师范轮训班，1975 年扬州师范学院数学函授班结业。1957 年 8 月—1968 年 7 月，分别在高邮县（今江苏省高邮市）甘垛、兴化县（今江苏省兴化市）舍陈等地的乡村小学任教；1969 年 8 月起，

费镇寅（右）接受访谈

在兴化县（市）顾庄公社（乡）担任小学、初中、高中数学教师、班主任；1984 年获兴化县人民政府颁发的国家机关、事业单位"先进工作者"称号；1985、1986 年连续两年获兴化县教育局颁发的县教育系统"先进工作者"称号；1988 年获中学一级教师任职资格；1999 年 3 月退休。

一、　家庭传承与求学生涯

　　我们那一带的费姓家族是明朝初年"洪武赶散"①从苏州阊门迁过去的。到我曾祖父这一代,家里积累了一定的田产,他读过私塾,有些文化。祖父是独子,财产没有分掉,家境相对宽裕,他喜欢读《易经》和中医,是附近有名的堪舆②专家,帮人算卦看风水。20 世纪 20 年代中期,他把两个儿子都送到上海去上大学,他们是村中有史以来第一代大学生。叔父毕业于国立暨南大学,他后来基本从政,在上海市、北平市、江苏省国民党政府担任课长、主任科员,当过东台县③县长,其间还做过几年中学教导主任。父亲读的是上海法政大学,毕业后在北平市卫生局工作,七七事变后回到家乡,研究过水利,在《申报》等报刊上发表过有关治水的文章,后来担任钟南中学、东台县中、如皋师范、泰县④县中、泰州中学的教员。

　　我 1939 年 3 月出生,和母亲、姐弟一起生活在乡下。父亲偶尔回来,会让我们姐弟读《千家诗》。大概 1948 年春,我和两个姐姐一起在泰州接受正规教育。因为年龄稍大,我插班进入二年级下学期。(初入学时)国文还好,算术完全不懂,我记得自己第一次参加考试,完全不知道怎么写答案,在试卷上乱写,老师没法批改,最后给了个 60 分。但算术毕竟不难,只要头脑一开窍,很快就会赶上来,我小学的算术成绩一学期比一学期高。五年级的时候,我有段时间生病停学在家。这个时期,父亲因为身体不好,不适应每天早晨和学生一起做操的规定,内心也不喜欢公办学校的太多管束,主动从泰州中学辞职了。他本来想去私立学校,但私立学校很快就不允许办了。为了生计,他在自家大门楼开了豆腐店。我上午帮父亲打下手做豆腐,下午父亲教我读古文,记得读了《五柳先生传》《桃花源记》《六国论》《吊古战场文》和《渔父》等,印象最深的是欧阳修的《五代史·伶官传序》,其中一句"忧劳

---

① 元朝末年,因大量战争加上淮河水灾,江淮一带人口锐减。明朝建政后的洪武初年,朱元璋从江南一带强制性大规模移民,迁往扬州、淮阴、盐城一带,史称"洪武赶散"。
② 堪舆,即风水。堪,天道,舆,地道,是中国传统文化之一。
③ 今江苏省东台市,为盐城市代管的县级市。
④ 今江苏省泰州市姜堰区。

可以兴国,逸豫可以亡身"我铭记了一生。

小学毕业后的 1953 年,我考取了口岸初级中学,为什么要考这个学校呢? 当时泰州市共有三所初中可选,除口岸中学外,还有省泰中和一所私立中学。私立中学学费承受不起;省泰中呢,我父亲刚从那儿辞职,不好去。由于当时的文化人少,小学毕业考上初中,户口就统一转到学校成为国家户口,粮油由国家供应;一旦初中毕业,国家就根据各人情况安排工作或继续学习。我们初一上学期学英语,到了下学期就不学了——时值抗美援朝后期,强调要"仇美、蔑美、轻美",英语属于美帝国主义的语言,应予"蔑视、轻视";据说要改学俄语,但我们学校没人会教,所以就停了。语文课讲的是政治文章,没有古诗、古文,也没有名家的散文,就连鲁迅的文章也看不到;上课的时候老师就拿出参考书读一读,讲时代背景,在黑板上抄一下主题思想、段落大意。现在回想起来,初中语文中只有陶铸的《松树的风格》这篇文章有印象,里面谈到"柳树的灵活性和松树的原则性",其他文章则一点印象都没有。上作文课还有些兴趣,因为"优秀习作栏"激励大家比谁的作文能上墙,我从初三开始,作文经常上墙。上初中吃饭要自己花钱,每月伙食费 6 块 6 角,一部分是国家发助学金,我拿的是丙等助学金,每月 3 块钱,另外我二姐在北京工作每月寄 3 块 6 角。那时候的助学金分四等,申请助学金都需要找家庭所在的乡政府乡长盖章证明。那时粮食供应还算比较足,中午有一顿米饭,基本敞开供应;一周吃一次荤,这一周吃肉,下一周吃鱼,平时都吃青菜,里面放些油徽子。正在长身体的时候,大家都吃得多,校长可能觉得粮食消耗得太快,有次训话说:"你们肚子都是橡皮肚子!"不久就控制粮食了,早晨只有很稀的粥,米都煮成了渣;晚上也吃很稀的粥,就着咸菜。偶尔改善伙食,有酱油黄豆,平均每人最多 20 粒。

1956 年 7 月初中毕业后,我想读高中。那时自己的理想本来是学历史或者地理。上小学、初中时,受父亲的影响,我先是对历史很感兴趣,当时家里有蔡东藩的整套历史演义,我翻过,小学老师还表扬说我是"小历史学家";之后又对地理、地质有兴趣,父亲有孙中山写的《建国方略》和大开本铁路规划地图册,里面谈了很多铁路规划方面的事,我经常看,想象着从这儿

1956年，费镇寅的初中毕业证书

到那儿有铁路，心潮澎湃；另外我对地质矿藏也有兴趣，当时都说我国是个贫油国家，所以我上初中时的理想是做一名地质工作者，为国家找矿、找石油。但因为家庭经济困难，二姐结婚后也不再支持我伙食费了，所以父亲希望我尽快出来工作。我考了泰州师范，自己觉得考得比较好，但发榜没有我，我怀疑自己政审不合格被顶掉了。后来，兴化县教育局将我分到江都速成师范①学校读书。

江都速成师范规模不小，在扬州专区招生，有11个班。教师教学比较认真，用的教材都是从苏联引进的，有教学法、教育学，还有学校卫生学。后来我当教师时觉得自己受的教育"上板眼"（有规矩），是经过专门训练的，特别是学校卫生学，当时在农村还很时新。速成师范这一年伙食费不要钱，但粮食每月定量三十斤，不像上初中时随便吃了。学习后期是去邵伯小学实习，

①　1954年6月，教育部发出《关于师范学校今后设置发展与调整工作的指示》，提出"今后应根据小学教育的发展计划和可能条件，有计划地发展师范学校；根据各地县具体情况，将现有初级师范学校逐步改为师范学校或轮训小学教师机构；小学所需师资除由师范学校培养外，还可举办师范速成班，幼儿师范学校应有重点地设置和发展"。（刘英杰主编：《中国教育大事典》，浙江教育出版社1993年版，第967页。）

时间不到一个月,我实习的科目是四年级算术,讲一个小单元,上了几节课。速成师范一年制,培养的是初小教师。毕业前,班主任建议我继续读书,可能是因为我年龄小,成绩好。他动员我继续读三年,三年读完可以做初中教师。如果实在家庭经济不允许的话,至少再读一年,可以成为正式师范生。我征求父亲的意见,父亲回信说家庭经济实在困难,还是早点出来工作,能救家里的急。那时父亲辞职回家没有收入,母亲裹过脚、年纪也大,干农活一般,三姐溺死,弟弟只有 11 岁;北京工作的二姐结婚有孩子了,也不再支持我们了。父亲说家庭支撑不住,已经危乎危乎的,没有大劳力。当时我心里难过,但为了支持家庭只好放弃继续求学,对老师说:"我还是毕业吧。"老师叹了口气说:"好吧。"

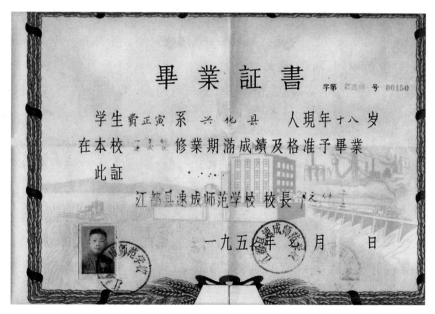

1957 年,费镇寅的江都速成师范学校毕业证书

二、 起:从代课教师到教研组组长(1957—1968)

回顾我的乡村教育 42 年,命运发生过三次重大改变。这三次转折可以

把我的教学生涯划分为"起—落—起—落"四个阶段。第一个"起"是从
1957 年 8 月开始执教到 1968 年年底。我从一个初小教师，逐步成长为合格
的高小教师、高级班主任、大片区教研组组长。

1957 年 8 月，因为成绩比较好，我毕业后的身份是"抵充正额代课教
师"。速成师范的学生分配工作有两种身份：一部分是民办教师，一部分则
叫"抵充正额代课教师"。"抵充正额代课教师"意思是非正式的公办教师，
比正式的公办教师差一些，但比没有编制的民办教师身份"高"一些，有点相
当于现在的"试用期"。三者工资也有差别，民办教师一般是国家发补贴 10
元，另外由学校或所在村补一些，加起来 18 元左右；"抵充正额代课教师"的
工资是每月 21 元；正式公办教师工资最低则是每月 26.5 元。

我工作的第一站是高邮县甘垛乡的于探花小学。当年村子的小学都很
小，有单班①、双班②之分，一个乡只有一到两所完小。于探花小学是双班学
校，老师就我和校长两名，交叉教语文、算术。因为一个班有两个年级，所以
是小复式。有专门的备课笔记本，每页分成两列，上课时先给一个年级布置
作业，再给另一个年级讲课。后来我也教过大复式，一个班有三到四个年级
的学生。那个稍微复杂一点，主要是纪律比较难弄，特别是一年级的小孩子
刚刚来上学。这时要发挥"小老师"的作用，让高年级的孩子管理、辅导低年
级的孩子。这时候日子过得还不错，学生家长轮流给老师派饭。每次派饭
一日三餐，教师每人每天给学生家长 1 斤粮票加 3 角钱。因为很长时间才轮
流一次，家长一般对老师比较客气，饭菜较多，荤菜也有，比如肉、鱼、鸭、鹅。
1958 年村里办大食堂，我们也到食堂打饭，菜和饭随便打，那时对什么菜都
不特别在意，只关心把米饭吃饱就行。吃饭时每个人都能吃几大碗饭，菜就
是咸菜。

1958 年年初，我们高邮中小学校提前一个月放寒假，全县中小学的公办
教师都集中到高邮师范，要求"大鸣大放"。动员大会在高邮师范的一个大

---

① 　单班指学校一共只有一个班的学生、一位老师。学生从一年级到四年级都有，是大复式班。

② 　双班指学校有两个班，一三年级一个班，二四年级一个班，为小复式班。配有两位老师，交叉担任数
　　学、语文两门主课的授课教师。

会堂举行。这个大会堂很特别,是一座竹筋楼,即用竹子代替钢筋砌的房子。竹子插在地上,外边用其他竹子斜斜地撑着,同时用竹片编织成墙,上面涂上石灰、水泥,里面看上去和普通房子无异。房子特别高大、宽敞、透亮。主席台上放着一座讲台,讲台上写着四个大字"民主讲坛"。先由高邮县委书记做动员报告,主要内容就是要求教师"帮党整风、向党交心",鼓励大家提意见。接着是分组开会发言,每组三十人左右,正好坐满一个教室。要求每个人必须发言、提意见。有不少教师在鼓动下都真正交了心,我自然也被"动员"说了一些意见,但无关痛痒。因为才工作半年,对学校没什么意见,七岁就离开农村老家,对老家的干部更没有意见。会议开了二十多天,直到春节前两天才放我们回家。春节过后没几天,我们公办教师又集中到高邮。这次是对春节前大家提的"意见"进行"辩论",会议又开了二十多天,最后大部分教师被定为"革命群众",少部分人被分为"极右""右派""有右派言论"等几个等级。

　　反右结束后的1958年春开始"大跃进",附近一个叫新庄的地方也要办小学。于探花小学一分为二,我成了新庄学校第一个也是唯一的老师。中心校要求我们"开门办学",统一安排每个学校的老师把学生带到圩堤、田野里,边劳动边上课。我们新庄的学生就来到村庄前面的一条高邮到兴化的大公路上。学生举着红旗,拿着小锹、篮子,背着书包,我拎着黑板。学生先去铲会儿草,然后在圩堤上上课。汽车来了,声音大,学生瞪眼望望,我都要停一停。1958年秋天,我工作满一年。甘垛中心校的黄玉琨校长找到我说:"根据你的表现,我们将你转为正式公办教师。"我脱掉了"抵充正额"的帽子,被定为小教十级(最低级)。

　　从1958年下半年开始就不一样了,生活越来越困难。首先我们每月的粮票少发了五斤,每月只有24斤,而且其中必须划出几斤买山芋干。其次农民自己家里粮食不够,都不派饭了,教师只能自己烧饭。肉基本吃不到,蔬菜倒是有,但每月油只有二两五钱,没有油水很难吃。1959年,我得了浮肿病。医生给我开了皮糠①和糖作为营养品,皮糠可以摊饼吃,甜甜的。隔了

————————————

① 即糙米的表皮。

一段时间，中心校通知我到高邮疗养。当时也没多少营养不良的教师，我是甘垛公社唯一一个参加疗养的教师，疗养了两周后基本恢复了。困难持续到1962年，因为吃不饱，来上学的学生也越来越少。记得那时我在志强小学任四年级班主任，本来二十多个人的班，后来只剩下七八个。学生吃不饱，常常饿出病。有个小孩子，走在路上突然昏倒在地，嘴上青紫，不停发抖。我也没什么力气，但还是把他背着送回家去。

　　我刚工作不久，父亲来看望我，走前留下最后一句话："现在教低年级有时间读书，要为将来教高年级做准备。"这句话我终身不忘，常常勉励鞭策自己不断上进。尽管我工作认真，但当时并没有死心塌地做小学一二年级教师，总想复习考大学，将来做中学教师，或者做其他工作。不过，不久就有了"拔白旗"运动①，要求大家干革命工作，"要做一颗闪闪发光的螺丝钉"。从那时开始，我上大学的梦就断了，只能老老实实做小学教师。后来在工作中，我发现自己越来越喜欢当教师，也发现自己适合当。我喜欢和小孩子聊天，喜欢抓住人心，学生愿意听我的，看到班级管得有条有理的便有成就感，到后来，看到教学效果好就更有劲了。虽然不能上大学，但我还是利用业余时间继续学习。1960年春节过后，我被选送到高邮师范参加高邮县的中师轮训班学习。轮训班是培养高小教师的，一共四五十人，我们甘垛公社只有我一个教师参加。我成绩好，被老师确定为教研组长，相当于学习委员。这个轮训班上课讲的都是小学、初中知识，我都很熟，所以就找机会借了一本高中的数学书，自学代数。第一天晚上把课后题目做好，第二天请老师批改，老师非常客气、热心。后来，父亲来信说要读时文（即议论文），我记得读得不少。到今天，对其中的一篇《魏徵论》所持的观点还有深刻印象。我从小在父亲督促下练过颜体和魏碑，现在课后有时间就继续练。我还读《尺牍》，学习怎么写信，里面列举了好多写得好的信。父亲说过，一个人既要字写得好，还要信写得好，你有这两好，在社会上就走得通。我在高邮疗养的时候，局里有个科员还是干部的来看望，了解生活情况，说"噢，你叫费镇寅

----

① "拔白旗"又叫"插红旗"，发生于1958年"大跃进"运动过程中。当时，文化教育领域盛行"拔白旗、插红旗"运动。

啊？你的字写得不丑啊！"

轮训结束后我就被分配到志强小学教高年级，一年后调往耿家小学，这里虽是单班，但生活条件比较好。后来上面分了一位女教师，照顾她到生活条件好的耿家小学，我则被调往横铁小学教高年级。才教了一个月，1962年下放潮来了，中学教师下放到小学，我只能让位，又被调到只有单班的野徐小学教初小。我在高邮的六年时间，换了六所小学。当时我已经结婚，就下决心调回兴化老家。1963年春天，我通过对调的形式到了兴化县舍陈公社的中心校。但这个地方离家还是很远，回一趟老家需要两天时间。于是我继续打报告申请调动。1965年夏天，费尽千辛万苦后，我终于调到离老家不到二十里路的顾庄公社管家小学——一所完小兼片区辅导校，心情特别舒畅。

到校不久，新老校长交替，两位校长都认可我的能力，决定由我接下五六年级复式班的高级班主任职务。那时的我年轻，浑身有使不完的劲，除了班级工作外，耕读教师培训工作也由我负责，整个学校的学生早操领操、教革命歌曲、墙报画画等等都是我。我有一个特长是写大字，写标语不像有些人先用尺子画好再涂，而是直接上墙刷，速度快，有气势。所以我来了后，学校的外在环境变化很大，校长很满意。大约是1966年年初，兴化县举办"群英会"，各公社、各行各业都要派代表参加。管家片区和冯家片区两个辅导校商量，共同决定推荐我作为顾庄教育行业的代表。可惜，当时的政治气氛已开始严峻起来，校长后来告诉我，因为出身地主，我在讨论时被"一票否决"了。我那时尽管感到不服和无奈，但更多的是振奋自己，力求做出更好的成绩。不久，我担任了冯家、管家两个片区组成的大片教研组的组长，承担组织教研活动、提高教学质量的工作。

三、 落：我被贴了"大字报"（1969—1971）

到1968年，我担任教师已有11年，尽管经历过很多政治运动，心理上有很大影响,但个人事业上还是取得了进步。真正对我有打击的是"下放大队办"①这个政策。我本来在管家学校事业处于上升期,从此就被打断了。

1968年年底有个公办学校"下放大队办"的潮流,要求农村公办小学教师回原籍所在的学校教书。政策出来后,管家庄四个大队干部集中开会,对外地来的三四个公办教师的去留进行讨论。当时的顾庄公社社长、妇联主任两位都是管家人,也参加了会议,最后一致同意让我留下,并且要把我的家属子女户口全部迁过来。但是事情并不顺利,我老家——顾庄公社丁家庄的会计在"社教运动"②中曾到管家查账,待过几天,其间听当地家长一致夸我教学工作出色,文艺体育样样拿得出手。回家后他便常常在庄上说,"丁家学校要想搞得好,非得把费镇寅弄家来不可"。正好"下放大队办"政策来了,丁南丁北两个大队的民兵营长③赖在公社教育革命小组不走,一定要我回老家教书。最终,管家庄只好放人。我内心是极不愿意回到丁家庄的。因为父母成分是地主,"文革"一开始便受到冲击。每次从外地回家,临到庄前,心口就沉重起来。更重要的是,我一个当老师的,万一学生上课调皮捣蛋,我要不要批评他?如果批评他,他提我的家庭出身,我怎么回?

我到丁家学校先教六年级,很快学校"戴帽子"④办起了初中,我跟着担任初一的班主任,语、数、音、体全包。语文课就是读毛主席语录、读报纸社论,相当于政治课。数学课还能教一些实用的数学知识,比如开平方、计算池塘的面积和体积等。当时学校乱哄哄的,很多教师的课根本上不下去。我上课时基本秩序还算好。那时我跟学生强调,"毛主席教导我们,团结紧张、严肃活泼。该严肃就严肃,该活泼就活泼"。上数学、语文课我一板一

---

① 1968年11月14日,《人民日报》头版头条发表《建议所有公办小学下放到大队来办》的群众来信,信中建议:所有公办小学下放到大队来办,国家不再投资或少投资小学教育经费;教师不再由国家发工资,改为大队记工分,教师都回本大队工作。

② "社教运动"即"社会主义教育运动",指1963—1966年在全国城乡开展的一次社会运动,运动内容初期是在农村中进行"清账目、清仓库、清财物、清工分",后期在城乡中表现为"清政治、清经济、清组织、清思想",因而又被称为"四清"运动。

③ 当时实行"三支两军",民兵营长实际主持公社工作。

④ 1955年12月,为了解决中学和高等师范学校的不足问题,教育部在北京召开全国普通教育、师范教育事业计划座谈会上,提出采取"戴帽子"(小学招初中班,中专招大专班,专科招本科班)的措施。此类学校通称"戴帽子学校"或"戴帽学校"。

眼,课堂纪律还算不错。我带大家上体育课、文娱活动表演时又特别活跃,一改上文化课"板板六十四"①的样子,黑板报我也认真搞,和其他班比起来很出彩,其他班的学生对我们这个班都很羡慕。为了防止个别贫下中农子女上课调皮、不服管教,我专门挑选那些在班上成绩比较好、有一定威信(首先必须是贫下中农出身)的学生担任班干部,和他们经常谈谈心开开会,把几个班干部团结在身边。我对当时丁家学校学生"闹革命"的环境很不满意,但因为出身不好,也很无奈,只能跟在后面,甚至有时候还要表现得积极一点。小时候读过《渔父》,对其中两句印象很深——"圣人不凝滞于物,而能与世推移""沧浪之水浊兮,可以濯吾足",我常常用这两句话暗中提醒自己。我熟悉简谱,会拉二胡,学校的毛泽东思想宣传队由我负责。我经常带学生到田间地头、街头巷尾演唱革命歌曲,进行各种表演。生产小队组织宣传队也让我去辅导唱歌跳舞。另外帮助学校、大队写大字、刷标语,我都是一喊就到。我向来的原则是干一样像一样,尽最大努力干到最好。因为在外忙,家里家务活一点也帮不上,爱人参加大集体劳动很累,还要回来做饭、带小孩,辛苦得很。尽管这样,我还是落不到好。有次带南区组织贫下中农管理学校②学习班,贫管会的一个代表就不点名地"刮"(批评)我,说"有些教师,来到我们大队学校,瞧不起我们贫下中农!"好在当时顾庄公社的几个负责人没有听他的。

　　有一天,学校外面大巷墙上突然出现了一张大字报,内容是批"智育第一""业务挂帅",说"我们学校还有教师坚持智育第一,反对党中央的决策部署"等等,下面署着两个初二学生的名字。看内容,尽管没有直接点名,明眼人看得出说的就是我。我再仔细看了行文,觉得这绝不是初二学生的文笔,那些话学生根本写不出来。后来摸清了情况,内容不是这两个学生写的,他们只是抄写、签名。回老家两年后的 1970 年年底,上级对"公

---

① 俚语,即严肃。
② 贫下中农管理学校是"文化大革命"进入到 1968 年 8 月时在全国县镇以下农村中、小学开始实行的一种管理体制。其中要表现为各校在人民公社、大队革委会的领导下,成立以贫下中农为主、有教师代表参加的贫下中农管理学校委员会或管理组,废除校长负责制,实行"贫管会"一元化领导。该体制一直持续至"文革"结束。

办小学下放大队办"政策纠偏,顾庄公社学校教师重新进行了人事调整。1971年开春,我来到公社政府所在地的顾庄学校,开始了我的初中、高中数学教师生涯。

四、 起：我的教学出了名（1972—1993）

对我命运产生转折的第二个重大事件是"教育整顿"①以及后来的恢复高考。这段时间,我教学成果突出,冒出了头,在公社(乡)里、区里都出了名。

1972年开始"教育整顿",学校开始重视学习文化知识,这对我来说如鱼得水。巧的是,学校里正好有一位很懂教育管理的徐校长,他经常听教师的课,找学生问教师情况,经常抽考,抓质量有一套。记得有一次他对我们这个班考试,为防止学生作弊,一张桌子两个学生,左边的考语文,右边的考数学,拿两张卷子考。1973年我教的这个班初中毕业全县统考,全班共五十人无一缺考,均分87.6分,列全公社第一,而上一届顾庄学校的均分列全公社倒数第二,形成了强烈对比,我的名声一下子在公社乃至整个区里都有了影响。为此我出席了当年兴化县在竹泓中学召开的教研会,还在会上发言交流教学经验。因为教学质量好,从这一届开始,我正式成为一名高中数学教师。

1973年3月,徐校长推荐我参加扬州师范学院数学专业首届函授班课程,这个函授班开办的目的是培训高中数学教师,共两年,1975年年初结束。因为得到徐校长的赏识和鼓励,我干事业的劲头更大了。有一年,我教了三个班,两个初一班、一个高一班,每个班七十多人,一天二百多个本子要批改,每天晚上都要批得很晚。同时还要备课,高一数学的每一道试题我都要自己验算一遍,防止上课时讲错。那个时候因为长期不认真学习,学生的数

---

① 1971年年底开始的教育纠偏,后来称为"教育整顿"。1971年9月,中央日常工作由周恩来主持,在教育方面,他明确指出："对学习社会科学理论或自然科学理论有发展前途的青年,中学毕业后不需要专门劳动两年,可以直接上大学。"

学基础太差,本来一堂课的教学内容,有很多学生搞不懂,我常常连续讲课,占用了很多其他副课的时间,一定要让绝大多数学生都弄懂了才肯罢休。高师函授结束后,徐校长又让我参加高二毕业班的数学教学。这样有两位数学老师承担毕业班的教学,形成竞争,推动了教学质量的提高。1977年春天,公社在唐家庄举办了"群英会",我这个家庭出身不好的教师,作为全公社教师的唯一代表参加了会议,受到了乡政府的表彰。1978年乡文教科又一次因教学成绩好奖励我。1979年1月,我被评为顾庄中学所有教师中唯一一个一等奖,乡文教科还专门发了奖杯。这期间,顾庄学校升格成县直属中学,我担任了数学教研组组长。我在顾庄中学十年,所有教师集中在学校的大办公室里办公。当时办公桌按照教师的教学地位排位置,校长、教导主任的桌子在角落上。我刚到顾庄中学时,办公桌在门口,以后每学期调一次办公桌,最后我当上数学教研组组长,桌子就排到靠近教导主任的前面了。

1980年顾庄中学撤高中,我下放到初中教数学。当时来了一位扬州师院数学系毕业的工农兵大学生,这是顾庄中学有史以来分到的第一位大学生,校长、主任觉得应该由他来带毕业班,以示重视人才。但也有不少教师认为大学刚毕业,没什么教学经验,还是要由老教师带。同校教语文的一位老师的儿子正好上初三,他对教导主任、校长发火说,"不排费镇寅教这个班数学,我也不上这个班的课!"后来还是决定由我来教。为了培养年轻教师,我向校长提出我只教一个班,在一年后的升学考试中,我班49人,数学分数90以上(总分100)的有25人,有一半的学生升入中专、兴化中学和戴南中学。

1981年暑假,我申请调到小学工作,希望语数包干,但被教办室领导强行安排到离家较近的顾南中学任教。当时的顾南中学建校时间很短,录取的初一新生分数在全乡最低,统考成绩也在全乡垫底。为了抓好学生各个学科的全面发展,我主动要求做班主任。组织的班级活动丰富多彩,半年后,班集体获乡团委颁发的"先进集体"称号。而数学教学方面,经过两年半的辛勤努力,到初三上学期期末参加县统考时,数学平均成绩居全乡之首。毕业考试时,这个班有三分之一的学生考上高中,其中有五个进入重点班,创下顾南中学历届毕业生最多升学人数的纪录。因为这几年的教学成绩，我在 1984 年获得兴化县人民政府颁发的国家机关、事业单位"先进工作者"称号，1985、1986 年又连续两年获得兴化县教育局颁发的教育系统"先进工作者"称号。1987 年 11 月第一次进行职称评选，我被评为中教一级。据评定职称的负责人说，按我的申报材料应该被评为中教高级教师，但因顾庄乡没设高中，所以没有分配到中学高级教师的名额。1984 年 4 月，我被乡教办室聘为初中数学教材教法进修班的辅导老师。1986 年 4 月，被聘为全乡青年教师大奖赛的数学学科评议组长。

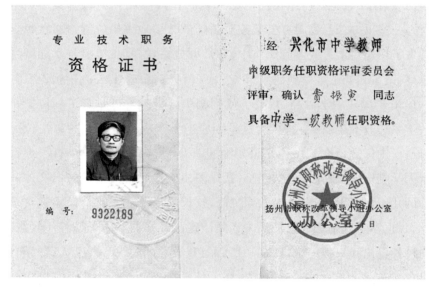

1988 年，费镇寅的中学一级教师职称证书

我教学效果比一般教师好，除了在教学方法上已经形成了自己的特点，有一个更重要的原因是我事业心重。我一门心思放在教学工作上，心无旁骛。对喝酒、打牌、闲聊这些事情，我都觉得是浪费时间。同时，我只专心教学工作，对非教学工作敬而远之。年轻时，至少有两个中心校长让我担任很多人想做的乡中心校会计工作，我都毫不犹豫地拒绝了。相反，很多教师工作一般，把时间都花在喝酒、打麻将上；他们千方百计地想当校长、主任，至少当个会计；为当上干部就要陪领导应酬，没有更多的心思认真研究教学。当然这不能

完全怪教师个人,20 世纪 70 到 90 年代,我们乡教育系统整体风气较差。那时我也有当校长的想法,但当校长的目的不像有些人那样想捞好处,而是要做一番事业,实现自己的教育理念,为家乡人造福。只是在这样的环境中,我没有机会——之前是因为家庭出身不好,之后则是因为基层风气太坏了。

五、 落:"得罪"领导被排挤（1994—1999）

大约从 1994 年开始,我经历了人生的又一次重大转折,遭遇了第二次"落"。我的犟脾气得罪了学校的一些领导,印象最深的事情是当时兴化县开始办理民办教师转公办的事。因名额有限,竞争很激烈,评选采用的是积分制,教龄、学历、奖励、当班主任、当干部等等都会折成不同的分数,最后加起来,看谁高,谁高谁上。当时有两个民办教师争一个名额,学校领导领着其中一个老师来我家,想找我帮忙开个假证明,我一口回绝了,可能就把人得罪了。我爱人(村幼儿园教师)的养老保险也一直没有得到办理。

吉步莲①补遗:

　　大概 1991 年,乡教办室说要给我们幼儿教师"办养老保险",要求经费统筹,学费统一收到乡教办室,教办室给教师发工资,给幼儿教师办养老保险。我工资开始是每月几十元,到 1995—1996 年才陆续涨到 108 元、118 元和 126 元。

"统筹"之后,养老保险却迟迟不帮我们办。1994—1995 年扬州市和兴化市政府先后出台有关政策,要求各地给幼儿教师依法办理养老保险,但我爱人的保险仍旧被拖着不办。从 1999 年到现在二十多年了,物价多次变化,我们老家所在的戴南镇是苏北最富的乡镇,而我爱人每月 186 元的生活补助一直没变过,还要担心随时被"断供"。如果当年办了养老保险,每月应该能

---

① 费镇寅之妻,1942 年生于江苏兴化,农业中学肄业。1959 年起先后担任孙东大队幼儿教师、孙家小学代课教师、扫盲教师等;1974 年 3 月—1999 年 3 月,担任丁南大队幼儿园教师。

拿到两千多。这都是我当年的犟脾气导致的后果。

最后顺便说说教师收入的变化情况。我速成师范毕业后第一年(1957年8月—1958年7月)工资是每月21元,转成正式公办教师后是每月26.5元,拿了三年,接着1962年左右是每月29.5元,1968年左右涨到34元,但下放大队办期间(大概1968—1971年),每月只发生活费十多元钱,其余的工资先扣着。34元这个工资拿了近十年,到1977年的时候涨到39元。后来就经常上调工资,收入稳定增长,到1993年工资是493元。1999年3月我退休前,工资涨到一千多元,退休金九百多元,以后也定期增加,现在加起来有六千元。在职的教师工资增加得更多,不能再说教师工资低了。

吉步莲补遗:

> 我的收入很低。包产到户之前的集体劳动,一个大男劳力正常每天10个工分,妇女大概6个工分。我后来担任幼儿教师,工分更低,大概每天记4个工分,全年总计大概1500多工分。按我们小队的工分值,折算成钱,每年的收入90元左右。90元的收入不是发到个人手上,定期发的米面粮油、年底分的鱼都按数量折算成钱,要相应扣除,如果不够的话还要补缴。大集体时代,我一年大概收入90元,只够我和一个小孩子一年的口粮,另外两个孩子的口粮,日常家庭的油、盐、蔬菜、荤菜,以及衣服等其他开支,都需要他们爸爸的工资去购买。

当时的米是1角多一斤,猪肉是一斤6角6(20世纪60年代)、7角3(70年代),鱼一斤3角2(60年代)、5角(70年代)。因为肉、鱼价格相对较贵,而且是计划供应,所以农村吃米较多,一个人平均每年大概需要60元买口粮。为了贴补家用,1973年我们在上海找亲友用工业券花了一百多元买了台缝纫机,爱人业余时间做衣服挣工钱,记得做裤子一条0.5元、中山装做一件1.5元。那时做副业还属于走资本主义道路,尽管是用起早贪黑的时间做,小队长还是发狠不准搞,大会小会批评,后来帮他家做衣服不收钱,小队长也不再说了。到了90年代初期,周围的农民都做起了生意,教师的收入相对来说便非常低了。有一次，我一个跑运输的堂侄问："叔叔，你们做教师的一年赚多少钱？"当时我的工资是每月一百多元，民办教师几十元，一年才几百到一千，他听了后撇撇嘴说："太低了！我们船跑一趟就好几千了！"这种情况下，教师都想方设法搞一些副业。比如有的在家开一个小店，卖烟酒副食品、小百货；有的在校门口支个小摊，卖零食给学生；有的作为船"股东"参与投资；有的民办教师干脆辞职跑生意，当工厂的"采购员"；还有的请假和农民一起买大船跑运输。

谈到乡村教育，我觉得，教育的功能第一是教学生做人，第二是教育年轻人有理想，第三才是传授知识。现在对人的培养只注重知识的传授，缺乏品德教育、理想教育，缺乏大局观念的培养。比如一个人生活在世界上，是不是只为了自己？应该让学生晓得，如果人只是像只鸡一样，搂搂吃吃（完全为自己），这人生有什么意义呢？要为这个民族、为整个国家考虑，甚至要有世界的观念，要有远大的理想，有社会责任感。另外，对教师、校长的要求要提高。教师不能仅仅文化水平达标就行，应该选拔那些有上进心、品德好、一身正气的人当教师。他们在品德方面要在学生中做表率，要求学生做到的前提是自己先做到。学校的校长选拔更应该严格要求，要从好教师当中选拔，校长应该是人品非常好、事业心强、教学能力强的教师。

我教学人生的三次转折都和大环境有关。只要社会重视教育，比如"教育整顿""恢复高考"，我就顺风顺水，事业也有一定的发展。当社会不重视教育时，我的人生也走向低谷。不过，不论外部环境多么混乱，还是遭到打击报复，我对教育工作一直兢兢业业，从来没有一天懈怠放松过。我19岁时在"拔白旗"运动中曾经说，"要把一生献给党的教育事业"，尽管这是一种政治表态，但一直到退休，我都初心不改。哪怕我55岁时，从全乡初中数学教材教法辅导老师的位置上被"贬"到小学教小学，还是照旧认真教课，学生统考成绩全乡排前三。说到人生有不如意的地方，我自认具备担任一个中学校长的能力，完全可以将一个学校办好，成为周边其他学校的典范，影响、帮助更多的教师和学生，可惜没有这个机会。这一生没有将我最大的能力发挥出来，没有能为家乡教育做出更大的贡献，是我内心的一个遗憾。

杨 芬
让农民的孩子识字

亲 历 者:杨 芬
访 谈 人:程德坤　林辛俐
访谈时间:2022 年 5 月 2—3 日、6 月 4—5 日
访谈地点:福建省漳州市平和县杨芬寓所
访谈整理:程德坤

亲历者简介:杨芬,女,1940 年生于福建漳州。1961 年毕业于平和县第一中学,随后分配至平和县国强乡三五村国强小学,任全科老师;1965 年前往漳州市漳浦地区参与社会主义再教育,一年后调至国强乡高坑小学;1972 年,因在教育革命中表现突出,获评校"积极分子";1978 年,在"农业学大寨"运动中获评"妇女工作积极分子";1981 年,调任平和县小溪镇高南小学全科教师;1989 年任小溪镇中心小学全科教师;1995 年退休。

杨芬(左)接受访谈

一、 光荣的"先生娘团"①

1961 年,我从平和一中高中毕业,被分配到国强公社②三五村国强小学,成了一名女老师。我们那一年考上大学的人不多,落榜的第一批毕业生被分配到了教育局,都要做老师;第二批毕业生被分配到了漳州市政治学校③,还要再读四个月。第二批学生读了四个月回来,发现该被分配去的机构取消了,还得自己找工作,而我在家等了几天消息,就去县教育局报到了。

那时候,一个公社有一个学区,每个学区有一所中心小学。比起学区里的其他学校,中心小学的设置更完备,和现在的小学没什么区别。最简单的,其他小学的校长都要教书,但中心小学的校长不用教书,他负责管理整个学区,我们也叫他"区长",都是普师生④才能当! 当时教育局把我分配到国强小学以后,觉得一个女孩子走这么远,不太方便,想把我留在高坑小学。高坑小学和国强小学有什么差别呢? 当时,一个学区分为内据点和外据点,"内"的意思就是山里面,比较偏远,要走许多山路;外据点的学校则在平原上。国强小学和高坑小学都在国强学区,一个在内据点,一个在外据点,高坑小学还是国强公社的中心小学,就更好了。相比之下,在中心小学教书当然好得多,可我拒绝了。我想着:听党指挥,党要我去哪里,我就奔向哪里。于是我就去了国强小学。

其实和其他的小学相比,国强小学又好得多——它是一所完小。什么是完小? 那时候我们有复式教育,就是一个老师在一堂课上,同时上几个年级的课。比如一年级和三年级的学生一同上课,老师教完一年级的孩子,就教三年级的孩子。这样的学校只有一到四年级,叫作"初小",等初小的孩子们上到五年级,就要去完小读书。国强小学就是一所完小。

---

① 　闽南语,指"年轻的女老师","先生"即老师,"娘团"即小姑娘。
② 　今国强乡,位于漳州市平和县中部地区,闽南第一高峰大芹山麓东北面。
③ 　指漳州市委党校。
④ 　指师范院校毕业生。

那个年代物资匮乏,去国强小学没有车道,全靠走。从我家坂仔公社出发走到国强小学,要翻四座山,走上五六个小时,就是现在,开车也要两个小时。那时我一大早出门,翻山越岭,出门的时候揣一个饭团当午餐,要管到下午三四点。所以到了国强小学之后,不到寒暑假,我就不回家了:回家路程太远,一到家马上又要走了,有什么意思?那时候我梳着两条长长的辫子,山里的农民都管我叫"先生娘团",意思就是女先生、女老师。一个刚毕业的女生,又会读书又会教书,一个人往山里跑,他们都觉得我很了不起,我也觉得很光荣。

二、"半耕半教"的日子

在国强小学,我一天要上五节课,有时候周末也要上课,一周大概是二十八节课。一个班级二十几个人,语文、数学、图画、劳动、体育都是一个人上,我们叫"包班"。因为是革命老区,我们这里很重视读书,特别是农民,都会告诉自己的孩子要好好读书,不要像他们一样。以前大部分农民都不识字,只有地主才识字,所以农民们觉得,不管怎么样要让小孩学会识字,才能有出路。晚上休息的时候,我们还要帮助扫盲教师动员不识字的同胞上课。扫盲班就在村里,离学校不远,(学员)有男有女,特别是女同胞,因为重男轻女,其中文盲最多。教农民比教小学生更难,因为他们老了以后才来读书,没有文化,四五十岁从头学起,是很困难的。我们这些小学老师就要去帮助全职扫盲老师,一字一字重新教。

我们的小学生活条件简陋了点,但硬件都跟得上。校舍是大队新盖的或者老房子翻修的,基本不会漏雨;课桌虽然简陋、不标准,但也不错;村里甚至有一座发电厂,一年四季都有得照明,除了下雨天得用煤油灯,我们都觉得挺满意。但山里毕竟是山里。我记得有一天晚上,我和我的舍友正睡着,忽然就听见了虎啸,那可是在大山里!我们的学校没有大门,空荡荡的,如果宿舍区的大门没关,老虎跑进来怎么办?两个女孩吓得不敢睡觉也不敢出门,不安地过了一晚上,第二天一问,原来大家都听到了。不过我们从没见过这只老虎，只闻其声。一个人在山里，没有家人也没有朋友，条件一般，还有老虎，但我一点也不觉得害怕，反而觉得高兴。我们坂仔本来就是山，我是在山里长大的孩子，一直往山上跑，放牛、捡柴，对山非常熟悉，来到大山里觉得一切都很亲切，农村人就是这样。我天生就好玩，喜欢在大自然中待着，高考时的第一志愿是地质勘探，到大山里去对我来说根本不是负担，倒是种解放。

我从小在农村长大，天生就会种田。到了国强小学，我们也要自己种田。那个时候工资很低，一个月29块半，我们一个月就吃3块6，主要是买米买盐，菜自己种，空心菜的季节就吃空心菜，吃完了就种高丽菜吃高丽菜，到了冬天也不用怕，天天吃山里挖的笋，就这几种，不用买。水就用山泉水，"泉水叮咚响"，也不用去挑，沟里就有很清的山泉水，用一个竹筒引下来就行。整个国强小学住着四十多个学生和六个老师，一日三餐都是自己做，所有人的饭菜就像炖罐一样放在一起焖。每个星期天老师去捡柴，有时会把寄宿生带上，劳动课一周两节，就带着其他学生一起去。有一次我带着五年级的学生去捡柴，一撂柴眼看要倒了，我赶紧去扶起来，结果被柴头划到了虎口，实在是太疼了！当着那么多学生，我不敢掉眼泪，一直忍到回宿舍，一个人在房间消化，其实哭得要死。学生看到我划到了手，回学校后也替我包扎，关心我手的情况。虽然真的还是很痛，但我不会表现出来，只是说："没事没事，稍微流点血，没关系的。"学生不知道我哭了，没有人知道，这能给学生看吗？

我还会做衣服，就是我们自己穿的衣服。有时候一些家里困难的学生没钱买新衣服，就会带来布料请我帮他们做，我从不会收他们钱，就是出份工。农民都很客气的，他们有菜就拿过来给我们吃，我们有付出，他们就对我们很好。像做衣服，我也是利用课余时间去做，也觉得很开心。很多人真的很穷，我们互相帮助，因为我也是困难过的，能够帮助他们度过这个时期，我也很高兴。

离开国强小学以后，我去漳浦县接受了一年的社会主义教育，之后到了高坑小学，在那里待了15年，而后调到了城关学区高南小学，也就是县城，之

1969 年,杨芬拍摄于平和县国强公社

后又去中心小学,做到了退休。

在高南小学的时候,我把教室隔成几个小间,一家人住在教室里。因为县城消费高,三个女儿也长大了,开销大,经济困难了。我还是自己种菜,菜地是学校分给我的;除了种菜,我还自己养猪、运煤。那时候运煤要经过一段长坡,非常辛苦,我的三个女儿帮我一起用小板车拉煤,但她们还太弱小了,没什么力气,只能在后面帮着推。有一次上坡刚刚过了坡顶,板车翘了起来,三个女儿想把板车往下压,但是车的速度太快了,她们直接飞了起来,双脚离地挂在了板车上,现在想起来真的是惊险,吓死人。后来搬出来住了,我就自己养小鸽子贴补家用。那是 1986 年,住的地方没那么大,我在阳台上隔了一小块区域,养了四五十只小鸽子,自己都不舍得吃,一直养到最后一个孙女出生,养了 11 年。养鸽子的粉尘和羽毛让我患上了支气管炎,但这也没办法,当时家里的三个老人接连患病,三个女儿还要读书,负担很重没法喘气,是生活所迫。

不过我也奢侈过,那是 1962 年的事情,我在工作的第二年用一年的积蓄买了一块手表！我现在还记得什么样子,一块金色的女表,是买别人的第二手,还很新。我想要看时间,时间比什么都重要,上课 45 分钟不能迟到,回家也要戴手表。那时候学生都在问:杨老师戴着一个什么东西啊？我说这是一个手表,可以看时间的,大家都惊呆了,都来看,那是在山区里面啊！后来出来到了高坑小学,工资还没有涨,手表就又换了新的。大概是 1966 年,我又用一个月工资买了新衣服。那时候要去山西太原看我爱人,要坐火车到上海转车。那是我第一次去,想要有点风度,又觉得好不容易去一次上海,要买一件漂亮的衣服留个纪念,就买了一件深棕色的、呢绒的上衣,又买了一条裤子,都是冬天的衣服,非常好看。我一个月工资 29 块半,那件衣服 30 块钱。

三、 受欢迎的女老师

我刚工作的时候还是重男轻女的年代,很多人觉得女孩子读书没什么用,不如去放牛、带弟弟。说实话,一个女老师,在当时是挺了不起的,会被竖大拇指的。因为读过书的女孩子很少,有工作的就更少了,更何况做一名老师。不过我也经历了一番抗争。我读小学一年级的时候已经九岁了。在这之前,我父亲不愿我读书,说女子读书有什么用？还不如做农活。我母亲出身地主家庭,虽然自己不识字,可是有很多识字的女眷,她始终觉得我该去读书。那是 1949 年,已经解放了,我母亲说,新中国成立了,女孩子当然要去读书。父母两个人吵得不可开交,最后把我拉去大队,要大队评理。走在半路上我就哭了,喊我要读书。我父亲毕竟偏心我,说读书可以,得有条件——一天看三次牛。我就答应了。

放牛不是随便放放的,像影视剧里带着书本去放牛怎么行？放牛就要全心全意。每天早上吃完早饭我就去放牛;中午下了课别的小朋友在玩,我还在放牛;下午一放学我还要去看牛,要把牛养得白白胖胖,下很多奶生很多崽。到了假期就更不能读书了，得全心全意干农活。后来我的弟弟长大了，我还要带着他去读书，一直到他不爱去学校，情愿留在家里，我才一个人去上学。就这样读到 1955 年，我去县里考中学，一次就考上了！学费很便宜，还有助学金，总共有 6 块，每年家里只要出 2 块钱。再加上我读得很好，爸爸也很满意。所以我说，遇到（因为重男轻女）肄业的女学生，女老师（劝学）是有优势的，我可以拿自己举例子说服家长。家长叫女儿不要上学，要去放牛，我就说星期天也可以放牛；叫女儿留在家里带弟弟，我就说她可以把弟弟带到课堂上。放牛我也放过，带着弟弟上学我也带过。你看，我小时候读书也是这么过来的，现在成了教书的，她也是女的，也要来读书。总之就是现在已经解放了，男女平等，女孩子也要去上学。其实也是没办法，我们几千年的封建思想就是重男轻女，哪怕现在也会重男轻女。所以要允许她们带着小弟弟来学校，弟弟哭了就去外面哄好，时间久了家长也会受到启发，把弟弟留在家里。后来我到了县城就好多了，改革开放之后，大家都很平等了。

当时国强小学有六个老师，其中有两个女老师，已经算多了。男女老师没有什么区别，同工同酬，但是农民特别看重女老师，他们说我们女教师教书耐心、循循善诱、兢兢业业，所以女教师特别受欢迎。我还是个农民出身的女老师，就更不得了。我是农民，不是小溪县城来的人，出生就在种田，说的是农村话，讲起农村头头是道，大家都爱听我说话，都说我们这帮人都是这样过来的。之后我们参加"农业学大寨"，要带着学生去学农基地布田插秧，因为我是农民出身，什么事都会做，干得又好又积极，人家一看到我就感叹："哇！你也是了不起的人啊，什么都会干，是一把好手！"后来我还评上了"妇女工作积极分子"。

当时评判一个老师教得好不好，一是看期末成绩，二是看课堂风貌。期末的时候，我们会贴大海报，把每个学生的成绩列出来做个排名，老师就知道自己的学生水平如何，如果学生是倒数，老师也觉得很丢面子。到了升学考试，如果初中录取率能达到 95%，甚至能全部考上，那老师就是大英雄！课堂风貌就是学生上课的纪律，有没有叽叽喳喳，有没有"乱班"。如果遇到

1978年，杨芬获"农业学大寨妇女工作积极分子"称号

"乱班"的学生，老师得有一套自己的方法，让学生心服口服。我教的学生就很有纪律，因为我的课堂就是很严格。我总是要求他们，上课一定要注意听不能开小差，这是最基本的事情。有的女孩子整天就爱玩手，不认真听讲，那怎么办？我就把她叫到黑板边上，面对同学们站着："来，你手弄好了再下去。"过了一会儿又问她："弄好了吗？"其实一上来她就不敢玩手了，就是要让大家给她压力。有时候发现学生不注意听讲，我会（故意）夸大家都很专心，其实就是一种变相的批评，走神的人就意识到了；如果还有人不认真，我就走过去轻轻动一动他，他怕我接下来把他叫上讲台，一下就专心了。我的办法很多，我的学生都能做到"坐如钟、站如松、走如风"，之后我也是这么教育我的小孩的。

　　每年，学校还会组织评职称，就是对一年的教学成绩做个评价。先是每个老师计分，分数够的可以自荐也可以被推荐，之后就是自我陈述，让大家评价，评好了报给教育局，会发个奖状，工资也会提高。我评上了高级小学教师，我同事是一级教师，我的退休金就比她高700块。

1992年,杨芬获评小学高级教师职称

　　也不是每个老师都很会教书。当时的老师分成公办和民办,公办老师有编制,学历高水平高,民办老师是大队选的,水平参差不齐。比如讲解一个左右结构的字,公办老师会说这是反犬旁,民办老师会说这个是"驼背挑柴",是驼背旁,学生听了都会捂嘴笑;再比如把成吉思汗解释成"成吉想东西想到流汗",那这就不合格了。其实当时国家正在困难时期,教师地位不高,有一句俗语是"一杀猪、二书记、三柜台百货",搞文化卫生的最不好,做的是上等工作,领的是下等工资。虽然我也经历了困难时期,但是在农村,大家都想读书,不会不尊重我们,我也不觉得很艰苦。为什么呢?"我有一桶水,学生才有一杯水",我很会教书,教学技巧很不错,学生们也很听我的话。我知道我是个够格的老师,做老师很开心,很骄傲,很有意思。

　　我最喜欢聪明的学生。爱玩不要紧,上课偶尔玩一下,我不计较,但如果他不会读书,乖也没有什么用。碰到读书好的学生,我就很高兴;碰到读书不好的学生也得帮助他,等到放学了,其他同学回家了,把他留下来补课,补完课要跟他说道理,说个十分钟,他就会怕了。怎么搞?他要把今天教的读给我听,如果不会,就教到他会,等他会了就给他讲道理:"以后不要上课讲话了,你看你,上课讲话,别人都回家了,只有你还在这里,饿着肚子。"这样一说,他明天就改正了。很多农村小孩不爱读书很正常,小孩就喜欢玩,所以我们要耐心教育,让他们了解读书的重要性。怎么样耐心教育?首先是说一些大道理,让他们知道要认真读书,以后才能做一个有用的人,才能建设社会主义,为人民服务;接着就是一些小道理,你一定要识字,你父母就是不识字,只知道"乌乌是字、白白是纸,它认识我、我不认识它",算工分还得靠石头,今天得了4分,就拿4块石头装在一个地方,连我的父母亲也是这样的。这么一说学生们就清楚了,慢慢就树立了"要识字以后才能为人民服务"的观念。

我从来不会体罚学生,一体罚,家长肯定要找过来。但有的时候我把学生留下来,家长也会问为什么要留孩子?我们给他说一下就通了。比如他上课一直不注意听,一直跟别人说话,或者是学不会,要帮助他们。我遇到过各种各样的家长。不同家庭对孩子的要求不同,有的家长会说,这个小孩在家里说话不听,怎么老师说话句句听,让他做什么就做什么,你们老师真厉害!有的家长就说,孩子有去学校就好,不要要求那么严格。但总的来说,家长都特别尊重我。尤其国强是革命老区,农民很支持孩子去上学,会说小孩去了学校就是你的学生,你就要严格要求他,不能放松。在学校里批评学生,家长都不会来找老师,反而会教育孩子,都是因为你不认真听课才被老师批评,是很信任老师的。

我觉得办好学校有三个要素:一是学校,二是家长,三是社会——学校要认真办学,家长要尊重老师,社会要支持教育,三个方面要结合。所以我们要常常家访,一个学生一个学期要家访三次。家访时要看学生在家里的表现如何,有没有读书,还要跟家长反映孩子在学校里面的表现。我们一般都是报喜不报忧,表扬为主,提出缺点为辅。我们学校是寄宿的完小,有很多其他村的孩子来上学,家访的时候我们就要去他的家里。最远的一家在九峰大芹山上,家访完还(得)在她家里住一晚上,多辛苦啊!他们家是客家人,和我们说的话不一样,虽然在学校里我已经和这个学生学了一点客家话，家访才发现还是听不懂，得靠学生来做翻译。家访完我就和她一起荡秋千，想想很有意思。家访还有一项任务就是劝学生回来上学。当时很多学生会肄业，因为他们之前在家乡的初小上学，上到四年级得来完小了，嫌路远，很多人就不来上学了。我记得有一个女孩读到五年级，嫌太远，不来了。我赶紧去家访动员，告诉她我们是住宿的学校，你可以来我的宿舍洗澡，一个星期回家换一次衣服，她就回来了。现在她住在高坑，前段时间还说要来小溪看我，一定要来感谢我劝她继续上学。

四、 最骄傲的学生还是我女儿

　　我 1961 年参加工作，1963 年就结婚了。我和我的爱人是青梅竹马，小时候我们一群人就在一起玩，抓虾、放牛、挑水、采果子，早就认识了，当时就是看他在读书，我在公社的一个女友也在读书，我才（对读书）有了兴趣。那时候读书的女生很少，可有派头了，我上了学之后，也有很多人介绍（对象），我都说我不要，讲这些做什么，我要读书，但是爱就爱了，顺其自然的。后面高考，他考上了福建师范大学，我名落孙山当了老师，但也不觉得遗憾，因为我很爱学生，看到他们天真活泼的样子就想好好教会他们。那时候我们是十几天互通一次书信，等我爱人大学毕业了，分配到太原的兵工厂，就跟家里说要娶我了。我当时可是教书的，很厉害！大家又都认识的，就成了。

　　我爱人一直在太原待到1973年才回到平和县，在这之前，我去了太原三次，他放假时会回来，其余都是书信。他的工资就五十几块，每个月给我 10 块钱，剩下的给他母亲。我也不会给他寄东西，他们兵工厂吃得比我还好。我一个人去教书，像个单身汉似的，觉得很好玩，一点也不孤独。大家的氛围都很好，家长都很支持教育，学生也很支持老师，同事也互相帮助。一过节，比如过端午，大家都给我粽子，我特别高兴。唯一的遗憾就是有点忙，当学生的时候我很喜欢运动，参加各种比赛，打球、标枪、跑步都会，标枪比赛得了第一，还上过报纸。一教书就没时间了，年纪也大了，再没机会运动了。从1967年开始到1970年，我相继生了三个女儿。两个人的工资要负担四个人的生活,有时候还要去借钱,就有点艰苦了。

　　第一个女儿出生以后,我被调到了国强学区外据点的高坑小学,路途没那么遥远,从坂仔出发,带着孩子走三个小时就能到。一开始我请我的奶奶带小孩,一直带到她带不动了,我就花 10 块钱雇了一个保姆。30 块的工资,就这么大方!一个人又要教书又要带孩子,心情当然会不好,但人就要坚强嘛。我的女儿们特别乖,大女儿会站在教室边看我教书。我和同事之间的关系也都很好,互相照顾扶持,当时有八个老师都带小孩,我们就在一起讨论怎么带孩子,特别有意思。农民知道我的情况待我也很好,还跟我奶奶说我很优秀,要多多照顾我,所以我觉得非常幸福。1973 年我爱人回到平和县,我的女儿们也长大了,以前我上课的时候就让她们自己玩,现在她们也要上学了。

1972 年,杨芬携大女儿看望爱人

　　我当了34年老师,带出了很多优秀的学生。我的学生有当镇长的,有做生意的,有盖了好多房子的,有军官、妇联主席、护士、医生,还有人也当了老师,成了我的同行。他们现在和我感情也都很好,给我包粽子、送鸡鸭、送理疗仪,我现在喝茶的杯子就是我的学生送我的。过年的时候有打电话慰问我的,有来看望我的,有时候走在路上还能遇到以前的学生,都已经退休了,大家一起聊天。但是这么多学生,我最骄傲的学生还是我女儿。我的三个女儿,一个是县里的人大常委会副主任,一个在银行,一个在海关,都成才了!她们都是按部就班,到了年纪就上学,没有读幼儿园,我们都住在学校里,后来到县城也住在学校里,(她们)每天看我教学生很严格,所以也严格要求自己,读书非常自觉,不用费劲管。一开始我也希望她们当老师,但她们都经过自己的努力考到了其他地方。

　　我觉得老师这个职业不错,有寒暑假,可以带自己的孩子。我从来不后悔当老师,让我去做别的我都不要,就要当老师!我已经有了一套经验,实在是很轻松,何必去改行?更何况当老师就有一份责任,农民本来不识字,能让他的小孩识字,这就意义很大了,我也希望农村的小孩能成为对国家有用的人。读书是能改变命运的,我读书的时候还想不通这种大道理,只是喜欢读书的过程,看到别的小孩在玩我在放牛,也不觉得后悔,还是觉得我要读书。其实读书确实改变了我的命运,我的父母亲都不识字,我的兄弟读到高中毕业,我的姐妹就只是耕田,而我成了一名老师,一名"人类灵魂工程师",桃李满天下。

蒋世昌

八千里风雨砥砺,四十载赤忱不改

亲 历 者:蒋世昌
访 谈 人:赵辰璐
访谈助理:杨轩宇
访谈时间:2022 年 2 月、6 月
访谈地点:线上访谈
访谈整理:赵辰璐　杨轩宇

亲历者简介:蒋世昌,男,1941
年出生于上海,中共党员,中学
高级教师、高级政工师。1961
年毕业于上海师范学院(现上
海师范大学)化学系,并于同年
响应国家和组织号召前往新疆
支教。先后在农二师八一子女
中学(1961—1969)、新疆生产
建设兵团农二师二十一团第一
中学(1969—1983)、新疆生产

亲历者蒋世昌(摄于 2023 年 11 月)

建设兵团农二师华山中学(1983—2001)任教,教授高中化学、高中物理,
曾任教研组组长、教导主任、校长、党委书记等职,2001 年退休归沪。

一、 再忆年少，风华正茂

我叫蒋世昌，1941年出生，今年已经81岁了，中共党员，中学高级教师、高级政工师，退休后叶落归根回到了上海。我父亲在20世纪30年代毕业于上海沪江大学商学院金融系，就职于旧上海的一家大银行，母亲也受过高中教育。五岁时我进学校读书。

我高中就读于上海市第六十四中学，这所学校始建于1939年，坐落在上海市中心繁华的淮海中路，道路的两旁是高大的法国梧桐树。校园内有几栋别致的洋房，每栋有四间教室。在寸土寸金的繁华的淮海路上，校园内空间窄小，只有一个带沙坑的200米跑道运动场和篮球场、排球场。因此，我们每周的两节体育课就连起来在离学校不远的淮海体育场进行。高中期间，我学习成绩还算优秀，读书也很轻松，只是靠上课认真听讲和做笔记，平时注意理解和积累，凭着记忆取得好成绩。例如，化学从初中开始到高中毕业，每学期都是五分（那时候是五分制）。我的高中物理是名师教的，力学学得最好，因此在以后的物理从教生涯中，力学部分是我最拿手的。当然，这与大学时代教授我"普通物理"课程的贾冰如教授也有密不可分的影响。

高中时，我的精力特别旺盛，高二开始每天早上起床后就去跑步。从家里出发，在马路上跑大约五公里后再到学校，一直坚持到考进大学。我在高二时，代表学校去参加了徐汇区中学生运动会，在少年组400米的比赛中，以64秒的成绩获得第二名，此外100米13秒2、跳远4米8，成绩也不错。我在高中期间的目标就是做一个品德好、学习好、身体好的"三好学生"。大概是受到爱看的京剧短打武戏的影响，我很喜欢体操，身手特别矫健，翻筋斗、跳箱和双杠动作都做得很漂亮。学校体育课的授课内容只有田径和体操，体育老师周家兴年龄比较大了，所以他只讲动作要领，而示范动作都是叫我来做的。球类作为体育活动来进行，但我基本上不打篮球，因为在班里个子比我高的同学很多，在班内我是体育委员，于是就做些组织工作，负责联系球场和联系其他班级等。如今回想，可能因为我热爱体育运动，有了一个比较强健的体格，为以后前往新疆从事教育工作的吃苦耐劳打下了基础。

我在读高中时,正值全国大炼钢铁时期。1957年党提出的教育方针是"教育必须为无产阶级政治服务,教育必须与生产劳动相结合",紧跟形势,学校就办起了用坩埚炼钢的小工厂,由一位曾在工厂工作过的化学老师负责,用不同的配方生产不同的产品:榔头(低碳钢)和修枝剪刀(高碳钢)。当时的中共上海市委书记处书记魏文伯①也到过学校进行视察,对我们有了极大的鼓舞。那时,机关、学校和工厂都是每星期六个工作日,星期六下午学生就放学了。为了让我们参加生产劳动,学校利用星期六下午和晚上的时间,组织我们到工厂去参加劳动。我曾经到两家工厂劳动,其中一家是生产三五牌台钟的上海钟厂,期间学过钳工和木工。

我爱好比较广泛,动手能力也比较强。父母也给了经济上的大力支持,使我可以常到南京西路的"翼风"航模商店买一些飞机模型的材料,有弹射的、螺旋桨的、滑翔机等。我也组装过半导体收音机,从矿石收音机到四个晶体管的收音机(都有)。家里备有电烙铁、万用电表等常用小工具。我家还有照相机,经常和家人外出摄影。高中毕业时,我获得了上海市"五四奖章",为此我感到特别自豪。生在旧社会,长在红旗下,在14岁读初中时,我就加入了共青团。我从小就有许多愿望,想当飞行员、想当工程师等等来报效祖国。高中毕

1959年,蒋世昌于高中毕业时留影,胸前为"五四奖章"

① 魏文伯(1905—1987),湖北黄冈人,1926年加入中国共产党。1949年后历任中共中央华东局秘书长、华东政法学院首任院长,1953年任司法部副部长,1955年任上海市委书记处书记,1961年任中共中央华东局书记。"文革"中一度受到迫害,1979年后任司法部部长。

业时,因为我不具备考飞行员的条件,所以选择了报考地质学院和师范院校,想当一名地质勘探工作者或者一名人民教师。后来我考取了上海师范学院化学系——这样也很好,那些愿望可以通过我的努力,培养我的学生来完成。尽管受家庭出身的影响,但因为是共青团员并且获得过上海市的"五四奖章",我就被录取到了专科。相比一些同学,我已经是幸运者——有一位同学,因为他爸爸的问题,学校在他的高考报名表的"政审"栏里填了"不宜录取",他就完全失去了上大学的机会。

二、 到祖国最需要的地方去

在上海师范学院读书时,我们的班级是一个团结友爱的集体。由于我是班委和团干部,几乎所有的活动中都有我的身影。国庆十周年之夜,我在人民广场与外国友人一起狂欢,排练的文艺节目在系里演出中获奖;早锻炼时为了占球场,曙光初露时我们就出现在运动场;金秋季节,到青浦区参加三秋劳动,结合教学时去吴泾化工厂参观炼焦车间……这个集体培养了我的团结协作精神和组织协调能力,为今后担任各级领导职务打下了基础。

1960 年,上海师范学院 59 级化学科团支部留念合影(二排左六为蒋世昌)

　　我的学习生活是紧张和有规律的。每天早晨进行体育锻炼。上午在学院教学楼的阶梯教室里与本科同学一起上大课。操着苏北口音的黄教授给我们上无机化学课,有条有理,有声有色;教分析化学的老师认真说着宁波普通话;教普通物理的是贾冰如教授,他曾经出版过很多中学物理学习小册子,如《运动学》《动力学》《功和能》等,很受中学生喜欢,课讲得也简练易懂。下午,我们都在化学楼的实验室度过,我和孙福萍①两个人一组,通过所有化学课和物理课的实验,提高操作实验的技能技巧。晚上,我们在自修教室里阅读老师自己编写的讲义和其他参考资料,完成作业和实验报告。最后我以各门功课"五分"和毕业答辩"优秀"的好成绩,取得了毕业文凭,具备了做一名合格教师的基本条件。

　　1961年我大学毕业了,那年我20岁。因为上海师院是上海市属高校,面向上海招生、为上海培养师资,关于分配,大家普遍并没有什么想法。毕业考试的那天中午,我们在食堂里吃饭,听到广播里新闻说,上海市教育卫生部部长杨西光和新疆生产建设兵团的领导张仲瀚到学校来了。食堂里大家纷纷议论。后来才知道,教育卫生部和新疆生产建设兵团的领导到学校,是来协调毕业生的分配,支援边疆的发展和建设,而且今后每年都会有毕业生分配到新疆去。不久,我们系的分配方案下来了:除了分配在上海的,还有学生要分配到新疆生产建设兵团和原南京军区防化兵

1960年,蒋世昌于上海师范
学院校门留影

①　孙福萍时为蒋世昌的同学,后为其夫人。

部队。我们班的同学热烈议论起来，但大部分同学还是选择了留在上海，系里要求到新疆去的学生必须是党团干部、自愿报名，并且要得到家长的同意。在国家"好儿女志在四方""到农村去、到基层去、到祖国最需要的地方去""到祖国的边疆去、到最艰苦的地方去"等口号的感召下，我们班的学生会干部和班团干部在一起商量，都报名去新疆。

在那激情燃烧的岁月，青年们热血沸腾，壮志满怀。我和班内八九个同学报名去新疆，其中有同班同学孙福萍（当时为学生会文娱部长），当时我们已确立了恋爱关系，就去征求两家家长的意见。爸妈很慎重地带我们拜访了留美归来的农学博士、安徽农学院的蒋教授，他分析了当时的国内外形势——中国正在进行大西北的开发，上海已有一些企业向西部搬迁；他又给我讲了美国西部开发的历史，认为美国的西部发展起来了，我国的西部如果得到开发，将来也会很好的，因此鼓励我到新疆去。而我父母年轻时恰逢抗战，在日本侵略军南下时，银行的职员和难民一起从上海撤退到过大西南，所以他们对去边疆并不陌生。加之我们是大学毕业分配去的，感觉肯定是不一样的。因此，我们两家的家长打消了顾虑，一致同意我们到新疆去从教。

在家长的支持下，又经过学校院系领导的审批，全院共有四十多人到新疆从教，其中我们班有七人。由于我们第一批上海的师范毕业生分配到新疆去是国家重大的教育战略部署，学院领导非常重视，在我们出发之前，学院的领导在小礼堂接见了我们，并且拍照留念。令我特别感动的是，我国现代教育家、当时已经七十多岁的上海师院的老院长廖世承①接见了我们，讲了他为了报效祖国，早年从美国回来，投身祖国教育事业的历程，还有在新旧社会的亲身经历，让我们认识到了，只有在新中国，教育事业才能真正获得发展。他还语重心长地对我们这些就要奔赴边疆的年轻教师提出了殷切期望："你们要听党的话，要向老教师学习，自己更要努力！"这三句话指引了我今后生活、学习和工作的方向。

————————

① 廖世承（1892—1970），江苏嘉定人。1915 年赴美，入布朗大学攻读教育学和心理学，获哲学博士学位。1919 年回国，任南京高等师范学校教育学科教授、附属中学主任。1922 年推动国民政府改革学制，实行中小学"六三三制"，并一直沿用至今。1938—1947 年任国立师范学院院长，1949 年后任华东师范大学副校长、上海师范学院院长。

1960 年 9 月 2 日,上海师院赴疆毕业生合影
(一排左六为廖世承院长,二排左三为孙福萍,三排左四为蒋世昌)

1961 年 9 月 14 日下午,我们师院毕业分配去新疆的四十多人一起乘上了西去的列车,占去了半节车厢。家长们都来送行,火车缓缓离开站台后,车厢的广播特地播放歌曲《我们新疆好地方》。火车加速前进,我们怀着激动的心情开始了长途旅行。火车先在沪宁线上奔驰,半夜到南京,当时南京长江大桥还未开通,火车过江用轮渡摆渡,经过一个多小时,渡船分批将火车送到了浦口,然后火车在辽阔的苏北平原上奔驰,天亮后进入陇海线。我们观看着车外的景色,听着广播里的音乐,大家的心情都很愉快,在郑州、西安等大站都下车活动,在站台上买一点吃的东西。

进入了甘肃省境内,车停在铁路沿线的站台,站台上有很多受自然灾害影响的灾民,我们的心情都沉重起来了,将车窗打开一条小缝,将从上海带来的食品,塞给了他们。经过休整,火车又行驶在当时还没有完全修通的兰新铁路上,两边是一望无际的戈壁,经过了姿态雄伟的嘉峪关,进入了"西域"。出了玉门关,沿途是茫茫戈壁滩。火车又走了两天,还是没有尽头。我们都在想念上海、想念爸妈了。但是,我并不孤独,因为同行的还有孙福萍。天黑了,当时兰新线只通到新疆境内离乌鲁木齐有半天汽车路程的一个小站,我们只能下车,必须等到第二天更换交通工具才能上路,只能在这里过夜了。风吹过来,令人感到阵阵寒意,我们进入了临时搭建的半地窝子。所谓地窝子,就是在地面下挖了一个坑,用木头支起来,上面铺上芦苇,再涂上泥巴用来保温的半地下室,在里面可以弯着腰行走。简单用餐后,在昏暗的灯光下,因为寒冷,大家都和衣睡在一个大通铺上。

天蒙蒙亮的时候,我们见到了几辆就像现在电视中拉着士兵的、蒙着帆布的大卡车。打开车厢的后板,我们爬上了汽车,一路颠簸,中午到了乌鲁木齐市,我们就到新疆生产建设兵团政治部干部部报了到,那天是1961年9月22日,离开上海已经八天了。那时乌鲁木齐刚下了一场大雪,真的没有想到,这个时候就那么冷了,由于厚衣服都在行李里,外出感觉到冷飕飕的。我们在兵团的干部招待所里等待着行李和分配,一个星期后,我与孙福萍,还有历史系和生物系的两个同学被分配到新疆兵团的农业建设第二师。

在9月30日早晨,我们见到了在兵团开教育工作会议刚结束的八一中学校长卢家法,他客气地欢迎我们。卢校长坐在驾驶室内,我们爬上有篷布遮挡、装满货物的卡车后,汽车发动了,行进在翻越天山的南疆公路上。刚离开乌鲁木齐,天气就变得格外晴朗,万里无云,我们终于要奔向目的地了。汽车在天山中艰难地盘山而行,公路足足有一百公里长,汽车在沙石筑建的傍山公路上颠簸行驶,公路一边是陡壁悬崖,非常险峻。车后卷起了尘土,尘土落在我们的头发和脸上,简直就成了一个个土人。山上几乎没有一棵树,山谷中也没有河流和小溪,只能够看到水流过的痕迹——这段天山的山谷,被人们称为"干沟"。翻过天山,到了南疆,经过托克逊县,我们在南疆的库米什的农二师兵站住了一夜。这年的国庆节我们就是在天山深处过的,那里人烟稀少,没有上海那样的节日气氛,只能偶尔见到路边的墙上贴着"庆祝国庆"的标语和挂在门边的红色灯笼。第二天上午出发,在一段戈壁滩中的公路上,汽车又奔波几个小时,终于在中午时分,到达了历史古城——焉耆回族自治县。我们在农二师的焉耆管理处休息,等待着农二师的具体分配——卢校长像捡到宝贝似的,让我们在这里休息,自己拿着我们的档案到库尔勒市的师部组织处,替我们去报到了。

当时,八一中学是农二师唯一的一所从小学到高中的完全中学。当天下午,八一中学的校长助理周希刚赶着一辆毛驴拉的车,到管理处来接我们了,小毛驴一路小跑把我们连人带行李拉出了县城。不久,大家就看到了前面有一条大河,大约有五百多米宽。大河的水流很急,但将近一半是没有水的,形成了长着草的河滩。周助理告诉我们,要经过这座全部用木头架起的大桥(当地人把它叫作"老桥")到河对面,才能到学校。我们从9月14日离开上海,在10月1日新中国第十二个国庆节的晚上,才到了八一中学,路上整整走了十七天!从上海到新疆,我们横穿了祖国大地,从繁华的大城市到了中国大西北的偏僻小县镇。从小就生活在大城市的人,一路上既领略了祖国的广阔天地,同时见到了什么是"一穷二白",看到了祖国的边疆,还是那么贫困和落后。

三、 扎根新疆,教书育人

新疆生产建设兵团是一个很特殊的组织,是按照师团营连排班编制的,就像在革命时期的根据地一样,除了生产劳动以外,还要办社会,要建医院、学校、幼儿园,有自己的商业系统,甚至还有自己的公安系统和法院。当时农二师的师部在焉耆县,学校就坐落在远离焉耆县城的永宁人民公社①,与农二师医院和卫生学校在一起,地处偏僻的乡野,虽然在生活上不太方便,倒是相对封闭免受干扰的学习好场所。当时农二师隶属于新疆军区,部队的子女学校就叫"农二师八一子女中学"(简称"八一中学")。学校始建于1952年,是一所全日制十二年一贯制完全中小学。我们到学校时的最高年级是高一,学生都是经过战斗洗礼的师团干部和军垦战士的子女,其中还有一位老红军的女儿。学生全部住校,过着军事化的生活:吹起床号起床、吹吃饭号吃饭、吹熄灯号睡觉。

① 现新疆维吾尔自治区巴音郭楞蒙古自治州焉耆回族自治县永宁镇。

学校的老教师有的是来自湖南参军的学生，这些 1952 年建校时的元老一边教学一边进修提高，他们像保姆一样体贴每一个学生，把学生从小学带到了高中，其中让我最敬重的是教导主任黄厚瑜①。还有的教师是 1960 年从北大荒转业的解放军军官，在部队时大部分是文化教员，他们都是我心目中的老教师。特别是我们的教研组长、转业军官刘钧在教学上给了我很多指导，他的经历比较复杂，抗日战争时曾参加中国赴缅远征军；但他的知识面很广，曾对我说过："学理科的人应该要读一些历史书籍和文学作品。"于是我在空余时间阅读了一些中外名著以及相关的报纸杂志，养成了阅读的习惯，慢慢地提高了我的文学修养。我还去听毕业于复旦大学中文系的秦文魁老师的语文课，帮助我提高写作水平；当过苏联专家俄语翻译官的焦峻老师，每天早上领着学生背俄文单词，他的学生在高考俄语中都取得了优良成绩，很值得我学习和尊敬。我在他们的身上学到了很多。

我们是第一批从师范院校毕业分配来的，学校领导很重视我们，让我担任学校最高年级的化学课教师，孙福萍担任了学校的大队辅导员。有位老教师戏称我们是"科班出身"，我不明白是善意的"挖苦""恭维"，还是"期望"，认为只有用它来鞭策自己，努力做好自己的工作，不辜负大家的期望，才是最好的回应。我的第一堂课是高中一年级的化学课——"氯气的性质"，学校领导、教导主任和许多老师都来听课了，对我来说压力是很大的。我用带有浓厚上海口音的普通话讲着课，我的讲课、板书都很规范，特别演示实验是经过精心准备的，演示了带有危险性的"氯气和氢气遇强光爆炸"的实验，当点燃镁条时发出明亮的火光，混合气体发生爆炸，产生了白色的烟雾，这是氯化氢气体遇到了空气中的水蒸气，成了盐酸，效果非常好。课后进行了讲评，大家肯定了我的课是成功的；有了好的开始，就要坚持下去。

第二年，我们的实习期满了，我和孙福萍被定为中教七级（相当于国家行政 23 级），月工资是 61 元 5 角 3 分。刚开始，由于农二师的经费主要用于

---

① 黄厚瑜（1926—　），湖南长沙人，中共党员。1951 年参军赴疆，成为"八千湘女上天山"的一员。在新疆巴音郭楞蒙古自治州焉耆县任教 33 年，曾任农二师二十九团中学校长，并入选"全国劳动模范""全国优秀教师"。

1962 年,蒋世昌与妻子孙福萍于八一中学校门留影

建设,所以每个月只发一些生活费,其余费用打一个欠条,到年底才全部补发,这样的情况持续了好几年。后来,学校又从北京师范大学、华东师范大学、甘肃师范大学、东北师范大学等全国其他师范院校分配来了毕业生,足见兵团对教育的重视程度。我虚心地向他们学习,取长补短,共同提高。1962 年,从防化兵部队转业来了一名军官,而学校也有一名物理教师离职走了。这样,教导主任黄厚瑜找我谈话,希望我能改教物理,我服从了组织的安排。1963 年担任高一的班主任,教三个班的物理。1965 年又担任高一的班主任、物理课教师,学校把农二师的师直校(后来的华山中学)的首批初中毕业生(他们是师领导和师机关干部的子弟)和塔里木垦区的毕业生都编在我的班,这也是对我的信任与期望。从此以后,孙福萍共教了 36 年化学和数学;我则改教了物理,有时化学老师请假时,我也去代课,教物理又教化学,一共 40 年,直到退休。

在师生们的共同努力下，1963年，八一中学的第一届高中生毕业了，其中有的考取了清华大学和第四军医大学等著名高校。从此，一批批毕业生开始进入高校和社会，他们中有的成为新疆生产建设兵团和各师团的领导，八一中学则成为当地最著名的学校。1978年恢复了高考以后，八一中学又同时成为农二师师范学校，为农二师培养了一大批教师，特别是施癸三担任班主任的英语班，华山中学的英语教师大都来自这个班，其中包括后任农二师教育局局长的刘丽华、华山中学校长和党委书记的邱成国。

对我来说，到了新疆，要长期在这里工作，首先要过的是生活关。南北方气候有差异，东西部的生活习惯也不同，特别是在三年困难时期，生活是非常艰苦的。我们刚到学校时，用一台柴油机带动的小发电机发电，只在学生上晚自习时办公室和教室里才有电，熄灯号吹过就停电了，其他时间都在煤油灯下备课和批改作业。过了两年以后，才接通了市电，时而仍会停电。学校没有自来水，要用水桶到井里去打水，挑到家里备用，有一次孙福萍去井里打水，突然，打水用的杠杆掉了下来，打在她的后背上，到现在遇到天气变化时还隐隐作痛。冬天学校虽然分了烤火煤，但要自己捡柴火，生火取暖。开始，学校没有教师食堂，要和学生在同一个食堂里排队打饭，平时是一个掺着苜蓿干的苞谷馒头和一碗漂着油花的白菜汤，蹲在地上和学生一起吃。吃豆腐就属于改善生活了，逢年过节才能吃到白面馒头和鱼肉。到了1964年后，随着国家经济的好转，生活水平才得到提高。在1965年冬天，学校组织我们到博斯腾湖割芦苇，在零下十几度的情况下，湖面结着厚厚的冰。白天因为劳动还不觉得太冷，晚上就睡在冰面上用芦苇把搭起来的窝棚里，穿着棉衣裤，戴着棉帽，和衣而卧，早上起来，头发和眉毛上都是呼出的气结成的冰碴。

这一切，对于一个从城市来的人来讲，是从来没有想到和经历过的，但是我和孙福萍都一起挺过来了，战胜了这些困难。当然，以后的条件也慢慢地好起来了，但是（初期的困难经历给我们）留下的是深深的回忆。1962年年底，我们向学校提出了结婚申请，按照部队的程序，经过了组织的同意，1963年1月24日（农历壬寅年除夕），我们与学校的另外两对新人一起举行了简单而热闹的集体婚礼。新房在位于学校东南位置的一间约20平方米的教工宿舍里，我们花了30元请学校的木工做了一个上面有两个抽屉、下面有三个橱门的柜子，两块铺板一拼就成了双人床，买了一块布围在床边的墙上，上海带来的两个箱子叠起来，上面铺了一块布——这就是我们的全部家当。结婚典礼时，我们自己没有花一分钱，学校为我们准备了当时很难买到的糖果和瓜子。孙福萍坐在一个用两根棒子固定的简易"沙发"上，作为"花轿"，有几个人抬着进到礼堂来"拜天地"，当然，也少不了出一些"节目"，大家喝着茶，嗑着瓜子，吃着糖，热热闹闹了一阵子，婚礼就结束了。第二天是农历癸卯年大年初一，早晨，卢家法校长请我们二人到他们家去吃饺子，这是非常高的待遇，早饭后，我们挨家挨户去给老教师拜年。

从此，我们建立了一个幸福美满的小家庭。两个人相互鼓励、相互关心、相互支持、相互帮助，共渡难关，共同教育子女。她成了我生活中的依靠、工作中的贤内助，我对今后的工作和生活，充满着希望，充满着信心。孙福萍的教学风格认真严谨，待人诚恳和善，在师生中建立起了崇高的威信。

四、 艰苦岁月，初心不改

1966 年春天，我正带领 68 届高一的学生在二十二团进行劳动，连队的广播中播放了党中央的"五一六通知"——"文化大革命"开始了。

回到了学校，大家都不理解，农二师派来了由师党校的孙兆华任组长的工作组，组织我们学习各级组织发下来的文件，批判《三家村札记》《燕山夜话》和《海瑞罢官》等文章。从北京突然来了两个红卫兵，打破了学校的平静生活，课也停下来了，学校里开始出现大字报。而后不知道从哪里抛出了一些校领导和老师的历史档案，顿时学校里铺满了大字报，搞得大家人心惶惶。我也提心吊胆地去寻找有没有贴我的大字报，终于找到了几张，都是批判我的资产阶级思想，以及我的生活方式和小资产阶级情调，其中有一张是说我的母亲为了逃避斗争，从上海到新疆来避难来了：当时我到新疆已经快五年了，大女儿已经一岁多了，每次给家里寄信都说我们很好，把女儿一岁的照片也寄回去了,但是老母亲还是不放心,亲自跑来看我们了。我们一家三代人虽然住在一间不大的房子里,但是大家都很开心。

工作组把教职员工分成了四类——第一类是"左派",第三类是有问题的,第四类是有严重问题的。红卫兵对三、四类的人进行了抄家。我因为年轻,没有历史问题,就是出身不好,所以估计应该是属于第二类。但由于涉及我的大字报的出现,学校里也乱了,只能匆匆地请妈妈回去了,她在我们这里就住了一个星期。

不久,随着运动的深入,学校里建立了许多红卫兵组织。其中有两派、三个大组织。我是提心吊胆地想不要被别人"整",也绝对不会去"整"别人,做个"逍遥派"。但是形势逼人,不可能置身事外,于是我们和张美娣及1965年分配来的大学生臧本英、李世荣组成了一个"经风雨战斗队",由出身好的李世荣任"头头"。因为我们什么事也没有做,人家叫我们"避风雨",实际上我们就是一个有组织的"逍遥派"。

到了1967年,上海爆发了"一月革命",全国各地都开始了"夺权"。运动进入了白热化阶段,两派之间就开始了"武斗"。这场"斗争"也蔓延到了新疆,蔓延到了巴州,社会上的气氛非常紧张。我们已经不能在自己的家里住了,几家老师分别在几个教室里集中起来,大家也好有个照应。9月的一天,"武斗"的火也烧到了八一中学,顿时石块、砖头甚至屋顶上的瓦片都飞舞在房屋之间,幸亏没有发生重大伤亡。从此,大家都不敢在学校里住了,就搬到了农二师的拖拉机修配厂和焉耆管理处去。因为当时孙福萍已经怀孕,预产期在10月,在无家可归的情况下,我们只能到上海去了。

10月25日,在上海第一妇婴医院里,孙福萍顺利产下一个男孩,母子平安。又过了一个多月,工宣队进驻八一中学,学校寄来了路费并通知我们回校。我们带着刚满月的儿子坐上火车回新疆去了。回校后,学生也都已经离开学校了。工宣队搞"大联合",成立了"革委会"。我们每天"早请示""晚汇报",跳"忠字舞",背"老三篇"和"斗私批修"。

1968年,全国到处都在搞"红海洋",八一中学也不例外。开始时我跟着孙丕仁老师当"小工",慢慢地我就学会了一些手法和调色,最后我就能独立地画画了。我曾在学校办公室的一面山墙上画了一幅《毛主席去安源》,在正对学校大门的墙上画了一幅四米高的《北戴河》,就这样我度过了在八一中学的最后一个阶段。

到1969年,"文革"进入"斗批改"阶段,为了结束"资产阶级知识分子统治学校"的现象,我被调离八一中学,到农场去了。

1969年4月,我们和我的学生,还有同样出身不好的同事田明达一起到了农二师二十一团①。刚下来时,我们在刚组建的十连接受了"贫下中农的再教育"。指导员是转业军人张国泽,连长是我的学生舒明昌的父亲。因为我们到得突然,舒连长对我们讲,连里没有空余的住房,正好羊群都进山了,只有羊圈那里有空。没有办法了,八一中学为我们送行的施癸三、孙丕仁和李金海等人七手八脚帮我们清除地上的羊粪,支起作为床的铺板,全家就这样住在羊圈里了。生活上同样没有水电煤,比在八一中学时更艰苦了。我们分到了大田班,每天早上天还没有完全亮,挂在连部的拖拉机的轮毂就敲响了,那是出工的信号。一岁多的儿子白天送到连队办的托儿所,我们在大田里和农工们一起进行春耕播种和夏季的田管劳动。四五月的天气还是那么冷,水稻田的水面上结着薄薄的一层冰,因为是刚开垦出来的水稻田,田里长了很多的芦苇和稗子杂草。

我们的班长是一个从上海浦东农村来的姑娘,外号叫"小辣椒",她第一个下水了,我和孙福萍赤着脚,咬着牙也跟着下了水,脚立即痛得直刺骨。太阳升起来后,冰也慢慢地化了,不知道从哪里飞来了小虫子,小腿被它咬得又红又肿。每天中午,连里派人用自行车给我们送饭,我们用自己带的碗,盛一碗白菜汤和一个馒头,就是午餐了。休息片刻,接着又下田劳动了,一直到下班,到托儿所将儿子接回家、烧饭,就这样度过了最艰苦的时期。

我们虽然有吃苦的思想准备,但是到了吃苦的时候,"苦"真的是那么难吃啊,吃苦不能只在口头的,而是到了真正苦的时候,才知道什么是苦了。

---

① 今开来镇,在巴州处于和静县和焉耆县之间的开都河边,原来是一片荒漠,由军垦战士经过十几年开垦成为一座现代农场,其前身是第一野战军二步兵六师十七团,干部和职工大部分是1947年在山东建军时的干部和战士。

1968 年,蒋世昌(中)在 21 团劳动时于田间留影

后来,有一位老职工——她是我在八一中学时学生的家长——给了我们几块塑料布绑在脚上,情况就改善了好多。田间,曾有位老职工很关心我,问道:"你犯了什么错误,下放到了农场?"我说:"我什么错误也没有犯,就是个'臭老九'。"他会意地笑了一笑。不久,在"复课闹革命"的情况下,我在十连经过了一段时间的劳动锻炼,成了一个"可以教育好的子女",来到了二十一团子女校(后来的二十一团第一中学)。那时,学校最高年级是初二,我们就从初一开始了第二段教育教学工作。

学校条件还说得过去,有教室,但课桌椅比较简陋,有一幢房子是教师的办公室。房子屋檐下,是我到了学校以后写上的"忠诚党的教育事业"几个大字。这里的学生很复杂,我班里的学生,一大部分是老军工(解放战争时期,山东翻身农民参军战士)的子女,包括团长刘双全(后任农二师师长、新疆生产建设兵团司令员)的儿子;一部分是在 20 世纪五六十年代,从其他省市自行到新疆谋生的职工子女;还有新生人员(在新疆劳动改造刑满后的释放人员)的子女。我在二十一团工作了 14 年,教过很多学生,在工作和生活中与他们朝夕相处,结下了深厚的友谊,特别是 75 届和 79 届高中毕业的这两批学生。1979 年起,我担任了学校的教导主任,与学生的感情就没有那么深了。

1969 年，我到二十一团学校工作时，担任了中学部的理科教研组的组长。学生刚从小学升入初中，由于几年的"闹革命"，都没有像样地上过课，学习基础很差。学生的家长除了团连干部以外，大部分文化程度很低，本身的素质也较差，生产劳动很忙，谈不上在生活上怎样照顾他们。团场又处在一个闭塞的地方，交通也不方便，生活在连队的很多学生从来没有离开过这块土地，出门就是条田和水渠。他们只见过拖拉机，没有坐过汽车，没有见过城市里的马路和商店，也没有见过外面的一切。用一句话说，就是有的学生很土，也很"野"。虽然大部分学生勤奋好学，但是学习基础普遍太差。有的男学生不讲卫生，很邋遢，不理发，甚至有的学生从来不穿鞋，赤脚可以在煤渣地上走路。当然，也不乏小偷小摸的和打架斗殴的。

这些学生和我在年龄上只相差十岁左右，跟我在上海最小的弟弟一样大，差别却是那么大呀！我的青少年时期，有一个幸福快乐的童年，而他们的生活那么艰苦，环境又差，只有通过学习知识，才能改变他们的前途和命运。我把他们当作我的亲弟妹一样，把我在学生时代培养的爱好和动手能力，当作与学生沟通的桥梁。我和他们一起做游戏，一起运动和开展课外活动，如做木工、制作粉笔、熬驴皮胶、在节日里与他们同台演出《智取威虎山》片段、以教练的身份带领他们参加垦区的运动会。我住在学校里，上课、生活和秋收劳动，始终与学生在一起，与他们打成一片，拉近距离，减少隔阂，终于得到了学生们的认可。

我对学生一视同仁，不放弃每一个学生。对勤奋学习的学生，给予耐心辅导；对有不良生活习惯的学生，孙福萍就给他们理发和洗头，给他们自信；对于调皮捣蛋的学生，对他们进行个别批评教育，从来不向家长告状。这样，我就成为他们的老师、兄长和朋友，甚至在生活方式上也成为他们的"偶像"。

1972 年，我们有了第三个孩子，我教的 72 届学生也初中毕业了。有的学生参军去了，一部分学生工作了，大部分学生上了高中了。我总共带了他们六年，一直到 1975 年高中毕业。恢复高考以后，他们当中有的考上了军事学院、医学院、师范学院。这一批学生毕业后，我又接上了79届学生，又与他们相处了三年。40年后，我在上海接到来自新疆的他们毕业四十周年的同学聚会邀请函，但没有能参加，只能给他们回了函，表示祝贺。从教到现在，有这么多的学生还保持着联系，逢年过节通过微信问候我、给我寄来新疆的特产，我感到无比的欣慰。（他们）对我的称呼很多，但是最亲切的还是叫我"老师"的！人生就是一场耕种，种下什么才能收获什么。种下善良收获善良，种下尊重才能赢得尊重。

五、 改革开放，大展拳脚

在二十一团工作时，学校的教师有一批是上海的支边青年，他们在农场中经过劳动锻炼，来到学校工作，因为基础比较好，大部分担任小学的教学任务。工作期间，我很佩服张景中①，他当时因为是"右派"，"文革"时到新疆来修公路。又因为教学的需要，他被调到了学校，和我在一个教研组，我经常和他交流，听他的课。在他的启发下，我写了一些短小的论文，其中一篇《谈谈中学物理计算中的正负号》发表在《新疆教育》杂志1979年第4期，在巴州教育界引起了重视。当时刚刚恢复了高考，有的外地考生来函，向我索要参考资料，二十一团教育中心也邀请我为参加高考的农场青年辅导物理。他们当中被高校录取的人离开了农场，同时，学校有一位考上了研究生的老师也离开了。我也心动了，复习了一些大学的理化课程和英语，跃跃欲试也想考研究生，但是看着孙福萍和三个尚未成年的孩子，还有已经结下了友情的学生，我不能一走了之，就放弃了念想，继续留了下来。

恢复高考后，新疆第一年的高考阅卷是委托各地州进行评阅的，巴州教育局聘请我担任高考化学学科的评卷组组长，评卷结束后，我又担任了理科的查卷工作，回应考生们提出的疑问。因此我在当地也有了一点知名度，巴州地方的一些学校给团场发了商调函，要我到自治州的重点高中和进修学

---

① 　张景中（1936—　），河南汝南人。1959年毕业于北京大学数学力学系，1995年当选中国科学院院士，系计算机科学家、数学家和教育学家。

校去任教。为此，二十一团的党委书记、邹政委亲自到我的"寒舍"①说："你是一个人物，二十一团的学生现在需要你。"劝我留下再工作一阶段。

1979年，二十一团党委调整了学校的班子，增配了学校的教导员汪继明（党支部书记）和副校长王忠宝。王忠宝和转业军人英昌奎成为我的入党介绍人。不久，因为对知识分子看法的分歧，党支部讨论了我的入党问题，在绝大多数同意的情况下，在提交入党申请书的十几年后，我终于成为一名光荣的共产党员。

我在二十一团中学工作期间，党和组织给了我一些光荣的荣誉称号：1975年荣立三等功；1980年荣获巴州"模范教师"称号；1980年获得"全国农垦系统先进教师"荣誉称号。这是对我工作的肯定，也是对我的鼓励和鞭策。

1983年，由于新疆兵团建制的恢复，库尔勒第四中学②回归了农二师。为了办好这所学校，从农二师从各团场中抽调了包括我在内的一些骨干教师。学校的归属由库尔勒市转到了农二师，那么学校叫什么名字呢？去请示了当时的农二师党委书记张骏德，他说：农二师的前身是中国人民解放军第一野战军二军步兵六师，在西北战场上部队的代号是"华山部队"，学校就叫"华山中学"吧！学校属于营级编制，受师直党委领导，业务归农二师宣教科指导。从此华山中学以崭新的面目，出现在巴州，出现在新疆。同年，我以教导主任的身份调到了华山中学，担子更重了，不仅自己要教好书，更要带领全体教师共同前进。

农二师领导非常重视教育事业，1985年给学校建造了一幢教工宿舍楼，以后又陆续让教职工用上了液化天然气，开通了闭路电视，极大地改善了教职工的生活条件，这些在巴州教育系统里都是排第一的。1989年，学校又建起了一幢6000平方米的七层高教学楼，在部队的大力支持下，安装了卫星天线。以后，又建起了一幢实验楼及400米跑道的标准运动场，大大地改善了教学条件。

---

① 当时蒋世昌住在学校的窑洞里。
② 库尔勒第四中学就是原来的师直校，后来的新疆生产建设兵团第二师华山中学。

　　1986 年，在我任学校校长期间，教师队伍是这样的：几位"文革"前毕业的大学生是骨干，一批上海知青和中专毕业生是主力（但是他们在学历上是不达标的）。为了提高教师的业务能力，鼓励教师外出或业余参加业务培训，学校制订了奖励办法，一大部分青年教师的学历得到了提高，有的从中专起一直读到研究生毕业。在师生们的共同努力下，学校的教学质量得到明显的提高，成为巴州的第一流学校、新疆生产建设兵团的重点学校，1992 年，华山中学被载入《中国名校（中学卷）》一书。在这个过程中，我也得到了锻炼。1995 年，我被新疆生产建设兵团授予兵团"优秀思想政治工作者"称号。

　　当时，我们积极响应"三个面向"的要求。年轻的邱副校长思想活跃，善于接受新生事物，在读研究生时得知了现代教育技术的消息，我当时任党委书记，和校长袁征帆商量后立即同意，他也立即行动起来了，建成了电化教室和学校局域网，分批次培训了老师，我也开始学习了计算机的操作及相关现代教育理论。这时，我已经五十多岁了，可以说已经是个老教师了，但是在新生事物面前还必须虚心向青年教师学习。没有学过拼音，但为了应用 Word 文件，就向小学语文老师韩泳梅学习拼音；为了制作 PPT 文稿，就请教计算机教师环银泉。

1991 年，蒋世昌重返二十一团中学，于原来的办公室前留影

1997年6月，由我起草了《华山中学申报全国中小学电化教育实验学校的报告》，教育部派专家(周君达和李克东)来验收，我用PPT进行了演示和汇报，1997年9月，学校被国家教育部评定为首批"全国中小学现代教育技术实验学校"。2000年，由我起草了华山中学报教育部电化教育办公室《向教育现代化迈进》一文，学校荣获了"教育部全国电化教育工作先进集体"，现代教育技术在课堂教学中的广泛应用已成为华山中学的一大特色。

六、 年岁苦甘，叶落归沪

我在华山中学工作了18年，在2001年退休后告老还乡、叶落归根，又回到了培养我、教育我的地方——上海。

退休了，我有时间去做自己喜欢的事情了。我的兴趣爱好很多，和儿孙们一起旅游、摄影、画油画；有时去看看京剧、听听音乐会；经常在电脑上上网玩游戏、看手机、聊天，跟上了时代的发展，可谓同龄人中的佼佼者。我也没有忘记发挥余热，参与一些力所能及的社会公益活动，如去上海科技馆做志愿者，给中外小朋友普及科普知识。

我跌宕起伏的人生、我从事的教育事业，与社会的前进和发展是紧密联系在一起的。人生，本来就是一场边走边领悟的旅程。人生无常，无常是常，你不知道以后还会发生什么。但是，世间万物都是有规律的，古人说"祸福相依"，好事和坏事，彼此相反，却又彼此转化。当灾祸降临时，把它当成对自己意志的磨炼，对自己信仰的考验，把眼界放宽，把人生放远，迎着困难上，胜利就在前面。种瓜得瓜，种豆得豆，做好自己本分的工作，人生自然就能品尝到幸福的滋味。

从1961年到2001年，我在新疆兵团第二师的教育战线工作期间，亲身经历了、参与了、见证了物质生活和基础教育的巨大变化：现在学校的教职工都住上了水电气设施一应齐全的家属院，生活条件彻底得到了改善。团场的学校都拥有教学楼，二十一团学校的学生在初中毕业后能升入八一中学或华山中学等办学条件更好的高级中学去读书，毕业以后又到全国各地

2001年，蒋世昌（左四）退休回沪，学生前来送行

的高等院校去深造。

我没有辜负老院长廖世承的期望，不仅向老教师学习，而且向我身边所有的人学习，包括年轻人；我在工作中努力地跟上了时代的发展，在完成自己的本职工作中实现了自我，在克服各种困难时超越了自我，在接触各种新生事物中挑战了自我。亲身经历的新疆兵团教育事业，再次证明了老院长的话：只有在共产党的领导下、在党的各项政策指导下，特别是在改革开放以后，教育事业才能得到长足发展。

如果要问我对现在的教育有什么想法，作为一个新疆兵团的基础教育工作者来讲，团场特别是连队的教育条件还需要进一步改善，教师的素质需要进一步提高，要让他们到外面看一看，跟上时代的发展。作为一名理科教师，我认为在基础教育阶段，应该从小做起，多给学生一些社会实践活动机会，多培养学生的动手能力。因为，我国需要一大批不仅要会设计而且能动手创新的"大国的工程师"和"大国工匠"。我期待着未来，盼望在后辈教育工作者的努力下，祖国的教育事业得到更大的发展。

杨 兴
执教桑梓四十年

亲 历 者: 杨 兴
访 谈 人: 杨年生
访谈时间: 2022 年 3 月 8 日、5 月 30 日
访谈地点: 山西省朔州市杨兴寓所
访谈整理: 杨年生

亲历者简介: 杨兴,男,1942 年 11 月出生,山西应县人,中共党员。1964 年初中毕业后任应县下桥头小学语文教师,1975 年底转为公办教师;1976 年2 月—1977 年 7 月任刘霍庄中学高中语文教师;1978 年 7 月—1982 年 7 月任上桥头中学初中语文老师兼班主任;1982 年 9 月—1987 年 2 月任应县温家坊小学校长;1985 年山西省教育学院汉语言文学函授大专毕业,1987 年获小学高级教师(中级职称)任职资格。1987—1997 年先后在应县韩家坊中学、大营联校、臧寨联校任(副)校长,后退二线工作,2003 年 2 月正式退休。

杨兴(左)接受访谈

一、 幼年艰辛求学

1942年11月1日，我出生在雁门关外山西应县下桥头村杨家大院的一处土房里。父母都是农民，祖上也都是地地道道的农民。我幼年丧母，1950年农历四月初八佛诞日，我的母亲便不幸病逝，年仅33岁，我当时八岁，姐姐十岁，弟弟才四岁。姐姐后来考上了大学，是杨家大院走出的第一个女大学生，20世纪80年代她曾担任过左云县副县长，弟弟80年代中后期曾在左云县一家乡镇煤矿当过会计。父母虽然都是小学文化，但对教育比较重视，父亲常告诫后辈们："不好好念书，将来准备一辈子打粪蛋子①去吧！"

新中国成立初期，我们下桥头村的办学条件十分简陋，村小学校是在关帝庙（今称永和寺）的基础上改建而来的。正殿改建为两间教室，每间教室约五六十平方米，土炕上面铺着高粱秆编织的席子，课桌是学生从自己家里搬来的那种炕桌，桌面高低不等，家庭条件好的有红色的半揭盖炕桌，有的还带个小抽屉，钉上吊扣也能锁。因为是土炕，有的同学还带着坐垫。每个

下桥头村小学旧址

---

① 指当农民。

教室约能坐三十多个学生,每间教室都是两个年级的复式班。西北角处的庙门也就是校门。教室与庙内南端的大戏台中间约六百平方米的空旷地被用作操场。

　　1951年下桥头村初级小学(只有小学一到四年级)成立后,我便上了小学,但那时母亲已去世两年多了。父亲独自支撑贫困的家庭,承担着非常繁重的农务劳动,常顾不上管我们,姐姐则去了临近的姥姥家(小寨村)上小学,好在还有精明能干的祖母督促着我,终于念完了下桥头村初级小学四年的课程。到1956年,附近刘霍庄村高级小学(中心校)成立了,这所小学校是完全小学,六年制。1956年9月至1958年7月,我在那里完成了小学高段五六年级的学习。直到现在,我还保留着刘霍庄中心校的毕业证书,当时我是六年级高10班。我从小就爱好写字看书,小学毕业时我的书法特长已崭露头角,引起了老师们的注意,那时毕业证上的老师评语其实都是我写的。

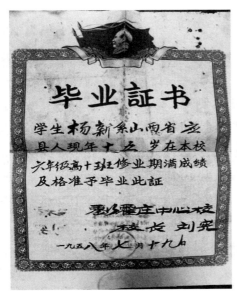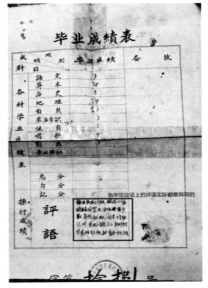

1958年,杨兴①在刘霍庄中心校的毕业证书正反面

---

① 　亲历者本名"杨新",1986年上户口时,由于派出所错登记为"杨兴",故身份证档案等皆为"杨兴"。

受 1958 年"大跃进"的影响,我们所在的应县曹娘子人民公社成立了曹娘子初级中学,我们那一届共招收了两个班,学生一百来人。虽然是在同一公社,但公社驻地曹娘子村距离最北端的桥头村足足有三十多里地。当时我和村里的几位同学都是结伴步行去曹娘子初中上学的。那时敬爱的祖母也已去世一年多了,上初中期间我穿的唯一一双破旧布鞋的底子和帮子"分崩离析",但我却浑然不觉,一次临走时被同村同学的母亲看到了,她二话不说眼里噙着泪,帮我把那双滴溜连挂①破旧不堪的布鞋一针一针地拼接起来,那一幕我迄今难以忘怀。1958 年 9 月至 1961 年 7 月,我在应县曹娘子中心学校完成了初中学业,其间赶上了 1958 年深秋的大炼钢铁运动,当时全县大炼钢铁主战场是在应县南山的跑马梁、九股泉一带,但我没有参加,原因是老师们看我衣着太过单薄,怕我被冻死,所以就没让我去。

二、 成为"半个公家人"

1961 年 7 月我从曹娘子初中毕业后,因为当时是三年困难时期,高中招生全面压减。我们班五十多人,只有一名同学考上了应县一中,而我和其他大多数同学一样,初中毕业便回村种地了。当时初中毕业生在村里就算高才生了,1962 年 5 月下桥头村第七小队便聘我当了记工员(相当于小队会计)。当时的下桥头村整体文化水平非常落后,全村一千一百多人,小学及以上文化程度的不足百人,初中毕业的只有十几人,高中文化程度的仅有屈指可数的四人,全村 90% 左右为文盲或半文盲。当然有一个比较有趣的现象:村里凡是受教育程度较高的,不论男女,从出身来看,基本上是那些成分不好的地主富农的后代。

记得我小时候刚解放那几年,下桥头村也成立了夜校,每天要把一大群农民文盲集中在一起,由本村的教员教识字写仿②;农民们白天干了一天农活,比较劳累,所以很多人夜晚就不想再去夜校学习了。为此夜校老师们也

---

①   方言,形容脏乱不整齐。
②   写仿指描摹毛笔字。

想了些办法,比如他们在教识字的同时,也给农民们讲些《三国演义》《西游记》之类的有趣故事以吸引他们,即便如此,下桥头夜校持续了没多久就停办了。后来,为贯彻落实毛泽东主席"教育要两条腿走路"的办学思想,以及刘少奇主席"两种教育制度"的指示精神,在应县曹娘子公社党委及联校的支持下,1964年下桥头村小学决定在原有一名公办老师的基础上再增加一名民办老师。当时村里除我之外还有四名候选人,后经下桥头村党支部委员会审核贫下中农综合评议,我终于成为一名人民教师。我想村委会之所以选我,除了我是初中毕业外,还有一个重要的原因就是我常为村里写革命标语,给大家留下了深刻的印象。当时的大队书记在这方面也做得比较公道,他认为教书育人对下桥头村来说太重要了,这种事不能走后门,他说:"这个民办教员最好由杨(兴)先生来当。"

1964年6月,我终于如愿以偿地成为下桥头村小学的民办老师。学校共两名老师——我和杨殿元老师,后者是公办教师兼任校长。当时是复式班,小学一到四年级总共一百来名学生,我教二四年级两个班,杨殿元教一三年级两个班,每两个年级的学生共用一间教室。当时校舍还是我上小学时的关帝庙,教室里还是铺着高粱席子的土炕,但课桌由大队出资统一换成了较宽的长条炕桌,每桌四个学生两两相对而坐。每间教室约能坐四十来名学生,但是由两个复式班组成的,通常把他们分成四排,每两排一个年级;我给二年级讲课时就让四年级的学生背过身去做事先布置好的作业,反之亦然。

成了民办教师就好比是半个公家人了。当时下桥头村民办教师的待遇是每月补助4块钱,累计半年发一次,另外每天还有1个完整的劳动力日工分(10分)。下桥头村当时平均一个完整的工分才3毛钱左右。这样工资加上全年的工分,合计起来一年的收入大概能有200来块,差不多是公办教师年收入的一半,但比起普通的农民来,还是挺有优越感的。当民办教师后,前来提亲的一下子也多了起来——那个时候找对象比较看重家庭成分。1964年腊月,经家族中一位长辈介绍,我与桑干河对岸应县义井乡三门城村的韩翠枝结了婚,她比我小一岁,小学文化,贫农出身,不幸的是她已于2022

年5月2日(农历四月初二)因病辞世,享年80虚岁。她的前半生家境贫寒,掺糠咽菜,忍饥挨饿,拼命干农活,营养不良却身体透支;后半生虽家庭状况好转,但她的身体状况却每况愈下,病病巍巍,颤颤哒哒,弱不禁风的样子,一直荡漾在我们的脑海里。她一生勤劳节俭,朴实善良,是实实在在"过光景"的好媳妇儿。她含辛茹苦地把三个孩子抚养成人,特别是在年轻时期生活异常艰辛,承受了常人难以承受的磨难。除了三个孩子外,她还拉扯大了六个孙辈孩子。大外孙女,俗话叫"抢先儿",几乎是她一手拉扯大的。其余两个外孙女、一个外孙、两个孙女也都劳碎了她的心!她一生从不和人争高下,有好吃好喝的首先想到的是后辈们,自己则经常是残汤剩饭,后来身体不好,与自己不舍得吃好的食物,导致营养不良、食物慢性中毒累积戕害有很大关系。

我们共育有两女一儿。大女儿淑平生于1965年9月,朔县师范毕业,现在山阴县职中任高级讲师;二女儿焕平生于1970年8月,朔县师范毕业,现在应县重点小学当语文老师;儿子大山1975年正月出生,北京交通大学硕士学历,现主要致力于《水经注》的研究,他常到高校、图书馆等做学术报告,也算半个老师。二女婿是高中英语老师,儿媳妇是高中物理老师;除大女婿在乡镇从事行政工作外,我们一家人几乎都是老师,所以平日拉家常的话题也主要围绕教育学习展开。

下桥头村小学是在1966年才通的电,之前的农村人哪见过什么电灯、磨面机啊。当然即便是通了电也是时断时续,说停就停,据说是为优先保障首都供电,因此通电后的晋北乡村夜晚停电是家常便饭,大家也习以为常。当时学生们大多是点着煤油灯去上自习,煤油灯的黑烟煤子呛人很厉害,晚自习回家后鼻孔里都是黑乎乎的鼻涕。此外每年冬天小雪前后是杀羊的季节,那时还可以利用羊油点灯,从羊油尾巴上割下一疙瘩羊油,放在一个小碗或小灯盏里,然后用棉花搓一根捻子卷进去,一过小雪节气,每人书桌前一个羊油灯,整个教室一股扑鼻的羊膻味,这也成了当时师生们的一大乐趣。

在下桥头村当民办教师期间,我经历了六任校长。第一任校长(1963—

1968）是桑干河对岸应县义井乡北臧寨人,他虽是公办教师,但家里孩子多,生活也很窘迫。一次他蒸好一笼玉米窝窝头没舍得吃,放在水瓮旁,打算回家时带给孩子们,结果让进屋喝水的学生(当时学生们口渴了通常都到校长家的水瓮去打水或直接就轮流瓢饮了)看到了,很快这些窝窝头便无影无踪了。自此之后,他吓得再也不敢让学生看见他的饭食了。当时村里"重男轻女"的思想普遍存在,记得有位小名叫喜梅的女同学,家里突然不让她上学了,为此我专门上门和她的父母摆事实讲道理,晓以利害深入沟通,避免了她中途辍学。

第二任校长(1968—1969)是温家坊村的,他的继奶是我的姑姑,论辈分他叫我表叔哩。1968 年根据毛主席"学制要缩短,教育要革命"和教育部制定试行九年一贯制(小学五年、初中二年、高中二年)教育、完全小学设戴帽初中班的指示精神,全国农村地区大力开设戴帽中学。所谓戴帽中学,就是在小学的基础上增添初中,邻近的上桥头村甚至"大跃进"式地直接办起了高中(因师资短缺只一年就停了)。在这种背景之下,下桥头大队在原下桥头小学的基础上也办起了戴帽中学,当时村里没有专门教初中的教师,于是初中课程也基本上由原来的小学老师负责。当时还掀起了学习"工农军"的运动热潮。学军运动中,温校长已调任石桥村当校长,一次他在指导学生学军操练时因为口误,闯了大祸,被大批特批了一番,差点被开除了公职。

第三任校长(1969—1971)是个近视眼,常戴一副眼镜。他曾自谑:走了个"灯泡"(前任校长因眼睛又明又亮,绰号"灯泡"),来了副"眼镜"。新官上任三把火,"眼镜"上任不久赶上了"一打三反"[1]运动,当时下桥头学校有个民办教师的父亲是木匠,他们私下偷偷揽了些木工活想挣几个零花钱,结果被作为典型进行了批判:"我们的教师队伍中居然出现了地下黑工厂!"当时的乡村学校普遍开展学习"工农军"运动。下桥头学校除了组织学生帮大

---

① 1970 年 1 月 31 日,中共中央发出《关于打击反革命破坏活动的指示》。2 月 5 日,中共中央又发出《关于反对贪污盗窃、投机倒把的指示》和《关于反对铺张浪费的通知》。这三个文件相继发出后,全国随即开展了打击反革命破坏活动,反对贪污盗窃、投机倒把和铺张浪费的群众性运动,简称"一打三反"运动。

队干些除草、拾粪、掰玉米、拾谷穗、打圪楞、打玉米茬子、平整田地等农活外,有时也举行队列和红缨枪比赛,通常是以班为单位参加。这期间还组织过戴帽中学七八年级学生急行军、野营拉练等军事活动。1969 年冬为应对苏修还参加了备战的"深挖洞"劳动,师生们一起动手,在下桥头村北的张飞庙后的圪楞上挖了不少"之"字形地道。当然下桥头因地理位置太过偏僻而附近又没什么工厂,因此学工的活动基本没开展。20世纪 60 年代末全国各地兴起工宣队进驻学校的热潮,农村学校则由贫下中农代表进驻和领导。下桥头村小学当时也有贫下中农代表进驻,按规定学校的大小事务都要同他商量。印象较深的是这位贫下中农代表当时曾拿着一本毛选发表过"高深莫测"的学术演讲:什么是唯物主义?——"什么是唯物主义呢?你比如啊,大家看我手里现在拿着这本毛选,我这肯定就是唯物主义的,你现在如果说我手里没有毛选,那你肯定就不是唯物主义了⋯⋯"

第四任校长(1972—1974)是邻近的刘霍庄村人,其间学校的教学秩序有所恢复,学生也有书可读了,但运动一个接一个,大批判的高潮此起彼伏。上级要求各学校必须把大批判贯穿到各科教学之中,做到有机结合。大批判之风不停地刮进了教室,批判会有大会、小会、现场会,许多会要开到教室里,光在我所带的班级就开过多次。第五任校长(1974—1975)是毗邻的上桥头村人,只当一年就走了,但在他任内,下桥头大队兴建的宽敞明亮的新校区终于在村西南落成了。当时新学校大门口两侧雕刻的毛主席诗词《清平乐·六盘山》和《沁园春·雪》两幅草书,都是我临摹的。第六任校长(1975—1983)也是上桥头村人,他当校长后不久,经过贫下中农代表推荐,县教育局对推荐人选又进行了公开讲课测评,记得当时公开讲课的语文成绩,我和同乡的张老师并列第一。

我于 1975 年年底终于正式转为公办教师了,虽然从身份上来说依然是乡村教师,但却是我个人生涯中的一件大事。

1972 年,杨兴(一排右一)与大女儿(一排右二)
同下桥头小学教师合影

三、 公办教师生涯

　　1976 年春,我刚转正不久便被臧寨公社联校杨校长调往刘霍庄中学教高中语文。记得当时我反复和领导说:自己才是个初中毕业生,咋能教得了高中呢? 杨校长坚定地说:相信你! 如果你都不能胜任,咱们公社还能有谁呢? 说来说去,领导之所以信任我,很大的可能应该是当时自己的书法特长在全乡已小有名气。

　　当时的农村高中生年龄多偏大,加上"文革"期间受持续不断的政治运动影响,普遍不好好学习,经常发生打架斗殴,很难管理。一次我正备课,有个老师突然慌慌张张地跑来找我说,两个大个子打起架来了,你赶快去看看;我二话不说便随着跑了过去,一看原来是我们班的班长和另一个高个子打起来了,我一声断喝,双方便立马停止了冲突——在学生中我还是比较有威信的。我特别关注那些家庭出身不好的同学,比起普通学生,他们其实更渴望接受好的教育，而且他们学习起来更刻苦更认真，因此成绩通常也比较优异。这类同学往往因为出身不好，在上学时会遇到各种各样难以想象的困难或刁难。比如上桥头村有俩姐弟就因为家庭成分是富农，上高中时便被拒之门外，为此我尽自己所能，想方设法托关系才让他们念上了高中。恢复高考后，他们都考上了师范，后来都成为人民教师，他们的后代培养得也挺好。我在刘霍庄中学只待了一年，主要是因为老校长退休，校长换成了村里的老革命，但他是有名的"白字先生"，常念错别字，没多久学校的教学秩序便陷入混乱，我与一位德高望重的教导主任也被迫选择了离开，而教高中这一年最大的收获是倒逼自己学了不少新知识。

1977年9月至1981年9月，我被调回上桥头学校任初中语文老师兼班主任。当时上桥头大队比较重视教育，大队干部和不少家长都支持我们。有了大家的支持，我工作起来也很拼，常常通宵达旦刻蜡板给学生印油墨卷子和复习资料，也常常因营养不良、身体过度透支而头晕，最后实在扛不住病倒了。欣慰的是，我卧病在炕不久后，教育局的一位老师便兴冲冲地告诉我：你带的语文全县排名第一！在上桥头的四年，付出颇多甚至积劳成疾，但为上桥头村培养了一批英才，也算问心无愧吧！

1981年9月因工作认真成绩突出，臧寨联校推荐我到当时全乡教学排名倒数第一的温家坊小学当校长。在我接任校长的第二年，学校的教学成绩就由原来的全乡倒数第一扭转为正数第一，当然过程也是非常艰辛复杂的，好在得到了温家坊大队干部们的有力支持。温家坊小学后来发展成为当时应县北部唯一一所教育先进模范试点学校，特别是学校的幼儿教学办得有声有色，开辟了舞蹈、歌唱、兴趣、手工等特色教学，这在改革开放初期的雁北乡村学校算得上是首创。此外从1982年开始，地方驻军空某师某营与温家坊小学还开展了"军民共建文明校"活动，军地相互支持，资源共享，部队向学校赠送了音体美器材、图书等，还常派出辅导员到学校为学生讲课，开展国防教育、知识竞赛、演讲比赛等活动；而我也不时发挥自己的专长，为他们的军事宣传栏挥毫泼墨锦上添花。我还常常利用空闲时间背诵商务印书馆编的《现代汉语词典》，当时不管是老师还是同学，只要有不认识的字来问我,我立马就能说出来,大家都叫我"活字典"。

1983 年,杨兴(一排右二)与温家坊小学教师的合影,
黑板内容为杨兴所写

　　1987 年春,臧寨乡党委与联校调任我为臧寨乡韩家坊中学副校长。当
时臧寨乡有韩家坊、刘霍庄、曹娘子三所初中。其中韩家坊中学办得最好,
20 世纪 80 年代曾是全应县最好的初中之一,中考曾经连续三年全县第一。
在韩家坊中学担任副校长期间,我还兼任过一段时间的政治老师。记得当
时孩子们比较喜欢上我的课,因为我不拘泥于课本,常给孩子们传授一些新
奇的科普知识,比如激光武器、水上飞机等,同学们听得非常入神。1989 年 9
月,应县教育局任命我为大营乡联校长。当时大营乡只有大营中学一所初
中,全乡有一千五百多名学生,八十六名教师。大营联校的办公室就设在大
营中学,距离我的家乡下桥头村有四十多里地,当时的交通工具依然是自行
车,每周一大早我便骑着自行车去学校,到周六晚上再回家,四十多里地不
少是土路,骑自行车至少得两个小时。当时的乡村教室隐患不少,有的教室
其实已经是危房了,但没有经费得不到修缮。记得有一年暑假期间大雨潇
潇不绝,我担心那么大的雨会造成校舍塌陷,很不放心(那时学校也没有电
话),便不顾大雨如注,泥泞难行,独自一人骑着自行车赶赴学校。记得到了

大营中学后，值班的老师们看到浑身湿透的我推着沾满泥巴的自行车突然出现在他们面前，一下子惊讶得说不出话来，他们谁也没料到我居然会冒着那样的大雨骑行四十多里赶过来查危房。尽管当时是强烈的责任心使然，但现在回过头想想依然心有余悸，自己当年是不是"太傻"了？1992年7月，应县教育局调任我回藏寨联校任联校长。我在任期间，藏寨乡有四所中学和十六所小学，四千多名学生和二百名在职教师，如今看来当时应该是我们乡村教育最鼎盛的时期。

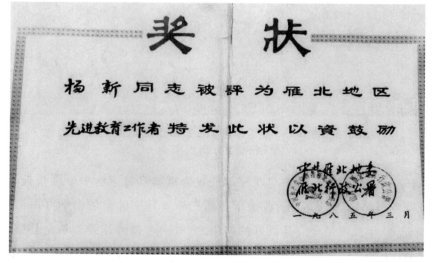

1985年，杨兴获评山西省雁北地区"先进教育工作者"称号

然而自我退二线后，随着资本的介入，私立学校遍地开花，流水线式的应试教育模式、急功近利的教育范式，几乎将乡村公办中小学校一网打尽。以我所在的藏寨乡为例，目前只剩下了一所小学和一所中学，全乡学生加起来也不过区区百人。而这一百来学生中，基本都是附近乡镇企业所雇佣的外来务工人员子弟，本地居民的子弟一个都没有，他们都争先恐后地把自己的孩子送往城里的好学校，以便接受更好的教育。因为现实是上不了好小学，就很难考上好初中，考不上好初中就很难再考上重点高中，考不上好高中就很难考上重点大学，考不上好大学则很难找到好工作，找不到好工作将来就不会有好的生活……这是最现实的逻辑。而这样现实的逻辑对于原本

就脆弱不堪的乡村教育体系而言,可谓雪上加霜。也不知这是乡村的福,还是祸?

四、 我的翰墨人生

我对书法有着与生俱来的浓厚兴趣,小学时期我就打下了硬笔书法的"童子功"。记得小学四年级时,我从二舅家里看到报纸上的印刷体美术字很是漂亮,我就动手临摹,写好后我给二舅看,当时二舅看到我这个初小学生临摹的字后大吃了一惊,连连夸我写得好,跟报纸印出来的几乎一模一样。在曹娘子中学上初中时,当时学校的黑板报宣传栏通常是由我设计书写的。曹娘子初中毕业后,我受下桥头村委会宣传委员的委托,在村里的土墙上书写毛主席语录。我们通常是在临街门楼的土墙上选出一处醒目位置,先用石灰涂抹出一块约似42英寸平板电视大小的墙面,然后再用毛笔写上毛主席语录。1966年,我还曾被抽调到应县臧寨公社去写毛主席语录的大字标语,当时的宣传标语要求写成红色的大字,号称"红海洋",最大的字一个便可占满一间平房的后墙,这么大的字写一个就得用去一桶红漆油。一般人容易出错是写不好的,公社领导知道我有这个特长,专门抽调我去写了一个多月。

杨兴在20世纪60年代写的毛主席语录(拍摄于2004年)

在上下桥头当语文老师期间，我常通宵达旦刻蜡板给学生们印油墨卷子和复习资料，累计刻写了数十万字的语文学习资料。因为我刻的字美观工整，几乎接近报纸的印刷体，就连当时同学们的作业本封面也是我刻蜡板统一油印出来的。有一次出门，偶遇当年上桥头初中教过的一位优秀学生，他感慨地对我说："杨老师的字是我所见过的老师中写得最好的，从小学老师、中学老师到大学老师，您的字是最好的！"字如其人，我的属相是马，我的个性是天马行空，豪放不羁。我向往的人生也如行云流水般飘逸纵横，故此我的书法作品也多呈现出遒劲有力，潇洒流畅，挥洒自如的风格。退休之后，我继续研习书法，尽管没有加入过任何书法协会，但我始终秉持"心正则笔直"的理念。我始终坚信，书法艺术是需要全身心投入的，来不得半点矫情做作，那些急功近利、标新立异、浮躁媚俗、丑化优秀传统书法艺术的行为是可鄙的，也不可能取得真成就；反之，淡泊名利，循序渐进，踏实进取，厚积薄发，方有可能获其精髓。近年来我的系列毛笔书法作品先后被朔州市图书馆、中北大学、中国书画院等收藏或展出。

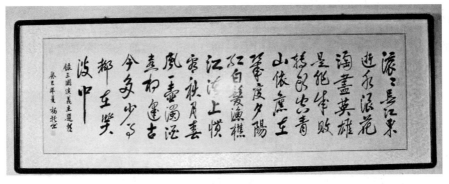

杨兴书法作品《临江仙》

1961年秋，刚从曹娘子初中毕业后不久，我无意中在自家的柴房里发现了祖母传下的一批契约文书，当时这些契约被杂乱包裹着放在一堆柴草上，柴房的屋顶有破烂处，有的契约已遭雨水浸淋，说实话当时我也不明白这批契约究竟有何价值，但一想到是敬爱的祖母遗留下来的，再加上自己平素喜好书法，感觉契约中的一些毛笔小楷写得挺好，很有借鉴价值，于是就小心翼翼地把这些文书保存了起来,到如今这些契约已被我和妻子保存了六十多年。退休之后我和孩子们一起对这批契约文书进行了认真梳理,发现这是我们应县下桥头杨氏家族内部或与本村及周边村落村民之间进行土地、房产、器物等买卖、兑换、典质等形成的各种契约文书,其时间跨度从乾隆四十一年起(1776)至1952年,达174年之久。我们后来将这批珍贵的契约文书命名为《桥头契约》,主要是因为该系列文书源自我的故乡——应县下桥头村。

《桥头契约》以白契居多共64份,红契(官契)18份,共计82份。红契主要为买卖房院、买卖土地、解放初土地房地产证明等相关契约,有的还附有民国时期的验迄单及税印;白契种类较为繁杂,有兑换地产房产契、承揽当号契、典出盐场契、两清契、借钱契、还钱契、赁家契、分单契、买卖地契、盐税条例、日伪田赋证明、牲口税证明等十几种之多。《桥头契约》虽然出自一个普通村落的平凡家族,但其内涵却繁复而精深,是难得一见的第一手素材。如第一份契约签订于乾隆四十一年,是一份卖房契约,但其中竟然牵涉到"京道"这样的专有名词,一时让人摸不着头脑,后来经过多方考证才明白,"京道"其实为"经道"之讹,意为"必经之道",多因所买房屋位置偏僻,如要进出需经过同院其他人家门前之道,为避免日后纠纷,买主就得另购"经道",这样将来才能正常出入。再如道光四年(1824)契约中云"大粮银壹两壹钱,如丁归地亩外加地丁银三钱整,粮尽地讫",成为当时应州即将实行摊丁入亩之铁证;果然,据《山西通志·土地志》(2006版)载,道光五年(该契约签订的第二年)应州实施了摊丁入亩,而早在乾隆五十九年(1794)邻近的怀仁县①、大同县就已经推行了相关政策,这在某种程度上反映了当时应州地方政府推行新政之艰难,也间接反衬出当时应州地方豪强抵御之顽强、民风之固守、舆情之难缠,而这种历史的惯性后来一直延续到了民国时期的乔日成时代,例如解放军三打应县城之艰难竟引发毛主席专门批示,当真令人咋舌。此外契约中还有一些专有名词:如道光十二年(1832)、道光十四年(1834)白契中的"宁武粮庙庄地"竟然蕴藏着五县共辖之"飞地"这样奇特

---

① 　尽管下桥头村毗邻怀仁县,但其行政区划却隶属应州。

的历史地理信息;而光绪三十一年(1905)契约中的"七四大钱"等特殊名词,
其准确含义即便今天借助无所不能的网络工具也难觅踪迹。

　　我和儿子大山在对这批契约分类整理的基础上,对其中的红契和部分
重要白契着重进行了深入考究并作了较为详尽的注解,而为了更好地传承
祖宗留下的宝贵财富,我则利用闲暇时间耗时多日对所有的契约文书进行
了按序编号并手抄誊写了副本,孩子们则协助将全部文书内容录入电脑使
其数字化。迄今为止,中国北方尚未发现针对一个家族系列地契进行专门
系统研究的成果,因此对《桥头契约》这一相对独立而完整的学术单元进行
系统探究的意义更是不言自明。《桥头契约》系列文书真实地还原了清代中
晚期到解放初年,晋北地区桑干河畔一个普通农村的土地、房产、盐场、税
赋、粮银、河道变迁等具体状况,包含着丰富的政治、经济、历史、文化、民俗
等信息。我们将这批契约文书的相关典故转发到孔夫子旧书网,受到了社
会各界的广泛关注。① 我衷心希望通过对《桥头契约》系列文书的传承和保
护,让更多的人关注和尊重我们的乡土文化,以便能够更好地激发孩子们对
生养他们的故土的热爱之情;也希望借此为我们方兴未艾的乡村文旅事业
贡献自己的一份微薄之力。

　　当然毋庸讳言的是,回顾自己近四十年的乡村执教生涯,我始终以自己
是一名乡村人民教师为荣!我从最底层的民办教师做起,虽然经历了层出
不穷的政治运动,但我始终坚守教书育人的初心,保持清醒的头脑,不盲目
跟风,埋头苦干;而后伴随着改革开放的大潮,我兢兢业业,珍爱着自己的教
育事业;从普通教师到村小学校长、乡中学校长、乡联校长,一步一个脚印,
翰墨丹青,桃李芬芳。四十年弹指一挥间,再回首,两鬓已苍苍。

---

① 《朔州古稀老人收藏祖上82份旧契约》新闻报道,曾引起社会各界的广泛关注。中国新闻网、人民网、
央视民生网、网易、新浪、山西新闻网、《山西晚报》、《朔州晚报》、朔州新闻网、朔州电视台、孔夫子旧
书网等众多媒体给予了及时报道。

周家煊

新中国乡村教育的拓荒人

亲 历 者:周家煊

访 谈 人:周晓明

访谈助理:闫宇恒

访谈时间:2022 年 1 月 20 日—2 月 23 日

访谈地点:湖北省荆州市松滋市老城镇大洲村周家煊寓所

访谈整理:周晓明

亲历者简介:周家煊,女,1943 年 10 月 26 日生,湖北松滋人。1964—1968 年任松滋县老城镇金江寺小学代课教师,兼任村财经会计;1968—1978 年任教于松滋县(今湖北省松滋市)老城镇大洲村中心小学,期间担任过六年校长,四年教导业务主任;1978—1990 年任一至三年级班主任;1990 年起任五至六年级班主任,并分管学校后勤和财务工作;1995 年离开讲台;2000 年被正式辞退。

周家煊(左)接受访谈

一、　乱世烽火里出生

　　1943 年 10 月 16 日,也是农历癸未年十月十六,我出生在父母逃难时租住的一间偏屋里。这里是枝江县①百里洲傅家渡口,紧靠长江。它的北岸是枝江县董市镇,也是当年日军驻军所在地。以前,百里洲有个传统的民风习俗,哪家新添了小孩,要在孩子出生的第三天办"洗三"酒宴:一是昭告宗族亲朋,家里新添人口,人丁兴旺;二是要感谢各路神仙的庇佑。请接生婆来给孩子再洗个澡,要拜神,打发土地婆和送子娘娘,家里必须做一桌像样的饭菜,还得请家族里有威望的长辈作陪。正在全家人忙着做这些事的时候,听见江北向江南打吊炮,紧接着江面上汽艇声也响起来,家里来的客人们一下子都散了。只见路上很多人径直向南边②跑去,大家知道这是鬼子要过江来觅食或抓壮丁了。母亲让父亲即刻藏起来,用一块棉被包裹着刚出生的我,也随慌忙逃离的人群向南边跑去。

　　听人说驻江北董市③的日本兵每次打吊炮就是要过江来了,人们通常也称之为"出关"来了,大家都得到南边的维持会④那里去避难,尽可能免遭不测。维持会设在杨子庙里,等母亲抱着我跑到那里的时候,已是人山人海。几乎全是妇女儿童,庙根本进不去了,只好在旁边的堤边坐着,听天由命。所幸的是日本兵没向南再追来,只是在沿江边上抢掠了一些吃的就又过江回去了。一连几天,人们惊恐万分不敢出门,男人们白天也都不敢回家。枪炮声少了,抓壮丁也没有搞了,渐渐平息下来,人们还要在苦难中谋生度日。后来父母就带着我回到了老家松滋老城大洲子,周围的邻居们也都陆陆续续地回来了一些。邻居们看见我们家新添了一个孩子,都来关心看一看,问起个什么名字,父亲说:是该起个名字了,就叫"逃难"吧;母亲说女孩子起这个名字不好,不吉祥,就叫"逃秀",以至于到现在,周姓侄子们叫我"桃(逃)爹",孙辈们叫我"桃(逃)姥姥"。

---

①　今湖北省枝江市,为宜昌市代管的县级市。
②　当时以长江为界,长江北岸统一称作"北边",南岸称作"南边"。
③　今湖北省枝江市董市镇。
④　抗日战争时期日本侵略者设置的一种协调其与沦陷区人民之间关系的基层政府机构。

其实我曾经也对这个名字感到过疑惑，在我的名字里，原本没有一个字是"逃"音，后来我才明白，是因为有了这样一段出生经历，才给了我这样一个名字，周氏族人及后辈们也就一直这样叫我。只不过随着生活的好转，就将以前逃难的"逃"改作桃花的"桃"了，冥冥中昭示着我这一辈子要与教育相关联，要桃李满天下。

记忆中我的大部分年幼时光是在嘎嘎①家里度过的。嘎嘎家里虽不算富裕，但因种了几亩旱地又养了几头牛，还有好几台织布机，生活总体上还算过得去。百里洲属沙土地，以种萝卜、花生、西瓜为主。每年的枯水季或江里的大水退后，村民们都会自行在江边开荒抢种一季的粮食。种地是大人们的事情，嘎嘎家里的地主要靠自家姑娘、女婿、外甥们种，养牛是我们这些较大的孩子们的事情，纺线织布则是母亲和几个姨妈还有二舅妈的事情。印象中二舅妈是负责每天带着家里的女眷们织布的，她常说织布要歇人不歇家伙（织布机）。每天天一蒙蒙亮，母亲她们就要起来织布，这个大家庭的女眷们每人每天至少要负责三台织布机的织布出纱，这是家中主要的经济来源之一。母亲是几个姐妹中织布纺纱做得最好的，她一个人在管理三台织布机的同时，还可以进行人工手摇纺线。大舅妈主要负责这一大家子人的一日三餐，这也是一件十分重要且极为不易的事，既要让大家填饱肚子，又要尽可能地节约，不是一般人能做好的。

由于父母和姨妈姨爹们都常年在嘎嘎家里劳作，我和一大群的姨表兄妹们都是在嘎嘎家里长大的。嘎公很严肃，很凶也很忙，主要管理着家里的各种买卖与运转。我们这群小孩子都很怕他，很少和他说话。要是不听话，嘎公就会用他那个长长的大烟杆刷②我们，一刷脑袋上就会起一个大包。嘎嘎很和善，也特别喜欢我们这群孩子，如果没有嘎嘎，我们这群姨表亲的孩子们是不会常年待在嘎嘎家的。那时候嘎嘎家有一个又高又大的粮仓，要么堆放一大仓粮食，要么堆放一大仓花生或者萝卜，那里是我们这群孩子最好玩的地方，可以在那里边玩边吃。有一次仓子里装满了一大仓的花生，我

---

① 方言，指外婆，下文嘎公指外公。
② 方言，指敲打。

们这群小孩子在那里边吃边玩,疯赶打闹,不知道是谁,也不知怎么一下子就把仓子给爬垮了,那一大仓子的花生像洪水破了堤一样哗啦哗啦往外流,一下子把我们都埋在了里面,嘎嘎、嘎公要吓死了,赶紧叫大家来,才把我们一个个从里面挖出来。

因为父亲忠厚老实,吃苦耐劳,最主要的是会算账、擅做买卖而得到嘎公的赏识。记得那时候嘎公经常会安排父亲跟船出门去跑买卖。嘎嘎家里的杂粮、萝卜和花生都是要用船装到江口一带去卖的。那时候南边比较落后,老家生活困难,加之为了躲壮丁,我们一家人都常年住在嘎嘎家里。一来嘎公家里本来就需要劳力,二来都是自己家的孩子们,用自家人干活更省心,让大家也都能谋个生,都能有吃的。尤其是我们小孩子,在我的记忆里,那个年代里我们是没有饿过肚子的,而且逢年过节,嘎嘎还会安排给我们小孩子们做新衣服,做一些当地的好吃的东西。总之,记忆里的幼年生活并没有吃到太多的苦。临近解放前,那时候大片的农田闲置,嘎公看着田地不值钱了,拿出家里所有的积蓄,到百里洲对河董市镇(长江北岸)后面买了几十亩的土地,想着趁土地不值钱置办些家产,然而买地没多久后,就是因为这几十亩的土地,嘎公、嘎嘎及舅爷们就被划成了地主,家产被抄,土地被没收,受到批斗、游街,而这也直接影响了我后来的生活。

那个时候年幼不懂事,觉得生活特别地好玩。刚解放后的社会一切都是那样的新鲜。看着那些工作队的人来了,到那些富农、地主的家里,没收他们的家产,好衣服、家具、柜子都收了拿到农会去,又分给贫下中农。有些地主还是很狡猾的,把自己的钱用坛子、罐子装起来埋在厕所里或者树洞里,不让工作队找到,等过声①后再去挖出来。有的甚至会把好衣服穿好多件在身上,不让工作队查抄。

二、 坎坷求学路

时至新中国成立,土地改革自上而下轰轰烈烈地进行。嘎嘎、嘎公家因

① 方言,指风声过去。

新买的几十亩土地被划成了地主,南边的老家也开始分田地了,政府一再带信给父母亲,让他们这些流浪在外的人都回去村里分田地。那时候,土地对农村人来说比黄金都宝贵,有地种就意味着可以活命,于是父母亲就带着我回到了南边老家。

各地方都办起了学校,而我也即将满九岁,到该上学的年纪了。送我上学这件事,在南边周家的大家庭里乃至当时的村子里还引来了不少人的闲话,大家都笑话说:一个女孩子,都九岁了还上学,那是去读"九经书"的。其实那个时候,十几岁上学的人多的是,还有的人已经结婚了也去上学,国家解放后要大面积扫盲,上学不要钱,大人们也都才把孩子们送去上学,像我们这样的人才开始有学上了。有些家里条件好的就给孩子缝一个布包提在手里当书包,像我这样的就是把书用包袱一裹夹在腋窝下,就算作是书包了。村里的学校设在以前的一个胡姓地主的家庙里,叫城北小学,是国家办的学校,总共就三个老师,他们算是上面(国家)公派来的。老师们给大家的感觉就是和一般的群众不同,都蛮文雅,对学生很亲切。来到了学校,看到了好多的同学。我们周家的大爹还去学校当过几天的老师,因为他是上过学的有文化,也是因为学校学生数量突然间剧增,缺老师;但因家人尤其是大妈的干扰,大爹没教几天就自己回来了。

小学是五年制的。刚到学校听老师上课,他们会教我们唱歌、写字、做作业,课开得还是蛮多的,上课也是有教材的,只是没有现在的这么标准,到高中的时候因为和苏联关系好,还加设了俄文课。一开始我们都学《百家姓》,还有《我爱北京天安门》《抗日英雄王二小》。那时候每天只上半天课,一周要上六天学,也就是六个半天,周日休息。写字那个时候叫"打引本"①,是写毛笔字,不是铅笔字,写得好的字老师会用红笔圈起来,打上一个"√",每次写字我们都糊得鼻乌嘴黑,后来才开始写钢笔字。当时一支钢笔要块把多钱,有一支钢笔是不容易的,天天就挂在上衣的口袋里。数学课主要学珠算,我到现在都还记得珠算口诀,像:一上一,二上二,三下五去二,四下五去一……还背乘法口诀。后来才学列竖式、对位加减法。读书的时候,老师

---

① 类似写字帖。

还会带着我和高年级的同学进到农户的家里开展扫盲工作。这项工作特别有意思，记得当时为了方便农户识字，我们就地取材教他们，比如在农户家里看见了水缸，就写"水缸"两个字贴在上面，看见了门就写"门"字贴在门上，等等。那时候我是学生干部，经常跟着老师去开展进户扫盲工作，后来就发展到代替老师带着同学们去农户的家里完成扫盲任务了，到现在我的同学都还在说我是一副干部模样。

那个时候父母只让我上五天学，得留一天在家寻猪草。那一天就得扑扑地寻①，要寻够家里猪吃一周的猪草后才能去上学。那个时候我的母亲每年都要养几头猪，我得完成家里大人规定的这些农活，才能上学。这个事后来被我的班主任知道了，他就发动班上全体同学来帮我寻猪草，保证我能够有时间去上学。上学的时候我还要带着我最小的妹妹，要照顾她，上课时就把她放在教室后面玩，天热就在地上铺上一个包袱，让她到处爬，天气冷就把她放在箩筐里自己玩。上学放学的路上同学们也都帮着我，你帮忙抱一段我帮忙抱一段，这样子拉拉扯扯地带着妹妹去上学。

我读完小学参加小升初的考试，考上了初中继续学习。初中叫松滋三中，它是高中和初中办在一起的学校，属于省立中学，级别还是很高的。当时读初中就可以连同户口一起转到学校去，我就把户口转过去了。由于那时候读书的人少，加上读书带有扫盲的任务，几乎所有的人都能考上初中，只是有的人会因为年纪大了要在家里务农而自愿不读。松滋三中是一所戴帽子中学，初中有十几个班，高中有五六个班。从我初中升高中的那段时间开始，碰上了轰轰烈烈的"大跃进"、大办钢铁，紧接着就是三年困难时期，国家困难，教育也受到了很大影响，生活十分不易。由于我的身体条件好，初中时就成了学校女子篮球队的队员。那个时候，国立学校的学生每人每月会发27斤口粮，而我们校运动队的学生每人每月会给29—30斤的口粮，这已经足够我吃饱肚子了。有时候我还能节约一点，每到周末我就会省下两钵子饭带回家。母亲就会把我带回来的饭再掺上一些菜叶子或者萝卜之类的东西，让一家子人都饱饱地吃上一顿。

---

① 方言，即指很努力地打猪草。

那时候支持农业大发展，支援农业第一线，青年学生要到农村去。学校也经常会给我们学生做这类的报告会，号召广大青年到农村去支援农业发展，每隔一段时间就敲锣打鼓地送一批学生到各农村生产大队里去，这是听党的话、听毛主席的话的积极表现。那时候不要求大家继续深造，也不太支持大家到高一级的学校去继续学习，学校每天的课也上得少，几乎没有老师上课，大家都投入到大办钢铁及合作社的劳动里去了。我们上学也就到处去找钢、铁的物件，甚至连家里做饭的锅都拿到学校去熔化掉。那时候不管哪里，只要熔一锅的钢铁水，就到处贴大字报报喜，到处宣传"哪里哪里又出了多少钢铁"。我记得我们还背着行李翻山越岭，走了七天七夜到刘家场去参加大办钢铁，结果到了后又说不办了，我们就又走回来了。每次出去搞这些社会活动，都是学校里大一些的学生干部当现场的总指挥，安排我们的住宿和生活。

国家经历了三年困难时期，加之"支援农业第一线"很是红火，大部分同学响应号召选择回农村，只有极少数成绩出众、政治表现又好的学生选择了上高一级的学校，到如华中师范大学，还有武汉的一些军事学校继续学习。我随大多数人回到了农村，当时学校还敲锣打鼓、拉很大的横幅欢送我们。

三、 乡村干部经历

因对读书的认识和愿望没有现在的人这么强烈，而且母亲也希望我回家去帮忙，我就没有继续读书。回到了农村学习农活，跟着大人们一起出工，主要还能为家里挣工分，挣着了工分就可以折换成钱。当时的合作社是集体劳动，十个工分记一个标准工，一个标准工大概在3—5毛钱（这个标准也不是固定不变的，而是随着生产队的全年整体收入来确定）。那时候工分除了可以折换成钱外，还可以兑换米、油、柴等生活必需品，我就被村里叫去做了一段时间小队的临时记工员，后来就被推举当上了小队会计。

严格来说，小队会计是我的第一份工作。一个小队里的主要工作人员有贫协组长、队长、财经队长、妇女队长和会计。小队会计工作非常复杂，主要就是负责记录小队全体社员的出勤、工分折算、算土方以及小队里的收支财经等工作。小队会计有三本账要做——流水账、分类账和日记账，还要扎（做）平衡表等，如果收支不平衡，账就做错了。因为才从学校里出来，加上自己也没有工作经验，感觉这份工作十分辛苦和危险。记得有一年扎账，生产队里买了小猪，我忘记记账了，导致账目总是不平衡，为此我一通夜核账，最后才发现是忘了这笔；工分的折算也是十分复杂，尤其对数学不好的人来说；那个时候兴修水利，土方的计算与折算量很大，起初我完全不会土方的计算，还是在父亲的帮助下逐步熟练的。而且小队的会计工作十分烦琐，有时候深更半夜都会有村民来家里给我说：周会计，我今天又去哪哪挑了几担土，你要给我记下的呢！更可气的是村里的一些狡猾分子倚老卖老，很是喜欢欺负我这个新来的，不出工却凭空给自己记工后来找我对账，说我给他记漏了，要我补。小队会计这项工作和我的性格太不相符了，我十分不喜欢，也就差不多大半年的时间，我就特别不想干了。随着形势的发展，农村的"四清"运动开始了。上面（国家）又给村里派来了工作队，工作队一进村就组织贫下中农学习毛主席语录，学习阶级斗争为纲的知识，还进行忆苦思甜的教育，后来就查账，找各种问题，村里的"小四清"工作轰轰烈烈地开展了起来。在老贫协主任的推举下，我这个上过学的人就被要到大队去搞妇女工作，成了村里的妇女主任。

妇女工作我很喜欢，也干得很好，还受到过上一级组织（公社妇女主任）的表扬。我记得，"三八"节我们就会在大队部找一大块空白墙，办一期专门的"三八"节专刊宣传，会组织全大队的妇女同志们在一起开会，给她们讲向警予、赵一曼、刘胡兰、曾志等老一辈无产阶级女革命前辈的光荣事迹。在这个位置上，我学了一些做群众工作的方法。哪里知道"文化大革命"开始了，大学习、大串联、大批判可谓轰轰烈烈。一时之间不知是按什么标准，农村分为两派——"造反派"和"保皇派"，两派斗争十分激烈，国家的基层组织基本就瘫痪了。

而在这时，我又做了在村里的第三份工作——村部的财经主任。这份工作我也不喜欢，首先，因为工作内容与小队会计很相似，不同的是需要我自己动手做账的工作少了，更多的是安排其他会计去干这些具体的事情。那时候村里有一些自己的经费渠道，账比较自由且复杂。其次，由于三年困难的后续影响，缺衣少食是常态，有些村民会跑来找我说没米吃了，要我帮他们解决温饱问题，这也是一个让我焦头烂额的事情。加之那时候"文化大革命"闹得凶，村里的主要干部成了红卫兵的重点批斗对象，他们挨批，我们都要集体跟着赔罪。种种原因，我就特别不想在村部干了，尤其是不想干财经主任。但是那时候在村里工作，一年我可以给家里挣得六百个工分，差不多可以换得300元左右的纯收入。因为我们村比较穷，一个工分最差的时候只划3毛多钱，最好的时候可以折算到8毛多钱，一般平均下来差不多在5毛钱左右的样子。300元对于我们家是一笔不小的收入，为此，我们家的日子也一直还能过得去，没有像别人家那样饿过肚子。

就在这时，遇上了国家教育下放，村里要组建自己的学校办教育，老城城北小学下放到我们村办，于是我就积极地寻求出路，结束了这份我不喜欢的工作。在村贫协主任的帮助下，转到村里的学校，踏上了光荣的人民教师岗位。

四、 成为民办教师

20世纪60年代赶上"穷国办大教育"，中央提出"人民教育人民办，办好教育为人民"，号召公办学校下放到农村来办，原有的公办老师一律回原籍继续闹革命。我们村的学校当时有两百多号学生，原来的那些公办教师回原籍后，学校一时间无人管理也没人上课，这怎么行呢？在学生和家长的要求下，村贫协决定由贫下中农自己来办学，还派了一位贫协副主席到学校领导工作。这位副主席是大字不识一个的地地道道的老农民，他主要负责抓学校的阶级斗争和学校老师的生活，还负责种学校的几亩地、给学生烧开水等后勤工作。我也自愿报名到学校去协助校长管理思想政治工作，抓阶级斗争，相当于教导主任的角色。我的民办教师生涯就是从这个时候开始了。

　　我们的村小是原来的老城北小学下放过来的,它是新中国成立后的第一批公办小学,隶属当时的城东公社,是城东公社仅有的三所公办学校之一,校址就在现在的村部那里,是没收村上以前的一个胡姓大地主的家庙改建而成。下放前学校有五个老师,除去回原籍的公办教师,其余的随学校一同转到了村里。到学校来上班,虽然可以避免挨批斗,工作也相对简单,但办学初期没得老师,没得学生,没得桌椅板凳,就连上课的黑板都得靠我们自己去筹。在村民和村部的帮助下,找回了两位以前干过老师,现因政策要求回原籍的同村人,他们自己也自愿来学校继续教书,又向革委会申请增派了我的两个同学(他们和我一样是上过高中后回村支持大办农业的),就这样凑齐了五六个人当老师,再召集了一百多个学生,把学校开起来了。我们这几个人就是最早的我们村上的小学老师。

　　学校的作息时间是一周六天课,每天差不多是五节,上午三节下午两节,作息时间和现在的差不多,只是那时候每天的课堂无法保证。因为一旦哪个生产队有批斗会,学校就要组织我们老师和学生停课去参加,壮大会场声势。学校开设的课程主要有语文、数学、体育、文艺。像毛主席语录、毛主席诗词我到现在都还记得很多。语文主要学老三篇——《愚公移山》《为人民服务》和《纪念白求恩》;数学主要学习加减法、乘法口诀、珠算等;还开设有体育课,文艺课则教大家唱歌。开始的时候没有教材,更没有教参这类教学用书,我们就从旧教材里挑些课文给老师们用。那个时候,老师每天都要在学校生活,要给学生烧茶水。老师们上班没有像现在这样有规律,特别是寒暑假及节假日休假,一放假就集中培训,首先是要进行政治学习,其次是业务学习。也没有病假一说,女教师也没有产假,有的几乎都是要临盆了才休息,一满月就上班了。女教师生孩子休息后就得请人来代课,代课教师也得老师自己找,工资得自己给人家付;如果学校与村里关系处得还可以,那村里的会计就可以给代课的老师记一个月杂工①,年终可以参加村里的分配。后期如果学校增加老师,这些代过课的临时老师就有优先参选权,所以那个时候请代课老师并不难。

---

① 一个标准工的一半。

老师的工资和村革委会的干部一样按工分计算，一年 500—600 个标准工，一年一结算，按全村全年的平均工值计算，我们村折算下来大概在五六毛钱一个工。老师们的生活用品也都是从家里自带的，主要是自己带米，菜都是老师们在学校的责任田里种的。起初的几年是计划经济时代，对农民养猪政策是购五留五，也就是向国家交一头猪后就能自主杀一头留给自己吃。那时候政府对学校有优待，准许学校自己养猪改善师生生活，不需要上交，我们就在学校旁边修了猪圈，种了猪草，每年养一栏猪，年底了大家就在学校里杀猪分肉。这个肉带回家对一家人来说不仅是莫大的荣誉，更是像过年一样的喜悦。

我们那时的教育学的是苏联模式，叫凯洛夫式的教育，村小来开课，吸引了不少村里的小孩子来看热闹，一个个都趴在窗户外看我们上课。他们经常来学校里，等学生下课的时候和学生们一起玩。我们老师还有一个任务，就是观察哪些适龄的孩子没来上学，我们要上门一一去找家长，动员他们把孩子送来上学。上学是不需要交学费的，但"五类分子"①的子女是不让上学的。那个时候，村里的学校还有一项极为重要的任务，就是要办村民夜校（也叫文化补习班），对村民进行文化普及（扫盲），教村民学习毛主席著作，做一些相关的辅导讲座。做这项工作要随叫随到，如果有邀请就必须去，不然就会说你这个人思想态度有问题。革委会也会要求老师们去讲一些生产技术性的问题，如农药的配比及用法、用电的常识、农作物病虫害的预防；还有一些日常疾病的预防，如脑膜炎等；还要宣传解放思想，废除迷信，男女平等，进行"妇女能顶半边天"教育，号召妇女解放思想，努力调动妇女学习生活的积极性。我完成这些工作是有优势的，因为我上过学能识字，而正因为自己会识字，每每要开批斗大会的时候，村里的贫协干部也都会来找我，要我教他们说一些赶形势的话——"抓革命促生产""为人民服务"是我教他们说得最多的两句话。就在学校的一些工作有了些眉目的时候，"文化大革命"的高潮——大串联开始了，"破四旧，立四新"轰轰烈烈开展起来，好不容易组织起来的学校工作陷入了无序状态，正常的教学无法进行，学校

———————————

① 指地主、富农、反动派、右派分子、坏分子（反革命特务）。

的工作要服务红卫兵闹革命的需要,随时停课成为常态。

　　20 世纪 70 年代末 80 年代初,党提出来"教育为无产阶级政治服务""教育与生产劳动相结合,培养德智体全面发展的优秀人才"的教育方针,学校的教育教学逐渐步入正轨。小学升学采取划片招生,初中升学实行推荐上学。由于我们村是由九个村民小组组成的,学校的办学规模也相对越来越大。学生由起初的几十号人增加到上百人,老师由起初的三五个人增加到七人,最后是九个人。对于学生的管理也由起初的混班制变成了分班制教学,一至五年级全部设齐,低年级(一至三年级)实行包班制教学,老师根据自己的情况和意愿承包所有学科的教学任务,高年级(四至五年级)则实行分科教学。每天的课程也还是按五节课来安排,一般上午是两节语文一节数学,下午两节课是体、音、美、劳交错进行,这一时期起,每天都在课程安排里增设了早自习(朝读)和劳动课。

1985 年,大洲子小学全体教师合影(一排中为周家煊)

　　从这一时期起,我开始承包学校三年级所有的教学任务,并担任三年级班主任。那时候没有教参,上面(教育组)又要求两周一篇作文,困难很大,不知道如何下手,我就开始到处找资料,找外地(外省)的教案来学习,加上镇教育组也还时不时地搞些相关培训。我根据学生的实际情况,开始搞一些识物说话的教学活动,让学生先看后说,再把说的话写下来,再开展一些启发性的问话,一步一步引导学生观察回答并记下来。为了上好作文课,必须早早地备好课,写好样文和教案。体育课是最轻松的,体育设施设备都是我们老师自己想办法做的,如跳远的沙坑、跳高的设备、篮球架、毽子等,体育器材五花八门,项目也是特别丰富,还是蛮有意思的。唱歌课就又有困难了,因为我读书的时候不爱音乐,所以也不会,但包班了,学校又分了课时,不上不行,就只能逼着自己学简谱。就这样边学边教,慢慢地我一个人把三年级带得越来越顺了。

五、　一地鸡毛的幸福

1976 年停止了推荐上学,随之恢复了高考。教育行政部门一门心思地抓质量,千方百计提高教学水平。师资力量也有了很大的变化,公办教师逐渐来到镇小,村小那时候还很少有公办教师,大部分还是我们民办教师。由于我的班级带得特别好,学校从这个时候起,就把我从低年级调整到了高年级。我就开始带小学毕业班,负责语文和思品的教学任务,并兼任班主任一职。从这一时期起,上面对教学质量的要求是一年比一年高,各学校也开始把教学质量当头等大事来抓,大考小考不断,考试还要统一排名次,学生老师都排。学校间开始评比,校与校之间除了私底下的比较之外,政府还要放在全镇的范围内比,小升初的升学率等都是硬指标。小升初还设有重点中学,以此考核教学水平和质量,镇教育组也要和各个学校结账①。镇里的重点中学会从各小学里选拔尖子生,高年级会开展学科竞赛,如作文比赛,每年我的班上都有学生代表学校去参赛,也有学生获奖。

这个时期起,教育组对老师们的要求也越来越高,常有考试考核,并要

---

①　兑现考试质量。

求民办教师们必须持证上岗。为了能长久地工作,我努力地边工作边学习,终于取得了两证(岗位资格证和民师任用证),也从这时起下定决心以"时间+汗水"来对待工作。上课先从备课开始,认真准备,绝不怠慢一节课。规定的课时与所备的课时不差节次;备课的程序也从不马虎,从课题名称、目标要求、重难点,到课时划分的合理性、板书设计的艺术性、课后作业的数量,都是反复地修改,最后确定并记录下来。学校每天早上都会有集体的早操和读报时间,组织大家集中进行思想政治学习,了解国家时政要闻。那时要求老师们集中备课,相互间学习交流,教导主任会集中检查老师们的备课情况、组织听课、检查作业批改情况,镇教育组也会不定时地组织检查。

1991 年,周家煊的民办教师任用证书

老师和学生相处,首先要有良好的师德,要爱学生,只有让学生先喜欢上你这个人,学生才能喜欢上你的课。为了让自己在学生中树立良好的形象,我就多花时间辅导他们、关心他们,和他们的家长搞好关系。我们村有一户人家孩子多,男人又去世早,生活十分不易。她家老二是我的学生,我发现他连续几天下午上课无精打采,一问才知道这孩子已连续几天没有午饭吃。那时候学生都是自己带饭来吃,一碗饭用布一包,背到书包里,中午吃完就集体趴着睡午觉。起初我以为他生病了,后来发现他是没饭吃,连忙将自己在学校定的钵子饭给了他,那时候我们老师的饭都是自己带米到学校交给食堂,每天根据自己的时间安排来预定自己的中午饭,这孩子直到现在都还记得这事,见到我特别地客气,好几次来家里看我。

那个年代,村小每年都会放农忙假,一般是放一周,让老师们回家帮忙,特别是男老师,他们都是家里的顶梁柱,田里的农活还得他们回去干。为了保证我们村小的升学率,我就向领导建议毕业班不放农忙假,因为我一个女老师不是家里的主要劳动力,放假回去我也只是做一些轻的农活,只要学校同意我带着孩子在学校为同学们上课就行。于是每到农忙假,我就带着孩子来学校,辅导班上的学生复习旧课,偶尔也会上一点新课。这种方式也会用在日常的星期天里,只是这些工作是没有报酬的,因为不是学校安排的。如果邻居的孩子是自己班里的学生,我也会把他们叫到家里来了解他们的情况,进行一些学习上的指导。就这样,连续几年我带的毕业班总体成绩还不错,语文课得了教学比武奖,升学拔尖得了三等奖。我家老三和老四的小学毕业都是我自己带的,特别是老四还被拔尖选考入了镇里的重点初中。

进入20世纪90年代,建设教育强国的目标越来越明确,国家对民办教师的政策也有了更为清晰的要求,想通过"转、考、清、辞(退)"解决我国民办教师的身份问题。我们镇规定1986年前在籍在册工龄满30年的民办教师可以直接转为公办教师,未满三十年的可以参加统一组织的考试或是通过社会同等对口考试进行职业学历提升后,再进行"民转公"认定。"民转公"政策对我影响很大,1995年我52岁,从事民办教育27年,离国家要求的从教30年在籍在册可以直转还差三年——其实如果把我的代课经历算上的话,我是够条件直转的。那个时候大家都会积极争取去考试,我也参加过几次,但终因年纪大底子薄,复习的东西记不住,考试成绩没有过统招线而被拒之门外。另外就是我的三个孩子都在读书的转折阶段,我还一直带着村小的毕业班,每个学校都狠抓毕业班的升学率,我带的班级反正每次都不落后。工作、家庭和经济的压力,加之事业上也没有人提点,在镇政府"五十岁以上的民师一律辞退"的政策要求下,我就被辞退回家,退教还农。当时领导还承诺说:这些人离开讲台,保留民师编制,挂职在教育系统,把教师的岗位提前让出来,给镇上的公办教师。但到了2000年,国家彻底取消民办教师这个职务,民办教师就这样从教育行业退出了历史的舞台,至此我的身份问题也终究是没有结果，便彻底结束了自己的职业期待。

虽然我没能转正有些不太甘心，也十分遗憾，但令人欣慰的是我有一笔宝贵的财富。我这个贫苦家庭出身的女人，两代人中没有一个男孩子，我有四个女儿，仅老大因读书遇见"文革"十年不招生而耽误了学业，很早就务农学艺（裁缝），帮助支撑这个家庭，老二、老三、老幺都学习努力能吃苦，考上了不同的中专及以上的大学，她们也都选择了当老师，跳出了农门，毕业分配到了各自的单位。女婿们也都是农村读书出来的苦孩子，都很优秀。子孙们都赶上了好时代：一个大学毕业考研到香港大学，现就职于香港；一个大学毕业在澳大利亚留学深造；最小的正在大学读书，也准备考研读博。我感谢共产党，感谢伟大的祖国，我要教育子孙后代听党的话，永远跟党走，要爱自己的祖国，为伟大的祖国多做贡献。

禹振明
三十六年的执着与坚守

亲 历 者:禹振明
访 谈 人:韩梦露
访谈助理:赵文彦
访谈时间:2022 年 5 月 30 日
访谈地点:山西省寿阳县韩梦露寓所
访谈整理:周海萍
访谈校对:韩梦露　韩慕青

亲历者简介:禹振明,男,1943 年生,山西省寿阳县尹灵芝镇冀家村(原落摩寺乡庙思峪)人。1964 年毕业于山西省太谷师范学校;1964—1974 年任教于落摩寺乡七年制学校;1974—1985 年任教于景尚中学;1985 年任景尚中学教导主任;1986 年任景尚中学副校长兼教导主任;1988 年任落摩寺中学校长;2000 年退休。

禹振明(右)接受访谈

一、 学业优良，因阶级成分进步受阻

　　我 1943 年出生，正值抗战时期。战乱年代谈不上重视教育，能吃饱就不错了。我是家里最小的孩子，有两个姐姐、一个哥哥。父辈也是农民，那会儿不重视教育，而且在我五岁的时候，父亲就去世了。1952 年我在庙思峪上小学，1956 年在落摩寺完小念了两年，小学和完小时完全是自费，不过好在也用不了几个钱，村里负担了很大一部分。1958—1961 年在松塔郭村念中学，那时候就有助学金了。学校离家有四十多里地，我只能住校，当时条件不错，吃的是学校供应，不像 20 世纪 70 年代要自己背着米面去上学。我记得当时每个月国家给补 4 元钱，剩下的部分要自己出，但实际上也没多少。1961—1964 年在太谷师范上学，1961 年正是困难时期，当年全县有 40 个人考上师范，平定师范 20 人、太谷师范 20 人，这些都是好学生。

　　我从小就学习好。上学过程中有一件记忆很深刻的事：我在落摩寺读完小时，一直就是 54 个学生中的第一名，毕业时要从我们学校选派一名学生到平定师范读初师①，本来应该选我，但当时的乡长是五台垴的人，就选了他村里的一个学生顶替我去平定师范了。我没去成，就考到了郭村中学继续读书，那时郭村中学有两个班，我是二班的，我的成绩仍是第一名。1958 年松塔公社的万人大会上，我曾作为学生代表上台讲话，但因为我的成分问题（上中农），连团都入不了。当时郭村中学就我一个考上了（太谷师范），但由于老母亲想让我到公社当通讯员，差点没去就读。所幸时任郭村中学教导主任给我写了封信，信中说：郭村 29 个学生就你一个考上了，倘若你还不去，咱郭村可就一个学生也走不出大山去了！（老母亲）看到那封信后，才让我去了太谷师范，我也更加坚定了继续读书的决心。

　　太谷师范不需要自己出学费，基本上国家全包了，助学金一个月 9 块钱，受资助的力度更大了。那会儿也不像现在，我们上学不分专业，因为毕业后要教小学，学的就是小学（开设）的全部课程，包括语文、政治、历史、地理、音

---

① 当时的制度是：初师上一年，中师上二年，高师上三年。

乐、美术、体育,都要学。初中时我就是学生会的文体部部长,太谷师范时我是学生会的体育部部长,每天上午第二节课后,我站在主席台上指挥全校两千多名学生做广播体操。当时晋中地区给太谷师范分配了"五好青年"指标,虽然我不是共青团员,但评上了"五好青年"。再后来,1964年师范毕业以后就直接分配工作了。实话说,选择当乡村教师主要是因为家庭困难,那时家庭条件好的学生,初中毕业后就上高中,高中毕业后就可以考大学。当时我家没钱,就依靠国家的助学金读师范。那时的师范生不用自己出学费,而且毕业后就有工作,用家乡话说就是师范毕业后就有饭碗了,不用家里负担了。

一直以来我认为当教师就挺好,分配工作也很巧,一下就分配回老家落摩寺。1964年那会儿叫七年制学校,小学带初中,不过也是因为落摩寺是个偏僻落后、交通不便的地方,没人愿意去;1974—1988年,我在景尚中学任教,当时景尚中学是县直五大中学之一,1985年当了教导主任,1986年提升为副校长兼教导主任;1988年我又调回落摩寺当校长,回到了一开始工作的地方。其实,我也不想当这个校长,但领导不同意,他们觉得我有管理能力,非要让我干。当时大家都想进城工作,我不进城是因为要照顾家里,我妈那

1985年,禹振明(一排右七)在景尚中学任教导主任时与学生的合影

会儿已经是七十五六岁了,就我哥哥一人在家照顾,我也得回去尽尽孝心,帮我哥分担一点儿。当时的教育局局长想让我去县城工作,跟我说:你还怕你回不了落摩寺?你已经四十五六了,着急回去干什么?言外之意是说,我在宗艾中学或者县城的大学校能培养出更多人才吧。教研室主任也惋惜地说:你在落摩寺考得再好也不过十来个人,哪如你去宗艾或县城?

二、 忠孝两全,托起山里孩子读书梦

我刚参加工作时试用期一年,工资每个月 29.5 元。一年后转正,工资一个月 34.5 元——一年挣 408 元,一挣就是 13 年。当时觉得师范毕业后当老师就有铁饭碗了:国家每月供应 29 斤粮食,有细粮也有粗粮,每个月骑自行车去(尹灵芝镇)芹泉粮站领粮食。我现在还记得,当时是白面 0.18 元/斤、玉荙①面 0.09 元/斤、小米 0.11 元/斤。直到现在老师待遇也很好,工资号称"十八连涨"(连续涨了 18 年)。咱念的是师范,出来当老师就觉得很好,再就是村儿里的风气比较淳朴,人们对老师也比较尊重,南乡人对老师尤其尊重。

当老师时一天工作六小时,上三个小时课,批改两个多小时作业,课程工作量很重。1979 年正好恢复高考制度,我一人带着语文、历史、地理三科课程,还去太原阅过两年高考试卷。印象最深的是恢复高考后,应该是 1979 年,我到太原去参加语文阅卷。那时正是夏天,食堂的伙食相当好,一桌十几盘子菜,阅卷老师们坐着吃饭,热得用扇子扇着风,时任副省长王中青去看望我们,当时老师们问:"我们判了两年卷子有什么待遇?"王省长说:"有什么待遇?你们戴着的'山西省高等学校工作证'胸牌就是最好的待遇,这个塑料牌就是历史的见证。"那时阅卷不给补助,也不说钱,思想政治第一位,分配给(自己)工作就好好干,当时老教师们不想去受罪,派的都是我们年轻人。此外全县教师到了每年正月还要到政府大礼堂集中培训,都背着

---

①　方言,即玉米。

铺盖在县城的招待所打地铺。后来教师队伍扩大了，人越来越多，回城里集中培训放不下，就变成各乡镇学校自己组织培训。

我1964年教书时，村里人也不多，最多二百人，村子里初中生也是三两个，没有高中生。我记得回教育局开会时，当时的人事负责人说过：我知道你是落摩寺山上的一个秀才——我才是个师范生，就顶秀才了，说明那时村里中学生很少，小学生多一点，大概有十来个人，文盲得有百分之六七十。相比起来，女生更少，村里不愿意让女孩子读书，觉得女孩子读书没用，还是受旧社会的老思想影响比较深。落摩寺在寿阳属于既偏僻又贫困的小乡镇，整体相对落后，人们（收入）差距不大，学生的家庭情况都不行。当时学校共54个学生，到现在我都能想起来这些孩子的名字。孩子们家里都很困难，礼拜天回去，家里给炒些玉茭豆豆和谷子磨成面，蒸些窝窝，带到学校维持一周的伙食。54个学生中只有一个学生骑自行车上学，那就算家境好的了。当时村里的路还是土路、山路，坑坑洼洼的特别难走，即使骑车也可遭罪了。学生书本费没多少，学费一年就是一两元钱；至于伙食都是自己从家里带些干粮，中午在学校将就一顿，下午放学后就回家了，其他没什么支出。因为没多少费用，一般家庭都能承受得起。在落摩寺中学时，学生上学要跑校，早上八点多到校，夏天六点放学，冬天四点多放学，因为还有十多里山路要走，学生们都得步行一个多小时。到了景尚中学，外村的高中生就都能住校了。

农村学生有的还是挺努力的，有的就不行，直到现在也是一样的。学生们的表现各有不同，管理得紧些，学生们学习的效果会好些。有的学生学习差但有别的优点，比如说劳动好、体育好，总要找到他们的闪光点，多表扬，多鼓励。如果有的学生不想上学，我就下乡家访，我最远走过十二里路去家访，那名学生家在落摩寺董家垴①，因为家境贫寒又离学校比较远，学生就有了放弃学业的念头，我多次上门动员，总算是读到初中毕业了，毕业后就回村务农，没有继续上学。有的能动员回来，有的就动员不回来，大多数孩子能回来继续读书，但有的回来一段时间就又不来了。那时候农村对读书不

---

① 靠近阳泉市平定县。

重视,(村里人)认为读书不一定有用,把精力都放在地里了,另外(受当时政治环境影响),1966 年开始"文化大革命",贫下中农的后代不用读书也能(通过)推荐上大学,可有的学生成分不好,不用说上大学,就是想出来找份工作都受限制。

20 世纪 60 到 80 年代,(人们)比较单纯,比现在人情味足,社会风气还是不错的。我记得刚恢复高考那会儿,学生们的学习氛围很好,学习很刻苦,晚上自习课上辅导学生的时候能感受到他们大部分想参加高考,认真学习的目的还是想考个好学校,有个好出路,这是个最朴素的愿望。不认真的同学觉得考学校没希望,家里大人也不是很支持,但在学校上学可以逃避劳动,娃娃们不想去地里受罪——到地里锄玉茭很费力,玉茭叶把脸划得生疼——就一直待在学校上学,读完拿个毕业证,有的还考上了学校,最终逃离了农村。都说"读书改变命运",有个学生家里条件不好,高考落榜后在下龙泉带了半年课,回来在我办公室自学,后来去寿中补习了一段时间,考上了警校,他就是依靠自己的努力,最终改变了自己的命运。还有尹灵芝镇闫家庄的一个学生,创业赚了钱给家乡新修了一条水泥路,汶川大地震时捐了100 万元,印象最深的是他用密码箱提着 100 万元现金,在县委大楼前当众打开时,人们又敬佩又羡慕。

三、 冬去春来,见证乡村学校建设

改革开放前,民办学校就是村里出资,公办学校就是政府出资。当时也不一定都盖新学校,条件差点的就在土窑洞里,挂块黑板,拿砖垒些桌子,放上些板凳就算教室了。要不就在庙里,大部分村子都是在庙里办学校,因为庙是集体的财产,是公家的,根本没有人出资修学校,哪个村都没条件。20 世纪六七十年代"破四旧",人们不相信佛教了,寺庙失去了它的社会功能,大部分寺庙做了大队部、学校或者仓库,我们就在庙里上课,用长条桌当课桌,一个桌子可供六七个学生使用,等后来学校拆了以后,长条桌变成了村里人们操办红丧喜事用的器具。

学校里如果教师不够用可以招民办教师,这种情况在小村子里很普遍,(老师)小学毕业就能带小学生,初中毕业就能带初中生。民办教师的招用一般就是口头协商,联合校长看着(觉得)差不多,双方协商好工资待遇,就定下来录用,派去村里当民办教师,当时联合校长就是全公社所有学校里权力最大的(官),有的村里村干部还没和民办教师接触就被派下去了。当时公办教师实行的是工资制,民办教师是按民办公助的要求,实行工资加补贴的办法,就是按同等劳力在生产队记工分外,上级还发放一定的生活补贴,队里每天给记10分工,教育部门一开始每月发3元钱补贴,后来也增加了点。如果(民办教师)和村里关系好点,或者经济条件好一点的村,民办教师的待遇就会好一些。一年下来不仅有工资,也有粮食和其他的(东西),如果(和村里)关系好就会多一些;如果关系一般的话,就按原来定下的(标准)给工资。公办教师月平均工资30多元钱,的确比民办教师强多了。民办教师大部分在小村子里代课,孩子也不多,大概有十多个孩子,还有六七个孩子的。当时民办教师有很多,他们到一定年限符合转公办教师的条件时,就可以通过考试来转:1986年以前的民办教师,允许他们参加民办转公办的考试;1986年以后的民办教师,政府一律清退,而且为数不少。为什么要清退?按学生数量定编制,超出部分就要清退。国家的教育资源还是丰富了,从正规学校毕业的师范生越来越多了,教师队伍的素质提高了;实际上民办教师是无奈之举,勉强招用了一些并不具备教师资格的人来过渡一下,是种过渡性的办法,一旦教育水平提高了,民办教师就会退出历史的舞台。

我教书的时候,老百姓一般都很尊重教师。教师除了上课外,还可以帮助村民代写书信、算算账、红白喜事记个礼、春节写写对联。以前乡村教师的社会角色比现在更明显,现在就淡化了些,当好你的老师就行了。“文革”期间,地、富、反、坏、右,叛徒、特务、走资派,下来就是“臭老九”,“臭老九”说的就是老师,因为是知识分子,当时教师很受排挤的。不过农民对教师的态度还是挺亲近的,因为他们的孩子都在学校上学,只是社会上对教师的态度不怎么好。改革开放前,老师改行的很多,有的乡镇老师离开教师岗位后,被提拔成乡镇党委书记、局长、副县长,乡村学校的教师队伍则还是相对稳定的。我工作过的地方调出的人不多,比如有位数学老师,那会儿是学校负责人,和校长差不多,与我在落摩寺工作了十年,后来调到教育局当了副局长,但仍在教育界;景尚中学有位语文老师被调到文化局;还有一位从景尚中学调到弹簧厂当了厂长,其他的就没听说了,(大部分人)直到退休都还是老师。

1984 年,禹振明(前排右二)欢迎(送)同事的留影

1974 年我从落摩寺中学调到景尚中学之前,(落摩寺的)学校还很破旧,已经没办法使用了。在乡党委王书记的主持下,拆了村中南庙和戏台,盖了九间平房做教室,学校才从凹庄(村中高地)搬到街上,正式告别了在寺庙里办学的历史。到我 1988 年调回来后,原来修的两排房已经坍塌,实在不能再使用了,我才提出申请,在乡党委侯书记的支持下,又重新修建了四间教室。再后来到我退休后,(学校)已经盖起二层教学楼了。那时也没有学生宿舍,所有学生都得跑校,最远的离家有 12 里。一放学,学校里就只剩下四名教师和一名厨师,他们几个住砖瓦房,教师宿舍是与前面所说的九间教室一起修的,教室塌了,但宿舍维修得勤快,还能住人。我们那儿生活条件落后,哪有电灯呢?用的还是煤油灯、保险灯——保险灯就是煤油灯外面罩了个玻璃

罩,再加上个铁制手柄和底座,到外面提着走路防风,风吹不灭。在景尚中学的时候,师生生活质量最好,因为有生产实践基地,十几亩土地生产出的粮食、菜籽能用来补贴伙食,我记得刚调到景尚中学时还晒了一场莜麦,进行玉米制种,因为种的地多,经常要带学生们参加生产劳动,当时学校的油都是用大瓮装的。

1989 年,校长禹振明(二排左五)与落摩寺中学初三(1)班毕业生合影

　　不管是当老师,还是后来当教导主任、副校长、校长,我肯定是喜欢学习上进的孩子。我记得景尚中学有个学生,他是景尚乡贾豹村人,在全县也很有名,经过努力考上了大庆石油学院,比寿中和宗艾中学的学生都考得好,在东北成家立业了;又比如有个学生不爱学习,但他情商高,会交际,毕业后到县城创业,现在也弄不清他到底是有多少个亿的大老板……我没有开除过一个学生,有错误就批评一下,那时打学生现象比较普遍,有的打得还比较厉害。有一次我去太原见到我的学生,他还问我,禹老师记不记得你当初打过我?我走一步,你打我一下。那时与现在不同,现在的老师可不敢打学生,打了家长可不依,学生也不害怕老师。而那时的家长就跟老师说了:该打就打,该骂就骂吧,不怕。家长还是能够理解老师的,都通情达理,如果孩子实在捣乱得不行,我就叫家长过来一起教育孩子。

教学生涯的高光时刻是我在景尚中学任了三年校长,在落摩寺任了八年校长,以及考高中时班里有个学生的语文取得全县最高分;记忆最深的事是,当时我在景尚中学任我大儿子的班主任,中考评卷是全县老师集中评,作文占四十分,基础知识六十分,先随机抽取一份密封作文试卷当众宣读,以此作为统一评分的标准,结果那个学生在作文中写道"禹老师如何如何",老师们将此作文评定为满分作文,这个学生后来居然成了我的大儿媳。我当了三十六年老师,1964 年参加工作直到 1988 年,当了二十多年的教员,年年都能得教育局奖励,那时说一等功、二等功、三等功和功勋奖,全县教师集中在大礼堂开表彰会;后来当了校长,就从"优秀教师"变成"先进教育工作者"了。

四、 夫唱妇随,儿女后代子承父业

我爱人是我 1964 年回来参加工作后认识的,我俩相差八岁,她是我教的第一届学生,是落摩寺公社六亩潭村人(今尹灵芝镇贾家庄村),叫冀二梅。我当时主要就是看中了她的长相和性格,她属于内向型的,比较温柔,一般是我说什么她听什么。我们 1969 年结的婚,53 年了。想要安心工作,首先要选好生活伴侣,伴侣选好了,家庭就比较稳定,在外就能一门心思搞好工作,我在外面教书根本不用考虑家里的事,很放心家里的老人和孩子。我们有三个孩子,孩子们小时候一直在老家庙思峪生活,我因为在外工作,肯定没时间(陪伴),他们上学后就陪伴得多一些。大儿子跟我在景尚中学上学,我调回落摩寺后,二儿子和女儿就在落摩寺上学。咱本身就是老师,可以为他们辅导一下课程;再者因为校长身份,其他老师也会给孩子们或多或少吃点偏饭,但考试是靠他们自己的本事。大儿子今年 54 岁,学习很刻苦,他在景尚中学的时候,丁志任校长,我任副校长,1985 年 6 月我俩的孩子同时参加中考,双双取得全县并列第一名,被平定师范学校录取,现在在教师进修学校工作,儿媳也在私立学校任教;二儿子 49 岁,当年初中毕业考上高中,但因头疼不愿继续上学,现在是电工;闺女 45 岁,考上了太行师范学校,现在在城西小学任教,带思想品德课。我觉得自己的职业对孩子是有一些影响的,我就希望他们都子承父业,一来教师工作相对稳定,二来教师行业比较纯洁,而且念师范学校都是国家资助,经济压力小,如果上高中考大学的话,学习费用就会很高。

自从哥哥去世后,我就是我们大家族中年龄最大的了,他们有什么事都要和我商量,向我请教,感觉还是挺有威信的,有点像过去的族长,有一定的话语权。我在落摩寺和景尚工作到退休,2008 年女儿买了房才搬到县城,现在是三代人住在一起,已经进城 15 年了。在村里的时候和邻居们相处得真的好,但来了城里后,邻居之间说话很少,交往也不多,就像不认识一样。我年轻时候吹、拉、弹、唱都爱好,会吹口琴、拉二胡、唱歌。现在老了,什么也不弄了,与以前的老同事、老领导关系处得都不错,每隔段时间就聚一聚。

我退休后也经常关注乡村教育方面的事情,可以这么说,我们家两代人都离不开教育,一辈子也离不开教育话题。现在的家庭大部分是独生子女或者最多两个孩子,对孩子的教育相当重视。说实话,农村学校撤并,绝大部分农民都觉得不合理但都没办法。比如落摩寺原来三十多个自然村,现在三十多个自然村的小学校都撤除了,合并成了落摩寺一所学校,教师们多数都调回县城了。据说落摩寺学校也要撤,这样一来当地就没有学校了,肯定会给农民带来诸多不便。乡村教育要发展,大镇大村发展环境还可以,小乡镇、小村子只有三五十个人怎么发展? 原来村里有学校,孩子们可以就近上学,不需要进城上学;现在撤乡并镇后,孩子们只能进城上学,家长也不得不跟着孩子进城。村里的人也越来越少了,我们村从原来的二百多人变成了五十人,并且大部分是老年人,农村空心化问题变得越来越严重了。

再说说改变命运这个话题。一方面,农民改变命运容易了,从经济方面来说,农民种地收入高了;另一方面,感觉大趋势比以前还要困难。因为国家也正在治理这个问题,比如河北衡水中学几乎包揽了河北省所有的清华、北大名额;又比如山西现代双语学校与新希望学校几乎把太原周边县、市的小学、初中尖子生都招走了,不说别的地方,就是对寿阳一中的生源压力都很大,寿阳的好学生都想出去借读,因为到榆次、太原念私立学校,将来考名校的概率大,就有可能改变自己的命运,但寿阳一中的高考成绩就难以提升,(这也是)国家为什么要限制(跨区域招生的原因)。据统计,农家子弟上名校的比例(近几年一直)在下降,教育资源有点垄断,区隔成了精英教育和平民教育。国家经过这么多年的努力,初中、高中普及了,人们的总体素质都提高了,我觉得最大的问题还是学校的撤并对乡村教育的影响太大,至少中心村还应当有一所学校,这肯定有利于乡村教育的提升,也能促进乡村振兴的发展。

对于农村而言,教育最突出的作用就是培养孩子成才,我希望(未来)孩子们都成为有理想、有文化、有道德、有纪律的"四有"新人,这样无论他们在什么岗位都能为国家贡献自己的力量。现在(的问题)就是培养出来的人才只要进了城就很少再回农村,城市固然好,但农村也应该发展起来才对,国家现在就有鼓励大学生回村任"村官"的政策。我任教时期,村里有学生,规模也可以,教书育人的功能发挥了,也能做到文化传承,但现在已没有乡村教育的环境了。我认为首先要有教育环境,一来可以促进教育,二来用现在的词概括就是能促进乡风文明,能为村民办些实事。

2017 年,禹振明荣获"乡村学校从教 30 年"荣誉证书

　　我今年 79 岁,从事教学工作有 36 年之久,实实在在地做了不少事情,培养出了不少学生。我年轻时就希望自己能当个好老师,这一辈子也是一直这样努力做的,实现了青年时的理想,我这一生还是很幸福、很有成就感的。我对自己这一辈子最朴实的总结就是:学生时代是最好的学生,当老师又是最好的老师,当校长时也是尽心尽职,能体现出我的价值。有老同事曾问过我:"难道你就一辈子当老师呀?"我说:"当老师多好,能与学生打成一片,教师就是很体面的工作,当了一辈子乡村教师,我以做乡村教师为荣。"为乡村教育"献出"自己的青春,我觉得很值得。

李国辉
阴差阳错赴师途,勇挑大梁育人行

亲 历 者:李国辉
访 谈 人:李婉玉
访谈时间:2022 年 2 月 11 日、15 日、27 日
访谈地点:安徽省亳州市利辛县李国辉寓所
访谈整理:李婉玉

亲历者简介:李国辉,男,1943 年生于安徽省亳州市利辛县,中共党员。1969 年 1 月起在安徽省阜阳行政公署(今安徽省阜阳市)利辛县从事乡村教师工作,先后在利辛县永兴学校(1969—1976)、程湖小学(1976—1979)、永兴镇初级职业中学(1979—2008)任教。1984 年,担任区教办室主办的"培训民师任教"活动的培训教师;同年,被评为利辛县

李国辉(左)接受访谈

"教育先进工作者";1992 年被提拔为副校长;1997 年当选永兴镇第七次党代会代表。2008 年 5 月正式退休。

一、 家庭出身与学生时代

我叫李国辉,今年 79 岁,1943 年出生在安徽省亳州市利辛县。从我 1943 年出生到后来 1970 年分家,一家人都生活在程湖村一处老宅子里。父亲和母亲一直生活在农村,从未出过县城,父亲是小学文凭,在生产队里做过会计,母亲没有什么文化,平时就在家操持家务,偶尔跟着生产队做一些轻微的农业活,挣点工分补贴家用。父亲在家里排行老三,上面有一个哥哥和一个姐姐,下面有一个妹妹,如今也都子孙满堂。我们兄弟姐妹三个,我是老大,妹妹去世得早,现在就剩下我和弟弟。

那时候即便家里的经济条件比较拮据,父母还是支持我们兄弟姐妹上学。弟弟因为天生眼部残疾,没有上过学,妹妹在家乡上完小学之后就参加劳动了。1954 年,我 11 岁,才正式入学,那个时候我身体不好,经常生病,有时候上一段时间就要请假,后来就索性不去了,等到病好了才从一年级开始学。我是在利辛县永兴小学完成的小学学业,这个小学是一所年代久远的学校,比我长一辈的人大多也是在这所小学里完成的学业。小学主要教的是语文、算数、自然、地理,那个时候也没有现在的生物。

小学毕业后,我在 1960 年上了初中,初中和高中学业都不是在家乡本地完成的,初中是在离家乡不远的马店,我跟马店这个地方还是很有缘分的。到了初中之后,才开始接触历史、外语、生物、物理和化学。由于当时正处中苏关系密切时期,学的外语也是当时的盟国苏联的俄语;中苏关系破裂以后,我的俄语学习一直延续到 1966 年高中毕业,教外语的老师在那之后才开始进修英语。我的高中生涯是在阜阳行政公署插花中学度过的,那是一所有着悠久历史的学校,校名是郭沫若亲笔题字的。高中老师也是来自不同的地区,像外语老师是从潜山来的,数学老师是阜阳的,几何老师是利辛的……当时的数学和几何还没有像现在这样统称为数学,有教数学的老师,也有教立体几何的和教解析几何的老师,现在都合并到一起了。那个时候小学升初中、初中升高中,也是像现在一样经过层层考试选拔的,高中的课程形式不像现在这样复杂,班级授课以外也没有像现在的课后辅导班,更没有现在所说的网络授课,上学还是用毛笔,直到后来我教书了,钢笔才开始普及。

我们上学的时候,无论是初中还是高中都有助学金,助学金是根据每个学生的家庭经济情况来评定,我是班里的团支部书记,开学的时候会带着几个学生评定班里其他学生的家庭经济状况。上高中的时候,我的生活费是7块半,有的家庭比较困难的,交3块、4块的都有,平时在学校里吃的也都是白面,一个人每天发三张饭票,有饭票你就能吃饭,也不分条件,大家吃的都一样,但那个时候大家都年轻气壮,学校饭堂提供的饭有时候吃不饱,吃不饱怎么办呢?大家就在上学之前,从家里带点炒熟的面粉或者米饭,饿的时候就拿点放在茶缸里去开水房兑点热水,也就凑合着过来了,生活虽然苦但是大家都不怕苦。

我是怎么成为教师的呢?这要从我高中毕业后的几经辗转说起。那个年代,想当老师的一开始就选择了师范学校,不考虑当教师的就选择上高中继续读大学,当时我没有想过以后会涉足教师这个行业,上高中的志愿就想报考地球物理系,去把祖国的山山水水走一遍,为祖国寻找矿藏。但是当我们所有人开始为高考做准备的时候,一个突然的意外中止了我的学业——当时毛主席号召全国的知识青年到农村去,接受贫下中农再教育,因为我本身

高中时期的李国辉

就是农村出身,知识青年上山下乡时,我直接回到了自己的家乡,记得当时学校给上山下乡的同学都发了一本毛主席语录,封面上印着"赠:上山下乡知识青年"。就这样,1966年高中毕业以后,我回到了出生长大的家乡,响应国家的号召,投身到了农村中。

刚回到家乡的时候,因为失去了考取大学的机会,我就想换另一种途径为国家奉献一份力量,那时最大的理想就是当兵入伍,保家卫国,但父亲怕我当兵之后再也不回来,没有同意我入伍当兵的决定,入伍的机会便让给了

大伯家里的老二——我是高中毕业,他是小学毕业,当时如果是我报名参军,老二就没有机会参军了。考大学和参军的机遇都错过了以后,我就在家帮着干农活,去大队里挣工分,直到 1967 年生产队里缺人,看我又是高中毕业,就让我去大队里帮忙,就这样,高中毕业以后,我在大队做了一年的会计,1969 年由大队介绍去学校任教。

也是在 1969 年,父亲去世了,那时我和弟弟两人都已经成家立业,1970年我们就正式分家各自生活了。按照农村约定俗成的做法,母亲跟着家里最小的弟弟一起生活,一直到 1995 年去世。那个时候家里无论是在财产上,还是在生活水平上,都能算上中等,比上不足比下有余,相对于"朱门酒肉臭,路有冻死骨"的大地主来说,是万万比不上的,但对于街边的乞讨者来说,境况要好上几倍。

二、　我的教书育人之路

1969 年,正逢教育大发展时期,学校里缺少教师,大队考虑到我是高中毕业生,回来一直从事农活太可惜,就推荐我去学校里当教师。那个时候留在学校当教师,一个是需要大队里介绍,另外一个还是要看个人的"真本事",由学校考察同意之后才可以成为民办教师。由于当时教师的缺口很大,哪里缺老师就会把你安排在哪里,我最初是在永兴学校教了一个多月的小学二年级语文,过了一段时间,全国范围内教育大发展,流行发展中学班。什么是中学班呢? 就是有小学也有初中,也就是俗称的"小学戴帽",由于工作成绩受到了学校领导的认可,教了一个多月的小学语文之后,我被调入永兴学校的初中部教数学,一直教到 1976 年。

20 世纪 70 年代,全国范围内开始普及教育,各个大队开始自办小学教学,所有的老师需要回到自己所属大队的学校教学,因此我又转到当时大队管辖的程湖小学教书。1979 年,我被调去现在的永兴镇初级职业中学任教师,在我去的前一年也就是 1978 年,这所学校的高中部刚被砍去,只剩下初中部,我在这个学校工作了 29 年,直到 2008 年退休。

　　刚到农村教学的时候,人们的吃穿都刚刚凑合,更别说教学条件了,刚到永兴初级中学的前几年,经济条件还稍微好一些,由县里直接拨款给学生买桌子椅子,统一订购书本,后来推行教育大发展,学校大幅度扩大学生和教师的招收数量,但教学资源是定量的,原本足够的课桌椅到后来就变得捉襟见肘。但既然招收了这么多学生,就要保证每一个人都要有桌子和椅子使用,那怎么办呢?学校就发动所有老师趁着寒暑假,用农村最不缺的原材料——泥巴,动手捏桌子和椅子,等到开学,泥桌子和泥凳子也就干了,所以那个时候学生身上都灰蒙蒙的。

　　除了桌子和椅子的困难以外,灯是另外一个问题。1979 年,我从程湖小学转入永兴镇初级中学以后,就一直担任复读班和毕业班的班主任工作,由于当时我们国家电力资源比较紧缺,一直到 20 世纪 90 年代,学校照明大多还都是使用汽灯——汽灯就是煤油灯,打上气之后就会喷出雾状煤油,然后把煤油点燃,一个灯泡烧得透亮透亮,挂在教室的三间房子上,整个教室都非常明亮。冬天,学生是早上五点多钟进班级自习,早晨一节课,上午四节课,下午三节课,晚上还有一节晚自习。冬天天气冷,农村里的老百姓都起得很晚,一直到上午第一节课开始上,村子里才陆陆续续有人起床。冬天天黑得早白得晚,最辛苦的还是每个班的班主任,除了要求全天在校以外,还要"来得最早,走得最晚",每天早晨四点多就要起床,去班里把汽灯点上。五点多学生们陆续到教室学习,晚上九点多下了晚自习以后把汽灯熄了,拎到屋里,确保所有的学生全部离开后,班主任才能走,直到后来教室里都装上了电灯,才不需要早起去班里点汽灯。

　　1979 年我刚调入永兴镇初级中学时,学校的老师人手很短缺,学校教数学、物理、化学三门学科的都是我一个人。教学任务最多的两年,我一个人需要承担四个班级的数理化教学,直到后来学校开始扩招教师,才由其他的教师分担数理化三科的教学工作。记得当时学校里来了一位从阜阳师范毕业的老师,校长过来询问我的意见,是想继续教物理还是化学,我把优先选择权让给了新来的那位教师,他最后选择了化学,之后我便只负责物理的教学,一直到 2008 年退休。那个时候的教师,不像现在选择的机会那么多,都是尽全力发挥自己的本事帮助学生改善环境，把自己所有的知识尽可能地传授给学生，任劳任怨。

在 1979 年参加转正考试以前，我的身份都是民办教师，虽然归学校管理，但是薪酬还是由大队负责，大队所付的薪酬不是现钱，而是工分和粮食。教师的薪酬和大队的生产活动是紧密联系的，大队今年收成好，教师分到的粮食相应就会多一些，我所在大队的管辖范围相对来说比较大，遇到粮食收成好的年岁，分到的粮食、柴禾就会多一些，那时候其实也没具体说给多少工分，只是大队会定时通知你去某某庄拉秫秸①，或者到某某庄拉豆秸②、弄红薯片子；遇到收成不好的时候，大队给不出那么多粮食，一家人也就凑合着过完一整年。1979 年我参加转正考试以后，工资就不再由大队负责，而是由县里直接对接。1979 年，也就是转正的第一年，我的工资是每月 41 块钱，相较于其他教师来说，我那时的月工资不算高，日常开销再加上几个孩子上学的费用之后，也所剩无几。学校扩招教师之前，都是我一个人承担四个班级的数理化教学，加上班主任工作——不像现在的班主任，会有班主任费和补助费，带的课数多还会相应地增加工资。而且，那个时候拖欠工资也是常有的事情，有时县里拨不下来款，学校也只能先欠着教师的工资。

除了教学设备和教学资源紧俏以外，学生和教师的生活条件与现在相比，也不尽如人意。学校虽然配了学生宿舍和教师宿舍，但毕竟土地资源有限，一直到 1982 年，我来学校的前三年都是住在学校的教师宿舍，三个人住在一间房，除了三张窄床以外，腾不出一点位置用来放桌子。因为我们镇上的教育在当时办的是数一数二的好，很多周边地区的学生都来我们学校上学，为了腾出更多的宿舍，学校允许离家近的师生走读。周末放假的时候，离家比较远的同学回家不方便，学校又不能住人，所以有很长一段时间，我家里老宅子的五间房子，三间都腾给了学生。后来境况逐渐好转，无论是在资源、设备上，还是在生活条件上，都有了明显的改善，社会越来越重视教育，教师的工资和待遇也越来越好。

---

① 去掉穗的高粱秆。
② 豆类作物脱粒后的茎，与上面的秫秸一样，均作为烧火做饭的柴火。

　　我初到学校教学时的身份是民办教师,民办教师没有太高的学历要求,也不需要受过专门的训练,就是由各村大队推荐,经过学校考察同意便可长久任教。早在 1986 年全国范围内民办教师转正之前,1979 年我就参加了县里举办的民办教师转正的考试,十年的民办教师经历虽然不只是为了转正,但转正对我来说确实是期盼已久的。能够成为国家教师是自己一直以来的梦想,多年的梦想得以实现,我感到十分满足和幸福。转正考试我选择的是化学学科,在考试之前,我利用教学以外的时间复习化学课本,在那一年的转正考试中获得了全县第一名的好成绩,那个时候我们属于马店区(当时的一种行政区划),也就是我上初中的地方,区里想让我留在区里教学,工资和待遇相对来说会更好一些,但是我认为我不能刚转正就离开学校,学校里还需要我,于是最后放弃了区里的机会,选择留在了农村,一干就是四十年。在后来的工作期间,我做过“理化教研组”的组长,多次被评为“利辛县教育先进工作者”以及“镇教育先进工作者”,参与过各种教师培训,也参与过中考阅卷,我认为这是上级对我工作的认可。1984 年,我在区教办室主办的“培训民师任教”的活动中担任培训教师,看着一批批年轻教师投入到农村教育事业中,这是国家对农村教育事业的重视。

李国辉参与利辛县 2006 年中考阅卷的阅卷证

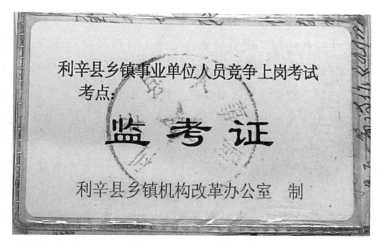

李国辉参与监考工作的监考证

1992 年，我被提拔为副校长，一直到 2008 年退休。我可以很自豪地说，我是这个学校挑大梁的老师。退休之后，许多学校希望我能接受返聘继续工作，但我认为应该把更多的机会留给下一代年轻人。2008 年，我正式退出了教师的工作岗位，四十年的教学生涯让我接触到了大批的年轻人，与年轻人交流的过程，也可以说是我们互相学习的过程。

三、 一校之长挑大梁

我是 1992 年被提拔为副校长的。我当副校长，是上级领导根据教务能力、业务能力、领导能力推举出来，经镇党委会议决定的。当上副校长以后，我认为与之前当一名普通教师相比，承担了更多的职责和使命。当老师时，更多的是要考虑如何把负责的学科知识传授好，让学生理解得更加透彻，而作为副校长，则要兼顾学生和学校的两份工作。

在学生面前，我是一个严厉的老师，但又是一个"很好说话"的校领导。我负责分管学生的德育教育——做好学生的思想工作，我认为也是很重要的。20 世纪 80 年代中后期，国家普及九年制义务教育以后，村里的村民更加看重自家孩子的教育问题，最多的时候，一个学校有一千七百多人，我带复习班的那几年,有从马店来的学生,还有从王市来的学生,学生来源地不同,难免会产生一些问题。记得原来有个学生特别调皮,上课不听讲,还喜欢挑其他同学的事。有一次从他们班经过的时候,他的班主任看见我,就对那个学生说,正好你跟李校长讲讲去吧。我就把他叫到教室外面,但没有直接批评他,而是先从他的家庭来讲,我问他家里几口人,他不说话,我又问他现在跟谁住在一块,他说和爷爷住在一起,我就问他爷爷是谁,他说他爷爷是某某某(当时是大队书记),我就跟他说,你知不知道这个大队书记在我们这个地方是非常能干的,特别有领导能力,村民都很尊敬他。我又问他的名字,他说叫某某某,我说你看你爷爷给你起的名字多好,叫这个名字,就是希望你以后能成为国家的栋梁。自始至终我也没有批评他,而是利用身边的例子去引导,最后我问他知不知道错在哪里,他说李校长我知道了,我说知道了就要改正。从那以后,他变得非常有礼貌,几年之后他毕业不上学了,开收割机走到学校门口见到我,摆摆手问我:"李校长你的麦子收了没,没收我去给你收麦子去。"我认为对学生拳打脚踢、恶语相向的方式是不正确的,教育应该以理服人,以德服人。

另外一个印象深刻的事情是去家访。虽然那时候每个教师身上分担的教学任务很重,不过好在大多数学生都善于思考,热爱学习。事实上,我认为学生成绩的好与坏,一方面取决于学生自身的努力程度,另一方面取决于老师的用心程度。平时除了上课以外,学校的老师会经常去家访,遇到无故辍学的学生,老师会去学生家里了解基本情况,争取最大限度地为学生家庭减少经济负担,也挽回了不少的学生。最远的一次,我们几个老师走了十来里路去一个学生家里,家访后,学生的家长要留我们吃饭,但我们都认为老师在学生家里吃饭不像样子,最后还是摸黑回到了学校。在所有的家访中,一位学生家长让我印象最深刻。我们那时照例去学生家里了解基本情况,跟往常不同的是,原本我们去家访,更多的是我们在问,家长在回答,但这个学生家长主动跟我们提及自己教育孩子的方式,向我们请教教育孩子的方法。我认为这一方面是家长对自己的孩子负责任,另一方面也能看出教育在老百姓心里的地位变得越来越重要。

　　德育和智育两方面，我认为缺一不可，在任教的四十年里，我一直坚持德育和智育并行。四十年的时间，我培养了近 36 届学生，学生们都很优秀，现在都在各自的岗位上踏实地工作。其中给我印象最深的是一个女同学，她可是"办公室里的常客"，只要我没有教学任务，她都会来找我问问题，每次来问问题之前，都会和我说她的解题思路，有时候题目讲解完了，她还会问我，这样解答可不可以？那样的思路行不行得通？这不就是爱学习的好学生嘛。后来她上完大学以后又继续读了研究生，现在在解放军 301 医院上班，孩子也都上了大学。我的教学成绩自认为还是能拿得出手的，我带的第一届毕业班只有三十个人，最后考上高中的有二十多个。

　　任教的四十年里，我一共有三次"进修"的机会。第一次"进修"是 1984 年安徽省开办第一批高职函授班，我和学校里的几位教师一起报名，成为第一批高职函授班的学员。报考的学校原本叫阜阳教育学院，现在已经更名为阜阳职业技术学院。我进修的是数学，在学校里我们第一次接触了计算机，更加深入地学习了微积分、高等数学以及其他课程。当时学校非常支持我们这一批教师参加函授课程来提升教学能力，在不影响教学的前提下，利用寒暑假、星期天去阜阳上课。除了吃饭的费用自己承担以外，学校在放假前会把乘车费交到每个人手上，住宿费则是国家补助，可以说那个时候参加函授班是多方面都支持的。

　　第二次"进修"是在 1992 年我被提拔为副校长之后赴北京培训。1996 年，作为利辛县第一期校长培训的成员，一同前往的有三十多人，包了一辆大巴车，两个司机开了一夜到达北京。当时司机还闹了一个笑话：实际上到达北京之后需要申请北京通行证才能通行，但当时司机师傅忘记了，直接把车开到了天安门，被天安门的交警给拦下了，大巴车被扣在了前门停车场里面，只有在天黑时才能把大巴车开走。后来我们就在前门附近的招待所住下了，第二天去北京八中听课，学习他们的教学方法。从北京返回利辛的途中，我们又去了河南的嵩山少林寺，到达少林寺的时候临近天黑，仅有的招待所一间五十块钱，当时所有的同志都觉得费用高不愿意住，但迫于天黑无法赶路，最后也都在招待所住下了，进去之后发现每个房间都是一张单人大床还配有电话,虽然贵点,但也都觉得值了。

1996 年 11 月,李国辉(左一)在校长培训会结束后于人民大会堂前留影

　　第三次"进修"是"中教一级"与"中教高级"的职称评选。我被评上"中教一级"的具体时间我记得不是太清楚了,中教分为一级、二级、三级,评选是由教育局教办室分给各个学校特定的名额,学校根据各个老师平时的教学任务完成度、毕业生质量等来评定老师的资格,比 2002 年评选"中教高级"时的程序简单一些。评"中教高级"职称在那个时候也不是一件容易的事情,"中教高级"相当于大学副教授,有几个基本要求是必须满足的:第一条是必须有大专学历;第二条是教学成绩要优秀,参与评定的教师需要上交教案、论文、奖状、学习证明等一系列能够证明资格的材料。我们那个时候评选是由省里组织,省教育厅负责的,由特级教师来评审你上交的材料是否符合,符合的话,该同志就通过,如果你的材料不符合,给你打回来了,你今年就评不上了。我记得我当时(提交的)三篇论文都是在省级刊物发表的,其中一篇是关于如何激发学生的学习兴趣,我的教学成绩好、教案好、备课笔记好,又多次被评为利辛县教育先进工作者和镇教育先进工作者,所以第一次参评"中教高级"就评上了,两次评职称的经历还是很顺利的。

无论是在学校还是在乡村中，我都遵循以理服人的思想，工作一辈子，没在荣誉面前伸过手，任劳任怨，理应属于我的荣誉，大家都是全票支持我，从未在利益上与学校的教职工发生过冲突，与同事之间的相处也是很融洽的。原来学校里的老师们退休以后，经常会来我这坐坐、聊聊天，国家大事也谈，家庭事务也谈，亲戚邻居的事务也谈，这都是在工作时建立的朋友关系。我教育过 36 届学生，通过家访、班会接触到的学生家长也不在少数。相对来说，通过教师这个职业（建立的）人际关系还是不错的，因为知道我喜欢看报纸和新闻，平时老百姓会主动和我探讨国家政策，也会和我一起探讨施哪种化肥、农药最适合土壤种植。虽然在学校教书时我一向比较严格，学生都怕我，但毕业这么多年后，有些学生逢年过节还会来我这里坐坐，说一些家长里短，我认为这些都能够说明我的工作称职，赢得了群众的拥护。我认为"群众基础"是非常重要的，不论是什么工作都要有群众基础，只有打好群众基础，你才能搞好工作。

四、 从教四十年的思考与展望

2008 年，我达到国家规定退休年龄，打算从永兴初级中学正式退出工作岗位，许多学校想返聘我继续工作，比如利辛县启明中学想返聘我负责实验室教学及管理，利辛县四小想让我去他们学校负责教学业务管理，阜阳市京九实验中学想让我继续任教，但最后我都拒绝了。2008 年我正式退休，退休后就一直在家经营小超市。

退休之后，我也没有闲着，把家里的老宅子翻新，三层小洋房外加一个小院子，种种花、养养鸟，生活倒也丰富。平时没事拿出物理课本、化学课本、数学课本看看，给孙子、孙女、外孙女辅导功课。几个子女也各自成家立业，一个女儿伴身旁，其余五个孩子也相隔不远，过年时分阖家团圆，也不失欢乐的景象。

关心国家大事是很早就养成的习惯，中央一套新闻联播和安徽卫视新闻联播是我每晚必看的节目，周末晚上河南卫视的梨园春也是"常驻嘉宾"。

2021 年，正逢中国共产党成立一百周年，我作为退休老教师代表，参加镇里的党员大会，也算是有条不紊的生活节奏里一个"红色的"小插曲。平时也没太多的爱好，就是喜欢旅游，走遍祖国的大好河山，看遍祖国的壮丽景色，毕竟高中时的梦想是"地球物理系"。

2018 年，李国辉（前排右三）夫妇结婚五十周年全家福

我从教 39 年，从小学到中学，从老师到领导，地方也换了好几处，从永兴学校到程湖小学，再到后来的永兴初级职业中学，我一直在农村从事教育工作，对教师这个职业有一定的理解和看法。

实话说，从事教师这个行业本不是我的初心，高中毕业从城市回到农村以后，我也有过不甘心。当得知自己将要当教师时，相比家里人都在庆幸我有了一个生活的门路，我的内心并没有十分大的波澜。但在后来任教的三四十年里，我从来没有动摇过自己的职业，都说"既来之，则安之"，既然最后选择做了教师这个行业，就要踏实、负责任，可以说是一心扑在教育事业上。我认为教师这个职业是非常光荣的，教师这个角色说大不大，说小不小，往小了说只是农村中一个普通的老百姓，往大了说能改变乡村的面貌。师者，传道授业解惑，教师的职责就是把自己所学的知识传授给学生，最大限度地让农村里的孩子接受教育，传承文化知识，增强他们建设伟大祖国的本领。

　　我刚刚开始当教师的时候，社会上流行的关于教师的评价是不招待见的，属于下九流，曾经被称为"臭老九"，后来 1978 年改革开放以后，迎来了科学的春天，"再穷不能穷教育，再苦不能不孩子"的口号随着国家政策的变化逐渐深入人心，教师的社会地位也发生了翻天覆地的变化。记得我以前的一个同学见到我，拍拍我肩膀跟我说，现在不抵①你了，在全社会重视教育的风气下，教师这个行业也被越来越多的人重视，曾经有人问我羡不羡慕城市里的教师，他们待遇这么好，机会也多，我直接回答："不羡慕。"生活在农村，条件比不上城市，我认为是很自然的。人的心态要平和，不要与人家比，唉声叹气的只会给自己思想增加负担。对我来说，我在教育界工作了近四十年，看到了社会对于教师看法的变化，也看到了老百姓对教育的逐渐重视。从自身来说，四十年的教育工作坚持下来，我对得起学生，对得起我自己，从来没有想过跳槽，也从来没有放弃过任何一个学生。

　　那个时候我们永兴镇的教育水平在整个区来说都是相当高的，区里的升学率就靠马店镇和我们镇来提高。镇上有许多学校是民国时期就建立起来的，我们镇也是这个地区培养人才最多的，镇上的老百姓很重视孩子的教育问题，因此无论男孩女孩上到初中的比例都很高。我们镇里的一个庄上，有一个教师是我原来任教小学的教导主任，他所在的那个庄培养人才就很多，为啥多了呢？那时候也没有普及电视，也没有洋油灯，吃过饭点上棉油灯后，就看着自家小孩学习，当时镇上培养孩子的风气还是很好的。

　　从我任教四十年的经历来看，无论是从老百姓的角度，还是国家的角度，对于孩子教育的着眼点都有一定的变化。以前老百姓送自己的孩子去学校读书，更多是想让孩子识点字，以后能出去打工。而现在的观念不同了，用现在的语言来说，想振兴农村经济，必须有文化人，想要致富，必须有科学的头脑。比方说，现在都讲求科学种田，种田也是要有科学知识的，比如你要知道哪个农作物在哪个季节需要施哪种化肥。

　　从国家培养的角度来看，近几年都在培养有专业技能实用的工匠人才，与传统的应试教育相比，投资相对较少，见效速度快，如果是以按部就班的

———————————————

① 　方言，意为比不上。

小初高大学来算,小学六年、初中三年、高中三年、大学四年,再加上普遍都向上考取研究生学历,时间线就会拉长,时间长带来的另外一个结果就是家庭经济负担增大。但并不是说传统的高等教育就不适用于现代社会,而是两者都十分重要。社会和企业中许多重要部门的科技人才,一部分属于专业人才,但也必须有高等学校培养出来的人才。高等教育培养出来的人才,他们掌握的知识有深度,知识面广,所以专业型人才的培养和学术型人才的培养要相辅相成。

在农村孩子教育问题上,除了观点上积极的变化以外,也还存在一些不合理之处。全国范围内普及九年义务教育以后,老百姓纷纷把自家孩子送去学校,学也好,不学也好,都是从一年级上到初三毕业,有些学生虽然人在教室,但是心早就不知道飘到哪去了,到毕业以后,跟个小文盲差不多。九年义务教育政策的出发点是好的,免除义务教育当中的费用,是国家给老百姓的福利,但是在管理上相对来说情况复杂,有些学生就是"顶风作案",自己的学习成绩提升不上去,还会影响其他同学读书。此外,现在是一个网络化的社会,前几天我在新闻上看到了一个新的名词,叫"全民网络化",(这导致)现在农村有些家长的教育方式不正确:有的农村孩子,才两三岁,正哭着呢,家长立马给他手机,孩子看到手机后立马也不哭了,表面上看让孩子不哭了,实际上是害了孩子,这么小就养成玩手机的坏习惯。网络化本身是一个好事,让老百姓的生活更加便捷,但是网络化是需要向着正确方向引导的,甚至一些不法分子借助网络散布谣言,这就需要老百姓提高辨别能力。我认为这也是现代教师要具备的能力,注重书本知识教学的同时,也要注重理论与生活实践的结合。

我也是从学生时代一步步走过来的,没有想过当多高的官,也没有想过自己能为国家贡献多大的力量。(作为教师)不能保证所有的孩子都成才,但成人是前提,也是必须的。"人"这个概念是很重要的,按照教育方针的要求,我希望每个人都能够成为社会主义的建设者,为实现"中国梦"添砖添瓦,为实现中华民族伟大复兴做出自己的贡献。

谢泽本
一个乡村教师的育人路

亲 历 者:谢泽本
访 谈 人:张　兴
访谈时间:2022 年 2 月 24 日
访谈地点:四川省宣汉县县委党校
访谈整理:张　兴

亲历者简介:谢泽本,男,1943 年生于四川宣汉,中共党员。1950—1956 年就读于宣汉县南坪乡小学,1956—1959 年就读于宣汉县南坝中学。1959 年 9 月,在南坪乡梨子王家坪担任代课教师;1960 年,调至峰城区中心校担任民办教

谢泽本(左)接受访谈

师;1979 年,由民办教师转为公办教师,此后多年担任语文组教研组长;1987 年,参加宣汉县青年教师赛课,荣获第一名,同年升任中心校副校长;2003 年退休。

一、二十年代课生涯

　　我 1943 年出生在南坪乡①谢家塘②。在当时，我的父母属于地主分子，我是地主的子女。1956 年，我小学毕业，考入南坝中学。1959 年 7 月，我从南坝中学初中毕业，在那里的三年我过得很好，成绩在班上也是名列前茅。南坝中学是一所公立学校，原名"私立精英中学"③，是全县教育教学质量最好的中学。我接受的教学课程安排也是按照国家的教学大纲进行的，因此所学的知识比较全面，除了政治、语文、物理、化学这些主科之外，还有一些艺体类课程，比如音乐、美术、体育。总体而言，南坝中学的教育教学是比较正规的。此后我在社会上用到的基础知识大部分是在初中学到的，当然也有一些知识是小学所学的。可以说，我的人生成长阶段就是初中时期，也就是在南坝中学上学期间。初中毕业以后，由于当时的政治环境，像我这种出身于地主家庭的人，在学校录取上受到了很大的限制，因而没有能够继续升学，初中毕业后就回家了。

1959 年，谢泽本（二排左五）的初中毕业照

　　1959 年 8 月，梨子公社④一位教师休病假，上级通知我到梨子公社担任代课老师。后来那位老师病假期满，当时谢家塘的任老师刚好需要休产假，

---

① 南坪乡，清代嘉庆年间设场立市，其名为"虾耙口场"，民国时期，因境内有"南城山""雁坪寨"，取名"南坪"。解放后，该地区历经乡、公社、乡、镇行政区划的变化，于 2020 年"撤乡并镇"后，成为四川省达州市宣汉县下辖镇。
② 谢家塘，村名，当时属于南坪乡，现为南坪镇第四村。
③ 宣汉县南坝中学始建于 1938 年，是一所历史悠久的中学，原名"私立精英中学"。1950 年 3 月，"精英中学"收归国有，更名为宣汉中学南坝分部，后为宣汉县第二中学、宣汉县南坝中学。
④ 梨子公社，当时属于南坪乡代管，后单独成乡，现在隶属于宣汉县厂溪镇。

于是我在 1960 年上半年又回到了本村谢家塘替任老师代课。后来,上级通知我到峰城区①进行培训,并让我去峰城区代课。我是在机缘巧合下才成为一名教师的,现在想究竟是谁通知我去代课的呢? 这是组织上安排的事情,我就搞不清楚了。

我初中毕业后,生活上是比较困难的,一大家子人吃饭都成问题,于是我就帮村上的公共食堂做事。那个时候我身体好,十六七岁,就给生产队的公共食堂砍柴,这样可以多打一点稀饭、菜饭。那个时候的物质条件和现在是没办法比较的。1960 年,上级通知我到峰城区去学习,9 月份开学,我在中心校代过课,也在峰城的六村代过课,后来又从峰城六村调回了中心校。我去六村代课是因为六村村小差②老师,后来又把我调回中心校,是因为中心校的工作也需要我。虽然当时才 16 岁,但是我在各方面多多少少都会一点儿,又爱打球,书法也还可以,当时区政府的工作人员就经常和我一起打球。虽然出身不好,但是他们把我当成青年学生对待,在这种情况下,我感觉自己受到了平等的待遇,因此就留在了峰城区代课,这一留就是 44 年。

从此,我在峰城区的教学工作就一直没有间断过。中间有个插曲:1962 年,当时农村缺乏劳动力,要清理一批临时的代课教师,精简教师队伍,我也是被精简的对象之一。我记得当时自己领取了 38 块钱的安家费,然后和其他被精简下来的老师一样,收拾好自己的东西准备回家了。后来不知道怎么回事,学校又通知我留下继续代课,于是这次就没有被精简下来。后来我在整理档案时,才知道其中缘由——当时是峰城区公所为我向学校写了一份报告,内容是让我留下来继续代课。至于具体的原因,我就不清楚了。当时上级安排我在峰城区六村代课,后来又把我调回中心校。那个时候,中心校办民办班,招收民办学生,我就以民办教师的身份在中心校待了 20 年。

在工作上,除了做好日常的教育教学工作,还要处理群众之间的关系,

---

① 峰城区,当地人习惯写为丰城区,宣汉县解放后,实施以区统乡的方针,该区下辖峰城、桃花乡、观山乡、凤林乡、东升乡、南坪乡,属于宣汉县上五区之一。

② 方言,指缺少。

1965年,谢泽本(后排右一)与峰小初66级民办班学生的合影

配合政府开展一些工作,比如宣讲国家政策、下乡支农等。在集体化时代,如果是农村户口,教师就在农村支农,这样也可以挣工分;如果是城镇户口,政府会统一组织教师去某个地方帮助农民收割庄稼。我是一边教书,一边参加农业劳动,为了挣工分,星期天、节假日、农忙假都要回家劳动。虽然出身不好,但是我一切都听党的话,在党的教育下热爱社会主义。在工作中,我也是兢兢业业,生怕犯一丁点错误。在土地还没有下户的时候,①政府部门会组织一些教师到生产队支农,比如说进行栽秧、打谷等义务劳动。此外,集体组织搞水利建设,如修水库、修水塘、背泥土、挑泥土、打夯等等。区上还组织我们一批年轻教师和其他单位的一些年轻人到桃花乡连池沟村劳动过七天,这就是支农,这些劳动全部都是义务劳动。学校也会安排劳动课,因为当时的口号是学工学农,我们学校有一个学农基地,学生和老师一起劳动,具体就是学农田、学农地、种菜籽、种洋芋等内容。我们学校有几亩田,开荒以后,我的同事陈老师就去耕田,我就去栽秧,然后收谷子、玉米等农作物。学校获得的学农收入部分给教师改善生活,剩下的就补助给贫困学生。

粮食是按照工分来发的,一个劳动日值三四角。集体生产时,由于缺乏劳动力,我就到生产队和社员一起劳动挣工分,以此来维持全家人的生活。后来我的孩子越来越多,生活也就越来越困难。田地下户时,也就是包产田

———————————
①　指改革开放后实行家庭联产承包责任制分田到户前。

地,我的家属在生产队劳动,我把四个孩子带在身边一起学习,孩子吃饭、穿衣都是我在照顾。我的家属在家里种田地,非常辛苦。种地是一件很复杂的事情,比如农村种坝秧——我家在峰城大垭口,秧苗是在五宝乡,因为这个地方的秧苗长得快,还没有日落,我们就要去五宝乡拔秧,再连夜把秧苗背回家,第二天早上就开始栽秧,这就是背坝秧的由来。①

　　我在学校任职的时间长,家长们对新来的老师不是很熟悉,所以遇到关于学生的事情,家长们都是直接来找我问情况。遇到老师和家长发生纠纷的情况,也都是由我出面去解决,因此我和家长们很熟悉,家长们也非常信任我。那个时候,每一周都要进行家访,当然家访内容各有不同。任教的这些年来,我也积累了一些教育经验,对调皮的学生,我尊重、关爱他,同时也会批评、教育他。在家访的过程中,总会遇到一些不太好的事情。比如,有些教师家访的目的不单纯,他们家访是为了到学生家里去拿点东西带回家,当然这都是极个别的情况。那个时候,家校联系相当密切,学生的家庭情况学校都有详细记载,而且家长们也都认识老师,家长同老师的关系是很密切的。早些年,老师和家长的关系是相当和谐的,家长对老师非常尊重。但是,我当副校长以后,我发现师生之间的关系也存在很多不和谐的地方,家校冲突很多,现在也是如此。在处理家校共育学生的事情上,我有一个做法,对调皮、成绩不好的学生,我会把家长与学生聚在一起进行教育。我记得有名学生,他爸爸特别爱打他,我把他们父子聚在一起。我会先表扬他的优点,然后再提出一些缺点与不足。与此同时,我会提前给家长讲明白:我要是听到你再打孩子,作为老师,我可能对你的态度就不会太好。经过那次教育,这名学生特别感激我,我退休后,他还邀请我去过他家。

二、 记忆中的乡村小学

　　以前的学校学制是五年制,一至三年级是初小,四五年级是高小。后来

---

① 五宝镇距离峰城镇约 45 千米,路途遥远,以崎岖山路为主,在当时秧苗全靠人力背运,广泛分布于宣汉县境内高寒山区,农民辛苦劳作可见一斑,这一状况直到杂交水稻技术成熟后才有所改变。

就改成六年制,一至四年级是初小,五六年级是高小。小学毕业后,也会发毕业证,当时的毕业证是亲笔手写的,样式是"某某人在某校某年级某班级,毕业期满,考核合格,予以毕业"。冬天的作息时间是一天放学一次,夏天就是放两次——中午放一次,下午放一次。学生基本上是就近入学,峰城中心校的学生是峰城街道、一村、十一村这些周边地方的。家离中心校远一点的学生则会留在村小读书,所以差不多每个村都会有一个村小。

复式教学是根据当地学生的文化水平来具体安排。比如说,如果当地有小学一至三年级的学生,就是三级复式教学;如果只有小学一二年级或者三四年级的学生,则是两级复式教学。一般情况下,村小是两级复式教学,偶尔也有三、四级复式教学。我在峰城区丁家坪小学任教时,曾经做过四级复式教学。四级复式教学的具体操作是这样的:首先安排两间教室,同一个教室安排两个年级的学生,若是给一年级的学生上课,就把黑板朝向他们,若是给二年级的学生上课,黑板就又转向他们。教师的工作时间是按照规定的课时,上午安排二至三节课,一节课的时间是四十五分钟,上午上课时间大概是三个小时;下午的课堂,安排两节课,上完之后学生们就放学回家,晚上是没有课的。我们的学生都是全日制上课,只有耕读小学的学生是半日制的,学生是一边劳动一边上课,耕读小学的老师也是一边劳动一边教书。这样半日制形式的老师,一般称为耕读教师,而不是民办教师,民办教师是全日制的。耕读小学的课本是专门设计的,实际上是乡土教材。当时农村学校是两套系统,读不上民办学校的学生,则会读耕读小学。后来,国家将耕读小学变为民办学校,教材也统一发放。

20世纪50年代,办村小的经费,当地村民也是要出的。记得读小学时,大概是1953年,村里就出了很多钱,把村小办起来。有的地方会将寺庙改建成学校;有的地方就是没收地主的五大财产,然后根据当时的政策改建成一所学校。谢家塘村小是我的启蒙学校,就是以前地主的房屋改造的,政府把没收的地主房屋划为了办学的区域,房屋基本上没有进行改建,上课就在房屋里比较宽敞的地方进行。当时的教室条件很不好,照明最先是用桐油,然后是煤油灯。土地改革的时候,村里做了一批桌椅板凳,体制下放时,社员筹资办学校,又做了一些板凳桌子。由于学生不多,这些桌椅板凳基本上能够满足学生需要。

　　村里面除了一所村小就没有其他学校了。当时,乡镇的中心校会办一个初中班,名曰"戴帽初中班"。南坪中心校办了一个戴帽子的初中班,招收一个初中班的学生。峰城中学属于县办中学,县办中学学生的成绩是比较好的,一般考不上县办中学的学生,就会读戴帽子的初中班。当然戴帽子的初中班与县办中学的学生在升学方面是一样的,只不过这种初中班教学质量很差,如果学生成绩不好,升学还是很困难。

1984 年,谢泽本(五排左三)与峰小五年级甲班毕业生的合影

　　村小由乡镇中心校管理,中心校的校长会管理区内的中心校和村小。在行政上,村小隶属于中心校,中心校指定一名教师负责村小的具体事务,村小的老师也是由中心校统一配置,他们享有与中心校老师同等的待遇。在村小老师中,那些教学质量比较高的,又能够教出成绩的老师就有机会被调到中心校去。后来,县教育局把村小的管理权交给了视导组①,由视导组管理一个片区的教育。事实上,村小的实际教学事务是由主任教师具体负责,后来主任教师成为村小校长,这个是教育局出文件任命的,但还是要接

①　视导组,即视察督导组,当时宣汉县文教局向各片区派出视察、督导教育的人员,负责监管辖区内的所有教育单位,并监管村小。

受中心校的领导监督。现在村小和中心校合并了,基本上就没有村小这种说法了。比如,在峰城六村,以前村小有二百多个学生,现在这些学生全部去中心校读书了。峰城中心校是一个大的学校,学生人数多,很多家长也都在峰城镇买了房子,孩子也在这里上学。

村小老师配置是不够的,很多人都不愿意留在村小。不过也有一些村小老师愿意留下来,因为他们离家比较近,这样可以一边教书一边为家里面做一点农活。但是这样会出现一个问题,那就是这些老师总是迟到早退,没法安心教学。后来,对于那些不认真教学的老师,中心校就会考虑调走,由本村调到其他村去。最早的时候,学业考试是由村小自己组织的,出试题也是由村小老师负责。后来是中心校统一出题,分散考试,最后是教育局统一出题,由中心校统一组织考试,村小的学生也到中心校来参加考试,把班级顺序打乱,考试时间打散。比如,一二年级学生考试集中在某一天,三至六年级集中在另一天。教育局重视教学质量,老师之间要进行评比,老师评职称也会直接和学生的考试成绩挂钩。

如果村小临时缺老师,中心校就得去找代课教师,先给县教育局打报告,说明教师的差额,以及代课教师的一些信息。早些时候,学校找代课教师是很随意的,村上干部都可以随便喊一个人去那里教书,但就会出现教书教了一段时间又不教的情况。代课老师、民办教师的待遇很低,与公办教师相比差很多。我在耕读小学代课时,工资是记工分的形式,教师的工分和农民是没有区别的,以一个完整的劳动日计算工分。我一天能够挣八个工分,女教师一般是七分,也有六分的情况。每一个生产队的工分值是不同的,比如,一个生产队十分作为一个劳动日,值3角钱,另外一个生产队可能值2角5分钱。教师的工分是计分员计算的,会统计出整年的工分数,按照工分数来计算一年的收入,再来分配粮食。民办教师的工资是村民众筹,后来财政也要发一部分,就比较正规了。我当民办教师时,工资是最高的,每月6块5角,后来逐步提升到二十几块。我考上公办教师后,最低工资是34块钱。我是学校第一批评上高级教师的,高级教师的工资是40—50块钱。国家进行过几次工资改革,教师工资才不断涨上去。20世纪60年代,中途有一段时间学校体制下放,根据贫下中农来管理学校的指示,学校由村里生产队长、村长、支部书记来管理,但是他们压根不懂教育,学校的经费还是由县财政拨款。税收改革以后,学校的经费是由乡镇政府管理。乡镇管理经费问题比较多,县里又收回经费管理权。后来各县有贫富差距,县里的财政也吃紧,也就变成了转移性支付。改革开放以后,国家开展了财政改革,将财政权下放到乡镇一级,让乡镇管理地方的财政,那么教师工资的发放就取决于乡镇的财政收入。财政宽裕的乡镇会按时发放教师的工资,财政比较困难的乡镇则会拖欠教师工资。乡镇的财政收入是从社员中收取提留款①,因为提留款一般很难收齐,所以就会拖欠我们教师的工资。拖欠教师工资的问题越来越严重,有的教师开始罢课,这种情况在当时应该是一个全国性的问题。后来国家对政策进行了调整,开始由县财政局统筹一县的财政,统一发放教师的工资。

学校男教师的人数比女教师多,比例是十个教师中,有两个是女教师,其余都是男教师。我有一张当时的照片,其中全乡一共十几个教师,女教师只有一两个。现在不同了,学校里绝大部分都是女教师。当时女教师数量少的原因是招收教师时,符合条件的女性教师数量本身就不多。那个时候,女孩子能够读书的人数就很少。现在女教师人数比较多,主要因为人们思想越来越开放和民主了,重男轻女的思想逐渐被淘汰,大多数家长也非常重视孩子的教育。

三、 一心扑在工作上

我的编制是在 1978 年才考上的。1978 年,上级通知一批民办教师可以转正,只要是具备考试条件的人都可以参加这次全县民办转公办的考试。我是幸运的,当时全县只招收五十名公办教师,我的考试成绩是三十名左右,也就顺利地考上了,就这样我转成了公办教师。

---

① 农村提留款是指向农民收取的"三提五统",即公积金、公益金、管理费提留和五项乡镇统筹,于 2002 年全国农村税费改革时取消。

　　当时,民办教师分成两类,一类是长期民办,一类是临时民办,我并不知道划分的具体标准。按照政策,临时民办教师是不能转为公办教师的,长期民办教师全部都能转成公办教师。民办教师转为公办教师要参加考试,只有考试合格才可以。当然,考试也是有条件限制的,最开始的时候,吃商品粮①的民办教师才有资格参加考试。所以,那个时候很多人都想吃商品粮。为什么我是农村户口,却也能吃商品粮呢?因为从读书开始,我的粮油关系就是城镇的了②,初中毕业后,我没有升学,回到老家农村,按理应该将粮油关系交给当地的粮站进行注销。但是当年的9月份,上级就通知我去梨子公社代课,我就将粮油关系随身携带,用它去购买商品粮。此外,具有城镇户口的民办教师,也有资格参加民转公的考试。后来,国家的政策有了变化,无论是否吃商品粮,只要是合格的民办教师全部都能转成公办教师。不过,也有因为教学质量太差而被清退的民办教师,但是被清退的教师人数不多,我们乡镇大概只清退了三个民办教师。

　　对于教师评职称,学校是有指标的,也是有条件的。首先,教师本人要提出申请,然后学校对申请的老师进行民意测评。因为我在宣汉县农村青年教师讲课比赛中是第一名,教学成绩不错,满足评选的条件,因此我是学校第一批评上高级教师的。第一次评高级教师的名额还是很多的,我们学校分了15个名额。其实,最初的时候我也不敢申请高级职称,但名额比较多,申请的人都评上了。后来,上级对高级职称的名额有了限定,好几年过去了,学校都没有高级职称的名额,很多老师教书许多年,也有教学成绩,却很难评上高级教师。

---

① 在计划经济时代,国家为保障粮食供应的平衡与稳定,采取的粮食分配政策,在当时,只有城镇户口才能吃商品粮,而农村户口基本是自给自足。

② 在粮油统销时代,粮食供应的证明,是居民出生、迁移、死亡时必须办理的增减定量和转移供应关系的手续,农村户口是没有粮油关系的。

1985 年,谢泽本(二排左二)与参加首届教师宣教先代会的峰城区代表的合影

学校会组织一些教学培训,每年制订公开课的计划。公开课一般是由能力比较强的教师讲课,其他老师听课学习,我就是这样被培养出来的。作为一名初中生,我没有学习过心理学和教育学。我自学了很多知识,订阅了一份语文教学杂志,叫《小学教育》,从这本教学杂志上我学习到了不少知识。全县农村青年教师讲课比赛,一个区抽调一位语文老师、一位数学老师,我是作为峰城区语文老师代表去参赛的。

1986 年,谢泽本(三排左七)参加文教系统工会干部训练班的合影

政治环境与政治表现对我们(的教学生涯)还是有影响的。"文化大革命"以前,虽然提倡青年教师向团组织靠拢,也要求青年教师入团,实际上还是要讲政治条件的,家庭出身是入团的关键。我在峰城小学的时候,组织上也一直要求我听团课,但是我申请入团并没有被批准。直到后来,考虑到我的教学能力比较强,学校领导也很信任我,学校党支部书记就动员我去听党课,想要发展我入党。当时,我还是有所顾虑的,在校长兼党支部书记的多次动员下,我向组织提交了入党申请书。入党申请书提交上去后,经过学校支部大会的讨论,乡镇党支部的批准,在支部大会上宣布我成为党员。

我当了二十年的民办教师,又做了二十三四年的公办教师,我当时只想把自己的班级教好,也没有想过当干部这些事。还记得主管教育的万区长让我当副校长,我说我不会当校长,他说就像你管理班级一样去管理学校,我说班级是管理小孩,当副校长就是管理大人,我管理不了。他又给我讲了很长时间的道理,后来干脆直接对我说:"这是组织对你的信任,你若是拒绝了,组织又该如何看你呢?"于是我就把副校长这个职位接了下来,一直干到退休。

作为一位教师,一定要关心学生。有个学生得了羊癫疯①,口吐白沫,我把他背回家了。学生肚子痛、呕吐,我也会亲自把他背回家,即使在途中学生吐得我全身都是。作为教师,既要关心学生,又要让学生对你产生敬畏之心。我所理解的敬畏之心就是,学生对老师既要尊重,又要有所畏惧,就是有点怕你。我认为现在的教育同我们那个年代的教育相比就有问题,教师对待学生什么都以成绩来评判定位。比如老师安排学生的座位,成绩好的学生可以坐到前面。我当副校长的时候,坚决反对这种现象。无论学生成绩好坏,我一律以身高来安排座位。如果有近视的学生,可以适当调整,排在前面一点。每隔几周,学生的座位进行左右轮换,这些安排我都会提前给学生讲清楚,当然我也是这样做的,这也是我几十年小学教育生涯中,受这么多学生尊重的原因。这些都是我当教师的真实经历和体会。

我对家人还是有遗憾的,因为教书人都想教好大家的孩子,不仅只是教

---

①　即癫痫的俗称,为慢性脑部疾病。

好自己的孩子。我也没有时间和精力去照顾自己的孩子，他们都是自学成才，我的精力大部分都在我的学生身上。当时住房非常紧张，四个子女和我住在十四平方米的教师宿舍里，既是寝室也是厨房。那个时候，我的大女儿想尽快走出农家，吃商品粮，变成城镇户口，所以她在初中毕业后，就考了宣汉师范学校。我的二女儿，考宣师预选时差了 0.5 分，没有读上宣师，然后去读的高中。在高中第五学期，因为家庭条件不好，她就不想读下去，其实她在班上是老师重点培养的对象，准备在高中毕业后考大学的。当时，成都卫生技术学校在宣汉县办了一个分校，她参加了那个学习，后来又参加了计生办的考试，就有了中专文凭。小儿子初中毕业后，在万州的计算机学校读书，那个学校属于民办学校，最后小儿子留在重庆参加了工作。小女儿原本是在卫校读书，毕业之后在卫生院上了一年班，后因为卫生院需要精简人员，她被精简了。尽管后来卫生院想把她调回来，但是她不想回去了，说卫生院的工作太累，所以宁愿去重庆打工，现在她也在重庆安家了。小孩子的职业都是他们自己选择的，我基本不会干涉。当时读书的想法是既能少花钱，又能找到工作。现在想来，如果我的家庭经济条件好一点，他们都是能够上大学的。

对孩子的教育，我认为不要溺爱偏袒。除了关心他们，在品德方面一定要严格要求。我记得在小儿子读小学时，他捡了十几块钱，相当于现在几百块钱。我让他交到大队部，当时峰城街上的黑板报还登了这件事情，号召大家向他学习。参加工作后，孩子们也都是党员。大女儿担任副校长，也是通过民意测评，大家共同选拔出来的。当时她比较犹豫，就问我意见。我说既然组织相信你、群众拥护你，你就要做好，可以先做一年，把成绩做出来再说，她便一直做到了现在。在学校，她既是副校长，又是管理教导，同时还负责教学。那段时间（她）是比较累的，我觉得她比我能干些，见识比我要多些。

我教了一辈子小学，最自豪的是我的学生们都还记得我。一般来说，学生记得初中或者高中时期的老师，但是不会记得小学老师，而我在小学教过的学生们还是能够记得我。我退休以后，每次去重庆的时候都会待一段时间,我在重庆的学生们就会邀请我吃饭。等我回到宣汉,宣汉的学生们举办聚会,也会邀请我去。不管走到哪里,学生们对我都很好。那些在小学教过的学生们,他们现在看到我,依然还记得我,我觉得我是对得起学生和学生家长的。

2000 年,谢泽本(后排左一)与峰城小学毕业班学生春游的合影

四、 我的从教体会

当民办教师的时候,我曾经想过离开教师这个岗位,因为教师的工资实在是太低了,学生的学费经常收不齐。当时,公办教师与民办教师在地位上是有区别的,有一些人觉得自己是公办教师,自高自大,看不起民办教师。虽然我是民办教师,年龄也很小,但是我很自信,在教书、写字、打球方面,我并不比他们差。在教育方面,我是做了奉献的,我的主要精力都放在学校教学上,对家庭照顾比较少。同时,我也确实做出了一些成绩,中心校的毕业班一直是我带的,在全区七个乡镇进行考试评比时,我教的班级也是第一名,县里组织的教学比赛,全区也是推荐我去参赛。

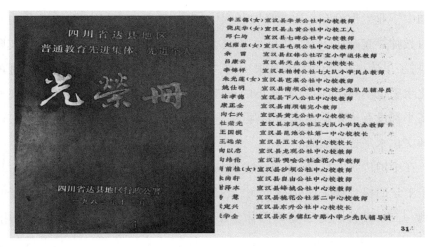

1983 年,四川省达县地区①行政公署发布的四川省达县地区
普通教育先进集体、先进个人名单

20 世纪 50 年代到 70 年代,老师的社会地位和自我认同感比较低。特别是在 1961 年的灾荒年,很多教师都吃不饱饭。粮食部门与合作社的工作人员很轻视教师,他们认为老师只是一个教书匠,心底里看不起教师。以前的粮食是由粮站发放,酒、肉等是由供销部门掌握。在土地下户时,政府要求教师种植烟叶,这样可以为国家创造税收。当时,社会上有一种说法:教师是吃公家饭,只有种植好烟叶,卖给国家,国家才有钱给老师发工资。但在村里面,我和家长来往关系比较密切,还是受他们尊重的。比如,老百姓杀年猪时,也会请我去他们家里吃饭。若是我不去,家长还会给我送一些肉。老百姓做豆腐的时候,也会给我送豆腐。但是就当时整个社会现状而言,教师的地位是不高的。

我们那个时候,老师都是一整天一整天地待在学校,安心教学。现在老师工作的内容太复杂了。我教书的时候,学校规定一周必须开一次教研会,老师要讲公开课,然后大家一起来点评其优缺点,主要还是为了提高教学质量。

以前,农村的受教育程度是很低的,人们的文化基础也很差,有的村子

———————

①　今四川省达州市达川区。

连初中毕业生都没有。比如峰城区八村,当时只有一个初中毕业生,他也是乡村教师。其余村子,别说大专生、本科生了,连初中毕业生都没有。实际上,村子里读过小学的人也是很少的,文盲比较多。那个时候,我们老师的文化水平也不高,有的只是高小的毕业生,具有初中文凭的很少,甚至还有连高小都没有毕业就出来当老师的。当时的情况就是教师队伍参差不齐,教师文化水平普遍偏低。

在中国传统农村里,许多家庭都或多或少存在重男轻女的思想,当时男孩子上学的机会就是比女孩子大,女孩子读书的人数很少。有的女孩子只读到一二年级就因为家庭原因休学不读了,家长认为女孩子读书没有用。同时,家长对男孩子的教育观念也不行,他们认为男孩子读书只要能够识字、认识钱就可以了。所以当时的辍学率很高,普遍现象就是一个班级上到半学期的时候,就由原本的三十人变成只剩下十来个人了,这与家庭情况和家长重视子女受教育程度有关。那个时候,孩子们还是非常想读书的,但是因为现实因素,大部分孩子没有读上书——考虑到家庭困难,孩子们年龄大一些就要去挣工分。事实上,当时的学费很低,我读书的时候,一学期的学费是3角钱,饭菜都是从家里面带到学校去,然后在学校加热,没有吃饭费用。我教的学生都来自农村,没有一个城镇的,家庭条件比较贫穷,只有少数稍微宽裕一些的家庭,但是也只能负担起学费。每年欠学校学费的学生很多,学生交不上来学费,学校就扣老师的工资,有时候我还厚着脸皮去找学生家长收学费。大部分民办教师都给学生垫付过学费,就连公办教师也是用工资给学生垫付,有时候会用学生的助学金抵扣,但助学金的名额也不多,大概是10%的比例。最后实在不行,就干脆由老师垫付,那些实在收不回来的学费,后面也就算了。

现在很多农村父母外出务工,大都认识到了教育的重要性。他们也都愿意送自己的孩子去读书,有的家长通过在城里面买房子或者租房子的方式,想着把孩子尽量送到好一点的学校去读书。现在的乡村教育有了很大的变化,校舍改善了,硬件建设也好了,还储备了一些公办教师资源。在普及义务教育时,村小修了很多房子,后来搞城镇建设,不少学生到城里去读书了,这些学校也就空着。总体来看,现在的教育有很大进步:第一,教材编写比以前好;第二,教学理论、理念先进了;第三,硬件建设比以前好。但同时也有一些不足,就是教育发展很不均衡,城乡建设发展比较快,但是教育的发展跟不上经济的发展,特别是硬件设施;农村有大量的学校,但是没有孩子去那里读书,去城镇读书的孩子太多,导致城镇里面的学校不够。我认为农村教育走向衰落,与城乡发展、硬件建设有很大关系。义务教育的政策想减少学生的学费负担,实际上现在学生的费用还是很杂。还有就是学生补课非常严重,目前也没有办法纠正这个问题。尽管国家有政策规定,但还是存在大量补课的现象。而现在的教师与以前相比,又缺少了情怀:我们教书时,想的是要对得起家长,不要耽误学生的前途与命运,做点事情根本没有想过待遇,都是讲奉献;现在讲奉献的老师少之又少,当然这也是部分老师的问题,不是所有老师都是这样。

2002 年,谢泽本退休前的述职报告

小孩子从小就要好好教育,不能娇生惯养,要在艰苦中磨炼,除了读书也要参加力所能及的劳动。手机、电视可以开发智力,原本是对孩子有好处的,结果很多孩子却受了这些东西的负面影响。特别是手机,孩子只是用它打游戏,对读书不感兴趣,放学回家后只看电视,不写作业,这就害了相当一部分学生。我了解到有些学校规定不准孩子将手机带去学校,这是很好的做法。当然,这里也存在一个矛盾:现在很多老师是在手机上发布作业,所以不让学生用手机也不现实;观看电视是可以学习到一些东西的,但是孩子也没有正确利用它,而是用电视看(没用的东西)。我的想法是要教育学生正确对待手机、电视。

退休前,我作了最后的述职,"三尺讲台,一根教棍,一支笔,四十多个春秋,两袖清风……"这几句话,是我一生教学的总结。

李启明

漫漫从教路:坎坷经得,完满难得

亲 历 者:李启明
访 谈 人:蒋婷婷
访谈时间:2022 年 3 月 8—10 日
访谈地点:河南省周口市淮阳区蒋婷婷寓所
访谈整理:蒋婷婷

亲历者简介:李启明,男,1945 年生于河南淮阳。1970 年毕业于淮阳县(今河南省周口市淮阳区)王店高中并被委派到棠李小学教书;1978—1980 年,由村干部举荐暂任李营子村生产队长;1980 年重新回到教学岗位,担任李营子小学校长,其间被评为县级模范教师;1990 年不幸感染重病,之后的三年里不定时到校视察代课,病情严重时在家休养;1992 年身体基本恢复后辞去校长之职,专心教学;1998 年从民办老师转为公办老师;2008 年正式退休。

李启明(右)接受访谈

一、穷人的孩子早当家

我叫李启明,今年 77 岁,现在是李营子行政村的一名退休教师。我出生于 1945 年 8 月,地地道道的农村人,在那个时代,人都按阶级成分划分,因而更准确地说,我出身贫农家庭。早先一家五口人,上有父母、哥哥,下有妹妹,后来结婚、分家,又有了孩子,就变成七口人了。小时候父母身体都不太好,穷人的孩子早当家,这句话很适合我。我八岁开始上学,脑袋瓜儿还算灵活,因此成绩一直都挺好。上到初中时,17 岁的哥哥有一天把我叫到身边,很认真地要给我商量一件事,他说:"爸妈身体不好,妹妹还小,家里只有我们两个能扛点事儿,我们必须留下一个看家。"后来哥哥就背着行李去外面当工人了,最远跑到了云南;我则是必须留下的那个,留下来照顾父母。

如果问我人生有什么特别苦的经历,我想应该是初二休学那段时间。那时爹娘同时害病,两个人在县城医院的不同病房住着,因为需要照顾老人,我就跟老师请了两个月的假。两个月里,我每星期都在家和医院俩地方往返。家里穷得没有粮食吃,我总要不断地向村里干部或亲戚家借粮,说是粮食,其实也就是成筐的红薯头和一点杂粮。那时我个头还不高,但已经懂得要面子了,每次求人借粮,心里总是很难为情、很纠结,但是没办法呀,爹娘还等着吃饭。除了求人办事,更让我记忆深刻的是背红薯送饭的经历,医院离村里有二十五里地,我要把将近二十斤的红薯背过去。那时候刚上初二,个头小、人又瘦,柳条编的筐能把背上印出条纹,深红色的,跟快要渗出血似的。正值燥热难忍的夏天,每次将红薯背到半路,我就基本上用完力气了。但是没办法嘛,不能一直歇着呀,在医院的爹娘还等着吃饭!越急越气越想哭,哭归哭,哭完了还是要背,怎么办呢? 我给自己定了个规则:走过十棵柳树就放下来歇一会儿,等稍微缓过劲儿,就倚着柳树干慢慢站起来,再背十棵柳树。就这样,我走走停停挨完了剩下的路。医院里爹娘的病房隔得远,为了走最近的路,就要路过一个太平间,半大点儿的孩子胆子小,但又想省点时间、偷点懒,于是我每次都一闭眼、一握拳,啥也不想地一溜烟儿冲过去,时间一长倒也不害怕了。由于有了这段经历,从此以后我都没有什么特别怕的东西，胆子大得很。

　　不上学的这段时间，我并没有不学习，我喜欢看书，特别是一些历史书和名著小说。每次从医院回来，我都去学校找老师借几本书带到医院去，闲了就拿着那几本书，翻墙到人祖爷坟①那儿看。早些年人祖爷坟还不收门票，人少树多，既凉快又清净。也就是因为那会儿看文言文的书相对多，等后来遇到语文教学水平测试时，我总能考个靠前的成绩。困难遇到得多了，总该受好运眷顾，我觉得我还是比较幸运的：那段日子和干部、乡邻打交道多点，给人家留下个能吃苦、老实的印象，后来我能被推荐当老师也是有这个原因在的；还有就是年轻时吃过那么多苦，因此我的耐力还是挺强的，也算得上和气，这都是那段日子磨出来的性格。我总觉得，是人都挺不容易的，我不轻易冲别人发火，对学生也是。

二、 三进校园，求学变从教

　　说起来，我的求学经历也是比较波折的，除了因父母害病中断过一次外，在初中即将升高中时还有一次。20 世纪 60 年代，因为中苏关系恶化，苏联逼债、工业下马，没有这么多财政资金支持，县里的学校不得不缩减办学规模和学生数量。我所在的初中每个班的学生都退掉了三分之二，退掉的大部分都是农村学生，我就是其中之一。不能上学了干什么呢？那时村里的支书找到我，说生产队预备买一辆拖拉机，想让我先去学开拖拉机。后来等我学了一段时间，他又告诉我拖拉机买不上了。眼看拖拉机开不成了，生产队又让我去学电工，我想着能当个电工混个饭碗也行，就去了，然而等到我学成了，生产队却已有两个电工了，人家不退休我总不能顶上。看我折腾来折腾去这么久，村支书最后又找到我说："县里的高中又办起来了，队里推荐你去读高中，你还是回学校去吧。"又有书念，咋不好嘛！于是我在 1967年底再次回到了校园——1967 年，当时我已经订了婚，通过相亲认识了现在

---

① 　淮阳太昊陵景区的伏羲陵，本地人又叫人祖爷坟。

的妻子。由于高中学制是两年，还能吃上学校伙食，家里人也支持我去。1969年年底快毕业时，我接到一个消息：大队支书推荐我去棠李学校教书。就这样，我得到了一份稳定工作，那时的我还没有正式毕业，但已经能拿到6元的工资了。1970年开春，我以一名乡村教师的身份正式且长久地留在了校园。

　　1970年是我教学的第一年，我到现在还记得第一次上课的情景。那时的小学生上学晚，三年级学生都有十多岁，个头也高，我也才24岁左右。第一次上课紧张，我拿着书也不敢往下看学生，自顾着板书、说话，等下了课，身上还有一身汗。后来慢慢上道了，我就不那么紧张了。那时候的学生年龄比现在同级的要大好几岁，而且老师的威望也不太高，很多学生特别皮，有的老师管不了也不敢管，教太多学生顾不过来，就随便他皮。有的老师则喜欢体罚学生，拿根教棍敲手敲背，但是打也不行，而且打了还怕他跟父母告状。我基本上不体罚学生，一方面是感觉学生那么大了，自尊心什么的都有了，当众打他容易引发逆反心理，即使他口服也未必心服，更何况在那个造反有理的时代，学生打老师、跟老师对着干的例子可不少；另一方面我向来认为，打学生是最笨的一种教育方式。孔子讲"因材施教"，老话也说"看亲戚下菜碟"，因此要先了解他的秉性、脾气、弱点。一班总共二三十个人，当老师的不用一两个星期就能摸清楚，然后再对症下药，总之，一个学生一个教法。

　　我还记得那会儿学校有个出名的"老虎班"，因为原先的班主任老是出去学习培训，就让学校没课的老师去代课，时间一长，学生们开始捣乱，到后来发展到跟老师对着干，谁的话也不听。班里有两个代课老师，一个姓李、一个姓叶，李老师个头低，叶老师是从国民党部队投降过来的退伍军人，前一个管不住，后一个不敢多管。他俩就跟我商量："你只改个作业，俺这两班的学生出了问题，你就负责解决解决问题，上课的事不用管，你看行不？"我问："校长愿意吗？"叶老师说："这咱仨商量的，你只管坐办公室里。"听完我应了下来。那时候还比较穷，班级的课桌用的还是土台子，学生们有板凳的搬板凳，没板凳的就搬两块砖头坐在教室。有一次遇到一个调皮学生被叶老师说了几句，就往土台子上一躺，耍赖乱蹬。把他抬出去吧，他长成大个子了，你推不动他；叫他吧，他也不吭，其他的学生又是趴在台子上笑，又是围着看热闹，老师上不成课。叶老师气哄哄地走到办公室喊我："李老师你看看，学生躺那儿撒泼嘞！我上不成课，学生围观赶不走，到处站的都是人。"我听完就去了，到地方一看，地上一个学生十三四岁的样子，个头还高。我瞅了一会儿蹲他身边说："你弄啥呢？你又是装死卖活的，又是昏过去的，叫人家知道喽，不都给你传出去了？你看这会儿怪神气、围观的怪多，等放学都回去了，班里的学生跟家里、村里讲，人家都想你是犯羊羔疯①了还是神经病呢？到时候丢脸不说，往后还能娶上媳妇嘛？"听完这话，他赶紧往前一撅地起来了。我说："去学校南边的塘里洗洗脸，回来上课。"这样就解决了。其实很多事情跟学生们讲明白，换位思考一下就有办法了，总比打他一顿好。

三、 上得学堂，下得农忙

20 世纪 70 年代的教育环境、教育质量不比现在，这跟那年代人们的教育观念也有很大关系。70 年代的农村人对教育并没有太重视，尽管上级要求扫盲并且下发很多文件让提高入学率，但效果往往与实际执行的有差距。就我刚教书那会儿，一个自然村的高中生指不定有两个没有，一个大队也就三五个。除了当时办的农专招收过一届学生，大学生几乎没有，上农专也学不上多少文化知识，顶多教教怎么种地、怎么施肥育苗。那时对小学的要求是入学率达到98%，乡里都有适龄儿童的统计数据，每次上级例行检查，都要对照着查达标率，但是实际上很难达标。这倒不是因为学校收不了，而是学生要干农活。在农村，一个十几岁的年轻人就可以负担一些家庭劳务了，比如除草、喂猪羊、拾粪等，也跟着生产队搞副业，特别是蒋楼、大张两个村，

---

① 同上文"羊癫疯"，即癫痫的俗称。

有打包①的业务。一个小包能卖到 2 毛钱,大的包能卖 3 毛钱,因此家长都喜欢让孩子帮忙干点活,至于上学的事基本上不怎么在乎。有时候学生在学校不听话、不好好学,老师去他爸妈那里反映,家长就直接说:"将来能找到火车站牌,认得男女厕所就行啦。"意思就是能识点字就行了,没想着出多大学问。家长都这么要求了,还能说什么呢?每次老师们去劝学生回学校学习,家长都有点不愿意,这边刚叫回来学几天,那边又让回去干活了。有的孩子就是去了学校,放学回家慢一点,老人又是打又是撵的,闹得也不愉快。当然,教育的事主要还是家庭经济条件在影响着,男孩家里富裕一点的也都愿意叫上学,但真正初中毕业的不到一半。

对于女孩来说,能完成学业的就更少了,一般家里都紧着男孩上。女孩上到二三年级差不多能干活了——比如薅草喂羊——家里就不让上了。说到这儿,有个女孩让我印象挺深刻的,她上一年级的时候是我教的班的班长,已经 12 岁了。她底下有个兄弟带得娇②,她比她兄弟大三四岁,那时候重男轻女,她兄弟不到 8 岁不能上学,爹娘就要她在家照顾她兄弟,后来兄弟能上学了,她就跟她兄弟一块儿入学。12 岁的孩子接受能力已经很强了,她学习成绩好,在一年级上了一学期就跳到了二年级,后来二年级上一学期,又跳到三年级,就这样一直蹦到了四年级。后来某一年我听人说,她在某个高中当校医,现在也退休了。在 1970 年前后,像她这样的也挺幸运了,农村的女孩真正在学习上出头的很少。按理说,男女人数应该平衡一点的,但那时我估计着一个班有三分之一的女学生就挺多了。

其实往好一点讲,那年代虽说大家普遍都挺穷,但毕竟是集体经济时期,所以在上学这方面并没有收多少学费,基本上属于大队和乡里在支撑着,很多时候也靠学校的师生勤工俭学干些副业,比如打包什么的。我记得刚教书的时候一个适龄儿童只需要交 5 毛钱就能入学,2 毛 2 分钱买一本数

---

① "打包"系 20 世纪七八十年代在蒋楼、大张村发展的副业,也称"编包",即取菖蒲叶,晒干碾压成编包原料后编织成包,编包工艺较为简单,容易上手,编好的包可以由生产队以集体的名义卖到县城,一个包可以卖到 2—3 毛钱,编包主要用于装水果,是当时村里人比较青睐的一项副业。
② 方言,指养孩子过程中比较娇惯溺爱孩子。

学（课本），2 毛 8 分钱买一本语文（课本）。只在上一年级时交学费，往后都是（老师们）领着学生勤工俭学，打包、搞副业，挣了钱再给学生买书，就这也很难把所有学生都留下。对教育不太热心这一点，除了家庭经济条件的因素外，还因为当时取消了高考。上学没有太大的奔头，推荐上大学也很少能轮到一般的农村子女身上，再加上信息闭塞，很多农村人对教育政策什么的基本是两眼一抹黑。

20 世纪 70 年代初的教学任务并不是很重，由于当时人们对阶级、政治都比较敏感，因此基本上只让教毛主席诗词语录一类的，别的不能教也不敢教。除了日常教学以外，课外活动也很丰富，有篮球队、乒乓球队，还有文艺宣传队，一到星期天，学校之间打个比赛、举办个师生活动也是相当热闹。我个人喜欢打乒乓球，与同事、学生之间常常过招。另外，由于上级要求开展扫盲活动、办夜校，学校里的老师也要在教学之余承担扫盲工作，在农闲时教村民们识字，当时扫盲的标准是认识并且会书写一千个常用汉字。总的来说，教学还算是一个轻松点的活儿。比起教书，最劳累的活还是要数农活，那时候像收麦子、播种、除草等都还是靠人力，生产队的机械少，也舍不得用。一到收割时节，全队男女老少都要下地。像我家里的孩子还小，地里的活等着干，怎么办呢？我就趁着不教课的时候去干活。初分地时，我家的地就在学校附近，每次上学校，手里都要拿点铁锹啥的，吃完午饭顶着太阳干活，那边学校预备铃一响，就把手里的工具往草丛里一藏，拍拍身上的土，洗把脸就去教课了。放学回来也要干，薅个草、喂喂猪羊。白天忙个不停，备课、改作业就只能等到晚上熬夜做。

不光是老师干，学生那时候也专门放农忙假，我记得直到 2008 年前后还有呢！一般都是把暑假里的半个月算麦忙假，从 6 月 1 号开始放，到 6 月 15 号开始上课，之后再放暑假。寒假也是这样安排，放半个月的秋忙假，让学生、老师回家收玉米，秋忙假不固定，啥时候可以掰玉米了，大家就商量商量放半个月假。除了家里的活儿，学校也要做工。改革之前，上级给出的办学口号就是"远看是个农场，近看是个工厂，坐下来调查调查，才知道是个学校"，提倡的是亦工亦农。各个学校都八仙过海、各显神通，以求顾着本校的

2005 年 4 月 16 日，李启明（二排左一）与李营子小学毕业生的合影

各项开支。高年级的学生们要参加义务劳动且不算工分，一星期下去一次，先跟生产队联系，问清哪个地方需要干啥活儿，然后就叫学生拿着农具去。有的拾棉花，有的拉着驾儿车，有的三四个人用一辆车子给乡里拉粪，有啥活儿干啥活。现在的学校不兴这一套了，我觉着一方面是不需要那么多人劳动了，像那种大型收割机几分钟就能收完一亩地，基本上都不用干多少活儿；另一方面也不愿意小孩干重活，都宠着惯着，可以说，现在农村的小孩真正会干农活的不多，农活也是讲技巧的，而且大热天晒着也不好受。要我说这样也不好，小孩子不让他从小多吃点苦锻炼锻炼，长大了不好教育。我总觉得现在的小孩多少显得有点自私，都是爷爷奶奶太溺爱了，像我们小时候，放学了都要去帮大人干活的，不干活单看着父母累得满头大汗，自己心里也过意不去不是嘛。

　　除了劳动任务繁重，各家各村的经济条件普遍都不太好，像我这样虽说是老师，但工资并不高。我刚去那会儿每月是 6 元钱，上有老下有小，6 元钱咋够？吃穿用度各方面都要精打细算、非常节省。能节省到什么程度呢？我记得我一个朋友有一则趣事：他赶集买了一件短袖买小了，人家不换，刚过完冬他还比较瘦，能穿上但难脱掉。等到初夏收麦了，粮食够吃了，他就

开始越吃越胖,这下体重一上去衣服更脱不掉了,后来干脆不脱,洗澡的同时顺便还能洗衣服,到入秋时他才狠心剪开,这一个短袖就穿了一夏天。这还算好的,那时候老师(如果)能穿个西式短裤衩,穿个白短袖去上课,生活条件就不赖啦! 有的老师衣服不舍得穿,平常日子里光脊梁就去上课。还有一次我放学回到家,我媳妇正煮饭,有个老母鸡落窝不下蛋,家里还等着换蛋吃盐呢,看见它占窝不下蛋心里烦,她携着鸡子就往外一扔,没想到这鸡是蹲久了腿麻,这一下被摔死了,她看到后哭得跟啥似的,我说:"这下不得不吃顿肉了。"

四、 印在心底的责任感

从 1970 年入学教书起,期间除了因病暂停教学外,我还因为中间当了三年的生产队长而暂时离开教学岗位。1978 年,大队支书推荐我当李营子村生产队队长,至于原因,我想一方面是生产队多是集体性工作,生产队长需要扮演一个公正分配、不偏不倚、调停大小事的角色,而我在村里的人际关系还算和谐,没有与人结过大怨;另一方面是干了几年的教师,与大人小孩都比较熟悉,教师的工作也让我取得了群众的一些信任和尊重。三年的队长工作比教师的任务更为复杂繁重,一个村二三百户人,每天该干什么活?谁去干? 工分怎么算? 种什么粮食? 咋提高产量? 人吃的、牛喂的等等,都需要生产队长领着协商敲定。很多时候要协调各种人际关系,与其他生产队的分工合作、与支书干部们的配合,都是挺需要经验的事。好在三年里我的工作完成得还算可以,没有出过啥大的岔子。这三年里,我并没有就此放弃教师的岗位,在与学校领导的协商下,我任职生产队长期间,由刚高中毕业没多久的妹妹帮我代课。结束了生产队的工作后,我的妹妹也出嫁到外乡,而我则回到学校继续教学。不同以往的是,正赶上棠李小学拆分出了李营子小学,凭借生产队长时期的管理经验,以及此前几年的教学表现,我当选为李营子小学的校长。

李营子小学旧址,现被改造为残疾人协会(摄于 2022 年 2 月)

　　1980 年前后的变化是非常大的,包产到户后,生产队的集体性工作逐渐取消,更多的是以户为单位谋生计。集体活动的取消也对学校造成了很多影响,像以往学校里想添个桌椅板凳,直接让会木业活儿的贫管组长领着画线、掏眼,老师们负责将桌子往一起安,一个人一个假期分十张桌子的任务。下雨淹了房,教室不够,老师也得去拉土垛墙,十张桌子三间教室都要弄好,不然就不让回生产队。为了支持工作,大队里也会挤出点儿粮食,让老师们上午在那儿能吃一顿。随着生产队的财产被分割,以往对学校的财政、基础设施建设的支持力度也降低了,比如以前新学校拆迁过程中,人工、木材、砖瓦都能以集体利益的名义从各村免费抽调,但后来的学校翻修与扩建,基本上就要靠教育局拨款与学校自筹了,由此导致的一个问题就是学费的升高。特别是 20 世纪八九十年代,一个学生的入学费最高能收到 180 元,要知道那几年我的工资才 30 多块钱,可见对于贫穷家庭来说,孩子上学也是一笔不小的开支。

　　提到工资问题,其实在当教师期间我也动摇过几次,特别是 20 世纪 80年代初期精简教师的时候,我纠结要不要换份工作:当老师工资低,连糊口都是个问题;改革后土地被分完,我父母年龄大干不动了,这六七亩地靠俩人难种,家里还有四个孩子要养活,国家也不提割资本主义尾巴的事了,随便干点啥(生意)也比这个教师强不是嘛? 特别是有了小女儿之后,那时候身边的亲戚朋友时常劝我做个生意或者打个工啥的。改革开放初期,有换工作想法的绝对不止我一个,我身边的很多老师都有动摇,甚至有几个直接就不干了。我女婿在1991年前后教了两年的学也要出去打工,那时他一个月工资72.6元,吸个便宜些的烟都能花掉一半,靠这点工资很难过好生活。况且那时候只要胆子大、肯动脑筋肯吃苦,赚钱的路子还是很多嘞! 但是教了几年学,总归是对学校有点感情的,我也喜欢教学,再说当时还是校长,多少要有点责任感不是? 特别是遇着一些学生看有其他老师走了,也对我说:"李老师您可别走了,你要是走了学校就该倒闭了啊。"学生眼泪汪汪的,谁看到也不会忍心的。另外还有一个原因就是那个时候也定下来了政策,说十年内把这个民师转为公办老师,那时候就传教师的行业出去容易,再想进就进不来了,而且经上级(政府)的提倡,老师的声誉也高了,逢教师节也会发奖品、开表彰大会。当时想着,如果继续教学就有机会端上国家饭碗,退休也能有个退休金,这多少让我定了定心。80年代后期,各项副业也允许干了,寒暑假我去卖个细粉、卖个菜、编点包,也能补贴些家用,日子也慢慢好起来。

改革开放也是教育的分水岭,20世纪80年代以前基本不讲学习成绩,都是讲思想、讲政治、爱劳动、爱集体,真正到讲学习成绩都是在1980年以后。特别是90年代,国家对教育的重视是越来越明显的,这一点从师资培训上也能看出来。在学校里,无论年轻老师还是老教师,都要在假期参加进修和培训,我后来考的中师资格证也是那一阶段的要求。进修一方面培训学科教学,像英语、自然、音乐都要有专门的老师教;另一方面也要学一些通识课程,比如教育学、教育心理学等等。当校长期间,我除了课业进修,还要参加校长管理培训,各种大小培训加一起也有二三十次了。在我任校长期间,乡里县里教育部门每年都要举办多次学科竞赛、统考、联考,横向的、纵向的校际比赛跟吃家常便饭一样,对学校的各科教案、教学计划也不定时派人检查。作为校长,除了正常教学任务外在其他方面也要多出很多力,比如带队参赛、看管校舍、向上级要工资等等。

　　关于带队参赛的经历，至今让我记忆深刻。1990 年时狠抓教学质量，一学期都得两回，一个期中一个期末，叫县里三十多个学校的学生集中考试、统一改卷、评出名次。每个学校一般抽三到五个学生，抽去参加考试的学生由校长领着，其他老师就在学校看着剩下的学生。老师们对抽谁去老有意见，每次都想抽语文数学都好的，但是有些学生"瘸腿儿"①，老师们也都想要个名次，毕竟哪科考的好了，教课老师有奖励还能升级。意见不统一怎么办呢？后来干脆改成了各科抽各科的了。我记得有一次乡里比赛抽中了我们的一个学生，等快考试了他感冒了，本来该五个人去结果去了四个，想到总成绩还要除以五，我说这肯定要吃亏呀。离考试还有半个小时，他还是没来，当时又没有电话，咋联系？我只好骑着车子去了他家看看情况，到他家他爹说他身体不得劲儿，我给说了说情况，劝他能坚持的话试一试，后来看我来一趟满头大汗的也不容易，家长就同意去了。去的时候正赶上下雨，路上有泥，为了不耽误时间，我干脆把车子放在他家里，带他走李营子村前面抄斜路过去。学生那时还有点发烧，走到西王庄，雨下大了，他说腿软走不动，我就背了他一路，等到地方，骨头都要散架了。后来这个学生也挺争气，好像是考了全乡第一名，我也算没白受罪。

　　那时候都讲究教学水平，教学水平怎么体现呢？就是跟其他学校比赛。我认为我当校长时，学校工作做得还是很好的，就拿生源来说，本来每个行政村都有自己的小学，但是我们学校能收到其他村的学生，方圆十里的一看教得好，都愿意往这送学生。当时的李营子小学在整个乡里也是排名靠前的，正是因为工作做得不错，我才评上了县模范教师。当校长的时候啥难事都遇到过，经常熬夜到十一二点，又是整材料又是备课，人瘦得不像样子，家里人都劝我歇着点，但是事堆着不干完，心里也不踏实呀。20 世纪 80 年代后期社会风气不太好，为了防止学校里的桌椅板凳被偷走，老师们还经常要在学校轮流过夜，但是保不齐总有家里遇到事的老师，因此作为校长我就要顶上去。此外还有家访，三里五村的并不走远，遇到家庭条件不好的，还要

---

①　偏科的意思，指有的学科成绩好，有的学科成绩不好。

多照顾、多操心点。有次访到一家人，孩子身上长个大疮，疼得不行，他爹还在床上躺着，看我来劝他上学，他爹叹气说："我能不想让孩子上学嘛，这不是没办法的事嘛。"孩子哭他爹也哭，我看着难受，就说书钱不让他拿了，本子啥的也不用买，我用的教案本子可以给他，就这样勉强答应上一学期。到后来他爹身体好了，他长疮也好了，家庭生活缓过来后，学也在继续上着。不过他也没上出来大学，上到初中毕业，就不上了。像这样的情况遇到过不少次，遇到困难的尽量帮助帮助，我觉得是做了应该做的事儿，心里也舒服嘞。

谈到教学，我根据这么多年的经验也总结过，一个班愿意学的学生占60%，还有20%是想学学不会，这属于接受能力差，还有20%是不愿意学。虽然总强调对学生要一视同仁，但有时候老师还是比较偏向好学生，特别是听话的、能帮着收个作业、管个纪律的班干部。然而，我也发现一个奇怪现象，老师喜欢的学生大了不一定就有出息，你叫他做作业他也按时完成，你叫咋学就咋学，成绩也差不多，但等毕业了进入社会，只看他也没有大的才能。而有的学生，他能看出老师不是很耐烦他，他上课还老是想个鲜点、找点儿事儿、搁底下鼓动学生捣乱，这样的人等毕了业进社会了，看着还挺抖气①。所以说教育的事也不只是老师的事，一个人的成长受很多因素的影响。不过看一个学生能不能成才，我一贯认为最基本的要有三条，缺一条都难成才：第一条就是你家庭里经济条件允许你上，父母愿意叫你上，特别是现在学费又高，生活待遇啥的投资不上不行；第二条你要自己也愿意学；第三条能遇到好老师，若碰见那种当一天和尚撞一天钟、不认真教、没责任心的老师，就是在误人子弟。

五、 有得有失才是人生常态

可能是前期太忙没咋注意身体，所以接下来几年大病小病不断。特别

---

① 方言，意为混得好。

是 1990 年之后,我不幸得了肺病,差点要了命! 这病初期症状不明显、不具有传染性,因此我还会时常到学校工作、安排教学任务等;后期病情加重,最严重时甚至止不住地咯血,没办法了,我向教办室申请休假养病。打了十几天的吊瓶,配合中药治疗,两年多身体才有所好转。1992 年基本恢复得差不多之后,我又回到了教学岗位,不过与此同时,我辞去了校长的职务,主要是身体条件不允许了,而且能够接替职位的也大有人在,我想着还是安心教学吧。在生病期间,也经历了很多事、作了很多难、摊了不少债,孩子们懂事,看着家里有困难,初中毕业后也没有继续上学,早早地出去打工挣钱了。现在想想其实也是挺对不起家里人的,特别是媳妇,她生四个孩子时,我都没在家,每每提起这事,她还会抱怨一两句。孩子在成长中也没少作难,我对他们的关心有点少,很多时候没有考虑到他们的想法。好在现在都成了人,不说大富大贵,也都还过得安稳,多少能减少点我心里的愧疚。

2020 年夏,李启明(左二)与妻子及外孙、外孙女的合影

　　不当校长后的几年里，我主要就是承担教学任务，相比之前轻松些。孩子们工作的工作、当兵的当兵，家里的负担也小了。平常我在寒暑假还能做个小生意，因此不仅还了看病时借的外债，生活水平也有所好转。顺利的话，到了2005年我就可以退休，但是到节点了却出了问题：我本来是1945年8月出生，结果档案上不知咋的填成了1948年5月，这就是说2008年才能正式退休。乡教办室的领导知道这个实际情况，但是入过档案再改就麻烦了，他后来跟我商量："干脆也别改档案了，这三年，学校名义上还给你留着位置，你要是闲了就来教教，上面来检查时能到就行，等到时间了你再退休行不？"我也不想麻烦人家，既然把话说到这个份上，也是很照顾我了，教几十年了，再多一两年也没啥。

　　再后来到了2007年，李营子小学因为生源少，为了整合资源，将即将升四年级的学生转到了原来的棠李小学，而我也随着重新回到了棠李。那段时间我又患了重度关节炎，腿肿得不能走路，从转校到退休，我就基本上没怎么教书。2008年我正式退休，以前任过校长的李营子小学也在这一年关闭了，就像是约定好了一样，挺让人感触的。

　　其实从21世纪初开始，乡村小学、中学就已经在以明显的速度减少了，一方面是撤点并校的影响，另一方面也是私立学校的竞争，有点钱的家长更愿意把孩子送到县里的私立小学上学。尽管乡村小学在国家的支持下，教学设施、师资等各方面相比20世纪八九十年代都有了极大改善，但与私立学校或县城的一些公办学校的教学水平相比还是有点差距，这从往届的联考中多少也能显露出来，特别是在英语学科上。而且单就师资上看，私立老师往往更有危机感，聘请他到学校教学，教不出成绩这个学校就不出名儿，往下一届就不好招学生，这时校长说解聘就解聘了；但是公立学校的老师，特别是有编制的，他只要不犯大错误，别说开除，连处分他的权力也没有。正因为如此，他可能就教得没这么尽力，有时候有危机感才有责任心，没有危机感就会想着：反正教啥样是啥样，我拿我的工资，你也开除不了我，你也当不了我的家。不过这几年看，棠李小学发展得还挺好，可以说比之前好很多，也在引进年轻老师，而且现在县里也意识到了私立学校之间的不当竞争、抬学费之类的问题,将一些学校收归公办,对乡村学校也给予了一定支持。

王店乡棠李中心学校现址(摄于 2022 年 6 月)

如果说哪件事对我的人生有至关重要的影响,那就是民转公政策了,这意味着像我这样的民办教师,有机会享有国家发放的退休金以及职工医疗补贴。政策刚出台的时候,我就希望争取转正成为公立老师,当时想着孩子长大了不定有没有出息,老了能有个退休金,吃饱穿暖、老有所养,不给子女添麻烦该多好。在 1998 年以前,我一直是民办教师的身份,其实在 20 世纪80 年代以前,民办、公办差距并不大,除了工资高一点之外也没啥好处,而且很多时候城镇的(公办教师)要被调到离家远的村镇任职。我记得那时调到棠李教学的公立老师叶老师,一月工资还不到 40 块钱,他家里有病人、孩子,还没有田地,工资也是顾不住。到棠李学校教学时,自己煮饭吃想省点煤怎么办呢? 他就捡些打包剩下的蒲根子烧火做饭,又是烟熏睁不开眼,又是咳嗽,也不是多好的生活。民办老师虽说工资低点,但都是在家门口教学,吃穿用度少,而且还能拿工分。所以说,那时候老师们对公办、民办都没太多意见,而且像我们这样的乡村老师也不愿意外调,哪怕是去城里,毕竟要顾家要劳动,都想离家近些。从 20 世纪 70 年代到 90 年代,乡村教师都不太够用，学校忙不过来时还会雇些乡师、群师。乡师是乡里聘请的，工资是乡里发；群师是乡里老师忙不过来，跟队里反映后让生产队找的老师，工资由大队发。不过这些到 1980 年精简教师时，大多都被精简掉了，那时候仅民师这个庞大的队伍，就实行了五字方针①：一是招，针对年轻老师，退不掉的让去进修再教学；二是转，像教学经验丰富的、被授予过荣誉的，就直接转为公办老师；三是退，到退休年龄了就让退休；四是辞，通过考试，成绩太差不合格的辞掉；第五点我记不太清了。

教育部门对于每年转多少都有数量和标准，有的按年限、有的按级别、有的按荣誉证级。我 1998 年就转成了公立老师，这很大程度上是因为我得过县级模范。一般情况下，教龄长的、有文凭的、有教学成绩的都会优先考虑。三条都不占的话就要参加考试，比方说今年转 1000 人，就让报名 1500 人，通过考试刷掉 500 人。另外全县各地方文化程度不一样、师资水平不一样，县里只考虑按分数高低录取，因此有的学校考高分的多转成的多，考的少转成的也少。总而言之，我估计一次民师整顿，也得考掉四分之一的老师。这些没有转成公立的老师退休后工资很低，有的甚至没有工资，后来才争取了一些补助。那时上级给出的处理意见是：凡是任教一年的群师，每月 10 块钱的补助，教龄长，工资就依次递增。有些老师也是教了很多年了，但一月也就百十块钱的工资。这些人中我熟悉的就有四五个，比如朱老师，他 1963 年就去教村小了。村小是指由于学校里坐不下，每个村里就聘一个老师在村里教，权当是上工，领村里学生识个字、拾个麦、拔个草，这称为村小。后来村小被集中起来办，他也带着学生来学校了。从二十多岁教到 55 岁，三十多年的教龄，退休的时候没转上，到现在还是个民师，一月能拿几百块钱的补贴。相比之下，转正的老师待遇就好很多，像我在 2008 年退休时，就能拿到每月 3000 元的退休金了，不仅能满足日常开销，还能略有剩余。

---

①　文中内容根据被访谈人印象整理，涉及政策描述与实际有出入。1997 年国家发布《国务院办公厅关于解决民办教师问题的通知》（以下简称《通知》），提出了"争取到本世纪末基本解决民办教师问题"的目标，为保证这一目标的实现，通知中详细列出了现有问题以及解决措施，其中第二条涉及文中的五字方针，即全面贯彻实施"关、转、招、辞、退"的方针，分区规划，分步实施，逐年减少民办教师数量，力争到 20 世纪末基本解决民办教师问题。

　　有一件事让我比较遗憾，那就是没能升上高级教师。1992年我大病初愈，正赶上教育心理学考试，教办室里当党委书记的李老师和我关系挺好，他说："你生着病，天又热还要复习，就别考了。"我问："不考行吗？"他说："行，包给我了。"我最后就没考，后来他给我一个免试证，意思就是不考教育心理学也行。到升级的时候我其他条件都满足，各种证件、荣誉也都拿出来了。当时要求算分，比如统考占到第一名加五分、第二名的加三分、第三名的加二分，算完分后在咱们全乡数我最高，那一个县模就加十分嘞！结果条件合格了，又让交达标证，当时我除了有任用证、高中毕业证以外，哪有达标证？我拿出李老师给的免试证，结果那个免试证上要求1962年以前参加教育工作的老师才能用，而我的档案显示是1969年教学的，没办法，免试证只能作废了。瞎忙活儿也没评上高级。如果那时评上了高级，现在能多300块钱的工资了，想想只能怪自己，人家也是一片好心嘛。当时考试又不难，说不定复习复习就能拿证了。不打紧，有得有失才是人生常态嘛！

　　2008年终于迎来了正式退休，到如今2022年，我已然退休14年。教书事业可谓占了我一半的人生历程，38年的教龄说短不短、说长不长，在这期间我教过语文、教过数学，教过一年级，也带过毕业班，有的父子两代都称我老师。如果问我为什么走上了老师这条路，要是按思想层面讲，我想也是受口号的影响，那时候讲老师又是园丁又是蜡烛的，这都是精神层面的鼓舞。但只讲是因为献身精神从教，我觉得是不符合实际的，除了这之外，我还考虑着这个行业比其他行业牢靠点，所以多少也是出于家庭生活这方面的考虑而当教师。现在看来，当时的选择也是对的，最起码晚年有了保障，能有尊严地活着。人这一生最怕干错行，我是够幸运的了。

　　有时候也会想如果选了别的路会咋样？比如说当兵，高中刚毕业时符合征兵条件的我本来可以去军队的，但是没办法，和我哥说好了要留下顾家，父母多病，妹妹尚小，后来还是选择没去。那时候男孩都会有当兵梦，当兵对年轻人来说是一种责任也是一种光荣，说到这，我也会有点惭愧和遗憾。不过人的能力有大小，能正直地做人，在岗位工作上做到问心无愧，做的事对人民、对这个社会有意义，我觉得也算是尽了一种社会责任吧。

　　其实到现在这个年龄再去衡量教师这个职业，我觉得收获和付出是成正比的，甚至收获比付出还要多一些。我指的不只是退休待遇，还有人际关系和声誉。我身患重病时，同事、学生一拨拨地去看望，不是送东西就是塞钱，那时候都穷，能有这么多人关心是难得的；当校长时，累点苦点但做出的成绩大家也都看在眼里，因此平时遇着邻居、家长都能听到一声问候；退休后办个手续、买个东西要是遇到以前教过的学生，可能我都记不得他的名字、认不清人脸了，但还是能得到些关心。这种被人尊重、上心和认可的感觉，对一个上年纪的老人的意义是无法言喻的。我向来信奉孔孟之道，人这一辈子能把自己的父母埋到土里、帮自己的子女结婚成家，就算完成任务了，如果还能做到家庭邻里和睦、在外受人尊重、老来不愁衣食，人生就算完满了！

张伏英

理想在土壤里扎根

亲 历 者:张伏英

访 谈 人:俞　宙

访谈助理:张雅淇

访谈时间:2022 年 5 月 28 日

访谈地点:江苏省宿迁市泗洪县青阳街道张伏英寓所

访谈整理:俞宙、张雅淇

亲历者简介:张伏英,女,1946 年出生于江苏省淮安市盱眙县。1958 年秋收之后入学受教,1967 年初中毕业。1971 年 11 月起,分别在淮西小学、沈集小学任教;1988 年 9 月取得淮阴师范学校的中师文凭,同年被推选为沈集小学校长;1989 年因教学成绩突出,被评为盱眙县"先进工作者";2002 年正式退休。

张伏英(中)接受访谈

一、 艰难而坚定的求学之路

我上学很晚,13 岁才上一年级。记得那年刚帮家里把山芋收完,参加冬学的老师来我家找母亲说,得让我念书上学。我是家里老大,又是女孩子,那时候下面已经有好几个弟弟和妹妹了,家里日子过得紧巴巴的,我得下地帮父母干活啊! 上学这件事是从来没有想过的,也就在冬学班里认识了一些字。但是那年冬学班的老师特地来我家,劝我母亲让我去上学、去念书。他对我母亲说的话,我现在都还记得。他说,每次授课全队人都不认识的字,我总是最先认得,学习积极性也高,不上学就可惜了。以前读书都是先紧着家中男孩念,女孩能去读书的不多,所以现在想起来,我都非常感激那位老师当年上门来劝我读书,如果没有他那番话,我应该会继续务农,现在的日子根本不敢去想。当然我更感谢的是母亲! 那位老师走后,母亲就问我想不想念书,我说想念;其实说这话的时候,我也没想过就能去上学了,但母亲没有过多犹豫,她说,"你要想念就去念书,念书是好事情",当即就决定替我去报名。母亲是旧时代出来的,但很多时候想法能跟得上(新时代)。虽然那时候念书也不要多少钱,但是真上学了,我帮家里做活的时间就少了。我是家里老大,理应多帮家里分担点,所以做这个决定对她来说很艰难。但是母亲还是很坚定,她能意识到读书对小孩是有用的。我有现在这样的生活,是要感谢他们的。

我 1958 年开始念小学,一直到 1967 年念完初中。其实也没算念完,后来不是"文化大革命"嘛,那年我要升初三,当时学校已经很少授课了,都去搞运动,初三就这样什么也没学到就过去了。实际上,我当时已经二十多岁了,但感觉这九年时间过得蛮快的。初中毕业的时候,家里又添了几个弟弟妹妹,人口多了,活也就多了,我就又回家务农了。当时也没想其他的,大环境就这样,一个村子绝大部分人都在务农,都是农民。那为什么后来能走进教育行业呢? 那年乡里文教办到村里招聘老师,我们村干部看我初中毕业,就把我的名字报了上去,我知道后心里很高兴。我从小有个志向——当女兵,我喜欢军人,但是那时候如果没有门路,女性是很难去部队的;后来我上学了，就对老师很崇拜，念书时候就想，我要是也能当一名老师就好了，我也喜欢和小孩子相处。所以村干部来家里通知我，我特别开心。在我们那个年代，初中生毕业去教小学也比较普遍。

　　我第一次上讲台一点也不怵，讲台下面就是一群小娃娃嘛！但是慢慢地，教学科目多了，学生也多了，跨年级复式班都是最常见的。教学任务越来越重，我就明显感觉到，之前学的知识不太够用了。当然，学校平时也会组织教师去县里进修培训，一次去个两到三天，但我觉得还是不够，还得继续学。决定考中师的时候，我家最小的孩子（老三）已经四五岁了。当时，我爱人的单位在梅花镇粮管所，离家比较远，交通也不发达，往返只能坐公交车，一般一个月能回来一趟，平时家务都是靠我来操持着。而且他们家条件不好，很多事情都要靠我爱人解决。他弟弟妹妹家也时常需要帮衬着，经常顾不到自己家里。要是说我心里不埋怨是不可能的，但是自古以来"兄弟孝悌"的社会道理摆在那儿，我也不好多说什么，我爱人也知道我的辛苦。白天我不能耽误正常上课备课，回来还要忙家里的鸡、鸭。麦收的时候，月亮出来了我就要下湖①干活。那时候主要的学习时间就是半夜，点个煤油灯，看自学考试科目，下班的路上就去背诵一些公式。赶上最忙的季节，一天只睡两三个小时的情况也是常有的。

　　从复习备考到拿到中师学历，我用了三年时间，过程太艰难了。除了要兼顾工作和生活，在复习一些科目的时候，我也有力不从心的感觉。就说史、地这两门，要背的东西太多了，花时间也看不懂。其他科我都是一次过的，就是这两门，补考了两次。

　　在学习上我的毅力还是蛮强的。我们村里有一个习俗——有家里遇到喜事的，就去镇上请人来放电影。那个年代看电影是件稀罕事，放电影的时候，基本一个村的人都跑去看，我不动心。也不是不想看，但还是能在房子里坐住看书——学习时间太紧了，不能花时间在这些事情上。最难熬的时候是夏天晚上，为什么呢？夏天蚊子多啊，复习的时候用的煤油灯特别招蚊

①　"下湖"是个很有特色的方言词，仅流行于中原官话区安徽宿州、江苏徐州邳州、山东郯城枣庄等地及江淮官话区连云港、盱眙等地，等同于其他官话方言区内的"下地""下田"等，指到田地里干农活。

子。我后来就想了个办法,把煤油灯放蚊帐里看书。现在想想,这样做是很危险的,因为白天忙累了,看书容易睡着;但那时候很难考虑到那么多,学困了就睡一会儿,睡醒了再接着看书。就这样前前后后三年时间,我才把史、地这两关攻克了,拿到了中师文凭。

1988 年,张伏英取得淮阴师范学校中师文凭

二、 成为一名乡村教师

我是 1971 年 11 月入的职。刚开始我住在淮西村①,那时候已经结婚了,大女儿都出生几年了,我爱人是那个村的,乡里面招教师,我就在淮西小学任教。没过几年,我们举家搬到了沈集村②,我就调到了沈集小学。

---

① 淮西村因位于淮河西岸而得名,原隶属于江苏省盱眙县肖嘴乡。
② 沈集村是江苏省淮安市盱眙县鲍集镇下辖村,与淮西村分别在淮河两岸。

1988 年,张伏英(二排右一)与沈集小学毕业班的合影

　　乡聘教师就是民办教师,我刚开始就是民办教师。1986 年的时候,国家开始全面整顿民办教师了,担任民办教师需要考到一本合格证,没有考到的老师就会被辞退。我们学校当时有两三位老师没考到证,便从学校离开了。拿到合格证两年后,按上面要求,需要持教师资格证上岗,我就又参加考试拿到了教师资格证。拿到这个小红本子的那一刻,我脑海里就闪过一个念头:我现在确确实实是一名教师了。那时心里很激动,明显感到这是一条与之前那么多年教学生涯的分割线。

　　沈集小学的男老师数量多一点,女老师不多,城里知青来当老师的更少,他们都是要回去的,我们学校只有一位老师是下放来的。在校的基本都是乡聘教师,很多都是和我一样,考到合格证,然后留下来。同事都在一起工作了几十年,平时也都生活在一个村里,相互关系都比较亲近。

　　我到现在都能记得沈集小学的旧址是什么样——最开始的校园是一座旧庙改了几间教室,后来村里又帮着扩了十几间校舍。以前上学环境不好,哪里有现在这种板凳桌子啊,都是泥堆的。房子是土房子,最开始的时候,教室里面的凳子也都是泥凳子,没有课桌。后来条件好一点了,土房子变成瓦房了,也有一些课桌了。但是,小孩子上学得从自己家里带个凳子来,趴在泥台子上学习。我们是乡村,离城市远,所以通电比较晚,一直到 20 世纪 80 年代末才通电。不过,这比起一些闭塞的边远山区又早多了、先进多了。村里通电了,村小的每间教室才能安上一盏电灯,一屋子小孩在冬天傍晚学习的时候,能有灯来照明了。我们老师放学后要是再留一会改作业,也都方便了不少。

　　在分大队①之前,村小里的学生不少。一般五年制的村小,一个班最多能有六十多个学生。学生多工作量就大,我刚开始教的是一二年级那种复式班。什么是复式班? 现在你们听到的少了,20 世纪七八十年代太普遍了:一二年级学生放在一间教室里,我们一节课五十分钟,怎么分配? 每个年级各上二十五分钟的新授课,一个年级上课的时候,另外一个年级做练习。就这样,一天从早到晚,很难得有一个时间是空闲的。文化课上完了,学校还会有自由活动课,我们班主任要带着学生去运动,像是低年级的学生,我们一般带他们玩老鹰捉小鸡的游戏。高年级学生自由一点,有去打球的、跑步的。当然也有一些小孩子不喜欢运动,就会自己在班级里学习、看书。村小老师有限,很多时候我不仅教语文,还要教数学;不仅教主科,还要兼任音乐、美术老师。一天被安排得满满的,一节课接着一节课,课后作业常常要带回家批改。不过,我从来没觉得累,甚至放暑假,两个月看不到小孩子,我还很想他们,想去学校。我就是喜欢和孩子待在一起,也不知道为什么。分大队之后,生源分流了,很多孩子到自己大队学校去念书,学生少了很多。后来又搞计划生育,村小的学生人数下降得比较明显。

　　学生人数少了,但能感觉到很多家长在时代的影响下,开始重视自家孩子的学习了。从我开始工作,放学之后就常常去家访。走访哪些家庭呢?一种是家里条件不好或者意识不够的,不想给小孩念书了,要留在家干活,这种情况女孩居多。我们要去动员家长啊,有的劝一次也能回来,但是要是遇到一些“顽固派”,那就要多跑几趟了。我刚才说时代影响了一些人的观念,这一点在我们村一个“顽固派”身上体现得特别明显。他家老大是个女孩,入学时年纪就不小了,念一段时间又不让念了,也不是没有钱——当时

---

①　指农村开始实行家庭联产承包责任制。

虽然没有现在的义务教育,但是学费也就几块钱,只要不是特别贫困的家庭,都能负担得起——他家过得还可以,但是思想转不过来,认为女孩读书没有什么用处,我光去他家做工作就做了七八次,最后给老大送来学校也都是勉勉强强的。他家有四个小孩,最小的也是女孩,和老大相差十来岁,谁都没想到,等到他家小闺女到了入学年纪的时候,也没要任何人去动员,他主动给小孩送来学校念书了,说念书还是有用的。这个变化让我们几个知道他家当年情况的人又惊又喜。真的,时代的发展让很多村民的眼界开阔了,改变了乡村传统思想里一些落后的观念。

家访的另外一类学生是一些上课跟不上的、成绩落后的,我下班了就抽时间去他们家里(给他们)补补课。以前交通工具少,家访主要靠走路,我访的最远的一个学生家,走了接近两公里。无论当时还是现在去回想,都没有那种辛苦啊、不情愿的想法,这些事都是老师的本分。当老师就应该关注到每一个孩子、每一个家庭,不能只是课堂上讲讲知识,下课就撒手不管了。还有些家庭确实困难,但是小孩子特别想念书,除了学校的一些减免政策,我们老师了解他们情况后,会在私下或多或少给一些帮助。有的捐点钢笔、铅笔等文具,有的就送一些教辅资料,孩子愿意学习、肯学习就是好事,其他总会有办法。小学嘛,特别是乡村小学,很多学生意识不到要学习,家长也不是很重视。所以如果遇到学习特别认真努力的学生,我们都会觉得很宝贵。

乡下孩子有的会野一点,但是给管,也比较敬畏老师。家长送来学校时都会当孩子面嘱咐:不听话就逮到揍!我是不会去揍的,老师怎么能打学生呢?他们还是很单纯的。我从教那么多年,有违规违纪的学生,但基本没有遇到品行不端的。有的小孩皮,犯点小错误,我就找他谈谈心,有时候也会批评几句,不会去揍他们的。他们的理想也很简单,一问就是“为人民服务”“为祖国贡献”,时代影响一代人,很多孩子想去部队,也有要当老师、医生的,都很可爱。每一届班里都有几个特别认真努力的学生,我看到他们能努力学习,都是打心底里高兴。这些学生的想法也很明白,就是要走出乡村,想去大城市。

我们学校是老师跟着年级走,学生们一带就是五六年(因学制的变化而不同)。一个班里基本都是一个村的,生活上也都知根知底,所以跟学生、家长的关系都是比较近的。但是在学习这一块我要求很严格,小学生学习自觉性不如初高中生。平时上课的听讲情况、作业完成情况,我都会记录在一个专门的本子上,一些老是容易走神的同学,或者作业完成不好的同学,我在找他们聊的时候就把本子给他们看,问问原因,该批评的要批评。小孩自觉性要靠家长、老师去督促,完全让小学生自己发展,有的聪明但是滑头的学生就容易被耽误了。因为我对学习抓得严,所以每年的全乡统考,我带的班级和年级的成绩都能在乡里各小学中名列前茅,有时也会得到乡里面的一些奖励,还获得过几次上级的表彰。

1989 年,张伏英因教学成绩突出,被评为盱眙县"先进工作者"

我应该是在 1988 年前后被任命为鲍集镇沈集小学校长的。当了校长意味着责任更重了,管理者不能仅关注自己所带班级的教学成绩,教学之外的一些事务,像走家访户、扶助贫困生、校务管理等都排着队需要处理。不过那时候我的子女们也都上学了,家庭的负担少一点,也算是忙得过来。我记得刚当上校长不久,学校里有个女生就找到我了。她家里条件不太好,家里人为了让她哥娶到媳妇,就想让她去隔壁村换亲,但她想念书,不想那么早嫁人。其实在她找我之前，我已经带着她当时的班主任去她家里沟通过很多次了，但没有用。后来她就跑到我家里来住了一段时间，和我女儿挤在一张床上睡，衣服没带，就穿我女儿的衣服。这样僵持了一两个月吧，她父母觉得这样下去也不是办法，到底松口了，同意她继续上学，她这才回自己家去。初中上完后，她考上了卫校，还特地来我家报喜，她也算是靠自己努力改变了命运。每一届多少都会发生这样的情况，遇到这样的学生，一个都不能怠慢，这都是关系到孩子未来的事情，要尽可能地多做、做好，才能对得起老师这个称呼、对得起这些孩子。就这样，在沈集小学校长这个岗位上我又干了六年。之后年纪也大了，有点力不从心，我就向上级辞请了这一职务，但是还一直在一线教学，一直工作到2002年那届毕业生考完了，我才从岗位上退下来。

2002年，张伏英（二排右三）与最后一届毕业班的合影

三、 工作与生活的平衡

我和我爱人是同学介绍认识的，我崇拜解放军嘛，最早也是想去当兵的，当时他在部队里，我们没见面，先通信，寄没寄照片我不记得了，反正书

信往来了一段时间。后来他探家的时候见了第一面,我记得他当时穿着军装,帽花领章都有,还是还蛮帅气的,所以第一次见面就挺满意的。我爱人家里穷得叮当响,就两间茅草屋,住着一大家子人。他虽然不是家里的老大,但因为家里实在太穷了,没钱念书,早早地干活做工,扛起家里重担。后来我爱人进了部队,才在扫盲班学习认识了些字,能读书看报了。考虑到他的家庭情况,谈婚论嫁的时候我也就一分钱没有提,新衣服啊、三大件啊①,这些也都没有要求。

　　我爱人在我们结婚前就转业到了供销部门,婚后我在家务农了一段时间,那时他在外我在内,还算能协调得好。我被乡里聘到村小的时候,当时老大三岁,两个人都有工作要忙,孩子又小,时间就变得紧张起来了。但是我家这头弟弟妹妹多,有几个没继续念书在家务农的,家里人手不够的时候,都会来帮衬着,像我三妹妹、四妹妹都来家帮忙。我小儿子出生后就是四妹妹带的,一直带到他能跟着我去上下学了,五岁这样子,所以我家三个孩子和几个姨的感情都很深。我小儿子已经在外地定居很多年了,但是他逢年过节从外地回来,一定要去老家看看他的四姨。

1980 年,张伏英与丈夫、小儿子的合影

①　传统的"结婚三大件"是"手表、自行车、缝纫机"。

　　那时候兄弟姐妹多就有这个好处,相互之间都关照着。有人帮衬,能缓解一些问题,但根本问题解决不了,生活和工作还是很难平衡。考中师函授文凭那几年,我经常要去县里上进修班,赶上大家都忙的时候,小孩子在家没有人带,心里很急。有一次,我记得是冬天,实在没办法,我给小孩绑身上带着去学习。平时去县里面,为了省点钱,我都骑自行车去,早上天没亮的时候出发,晚上学完了再赶紧往家骑。一个人在小路上骑,路都看不清楚,我也不知道怕,也想不到怕,就想着赶紧到家。但是那次我狠了狠心,坐大巴去的县城,不想让小孩再跟着大人受那么多罪。这种情形一直到孩子全都上学了,才好一点。老大比老二大三岁,比老小大十岁,等小的能跟我上下学的时候,老大和老二都上初中了,放假的时候也能帮着做点家务,喂喂鸡、喂喂鸭子。生活中的帮手多了,工作和家庭之间就能够调和一点了。平时村里人也都会帮忙,打水、挑水,包括下湖忙的时候,他们知道我们家劳动力少,这些体力活都会来搭把手。

　　工作这一块,虽然很忙,但是我没有要抱怨的。只是工作和生活的事情凑到一起,像之前说的,当我要去学习,小孩没有人带这样的情况发生的时候,我就容易把情绪带到家里面。我和我爱人之间也会拌嘴,一般都是因为一些小事,我埋怨他工作太远,给不了这个家庭分担和陪伴,急了就吵。他脾气好,一般我朝他发脾气的时候,他就在旁边做事也不吱声。有时候我由着性子把话说重了,他也会回两句,我就更来气,声音就大了,也顾不得小孩子在不在房里面。后来发生的一件事,让我到现在想起来还很伤心。老二下面本来还有一个妹妹,她几个月的时候,我就回学校上班了。结果那次她突然生病,我当时在学校上班,没有及时知道这件事,我爱人远在梅花粮管所,更没办法及时通知到,由于没能得到及时救治,我们最终失去了她。这也是我和我爱人吵吵闹闹大半辈子的一个原因。如果说工作给生活带来了什么遗憾,这就是最让我难以释怀的事情。但实际上,我们也都知道,这不是哪一个人的问题,确实是工作和生活在那个社会条件下平衡不了,我们急了会吵,吵完也就好了。我爱人也是知道我的辛苦,等到单位休息能回家的时候,他都抢着干活,让我能轻松一点。

虽然是在村小教书，但是县里的教师培训我们也都要参加的。比如寒暑假都有固定的教师培训，乡里面也会组织教师学习班、党员冬训班等，这些培训结束了，就要开始备下学期的课程了。所以寒暑假虽然是比平时上班的时间要宽裕一点，但忙完家里面的事再忙学校的培训，基本也没有多少空闲时间。我家老小五岁的时候，就跟我去学校念学前班了，学前班和现在幼儿园不一样，就是放在村小上课，主要教识字、数数。我的三个孩子小学都跟我念过书，孩子放在身边，能省去很多时间，无论是对生活还是工作，都是件便利的事情。也是那个时候，生活上压力小了一点，我能有更多的时间放在工作上，放在学生身上。如果我像村里大部分妇女一样务农、操持家务，自然就不会有那么多问题。但是教师这份工作给我的影响，远比在家务农多得多了。我退休后就报名了老年大学，后来加入县太极拳（扇）协会，学习使用智能手机，生活很充实。我喜欢主动学习新东西，想跟得上时代嘛！这些都是教师这个职业带给我的。

四、 一家三代薪火相传

我有四个孩子，去了一个，留下的一个女儿和两个儿子都非常懂事，最忙的时候，都是他们在家烧好饭，我回来吃现成的，他们给我分担了不少家里的事情。三个孩子中，二儿子从事教育工作，现在是一名初中物理教师，他这样的选择可以说是机缘巧合，也算是家里潜移默化的影响。他在县中上高中的时候，成绩优异——其实三个孩子上学时，成绩都不错，我对他们的学习要求和对自己学生一样严格；虽然我对他们的未来没有干涉过，但是这样一个家庭氛围对他们或多或少都有影响。老二最开始的理想是成为一名军人，他父亲是一名军人嘛，所以高三那年，有一个应征飞行员的机会他就立马报名了。那年去淮阴①初检，全县就他一个人合格，获得了去南京终检的资格，但去南京前一天感冒导致肺呼吸加重，影响了成绩，最后落选了。

---

① 淮阴，后来隶属于江苏省淮安市。

老二当时还是挺失落的,(毕竟是)很珍贵的一个机会错过了。

后来师范学院提前招生,老二就有了这方面的意向。他成绩好,班主任觉得他能上更好的院校,所以他有这个想法的时候,班主任不太建议他走师范,老二就回家来征求我和他爸爸的意见。我说,我尊重你的选择,但是你也看到了老师不是一项轻松的职业,你考虑好为什么选择师范,内心有答案了,就是你的选择。我不知道这些话他怎么思考的,但是显然他最后还是选择了师范学院的提前招生。他班主任到现在提到这个事情,都还是替他可惜,说以他的成绩上本科院校是没有问题。当时班主任也劝了老二很久,但是老二还是义无反顾地选择了师范,成为一名教师。

我们对下一代的教育很重视,但是对他们的理想追求没有太多干涉。人生是自己的,别人一两句话很可能会改变一个人,所以需要自己想清楚再做决定。老大是女儿,当时高考的分数可以报幼师,她也想成为一名教师,但是以前嘛,这个专业没有发展起来,听着就是带一群小孩子玩,看着他们,所以她最后没有选择这一专业,去其他县上班了,后来又做生意了,日子不算轻松。小儿子成绩最好,中考全镇第一,被淮中免费录取,现在定居宁波,是一名软件工程师。二儿子师范毕业之后,也分配到了乡下学校做了几年乡村教师,后来因为教学成绩突出,被调到了县里的学校,一转眼,他在教师岗位上也任教三十年了。时间过得真快啊,想想我退休都已经二十年了。现在我的孙女、外孙女也都加入了教师的队伍。她们年纪小,又没吃过什么苦,加入工作后遇到些小问题会发一些牢骚,她们有时也会问问我以前的工作感受,让我传授一些教学经验,我就会把以前的一些经历和他们分享,并且会把三十多年前告诫她们父辈的话再和她们嘱咐一遍:"老师从来就不是一件轻松的差事,既然选择了,就要用最真诚的心面对孩子,最负责的态度对待孩子……"我希望她们能慢慢地理解教师这个职业,能像他们的父辈一样热爱这个职业。

我教过的学生中有留在农村的,也有去大城市的,很多年纪已经不小了,有的都已经抱孙子了。像本村的,有的一家几口都在我班里念过,路上看到都喊我张老师。比较突出的一些学生,要么是在部队当军官了,要么就是后来考上大学,定居外地了。我一个学生,前几年回老家来办事情,事情忙完后联系了我大女儿——他们是同学嘛——要来我这里坐坐。他现在在国企做领导,还在哪个县做了名誉县长,(因为)他们企业对当地发展提供了帮助。他在学校的时候成绩就是数一数二的,是为数不多的从村子里走出来的大学生。让我很感慨的不仅仅是他现在自己能有好的发展,还真的能对社会做出贡献了,我就会想到当年课堂上问孩子们他们理想的时候,他们回答"为人民服务""建设祖国",是能够实现的。这种理想是那个纯真年代造就的,我真的很欣慰。

现在这个时代发展好了,乡村的条件和资源也不是我们那个时候能比较的,特别是后来设了中心小学,撤了村小,教学设备更先进了。我也有一些学生走入了教师行列,像我们一样,成为一名乡村教师。我们在交流的时候,都在感慨着这个时代给教育,特别是乡村教育带来的"改头换面"的变化。乡村走出大学生也不再是稀罕的事情,乡下孩子的机会越来越多,眼界也越来越宽,日子真的在变好。

五、 以"乡村教师"为荣

我们生活的沈集村,村民关系比较和睦。村民们整体文化水平不高,路上碰到的时候不会去问好,打招呼的方式都是:张老师,吃过了没有啊?但是在生活中能够感觉到他们对老师是尊敬的,遇到一些解决不了的难题,也会有村民上门来和我们商讨解决方法。虽然他们中有一些对自己孩子的学习没有很重视,但是对老师很尊敬。春耕秋收的时候,人手不够,大家腾出手了也都来帮忙。这都是乡村教师的身份给我带来的"便利",这些"便利"带给我一名教师的光荣感,这些敬意和善意也是我在村小任教几十年,从未动摇过教学信念的原因之一。虽然常常会去县里参加培训,但我真的没有想着和城市教师比较,有什么需要比较的呢?我现在也是这个观点,都是在教书,都是为了下一代,有什么不同呢?不比较也不会去羡慕他们。我很喜欢孩子,很喜欢教孩子,我也做到了对每个孩子、每个家庭尽职尽责,所以我以自己乡村教师的身份为荣。

1988 年,张伏英(一排右三)和同事们在上海外滩留影

　　如果没有当年冬学班那位乡村教师的来访,我应该会和那个时代的很多女孩一样,结婚、生子、务农,也是操劳一辈子,但是(创造的)价值少了,生活状况和现在也会不一样。虽然我们在农村,但是学校给我和同事们提供了很多外出学习或游玩的机会。如果没有成为一名教师,我这辈子应该就在村子里,很难见识到外面的世界,很难想着去继续学习和进步。

　　因为家庭的特殊,我确实有那么几年觉得每天都有忙不完的事情,学校事务啊、家庭琐事啊,但是现在去回想,我还是很敬佩当年那个坚定的、有毅力的当乡村教师的自己。这种想学新知识的心理到现在都还保留着,像微信啊、抖音啊,我都在不断学习着,要能够与时俱进嘛,这都是以前留到现在的"固定思维"了。我小时候就想去当女兵,但是没有人来招收,当老师是我的第二理想。经过几十年,生活虽然平平淡淡,不过我的理想也算是实现了。当女兵是为人民服务,当老师也是为"小人民"服务嘛!更何况我们任教的小学阶段,正是孩子们学习打地基的时候,万丈高楼平地起,这种使命感让我以乡村教师为荣。我不敢讲我以及我的同事改变了多少孩子,但最起码,再想起那位冬学班老师对我母亲说的话,我是问心无愧的,我没有辜负他。

　　与其说我的付出换来工作上的收获，不如说是这一份职业给予我努力的方向和更远的追求。知识真的能够改变命运，乡村教师改变了我的人生轨迹，让我养成很多好的习惯，尝试了很多兴趣爱好，也让我退休后的生活依然丰富多彩，我以这样一个身份为荣。乡村教师这个位置很特殊，不是简单地完成教学任务，很多乡村家庭的改变、变好，都与他们或多或少有关系。现在国家能够关注到乡村教育、乡村教师，这肯定是好事情，我在电视上看到了很多从大城市到乡下教书的年轻人，真的要给他们点赞。这些年轻人能够以"乡村教师"身份为荣，勇敢地从城市走到乡村、走回乡村，说明他们真的想把乡村教育做好，让更多的孩子能走出乡村，这也是实现乡村振兴的一部分。我们这些老一辈的"乡村教师"再去看他们的行动，看他们的理想，都有自愧不如的感觉，我们以乡村教师队伍中的"新鲜血液"为荣。

吴泽晶
受苦而不诉苦,晏如也 *

亲 历 者:吴泽晶
访 谈 人:李　炜
访谈时间:2022 年 6 月 11 日
访谈地点:江苏省南京市玄武区大钟亭公园
访谈整理:李　炜

亲历者简介:吴泽晶,女,1947 年 10 月
20 日出生,祖籍江苏扬州,民盟盟员。
1967 年高中毕业于南京四女中(现人
民中学);1968 年 9 月 25 日赴江苏省
高淳县(今江苏省南京市高淳区)农村
插队落户,下乡期间,以知青身份在高
淳双塔公社任民办教师三年;1978 年 7
月恢复高考后参加高考,录取进入大学
学习;毕业后入职南京梅园中学,任高
中语文教师直至退休。

吴泽晶(左)接受访谈

---

* 英国女作家埃塞尔・伏尼契创作的小说《牛虻》于 1953 年在我国翻译出版,被尊为红色经典,主
人公亚瑟的"能吃苦但不诉苦"被视为牛虻精神;陶渊明《五柳先生传》有"环堵萧然,不蔽风日;
短褐穿结,箪瓢屡空,晏如也"。其中"晏如也",即安然自若的样子。

一、书香门第耳濡目染[1]

我的祖籍是扬州,1947年10月20日出生于无锡,今年75岁。父亲吴征铸(吴白匋)是家中长子,出生于1906年。吴家是官宦世家,书香门第。父亲兄弟六人,童年时期在吴家书塾里读书,大家庭里浓郁的文化氛围、祖辈诗书传家的庭训对他们产生了积极而又深远的影响。值得称道的是,兄弟几人浓厚的读书兴趣还与祖母刘钟璇[2]的引导有关。20世纪20年代,尽管吴家已经逐渐衰落,但兼具家国情怀与新思想的祖母依然节衣缩食,把子女送进新式学堂,并嘱咐他们一定要读书成才,报效国家。

扬州吴道台宅第测海楼"有福读书堂"[3]

---

[1]　本节内容部分摘编自扬州市档案馆编:《测海楼吴氏珍档解读》,广陵书社2018年版。

[2]　刘钟璇(1885—1955),出身于宝应的名门望族"五之堂"刘家,其父刘启彤是同治年间和詹天佑一起被派往美国学习的幼童,后来成为我国第一代职业外交家。父亲的新思想和家国情怀一直影响着刘钟璇,使得她成为当时少有的"特别开明和很有远见的新派女子"。

[3]　扬州古运河西岸全国重点文物保护单位"吴道台宅第"是吴泽晶祖辈和父辈生活成长的地方,也是扬州最大的官宅建筑、扬州唯一一处浙派古建筑群。内有"测海楼",系曾任浙江省宁绍道台的吴泽晶曾祖父吴引孙的藏书楼,为江南现存最大的私人藏书楼,楼内主厅名为"有福读书堂",堂内有柱联"成才未可忘忧国,有福方能坐读书",被誉为吴门传世家风。

　　从 1922 年开始,父亲和叔叔们陆续走出大宅门,进入外面学校的课堂。自小热爱诗词的父亲,17 岁那年通过扬州名士张赓庭介绍,加入扬州冶春后社,他们经常在瘦西湖刻烛飞笺,迭相唱和。听父亲说,曾祖那辈就喜欢昆曲,到了父亲那辈,家里是请了曲家来教授唱曲的,所以父辈们都能唱上几曲。父亲因此对戏曲产生了浓厚的兴趣,后矢志躬耕戏曲事业。

　　20 世纪二三十年代的中国,风雷激荡,民主和科学成为时代的强音。1925 年,上海发生五卅惨案,扬州也掀起学生爱国运动的高潮。父亲和二叔加入爱国运动,他们和其他学生一起自组学生会,父亲被选为委员,看到校长无理制止学生,父亲和二叔随同学们愤而罢课。

　　在祖母的言传身教下,吴氏家门人才辈出,他们大多选择了学术研究作为自己毕生的追求,并时刻谨记"成才未可忘忧国,有福方能坐读书",在各行各业学习钻研,为家国做出自己的贡献。在祖母的精心培养下,父亲和几位叔叔都很有成就,"吴门四杰"是扬州老百姓津津乐道并引以为荣的传奇,其传奇之处便在于培养出了一个文学大家和三个科学家,人才辈出,精英荟萃。

1978 年,吴泽晶父亲吴白匋(左二)与兄弟吴征铠(左一)、
吴征鑑(右一)、吴征镒(右二)合影

我的叔叔按大家庭班辈排行，二叔吴征鑑毕业于金陵大学理学院动物系，是著名寄生虫病医学先驱，为消灭黑热病和疟疾做出了重要贡献。五叔吴征铠是著名物理化学家，英国剑桥大学物化院的第一位中国留学生，回国之后默默耕耘在核物理学领域，是中国科学院资深院士。六叔吴征镒毕业于清华大学，中国科学院资深院士，是中国植物学的奠基人，也是现今中国发现植物并命名数量最多的学者，2007 年荣获国家最高科学技术奖。八叔吴征莹是常州戚墅堰铁路工厂工程师。

父亲 1926 年考入金陵大学，先后受业于胡翔冬、黄季刚诸名师，更被一代宗师胡小石①收为入室弟子。1931 年，父亲大学毕业，留校任教，此后先后在金陵大学、东吴大学等多所大学任教授。多年的教学生涯中，父亲培养了很多国学学者。1949 年后，他把自己人生最黄金的时期奉献给了江苏戏剧事业，编戏、改戏、说戏、教戏三十余年，匠心独具。父亲对戏曲的爱好和对教育事业的执着追求对我影响很大，我也喜欢读书，喜欢诗词和戏曲，乐于教书育人。

20 世纪 50 年代初期，父亲任江苏省文化局副局长，负责江苏地方戏曲的创作与审查。扬剧《百岁挂帅》、锡剧《双推磨》等闻名遐迩的戏曲便是父亲的倾力之作。1959 年 8 月，扬剧《百岁挂帅》作为重点剧目，赴京向中央领导汇报演出，获得周恩来总理的高度称赞。

我是家里最小的，上有两个哥哥两个姐姐。哥哥姐姐都出生在抗日战争之前，年龄比我大很多。父亲在抗日战争中随金陵大学（现南京大学）西迁至重庆，和家人分别八年半。1946 年抗日战争胜利后，父亲历尽千辛万苦回到江苏，1947 年 10 月我出生。1949 年春无锡解放时，两位哥哥和大姐参军入伍，奔赴大西南，后成为国家干部，二姐于 1964 年也赴四川生活，如今四位兄姐均长眠在四川。

小时候，父亲经常在工作间隙，坐在藤椅上，一边唱曲一边用右手在扶手上拍板，唱着唱着，闭了眼，陶醉了。有时把我喊来听他唱，要我看他拍

---

① 　胡小石（1888—1962），国学大师，出生于江苏南京，祖籍浙江嘉兴，曾任南京大学中文系教授兼系主任、文学院院长、南京大学图书馆馆长。

板,跟他学。他的拍板动作一直留在我的记忆中,以至于几十年后我在曲社里唱曲时,很快就熟悉了那一板三眼的节奏,那抬手指又落手指的动作,多么亲切。古老的昆曲让我儿时的梦境温馨、甜蜜。

1948 年,吴泽晶(中间婴儿)全家在无锡合影

　　1953 年因父亲工作调动,我随父母迁来南京定居。1954 年 9 月入小学,1960 年 9 月入南京市第四女子中学(现南京人民中学)初中部。从 1954 年 9 月上学起到 1966 年 6 月止,我们在学校接受基础教育 12 年。这 12 年中,我们在党的教育方针指引下健康成长,"做共产主义接班人"是我们的理想,学校把合乎传统道德、合乎毛泽东思想的人生观和世界观传递给我们,我们向雷锋学习,向王杰、欧阳海学习,从小树立全心全意为人民服务的思想。文化学习上,我们的教材注重系统性,有广度和深度,为树立民族文化自信打下了比较坚实的基础。

　　受家庭影响,我偏爱文学。1956 年左右,父亲投入锡剧《红楼梦》的创作,我也是十岁时在父亲的指导下阅读文学巨著《红楼梦》。我对文学评论的兴趣日增,高一写作文"论《孔雀东南飞》刘兰芝",一下子耗费了半个作文本,还意犹未尽。由学生会宣传部主办的名为"前哨"的学校黑板报图文并茂,文娱部每月至少组织同学们到电影院看一次最新出的电影,如《年青的一代》《南海潮》《青山恋》等,然后组稿讨论,那些工作我都参与其中。由于父亲搞戏剧,我又比其他同学多接触戏曲,舞台上宣传的爱国情操、传统美德深深影响了我。那时我和同学们意气风发,真是有点"指点江山,激扬文字"的精神风貌,犹如作家王蒙先生在《青春万岁》里描绘的那样,"所有的日子,所有的日子都来吧,让我编织你们……"我们思想单纯,不懂世事,很多方面需要锤炼,可是随着 1966 年夏"文革"来临,一切戛然而止。

1957 年,吴泽晶(左)十周岁时与父亲吴白匋的合影

　　我母亲体弱多病,长期在家休养,1961 年 8 月,母亲去世,那时我 14 岁。失去母亲的庇护对我打击很大,感觉从此自己就是水中一棵无根的浮萍。父亲是省文化局副局长,"文革"开始后因写戏获罪,被点名批判,随即被隔离审查,停发工资。此后,兄姐在各自岗位均遭批判,并要求和父亲划清界限,自身难保,一时间所有的亲友都失去联系。我作为"黑七类"①子女,饱受歧视,在南京艰难度日。

二、 插队下乡历经艰难

　　1968 年 9 月,我自愿报名下乡,加入当时南京第一批到农村落户的知识青年行列,从 1968 年 9 月到 1978 年 12 月,共计在农村生活十年多。

---

①　专指地主、富农、反革命、坏分子、右派、资本家、黑帮七类人。这些人在"文革"期间被认为是无产阶级的敌人,是无产阶级专政的对象,所以被蔑称为"黑七类"。

当时，我从南京坐车来高淳插队，农村路况不好，泥土路多，一到下雨天就泥泞不堪，109公里的路程竟走了四个多小时。村里当时还没有通电，全村很多人没有见过火车，全村甚至没有几个半导体收音机。那时的落后不堪回首，但这里民风淳朴，处世自然。"文革"初期，大队响应上级号召，掀起学习毛泽东著作的高潮，曾被评为"高淳县学毛著先进集体"。分配来的南京下乡知识青年人数最多，加上还有五户省里下放干部的子女，知青人数一度有六十几人。插队的第一天傍晚，当我们看到陆续来生产队屋的村民们时，惊得目瞪口呆，因为他们都换上了一套干净的白色家织土布衣服，几十个人一样哎！我们哪里经历过这等阵势？怀疑是到了外国。

1968年9月，吴泽晶
下乡插队后留影

双塔公社姜家大队，在20世纪60年代，是高淳县远近闻名的村子，历史悠远。抗日战争时期，陈毅司令员于1938年6月率新四军一支队东进抗日，由皖南到达高淳，这是新四军开辟茅山根据地的第一站，陈毅当年就住在姜家村。有人说，我们这批身份地位仅仅高于"牛鬼蛇神"的当年社会底层的"知识青年"，在贫下中农热烈欢迎的鞭炮锣鼓声消失之后，在花完了国家拨付的每月8元（仅半年）的定额安家补助费之后，在短暂的"新鲜劲儿"过完之后，真正感受到了当地农民的艰苦生活。

每天早上五点半，哨子一响，知青们就得起床下田干活，中午十一点半，回到各自的驻点，自己淘米、洗菜、烧饭，饭后就得下田忙到下午五点半才回驻地，"双抢"季节还得跟着社员干夜场打夜稻，常常忙到深夜。夏天头顶烈日，冬天凄风冷雨，知青和农民一样下地劳作，没有经验更没有体力。手划破了、蚊虫叮咬了都不敢吱声，简单处理后自己强忍着疼痛继续干活。难以忘记割麦子的日子，手上全是血泡，每天都比不过别人，他们似乎很轻松就割下很多,我再怎么使劲也不行,累得趴在地上,恨不得钻到地里去逃避。

　　1969 年 7 月,高淳县发大水,我们一队知青住的屋子被水淹得只剩几根柱子。发水的那天,我们连夜收拾东西被安排到仓库里。躺在社员们值班睡的竹床上,闻着稻谷、棉花等什物相杂的混合气味,看着窗外雷电交加不时窜下来白光,感觉像四周盯着你的"眼睛",我们惊恐万分。我是四人中年龄最大的,只有硬着头皮顶着。天亮雨小后,其他人陆续回城避难,而我是队里的饲养员,只能留下;何况我拎着十斤大萝卜响①刚从南京回来,是伺候老猪婆生小猪的,小猪刚刚出生,我也舍不得走。可是睡在祠堂里我实在吃不消,后经队里安排,我住进了有三间茅草屋的五保户②夏妈妈家,摆脱了仓库给我的梦魇。③

　　下乡知青都在生产队里劳动,所谓"接受贫下中农再教育",没有自己选择职业的机会。我曾经在生产队夜校里教过识字,给大家朗读报纸上的文章,但哪怕是一个晚上、一小会儿,做这些微小的事情时,我的内心仍很有满足感。我渴望能做些事情,发挥自己的作用。大队里会在农闲时组织夜校,有不定期的扫盲班。"文革"中,大队经常组织老老少少唱毛主席语录歌;青年人唱戏,唱风靡一时的京剧样板戏,唱大家喜欢的锡剧;知青插队入住后,大队重视各生产队的政治学习,晚上记工时由知青读报,可惜这种情形时间不长。

　　知识青年下乡的往事说不完的,生活是艰苦的,可是浪漫也有啊。春天的苜蓿花、油菜花和萝卜花竞相开放的彩色田野里,飘来了像苹果味的淡淡清香;夏收时节,载满麦子的船只驶向麦场那"哗,哗,哗"的清亮的水声,很远都能听到;秋天,我们跟随队里人在稻场上扬稻时,只见到阵阵随风飘起的尘土;当然,冬季里,我们在知青屋外默默地望着灰蒙蒙的天空,不知道前途在哪里,眼里流露出无限的凄惶。

---

①　当时一种只要 1 角 8 分 1 斤的咸菜。
②　所谓五保,主要包括以下几项:保吃、保穿、保医、保住、保葬(孤儿为保教)。"五保户"常见于我国的农村地区,五保对象为农村中无劳动能力、无生活来源、无法定赡养扶养义务人或虽有法定赡养扶养义务人,但无赡养扶养能力的老年人、残疾人和未成年人。
③　节选自 2010 年 2 月 11 日《南京日报》A6"城市"版,"今世缘·我的第二故乡"征文。篇名《我的一位乡村妈妈》,作者玄珠(吴泽晶笔名)。

做知青的那段生活里,很多人令我印象深刻,我接受了当地农民日常的帮助,精神上也逐渐得到升华。前面提到的我们队夏妈妈,她是一位生育了13胎最后只剩下一位女儿外嫁的五保户,因为知青屋被淹无处安身,我有幸和她同吃同住一段时间。晚上油灯下,老妈妈柔和的身影被放大在土墙上,她在纺棉花,纺车"吱吱"响着,像奏着好听的乐曲。老妈妈的辛劳令我感动。我看着她经常浮想联翩:这些年是什么力量让她活下来的?12个孩子夭折,现在孑身一人,她还如此乐观,如果换了我,行吗?从她待人接物的善良、宽容,从她日夜纺棉的笃定、自信,从她颠着小脚蹒跚前行的隐忍、坚持,老妈妈让我看到了人生的不容易,看到了对生命的敬畏和一往情深。这位饱受生活磨难的"妈妈"给了我以前没有体会到的温暖,除去了我身上的娇贵和浮躁,我的头脑开始清醒,不再坐在"空中楼阁"里看世界,而是脚踏实地去经营生活。面对现实,想点办法,争取出路。

我于1970年9月在插队落户的生产队和当地农民姜长生结婚,姜长生是贫苦农民家庭出身,因母亲早逝,父亲体弱患哮喘病,家里还有一个弟弟,所以早早担负起种地养家的责任,读书很少。1971年6月,我们有了一个女儿。女儿四岁时,我已经在公社中学做教师了,学校要求住校,每周只能回家一次。当时,家中无老人看管,我刚得到乡村民办教师的工作,倍加珍惜,加上需要学习,所以基本顾不上孩子。后来转到姜家学校任教时,我的孩子刚入小学,我忙于工作,没有充足的时间陪伴孩子。我是插队知青,当时在南京生活无望,可以说没有立足之地,能够成为当时为数不多抽调出来的教师,我内心很感激。无以回报,只有努力进修,做好本职工作,保持谦卑态度和乡亲们相处,保持最大的热情,尽我所能教好书,和村民打成一片。

三、 机缘巧合乡村从教

在20世纪六七十年代,我插队的高淳县双塔公社姜家大队是一个比较大的村落,共有十二个生产队,一千六百多人,茅草屋多于砖瓦屋,村民整体文化水平很低,文盲现象普遍,读过初中的人很少,只有个位数,能念到高中的更是凤毛麟角,读至初小(四年级以下)就不错了,在青少年中占70%左右,读至高小的(小学五六年级)约占青少年的50%。不识字者占绝大多数,许多人连自己的名字都不会写。

村里有一个小学,开始只是初小,高小要到三里多远的外村读。一般情况下,男孩七八岁时开始读书,读三年就不读了,参加生产队里力所能及的劳动,女孩要在家帮忙带弟弟妹妹,读书的很少。姜家村20世纪70年代初期才通了电,有了电,经济的发展才上了一个台阶。至80年代后,家家都有条件供孩子上中学了,经济上突飞猛进,姜家村方才就此逐渐培养出了人才。

我当上民办教师这件事,偶然中也有必然。1974年起,我就开始参加公社的社教宣传队,驻扎在姜家大队以外的村庄,宣传计划生育政策,检查大队账目,也曾在大队接待过公社中学的师生。也许公社的领导感觉到我的工作态度很认真,在公社中学扩大规模的时候,双塔中学的张校长和公社分管文教的许书记就选拔了我。1975年夏,我参加了高淳县举办的为期十天的新教师学习班,县里请来了南京师范学院(南京师范大学的前身)几位刚恢复工作的中文系教授来给我们授课。至此,我接受了最基本、最浓缩的"怎样当一位教师"的专业培训,心里真高兴啊!1975年9月,我被选拔做农村民办教师,正式开始教书生涯。偶然有机会当上了乡村民办老师,我的喜悦之情可谓溢于言表!那意味着我可以为插队的地方做点事了,有了更多的人生价值。

想当初离开城市来到农村,我并没有经受过任何系统教师培训,就被赶鸭子上架,匆匆地推上了讲台。我凭着勇气——当然也有一定的底气和悟性——走上讲台,第一次上课就先点名吧,当时我紧张得脸都是红的。我刚开始工作就在双塔中学,那两年,双塔中学吸收了好几位城市知青做教师,我们这一批知青教师的出现给相对闭塞的高淳农村教育注入了一种前所未有的能量。我所教的那一届双塔中学的初中学生大多出生于1962、1963年,进入中学学习后,他们时间上不再"三天打鱼,两天晒网",上课也不再耷拉

1975年,吴泽晶在双塔中学篮球场留影

着脑袋,而是睁大眼睛,挺直身体,倾听老师的讲解。师生双方都觉得新鲜、有趣、有吸引力,好像对知识的渴求之火"呼呼"地燃烧起来。我先后在双塔公社中学和姜家学校做民办教师,工作是公社安排的。即便在那"打倒孔老二"的荒诞年代,知识和文明的力量仍不可估量。

　　我父亲当时尚未平反,顾及不了我,但他是重视教育的高级知识分子,始终认为我在农村生活最好有一项技能,当我终于成为一名民办乡村教师时,父亲非常高兴。我成为民办教师一个月后,父亲专门写了一封信给我表示支持,并提出详细要求,又特地从南京乘长途汽车赶到高淳来看望我和女儿。那天我开心极了,带着女儿和父亲专程到县城的照相馆,祖孙三代拍了一张合影,这也是父亲唯一一次到高淳。

1975 年 10 月，吴泽晶（站立者）与父亲和女儿合影

　　双塔公社有二十五个大队，除了距离太远的，学生基本上都上双塔中学，一个班四五十人。他们很辛苦，早晨五点多就起床，像姜家村的孩子到公社中学上学，每天早上要跑十来里路，一天七八节课，中午在校吃饭，下午四点半离校。村上的学生离学校相对近点，方圆两三里地，中午可以回家吃饭。学校要靠家近一些，这也是后来办"戴帽子"学校的原因。学校的校舍拿现在的眼光看都是极其简陋的，但在当时就是师生幸福的殿堂。双塔中学的校舍是两排砖混结构的简易平房。校舍不够用需要再建时，师生要帮忙，比如早自习前和下午放学后，师生要去公社砖瓦厂去挑砖。双塔中学建在一处叫"后岗山"的地方，在公社所在地河城镇的西北面。学校的南面是田野，一条小路蜿蜒通向公社所在地河城镇，北面是条小河，两幢校舍之间是操场，操场北面中间是男女厕所。西面一排平房是教师办公室和宿舍，东面是前后两排平房教室，地面是泥土地，有电灯。新的校舍建成后，基本能满足教学需要，但桌椅不够，学校只能大张旗鼓号召学生自带小板凳，在县

里派人指导的基础上,由学生参与做泥巴课桌。

1975 年秋,双塔中学有十三名教师——七名男教师,六名女教师,还有两名食堂师傅。教师来源复杂:有县教育局委派的有资历的校长,他大学毕业后在高淳已工作多年;有推荐"哪里来哪里去的"拿工资的知青;有多年从事乡村教育的公办教师;而更多的是聘请的没有编制的民办教师。我在双塔中学工作期间,学校要求教师住校,每天早晨六点半到七点是全体老师政治学习时间,七点半是早读,半小时后上四节课,下午一般安排三节课。学校有党支部,全校教职工每天都在书记的安排下进行政治学习。老师需要带领学生参加劳动——离双塔中学几里路的固城湖湖边上有一片农田,我们曾去劳作。

当时大队的完小由公社领导,接受公社中心校的管理。村里小学的管理、工作和课程安排均是公社一盘棋,公社分管文教的书记会不定期来校检查、指导,也会安排全公社统一考试,检查教学质量。姜家大队的完小在高淳算规模比较大的,完小的校长是公社派的,到了 1977 年发展成有初中的"戴帽子"学校,校名改为"姜家学校",有十位教师,男、女教师各五名,但只有校长是公办教师,其余都是民办教师。大队小学的民办教师应该是公社统一安排,如果缺教师,一是向上汇报,争取公社派下来,二是请大队物色村里有文化的人代课,最后选拔转为教师,我们大队优先考虑原高中毕业,并在农村已经成了家的插队知青。

当时公社规定,小学民办教师每月工资 18 元,中学民办教师每月 25 元,我是中学民办教师,所以每月按时发 25 元。我于 1978 年 12 月离开这个岗位,三年间没有加过工资。这 25 元和当地农民靠工分吃饭相比高出一截。公办教师拿 35 元,民办教师拿 25 元,工作量上民办教师不少于公办教师,甚至超出。农村的民办教师有了一份稳定的收入,只要安分守己认真教书,一般不会被辞退,家庭中男方是教师的,女方可下田亦可不下田,女方是老师的,更感觉家庭经济宽裕些。所以我所在的两所学校的老师都很珍惜这份难得的工作。

四、 教书育人兢兢业业

我的学生都来自当地朴实的农村家庭,他们和我的关系很好。姜家村里大部分家庭千方百计供孩子读书,一般都交得起学费。学费是个人拿一部分,国家补贴一部分,印象中书本费是学生负担的。有的学生离家远,中午要在学校吃饭,这也是一笔费用。高淳当时很贫困,有的人家还要依靠母亲纺纱织布赚点钱,供应孩子上学。到我做教师的20世纪70年代中期,村里的求学风气浓了起来,学龄孩子的家庭都肯省吃俭用供其上学,公社中学一个班级里能招到若干女孩子,能让女孩子上初中,这样的家庭都是有见识的人家,经济也相对殷实些。但这里也经不起变故——我带的班级里有学习努力很懂事的女学生,但碰上了哥哥的婚事没有着落,家里要让她"换亲"来解决,这样的事非常让人气愤,但又无奈。

我刚开始就在公社唯一的中学——双塔中学任教,这个学校公办教师多一些。当时的学生小学上五年,继续深造的话,初高中各两年。双塔中学有较正规的物理、化学课程,我一开始教书就教初中,当班主任,教两个班语文、政治和农业基础知识。1977年我调往姜家大队的"戴帽子"学校,担任副校长兼教务主任,并任班主任,教授语文、政治等课程。在我1968年刚刚插队时,姜家小学在村上祠堂院子一排简易平房里,20世纪70年代大队在村子的最西面盖了两小排房子,周围用围墙圈起来,院墙内种了一排杨树,有一个门楼,上写"姜家小学",学校面临通往淳溪镇的土埂路,在当时就是比较气派、像模像样的学校了。这个学校接纳了姜家村周围村庄的学生。

因为从小受父亲的影响,我对语文课得心应手,在课堂上指导学生读书写作游刃有余。讲到《五柳先生传》中"短褐穿结,箪瓢屡空,晏如也",我告诉学生,简短的文字不仅写出陶渊明安于贫困,而且含蓄地说明,作者以古贤颜回自况,追求高尚的道德情操。后来"晏如也"也成为我的微信名,我的家里如今还挂有"晏如小屋"的匾,可以看出我对在农村任教经历的纪念,那文中"闲静少言,不慕荣利"、安贫乐道、安然自若简直成了我的人生信条。教"农业基础课"时,我会带同学们到地头田埂寻找草药,同学们饶有兴趣,纷纷把蒲公英、马齿苋、青蒿等展示出来相互交流。现在想来,这样的课很有意思。高淳话是很有特色的苏南话,很难懂,也很难说。为了学生们将来能走出家乡到更广阔的天地去,我就教他们普通话,鼓励他们用普通话大声朗读,训练朗读时一个也不丢下。

我最初的教学体验完全靠自己的悟性,靠多年来在学校里感受到的教师气质,以及对教师这一职业朴素的热爱之情。尽管生活很艰苦,但一站上讲台,我就比照昔日母校老师的上课方法,想起父亲在家里伏案写作的样子,"照猫画虎"地当起了老师。作为南京下放知青,我被选拔做公社的民办教师是幸运的。在当时的农村,这份工作是相当体面的,我以之为荣,当时只想克服困难,做好工作,教好学生,没有焦虑或失落。即使当时有知青做县城里的营业员等工作,收入会比我高,业余时间比我多很多,但我觉得自己适合做教师,愿意做教师,从没有想过离开教师这个岗位,这是自我价值的体现。"文革"中我戴着"黑七类"子弟的枷锁,处处抬不起头,成为民办教师后,自我感觉枷锁拿掉了。在校工作期间,我精神焕发,格外注重学习,会去听老教师的课,加上以前受过系统的高中教育,底子好,所以基本能胜任教学任务。

我被选拔做民办教师时,已在高淳的农村插队生活七年,在农村成家也已五年,因此,我熟悉当地的民风民俗,基本能用高淳话和乡亲们无障碍地交流。能在插队的乡村里做教师,生活有一定的收入,和村民和谐相处,我的内心是充实的。我在双塔中学教书时,学校离家八里路,我常住在学校,早起政治学习,然后上课、备课,课后带领同学劳动,也抽空去家访,晚上业务学习,总体工作紧张繁忙。当时的教师几乎每人都是满工作量,教授不止一门课程。家长来学校次数不多,多半因为路远,队里农业生产忙碌,没有时间,他们很信任老师,放手让老师管小孩。家访工作经常是利用下班后的时间,有意思的是,老师们都有上门动员学生继续学习的经历。我经常上门家访,一个一个村子跑,最多的跑十几里路,家长非常热情,老师去了就烧糖水荷包蛋,每家三个,有次我去家访,一下午吃十几个荷包蛋,肚子撑得难以消化,印象太深刻了。

　　我当时要求自己多看书,多和学生及学生家长接触。记得《牛虻》《钢铁是怎样炼成的》等文学作品我是看了又看,常以《牛虻》主人公亚瑟"受苦而不诉苦"的精神勉励自己。虽然当时能够阅读到的书籍很有限,但能有"犹如灵魂附体"的好书可读,真是一种幸福。我做民办教师三年半最大的困难就是进修少,教学靠自己摸索。县教育局在暑假中要组织乡村教师进行业务培训,我参加过几次。各公社符合要求的民办教师集中在县里某一学校,集中住宿几天,请南京的教师给我们上课,以求短时间里强化业务能力。高淳县文教局当时重视教师的业务进修,每个暑假都举办学习班。学员如饥似渴地学,努力提高自身业务水平。

　　我喜欢努力的学生,不论他的出身。尽管我作为下乡知青前途未卜,但总认为"知识改变命运",因此必须多读书,多开拓视野,这个朴素的观念一直支持着我教育自己的学生。我的学生中,有在双塔中学高中毕业考取南京大学、南京师范大学的,还有参军考取军校的;有的继续深造,成为国家当时为数不多的研究生;也有的投入基建行业,成为企业家。如果不是当年抓紧学习,他们无法比较早地走出县城,成为家庭的荣耀、家乡的荣耀。当年的学生现在还有很多和我联系,关系不错。1977 年我教的那批学生初中毕业后,大多数继续读高中,两年后国家的形势大好,有一批学生考上大学,最后都成为社会的中坚力量。比如夏香根教授,他大学本科在南师大数学系,硕士在南开大学,后到美国求学,现在是美国特拉华大学教授,北京理工大学信息与通信工程学科兼职教授、博士生导师,长期致力于信号处理理论与方法、通信理论和雷达信号处理的研究,他和我的联系一直没有断过。我和其他学生的关系也好,有一个微信群,每年会和在南京生活的学生聚会。

　　我衷心希望农村的孩子们能享受到城里孩子的教育资源。现在农村的变化很大,我插队的姜家村已拆迁取消,下一代青年的生活已完全不同于他们的父辈,无论是经济和文化,还是眼界和眼光都不同了,时代只有越来越好,不可能倒退,乡村教育也将是越来越好。

1977 年，双塔中学 77 届初二乙班毕业照，吴泽晶（一排左五）任班主任

五、 书山有路人生转向

在农村时，我是接受再教育的一分子，父亲是被打倒对象，受家庭出身的影响，我不可能被推荐上大学。感谢国家恢复高考，这一决定影响了千万家庭和个人。1977 年恢复高考时，我已在农村插队十年，成家了，女儿也读小学了。我于 1978 年夏参加高考，作为扩招生被南京师范学院南京师资专修班录取，回到南京读书。备考的过程很艰苦，困难很多。一是环境差，经常停电，停电时就在煤油灯下复习；二是当年学的知识遗忘的多；三是没有现成的复习资料；四是时间紧，必须先完成本职工作再复习。经过一番努力，我终于可以继续深造，这正好印证了"多学知识，改变命运"。回南京读书时，我得到了爱人的理解和支持。1968 年 9 月插队农村落户后，户口迁往高淳，1978 年 12 月又迁回南京，从此返回南京生活。大学毕业后，我在梅园中学工作，教高中语文，曾担任班主任、年级组长，1994 年荣获南京市德育"行知奖"，1997 年任校图书馆馆长，直至 2002 年底退休。我和老伴现在定居南京，女儿也有了自己的家庭。

　　下乡十年,感触颇深,不是通常说的"青春无悔"所能概括。实际上,回南京以后我的生活更复杂、更艰难。除了要应付复杂的家庭关系,还要解决安身问题。在这个过程中经历的曲折,真是一言难尽!所幸坚持着过来了。高淳已然成为我的第二故乡,我们几十位插队的伙伴一直保持联系。从1998年纪念下乡三十年回乡看望父老乡亲起,到2018年9月21日,又回姜家村作五十周年下乡纪念。二十年中,我们回乡四次,去寻觅逝去的壮丽青春,看望魂牵梦萦的那块土地。

2018年,南京知青重回姜家村(四排右三镜片颜色较深者是吴泽晶)

　　知青岁月,给了我丰富而深刻的滋养;乡村教师生涯是我一生中最值得回味的记忆。回想当年,乡村教师的物质生活极为匮乏,生活条件非常艰苦。乡村教师都是普通人,他们有生活的各种牵绊,也有内心的各种挣扎,但是当面对那一双双渴求知识的乡村青少年的眼睛,他们用自己的青春乃至生命守护着知识的家园,用自己的行动撰写传奇。在漫长的等待中有憧憬,在艰苦的生存中寻乐趣。在我通过高考回到南京求学的时候,在我毕业后在学校工作带着女儿住在几平方小屋的时候,以致后来生活中艰辛跋涉的时候,当年和乡亲们相处得到的赐予以及做乡村教师的感悟,一直激励着我。"受苦而不诉苦,晏如也",这是我一生取之不竭的宝贵精神财富!

张敦良　朱俊良
两代民办教师的坚守

亲 历 者：张敦良、朱俊良
访 谈 人：朱　玮
访 谈 时 间：2022 年 5 月 15 日、6 月 5 日、6 月 14 日
访 谈 地 点：甘肃省白银市会宁县张敦良寓所
访 谈 整 理：朱　玮
文 本 表 述：张敦良＝宋体　　朱俊良＝楷体

亲历者简介：张敦良，男，1947 年生于甘肃省白银市会宁县平头川乡平头村①，1960 年因家庭贫困从初中辍学，回村参加集体劳动，曾在生产队当过计工员和会计；1973 进入西湾三年制小学教书；1974 年西湾小学和平头村小学合并，进入平头小学②工作；两次参加"民转公"考试，于 1994 年转正；1998—2000 年任平头小学校长；2007 年退休。

朱俊良，男，张敦良的学生，1967 年生于甘肃省白银市会宁县平头川乡平头村，1989 年高中毕业后未能考上大学，补习两年无果后回家参加劳动；1994 年进入平头小学任教，分别于 2004 年、2010 年参加"民转公"考试，于 2011 年 6 月转正；至访谈时已在平头小学任教 28 年。

---

① 会宁县地处西北内陆、黄河上游，位于甘肃省中部，白银市南端；平头川镇位于会宁县东部，距离县城约 59 千米，北与大沟镇接壤，南和老君坡毗邻，西同八里湾乡相连，东靠宁夏回族自治区西吉县震湖乡；平头村位于平头川镇东部，有平头老、齐河、程沟、西湾、新庄坪五个村民小组。
② 平头小学创建于 1956 年，其前身是张腾芳创建的民办小学，当时的校址只有一间窑洞，1969 年秋季，学校搬迁至现址。

朱俊良（左）和张敦良（右）接受访谈（摄于 2022 年）

一、"苦"字贯穿的前半生

我 1947 年出生，父母都是农民，哥哥姐姐也都是农民。1955 年开始在青农小学上学，念的是初小。当时的学制是初小四年，相当于现在的一至四年级；高小两年，相当于现在的五六年级。从家到学校有三公里路，都是蜿蜒曲折的土路，每天步行往返一次，中午吃的就是从家里带的馍馍或者炒面，喝的就是凉水。念了两年初小，就去马路（小学）念高小，刚好是三年困难时期，高小毕业的时候是 1960 年，同年秋天就开始念初中。当时整个会宁县城只有四个初中，县城、翟家咀、甘沟、候川各一个，刚开始在甘沟念书，距家 55 公里路，两三周往返一次。我和我一倭儿两人步行去甘沟，因为路太远后来又转到翟家咀。学校里没有学生灶，我从家里背着柴、小米、面、洋芋等，几个学生一起在学校做饭吃，大多数时间吃不饱，根本没办法专心念书。不过念书的学费不多，估计一两块钱，都是父母从牙缝里省的。初中学的科目和现在差不多，代数和几何是分开的，初一只学代数，初二加上几何，初三加上物理化学，外语学的是俄语。历史、自然（科学）、地理都学习，政治除了学习已经有的课本，还要学习中央领导人的讲话、毛主席指示、语录等。初中一共念了两年多，因为我侄儿后来辍学了，没有伴一个人不敢走远路，再加上家里实在是困难，每天都吃不饱，我也没有拿毕业证书的概念，就不继续念书了。

1960年，我从初中辍学以后，回到家里的生产队开始参加集体劳动，一共劳动了十年。20世纪60年代有一段时间用架子车推水利①，就是毛主席树立典范、农业上学习山西省昔阳县大寨大队，把一部分坡地用架子车推成大概宽约三十米的水平梯田，正月天一暖和就开始下地干活，一年四季不间断，每个劳动力每天要推八方土，推不完就晚上加班，现在这里能看到的水利基本上都是那时候用架子车推出来的，那个苦你没办法想象。后面因为念过书识字，就在生产队当计工员兼会计员，当时国家推行九年义务教育，扫除青壮年文盲，我也在夜校教过书。每个生产队一个夜校，上夜校的都是大人，文盲、半文盲都要参加，上夜校的时间是晚上、下雨天、冬天农闲的时候。印象深的是毛主席的"老三篇"——《为人民服务》《纪念白求恩》《愚公移山》，听人说以前有个开小卖部的人，会背"有的人一死，或重于泰山，或轻于鸿毛"，就是当时扫盲的时候背的。

当时有个大前提是普及九年义务教育，1973年大队牵头在西湾办了一个三年制的小学，经过大队的推荐我就开始教书。学校是"民办公助"，校址、桌椅这些都是地方上解决，国家财政有补贴，比如办公费、学生的取暖费等。学校里只有我一个老师，既是校长、教导主任，也是所有科目的科任老师；学生一共三个年级，每个年级十多个学生。教的是复式班，以语文、数学为主，一个教室坐着三个年级的学生，一年级上完课就到外面画生字，接着

---

① 指水平梯田。

给二年级上课,二年级的学生自己复习时又给三年级的上课。我教书认真负责,村里太贫穷了,将心比心,不能误人子弟,一天到黑都不得闲,每周只周日休息一天,加上晚自习每天有六节课,一周三十多节课,说给现在的年轻老师听,他们都不信。

1974年西湾小学和平头小学合并,我就到了平头小学教书。刚合并时,学校里有五个老师、五个年级,每个老师负责一个年级的所有科目,包括语文、数学、音乐、体育、美术、思想品德和科学,每年小升初有考试评比,我所带的班级在全乡基本是前一二名。那时教学任务也重,每天早上要步行半个小时,比学生提前到校。

最艰难的是改革开放以后,土地包产到户,家里三十多亩地,上有老下有小,缺乏劳动力。地里所有农活都是靠我掌柜的①一个人,那时候耕地是"二牛抬杠"②,土地一年要耕三四次。除了种地,还要养殖,像驴、鸡、羊等,吃的草都是从山上割了背回来,用"铡子"切成小段喂牲口。地里从播种、除草到收割、打碾等都是人工,光玉米地里除草就要三四茬,家里一大家子人要吃饭。到秋天农忙的时节,我发亮③起来在月亮下面耕一会地,才去学校,晚上放学以后先去地里挖洋芋到天全黑看不见了,才回家。当时家里还有一个八十多岁的老人要伺候,我就把两个孩子放在宁夏回族自治区西吉县三合镇他舅舅家念书,大儿子在三合镇念了两年初中进入中专,小女儿在三合镇念了两年高中。

二、 矛盾和焦虑的转正之路

我刚开始在西湾教书的时候,工资一个月20块,是学区的财政发,其中15元交给生产队,算一个中等工的工分,剩下的5块钱就是自己的。中等工

---

① 方言,代指妻子。
② "二牛抬杠"即传统牛耕形式,耕作时两牛之间相距约七八尺,中间横一"杠","杠"后接续辕犁,由牛驱动辕犁耕地。
③ 方言,指清晨天蒙蒙亮的时候。

一天是 8 个工分，一个月就是 240 个工分。改革开放以后就没有工分了，工资是 40 元。我记得教师规模大幅度变动有三次，第一次是学校合并的时候学区清退了一批老师。1974 年我到平头小学教书的时候，除了平头小学、陈沟、新庄坪、齐河、平头老都有两年制的小学，每个两年制小学都有一个老师，后面学校陆续合并到平头小学，就把一部分老师清退了。第二次是 20 世纪 80 年代甘肃省统一发放了一次"民办教师任用证"，这也是涉及人数最多的一次，一大批民办老师因未通过考试被辞退了。第三次是"民转公"的考试。我一共参加了两次民转公的考试，考试总分是文化课分加考核分，笔试考语文、数学、政治、理化，头一次考试差几分未录取，第二次考试就顺利转正了。1994 年转的，那时我 47 岁了，全县有两千多名民办教师参加考试，录取了一百九十人，平头川乡那一年估计有二十多人参加考试，就转正了我们三个人。我考完试自己在肚皮上画着计算，数学大概能考 96 分，但是不敢给别人说，成绩出来以后和自己估算得差不多。

转正以后有编制，工资也立马涨到 300 多元，但是家里花大钱的时候已经过去了，只有最小的女儿在宁夏回族自治区固原师专念书，其他两个大的已经工作了。工资后面也有涨，但在 1996—2000 年出现过工资拖欠的情况，最长的一次拖了两个月，生活都成了大问题，一直到 2000 年前后才补发。大概的情况是国家给一个省或者一个地区拨款，地方行政上也要给国家上缴税款，把这两部分一抵消，地方上就没钱发工资了。到 2000 年以后工资就再也没有拖欠过，之后也有涨。李鹏总理在任期间，要求在 2000 年底彻底解决 1984 年底在岗在册民办教师的待遇问题，过了几年民办老师都通过考试转正了，一部分民办教师是边转边退。我 2007 年退休的时候是小学一级教师，职称是初级师专十二级，现在的退休金是 4000 多元，我也很知足。

我是 1967 年出生的，父母都是农民，家里姊妹六人、弟兄五人。1981 年从平头小学毕业；1984 年从马路初级中学毕业，同年在大沟读高中。和张老师一样也是步行三十公里上学，一个月回一次家。改革开放以后，土地承包到户，每个人大概有四五亩地，我们家一共七口人三十多亩地，还有一亩多的自留地，上学总算能吃饱，但都是坏了的馍馍、炒面水，凑合着吃。饭在学生食堂吃,还没有自炊灶,高中住的是窑洞,冬天把脚冻肿了。1989 年高中毕业没考上大学,补习两年无果后回村干活,主要是放羊。

平头小学在 1994 年 2 月之前没有学前班,村里学龄前的孩子很多,在家里家长不放心。1994 年 3 月,学校和村上协调,决定在村委会的空房子里开设学前班,收五六岁的儿童。因为缺幼儿园的老师,我就在 1994 年 3 月进平头小学开始教书,刚进去是代课老师,没有编制,一个月工资 40 元,由村上和学校发工资,后面涨到 85 元,又到 200 元左右。代课老师工资低,家里又有三个孩子,我经常寒暑假外出打工补贴家用,1998 年暑假在兰州工程队打工,2000 年在靖远打工,2009 年寒假在宁夏中宁县打工,也是工程队建厂房,寒冬腊月滴水成冰,腊月二十八回家,才有过年的钱。2010 年暑假在靖远的煤矿上打工,后面转正以后就再也没有出去打过工。

我也参加了两次代课老师的转正考试。第一次是 2004 年会宁县公开招考中小学教师 400 人,其中有 178 名代课老师被录取,其余的是毕业的大中专学生,聘用的教师,服务三年到 2007 年套工资①。在这期间我得了一场大病,命都差点没了——2004 年,因为妻子生病、农活多等原因,我劳累过度,加上家里没钱,感冒以后没有及时治疗,得了急性肾小球肾炎。腊月二十八发现自己的身体出了问题,就在一个小诊所挂水,一直挂到次年正月初八去定西市人民医院检查,去医院的时候已经咳嗽得不能吃饭和睡觉,后来我的主治大夫解释是急性肾炎导致全身尤其是胸腔积液严重所致。到医院的那天晚上下了一场大雪,我的心情非常沉重。本来打算去医院检查后取点药就回家,结果检查出来,潜血、尿蛋白三个加号,非常严重,再晚一步就肾衰没希望了,好在后来把命救了。在定西市住了一个月院,我还没有痊愈,因为没钱加上想找老家的中医大夫治疗,就回家了。结果那位中医大夫去厦门儿子那儿了,无奈在会宁县药材公司批发了青霉素自己在家挂水。我自己把针扎上,我妈或者掌柜的固定一下就去地里干活,青霉素一瓶才五六毛钱,治疗肾炎、肺炎、上呼吸道感染效果最好,副作用最小。

---

① 方言,即涨工资。

我也是胆子大,现在想起来太危险,容易出现过敏等不良问题,光我知道村上用青霉素出问题的人就有好几个,还有不知道的。后面我哥给我打电话,就到会宁中医院住了一段时间,又转到兰州大学第一医院,我哥让大夫用最好的药,一支帕德林32元,一早上用四五支,还做了一次肾穿刺3000元,太心疼钱了。在兰州住了二十多天我就回家,发现还是乏力站不住,就打听了一个中医大夫吃了一年多的药才痊愈。这就折腾了一年多的时间,也欠了好些账。

2007年承诺的工资待遇没有兑现,我特别焦虑想去打工,后面家里人说"再等等",孩子又太小我也没有技术,就还是留下教书。2010年甘肃省出台新的政策,首次让代课老师和大学生一起参加公开选拔,参加公务员、老师、医生等招聘考试,公共课一样专业课不一样,我带的第一届学生也有一起参加考试的。总共复习了三个月——我没有上过大学,尤其是没有计算机和英语基础,只得拼命学了一百多天,还把抽了十几年的烟也戒了,光笔记本就记了二十多本。当时家里种了二十亩地,所有的农活、照顾孩子都是掌柜的一个人,好在最后转正了。2011年6月起薪,一个月2000多元,我转正以后,家里就从赤贫户到能解决温饱了。2011年9月30日,补发工资10000多元,我花了6000元买了台拖拉机,还给小儿子买了辆自行车,陆续把前几年因为生病欠的账都还清了。

三、 平头小学半个世纪的变化史

20世纪70年代(学校里)有劳动课,就是老师带着学生劳动,学校里有自己的土地,主要是栽树。政治课有正儿八经的课本,还学毛主席语录,也学过"雷锋精神",给学生讲学习雷锋做好事,助人为乐的精神。平头小学学生开始变多是80年代,女娃也开始念书。到90年代开始普及九年义务教育,我们老师每个人都负责一个社,动员学生上学,我最远去过齐河,普及以后村上的学生入学率达到90%以上。我有一个亲戚,上初中没有钱交学费,我就借钱给他去读书。

1984 年,张敦良(二排右二)与平头小学毕业生的合影

从 20 世纪 90 年代初期到 2010 年,是平头村小学学生人数的高峰期,最多的时候有 386 人。学生多一是因为第三次人口生育高峰;二是有大量的学生留级,每个班当时都有留级的指标,有的学生小学能念十多年;三是有外面的学生,周围的像东岔、庙山、马路①,甚至还有万曲②的学生都冲着教学质量来平头上学。学生放学根据家所在的村庄排队回家,从平头村小学出来往东是住在齐河和平头老两个社的学生,站在远处看,队伍最前面的学生走到齐河了,这一队的学生还有没出校门的。学校的教学质量确实不错,在全乡十几个学校的质检和统考中,经常名列前茅。因为学生的成绩好,1991年我被评选为"会宁县优秀教师",还奖钱了,教委和学校给统考成绩优秀的老师和学生也发奖,有奖状、笔记本、钢笔等。外村的学生有一直寄宿在亲戚家念书的,学校教学质量好的主要原因还是有几个好老师,学生学习也努力。农村历来有"穷农富武"的说法,家长和老师都指望着孩子通过念书跳出农门。

①　都属于宁夏回族自治区西吉县。
②　属于平头川乡另外的行政村。

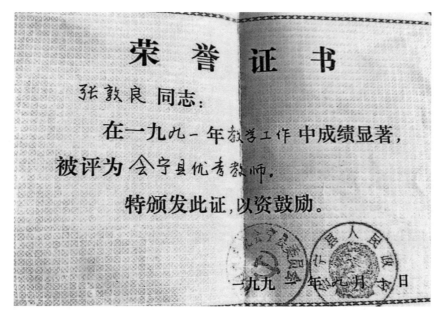

1991 年,张敦良获"会宁县优秀教师"荣誉证书

平头小学一直到 1997 年才变为六年制,之前的五年制是完全小学。当时的学制是小学五年、初中两年、高中两年,和现在不一样。到后面就变化成小学六年、初中三年、高中三年,甘肃的这个学制是统一的。我记得之前有一届六年级的学生因为平头没校舍,在马路中心小学上的。印象最深的是 1999 年我带的六年级数学,马路全乡有五个数学一百分的,平头小学就有三个,考满分可不容易,题量大还有陷阱,学生不但要掌握知识点,并且要细心,是综合能力的考查。

我教书的时候参加过培训,20 世纪 70 年代每一年暑假都在会宁县参加为期二十天的政治培训,所有老师都参加。80 年代就是学区的培训,暑假十几天,主要内容是和教学有关,比如汉语拼音就是在学区培训的。那时候学生上学的条件艰苦,国家只拨书本费、教务费这些,没有基建费。我刚开始教书的时候,黑板就是把一块木板染黑钉在架子上,学生的桌椅都是简易的,一片木板四条腿,没有桌箱,学生用绳子浪①着放书和作业本。教室都是

① 方言,指几根绳子绑在一起形成一个平面。

1999 年,张敦良因学生毕业会考数学单科达标所获的荣誉证书

土木结构的,年年修年年漏雨,下雨了学生就在教室里搬着桌子躲雨,有时候外面的雨停了教室里还在滴水。学校通电是 1994 年 9 月,是和马勺湾一起通的电,整个平头村,平头小学和马勺湾通电迟,同年通过"市级标准化学校"验收。2003 年甘肃省两级达标验收,就是基本普及九年义务教育和基本扫除青壮年文盲,拨了专项款,把学校里的土木结构的教室都推倒,全部建成砖木结构。当时土木结构的教室鉴定出来都是 D 级危房,重建后的教室净面积是 54 平方米,桌椅都换成有桌箱的,还有一大批图书。电教设施也进一步改善,后来有了第一台办公的电脑。同年秋季,"栋梁计划"在学校实行,37 名品学兼优的学生每学期得到 50 元资助,期限三年。同年开始分配大中专毕业生来我校教书,有了第一个专业的英语老师,学校从三年级到六年级开设英语课程,学生家长都高兴。

家长的观念也变化着,早些年对学生要求严格,家长是同意的,后面因为计划生育,娃娃越来越少,尤其是现在,对学生一严格家长就不高兴。但是现在学生的压力也确实大,从一开始上学就有压力。

20 世纪 70 年代(左)和 21 世纪(右)重建后的平头小学教室

到 2007 年我退休了,退休后中华人民共和国教育部、人力资源和社会保障部联合发了一个"乡村学校从教 30 年"的证书,也是对我 34 年从教生涯的肯定。

2017 年,张敦良荣获"乡村学校从教 30 年"荣誉证书

张老师带的几届学生都很优秀,那时学生多,老师也都正值壮年,全乡评比经常在前面。我带了好几届学生,前几届都不错。1996 年教师节,我被评为"平头川乡优秀教师",是教书以来第一次得奖,这是乡一级党委对我的认可,我心里踏实了。同年秋季,我开始给二年级带课当班主任,教语文和数学,给四年级带的是自然与科学。2000 年这一级的学生毕业了,小升初统

考的时候在全乡十几所学校中名列第一。当时,学生地理和历史的基础弱,
为了让学生更好地背东西,我就编了一些口诀,比如四大洋面积从大到小就
是"太大印北"。到第二届学生的时候,我就让学生开始记笔记,像古诗词、
谚语、名言警句、词语等都写在一个本子上,比如在课本上遇到"左顾右盼"
"翻天覆地""七上八下"这样的词就记下来,积累起来便于查阅。到六年级,
有的学生记了好几本,效果确实不错。因为学生成绩在全乡质检中名列前
茅,我得了许多的荣誉证书。2010 年前后,小学历史和自然合并成品德与社
会,我就开始带五六年级的这门课。到 2010 年以后就只有两届学生成绩还
可以,像 2010 届毕业的学生,有八个上了大学,2022 年考大学的是 2016 年
平头小学毕业的,成绩也还可以。近年来经过统计,平头考出去的学生最
多,干得好的,学历、行政上职务最高的也在平头。截至 2022 年底,平头村有
四位博士生,二十八个硕士研究生,处级以上的干部有六位。平头村目前总
人口一千三百多人,隔壁的双头村有两千多人,其中硕士、博士、处级以上干
部都没有平头的多。这与上级党委、主管部门的有力领导,平头村村民重视
教育,小学教育扎实是密切相关的。

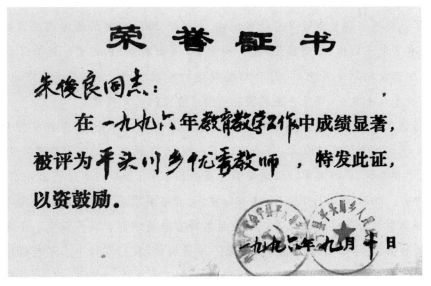

1996 年,朱俊良获"平头川乡优秀教师"荣誉证书

　　学费也一直在变化,20 世纪 70 年代我上小学的时候书本费加上学杂费一共 2 块钱,1985 年我上高中的时候学费才 6 块。学费贵的时候是 2000 年左右,书本费加上校服一个学生一学期要 100 多元,同时要交农业税。农业税就是交"公购粮",交钱或者粮食,八亩地一年要交价值 500 元的粮食,每年的秋季开学前后就要交,老百姓没有余粮,只能碾当年的春小麦,要晒干交到马路的粮站,老师有时候也要催着交粮食,学生家里如果没有交粮食,就不让学生上学,真的难过。我们这里是靠天吃饭,一年每亩地收入都没有500 元,交了农业税后所剩无几,那几年特别困难,有些学生交不起学费就打欠条,后面有钱再补。2005 年全国减免了农业税,会宁县早,从 2000 年开始逐年减少农业税,到 2003 年全县就全部免除,免除以后负担轻了,家里开始有余粮。同年平头村小学通过省级"两基"验收,书本费和学杂费全部免除,学生不允许留级,小升初也不淘汰学生了。

　　2013 年,小学生开始有营养早餐,刚开始是牛奶、面包和火腿肠。到2017 年就换成炒菜、苹果、稀饭这些搭配着来,之前学生早上大部分还吃干馍馍,有了营养餐以后很多孩子能吃好。我有时候看到浪费的鸡蛋、牛奶、馒头就会很生气,粮食不能浪费。2017 国家级的"均衡义务达标"验收,上面拨了一批图书和显微镜等实验室设施,学校把 2003 年建的教室的房顶翻新了,有了电子白板,教室都改成"一间宿舍+一间教室"的配置。还有了幼儿园,配套设施都是齐全的,符合相关规定的标准。幼儿园有大班、中班、小班,有十几个学生,但是一直到现在都没有专业的幼儿教师。

　　这几年国家的政策也向农村倾斜,尤其是老师的工资,甘肃省乡村老师的工资比城市的高 450 元,每个地区不一样,宁夏回族自治区可能要高 1000元,还和教龄、职称有关。以前要晋升正高级职称,老师必须自己出一本书,条件多。2021 年 7 月 12 日甘肃省印发《甘肃省县以下基层中小学教师系列高级职称评价条件标准》,县以下农村教师晋升高级职称条件放宽。正高分为两种类型:全省基层有效和县级以下基层有效,我们农村中小学教师现在申请的都是后一种。农村教龄 25 年再加上三个条件,就可以晋升,名额也多,30 年教龄的不受指标限制。2020 年全县正高只有两三个,2021 年有 67

个。我现在是师专九级,退休前不知道能不能再晋升一下。

朱俊良任教期间获得的荣誉证书(部分)

2013年平头川乡有了第一个关门的学校李湾小学,主要是因为没有英语老师,学生都转走了,就自动关门了。后面陆续就把青龙的两个学校、张咀的两个学校都关了,从原来的全乡12个小学变成现在的五个小学,这些被关门的学校的老教师就被调到其他学校。2021年秋季开始实行"双减"政策,在这之前,每学期考两次试,还有全乡统考、抽检。抽检就是抽一个或者几个年级一门或者几门课程统一考试、统一阅卷,全乡评比,对老师有奖有惩,领导、老师、家长都非常重视。实行"双减"以后,对农村的小学来说影响不小。小学一二年级不考试,三四五六年级只有期末考试,现在各方面比较松,不互相追赶也就没有动力了。还有一点就是以前学生早早到校上个早自习,现在学生夏天七点三十才到校。太阳已经老高了,地里的农民都干了一阵活休息了才送学生上学,中午也是学生回家去写作业。有一个家长有七八个孩子,他说从最大的到最小的念书,没有见过太阳老高学生才去学校的。加上农村初中教学质量整体逐年下滑,好多家长就把学生转到县城了,县城的教育质量相对好点。

平头小学现在加上幼儿园的学生一共有 27 个,班上学生最多的七个,最少的一个,这些学生基本上来自家里娃娃多、劳动力少、经济能力有限的家庭。我们村上有的人家的娃娃,从幼儿园开始就在会宁县或者平头川镇上读。会宁县小学和初中入学的政策是划片区就近原则,大部分是爷爷奶奶陪读,小两口打工挣钱,反正一切为了孩子。希望国家能分派些专业的音体美和幼儿园老师到乡村小学任教,年轻人毕竟是专业的,现在就剩下一些老教师,如果学生都转走,学校撤了,穷人家的孩子念书负担会更重,因为必须到较远的镇上去念书。还有,现在的培训有年龄限制,希望能让老教师也参加培训,通过培训还是能学到很多东西的。

四、 欣喜与遗憾交织的家庭教育

我是 1966 年结的婚,妻子也是农民,是宁夏回族自治区西吉县三合镇人,1946 年生,亲戚介绍认识后谈了一段时间就结婚了。彩礼估计就一两百块钱,当时一辆红旗牌自行车 150 元,飞鸽自行车 170 到 180 元,一台缝纫机就是 100 多元,可能还要了几尺布做衣服。1966 年正月结的婚,结婚以后我教书,她在家里种地。我们生了三个孩子,大儿子 1966 年出生,毕业于固原林校,在西吉县林业局工作。20 世纪 80 年代初中毕业生中,学习成绩最好的都进入师范或者中专,毕业以后由国家统一分配工作,统招统分。二儿子 1968 年出生,本科毕业于陕西师范大学,在甘肃省白银市第十中学教书,高级教师。老三是女儿,1971 年生,毕业于宁夏回族自治区固原师专,在西吉县教高中数学,高级教师。

我这一代人教育孩子比较严格,孩子也很少与我交流,老二和女儿工作以后,喝茶的时候我会和他们聊教书的事情,要爱学生,不要体罚学生。我有个后悔的事情就是二儿子高考报志愿。当时考大学也难考,甘肃省高考前 5 月中旬预选,把学习成绩差的刷一批,预选上的参加高考,这一批学生录取率在 10% 左右,录取率最好的时候可能在 20%。1991 年,二儿子参加高考,是会宁县文科第四名,录取到陕西师范大学,第五名和第六名分别去了中国人民大学和复旦大学。当时是估分报志愿，孩子没有渠道了解相关信息，我们做家长的忙于教学和务农，没有了解志愿相关知识，导致二儿子高分低就，留下了遗憾。

张老师在平头村是模范，模范父亲、模范家长。在 20 世纪八九十年代平头村三个娃娃百分之百考上大中专院校的只有这一家。我是 1997 年结婚，也是亲戚介绍认识的，妻子是农民，也生了三个孩子。大女儿 1997 年生，现在兰州大学读研；二女儿 2000 年生，毕业于江苏大学；小儿子 2001 年生，就读于西安交通大学。

我因为没有念成书吃了不少苦，就一直对娃娃的成绩上心，小学我就教着写作业，写错的得改正，上了初中以后就和孩子的班主任沟通。好在三个娃都争气，老大和老三高中都是在县城重点高中的重点班读的，老二也是重点高中。老二考上高中以后，我看到同村里陪读生效果好，再加上学校的大锅饭没有营养，儿子初三时就把他转到会宁县城就读，让妻子在会宁县城陪读，一共陪读了四年。我一个人在家里，一年四季吃的是洋芋面，家里养了两头牛、两口猪、六七只鸡，种了 15 亩地，还不能把学校里的工作落下。那几年害怕学生成绩差被人说，教书特别操心，全乡统考成绩基本排在前面。

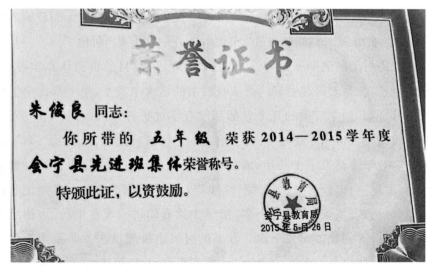

2015 年，朱俊良所带班级被评为"会宁县先进班集体"

2015年带的六年级数学，在全县198所六年制村小质检中得了第11名，带的五年级还获得了"县优秀集体"的称号。那四年都差点苦死了，冬天前半夜有月亮的时候，回家吃了饭把养的家禽喂了以后，又骑着自行车到地里收玉米秆，没有机器都是人工收割，回来就十点半了。村上的班车司机说他每次看到朱老师都跑着干活跑着去学校，但好在孩子们高考都考得不错。

三个孩子高考成绩都不错，在村上反响大，但是孩子去了大学以后就不好好念书，落下很多，没有掌握技能，专业课都学得不太好，操不完的心。失败的原因是当时把种地、挣钱这些事抓得太紧了，没有父子父女间的互相交流。传统文化这一块的培养也欠缺，没有重视孩子的阅读习惯和兴趣爱好，当时只抓分数，没把娃娃管好，大学里面就放松了。我觉得家庭教育，还是不要事事都管，自己摸爬滚打的孩子更坚强。

五、 对乡村教育的一点看法

从小我家里人就重视学习，20世纪五六十年代条件困难，但还是支撑着我读到初中，后面在大队上集体劳动也正是因为识几个字，当了几年会计。从到西湾教书开始，我就把教书当成事业干。整个平头的人也重视教育，历来有"穷农富武"的说法，穷难，家长就指望通过念书找出路，下一代不要再种地了。

我觉得村上的老师一是要认真，把书教好，二是自己也要认真学习，不断提高自己，三是要兴趣爱好广泛。我教书的这大半辈子，早上都比学生提前到学校，刚开始学校里的几个老师都没有学过拼音，考试考核也严格，到五六年级就没人带了。我敢带，自己培训加上认真就把拼音学会了，高年级的语文和数学连续带了十几年，成绩也在全乡名列前茅。我年轻的时候会画画、写毛笔字，也爱看书，当时像《红楼梦》，你问我哪个故事我都能记起在哪一章哪一页。兴趣广泛，看书多，给学生就有的讲。现在不行了，年龄大了没记性，一天到晚就是爱下棋。教书的时候也没想过去大队上当干部或者往城里调，我只是一个教书匠，自己的本事自己知道，都是普通人。我自己认真教书问心无愧，以身为乡村教师为荣。希望村上的娃娃都有出息，都成为对国家和社会有用的人。

教了二十多年书,最大的经验就是要死缠着教,要因材施教,像有些学生总学不会,要从最基本的入手,反复教。2014 年我接手了四年级数学,之前是位支教老师教的,平均成绩五十多分。带上以后我发现学生有很多基础的知识点都不会,我就从最基础的教——像简便计算这些——调动学生的积极性。有一个学生刚开始数学不及格,我就让她有不会的、似懂非懂的都直接问,我给她讲透彻,举一反三,这个学生后来小升初数学考了满分。总的来说还是要对学生有爱心和耐心。希望村上出去的学生有责任、有担当、能创新,有家国情怀,学成以后为国家、为社会、为家庭做贡献。

李高科
抱朴守拙：时代变迁中的乡村教师

亲 历 者：李高科
访 谈 人：李子豪
访谈时间：2022 年 3 月 11—17 日、3 月 21 日
访谈地点：河南省灵宝市李高科寓所
访谈整理：李子豪

亲历者简介：李高科，男，1947 年生于河南灵宝大中原村。1966 年毕业于灵宝县（今河南省灵宝市）第一高级中学，随后任大中原村小学民办教师；1970 年起担任中学教师，主要教授语文；1988 年村里中学撤掉，先后在小中原村小学、大中原村小学以及娄下村初中任教；1995 年因职称评定需要，重返大中原村小学任教，期间升为一级小学教师；1997 年转为公办教师，调任娄下村联合中学教授音乐；2003 年退休。

李高科（中）接受访谈

一、三十七年教师生涯

我们家祖祖辈辈都住在大中原村①，有很长的历史了。家里老房子是清朝光绪年间，我的老老奶主持家事的时候盖的。1949 年以前家里的整体条件还算不错，住的老房子跟大地主比起来那是不如的，但是比普通人的当然是要好多了，算是中上等的了。而后土改的时候，我们家被划分成地主成分，家里面好的家具都分给贫农了，就连家里女人的嫁妆也都分掉了。等到新的政策下来后，就给我们一家降成小土地经营户了。

我的父亲是在村里上的私塾，他特别聪明，只上了四年就考到了当时灵宝县里唯一的一所中学——灵宝县第一高级中学，当时学校还在老县城的黄河边上。1949 年以前他在村里私塾教过几年书，而后成为由公社直接任命的大队副业的会计，因为他的珠算打得非常厉害，20 世纪 50 年代在全镇比赛中，他打珠算最快、最准。当时乡上还给他奖励了一支钢笔，那个年代大家都用毛笔，钢笔是非常稀罕的！我父亲也成为村里第一个用钢笔的人。我的母亲则是一名普通的家庭妇女。

我 1955 年开始上小学，先在村里的初小念书，而后在邻村读完了完整的小学。小学毕业以后，我由于生病休学了三年左右。当时我的小学同学们，大部分都是小学毕业就回家种地干活了，我这一批人中只有两三个上中学了。那个时候学的东西都是比较简单的，初中的科目跟现在差不多，但是不学英语，学的是俄语。小学上完之后，升学考试的科目主要是语文和数学，考七八十分才能到县里的县一高（读书），考的分数低一点到县三高，再差一点的就是农业中学。农业中学就是干活的，到山里包一片荒地，把学生都弄过去干活，收入是学校的。我家里是很支持我上学的，我父亲有文化，知道上学、有知识的好处，所以不管家庭多么困难，家里都支持我上学，尽量上到哪是哪。

---

① 位于河南省灵宝市尹庄镇辖区内。

1963 年我考上了灵宝县一高,在初中部读书,那一年村里考到县里中学的只有我一个,这也算是我人生中的大事了。但是紧接着另一件大事就发生了,1965 年"四清"运动期间,父亲受到牵连去世了,当时全家人从经济上、感情上都受了莫大的刺激,这是我的一生中最悲痛的事情。1966 年我初中毕业时,"文化大革命"正好开始,学校停了,有些家里条件好不缺工分的,就当红卫兵,在全国各地串联。因为当时父亲已经不在了,家里需要挣工分,所以那几年我哪里都没去。当时村里很缺教师,因为村里能读到初中的人很少,总共也就十来个人,其他的大部分都是回家务农。所以我一回去,村干部就叫我过去教书了。我很喜欢教育孩子,觉得自己有一点知识,想给村里做点贡献嘛。从 1966 年起,我开始担任村里小学的民办教师。

我刚到学校教的是三年级,一个人教好几门课,语文、数学、音乐、美术,缺什么教什么。1970 年左右,村里办了中学,我就开始教中学了。到初中之后,班级和学生多了,老师就是专职了,擅长什么教什么,我在初中教语文、物理,偶尔兼音乐老师。改革开放后,我在中学就主要教一门语文,工作量小一点,转正后就成了音乐美术专职老师,不教主科了。语文的功夫是我上学的时候奠定的,美术音乐的内容都是我自学的。美术课我给他们讲一讲课本,带着他们画一画,音乐课讲一讲乐理知识,带着学生唱唱歌。当老师以后我也是边学习边教课,不断充电不断提高的。1988 年本村的中学撤并了,村里撤了几个老师,我没有什么(社会)关系就没办法,在家停了半年。

刘花菊①补遗:

> 当时一方面是书记换了,再一方面是校长换了,就把他撤掉了,我
> 还专门去学校理论,跟校长吵了一次,跟村里书记吵了一次,我说:"违
> 反计划生育的人你不撤,不违反计划生育的你撤了!"人家随便找个理

---

① 李高科之妻,1945 年生于河南灵宝秋梓村,1966 年毕业于灵宝市农业中学,随后在秋梓村小学任民办教师,在媒人介绍下与李高科成婚。1967 年不再担任民办教师,在村里先后担任生产队记工员、现金保管员和会计。改革开放后以务农为主,同时经营各种小本生意。

由弄个名堂,咱也没办法。到下一年,小中原村里的一个干部说那边缺个教师想让他来干,他第二天就过去教书了,1988年在小中原村教了一年。

1989年娄下村初中缺音乐美术教师,就把我聘请过去了,我就在那里教了有五六年。我到那边教书之后,跟村民、村干部大部分就都认识了,因为村干部知道我写字好,让我写标语。每次什么运动,或者镇上什么农村中心工作一下来,就让我在墙壁上刷标语,写好了给我管一顿羊肉。我还在那个村的监狱给武警部队的战士教过歌,当时是根据部队的情况编了八首歌,我就每天给他们上一节课,把八首歌教完。

教师职称是四级:三级小学教师、二级小学教师、一级小学教师和高级小学教师。当时档案里写着我是小学级的教师,要升级的话必须在小学任教,所以到1995年左右我又回到本村的小学教了一年学,升到一级小学教师。当时我辅导学生参加纪念周总理的诗歌朗诵比赛,以前这些比赛学校最好的成绩都是第三名,那次拿到了镇上第一,校长高兴坏了,在黑板报上写着感谢我。接着去县里比赛,又拿了第二! 还有一回,1995年正月十五,那时候灵宝刚刚设市,开始修路,社火表演学校要出节目,我辅导学生表演打花鼓,拿了第二名,市里奖励了学校2000元。转正是根据职称和教龄来,我到1997年才正式转正,名正言顺地成了公办教师。

转正以后,娄下村的联中缺少音乐、美术教师,就把我调过去了。我们村里也说我在小学干有点埋没人才了,“中学对教师水平要求高,你适合去那里充分发挥你的才能”。1997年到中学教书之后,我们又有一些进修,是学校组织学习的,以自学为主,也会有河南省教育学院的一些老师定期过来讲课,统一考试及格了之后就给我们发了毕业证书。当时要求在中学任教的教师,至少得有大专的文凭,小学老师可以是师范毕业的。我当时学的是汉语言专业,考这个大专的证书就考了六年。我跟那边的同事关系也很和谐,经常在一块聊聊生活、社会或者学校的事情;有时候也存在竞争——有办公指标的时候得竞争呀。此外,那时候兴起来让教师搞小制作,比如物理、化学、艺术或者什么小制作，画个什么东西、写个什么文章，我有好几次都评上了优秀小制作和文章。

1997 年，李高科获得河南省教育学院的毕业证书

我于 2003 年 1 月 1 日正式退休，当时实际上还没有到退休年龄。那一年国家的政策是希望年轻人尽早上岗，所以身体有病的人可以提前退休。当时教师工资两三个月才能发一次，有时候还扣掉一些其他费用，到手里没有多少钱。但是退休以后，这个退休金是稳定的，所以人们都想退休啊！当时我身体也不太好，就开了患脑血栓的证明，表示胜任不了工作了，下一年村里还有其他几个教师也开了证明，最后也都退休了。我们以前的老校长会组织退休的教师每个月聚餐一次，轮流请客，坐着聊一聊，最开始有十八九个人，能满满坐两桌，现在在世的人少了，频率就低多了。

二、 再穷不穷教育

20 世纪 50 年代初我们上小学的时候，村里文盲多，经常扫盲，都说"不识字不知道大事情"。扫盲不分男女都要参加，当时在大队厅房教大人们认字,一直持续到 1964 年。到 20 世纪 60 年代,我们村里面一共有两千人左右,百分之七八十的人都上过小学,上过初中的就不多了。年轻人里面只有一半上过中学,(当时)我们村一年能有三四十人读初中,能读高中的就更少了,年轻人里面能上高中的都没有 10%,我们村一年也就十来个吧。

刘花菊补遗:

> 大部分女性初小毕业就不再上了,甚至一些人初小都上不完。我那一届上完初小,(女性)考完小的时候只有我和同村的另一个人,跟我一样大的大部分都是读个初小毕业就结束了。那时候还是重男轻女,觉得女性上学没用处,上了学最后还是嫁到别人家了。

不过当然也有愿意供女孩子上学的(家庭),一般是有文化的家庭,没有重男轻女的思想。我们村在解放前只有初小,"文革"的时候开始有完小了,但是政治冲击了教学,教学没有保证,(只要)有政治活动,学校就得停课参加。学生也都糊里糊涂的,没心思上课,不听话,还造老师反呢!都说"不学ABC,照样干革命"。改革开放之后一切都有秩序了,家长才开始重视教育,希望孩子有出息,学生也有目的地学习,知道学习能改变命运。此外,20 世纪 70 年代初村里还建成了中学,以前初中要出外村上学,很多家庭负担不起,但是在本村就要便宜很多了,也有很多外村的学生来本村上学。一直到 1988 年,村里才把中学撤并了,因为村里没钱负担不起了,而且计划生育之后学生也少了。办学校的钱主要还是上级、国家出的钱占大头,村里也出一部分钱,(当时)各村都很关心教育,都说"再穷不穷教育,再苦不苦孩子"。

村里的学校是公办的。校长起初是上级和村里商量后任命的,主要根据文化水平、威望来选人;改革开放后,校长都是上级派的。校长也要上课,但是要比其他老师上的少,主要就是政治课,工资跟其他教师一样,不过有各种开会的补助。村里还有"学东",有事情了,这个学东一方面跟教师沟通,另一方面跟村干部、村民沟通,一般都是德高望重的人担任,学东没有工资,都是义务兼任的。学校里有上面派来的公办教师,也有村里的民办教师。民办教师都是村里同意,让你干就干。老师人数不够的时候,就从村里选,因为有一段时间师范学校停办了,所以公办老师就特别少。学校招老师的标准就是:讲课要有条理,声音洪亮,沉着不慌张,学历高的一般就优先要了。报名的人多的话,就让他们讲课试一下,看他们谁讲得好就选上。1999年公办教师全部转完之后,教师全部都是上级派的,缺老师的时候村里就可以跟教育局申请,就会派老师过来。

最早的时候学生都是在村里的庙里上学,因为庙是集体的,一般都修得比较扎实。小学人少的时候庙里能容得下,后来办中学的时候就重新盖房子了。1970年左右,村里出钱盖房子,木架的房子,上面是沙瓦,我们老师带着学生到砖瓦窑一人背几块砖去支援,到河滩背几块石头弄点沙子装到布袋里带过去,那时候不管力量大小,师生都在投入建校。房子盖成后,中学一个班里五六十人也够用了。当时的教学条件不好,课桌最早就是一块木板,后来变成水泥板,用台子支起来。不过我们村里通电早,1963年开始就有电了,学生晚上在教室里上自习是有电灯的。那时候学校每天的上课时间是分成三段的:学生早上六点起,到校上早操,上一节自习,再上一节课,八点多就回家吃早饭;吃完饭,九点半开始上早上的课,十二点多下课回去吃饭;下午再来上学,放学就是日头落了就回家。自己村的学生都是自己走路去上学,住在村里就几步路,稍微远一点的也都是走路,最多半小时。当时每个班的学生一般都是三四十个左右,多的时候可以到五六十个。小学课程主要就是语文、算术、自然、音乐、美术、体育,到五六年级再加上历史、地理。初中的课程就要再加上物理、化学,也有专门的政治课,都是校长来教,主要讲一些革命英雄事迹之类的。在上学之外,老师会组织勤工俭学,带着学生劳动,比如种花、拾麦。那时候农村的暑假只有一个月,因为除了暑假之外还有割麦的假、收玉米的秋假、给棉花逮虫的假等等。

我们村里小学的学生都是本村的,1970年有了中学以后,来上中学的外村学生就多了。那时候学费少,1966年左右一学期收一块钱,到20世纪80年代涨到两三块钱。当时学生的经济条件普遍不太好,都是比较贫穷的。

有的家庭情况特殊的或是比较可怜的人,学校和村里商量后就把学费免了。学生在学校还要交两三块钱书本费,主要是语文、数学书和练习册,加上学费,一学期算下来最多就是四五块钱,大部分学生家里都可以承受。那时候不上学的人很少,家里基本都让上,实在困难的就商量免学费。有的人是孩子多,家里困难,就不让孩子上学了,尤其是女孩,让她们在缝纫机上干活或者绣花。我们老师经常去动员,给家长说:"不让孩子上学,孩子将来像你一样种地受苦。"北厥山村有一个女孩成绩很不错,但是家里孩子多,家长觉得她是女孩不想让她上了,我过去做一做思想工作,就让来上了。过一段时间,家长思想又动摇了不想让上了,我又去鼓励说一说,最后反正是上到底,初中毕业了。

小学和初中主要是打基础的,当时考得好的一般都去读高中了,我给他们送到高中,就算完成任务了。好坏学生的评定,不同时期不一样。"文化大革命"的时候讲成分,地主子弟你学习再好也评不上模范的,"文革"结束后取消唯成分论,才人人平等。总体来说,评定都是以成绩为主,说是德智体美劳,但是成绩还是主要因素。对待好学生,老师主要是表扬鼓励,让大家都向他们学习;学习不好的学生就在学校混日子,不知道上学是干什么的,觉得上到底还是回去干活,没有理想,没有动力。

三、　熬成公办教师

"文化大革命"结束以前,家庭出身很重要,只有贫下中农出身才有可能当教师呢!有的村贫下中农里面选不出教师,就要找表现好的地主子弟,但是"文革"时候又经常整顿,要纯洁教师队伍,不能有地主子弟,一开会就不让地主子弟干了,过几天学校缺老师了,又把地主子弟叫回来。我始终是教师中的一员,因为我家里后来从地主转成了中农,属于是地降中了,不是打击的对象了。那时候从省里到地方都分成两大派,一个是保守派"工农学",另一个是造反派叫"二七派",这个派胜了,就耀武扬威起来,组织批判,另一派胜了也是这样,我哪一派都不是,是中立派。那时候在政治上是瞧不起、不尊重教师的,都说教师是"臭老九",县里经常办学习班,老师就得过去学习,批判思想。但是政治上喊口号那是政治上,这些事情跟村里人与人的关系是两码事,村里人一般不会嘲笑我,对我是比较尊重的,因为知道我是好老师。"文革"结束后,人们评价教师就看重个人能力了,有时候会有考核。不过教龄二十年以上的,根据你的成绩、表现、资历等等,可以免试,我那时候就是免试的。

1989 年,李高科获得教师工作二十年免试证

改革开放后,有一些教师被提拔成干部了,那时候有政策,教师可以当干部。有些老师做得好、政治表现好或者通过什么其他渠道就调出去了,有些直接跨行业了。对于(想要提干的)乡村教师来说,政治表现很重要,不过我是平平常常的教师,没有什么政治追求,兢兢业业教好学生就行了。我没指望去政府当干部,没这个心思,回家还要种地呢!

那时候教学都是根据个人能力来,人各有所长,有些人只能教副课,有的是都能教。但教师系统里也存在地位高低,中学教师比小学教师有地位,大家都说教一二年级的都是陪着小孩玩呢!中学教师那是实在的教学,能力高、学问深、待遇好，在人们心目中地位高。公办教师比民办教师有地位、挣钱多、待遇好，人人都渴望当公办教师。"文化大革命"那段时间，公办教师一个月挣37块钱，民办教师才挣3块钱，这差距有多大！公办教师是没工分的，但是民办教师的工分算下来也没多少，按一个月30个劳动日算，一个劳动日10分，差不多算3毛，加起来一个月一共也就是十来块钱！后来民办教师从一个月3块不断往上涨，20世纪90年代末转正的时候是24块7毛5分，但跟公办教师还是没法比。除了工资待遇相对低，人家公办教师还有各种福利，过节有纪念品什么的，民办教师靠村里，村里没有就什么都没有了！而且公办教师也稳定，不会轻易撤下去，村里没法干涉；民办教师的话，村里不让你干，就把你打发回家了。这个待遇千差万别！

20世纪80年代初，土地分下来以后，民办教师就不拿工分了，既要在家种地，还要教学。转正之前我就是种地，以及靠补助来维持。分地之后大概有三分之一民办教师都不干了，因为维持不了家庭生活，只好另谋生路了。

刘花菊补遗：

　　他当教师平常都在学校，周末放假跟我干活，其余时间一直在教学。他说我等会儿回来给你帮忙，我等一上午都等不来他，因为学校不让他走！还是以学校工作为主的。他常年不干活，一开始什么都不会，还都是跟着我学着干的，手都磨了多少泡！村里有一个民办教师是去当木匠挣钱了，还有一个教师觉得工资低，（就开始）弄电模具、苹果园的，后来等我丈夫转正了，过来聊天的时候说，我哥工资真高啊！我说，你那时候不愿意干啊，他熬了多少年呢！

早些时候没有转公办教师的政策，到1986年左右，国家招收了一批民办转公办，教师那时候要考试，不仅仅看文化课，还有政治、平时表现等好几项指标，比如有没有当过"右派教师"之类的，这几个分数加起来才是正式录取的分数。有些村里胆大就给放宽一点，有些村里胆小分数就压得很低，导致水平差不多的教师，有些转正有些没转正。1993—1994年开始大规模民转公,统一考试,小学就是考语文、数学,然后按照指标数量,分数从高到低录取。第一年娄下村有个老教师去市里考试,眼睛看不清楚题,着急得都尿裤子了。随后国家发现很多老教师难以适应考试的政策,第二年就变成根据职称、教龄转,教龄四十年以上的不需要考试直接就转了,然后依次从高级、一级、二级开始转,一直到1999年,差不多全转完了。

转正之后,按规定一个月工资是400块钱,但是那时候还经常不发,而且发到手就不是这个数了。我是2003年退休的,我退休的时候还是400块一个月,后来工资才开始涨吧,2005年开始猛涨,一次性涨了400块,后来两三年涨一次吧。当时那些临近年龄的都想早点退休,都说"退休领95%,在职领90%",你不退休,镇上老是发不够工资。

我现在一个月退休金将近4000块钱,妻子一个月只有几十块,这个差距多大?就算是你民办教师教了30年,也就一个月300块(补贴),差得多远!不过那时候有的人教了几十年,到20世纪80年代初自己不干了,没有熬过去最困难的一段,熬过去的都转成公办教师了。我觉得我当老师这些年的工作还是可以的,我很喜欢这个职业。村里都说我是"拿包袱"的①,什么都能教,音乐美术这些学科,我都是花时间先自学,然后再教学生。那个时候年终评比,我经常是模范,学校给发一个奖状,也有一些小礼品,水杯、毛巾、衣服、床单之类的,对我表示一下鼓励和支持。当教师这些年,我不觉得累,精神饱满着呢!教学工作不怎么影响其他的生活,教学就以授业、工作为主,家里的事情就放一边,先公后私,公的事情优先,有时间了放假了再在家里干干农活。在中国,乡村教师就是教书的,职责就是教书育人。

---

① 形容有多种技能。

2001 年,李高科被评为中学二级教师

四、　教学之外的生活

　　妻子是我 15 岁的时候经父母包办、媒人介绍而认识的,我们于 1967 年结婚。妻子是灵宝秋梓村①的,大我两岁,她在自然灾害的时候休学了几年,后来读的农业中学,1966 年跟我同年毕业。结婚之前两个人都没见过面,我也不了解她的情况。那时候不兴女方向男方要彩礼,再可怜的人也想有志气有尊严,怕人瞧不起,娘家的人怕别人说你嫁女孩还向人家要钱,就是互相拿几件衣服,男方拿的多一些,女方的嫁妆就是娘家给一些家具柜子桌子,妻子当时就是带了四个柜子过来。结婚的时候我们两个都是民办老师,妻子在秋梓村里教学,干了一年以后要来我们村,就不再干了。但是她也没

----
① 河南省三门峡市灵宝市川口乡下辖的行政村。

办法来我们村教学,因为一个村里一般是不让家里两个人都当民办教师的,那时候鼓励劳动呢,哪能让你一家人都干轻松活! 你要是公办老师那没人管,但是民办教师是既有村里管也有教育局管,你要挣工分还有补助,干部不让你干就不能干。

　　刘花菊补遗:

　　　1968 年我们有了第一个女儿,然后又生下了两个女儿,最后有了男娃。那时候大女儿生病出水痘,二女儿出麻疹,三女儿也是出疹子,1975 年生了男娃子之后,我们不想再养孩子了,就上环结扎了。那几年我还得纺花织布,工作也辛苦。

那时候生孩子,都重男轻女,这就是封建时代形成的想法。男娃能继承家业、传宗接代、传递香火。女儿都是出嫁的,如果你只有女儿没有男娃,世俗的人们都瞧不起你,说你绝后了。都想要的是儿女双全,女儿多了的,都想要个男娃子。

　　刘花菊补遗:

　　　再一个男娃子能干活,像我们家都是三个女儿干不了活,丈夫天天教学,男娃子又小,都是我来干,所以农村人都想要男娃子。

人民公社时期,我担任村里的民办教师,每个月除了工分外,有国家的补助。妻子先后担任过村里的记工员、现金保管员、会计等,这些工作每个月补助三个劳动日的工分,其他时间妻子都在下地劳动挣工分。20 世纪 80 年代初家里分得了七亩地,不再实行工分制,我当教师只剩下每个月十几块钱的补贴,加之家里有四个正在上学的孩子,我的母亲那时候也开始得病,家里的经济条件前所未有的困难。除了种地之外,我们还做了很多其他的事情来维持生计。

刘花菊补遗:

20 世纪 80 年代初,灵宝金矿开采可兴盛了。我们也是从亲戚那里找关系挖一点矿渣,在家里炼,那时候院子门口路太窄了,车进不去,就在墙上挖个洞,把这些东西运到院子里去。结果等到有一天快炼好了,晚上被别人给偷走了。后来找我弟弟的关系,接了一个给邻村学校做豆芽的活。晚上(每)六个钟头要浇一次水,水还要到井里去绞上来,有几次半夜浇水,我干着干着直接晕倒了,不知道什么(时候)醒来了,再爬起来回去,走路都打盹,瞌睡的不行!做好了(豆芽)我骑自行车去送,那时候我只有 90 斤,要带着 130 斤的豆芽,用几个袋子绑在车上送过去。就这样 1 斤豆芽卖 1 毛 3,虽然挣钱不多,但是至少有收入了,就不用借别人了,可以给孩子们生活费了。再一个就是 80 年代末开始种桃,我天天在卖桃,下雨都在卖,桃这个东西时令性太强,不卖就坏了,当时就是想着赶在儿女们秋季开学前能把钱凑够,谁知道也没怎么弄成。还有去外地批发一些衣服来卖,刚开始的时候是不准做小生意的,说是"资产阶级尾巴",我一个人拿着差不多 300 块钱去洛阳弄个几十件衣服,到赶集的时候把这些衣服给卖掉,卖完了再过去进货,都是小本生意,一直撑到孩子们毕业。不然光靠丈夫的工资,根本维持不了生计。

孩子们毕业之后,我在村里开了一个小卖部,也不怎么挣钱。1995 年两个女儿开始上班后,可以接济家里和供小儿子上学了。之后三女儿给我在城里租了一间门面房来开烟酒商店,(商店)干了一年,家里的账慢慢还清了,三女儿结婚后离得也远了,我就不再干商店了。后来又在家里养鸡养兔养猪,干一些副业来补贴生计,条件都可以了。20 世纪 80 年代是最可怜的!四个孩子上学,婆婆常年瘫痪在床,还要种地,村里的人还要找茬,弄不成!找茬就是说你这个不好那个不好,农村就是这样。等几个孩子考上学,家里条件改善了,再也没人找茬了。

你穷了人家看不起你，你富了人家嫉妒你，这就是世态炎凉！

那时候我们教育孩子的方式就是送他们去上学，穷人的孩子早当家，除了好好学习，还要帮助家里人劳动，做饭、喂猪、喂鸡、割草等，几个孩子一般都在学校把作业做完了，回来就随便玩玩，我们都没时间管他们。家里人都干活累得不行，回家还吃不上饭，谁有工夫陪着孩子啊！每次考试会问问他们成绩，家长都有荣辱之心，成绩好了家长脸上也光彩。我的几个孩子都算是好学生。那时候大学生太少了，招的人也少，村里几年才能出一个，能上中专的都不多，一年也就几个人。20 世纪 80 年代小中专①的分数线比高中的还要高，人人都想上小中专，上出来直接就是铁饭碗。当时家里真是没钱啊，着急挣钱呢！我一个月那一点钱根本不够。

刘花菊补遗：

> 大女儿因为之前有一次没报上学校的事泄气了，我们东拼西凑借了 800 块钱，给大女儿办了自费生，去焦作学中医，毕业回来在中医院实习，然后给安排到乡卫生室，但是干了几年发不下来工资，等到 2000 年左右到了保险公司，才算是有了稳定的工作。二女儿当时考了全县第一名，我们当时觉得学医是一门技术，不管社会怎么变，总是有用的，就报到信阳学药剂师了，毕业后分配到了本地的医院。三女儿也考上了焦作的中专，报名只有两天时间，到最后一下午还没报名，因为找不到 20 块钱报名费啊！我去找别人借了 20 块钱才交上。第二天把猪拿到邻村卖了 100 多块钱，当时想着也别讨价还价了，赶紧回去把账还了。三女儿毕业后分到了本地的国企。小儿子在邻村上的初中，中招考试考得好，高中校长想让他去上，他说不想上了，我们也觉得上了还得花钱，小中专出来赶紧挣钱还账，当时家里借了六七千块钱还不了，没办法！最后报考了南阳的学校，毕业后分到了电业局工作。最后我们家四个孩子都考上了学，出来分到了好单位，村里人都说我们家不容易，一直坚持借钱让孩子们上学是正确的。以前在城里连芝麻大的事都办

---

① 指初中学生参加统考后直接录取的中专院校，学制一般为 3—4 年。

不了啊！孩子们分好单位了之后,亲戚都说:"现在灵宝有我们一个小小的市场了。"

我当教师期间,学校和村里关系很密切,我经常帮村里写标语、帮村民写春联、排练文艺节目。退休之后,很多学校推广毛笔字,由于我之前在教师书法比赛中得过奖,尹庄镇第一小学的校长聘请我到小学专门教学生练习毛笔字,学校给我一节课20块钱的补助,每天下午教一节课,一共教了三年,学生们拿到了尹庄小学辅导区总成绩第一名。现在村里的文艺活动都是我主持和排练,比如大合唱、跳舞、打锣鼓。

刘花菊补遗:

　　他能写能唱,能排节目,全面发展,村里人有事情经常找他,他比自己家里的事情都热心。现在村里的干部都知道他德高望重,上次开春节联欢会还给他个"贤达人士"的名分。

我还成了村里红白理事会的副会长,村民的婚丧嫁娶都是我来主持,白事情上我还会帮忙用篆体字写铭旌,这个一般人是写不了的。之前村里一年还会发500块钱补助,现在就是义务干了,一般主家也会拿点礼品酬谢,我是很愿意为邻里乡亲们服务的。

我上学的时候没想过将来做老师,就是为了学知识,那时候的人不像现在这么有理想,我是走一步算一步。教师这个职业体面,我也算是以此为骄傲,条件再艰苦,一直都觉得是受人尊敬的好工作,从来没有动摇。我不羡慕城里的老师,也没这个条件去,我是农村人,在乡村教好自己的学,当个平平常常的人就很满足了。教育在农村的功能,首先就是立德,有文化没有道德,那就不受人尊重,就像人们说的:"有德有才是精品,无德有才是次品,无德无才是废品。"现在的人都崇拜城市教育,现在乡村教育改革,把家里经济条件好的、不好的分得太开了,经济条件好的去城市里上好学校,但是农村毕竟可怜人多,没有能力去城市上学。

刘花菊补遗：

前年的时候，村里为了保留住村小的学生，来上学的给补助 1000 元，当时的书记非常努力，不想让学校撤掉，但现在还是撤了，所以我们村已经没有乡村教育了，每天早上村里全都是送孩子去城里上学的。

其实，村里的一个老师教七八个学生，城市里一个老师教四五十个学生，这种乡村手把手教育不好吗？城里学校那么多学生，作业怎么能改过来？我希望国家能够重视乡村教育，每个学校都能好好办，培养优秀的人才，回馈社会，回馈农村。

2017 年，李高科荣获"乡村学校从教 30 年"荣誉证书

张建国

与乡村教育结缘,倾情一生

亲 历 者:张建国

访 谈 人:胡　洁　张　寒　齐　放

访谈时间:2024 年 1 月 8 日、3 月 19 日

访谈地点:江苏省南京市江宁区土桥中心小学

访谈整理:胡　　洁

亲历者简介:张建国,男,1947 年 10 月生于江苏湖熟。1960 年 6 月,小学毕业于土桥乡葛盖头小学;1963 年 6 月,中学毕业于土桥农业中学;1966年 6 月,插队到土桥公社周郎林业队,后调至文艺宣传队,担任宣传工作;1971 年,在慈山台小学担任民办教师;1977 年,调至洪巷小学(后改为周郎小学)担任民办教师;1979 年,经土桥小学教革组推荐,参加江宁县(今江苏省南京市江宁区)文教局招聘教师考试并被录取,转为公办教师;1986 年 9 月—1990 年 7 月,在南京市江宁县教师班进修学习(业余面授);

张建国(中)接受访谈

1989 年调至土桥中心小学任教;1998 年晋升为小学高级教师;2007 年 11 月退休。

一、　半耕半读农中毕业

我 1947 年出生于湖熟,现为(南京市)江宁区的一个街道。但我父亲他是苏北人,淮阴渔沟镇东街的,他是淮阴师范毕业的,从那边分过来在湖熟镇小学教书,我就在那儿出生的,对老家没有概念,一次都没去过;我们兄妹六个,我有个哥哥,还有四个妹妹,就我哥一个是从淮阴带来的,我们后面几个都生在江宁。我老父亲快去世的时候,他就要求回(老家),但后来还是没来得及。因为我父亲他是淮阴师范毕业的,有知识,人家就觉得家里不简单,肯定就是有钱人,当时觉得是不是有点政治历史问题,还调查了好长时间,最后证明是清白的,没有什么原则性大问题。他家里面的成分我是很清楚的,叫市镇贫民,说穿了就是城市里的贫下中农——他在镇上不是农民,所以就是市镇贫民。我母亲,我记事的时候她告诉我,自己原来还是八路军的卫生员,后来因为孩子多了——我兄弟姊妹有六个——就不工作了哎,就在家照顾小孩,成为家庭妇女。

我这个名字起的叫“建国”,按理说应该是 1949 年出生的。那时候(1947 年)不是全国都解放了,但有部分地方已经解放了,所以全国解放的舆论已经很明显了。我父亲他毕竟是师范毕业的,还有一定文化,就是盼望着解放那一天嘛! 所以他就给我起了这个名字。就为这个事,我父亲在“文革”的时候还挨批斗过:那些造反派、红卫兵说没解放时你儿子叫张建国,这个是有问题的。就因为 1947 年就起了这个名字,我父亲就挨斗了。要是起的什么小三子、小四子,就没事了。

我是 1960 年小学毕业的,上的小学是个六年制的完小,就是完全小学,一到六年级都有,在现在的土桥葛盖头。校舍还可以,没有楼房,都是平房,围墙都是我们学生自己搞。那时候叫“泥卷子”,就是在地上挖一个长方形的小坑,然后用绳子和草,垫在里面,然后把泥土用水一和,踩到里面,用脚踩一踩,然后用绳子一拎,就是长方形的胚子,就是用那个东西去砌围墙。我在那上小学的时候,(学校里)都是公办教师,没有民办教师。后来随着教育发展,学生多了,老师不够了,上面也派不了那么多,那你就在自己的地区自己解决。我小时候身体不是太好,可能夏天洗冷水澡洗多了,影响了考试:考初中的时候,我报考我们这儿的土桥中学,那个时候叫普通中学,简称"普中",差几分没考取;在茶岗那边有个农业中学,半耕半读,我就被那个学校录取了。在农业学校不交学费,连中餐都是自己种。农业中学就是半天上课半天劳动,这个劳动,包括砍柴以供给学校做饭,每个人每天至少要砍50斤柴火;或者是到生产队帮助割稻子、割麦子,反正每天有半天劳动。我这个身体状况,生得比较单薄,一个人在那个地方很难受,但也熬下来了,1963年从土桥农业中学毕业了。

我是1966年插队,初中毕业以后,其中不是还有三年吗? 这三年怎么办呢? 我们家兄弟姊妹六个,我爸一人挣钱,每月44.5元,家里生活就挺艰苦的。他在西城小学①工作,在大井头②教一个小单班,就是复式班,一个人教一至三年级。那边正好是个戴帽子中学,学校戴校长觉得我初中学得不是太踏实,就叫我到学校,一边听听课,一边给住校的老师烧饭,我就等于是工友一样。我就上午在那听听课,快到十点钟的时候去食堂给几个老师做做饭。

寒暑假的时候,我在那儿护校。我一个人护校,有时挺害怕的。曾经遇到过一件事:当时学校像庙宇一样,一道一道门。我离开学校会先把宿舍一道门锁起来,再把中间一道门锁起来,最后把大门锁起来,然后回到大井头我父亲这儿来,晚上再回去护校。有一天晚上去,我把最后一道门一开,煤油灯亮在那儿。"咦? 坏了,这个灯怎么亮起来了?"我那时候还不到二十岁,大概十七八岁这个样子吧,我就挺害怕。我就赶紧把那个灯拧大一点,然后跑了几十分钟回了家。后来我想可能是前一天晚上睡觉的时候,把它拧小了以后,早上起来忘记吹掉了。当时还有老师带学生种油菜花,收了几十斤油菜籽,放在老师宿舍里。有一天晚上,有个人来偷东西。那天晚上幸亏我爸陪我在那儿,这个印象特别深——那个老头(偷东西的人)原来是在这儿护校的,后来学校不要他了,换了我,他来找我麻烦的。护校工作就做

---

① 位于江苏省南京市江宁区淳化街道西城社区。
② 应为西城小学所属教学点。

了一个暑假,后来我就不敢去了,就在家里等再长大一点找工作。

二、 插队期间成为民办教师

　　1966 年,敲锣打鼓送喜报来了,我插队了。我们家姊妹六个全部是知青,一年一个下去插队,最后两个妹妹一块儿下去插队。我们属于江宁区的知青,就近都插在土桥镇范围内。我哥哥他是在永勤社区,我在周郎社区,那时候叫周郎大队。后来我大妹妹也插到永勤,还有老三、老四几个妹妹都在西城,就在我爸爸教书的那个地方。我母亲最后作为下放户——一家全部都赶到农村去了——跟我最小的两个妹妹在一块。

　　1966 年我去插队,分到周郎林业队——不是种水田的——就是做种树、养蚕、种红薯这些事情。1971 年底,之前提到的那个戴校长,就介绍我当老师了。讲起来是劳动锻炼五年,其实我没有那么多时间在劳动,我经常到大队、生产队,写写画画,搞搞宣传工作。农村要在墙上写标语,就是用石灰调一调,用刷子就在墙上写。我喜欢写美术字,他们知道了,时不时就找我去写宣传标语。1971 年我当民办教师后,时不时还会找我写东西。比方说要"双抢"①了,书记要开会,要叫我写发言稿给他;然后我们那个戴校长,他在完小,就骑个自行车到我那个单班小学去,说张老师,大队叫你写什么稿子去,你这儿我来给你代课。他有好几次去帮我代课,把我喊到这儿(大队)来搞宣传。大队里面有一个广播站,我还当过广播员。每天早上四点半,《东方红》乐曲就播起来了,大队里面有通知,有什么注意的东西,我就得播。后来"文艺宣传队"②来了,大队把这个任务又交给我,让我召集一些人搞文艺宣传队,我就是宣传队长。搞宣传队搞了蛮长时间,有一年过春节都不准回去(留下搞宣传),在林业队找厨师做饭。

　　离我们插队的地方不远,有个地方叫甘家岗,上扫盲夜校的人比较多。

①　指农村夏天抢收庄稼抢种庄稼。
②　"毛泽东思想文艺宣传队"的简称,盛行于 20 世纪六七十年代。当时,从县、公社到大队各级都普遍建立了这类"文宣队"。

我们插队时有个女书记,她就住在那个村上。她说:"小张你好像蛮活跃的,你没事到我们村上来教教他们识识字。"我就隔三岔五地去扫盲。后来他们村小青年要想排演节目,我也是赶鸭子上架,跟他们在一块儿练练,还很有兴趣。女书记有一次说,"小张,我来带你安排个工作啊",我讲"你带我安排个什么工作啊?"(她说)"你去学兽医。"我想那个活不能干的,就没同意。那个书记还抽烟,边吸烟边说"你不听我的话啊!"——她当时猛吸烟的画面,我到现在都记得。过了大概一年不到,她又找我,让我到元桥去当生产队会计,我就硬着头皮去了。后来那个女书记换了,换了个男的。那个时候我不知道一般搞财务是要有一个会计,还有个出纳——出纳就是经济保管员,专门出现金的——我也不知道这些,然后就掇①到我一个人头上。但现金都不在我这儿,书记和生产队长两个人把这个存折上面的钱,给生产队买点化肥、农药啊,有的钱他们就花掉了。后来,1972 还是1973 年,具体哪一年不太清楚,上面组织来查账,一查我这个账,缺好多钱。我说你们应该配一个出纳,但没配,这个存折一直是在你们书记和队长手里。但是没有用,找不到证据,讲不清楚,最后我爸爸帮我把这个坑填起来的。

虽然我经常去给大队帮忙工作,但老师身份一直没变。后来到 1976、1977 年的时候,我就又回到学校去了。正好那时候有一个大队会计,他和书记两个人可能经济上有点问题,上面的工作队到我们周郎大队去搞运动,就是查贪污这些。队长是土桥信用社的一个主任,他也姓张,住在医疗站,我在广播站。有一天晚上,雨下得飘泼,他叫我过去,我不知道他找我干嘛。他说你会打算盘吗?我说我会啊,因为我教三年级珠算。他说,你给我当大队会计好吗?因为有前面那个例子,我说,"我不干,经济这种东西,我不敢接触"。又问他叫我当大队会计干嘛?他说,书记和会计两个人肯定有问题。他就想掺沙子,把我掺进去,把那个会计拿掉。后来我一想,我这一步棋是走对了,我如果答应他,把大队会计的工作接过来,然后工作队一走,书记就要叫我回林业队劳动了。工作队走后,我找书记说,"书记,我不能尽在

---

① 方言,在此有"堆"的意思,指把会计和出纳两个职务都让他一人承担。

大队里混了,我爸爸就是当老师的,我就是冲着当老师来的,你把我紧放在这儿,你耽误掉我以后转正,我连工龄都不好算。"他说,好,你写申请,我来批一下。他赶快就答应我了,因为满足他的需求了——他不要我当大队会计的呀,他还是要(原来)那个人(当会计)。所以我就规规矩矩写个申请,他就签字批了。我到现在都记得,他写了半天写了这么几个字:"同意张建国回老师队伍。"1977年,我就正式回到周郎小学。

三、 三个小学的教师生涯

　　我整个教师生涯一共待过三个小学。1971年开始,在慈山台小学,教村子里的复式班,又叫单班复式,即一人一校点。从早上学生到校直到放学,全都是一个人的事。一个教室里,三个年级,这排课桌一年级,那排课桌二年级,那排课桌三年级,一二三排开,最多四十个人左右。一年级上课,二年级、三年级做作业。二年级上课,一年级、三年级做作业……

　　1977年,我回到周郎小学。周郎小学原来叫洪巷小学,是一个完小,一至六年级都有。那时我带高年级语文,就是从四年级教到六年级,叫"跟班上",后来直截了当就教五六年级,四年级也不叫我教了。有时候也带带他们几节美术课,教他们画画简单的东西。另外还负责教务,现在叫教务主任,就是负责教学业务这一块,包括排课表;还有教学研究,听公开课,还要出考试卷。老百姓讲我是"二把手",其实我就是(负责)业务,其他我不管。我最觉得复杂的(工作)就是统一考试,考试(内容)得不让老师知道,那就要一个人出卷子。一至六年级的语、数(都由)一个人出。卷子出好了以后,不是像现在打印,要刻钢板,一人刻、一人印,印好了卷子封起来,它才不泄密。从出卷子开始,到刻钢板结束,再到把卷子密封起来,大概要用三五天,有时候还要晚上带回家刻——那时候用煤油灯,每个月可以报销两斤的火油,大概4毛多钱一斤——我有时候把钢板搬回家刻,我爱人说,"怎么学校就你一个人当老师啊?"

　　当民办教师,除了教学工作以外,还得劳动。公办教师不需要劳动,他

1977 年, 周郎小学教师与大队领导合影 (后排左二为张建国)

们拿工资与生产队没有关系。单班小学那是特别辛苦, 因为从早到晚就你一个人。一年级、二年级、三年级, 音体美劳动课, 从早包到晚。农忙的时候还得割稻子、割麦子, 春天割青草做绿肥; 还有任务, 带着小孩到外面去劳动。我那时候户口安排在林业队, 就在那去称口粮、挣工分。劳动很辛苦, 你们看到过那个薅草吗? 那个是最痛苦的, 就是跪到秧田里面, 把水稻拨开来, 用手在里面扒, 把草啊什么的, 一点点都扒得干干净净。

（当民办教师）那个时候那么苦那么累, 我没想过放弃, 的确是受我父亲的影响, 耳濡目染。他教单班的时候, 我那时候上小学, (很多) 事情记不得了, 但是我记得有一件事: 他教一年级数学的时候, $1+1=2$、$1+2=3$, 我曾经代他批过作业, 所以我就愿意干这个工作。我们那个校长跟我讲, 你不要等招工上调当工人了, 你就当老师吧, 他一句话就好像点亮了我心头的一盏灯, 我好像就认定了 (教师职业)。还有一个 (原因) 是, 放弃了这个干什么? 招工, 哪天轮到我呀? 招工的时候, 我曾经遇到过这样的事情: 就是一起插队的几个人, 其中有一个人, 他爸是我们大队供销社里面的负责人, 他哥是土桥这边信用社的主任。本来招工的名额是我, 但被他挤掉了。后来不知道怎么回事, 我就看到了当年的通知单, 我这个名字张建国被两条杠划掉, 写上了他的名字。那个时候的人比现在人胆儿还大, 现在人想暗箱操作, 通知单扔旁边，重新打印一张就是了，(他)直接就把我名字划掉，写了另一个人的名字。其实那个小伙子插队的时候跟我关系还挺好，我计较也没用，所以我对(教师)这份职业是特别珍惜的。

知青可以回城①，但不是大家都回城，每年有两个名额。(如果)回城，民办教师就不要你了，因为你户口回城就归城里管了，农村的这个民办教师就没你的份了，就要找别人了。我们那个中心校的校长挺好的，就问我们："马上民办教师就除名了，你们几个人怎么办，还是等上面来招工，到哪个单位当工人？还是干嘛？还想继续当老师不？"我们(民办教师)有三个人，家长都是当老师的，其中一个，他爸爸是我爸爸的同事；另外一个家里面成分相当高，如果不插队、不是高成分，就保送清华了，就是这么厉害，他跟我一样大岁数，后来当了中学校长。我们三个商量了一下：算了，都干了好几年了，我们就还是当老师吧，毕竟前面已经积累了工龄。而且我们三个人都结过婚了，能到哪儿去啊？走不了了。后来他(校长)讲，"好，我来把你们报上去，看看上面怎么处理"。哪晓得，当时那个完小的校长报到上面去——当时不叫教育局，叫江宁县文教局——(上面)很关心我们这个事。于是校长回来告诉我们：你们三个人要参加文化考试，赶快复习。在中学教书的那个同事层次高一点——因为他差点保送大学——就报考了中学，我报考的小学，小学的试卷比中学的要简单一些。我的数学差一点，大概考了六十几分，语文考了八十几分，就考了这两门。后来通知我们：你们被录取了。然后紧接着就转正了，到1979年底我就转公办了。

到1988年的时候，我小儿子在土桥镇上中学。他(身体)很单薄，从家里到学校都是烂泥路，如果遇到下雨下雪，我还得帮他扛着自行车，扛到有石子路的地方。后来我就跟(土桥)中心小学的校领导讲，请求调到这儿来教书，哪怕租个房子，我和他住在这儿，他就不用每天骑自行车了。哪想到，当时领导没同意，到第二年却给我调上来了，并说"你来就是五年级语文"。

① 20世纪70年代以后，国家开始允许知识青年以招工、考试、病退、顶职、独生子女、身边无人、工农兵学员等各种名义逐步返回城市。1978年10月，全国知识青年上山下乡工作会议决定停止上山下乡运动，并妥善安置知青的回城和就业问题。1979年后，绝大部分知青陆续返回了城市，但也有部分人已在农村结婚"落户"，永远地留在了农村。

周 郎 小 学 毕 业 班 师 生 合 影

1983 年,周郎小学毕业班师生合影(一排右五为张建国)

他说这个话的意思就是以为我在周郎小学是教书,调过来是想当个领导——我根本没有这个想法,就是想让小儿子少跑点路,让他学习安心一点。1989 年 9 月份,我调到了土桥中心小学,教高年级语文。我们土桥镇有十六个大队,每个大队都有完全小学,所以它就是中心小学,这个名称一直到现在都是。

后来我就一直都是教五六年级语文了。1997 年,国家教委有"双基①检查",来检查所有的学校。教育部的有个叫郑启明②的,(原来是)教育司司长,到我们学校来视察。那时候学校就要求搞装饰布置,我不是会写美术字这些东西嘛,就把我抽出来,到下面帮助每个学校搞装饰、布置。我那时候心脏就有点问题了,发现得了心脏病,叫阵发性心动过速,每分钟最多能跳220 次,救心丸都揣口袋里。我就带着药,骑自行车下去到乡里的一些完小,大概有七八所,帮他们做这个墙上的标语字、搞布置。我还带着毕业班,每

---

① 基本普及九年义务教育和基本扫除青壮年文盲的简称。
② 郑启明,男,汉族,1931 年 9 月 10 日出生于浙江湖州,大学本科学历,1949 年 7 月参加工作,1957 年 9 月加入中国共产党。1994 年 3 月从国家教育委员会督导司司长岗位上离休;1993—1997 年,受国家教育委员会返聘,任国家督学;1995—2000 年,担任第一期"国家贫困地区义务教育工程"专家组组长。

天除了上课以外的管理,就交给了班长,搞得挺好。我大概做了十天回来了,到教室门口,看到教室里面窗明几净,讲台前面有个三角橱,叠了一大盆花,是那种一朵一朵的小花,组合起来的。我刚到门口,那个班长喊了一声"起立",就像部队领导喊的,(学生)都站起来,我当时眼眶就湿润了。那年,尽管我在外面十天,我那个班统考的时候还是在土桥乡考了第二名。除了"双基检查"这个成绩以外,班级工作也做得很好,我就被学校里面的老师推选评优,一开始是报"南京市优秀班主任"。因为我给好多老师写过总结材料,我们学校老师评奖的材料也都是叫我去采访、叫我写。领导就跟我讲,材料我们就不代你写了,让自己写,写好了给他们看、审查。那时候写出来,都要复写纸,去用圆珠笔写的。我这个材料就上报到南京市,转到省里面去,最后被评为"江苏省中小学优秀班主任"。

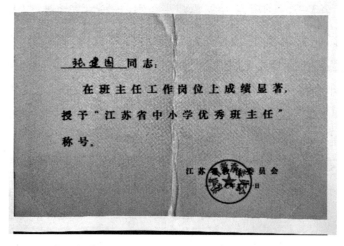

1997 年,张建国被评为"江苏省中小学优秀班主任"

　　有了这个基础,我就有评高级教师的条件了,但是还得破格,(因为)我这个学历还是低了一点,是进修的中等师范。经过破格评选,1998 年我晋升为小学高级职称。职称高和职称低的工资有区别,具体低多少我没注意过,(主要)是对自己进步的一个认可、一个检验。之后我当了高年级语文教研组长,一直干到快退休。大概退休前两年,学校有个档案室,(管档案室)那个老师要退休了，学校领导就把我放到档案室，跟那个老师先学一学，他退了，档案室就交给我，(这是因为)我那个时候年纪比较大了，照顾我。那时候还带四个班的美术课，一周八节美术课，管图书、管报纸、管收发材料。做了大概有两年，然后2007年11月退休了。

退休以后，大概是第二年，又把我喊过去代课。我们那个校长教五年级语文，他就跟我讲：老张，我这个当校长的，今天开会明天有事，我的小孩们语文课落下来了，你来帮我代课。我就帮他代课，代了一学期，成绩还行，我们这个班古诗比赛还获奖了。后来他调到淳化小学去当校长，又打电话来叫我给他代课。他说："你来不是有利条件嘛？(因为我给小儿子在淳化那边买了房子)，有地方住，刮风下雨有地方待，你吃饭喝牛奶，我们学校供应。"我说我不去。(我想)人家淳化没有老师呀？就你土桥有个老头儿呀？人家其他老师不会有意见呀？我们淳化就找不到人呀？我不想劳这个神，就不去了。

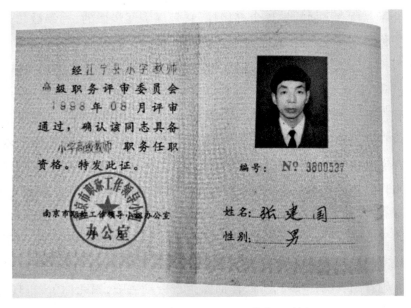

1998年，张建国被评为小学高级教师

四、 现在的教育和以前有很大差别

之前提倡一个大队有一个完全小学。一开始是很简陋的,简陋到什么程度呢? 课桌就是用土坯砌两个墩子,然后上面用几块木板搭一搭。后来就提出一个"一无两有"——"一无"就是没有危房;"两有"就是有教室、有课桌。这些我都经历过的,我带老师们都搞过这个的:放暑假,我带男老师到南京城里面,找那些包工头,跟他们要水泥,叫他们捐赠一点,我们老师一起动手,搞水泥地,搞课桌。1997 年左右,"双基检查"搞基础建设,后来搞得相当好,电脑、投影仪、空调啊,都配备起来了,就是武装到牙齿。结果第二年却来了个"一镇一校"——一个土桥镇只留一个小学,结果(之前的建设)就全部浪费掉了,江宁区是这样,不晓得其他区是不是这样。撤点并校这件事我觉得不太好,以前那些村小都没有了,我们那个完小只剩幼儿园在里头了。土桥原先有 16 个大队,就有 16 个完小,完小下面那个单班还有不少,全部拆光了。所有下面的学校全部撤掉,它是逐步逐步撤的,一年撤几个,撤完了。你看现在每天都是十几辆校车,早一趟晚一趟接送学生。这个集中起来有一个好处,便于管理呀;但如果要讲提高教育质量,我倒还没看出什么来。

我在周郎小学教书的时候,中午排队放学,吃过午饭,学生从家里来,没有一个在路上跌倒出事的。现在,一放学学生就得走,不管作业做没做好、这个课文会不会背,统统都走,你不走,放学了车子不等你呀。(即使)他第二天来作业还是没做,你能怎么他呢? 我们那时候教书,你的作业没有完成,你的书没有背出来,我不让你走,家长都没有意见。有一个老奶奶,她说,"今天没事,我来看看张老师是怎么教书的"。那时候,她七十多岁了,在我们教室门口一站,看我们一年级上过课了,布置写作业,小黑板一挂,二年级上。她看到我说,"哎呀老师,你回家生产劳动去吧,累死你了"。现在学校下午三点五十分放学了,家里有家长的一批先送走,如果家长到五六点钟才回来的,留在学校里面弹性离校,补课到六点钟再送走。每天早上晚上就是车子接送,太麻烦了。而且现在每个小孩书包都有几十斤,有的高年级小孩都要用那个小拖车(的书包),也不知道怎么弄得那么重。不坐校车的学生,家长也会送到校门口,给他背书包拎水壶。不像我们那时候教书那么轻松,排好队来、排好队走,一点事没有,也没有出问题。

我就觉得那个时候的教育方法和现在有很大不同。我教书那时候,其中有几个家长就直接跟我这么讲,"老师,我家小孩不好,不肯学习,你代我打,我不怪你"。这个他讲归他讲,我们不可能(打)的,这是犯错误的,要现在来讲是犯法的。在以前的话,老百姓和老师都有沟通:老百姓写写家信啊,都会找老师,我就给人家写过多少次;还有每年过春节写春联,我大概写了好多年,都写不完。他们都把你当成不可缺少的,有什么事都愿意来跟你沟通。甚至于有的老百姓家里面缺钱啊什么的都来找你帮忙,或者是小孩不太听话,也请你给点儿指点。我在周郎小学的时候,我们家里有责任田,如果我家里面今天有农活,可以和别的老师协调一下,回家去把这个任务完成,等你有什么事我再帮你代课;还有的时候,也会请学生家长帮忙,他们也会帮,比如我们家责任田要用耕牛来耕田,我也不会,再说有的时候教学任务紧张也走不了,家长也会来搭把手——那个时候好像家长和老师还比较融洽。

现在好像基本上不沟通。有几个原因:一个,(家长和教师)有距离感,他们觉得你们老师工资特别高,地位特别高,够不着。那个时候,假如我们村上教过的学生考上了(大学),家长提前就来请老师了,现在没有了——并不是要他请去吃饭,是说明他心目当中有你的位置。还有一个什么问题呢?现在,比方说学生有什么问题,都是老师把家长叫过来;我们那时候则是上门家访,你要去访问啊,不是你把家长喊到你面前来访问哎,对吧?现在,(家长认为)只要你不打我家小孩,其他就是你老师的事;反过来呢,老师又觉得你小孩有学得不好,我就把你家长喊过来。不知道怎么会变成这样,也许是大环境(影响)。

现在布置作业往手机上一放,发给家长。家长没有智能手机的呢?不会搞的呢?怎么办呢?我们教书的时候布置作业,有的时候给高年级钢板刻出题目来,印出提纲卷子带回家做,第二天带来交给我,这个不是很好吗?

第二天交来,不对再更正,或者集体讲解。现在这个就是往手机上一放,家长督促他去做。现在老师好像就是上个班完成任务,我们那时候不是这样。我就记得以前教书的时候,高年级马上要统一考试,就要加班加点嘛。我教语文的,就要跟美术课老师、音乐课老师,或者体育课老师商量:我这个测验要两节课,我(只有)一节课不够,你把你那节课给我。现在我听他们小年轻有时候会跟我讲,现在都不要课,几节课就是几节课。

五、 扎根农村苦尽甘来

好多人都讲我不应该留在这儿(农村)的,就是应该上去(城市)的。没办法,我也是"上了贼船了":我们的媒人是她(爱人)家里的舅母,山东人,大概有一米八的个儿,当时在周郎大队里面当妇女主任。然后她看我在大队里面,又搞文艺宣传队呀,又搞什么广播啊,"小张蛮神气的嘛!"她说,"你就不要招工上调了,哪一天轮到你啊!"她做我思想工作呢,然后她讲,"你就在周郎大队,就这样不错,我来带你介绍个对象","我姐姐(就是我岳母啊)有个独生女儿",就在我慈山台附近的村子彭家边教书。然后我在犹豫,我当时没有找对象的意思。后来我们那个校长姓戴,他就跟我讲,"小张,你等招工?你爸爸又没背景,我们这个当老师的谁看得起啊?你就不要走了,你就在这里给我们当民办教师吧,我一句话的事儿。"后来我就讲"也行",因为我看到我爸爸教书,我认为这个职业不错,总比叫我去学兽医要好得多。然后我不知道他们是合起伙来的(笑)——一个给我介绍对象,一个给我介绍工作。不过他们也是为我好,因为我都 26 岁了,这也走了那也走了(招工),一直没轮到我。

我爱人是个独生女,13 岁的时候她爸就去世了。她们村上这些宗族的人都讲,我去就是倒插门、入赘、上门女婿。我们戴校长讲,"你如果是这样做,你再改姓,你在全村办酒席,你民办教师不要当了"。那时候很讲究政治,这个(倒插门)是很传统的旧风俗,不允许这样做。我就先做我老丈母娘的工作,把这个利害关系跟她讲。老太太还挺开明,说没关系。然后跟我爱人说,她也说行,听我的。最后我再跟校长讲,我就认定干教师了,不能因为这个事儿把我工作丢掉了。我回家跟我爸爸妈妈讲,他们说我这样选择是对的,让我自己做主。

后来,老岳母和我爱人,就讲至少要有两个孩子。那时候还没有怎么讲究计划生育,只是外面有一两条宣传标语,"提倡一对夫妇只生一个孩子"——我这个记得一个字都不少。我就跟我爱人讲,就听你妈妈的话,生两个就生两个吧,就是第一个孩子随我姓,第二个孩子随你姓。她家里也平衡一点,所以就是大儿子姓张,小儿子姓陈。我哥在我后面结婚,我哥哥没意见,我爸爸也没有,就是周围有人讲,说你们家"锅没滚,炉罐先滚了"——以前厨房有大锅,两个大锅中间有小的炉罐。就是笑话我,认为我结婚不应该在哥哥前面。反正我爸爸妈妈姊姊妹妹还好,就是外面有人讲,随他讲吧,(不然)怎么办呢!

我从任教到退休,土桥镇上的先进教师,不知道得了多少次;江宁区的大概有四五次,最高(荣誉)就是省级。就是热爱这个工作,我没有这个工作干,(其他也)轮不到我,我就在这工作上下点功夫吧。所以家里的好多事,我管的少一些,孩子也管的少一些。那时候,我只能教育他们好好学习,也没有地方找门路。所以对两个小孩没培养好,这是我最大的失误。两个儿子,现在都是打工。那时候考师范还挺容易,就是中专。但大儿子说"我才不考呢,一个月就 35 块 5"。因为那时候做老师待遇差得很!我举个小例子,好像是 20 世纪 90 年代初,家里来亲戚,我本身不抽烟,到街上供销社去,说"老马,我家里来亲戚,你卖包烟给我哎",那时候南京烟,甲级的,3 毛 1 分钱一包,挺好的了,想开后门买一包。"没有!"他不卖给你,瞧不起你嘛,当老师没人瞧得起哎。同时我看到一个干部模样的人去了,他就主动问,"你要什么烟啊? 你要什么烟啊?"

有的家长对我们的工作还是特别尊重特别赞成的,有的不是这样。我当民办教师的时候,大队干部很照顾我,考虑我这个知青没有回城,没有去当工人,能留在这儿,就是要照顾照顾。他们把我爱人分配到社办厂——叫社办企业——到这儿的农机厂上班。这一来,村上的老百姓就不愿意了,认为本乡本土的人反而去不了农机厂上班，就觉得大队干部偏心，照顾我了，心里不服气。现在也有，有些人说"你们都退休了，还拿那么多钱"。我爱人喜欢种种菜，他们有的人就讲，"你们老张拿那么多钱，你还忙什么东西呢！"昨天老伴还跟我讲呢，我说："你不要跟她计较，她讲你就随她讲。"那个时候你拿的钱少，人家瞧不起你，现在钱拿得多了，他又看不得你了。对于农村的孩子们，我觉得不一定非得考个好学校，但首先要学会做人，先成人再成才，成为对社会有用的人。

李作启

从教三十八年，我还没有教够

亲 历 者：李作启

访 谈 人：李玉刚

访谈时间：2022 年 5 月 31—8 月 9 日

访谈地点：线上访谈

访谈整理：李玉刚

亲历者简介：李作启，男，1947 年出生，安徽临泉人，中共党员。1965 年 1 月入伍原沈阳军区 1388 部队 82 分队；1967—1970 年连续四年被评为"五好战士"；1971 年 4 月任安徽省临泉县吕寨公社夏庄大队夏庄生产队民办教师；1988 年 9 月任安徽省临泉县吕寨公社夏

李作启（左二）接受访谈

庄学校小学教师兼任教导主任；1998 年 12 月由民办教师转为公办教师；2007 年 9 月退休；2007 年 9 月—2009 年 7 月，返聘于赵庄学校授课。

一、 当兵六载，爬冰卧雪驻边防

我 1947 年出生于安徽省临泉县，父母都是农民，有两个姐姐和一个弟弟，一直在夏庄居住。1955—1961 年我在夏庄小学上小学，学校性质是六年制公办教育。1961—1964 年我在吕寨中学读初中。上学的经费自供，小学一学期 5 毛钱，两本课本，初中到吕寨也是自费的，学费很少很少。那时候农村人吃饭都成问题，听说征兵体检能管大米饭，生产队还给开工分，相当于干一天活，我没有吃过大米饭，就想去试试。农村的传统观念是"好孩不当兵、好铁不碾钉"，那时候要的兵多，报名的人少，所以身体合格、通过政审的都能去。我是 1964 年 12 月份报名参军，1965 年 1 月由安徽省临泉县滑集区武装部入伍，到原沈阳军区 1388 部队 82 分队，驻吉林省吉林市。至 1971 年 3 月退伍回家，当兵时间是六年。

1965—1966 年我在吉林省吉林市西大营集训大队站岗，任务主要是站岗放哨，一个班 13 个人，白天夜晚轮流站岗，一个小时轮流一次，其他时间学习政治。1967—1968 年我在黑龙江北大荒，也就是在安图县种黄豆，那儿叫北大荒农场，春天播种、夏天管理、秋天收获，春去秋回，然后再回到吉林市营房驻军。农场是部队办的，为了增加部队收入，收入主要是补给部队食堂改善伙食用的。1969 年我们到吉林省吉林市舒兰县①挖煤，煤井是斜井，是当年日本人留下的。我们由当地师傅带班，每天干八个小时，每干四个小时中间吃一顿饭，再下去干活。煤矿也是部队办的，用来增加额外收入。1970年部队到吉林省图们市驻军，那里是中朝边界，我们是拉练走着去的，任务是驻军、训练、学习。1971 年回到延吉市，六年兵到时间了，我进入退伍训练班。我第一年每月津贴 6 元，第二年每月津贴 7 元，第三年每月津贴 8 元，第四年每月津贴 9 元，第五年每月津贴 15 元，第六年每月津贴 20 元。

记得我们到达中苏边境是在 1969 年 10 月份。1969 年 10 月至次年 1 月，部队抽调各连队的一、四、七班班长组成临时边防部队，到黑龙江省绥芬

①   今吉林省舒兰市，为吉林市代管的县级市。

河市国际列车铁道下的涵洞站岗放哨,实际上是夜间潜伏。当时我是七班长,到临时部队还是任临时七班长。驻军110天,白天住在涵洞,夜晚学习、站岗,站岗实际就是潜伏,每人身披白色被单,在零下二十多度的寒冷夜晚,一趴就是一个小时,没有声音,一动不动,真是爬冰卧雪,一不怕苦,二不怕冻。我记得最清的一件事是随身带了四枚金属黑盖的手榴弹,黑盖都变成白色的了——是在潜伏时被衣服磨成白色的了。

在中国与苏联交界的地方,咱中国这边把边界50米以内树木全砍掉,用大拖拉机犁平整,树根挖掉。这50米宽的道能起到什么作用?它既叫松土带,又是防火道。叫松土带是因为拖拉机犁好地后,人从上面走过会有脚印,苏联人朝这边过,或者中国人朝那边过,一目了然,巡逻的人都能看出来有几个人过去或过来。为什么也叫防火道?比方说,如果中国国内失火,去不到苏联那儿,苏联那边失火,也蔓延不到中国来,起到防火的作用。我们在隔离带站岗,白天站固定岗哨,此外也有专门巡逻的。苏联站岗在他们那边,间隔100米左右,看得非常清。平常就在涵洞睡觉,人挨人,铺上草、被褥、被单,洞的两头找东西堵着。

1966年,李作启(最右)在吉林市1388特训营门口持枪站岗

白天是白天的岗,夜晚有夜晚的岗。白天是公开站岗,一个班轮流,都是站岗一个小时换一次班。夜间是潜伏站岗,需要趴下。(印象)最深刻的是夜间不准说话,没有声音,冷哩很!人穿得相当厚,跟团①的一样:脚上穿的是毡筒子,厚得很,不过潮、不透风、不冻脚;贴身穿皮裤皮坎肩,上面再穿棉裤棉袄,上面再穿大衣,子弹袋、手榴弹袋在大衣外面。我们还背着枪,枪里都是实弹,真正的子弹。当时苏联站岗的人在百米高塔上,我们在黑夜瞧得清哩很!对面有一间小房,上面有四根铁柱子,柱子上面有岗楼子,里面有一部电话、一个电磁炉,电磁炉主要是烤火,不是做饭,他那儿的条件高级,不过爬上爬下费事。当时主要是学习打坦克,我们在涵洞里面学习,有黑板,没有真枪实弹训练过,专门请专业人士讲解。1970年元旦我们在涵洞里过节,改善了伙食,吃的都是从牡丹江调过去的蔬菜,先由内地空投到牡丹江,再从牡丹江发过去的。那时都是冻菜,没有新鲜蔬菜。鸡蛋,我们是把壳子打掉,蛋黄蛋清已经冻成一块了,就用刀砍着吃。我记得最清楚的一道菜是鸡蛋炒蒜黄,当时觉得伙食相当好了。

当兵六载,我在解放军这所大学校里受到教育、得到锻炼,是这所大学校把我从一个无知的青年培养成一名合格的共产党员。我在1967年4月成为预备党员,1968年4月成为一名正式党员。1967—1970年任班长职务,获得营口头嘉奖一次、连口头嘉奖两次,1967—1970年连续四年被评为"五好战士"。

二、 从教三十八年,我还没有教够

我1971年开始教书,是由群众选举的。根据上级指示精神,每个自然村,也就是每个庄,要有一所学校。我退伍回来,又是共产党员,大队就选了我。受党的教育,干一行爱一行,我想,既然群众把我选出来,就好好干。从教38年,一天一天地上,课程满满哩,星期六还上半天,没有休息时间。

---

①　方言,圆的意思。

　　1971 年 4 月至 1978 年 9 月，我在临泉县吕寨公社夏庄大队夏庄生产队担任民办教师，教的是一年级和二年级复式班。民办教师待遇是只拿生产队工分，每天 10 分，和普通社员劳动力一样。节假日、星期天不计工分，每 1 分的工分值是 2—3 分钱，也就是每天 2—3 角钱，每月 8 元左右。20 世纪 70 年代这段时间生活是最困难的，我白天教书，晚上放了学摸黑干自留地的活。我家全是吃红薯或红薯面，早上红薯、中午红薯、下午还是红薯，没有麦面，也没有豆面。那时候一亩地产几十斤小麦，产到一百斤小麦的情况很少。打的粮食不够送公粮的，留留种子，没有了。到过年了，大年三十大队给一个人分几斤麦余子，它不是麦，是打不掉的麦壳子、麦瘪子，就这还是 70 年代末期才有的，70 年代初期根本都没有。那时候没有粪土，种子赖①，国家没有化肥，碳铵都没有，再加上是生产队统一种，又不是个人种，吃大锅饭，心不齐，直到 1978 年生活都很困难，不光咱困难，大家都困难。1960 年前后更严重，不允许个人烧锅，弄菜没有地方烧。

　　1978 年 9 月至 1988 年 8 月，我担任临泉县吕寨公社夏庄大队小学数学教师。待遇是由大队调粮，每年 50 斤黄豆、100 斤红芋片子和国家补贴相结合，按季度发给，每季度 30 元。1988 年 9 月至 1994 年 8 月，我担任夏庄学校小学教师兼任教导主任。国家补贴每月 20 元，由于民办教师每人分得了一份土地，大队不再调粮。1994 年 9 月至 1997 年 11 月，我调到吕寨镇夏庄大队赵庄小学任教数学教师，每月国家发给 150 元钱工资，还是民办教师，教一二年级复式班的时候，因为课程繁重，我除了吃饭时间都在学校里，下午放学才能回家。我教过复式班的语文数学，到了大队小学之后，一直教四年级数学。其他老师都轮流教各科，我是特殊的，因为我四年级带得好，不按课本讲，在镇政府一二十所学校，竞赛都是前三名，校长从来不让我更换。大队曾经有五年的时间，组织教师到镇里集中学习，主要是为了提高业务。那时候选拔工农兵学员上大学的机会很少很少，一个大队就一个人。我没有当过大队干部，大队干部没有当老师的，他们不愿意当老师。民办教师有工

---

①　方言，种子不好的意思。

作证,有编制,需要入三级信息库备案。城里没有下来当民办教师的,上面来的都是有编制的。成为公办教师要考核,通过选招,再经镇政府公示,合格了没有人提意见就通过。

我在临泉师范函授学校参加过中师进修,二年制,一年约有一个月的集中学习时间,一天两大节课,上午一节晚上一节,绝大部分时间自学,最后统考达到 60 分允许毕业。我教数学,考了一门数学考试,毕业了拿到中师证——按上级精神,民办教师转为公办教师,最少要达到中师毕业。在民办转公办的考核中,我的分数是 91 分。1998 年 4 月临泉县赵庄小学和临泉县吕寨镇教育办公室同意推荐,然后临泉县教育、人事部门同意选招为公办教师,1998 年 12 月 16 日阜阳市人事局审批通过,我从安徽省小学民办教师选招为公办教师。

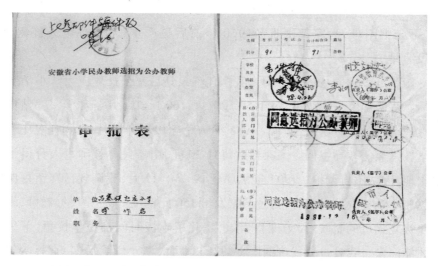

1998 年 12 月,李作启由民办教师转为公办教师的审批表

当时民办转公办,转不上的老师还有不少。他们转不上,就被辞退了,民办教师也当不成了。还有的条件不够,或者嫌工资少,没有等到转正的时候不干了,不能熬了。民办教师有三级信息库,省、县、镇都有,没有入民办教师三级信息库的就转不上;入三级信息库的,能坚持到底的,便能转上。还一部分是入了三级信息库,但提前几个月或半年不干了,没

有坚持到底。成为公办教师后，也就是一名真正的人民教师了，我的干劲更大了。当民办教师时，我是"两条腿"走路，所谓"两条腿"，一个是凭借国家每月发的 150 元补助，另一个是教学外还要抽时间种地；转为公办后，我的工资是民办教师的三倍，每月 488 元，全由财政支出，工资多了，生活有了保障，就不用再操心劳动了，所以感到轻松了很多，能一心扑到教育事业上。

从教期间业务考核多，每年都有，职称都有评聘。1989 年 1 月 1 日我取得小学三级教师职称；1997 年 12 月取得小学二级教师职称；2000年 12 月取得小学一级教师职称；2007 年 11 月我晋升为小学高级教师。从一级到高级花了七年时间，但因为 9 月份退休了，就没有兑现工资。乡村教师的工资没有城里高，但比农民强得多。1971—1978 年我在生产队任教，吃的是生产队工分，每天 10 分，男女老师一样。1980 年以后老师砍掉的多了，没有多少民办教师。1988 年以后国家每月补助 20元，大队不给粮了，民办教师有土地了。1998 年 12 月转公办教师，每月488 元，四到五年没有涨工资，2004 年以后逐年增加。2007 年退休时，我拿 1872 元的退休金。

我感到自己还没有教够。首先，因为我有三十多年教学生涯，和学生有感情，每当到讲台上一站，看到一张张求知的笑脸，心里有说不出的滋味，我感到有责任，也完全有能力胜任教学工作。其次，我有一种成就感，从 1971 年 4 月被推荐为民办教师，一干就是 36 年，在这 36 年中有苦有乐，为国家输送了不少人才。我教的学生，有不少人大学毕业了，当了教师、国家公务员等等，我本人的儿辈和孙辈中也有三个孩子大学毕业，走上工作岗位。最后，我的身体好，没有什么重大疾病。我热爱教育事业，我很愿意（继续）干这一行。2007 年 9 月退休后，因为赵庄学校校长挽留我，我又被返聘干了两年。在我 38 年教学生涯中，不图名不图利，兢兢业业、任劳任怨，发扬蜡烛精神，照亮别人、燃尽自己。

2005 年,李作启(一排左四)退休前和学生的最后一张合影

三、 村村办学,乡村教育从此起步

从我 1971 年开始任教时,村村都办学。一个自然村有一个生产队办的一二年级复式班;一个大队有一所小学,从三年级到五年级;两三个大队有一所中学。当时村民不太重视孩子的教育,家长不管不问小孩,孩子上学自己去自己回。现在不一样了,小孩上学有人送有人接,回来看着小孩做作业,越来越重视了。那时候没有中心校,村小复式班归大队小学管,大队小学归镇教办室管。那时候老师都够用,都是民办老师。现在建立中心小学的制度,有些孩子要住校或者坐车上学,比以前"普九"教学质量好哩多。现在校长都是公立教师,那时候民办教师当校长的还不少,校长也代课,工资和教师一样;镇教办室里面好多人,主任、副主任、会计,还有其他人员。那时叫吕寨区,后面改为镇,教办室负责传达县里精神,以及管理教师的选拔、

培训、调动、业务检查、公立教师的工资发放等事务。教办室主任相当于大校长，是国家的人，他的职务比大队小学校长高些，负责管这些校长，只管小学，中学管不着，现在吕寨镇中心校校长就是镇教办室主任。

当时的教育比较落后，上级有精神指示，教育要普及到自然村。从1971年开始，村村要有一所学校。生产队就是自然村，行政上叫自然村，集体化时期叫夏庄生产队。生产队办的学校主要是复式班，一年级二年级合办的。自然村学校的老师是由生产队选举的，教室是生产队找一间小屋——不说多好的小屋，能有个容身的地方就行。桌子都是用土坯垒起来的，板凳由学生自带，学生家里没有板凳的就坐土坯上。一个自然村十多个学生，甚至一开始连十个都没有，那时学费3毛钱、两本书，就那样也没有人去。后来发展发展，去的孩子多了，基本上自然村里的小孩全部都入学了。国家教育实际是从那时候发展起来的。民办教师的工资由本生产队负担，工分和社员一样，一天10分，节假日没有分。节假日仍然参加生产队劳动的，也给10分。办公费寥寥无几，几盒粉笔、一杆钢笔，生产队拨给老师一分地算作办公经费，由老师自己种，收获归老师。

大队办的是完小，属于公立学校。那时候不是每一个大队都有一所完整的小学，夏庄大队有学校，挨着的邻居徐庄大队就没有学校。我们大队的小学从三年级开始到五年级，学生一二年级先在生产队小学念。大队小学是国家办的小学，有公立教师，到后来把村里小学砍掉，通过教办室、大队合办，也就是说把一二年级全收回到大队部，学生多了需要老师，就从各个生产队学校里面挑，由大队小学的校长组织出题，通过考试选拔，论分数不论关系，通过考试的老师录取，不需要的直接下岗成为生产队社员。大队办学有40%是公立教师，60%还是民办教师，民办教师就是从原来生产队小学提上来的。老师调入大队小学之后，国家给的补助就逐年增多了，论季度给钱，公办教师的工资由国家财政拨款，20世纪70年代的时候，一个月27.5元，最高的才34元，这些人吃住都在学校里。大队校长都是教办室认定的，大队办学的经费是国家补助的。

吕寨小学、刘楼学校、高寨小学的校舍都是用原来地主的房子，老师也住里面。平常教室需要改造、翻新的时候,师生都一起帮忙。发扬"三土"精神——土房子、土桌子、土凳子,课桌是泥巴打的。慢慢地,学生多了不够住,需要重建学校。学生教室、老师住房都是大队负责建的房子,盖的土坯房。学校也有一笔建房款,但很少,就出檩条、竹竿,此外国家再拨一部分。建学校的劳动力全是大队出,大队向生产队要劳动力。到 20 世纪 90 年代初期,学校盖了砖瓦房,校舍条件已经可以了。

四、 比学帮带,把镇完小都比下去了

我们大队小学的学生主要来自周边自然村。学生家庭经济条件一般都不太好,父母都是老农民。上学主要支出是书本费,20 世纪 70 年代初期一个学期几毛钱,2000 年以后大约百八十元。这个费用对很多家庭来说还是比较难承受的,很多人不上学的原因就是家里没有钱。不过那时候社会风气很正,学生很听话,很努力,知道要学习文化,长点知识。当老师的喜欢品学兼优的学生。对于学生怎么评定?以分数、文化知识评定。都是班里评,没有什么奖励,顶多奖励一个小本子。学校处罚学生很少,学习差的靠学习好的带一点。至于学生阶级成分,学校老师对地主、富农、贫下中农子弟都是一样看待。

我任了三十年的四年级数学老师,换了两任校长都没有动,我所处的学制是五年制,其他老师跟班走,从一年级到五年级轮换教,唯独我干了三十年四年级数学教师,在镇里也是有名的数学老师。这是怎么回事呢?(因为)镇政府每学期都有一次全镇竞赛考试,竞赛持续十年左右时间,时间段在 1995—2005 年。我所教班里五十个学生中抽五个到镇里统考,抽 10% 比例,一学期一茬,或者期末或者期中,时间由镇里定时间,在历次考试中,十年时间,(我带的班)没有考过第四名,全是一二三名,把镇完小都比下去了!那时候职称晋级需要看教学质量,通过全镇竞赛考试成绩评优,人家晋级,弄不着优秀,我晋级,优秀都用不完!我带这个数学课时间长,关于数学学科的知识,上一节课从哪开始讲起、布置什么作业,几十年下来已经非常熟练了。老师上好一堂课要注意三个问题:第一个问题是时间安排好,第二个

问题是突出重点,第三个问题是突破难关。一节课能把这三个问题注意好就行了,这是老师教案、备课的必要条件。为啥时间要掌握好?一堂课40分钟,教得再好再精彩,到时间没有讲完,也是教学失败,这堂课没有完成任务。一堂课把重点突出、难点突破了,就算教学成功了。

我是怎么组织学生学习的呢?我提出来"比学帮带"。第一个是比,比谁做的好事多,比谁成绩好、考的分多。在班里找出成绩好的学生,把尖子树立成榜样,利用教室后背墙上的学习园地,让学习委员把班里好人好事、优秀作业贴在表扬栏里,大力表扬好人好事,一目了然。第二个是学,学先进人物,学成绩好的,跟啥人学啥人,跟着好的学好的,捣蛋的同学他也不捣蛋了,在班里形成学习的风气。第三个是帮,优生帮助成绩差的学生。还有一个是带,我充分利用班里干部、委员、学习骨干,带动全班学习。把全班同学分成六人一个组,其中两两结成小组互帮互学,一个班分成多少个小组,就有多少个小组长带队,成绩最好的分配到这个小组最差的学生。"比学帮带",我利用这四个字原则,把学生的学习积极性充分调动起来了,这种做法能让一个班的学生均衡发展。树立典型得有奖品,班里没有钱,我自己出钱买点本子和笔。农村的小孩和城里的小孩不一样,农村经济欠发达,家长不给小孩零钱花,买个本子都困难,孩子能奖到一个本子就很高兴。本子还分大小,写字本、作文本的等级不一样,根据表现来奖励。不管钱多少,只要是奖励,学生能得到本子就很光荣,所以说通过"比学帮带""多表扬少批评,多鼓励少打击"的做法,提高学生的成绩还是很快的。

五、 此生满足,以自己是乡村教师为荣

我和爱人是经人介绍认识的。那时找对象,对文化水平没有要求,能劳动能干活就行了,主要看家庭成分,贫下中农都行。结婚没有啥条件,女方不要彩礼,男方也没有准备啥。吃饭的问题比较难,不过条件再困难,也熬过来了。1971年我当兵回来结婚,1972年爱人生了双胞胎,红糖买不着,要红糖票,鸡蛋都吃不着,物质匮乏得很!生完小孩,我爱人双腿浮肿得粗,因

为缺乏营养,吃不着肉、蛋,养不了鸡、猪、牛、羊,地里不产粮食,好面馍都没有,生活赖、条件艰苦。我的工分和群众一样,寒暑假、星期天不教学都没有工分。最困难就是那时候,后来(能)吃饱了。

在我开始教书那会儿,乡村的整体文化水平不高。我所在的二百多人的自然村,只有四五个初中生,没有高中生。读过小学的比例不到30%,文盲的比例占60%—70%,这当中女性占40%,特别是小女孩,要帮大人照顾小弟弟小妹妹、干家务活。考上高中的就更少了,主要是读不起,没有钱上学。因此一位有文化、懂知识的教师在乡村扮演的角色往往比大队干部还多。集体化时期,扫盲班、工宣队、贫宣队、农业学大寨工作队、批判小分队、党风巡视队等都是由教师兼任的。比如我带过扫盲班,扫盲班不用交学费,老年、中年、青年都能来参加,有老头老太婆,也有没上过学的年轻姑娘,主要利用冬季人们吃过下午饭的一个半小时左右,学文化、学写字,念报纸,最重要的是教认字。晚上上课没有电灯,就用马灯。扫盲班夜校持续两三年,1971年我任教就开始了;一开始没有书,后来有不成形的小本子。村里人都上过(夜校),当时有政策,生产队叫去,得工分,每个人上两三年,积极得很。改革开放以后,脱贫、计划生育、人口普查工作,都抽调老师去做,并且"包到户",因为从集体化时期到现在,老百姓对老师亲近,愿意信任老师,心里话愿意和老师说。

农村里不可缺少红白喜事,家家都有嫁女娶媳、上梁、考上学、待客,这些属于红事,还有白事,亲人去世叫白事,统称为红白喜事,家家都得办。教师常常是农村红白喜事的组织者。我们村包括周边的村庄,有什么红白喜事都找我帮忙。春节呀、上梁呀、娶儿媳啊,我都免费帮他们写对联,上梁有上梁的对联,结婚有结婚的对联,割尾巴有割龙尾的对联。我有两本对联大全,想不起来的时候,从里面找好几条让东家挑选。组织红事,我帮东家参考,需要买什么东西,买多少东西,多少人参加,菜、饭要和东家合计好,既不能浪费,也不能太寒酸,搞多了铺张浪费,搞得不好看有人说你太小气,说你跟不上形势发展,参与者有意见。我起到一个与东家沟通、让参与者满意的作用。白事也是一样,伤了人或者老了人,咱那儿农村都会办四五十桌,四五百人都前来烧纸吊唁。这是一大笔开支，不计算好，东西往往会浪费，因此需要精心设计。我经常组织，也有经验，一桌需要买多少菜，那基本上都有标准哩。这样一来，红白喜事我能给东家办好，省了不少钱，也省了很多烦心事。有些没有办过事的不懂，我教他怎么办。本村和周边村子的对我非常满意，一摊子事我都能帮着摆平。

教师是个体面的工作，我以自己是乡村教师为荣，我从来没有想离开教育系统，退了休还想教学，没有教够。我本是农村人，干了 38 年教师，认为很值。教书、培养学生是我的任务，我为完成我的任务高兴。我不承认我是知识分子，我认为自己是教书匠。我这一生很满足了，当了 6 年兵，干了 38 年教师，没有犯任何错误，还为国家培养了不少人才，理想实现了。我自认为是乡村社会整体发展的活动者、参与者、建设者，乡村文化的传承者。

2017 年 9 月，李作启荣获"乡村学校从教 30 年"荣誉证书

我认为教师身份是有话语权的，说话比较算数的。我在本村、本大队教过学，乡邻关系很和谐。我与同事关系搞得很好，很团结。我和学生关系也很融洽，学生出现问题，我家访家教帮助学生。我也从没想过去城市教学，没有那个想法，条件也不允许。本就是农村人，还能去城市教学吗？尽管当时农村不怎么重视教育，我主张我的每个孩子上到初中毕业，有点知识，不管什么时候都能用得上。孩子在我的学校上学，我和对待其他学生一样同

等看待。家庭重视教育的,容易出大学生。我的孩子有上大学的,也有初中毕业不上的,那时上大学的很少。他们有打工,有经商,还有当国家干部的。在我看来,农村教育从 1995 年分界,1995 年之后,特别 2000 年以后,家长开始重视教育了,农村开始有大学生了。1995 年之前,有些家庭条件落后一点,家长就不给学费,不叫你上学了。农村人为啥认识到教育的重要性? 第一个,村里出了大学生,老百姓看到谁家小孩考上大学了,挣了多少钱,开始重视小孩上学了。第二个,农村人最现实,看到谁家大学生找着工作了,知道该叫小孩上学了。原来家里都叫小孩拔草,大小孩带小小孩,现在不叫干活了,让写作业去。原先上学几里地,孩子都是自己去,现在老头老太太用三轮车、自行车带小孩到学校,放学再接回来。咱们村二百多人,现在将近有三十个大学生,1999 年之前都没有。二十年光景,咱们庄出了将近三十个大学生,这是很不容易的。

对于农村而言,教育最突出的功能是培养人才,走出农村,面向城市。生产队学校里,不管老师教得好歹,都让学生受了教育,一二年级课程,都是民办教师传授给小孩的,然后到大队完小,把根基打扎实。上初中、高中,都是小学打基础的功劳。学过知识、懂得文化,哪怕出外打工,也和文盲不一样:没有上过学的,打工织出的布多少米都不会写;上过学的,就算是上了三四年级后辍学的,都会写会算,最起码到城市上厕所不困难了,这些成绩来自那个时代的民办教师和大队、村小学。现在没有生产队小学了,而是一个村一所学校,学生都能上到初中毕业,完成九年义务教育,现在农村大学生也多了,和原来不一样了。普及文化知识,少不了乡村学校和乡村教师的功劳,现在教师待遇提高了,工资涨上去了,乡村教师的价值得到了充分发展。我希望农村的孩子能学好知识,因为有知识才能有前途,没有知识,走到哪里都不行。

何明祥

卌载教育路，一世巴山情

亲 历 者：何明祥
访 谈 人：李国太
访谈助理：徐艳君　谷云飞
访谈时间：2022 年 4 月 4 日
访谈地点：四川省巴中市南江县和平镇宋朝寨村二社何明祥寓所
访谈整理：徐艳君　谷云飞

亲历者简介：何明祥，男，1952 年出生于大巴山腹地的四川省南江县和平乡，中共党员。1965 年在本村小学毕业；1968 年南江县正直中学初中毕业后返家务农；1970 年入伍；1973 年复员返乡在和平公社八村小学任民办教师；1993 年考入万源市师范学校；1995 年毕业后转为公办教师，在和平乡鸣垭村小学任教；1999 年调任和平乡初级中学；2012 年退休。

何明祥（右）接受访谈

一、 那时候只想念书

我祖上是"湖广填四川"的来川移民,世代以务农为生,直到我祖父时才考了个监生,后来在乡下教了一辈子书,在乡里有一定名望,经常帮别人点主①、写对联、作碑序。他59岁就去世了,留下了我父亲七兄弟,还有两个姑姑,共九个兄弟姊妹。我父亲从小不想读书,家里也没条件读,所以一字不识。但父亲在祖父出门时帮他提烟、提箧盒子,因为记性好,就记住了祖父的很多话。"文化大革命"时,贫下中农管校管了六七年,父亲当时还因此成为贫下中农宣传队管校的组长,给学生上忆苦思甜课,讲述旧社会的悲惨经历。

我1952年出生,是家里最小的。我大哥念了11年古书但成绩很差,二哥一天书没念过,大姐上过夜校,幺姐只念到二年级。那个时候我们家里穷,老大念书,老二就只能在家里干活。我六岁才开始在村里的民办小学念书,念到三年级上学期,国家搞"调整、巩固、充实、提高",民办学校就停办了。我没书念,就回家割草,一天就经佑②那个水牛,家里人给我编了个比我还高的背篼。我那个时候想念书想得慌啊! 直到1961年下半年我才又去念书,我们班连我有12个人,他们已经把小学前五册教材念过了,就不愿意老师又从三年级开始教,老师就把我们弄去跳级,那数学就不懂了。村小念完,我们那个班连我有八个人考高小,后来有六个考上了初中。初中念了一年半,开始"文化大革命",把教师都弄跑了,就给我们发了一个初中毕业证,班里没有上高中的。初中毕业后我就在家务了近两年农。

我17岁就结婚了,那时候初中刚毕业一年。妻子比我大一岁半,是我堂嫂嫂给我当的介绍人。那个时候结婚成分很重要,贫下中农去围③地富子女,社会地位、声望就很受影响,所以一般贫下中农不会和地主子女开亲。当时父亲63岁了,我心里也没啥想法,说亲基本上是爹妈说了算,男娃、女娃

---

① 旧时丧礼之一,请礼生用朱砂笔在牌位的"王"字上加上一点,使"王"字变"主"字。

② 方言,照顾、饲养的意思。

③ 方言,围亲,指两家缔结婚姻关系的意思。

一般不得接触，好多人要到结婚的时候才晓得对方的品性、爱好，婚后慢慢磨合，但我们在和平念高小时就认识，她低我一级。把我弄去扯结婚证，我虽然只有17岁，但个子很大，民政局的人问我好多岁了，我说20岁了，那时候没有详细的档案，也就混过去了。我后来去当兵、教书，她就一个人在老家集体里挣工分。我们有一儿一女，那时候计划生育搞得严得很，只准生一个，第二个生了要罚款，第三个生了就要受处罚，我女儿就罚款了的。当时我们这里必须有个男娃，他们说必须有一个掌犁把的一个端亡牌的①，你说光生女娃，那不作数。

　　18岁时我响应国家号召入伍从军，走的那天娃娃才七天。接兵单位是青藏军务部某部，我在那里当了半年汽车兵，开车就是那时候学会的。开始有个师傅带上在大河坝里跑"8"字，汽车一溜一溜的，汽车哪个地方有问题，师傅坐在车里，我就要下车趴在底下拧螺丝。地上冰多厚，但再冷都要趴起，穿个崭新的军装（下去），出来就像一个"油耗子"。跑到一定时候，师傅就带你往西藏跑，但我开始上不了高原，有高原反应，脖子肿得和脑壳一样大，出不来气，所以（第一次）在清河兵站我就下来了，没到西藏去。第二次我就跑到西藏的茶卡，第三次就跑到青藏边上去给边防部队送炮，后来又跑到西藏林芝去毛纺厂拉小毡。在这期间，有一件事我至今还印象深刻：我拿到实习驾驶证之后，就一个人驾车，我现在还记得车牌是"新8-2015"，我在西藏把货卸了，开空车返回，经过清水兵站时车况不是很好，天也不早了，在拐角的时候我才看到前面有个拉了一马车码得多高柴火的老藏民，我来不及刹车了，就只有把方向盘往里端，结果撞到一个土坡，车就熄火了。那个藏民看都没看我一眼，"驾……"，马车就打起走了，结果我就当了一晚"山大王"。那儿海拔接近四千米，冻得我四肢僵硬，不晓得啥子了，我一度想今天晚上要交代在这了，但我当时最怕的是有人把我冲锋枪抢走了，我知道作为一个军人，如果枪被抢走了，那就是严重的失职，我就用皮带把枪和子弹捆起，放在胸前抱着。第二天早上我人梆硬，眼睛已经不晓得转了，但幸好遇到了一个贵人——西

----

① "掌犁把的"和"端亡牌的"均代指男孩。

藏一个地方车拉百货经过这里,发现翻了辆军车,看到我在里头就喊我,我也不晓得答应没有,他以为我死了,但还是把我拉到兵站找卫生员。其实我并没受什么重伤,只是冻伤,他们就把我衣裳脱了,找来一些雪和冰块给我浑身擦,慢慢地加温,之后我就活过来了,我醒过来的第一件事就是看我枪还在不。

入伍半年后,我被调到了甘肃天祝县中国人民解放军 515 仓库,当了一年半的库房兵。由于我在正直坝念初中时学过识简谱,并且能唱歌能跳舞,所以到 515 部队之后,就把我整到宣传队去了。那时宣传队没有指挥,部队那个指挥员就说:"小何,你来试一下。"他给我说手势怎么整,指挥棒怎么拿,就是在那个时候我学会了指挥。后来又让我去管保密室,保密室旁边的图书室没有人管,政治部主任就让我把图书室一起管了。保密室里有所有西部军区作战地图和一些干部档案,因此给我发了支冲锋枪和 120 发装备弹。当时部队图书室有很多磁带可以听,在那期间我自学了拼音,也读了不少书,比如黑格尔、马克思、恩格斯的书,还有马尔萨斯的《人口论》也是在那个时候读的。

在部队当了两年兵后我就复员了,那时我们和平公社的八村小学学生有三百多,但教师不足,村上推举就能成为民办教师。那时候小学教师中正儿八经有初中文凭的都少得很,我能唱能跳,老百姓又晓得我素来念书成绩就比较好,就说,"那个小伙子如果不去当兵的话,早就去教书了",所以回来我就去八村当代课老师了。

二、 农村小学太艰苦

我第一天教书的时候父亲就说:"误人子弟,如杀人父母。"我认为,教师不是你自己懂多少,而是你能让学生懂好多,所以我一开始就研究教法。那个时候教书,农村小学条件艰苦得很,音、体、美、语、数,啥都要教。当时老师少,一个班人也少,就有很多复式班。我那年教二年级和四年级的复式班,给二年级上课的时候就喊四年级的娃娃念书,但只能默读,把二年级的课上了就又去上四年级的课，放学了就喊四年级的娃儿给我背书，就是那么教的。

当时还开展扫盲班，由村干部号召老百姓去，认得到几百个字就认为盲扫到了。教师白天劳动晚上去扫盲，我记得我最先教的就是"大、中、小"这些字。我们八村有一个哑巴，他耳朵听不到，眼睛也不好，又是个瘸子，最后居然自己能写很多字。那时候我们也搞"农业学大寨"，根据毛泽东的"五七指示"，学生不但要学文，还要学工、学农、学军。后来兴办幼儿园了，我就主要负责培养幼儿教师，教幼儿教师音乐，教他们识谱。

在八村民办小学教了一年后，书记喊我去当八村书记，我当时想当书记不想教书了，因为教民办给8块钱的办公费，剩下的就跟同等劳动力评工分，当时8块钱能干啥子嘛？当个书记在"文化大革命"时期还有点威望。但因为我念书的时候成绩好，校长就给我父亲说，你那个娃儿是有法教书的，莫整去当书记，父亲就给我施加压力，我就下定决心教书了，我自己都没想到一教就教了近四十年。后来可以考乡干部，如果我去考，绝对可以考成，但是有一个条件，结婚的不准去考，就又把我筛出来了。教书教了几年之后，有工农兵推荐考大学，村上推荐，乡政府盖章，当时推荐的标准一是成分要好，不是"地、富、反、右、坏"；二是在农村表现好，也要求没有结婚，所以我们这里基本上没有老师被推荐去。

民办学校的桌凳、教室，都是村上提供。八村最早的学校是租了人家一个堂屋，那个教室不规则，坐不了几个人。在1971、1972年的时候，学生多，坐不下，村上才出面修的教室。那个教室修得还是不规则，跟民房的格调一样，采光不好又没电，学生就看不到（黑板）。那时候供销社每个月可以供给教师一斤煤油，一个月一斤够照好久嘛？如果你把灯芯整大一点，那根本就不够照。大概在1982、1983年的时候，我们就建议把学校的民房式建筑拆了，之后在操场两边各修一栋教室，有开窗子采光就好，但没有厕所。二百多个学生和老师没地方上厕所，村上又没有钱，我那时是教师组长，我们几个老师都是农村的，能干活，就把村上拆的旧料弄起来修厕所。那一年的整个冬天，除了上课，老师们每天修到天黑才回家，晌午都没吃，天天都是这样,搞了接近两个月才把墙面给筑起,然后自己端水①,把水端过来,用旧瓦片盖起,才有地方解手。但从教室出来四五十米远才是厕所,下雨时,一二年级的娃儿滚得满身都是泥巴,有一回我就看到一个一年级的小娃儿,走在多深的稀泥巴路上,一跤摔下去,滚得脸都看不到了,我们以为把那个娃儿给绊憭②了,弄起来还是活的,我们就喊大队医疗站的医生赶忙给他治疗,他说这是个啥病嘛,(只是)滚了一身泥巴,没啥问题嘛!没有厕所是我教书几十年中遇到的最恼火的一件事情。

今日大巴山区少年郎

早上九点准时摇上课铃,45分钟一节课,上午四节上完后,学生休息半个小时,喝点开水耍一会儿,接着下午两节上了就放学。有的娃儿念书走路还远,都是大的娃娃带小的娃娃,慢走慢走地要走一个多小时,迟到早退现象很常见。我们开始也觉得有点恼火,但因为三四点回去还要种自留地,后来就无所谓了。当了公办教师后就只有教书了,农村里要生产,只有拿钱请

---

① 旧时建房,在墙体夯筑完后的一道工序,由木工安装檩条和格子,以便于盖瓦。
② 方言,摔死的意思。

人帮我劳动耕田，比如农忙的时候要自己收水栽秧，我们在学校里，怎么可能跑回去？当时八村的民办小学还是受和平学校管，那时叫和平学区，中心校的叫校长，管小学的最初叫组长，后来叫主任教师，负责村小学的所有的行政、财经，那辛苦得很，放学还要不定时跑到中心校开会。比如校长要"普九"资料，就找个离你学校近的学生给你带个口信，让我们放了学赶紧往中心校跑，如果迟到还要作检讨。我就当过主任教师，有一回下多大的雨，那时候公路还没通，泥巴踩得多深，晚上我没拿电筒，不知道滚了好多跤才滚回来，回来就成泥巴条了。让我们搞三年"普九"的时候，那把人跑得哦！想起来就心酸。没给你多余的时间，白天上完课才去搞"普九"，天黑了人家睡觉了，我打个电筒，走几公里山路去抄毕业册，抄完后当晚还要制成新表，送到中心校备案，还有遭蛇咬的。各村娃儿的名单你必须拿拢，还要统一制表，有些娃儿家里没钱念书，还要去给他家长做工作。乡上学校过段时间就要来检查老师的备课和学生作业，备课本翻了之后盖一个章，写：某年某月某日查；期末把你的备课本收去看，如果一次都没有查，说明你就没备课，你要去讨话说，还要挨领导批评。我们当主任教师平时会督促大家把课备好，这个没法掺水。有一学期，校长、副校长、教导主任、工会主席轮流来查我的备课，一学期查了我四五次。先在你的课上听课，翻你正上的课的备课本，看你备拢没得，正儿八经确实整撇了，在教师大会上你就要受批评。

　　教师之间的钩心斗角也很常见，但都是些小问题引起的：一是民转公，二是嫉妒别人。在八村的时候我是"少数民族"，姓何的老师就只有我，也只有我是党员。我这个人又是个直脑壳，是哪么我就哪么说，有些人就比较圆滑，跟校长、副校长、主任私人关系好，我从来不去接触他们，只要把我工作搞好就行了。我一生坐得端行得正，教书这块我不差，他整过来整过去也没法，所以我能当那么多年主任教师。在工作中，也有一些事情比较委屈，比如其他老师认为主任教师有好多优越条件，能得到好多好处，我就很怄气。实际上主任教师是最砸蛮①的，工资也一样，无非就是给大家办点事，一个公仆形式，吃了苦还得不到好报；会有好多额外的工作负担，比如每年有教师

---

① 方言，出力不讨好的意思。

考核,全校接近一百个教师,晚上抱多高一摞(考核表)来写鉴定结论,熬通宵的就多。

三、"土饭碗"换成"铁饭碗"

说到教师的待遇,最开始民办教师是教一年评一个同等劳力工分,国家每个月给每个老师拨 12 块,中心校或者教委扣 4 块,就只给老师 8 块的办公用费,像是粉笔、备课本就是那 8 块钱开支。我拿了一年 8 块,1974 年就把 12 块钱全部发给我,1980 年左右不评工分了,我拿 24 块钱,后来就拿成 32.5、34.5、56.5,给我拿的中师待遇了,那工资就够高的了。到了江泽民总书记时,他的想法是"一方水土养一方人",地方财政给教师发工资,农村那个时候就喊我们数烟苗,搞烟叶生产可以创税,我们的工资也就在里头了。到现在都还有好几年的工资没有拿到。当时公办教师总有一种优越感,有的公办教师看不起民办教师,公办教师是"铁饭碗",我们民办教师那叫"土饭碗"。当时我教的一个学生被弄去顶班成了公办教师,一个月工资 200 块,还给 28 斤粮食,我才 80 块,我说这太不公平了,这个民办没法教!当时有"考一批、转一批、下一批"的政策,允许民办教师去考师范。1993 年我 40 岁去考万源师范,和平乡参加考试的有四十几个,预选之后还有不到二十个人,最后就我一个考上了。

我在万源师范念书可怜啊,同路的都没有,去万源路又远,从巴中坐汽车坐一整天,非常艰苦。我家里又有老婆、孩子,当时儿子在打工了,女儿在念初三,我一念书,家里确实拿不出钱。当时万源师范收费 700 块钱,我走的时候身上一共带了 770 块钱,来去的车费一除,就没有生活费,还好那时国家对师范生有照顾,每个月给 55 块生活费,我一个月就吃那 55 块钱,把人饿得打偏偏①。加上我又有烟瘾,我就买 3 块钱一斤的叶子烟,可以吃一个月。当时万源师范的目标是培养小学教师,音、体、美、语、数这些都要学,包括教

---

① 方言,指因饥饿而导致身体虚弱,站立不稳。

育心理学，我们最怕这个。同学来自各个地方，当时的待遇和我一样，不过后来他们的工资就比我们工资高一些。当时羡慕他们在城里教书，农村教师一天到晚要跟泥巴打交道，觉得没有城里那么爽。1995年我从万源师范毕业，万源市四小准备把我留在那儿，问我家庭条件，我说上有老下有小，不能在这里工作。我当时要是在那里工作，也就能留在万源市了。

1995年，何明祥民转公后在和平乡鸣垭村小学留影

万源师范毕业后我就自动转成公办教师，被分到和平九村，教了三年，工资变为每月280元，粮业社也会每月发28斤粮，还有一些办公费。教民办的时候条件艰苦，我在八村教了20年民办，学校哪有饭吃？灶都没有。说实在话，好多时候学娃儿也饿，教师也饿，就几下整完算了，所以两三点就放学了。到九村，自己打了一个灶，找老百姓煮饭，把学生全都弄在那里吃一顿中午饭，从办公费中按月给煮饭的支付工资，不够的就学生再负担一部分。

1999年和平中心校初一缺老师，学校逼着我教初一，把我从村小调去教初中，喊我教二班的语文、历史，三班的历史，还带一班的政治。我的课是出全勤，每周都是36节。那时住宿条件也不好，学生睡的是木棒床，二三十个人睡一架通铺。教师宿舍也安排不过来,我住的那个寝室,学校厨房的烟囱就从那出烟,到了夏天一天三顿都在蒸饭,我没法睡觉,实在困忙了,午休的时候就在操场旁边的水泥台上搭个板凳睡;(就这样)睡了半年,直到有一个老师调走了,我才转到瓦房里去。后来我教的第一届学生毕业时,有个教师给学生散布信息说:"你们这个二班要解散。"整得好多娃儿人心惶惶,我的压力也大,当时想着,实在没法教就退回九村小学。后来那个班32个学生考了七个重点高中,从那以后,基本上每年我都教初三。

2002年,何明祥(二排右三)带的第一届初中班(1999级)毕业照

　　工资改革之前,我们还是觉得当教师很卑微,在社会上没地位,特别是早些年批"臭老九"的时候,工资又不到位,也确实没想头,好多都有一种自卑心理,没有哪个说教师职业是很光荣的,我们当时的观点就是教师和农民差不多。工资改革过后,工资翻番,几个驴打滚,从几百块钱加到上千,那个时候觉得还是有法教。记得20世纪90年代,国家提出教师工资要等于或高于同期公务员工资,有这么一句话,简直把我们喜欢得打冒儿跟头。近些年乡村教师的待遇就更好了,在农村小学每个月好像还要多给100块钱还是200块钱,每个月他们有六七千。我现在就拿5800块,基本上可以了,比起以前的一个月8块,那是天壤之别了。

四、新社会里的乡绅

刚当教师的时候没有想以后干出一番事业，最大的愿望就是把"农皮"要脱，民办搞成公办。从事了一辈子乡村教育以后，村里从最高学历是一个中师出头，到现在村里上本科的接近二十人了，我还是有一种欣慰感的，说明我干了一辈子工作没有白干，对老百姓的子女我是负了责的，从事乡村教育一辈子还是值得的。我现在走到和平、正直、南江，认得我的还是多，不管曾经成绩好坏，他认为我是教过他的，还是喊一声何老师，我觉得这就是一种最大的安慰。

老百姓有啥不公平事，或是受了什么冤枉气，都要说"教师是个懂理的，你给我评一个理来看看"，所以老师在他们心目中还是比较崇高的。20 世纪八九十年代每到杀年猪的时候，我们在老百姓家里吃年猪肉，基本上没落过屋①。以前像农村要写对联，或者说要做个啥事，老师就经常被喊去。我第一次写对联的时候不懂平仄，反正写的是话话，话话的内容也不是很坏，但是总不称心，后来有一次我到姐夫屋里耍，恰好有一个老教师，他就摆了个龙门阵考我："前代有两个秀才去考举人，走到路上就看到河那岸一个钓鱼的，河这边一个钓鱼的，两个吊杆在一个河里钓鱼，那个秀才过来就说'两岸双杆对钓'，你给我对一下下联？"当时把我弄住了，我突然记起，我们那儿才死了一个男人，留下一个妇女带了个小娃儿，女人不是成了寡妇吗？我说这个对子难不住我，"一夜孤枕独眠"，他夸我对得好。那个时候对联在农村既实用又很深奥，比较看重对联这个东西，按照旧社会的说法，能写对联的是能坐上席的人，是体面人喔！

我会写诗，从韵律诗写起，先填字。教小学的时候有很多的古诗，教得多了慢慢就积累起一些知识，自己便开始尝试写。我教第一届初中的时候就写得像个词的样子了，退休没事了就买些书翻下，古文买得多一点，比如《史记》人物列传。现在眼睛不行嘞，就戴个眼镜慢慢看，我又不着急。退休

---

① 杀年猪时，老师被学生家长轮流请到家中吃饭以表示尊敬。

后,风水我也看一下,为人写碑文也不少,现在和平教师写碑的数不上十个人,我们这一代最先学会写碑的就是我。这些年我们何家修祠堂,2010 年开始统一组织编写族谱,我都参加了。第一步是解决祠堂的问题,祠堂只有正殿那几根柱子在了,"5·12"地震后,老祠堂房上的瓦一片都没有了,厢房也是震垮完了的,戏楼前面还有几个桩桩在。当时号召说来维修祠堂,第一时间想的还是响应,那祭祖要有地头嘛! 我娃娃他们这辈人对这个事无所谓了,连祖宗是谁都说不清,只有我们这代人还有浓郁的祖宗情怀。

《何氏族谱》编委会成员合影(后排右一为何明祥)

我认为对农村来讲,教育最大的功能是扫盲。我们当时教书的出发点不是别的,是让更多的娃长大后能走出山区,能找到碗饭吃。我去教书的时候,考个初中、高中很稀罕,我们生产队接近三百个人,只有两个初中生。开始老百姓还是不重视教育,认为有钱就念没钱就算了,后来他们看到中专、中师出来的工作了,觉得家里过得还可以,就主动把娃儿送到学校里来。也有些娃儿不念书,那些家长就弄起棒打,非念书不可,好多老百姓认为"家无读书子,官从何处来"。初中一个班四十几个娃娃,女娃娃应该有十来个,后来逐渐就多起来了。整体上说,20 世纪 80 年代的父母非常重视教育,但现在教育观念变化还是大,比如八九十年代我就说,农村娃娃你只有努力读书,才能走出农村走出大山,那时候如果哪个娃念不好,家长着急老师也着急;但现在好多人认为娃娃念不念都无所谓,念书不行就去打工。

现在老师不敢惩罚学娃儿,学生就是上帝,即便学娃儿乱整,也只能说教，说教有些娃儿不听，教师就不能正常施教。我们以前教的时候，学生不听话，把耳朵揪得多长，那个时候家长说："整得好，谁叫你不好好念书？整就是了。"我认为说服性教育是对的，惩罚也是必要的，古人说"棍棒下面出好人"，还是有一定道理。但你必须给学生讲清楚，为啥该受惩罚，如果学生他不明白，受惩罚的时候就会产生抵触情绪。也有学生是我打走的，比如十几年前有个学生，他上课就看小说，我没收的小说有很高一摞，你把这本收了他看那本，后来我就给他布置任务，你看小说就给我写小说，结果他整起来还像那么一回事。后来他买了一把水果刀，跟下届一个女生比划着说："你不跟我耍朋友，老子就白刀子进，红刀子出。"我说："你不念书我可以宽容你，你拿个刀去杀人，我还宽容你啊？"我认为评价学生的好坏，成绩是一方面，品行也要考虑。我的教育理念和我的启蒙老师有关系。我现在还记得我上学时，那年写个"锁"，喊大的学生去写，写不起就在黑板那去站起，把我喊去写，我把"金"旁写到右边来了，那个老师是咋整我的呢？我当时戴着一个烂棉花帽子，那个老师的教鞭是个荆竹鞭子，在我的脑壳上掺了三鞭子，把我打得直叫唤。我父亲知道后只是对那个老师说，你以后打就不要打脑壳了，你朝他沟子打，那个地方打不坏。那个时候我老师教书，你写不起不得行，你还要给他"还讲"，什么叫"还讲"呢？这几天你学的啥子，要给老师汇报，一个一个来，过不了关就要遭殃，啥子收获都没有的也要遭殃。

　　除了不准体罚学生，这几年还有一个奇怪的现象。以前村小的学生多，但这几年村上念书的娃儿基本上没啥了，都到镇上去了，我认为这是一种"怪圈"。在村小就近读，咋个要不得呢？都是教小学，没多大区别。现在八大队办了一年级、二年级，还有一个教师十几个娃儿，七大队只有两个娃儿了。说不称意的话，我认为一、二、三年级应该在村小办，村小的学校是空的，那些娃娃又小，到镇上去上学，还要父母去护送、陪读，这也是一个麻烦。

　　现在还应该杜绝游戏，学娃儿一整上瘾过后，成天就去摸手机，天天想的是哪么去"打仗"啊？哪么去"种菜"啊？青春白费了，这一块扼杀了好多学娃儿。另外，我觉得这批娃儿，他们长大一定要掌握一定的技能，我对这个很看重，我以前讲科技——科学是一个方面，技术是一个方面，把它分开理解。你没得一定的技能，又不会劳动，又不会挣钱，那你有啥？去偷啊？所以必须掌握一定的生存技能。比如现在南江办的那些高中还不如职中，职中学的专业不同，无论学基建也好、学建筑也好，那都有一定的技能。南江、长赤那些高中，一天只晓得"千军万马过独木桥"，都想去考个好大学，你一旦考不起呢？啥技能都没有，这就是个大问题。我认为中国（还是应该）办职高，职高你不管咋个说，它有一定的技能基础，可以自谋生路，对社会做贡献。

刘志明

至要莫如读书,至乐莫如教书

亲 历 者:刘志明
访 谈 人:刘秀芳
访谈时间:2022 年 6 月 1 日
访谈地点:电话访谈
访谈整理:刘秀芳

亲历者简介:刘志明,男,1953 年生于湖南冷水江市。1971 年高中毕业成为民办教师,后被推荐至新化师范理化学习连学习;1972 年 8 月分配至冷水江市五七学校,在城区中学教学十年;1982 年调至冷水江市金竹山中学;1993 年起参加函授学习,获大专学历;1995 年晋升中教一级;2010 年晋升为中学高级教师;2014 年退休。

刘志明生活照(摄于 1995 年)

一、 读书：从"樟树下"到北京天安门

　　我们老家就叫炉竹村①"樟树底下"——以前有一棵大樟树,后来树倒了,名字却一直流传了下来。院子往南叫"雷打鸡",往北叫"下边"(河流的下边),都属炉竹村。樟树院子是六队、七队,雷打鸡是八队、九队。我是贫农家庭的长子,父亲当时是村里的会计,能双手打算盘。家里四个孩子,鸡叫起床,要做到眼盲②,靠勤勉节俭持家。当时家乡竹子多,有一条资江经过,村民很多是祖传的篾匠,父亲竹席、竹篓、竹筐编得好。我没有跟父亲学这个,我从小喜欢读书。我很小的时候,母亲因为要干农活,常用布带把我背在背上,所以在煮饭时,吊锅铁链上的细屑掉到了我的眼睛里。农村里吹吹眼就当没事了,可是却给我带来了一生都无法治愈的眼疾。我的眼睛从小就是大大地瞪着,坐在教室第一排也看不清黑板上的字。

　　父母并不那么支持孩子读书。但是我还是幸运的,20世纪60年代的时候,碰上国家政策好,鼓励大家读书,只要家里愿意送你读书,家家户户也读得起书,只要四五块钱的学费。当时农村人读书劲头还是很足的,学费低,中途退学的少,大家都想读书。高中的时候,一个班四十来个人,大概七个女生,占六分之一。农村里还有夜校、农业技术推广的学习。我家里兄妹(年龄)间隔较大,最开始是我和大妹妹两个"书包",到三弟读书时我都参加工作了。我本身视力比较差,干农活的话要吃亏,所以就跟父母讲情,一定要读下去,只有靠读书才能改变命运。他们基本同意后,我也相当吃苦,比一般人起得早、睡得晚。那个时候农村晚上没有什么活动,偶尔会放电影——一些厂矿里,像资氮、碱厂放电影,大家就去看电影,资氮有点远,碱厂过河就可以——但我没有去看过电影,大多时候在家里点煤油灯看书,本来视力比较差,后来在煤油灯下看书,更加近视了。当时学费5元一学期,我有一学期得了奖学金,也是5元钱。我一开始就想着要读书,至少要当一个老师,读书的困难很多很多,但是没有办法。我自己知道,只有靠读书才能

---

①　炉竹村隶属湖南省娄底市冷水江市禾青镇,地处冷水江市南部。

②　方言,指天黑。

走出去。

上小学时经历了自然灾害,吃不饱饭。在上渡小学上到四年级,每天上五节课,下午两三点放学回家,后来再去镇上读完小。当时大家一般七岁入学,也有入学晚的,到八九岁才入学。我上高小后,那个时候交通不便,来回二十多里山路,早出晚归。我们读书一般跑通学①,很多时候中午是没有饭吃的,只能清早五六点钟吃点饭;有时自己带红薯、小麦去学校,红薯到食堂热一热,小麦就去商店里兑面条吃。

小学的启蒙老师、高小的李永德老师和初中的张卫兰老师对我影响很大。李老师就是禾青人,他是县文工团下来的;张老师后来去了娄底党校,评了教授,这些好老师都是名牌大学毕业后分配下来的。他们都是语文老师,上课的时候口若悬河,那些诗词讲得相当好。他们也喜欢讲典故,(诸如)水浒三国,讲那些人物,学生听起来不费劲。少年时期,我就想像这些老师一样,能够这样教书。

我 1966—1971 年读的初高中。小学毕业后,我参加考试考到了新化四中,也就是后来的冷水江一中,那个时候禾青完小有二百多人,(只有)我一个人考到了新化四中。可惜考到之后,只读了一学期书。1966 年,我十二三岁,在开学的时候,新化县要从学生中选赴京代表,二十个里面选一个。我们是新生,彼此都不熟悉,班主任晏老师就把高小的鉴定在班里宣读,宣读之后再从中选。李永德老师给我打的那个鉴定很好,于是我就选上了学生赴京代表②。

那个时候先组织我们步行到新化街上集训,集训之后就等火车。当时火车没有开到新化车站,只从湘阴县开到金竹山,所以(我们)又跑到沙塘湾的太平钢铁厂那里等火车。等火车就等了半个月,火车是铁桶绿皮火车,又坐了两天两夜。新化的学生占据了一个或两个车厢,学生们全程坐着,其他地方上了多少人不得而知,全车人到了北京永定门车站下车。当时是到北

---

① 　即走读。
② 　1966 年,"中央文革小组"表态支持全国各地的学生到北京交流革命经验,也支持北京学生到各地去进行革命串联。1966 年 9 月 5 日的《通知》发表后,全国性的大串联活动迅速展开。

京的一个部队里住着,部队里有人来领着我们去吃饭,我还记得早餐吃的油条,当时北京的风沙有点大。我们组队在长安街上接受毛主席的检阅①——清早七点钟,大家就在长安街上站好队伍;八点钟的样子,毛主席的车队就来了,毛主席在第三辆车上,我站在车队的右手边,能看清毛主席。我们的旗帜是"湖南新化学生赴京代表团"——红底黄字。毛主席看到代表团的旗帜,就向我们挥手,讲:"老乡好!学生们好!"我们回答:"毛主席好!毛主席辛苦了!毛主席万岁!"心情非常激动。毛主席比较魁梧,没有架子,很亲切。后来我们参观了人民大会堂,还有对面的军事博物馆②,中间的人民英雄纪念碑,大概待了三天,回去也是坐的铁桶绿皮车。

1967年元月从北京回村后,因为年龄太小没有跑外面去了,后来就近入学,又回到禾青完小上学。(亲戚邻居)月东叔的妈妈——孟芝奶奶、地主的女儿,是有文化的,她说"男子十五走天下,女子十五当家娘,我志宝(乳名)十三岁就跑了北京,不说在炉竹,就是在禾青都是破天荒";颂安叔也夸我说,"二百多个学生里考上,二十个代表也选中",并鼓励大家向我学习,要多读书。院子里,因为爱读书,长辈都看得起我,像颂安叔这些对文化感兴趣的老人,喜欢来找我讲故事给他们听,一般晚上陪着讲一个小时的故事。他的侄子成绩不那么高,他就会帮着问:要怎样读书?要我传授经验。我讲:主要是看书。我回来后,觉得还是(因为)李永德老师对我好,评语打得好,一方面感谢老师,另一方面也是觉得知识可以改变命运。

我回来后在禾青完小又读了半年,再考初中,就是形式上走个流程,搞"就近入学"。我们离新化十五中也就是现在冷江二中近一点,于是就分到冷江二中。那个时候教材不新,是油印的教材。我初中读了两年,自己跑去跟大队讲,要申请上高中。考高中是选拔入学,大队说我初中才读了两年,还没有读完,我说有信心赶上去,他们看我表现好就推荐了我。

到推荐我的时候,又要考试,我找一些老师了解情况,他们讲的那些问

---

① 毛泽东主席分别于1966年8月18日、8月31日、9月15日、10月1日、10月18日、11月3日、11月10日、11月26日八次会见了红卫兵,受会见的来自全国各地的红卫兵、青年师生大约一千三百多万人。当时串联师生乘坐交通工具和吃饭住宿全部免费,成为"文化大革命"时期很特殊的一道风景。
② 原文如此,根据地理位置描述,应为中国革命博物馆,即今中国国家博物馆。

题也不是很难,于是我准备了一段时间,勉强考上了。高中要学几何,我跑去问比我大两三岁的朋友,问他们几何是什么意思,他们讲几何三角相当难,我说:不着急,我到那里寄一年宿(认真学习)。因为初中没毕业就被推荐上了高中,为了赶班①,我左做工作,右做工作,父母终于同意我寄一学期宿。寄宿那一学期的大多数中午,我就是饿着肚子在禾青的街上走一走。通过寄宿期间的学习,我真的就把几何赶上来了,后来在同届学生里考了个第二名,得到了学校校长在大会上的表扬。父母看我成绩上去了,就不支持寄宿了,我就接着跑通学。

二、 教书:从青葱少年到皓首先生

高中还没毕业,因为上渡小学有老师请产假,校长看到我成绩比较好,就让我去当代课老师,我边读书边代课,请了一个多月的假。高中毕业后,也就是 1971 年 2 月,我在上渡完小当起了民办教师,当了一个学期。当时公社文教办组织教师进行政治学习,学习马列主义、毛泽东思想,要求写学习心得,每月到公社汇报,我发言积极,汇报也搞得好,公社文教办就推荐我去新化师范②学习。1971 年 9 月到 1972 年 7 月,我在新化师范理化连二排学习了一年,专门学物理和化学。我起初去师范的时候是想当语文老师的,因为李老师、张老师对我的影响很大,而且我生怕眼睛不好,以后做化学实验会出问题,还给教育局写了一封信;为此,教育局专门派了一个干部来找我谈话,跟我说,冷水江市的经济发展需要数理化,你喜欢语文,平时也是可以学的。于是我学了(物理和化学),并尤其对电学很感兴趣。当时师范的老师和学生都是五个县市调上去的,学生一毕业,老师和学生也一起调回去了。

1972 年 8 月,我毕业分配到五七学校。五七学校当时是教育局直属的

---

① 指赶上成绩。
② 新化师范于 1985 年迁至冷水江市办学,易名为冷水江师范学校,2002 年中师转型,改为娄底外国语学校。

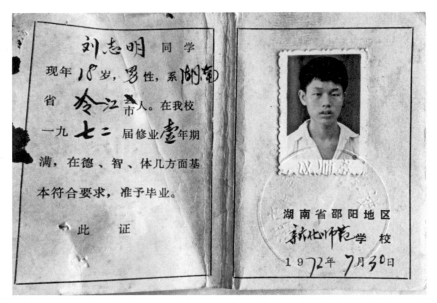

1972 年,刘志明的新化师范学校毕业证书

城区学校,我在那里教了十年。参加工作的时候,教导主任是段振卿老师,任课教师把题目出好后交给他,他亲自刻印复习资料,非常负责,非常辛苦。另外有一位朱中老师,是县辅导站物理教研员,后来担任冷水江师范党委书记,是正处级干部;他老婆伍爱珍,当时在五七当高中数学老师,后来也当了一中的副校长。朱中看五七学校办第一届高中,要打响牌子,就亲自到他老婆的那个班上物理课,我就在那里听一听。他亲自刻印一些卷子发给学生——当时没有高中复习书,都是自己编印的——让学生帮忙分发,剩余的发到冷水江市当时的几所高中学校。他一刻板一刻板地印,一套卷子就是一本书,我们帮忙装订。朱中老师帮忙上课是不要钱的,他对老师也比较好,只要教学上有疑惑问他的,他也积极解答。他跟我讲,一位好的物理老师首先是一位好的数学老师,数学的推理能力很重要,还多次辅导我上公开课。在人生中,在业务上,这几位老师的敬业精神对我的影响是很大的,他们的精神激励着我。

　　不怕吃苦也是一种享受。那时我上三四个班,既教高中,又教初中,晚上还要教考中专、技校的补习班,上课远超工作量要求,主要是学生自己有要求,学校也信得过我。后来从五七调出时,人家是舍不得放的,段振卿主任就说,如果(接收学校)没有给我老婆安排好民办教师职位的话,仍然随时可以返回五七学校。

1975 年,冷水江市五七学校中 20 班毕业留念(二排左一为刘志明)

1982 年 8 月,我调至金竹山中学(简称"金中")任教,一直到 2014 年退休。与金中结缘早在 1982 年之前——因为缺物理老师,金中学区主任(原在五七学校共事过)曾请我双休日去补课,只吃两餐饭,报销车费,不给工资,(就这样)上了一段时间。正式调至金中后,我还是上三四个班的课,并担任了理化生教研组的组长。当时在乡里,我上课还是有点名气的。因为上课班级多、课时量大,我一直没有担任过班主任,这也是遗憾的一点。

1988 年前是按工龄加工资,要五年以上才加一次工资,后来才开始评职称。我刚工作的时候工资每月 29 块 5,一年后定级是 34 块 5,再到后来 48 块钱。当时的小学民办教师每月 5—6 块钱,中学的 10 块钱,并在生产队里记工分。20 世纪 70 年代,学校开始办农场、办工厂,农场的地是生产队给的,很多的开支学校自筹,这个农场停办后,地就还给了生产队。教师的工资一直不高,90 年代是 100 来块,到 2000 年,朱镕基总理给老师加了工资,才有(达到)1000 多。公办教师的工资是县里发,民办教师的工资是乡镇发,到90年代,公办教师的工资也由乡财政来发。当然也有拖欠工资(的情况),但整体拖欠时间不长。那时教师的工资在社会上是中等水平,不如其他工人,也比公务员低多了。直到退休后,老师的工资才比退休工人高,和退休公务员的差距会小一些。虽说我那时受"臭老九"的影响不大,但基本上在80年代,乡村女孩子更愿意选择干部、供销社职员当配偶,90年代后,愿意嫁给老师的才多起来。

当时中学会到小学去检查,小学教得好的(老师)选上来教初中。民办教师可考民师转正班,读两年转正,考试的压力也大,还可以去进修学校学习。当时对民办教师没有什么歧视,相反,评职称时还会向民办教师倾斜,实行一定的照顾,以帮助他们尽可能地民转公。1984年前没被裁掉的民办教师后来都转为公办了,除非个别"民办+代课"身份的。当时主要的裁员理由有计划生育、文凭未达标、没有参加进修学校的培训和考试,以及身体原因。到了1999年,湖南省的民办教师身份就全部解决了。此外,在1982年分田的时候,这些民办教师是分了田的,后来也不用退;而我们公办教师一开始是干部身份,所以一直没有分田。

1996年,湖南教育学院物理93级毕业合影(二排左五为刘志明)

　　开始时，民办教师提升学历的多一些，因为他们想转正。到1988年，评职称要求初中老师要大专才可以晋"中一"，这对我们公办教师而言就没优势了（于是也有了提升学历的需求）。当时有两种制度，一种是继续函授大专，一种是教材教法考试过关。年纪大点的就搞教材教法，我选择的就是后一种，但是只搞到1992年。为什么记得深刻呢？因为当时我们物理已经学了六门了，只有一门电子学没有考，但是学区辅导员忘记通知我们参加最后一门的考试，而那又是最后一年了。到1993年，我又开始适应新政策，进行"三沟通"①学习——学三年，以前教材教法考试学过的课可以抵成绩，但是还有一些课程要重新考。1995年，政策又有新变化——原来中师毕业的、有二十年以上教龄的可以评"中一"，只是不可评高级。我是1995年晋升的中一，所以后来的大专学历就用来评中教高级了。

三、　信念：金子总是会发光

　　因为受几位老师的影响很大，我一生也在向他们学习，希望我的课堂幽默生动，学生听起来不累。我自己觉得要对得起人民、对得起党、对得起教育事业，还要对得起良心，要一心一意干好教育事业。当时从城市调往农村，是为了小孩有人带，虽有顾虑，但觉得是金子放到任何地方总是会发光。

　　我在乡村的物理教学同样取得了不错的成绩：写的教学方面的论文获得过省里的二等奖、三等奖，主持过县一级的教研会议，辅导学生在全国物理竞赛上获得过一等奖、二等奖，加入娄底数理化学会，并在1994年和1999年两次立功，获冷水江市人民政府嘉奖，评过市级优秀教师，编写过本市使用的物理学科习题册，等等。当时，我比较愿意参加市里的教研活动，其中最看重的荣誉是教学比武的一等奖和担任巡回主讲教师。那次参加市一级教学比武，去岩口比赛之前，我从食堂借了几个碗，利用碗身及其中盛水高

---

①　是指高师函授、卫星电视教育和自学考试相沟通的学历进修形式，通俗地讲，参加自学考试的学员可以带着他自学考试合格科目的成绩来读"三沟通"，合格的科目不需要再继续学习和考试，只要剩余的规定课程进修考试过关就可以领毕业证。

低的不同,(在课堂演示中)会敲出不同的声音。取得一等奖以后,我主要是当评委,并指导本校青年教师参赛。

1988 年,刘志明被聘为冷水江市初中示范课讲课团物理主讲教师

我个人觉得,在 1988—1996 年这几年,乡村教育的风气是最好的。那时中学一年招四个班,学生都想读书,家长也支持,上课基本不用管纪律,学生比较自觉。学生劲头一足,老师教得就起劲。学校也非常重视升学率,抓得很紧,开始有早自习、晚自习,到了晚上,教学楼还灯光通亮。乡村教育的课程也是按教育部的要求开的,开是开齐了,美术、身体健康、生产劳动技术课也有,但主要还是重视文化课,一旦要期中、期末考试,这些课时就会被其他主课占据。

我认为,乡村升学的黄金时期就是这几年。因为当时考技校、卫校、师范是包分配工作的,(对于)农村里的孩子(而言),也是一次机会。经济条件差的孩子,多选择读技校之类,早点毕业帮助解决家庭经济困难;家里条件好一点的,或者是家中的男孩子,才选择去读高中、考大学,因为就业要广一点。在考学选择上,开始时报考中等工业学校的多一些,考师范的多起来是接近 1988、1989 年之后,这和 1988 年以前对工厂、供销社的认可有关,后面对老师的认可度才高了一些。优秀的学生考取好学校后,就是全校的榜样,

1997年,刘志明获冷水江市教学能手选拔赛初中部物理科一等奖,
被授予"教学能手"称号

村里也非常重视。一个村要是考出了一个大学生,这个村子里的风气都要变好些——第一年有个大学生,此后基本上年年都有大学生。出了大学生,对这个村就会起到榜样和激励作用——哥哥考了好学校,弟弟妹妹也不会差——形成了良性循环。当然,那个时候的竞争也相当激烈,人们都非常看重这个"铁饭碗",考上的和没考上的差别很大。在这种氛围下,不管考没考上,我都要跟学生讲,是金子总是会发光,人不能气馁,要继续努力,要有这个信念。

1998年起,除了师范还包分配以外,其他中专不包分配了,农村中学的升学率就变低了,学生就不那么好管理了。20世纪八九十年代,农村家长主动要求老师惩罚不听话的孩子,和现在的家长不一样。当然,我不主张打骂学生,作为老师,可能会更喜欢一些成绩好的学生,成绩好的学生可以起一个带动作用,但是也不能歧视成绩差的学生,这些孩子只要品行好,比什么都重要。我教的几个学生都获得过物理竞赛的大奖,他们也对当时学校的学风有很大影响,以他们为榜样,学校出现"今日我以学校为荣,明日学校以我为傲"的风气。当时,父母是教师的、工人的、在供销社上班的,读了一点书的,他们的子女考学要容易一些,主要是受父母教育的熏陶。整体来说,这个时间段的农村家长是很支持孩子上学的,会主动到学校来问孩子的表现情况,请老师辅导孩子。

1999 年,金竹山中学学生毕业留影(二排右二为刘志明)

　　1989 年 7 月,金竹山学区组织教龄二十年以上的教师去北京旅游,可以说是当老师的一种光荣。当时住在北京西站那边的一间宾馆,离市中心比较远。我们看了天安门广场、天安门城楼、故宫、人民大会堂,去了颐和园、八达岭长城、卢沟桥,还去了北京大学、清华大学这些学校转了转。去了一个星期,感觉北京变化相当大,城市发展好。在县里面坐公交车,大家乱挤,在北京看到了排队上车,并且当时开通了无人售票公交车,市民主动投币,让我感到很惊讶——如果在县城里遇到逃票的人怎么办?北京的市民讲文明礼貌,素质高一些——看来还是要读书。

　　1991 年 10 月,我们娄底首届物理继续教育班学员赴湖北省葛洲坝参观学习。我们是看到了内景的,有十几台机组;还下了楼,看水冲击发电机的

1989 年 7 月,金竹山学区二十年教龄教师北京行留影(二排右三为刘志明)

情况。这次参观让我感触很深:中国相当强大,如此急流大江,能够拦腰截断。到葛洲坝,进去过船闸,那个要上升几十米。我们是晚上才到葛洲坝的,开始感觉是进入了万丈深渊,仅仅是小小的一点光,上来的时候,看到的像是一座城市,灯光万丈,非常壮观。回去上课讲水力发电的时候,我把葛洲坝的发电情况告诉了学生。所以说,只有读书,才能懂科技。

1991 年,娄底首届物理继续教育班学员葛洲坝参观留影(三排左二为刘志明)

　　20 世纪 80 年代,城乡教育区别不大,后来才慢慢扩大。城里人对子女的教育更重视一些,不过现在农村里面对子女的教育也略微要重视一些了。城市里辅导学生的机会多一些,农村里辅导的机会就少一些。但是农村也有农村的好处,像我这种负担比较重的,就可以自己种点菜(节省开支)。当然,城里的进修机会是要多一些,但我们每隔两年有教学比武,只要自己愿意学习,在市里有一点名气,进修活动也不会少。比如,我 1984 年的时候虽然已经离开城里,市教育局辅导站还是派我和城里的几位老师一起去学新教材,回来后到县里面主持讲解。还有,1988 年评职称的时候,虽然没有大专文凭,但我是第四届冷水江市教学能手选拔赛的一等奖,还评过 1988 年冷水江市的教学巡回主讲团的物理主讲,所以教研室承认我的教学能力。1991 年,我就被派到湖南省首届物理教师继续教育培训班学习,冷水江市一共派了三个人,两个城里老师和我,培训了一年,(本来)以为要发一个大专文凭,但是只发了结业证,所以后来又去搞了"三沟通"。虽然在城里的话,我评职称至少可以早评五年,成绩也要多一点,不过(在村里)我最后也还是评上了高级。

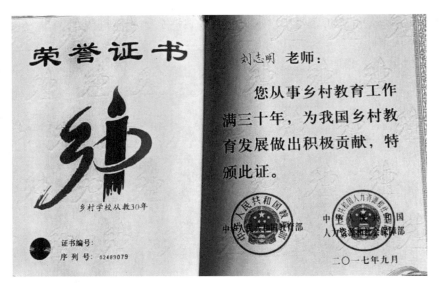

2017 年,刘志明荣获"乡村学校从教 30 年"荣誉证书

四、家庭: 半"聪"半"明"相扶行

我的恋爱和婚姻也与我的乡村教学经历相关。当时的婚姻大多是媒妁之言,但已经有自由恋爱了,只是还很少。1973年,我到金竹山乡参加教研活动,听物理课,当时她(妻子)是接待员,在会场负责倒茶水,有过一面之缘。后来同事张老师做中间人,跟我说起,我说可以试着交往看看。我们基本上是自由恋爱,谈了七八年才结婚。

刘志明及妻子年轻时的照片

结婚后,我们把家安在五七学校,妻子是红日岭下面向东小学的代课教师,她当时教书也是很不错的。1981年,大女儿出生。我的父母、岳父母都是农村人,我与妻子是家里长子、长女,下面有几个弟妹还年幼,所以他们不能到五七学校来给我带孩子。当时禾青和金竹山两个学区都来争我,都以解决我妻子民办教师的身份为条件。本来考虑去禾青中学的,但是禾青学区主任刚好调任了,新主任推说原主任没有做好移交,民办教师的事也就作罢了;后来就调到了金中,请岳母帮忙带小孩。

　　我妻子生孩子时难产,大出血,当时打了过多的青霉素。开始以为救不过来,后来是眼睛看不见,眼睛好了,听力又慢慢下降了,到金中后的一两年内,下降明显,开始听不清上下课的铃声。民办教师当不成,只好转到学区开办的一家汽车软木垫厂去干活,这家软木垫厂是1984年办的,生意不好,只办了一两年。当时没有想过要继续做工友——那个抬笼子①的活吃不消,后来就回老家当了农民。当时,五七学校的领导很关心我们,这个是让我比较感动的,同事们还给我们捐了钱。段振卿当时任教导主任,马上送过来1000块钱,还在医院给我们做了担保,并去和医院打招呼,要尽力量治好我妻子。1981年的时候,一般住院医药费几百块,1000块相当于今天的一两万,不,应该是四五万了。这1000块钱,是他个人的,他们家当时是双职工。我后来还钱,他不要。伍爱珍老师也帮忙开了补脑的药,到医院拿给我妻子。到金中以后,(我们)联系越来越少了,他们后来都在冷水江教育系统当了大领导,我的条件不是很好,没有再去麻烦他们,但恩情铭记一生。

　　1982年,农村开始分田土,当时要交农业税。我一心扑在学校的教学上,孩子和农活压到妻子一个人身上。她开始独立地学习一些农业技能——犁田没有牛,放秧水要求人,守着放水要守到半夜,一个人踩打谷机……我去不了人家家里帮工,人家自然也很少过来还工。当时有一户邻居家的小孩帮了忙,她是很感谢的。她听力不好,在大大小小的事情上经历了非常大的苦楚。后来,两个弟弟结婚,老家住房困难,我们就搬到了金中居住(住学校)。我妻子如果听力还好,没有回老家,一直在当民办教师的话,情况也就完全不同了。人家比她晚一些教书的早就转公办了。妻子干了15年以上的代课教师,好在后面国家有政策,可以自己交社保。

　　我刚开始回到农村的四五年时间里,还是想回城的,1987年、1988年的时候动过念头,后来年纪越来越大,就没有这个想法了。当时我一个人的工资,上有四位老人的开销,有子女要养,还有弟弟妹妹的(开销),还有一些人情世故,负担比较重。到金中居住后,在岳母家种些菜,蔬菜不用买。妻子

---

① 方言,学校食堂蒸饭用的是四方大屉子,一层层磊起来,需要两个人从最底层抬起来架到大水锅上。

听力下降后,我相当于也成为"半边户"①,当时的乡村中学很多半边户。本乡民办教师的比例会高一些,学校里给他们也会分一至两间房子,但他们大多在家里修了房子。近一点的会利用闲暇赶回家去务农,因为家近的缘故,他们是最稳定的。后来一些大专毕业后分配过来的老师,主要因为家庭的问题,(会)想方设法调走。(我)因为岳母帮忙带孩子,杀鸡做点好菜就要喊吃饭,端来送往,所以走来走去和村民都非常熟悉,和一些关系较好的村民也一直保持人情往来。其他我们在生活上遇到的困难,都是自己解决。

1999年,我成为入党积极分子,可惜后面没有转正。我父亲是党员,我的两个女儿也是党员。作为老师,我并没有特别多地教一些给她们,主要是熏陶,孩子看着你坐在办公桌前,就会受到影响。我是教师,(对她们)反而要凶一些,因为教别人的孩子不好骂,要注意方法,别人的家长讲是讲不听话打都可以,但是真正去打人家的小孩子,家长就会跟你有意见了。所以老师并没有对自己的子女开小灶,只是子女看到家长的行为受影响,他们自己想读书。

我觉得子女和后代教育方面,最重要的几点:第一是做人,思想道德是最关键的,是第一要紧;第二是要多读书,学习一些知识,学习一些技能,有本事,干一行爱一行,行行出状元;第三是注意身体锻炼,身体是革命的本钱。当然,最好要有点音体美方面的技能,有点自己的爱好,丰富自己的生活,使生活多姿多彩。

五、归依:乡土养育与人民情怀

我是农民子弟,深知农村里走出来一个人是不容易的。我认为农村孩子还是要认真读书,靠知识才能改变命运。那个时候农村乡风淳朴,日出而作,日落而息。上小学时一回家要做农活,听生产队安排,要去挑粪、喂牛、割茅草,一般生产队会给你记一两分工。不过那时候效率不高,大多数人做

---

① 意为夫妻两人一方有工作,还有一方在家当农民。

事不努力。我因为是家里长子，在乡村礼俗方面，要起带头作用，尊老爱幼。一个人当然要讲面子，要讲家庭声誉，也要教育子女工作认真，在社会上有好评。

工作之后才有夜校，我参加过扫盲。扫盲运动搞了两三年，两个老师一个组，在冷水江菊花井那个地方，具体的队名我记不清楚了。当时农民的学习热情也很高。我们每个星期都去，主要是把大会上的政策讲给他们听，读读报纸给他们听。那个时候《湖南日报》是每个生产队都要订的，《人民日报》比较少，有大活动出来以后，学校里面的《人民日报》出来了，就分给老师，叫老师带下来读给他们听。

20世纪70年代的时候，大概1974—1978年，搞学工学农运动，我当时带学生每年暑假两个月时间去工厂里学习做钳工、焊工等，到农村里面去做田，物理老师带几个好一点的学生下去，给农民修喷雾机、水泵、电风扇，后来还有去农村里面学开拖拉机的。学生到工厂里做工的积极性很高，很愿意学。恢复高考以后，绝大多数的学生要求要读中专、技校。再后来学校要抓升学率，这些外出的活动从1980年起就没有了。在金中，修操场、房屋粉刷是老师带着学生搞，栽花栽草这些是学生搞，其他的校舍维修多是请外面的人做。学校同事之间的人情世故和农村里一样的，都要出份子钱。同事家里父母过大生日、生小孩子、小孩子考上了学校等，我们是集体去的，20元一个人。

遇到（学生）上学有经济困难的，我也给熟人在开学时做过几回担保，但资助得不多，这些担保的学生后来学费都交齐了。也有亲戚的孩子跟着我读过书，经济上一般是他们父母负责，我只是管一管，照顾一下他们的饮食起居。当然身边的人也有看到我在学校教书，把孩子放到学校来的，学校分重点班、普通班，作为老师能够跟校长讲讲话，帮帮忙也就能够放到重点班。

当老师最得意的就是学生考上好学校，被请到家里坐"上头"①。当时的条件不好，学生只要肯读，我们就愿意多教。以前的学生和家长很重情意。原来五七学校有一个学生考到清华大学，后来当了团委书记，他父亲是当时

---

① 指坐贵宾的位置。

国家供电所的工程师，放假还带儿子来学校看我，在街上碰到，还要求（他儿子）向我立正敬礼。他自己对儿子也很关心，特别是学校要搞物理竞赛了，次次去守着。十七班有个学生后来在长沙一家银行当行长，回来看我时说，如果我经济上需要帮助，可以去找他。金中有个学生后来保送到清华大学，我们当时无偿给他补课——那个时候都是不要什么补课费的——这个学生是金中的第一个清华大学生，录取后请老师们到他家喝酒，后面也很感谢老师，专程回来看我，还给我写过信。农村里要出一个人才不容易，好些家长为了送孩子读书竭尽全力，在农村是相当苦的，有一个孩子能够出来工作，就可以改变整个家庭的命运。做老师的就要帮助学生考个好学校，实现"鲤鱼跳龙门"。优秀的学生还有很多，他们毕业时会送照片给我，在外读书后会邮寄明信片给我，以前收了很多明信片，要是在哪里遇到，会向老师打招呼、敬烟，非常客气。我觉得做教师这个职业也是可以的——培养了人才，对社会有作用。整体来说，教师是传道、授业、解惑，现在教师职业认同度也提高了。

以前乡乡有中学、村村有小学，进入 21 世纪以后才把小学撤了，要三四个村才有一个小学，有的还要到中心小学才有得读。我觉得，还是以前的村村有小学好一些，但是现在优秀教师资源都集中在中心学校，要不就集中在城里。现在农村人口往城里并，打工的都把孩子往城里送，乡镇的初中现在都招不满，基本上都到城里去，导致城里出现大额班级。如果说教师力量分配均衡的话，还是原来就近入学好一些。但是这个现状恐怕很难改变了，一个是城里教师力量好一些，另一个就是（城里）校外辅导机构也多一些。现在家长不想让孩子输在起跑线上，农村没有优势，寒门出贵子可能越来越难了。总之，乡村教育要加强，乡村振兴需要科技人员，就要鼓励一些大学生回乡，把乡村搞好，起带头作用。

六、 传承：薪火赓续，愿景可期

1971 年，我去新化游家镇找土医生看过眼睛，后来搭火车到长沙，再从长沙坐轮船到常德桃源找刘彩云医生。我是在《湖南日报》上看到的，讲刘医生擅长治疗白内障、云翳等——农村喊"翳子",看书后才知道学名叫"云翳",后来又在湖南湘雅医院看过眼疾。医生讲这个是陈旧病,一般很难治好。当时就是开了些药,没有什么作用。我当时十多岁,一个人出远门,父母同意我去,只是没有人送。人家高级医生讲了,就好像判了刑了,后来基本放弃治疗了。

1977年恢复高考,当时我已经在五七学校当老师了。我试了试,过了分数线,但是要求裸眼视力1.0,我也就通不过,上不了大学。我没有去找人求情,因为就是录取了学校还要入学体检,也通不过。其实我心里早就做好了准备,反正我可以继续当老师。最后,还是靠"三沟通"圆了大学梦。感谢党的培养,感谢好的政策,让我有书读、有书教。我自己评价自己没有枉费一生,没有虚度光华;该奋斗的地方奋斗了,该努力的地方努力了。

2021年,我右眼视网膜脱落,在贵州省医院做手术。手术是主任医生做的,我主动与他们交谈。因为是旧疾,眼压高,复查的次数比一般病人要多几次。去多了,我担心人家医生不耐烦,而且路程又远,后来好一点就没去了。如果生活在大城市里,多了解眼睛保健的基础知识,定期做眼体检查,可能不会导致视网膜脱落,或者在发现的时候能够及时进行激光治疗。这也说明城乡差异大,城乡的资源分配、人与人之间的资源分配差别大。农村里还有很多人比我条件还差些,可能就会失去治疗的机会。因此,建议有关医疗机构对一些慢性病的治疗,多加宣传教育。说来说去,不止乡村教师要发挥作用,医生也要在乡村中发挥作用,这是很有必要的。或者说,术业有专攻,各行各业的人才都可以下乡做做宣传教育。

我不后悔当老师。我一直教书,没有想过去机关工作:我的眼疾是最大的阻碍,我认为眼睛不好,在接待人的工作上是干不好的;还有一个是我的人际关系不那么会处理,不圆滑。由于眼疾,我一开始就决定做一名老师。在乡村中学,我主要以工作为重,做点副业就会分心,除了教书没有想过做别的。后来有些年轻的老师当领导了,也有指手画脚的,我也没什么不平衡,反正我一辈子就是读书、教书。只要做好这两件事就可以了。

我生了两个女儿。在农村,重男轻女思想是很严重的。我是家里长子,爱讲个面子,但不是我生了女儿就抬不起头来,越是这样,我越教育女儿自强,要在父辈的基础上有所改变,才能一代比一代强。时代也在变化,女孩子不比男孩子差。我和妻子从来没有打骂过她们,连一句重话都没有说过。我常常教育女儿:"养子弱于我,买田做什么? 养子强于我,买田做什么?"我跟女儿讲居里夫人的故事,讲宋庆龄幼年出国的故事。两个女儿从小就是班里的佼佼者,后来连我岳父的思想都有很大改变,经常讲:"这两个女孩子是有用的,不能看轻了她们。"我没有特别的给予什么,就是送孩子读书,只要她们能考取,就坚决地送。我的两个孩子上学在学费减免政策之前,不早不晚,是学费最多的时候,最难的就是两个孩子同时读师范。那个时候,升学喝酒,两头的亲戚都给了钱,大家都不容易。我最感谢的还是岳父岳母,岳父当时对我老婆上学是极不支持的,可是在他的两个外孙女上学的问题上给予了最大的支持。他在拿出了农村老人的"养老本"后,还会经常问学费够不够,只要有点余钱就会给孩子零花钱。岳母总是能在关键时刻把学费的缺口给补起来——她以她自己的名义去借。妻子为了赚点钱,卖东西、打零工的活也做了不少。

我家目前可以说是教育世家,大女儿、大女婿、小女儿、小女婿都是教师,当时两个女儿选择读师范,有两点原因。一是我认为国家要振兴,必须依靠科技,科技要依靠教育,教育要有老师。二是两个女儿都比较争气,当时师范是提前批的,考的分数都比较高。我希望她们对社会有所贡献,让她们走自己的路,不要枉费自己的人生。我希望农村的孩子,成为有用的人才,至少不要给国家添麻烦,多读书,多学一些科学知识,对国家有贡献。

我2014年退休,现在在家主要就是练练书法、带带孙子,鼓励他们多看看书,培养他们的阅读能力。真正讲起来,现在小孩子的学习范围、接受知识的渠道比过去要多得多了,尤其是城里的孩子,(有各种)媒体,如手机、电视,(而我们)那个时候仅仅从书本上才能获得一些知识。退休之后,我想过回乡里,做点力所能及的事情,贡献一点余热。在教育方面,能够免费辅导一些学生,院子里的红白喜事能够帮点忙,院子里的家庭纠纷能够帮着调解。但我目前眼睛有点病,还没有回乡。我想趁身体还好,再到北京去看一

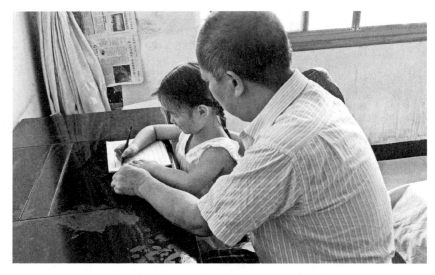

2022 年 8 月,刘志明与小外孙女在一起

看,还想去参观一下三峡水电站,因为三峡水电站是最大的,肯定比葛洲坝更壮观!

潘元金

半耕半教扎根小山村,见证西部教育五十年

亲 历 者:潘元金

访 谈 人:岑园园

访谈时间:2022 年 5 月 21 日、22 日、25 日、27 日

访谈地点:电话访谈;广西壮族自治区桂林市荔浦市杜莫镇潘元金寓所

访谈整理:岑园园　黄　茜　苗昱菲

访谈校对:岑园园　黄　茜　苗昱菲

亲历者简介:潘元金,男,1954 年出生于广西壮族自治区桂林市荔浦县(今广西壮族自治区荔浦市)杜莫镇金鸡村六连屯,中共党员。1975 年 9 月,进入杜莫镇金鸡村金鸡小学担任教职;1977 年参加全国首届高考,考入桂林民族师范学校;师范学校毕

潘元金(右)接受访谈

业后,1980 年起先后在杜莫镇的上龙小学、金鸡小学、龙珠小学等乡村学校担任普通教师、教导主任、校长、教学点负责人等职务;2014 年退休。曾获"先进教育工作者""先进教师""优秀共产党员"等荣誉。

一、 六十年代的读书经历

我们潘家几代人都住在六连,六连也主要是潘姓人口,出自同一个家族。我出身贫农,老头子是赤脚医生,阿妈是正宗农民,他们的性格比较忠厚老实,我的一生受他们影响很大,性格和作为都是非常实在的。

在我五六岁的时候,大概 1960 至 1962 年,我们杜莫整个乡镇只有一所高小,坐落在杜莫榕树脚下。我是 1963 年到金鸡小学就读的,当时正处在学制改革时期,小学实行的是五年制。我在村里读到四年级,就转到高小读书。新中国成立后不分家庭情况,比如我的堂哥们都到杜莫读小学。当时没有什么私人财产,没有剥削情况,教育普及,面向全体,学生到年龄基本上都可以上学。

我在小学升初中时是直接推荐的,并不需要考试,所以几乎每个人都可以读。1968 年,我在杜莫中学上初中,当时实行的是两年制,学校的地址没有变,还是今天的位置。我们读初中的时候有"读书无用论"的说法,和村上其他男同学一样,我也产生过厌学的情绪,有过不想读书的"尝试"。我记得有一学期还没有放假,我就提前逃学,没有去学校,也没有参加考试,还欺骗父母和学校老师。读初中那个年代,还没有住校,我每天早晚往返于六连和杜莫,要走一个多小时。如果是冬天的话,早上要很早出发,放学走到家里天已经完全黑了。

在我读初中的最后一学期时,村办初中开始流行,镇上的初中统统解散,回到各个村办学。我在我们大队读了一个学期的初中。当时村里办的初中班,素质参差不齐。除了我们回村读书的初中生,还有些二三十岁的村中社会青年,学校鼓励他们也来读初中。当时村里的初中只有一个班,这些社会青年相当于跟读,后来因为文化素质跟不上来,在读了十来天后,纷纷读不了,又自动退学了。在村办初中里,没有专门配备的老师,老师都是从本大队找的。比如有一位潘老师,他曾是我们的数学老师,原来是老高中生,文化功底深厚——以前的老高中生相当于当地的状元。我们大队的村办初中并没有持续很久,好像还不到一个学期,就又集中到杜莫中学上课。

　　1970 年,我在杜莫中学读高中,当时也是推荐制。虽然也不需要考试,但并不是每个人都能上高中,上高中的推荐标准我不是很清楚,可能是按照期末考试成绩。1976—1977 年,大队贫下中农管理的村办初中,推荐上高中的标准主要是看家庭成分;当时就有学生成绩比较好,但因成分不好,无法上高中,我知道有一位同学是这样的情况,后来"文革"结束,他重新复读,才能继续升学。当时的高中也是两年制,杜莫中学刚开始高中班办学,只有一个班,我是第二届。我读高中的时候才开始住校,当时每天的伙食费是 5 分钱。

1970 年,潘元金(三排右九)的初中毕业照

　　我读书的时候都有农忙假。农忙假历史很悠久,还没有分田下户的时候就有这个假期。给学生放农忙假,是为了协助生产队、家里进行"双抢",时间大约有一个礼拜。劳动课除了搞卫生,小学和初中我还参加过修水库。大约 1965 年,在我读三年级时,我们的劳动课就是到板发修水库,我不知道这是上面布置的任务还是学校轮流。当时我才三年级,人小力气小,两个人一起抬泥,抬一次发一块牌子,群众挑一担泥发两块牌子。牌子是用竹片做

的,上面有用蓝墨水或者红墨水点的颜色做记号。在那个年代,人都比较诚实,记录的方式虽然简单,但是没有人会作假,也没有人敢作假,作假如果被发现会被批斗。现在的话,可能第二天就有人作假了。还有一次劳动是修水槽,从下龙到葛村要架一条渡槽,当时我在杜莫读四年级,任务是锤石渣。那时候我们这里还没有碎石渣的机器,都是捡碎石片,然后用铁锤来锤。这件事我印象很深刻:当时我是和邓村一位比我大的同学一起拿背篓抬石头,但因为年纪小不太会用扁担,抬的时候不会放,最后扁担都挑断了,那时候农具很珍贵,我拿着断扁担回家时还被妈妈狠狠骂了一顿。在 1968 年我读初中时,修筑田尾水库需要石渣,我也参与了劳动。当时是按人头分配任务,规定了每个人需要完成多少石渣的量。我们就在杜莫中学后的石山脚捡石头,带到学校,然后利用课间在教室门口将这些石头锤碎。一般用绳子捆住石头,五六个人分两边拉着绳子,将石头抬起来,然后放手让石头落地,一点点把大块的石头锤成小块的石渣。

二、 1977 年恢复高考初体验

1972 年 7 月我高中毕业之后,没有继续升学,就进入生产队劳动,并担任生产队的会计。在我还没有毕业时,生产队的社员就和我约定好,让我一毕业就回去做会计,因为我比较实在,他们对我比较信任。当时在农村,出三节工画三个圈记工分,那个年代生产比较落后,粮食比较紧缺,全年一个人只能分到三百六七斤谷子,因为体力劳动消耗大,粮食都是不够吃的。不过当时教育发展比较快,严重缺乏老师,在职的老师去荔浦师范进修时,就临时从大队社员中招聘代课老师或者民办老师。招聘的流程一般是大队召开会议,由各个生产队推荐人员,大家进行选拔。我就是大队看中,被推荐去做代课老师的。1975 年 9 月份我开始做代课老师,开启了我的教师生涯;当时我还兼任生产队会计,一直做到了年底,年终核算和分配结束后,我的三年会计生活才结束。1976 年下半年,我转为民办老师,当时没有考虑太多前途的问题,一切都是服从分配:我觉得缺老师,大队有需要我就去做,思想比较单纯。

我是 1977 年冬天参加高考,1978 年春入学——"文革"后首次参加高考的学生,不是秋季入学。1972 年我高中毕业以后,到 1977 年才参加高考,期间相隔了五年时间,虽然在做代课老师,但书本上很多知识点都忘记得差不多了。当时手头没有什么复习资料,市场上也没有什么复习资料可买,我复习时只能看初中、高中的课本。当年高考也分了文科理科,政治、语文、数学是必考科目,文科加考历史、地理,理科加考物理、化学。

一边在村上做民办老师,一边复习准备高考,这是我当时的状态。当时没有人,也没有地方可以帮忙辅导,都是靠自己看书,只能"瞎婆子打仔——瞎着捞",不像现在有各种辅导书。所以当时哪怕有的问题不懂,也没有办法解决。一起考试的老师也会进行交流,但是交流也很有限,只能交流政治、历史、地理科目,语文和数学比较难交流,主要靠自己积累的底子。当年我们学校有四位民办老师参加高考,其中有三位男老师、一位女老师,我们都是考文科。

当年我们是怎么复习的呢? 历史、地理、政治都是靠背,还会看看报纸上的新闻,还有重大历史事件,比如太平天国运动、甲午战争等。我们是怎么背的,刻苦到什么程度呢? 我们做老师一般家里都种有菜,放学后,会一边挑粪水给菜施肥一边背书和背题目的答案;晚上的时候,还会把回答问题的纸条贴在蚊帐顶上,睡觉前也要念一遍要背的书和答案。当时晚上用的还是煤油灯,光线不是很亮。我就是这样背书的,为了改变命运,一边教书一边刻苦备考。

高考后我们四位民办老师都能参加体检,那位女老师不知道什么原因最后没有被录取。我们三位男老师都被桂林民族师范学校录取,在同一个数学班读书。高考分数公布后,我们自己填志愿,我知道自己的分数情况,好的学校选一所,低一些的学校选一所,用来保底。我的分数争取不到本科、大专的学校,最后选择读了中专。那一年高考,很多人的数学考零分或者几分,这并不是说数学考试的题目很难,而是很多人把知识点和方法都忘记了,我的数学也只考了 58 分。我读的是桂林民族师范学校数学班,此外还有语文班、理化班。恢复高考第一年,成绩比较好的是荔浦的杜莫、恭城的莲花这几个乡镇,录取的人比较多。

在桂林民族师范学校数学班,主要课程是数学,其他兼学的课程还有物理、政治、教育学、心理学,我记得物理一个星期有三节课。因为初中老师比较紧缺,当时办学的宗旨是培养初中老师,所以我们学的相当于大学一年级的数学,除了初等数学,还学了微积分。在数学班的两年,有两位数学老师一直教我们。一位毕业于广西民族学院,一位毕业于中山大学,后者读了五年大学,数学功底很好。两位老师都是广西人,作风很严谨,非常受学生欢迎。

我读的学校是民族师范学校,学生有不同的民族,各班级学生的素质并不平衡。有的学生来自山区,只读了二三年级,这些同学是1976年之前入学的,按文化程度不同分为一至七班,没有什么基础的学生都分在一班,到了六、七班就是读过初中的学生。我们学校的学生毕业之后,大部分都回原籍工作,成为各个学校的公办老师。

1978年我入学时,数学只招了一个班,学生来自整个桂林地区,一共32人。我这一级只招收数学、语文、理化三个班,大概有一百多位学生。我们入学后,大家求学之心都很迫切,因为之前落下太多知识,大家都如饥似渴地学习,晚自习时,都自觉学习到很晚,经常需要校长到教室催促大家去休息。

1980年,潘元金在桂林民族师范学校就读期间荣获"三好学生"称号

1980 年,潘元金在桂林就读期间留影

三、 半耕半教扎根小山村

1980 年,从桂林民族师范学校毕业之后,当年 3 月份,我到上龙小学工作,成为一名公办教师。我在上龙工作到 1988 年 8 月,做过普通老师、教导主任、校长。当时试用期是一年,试用和转正工资不同,试用期是 29.5 元,转正之后是"咪发嗦"——34.5 元。1988—1991 年,我回金鸡小学做教导主任,1991 年到龙珠小学当校长,1992 年 9 月份又回金鸡小学,1995 年成为金鸡小学教导主任,1996—1998 年做校长,1998 年 9 月到上龙小学,2002 年回金鸡。我一直在教导主任、校长这几个岗位换来换去,每一次都是我主动辞退下来的,但每次上面又都"强迫"我做——教育组已经任命,并报教育局审核,我至少要做满一年。教育组总是希望我做校长,我在金鸡小学做教学点负责人时,到了58岁,递交辞职报告,一般情况下,男性校长到55至57岁就可以退下来。教育组组长却把辞职报告推回我的口袋,我就说:"难道我要当到退休呀!"当时教育组一位管钱的女同事在场,就回了一句:"那不是咯。"最后我的辞职没有成功,后来是因为生病,去桂林医院做了手术后,才从教学点负责人岗位退下来。2013年和2014年上半年,我又做了一年半的普通老师后正式退休。如果不是因为这场手术,我在退休前恐怕真的要一直做学校负责人。

我家里只有我一个儿子,家里还有爷娘,我要赡养他们——有的人结婚在外面,父母老了水都喝不上,生活虽然好,但爷娘没有人照顾——所以还没有毕业时我就想找个家里是农村的(结婚)。等我毕业一年后,学校老师给我介绍了一位生产队的会计,她很勤劳,除了当会计,还割草卖钱补贴家用。我们认识五个月后结婚了。妻子一直很勤劳,现在条件好了,可以少做些,多玩点,但是她一直都闲不下来。我没有想过去县城教书,我觉得我的能力有限,想得最多的就是在把工作做好的情况下,怎么搞好家庭副业,改善一下家庭经济情况。我并不羡慕县城的老师,我这一生做"半边户"是定数了的。

我的情况比较特殊,家庭劳动量大,家务事情很多。在工作和家庭上,只能以学校为主,尽量抽出时间协助家里,犁田耙地都是我要做的农活。我家的田地有4.1亩,但是一共有32块之多,分散在村子不同的地方,从邓村冲、杨梅冲到黄峰坳脚都有。为什么我家的田分这么多块?一个原因是我家人口少;二是我们村以前吃苦吃习惯了,分东西就特别强调平均的原则,比如在杨梅冲,分为水田和旱田,为了把好田和歹田分均匀,就把大块田割成小块分给每家每户。我家的田块实在太多了,后来我发扬愚公移山的精神,把三块田填平成一块,又拼了好几处,最后还是有二十多块。那时候平整和合并田块没有挖机可请,完全是靠人工拿铲锹锄头来做的。

当年我为了学校和家里两边都不耽误,很是辛苦。在上龙教书时,学校八点多早读,农忙时我一般五点多就会起床,早上耙五分田,这样到上龙也不迟到。有时候早上出门天还没有亮,牵牛时哪里是头哪里是尾都不知道,只能靠手摸,到田地的时候,天才有点亮。有时候下大雨,我放学回来也要急忙去耙田。在上龙教书时,老师还要住校,每个礼拜我都要回来一两次。杨梅冲的田需要赶水,我在回家途中就会绕路去杨梅冲给田赶水;如果要撒化肥的话,我会在上龙买好化肥,在回家的路上顺路就到田里施肥。

在家里,我母亲照顾我两个女儿,父亲是赤脚医生住在大队,老婆做农活,我工作之余尽全力协助。我家的家务特别多,做校长又要以身作则,二者兼顾是相当难的,我时常感到心有余而力不足。为了不耽误工作和家庭,我一向不愿意在学校当领导,但是上面一旦任命,我就不能推辞。我只要接受了工作,都会认真地做,不过,我觉得我不算是出色的。

还没有退休的时候,我还会种姜、苞米、木薯来卖。在 20 世纪 90 年代的时候,还养过两头母猪和一头牛,1994 年还是 1995 年时还做过豆腐来卖,大概做了四五年。所以我根本没有什么空闲。我种姜或者做其他农活,从不影响学校工作,还是以学校工作为主。这么多年,我从来没有迟到过,哪怕中午回家干农活,下午去学校也从来没有迟到。在工作之外发展家庭副业,当时很多人都是这样的生活方式。

2001 年,上龙小学毕业班师生合影(二排左三为潘元金)

潘元金任教期间获得的荣誉证书

四、 改革开放初期的教风学风

在 20 世纪 70 年代,教学课程有语文、数学、常识、政治、体育、劳动、图画、音乐,但课本只有两本书——语文和数学。作业都是在课堂上完成,没有家庭作业,也没有复习资料、练习册之类的。上学时间冬季大约是九点,夏季八点半,上午三节课,下午三节课,几十年都是如此。学生来学校一般要走四五十分钟。音乐和图画课的课本是到 90 年代才有的,七八十年代音乐和图画课的教学材料都是老师拿钢板刻印出来的,上课一人一张。我在上龙教学生唱的歌，并不是专门的儿童歌曲，一般是电影插曲之类，今天看来并不是很适合儿童唱。至于图画课，老师想教学生画什么就刻印什么。以前的小学老师是"万金油"，样样都要会，不过这也是没有办法的，因为那时没有专门的老师。学校使用的课本最开始是广西编的，后来改为使用全国统一的版本。以前各省编教材的时候，知识深浅不同，广西的和北方的就不一样。比如同样学分数应用题，方法一样，但是广西的要求没有那么高。普及九年义务教育之后我们才用上全国统一的教材。

20 世纪八九十年代是金鸡、上龙学生人数最多的时候，很多年级有两个班。金鸡小学在 1996—1997 年时人数最多，有 350 多人，是最高峰的时候。在 70 年代，没有什么学习和升学的竞争压力，到 80 年代开始有了竞争。80 年代的初中并不是每个学生都能上，不再是"见人有分"。在还是五年制小学时，有百分之十几的学生不能上初中。于是，一些人晚上自发组织自修活动，亮汽灯上课——汽灯也是煤油灯一种，烧煤油打气的灯，很亮但是很刺眼，不是很利于学习，但为了能够升初中，大家都克服困难。当时一般一个教室放两盏汽灯，以前唱戏时用来照明的也是这种汽灯。

在 20 世纪 80 年代，小学也有补课，尤其是毕业班的学生。比如放假的时候，如果是 7 月 15 日放假，不是毕业班的（7 月）3、4 号就考试，毕业班要多上一两个星期的课。当时一周上六天的课，只休息一天，晚上还需要上晚自习。对于这些补课的额外工作量，任课老师没有一分钱的补助，因此有的老师不太愿意上毕业班的课。但总体而言，当时为了升学，所有的小学都是这样补课的，学生、老师都没有什么怨言。老师虽然没有额外补贴，但都服从分配和分工，不像现在，工作稍有点不平衡，有的人就不愿意做。以前的老师不会计较那么多，也没有多劳多得的想法。当时觉得大家都是平等的，没有谁是特殊的。我们没有谁会想去多讨一分钱，大家想都不会想这个事情。

乡村的学生，整体来说比较单纯，学习认真，不想学习的只是极少数。以前家长对学生的学习并不是很重视，农村学生的学习主要靠自己的努力和天赋，还有老师的教学，不能指望家长来督促。有的家长连学生完不完成作业都不知道，有的学生没有做完作业，早上来学校后才匆匆忙忙补做作业。我以前教过的比较优秀的学生,都是靠自己本人的努力。有的家庭生活困难,父母没有什么文化,孩子能读上去;有的生活好过,父母有文化,子女也读不了书。家庭中父母为人比较忠诚老实的,能给学生一点影响力,让他们受到一些感染就好。农村家庭给学生的帮助比较少,能支持他读书就很不错了。

在 20 世纪 90 年代的时候,我有过上门动员辍学学生的经历。当时在小学学校评比中,有辍学的话所有评比是一票否决,所以我们很重视辍学学生,会把动员辍学学生返校当作任务来完成。不过,需要我们动员的学生一般很少。我遇到的学生多数是和家长赌气不愿意来学校,比如有的学生是想买新衣服、新书包,家长不能满足他,就开始赌气几天不来学校。因为家庭生活情况困难而辍学的学生是没有的。

在 20 世纪八九十年代要经常家访,每个学期至少和家长交流一两次。如果在路上或者其他地方见到家长,比如赶集走过学生家里,进去喝水的时候已经和家长交流沟通过,晚上就没有必要特地去家访。1998 年我在上龙任职时,去过最远的家访是金妈①一队。去家访时,总是受到学生、家长的热情欢迎,他们对老师很尊重。我记得有一次去上龙一位韦同学家家访,他要去参加比赛,假期我拿些题目给他做。到他家时,他家里新房子安门,做了粑粑,本来我不好意思去吃,他的家人硬拉着我衣服,让我一定要去吃,我想走都走不了,最后留下来吃了一顿粑粑。

改革开放之后,留守儿童开始出现。20 世纪 90 年代,留守儿童不多,那时我们这里还没有尝到外出打工的甜头。1991 年在龙珠没有留守儿童,父母基本上在家里。进入 21 世纪,留守儿童开始比较多,留守儿童家庭经济状况不差,因为父母外出打工,能挣到一些辛苦钱;但是孩子管理方面比较难,全靠爷爷奶奶教育,孩子没有那么听话。一般来说,爷爷奶奶不太能教育,学生们还是比较听老师的话,在学校看不出太大差别。我退休前那几年,在外面打工的父母多,留守儿童比较多,他们没有什么很大问题,主要是教育不是很到位,爷奶隔代教育,无法很好地教育孩子。比如学生在学校做得不

---

①　杜莫镇上龙村小金妈屯。

够,哪怕老师和爷奶说,他们也解决不了问题,一般会说"等你爸爸回来告诉你爸爸",但是等他爸爸回来,爷奶已经什么都忘记了。老师想要和家长沟通,最多是打个长途电话,导致学生在学校听老师的话,在家里不太听话。

农村学生改变命运的方式是升学,只要能上中等专业的学校或者大学,都能够改变命运,最好能读到大学,以前考上学校就是"铁饭碗"。学生努力读书是为了自己的前途,我们老师也是这样教育他们的,让他们努力读书以后能有点出息,不努力以后就迟了。我教过的学生有在单位当领导的,他们都是靠读书改变了自己命运。

20 世纪 90 年代广西的小学教材

五、 乡村教育五十年之变

在 1975 至 1976 年,我们村一共有五位高中毕业生,只有一位女生,三位是杜莫中学毕业,两位是荔浦中学毕业。当时在一个村,能读到高中的人比较少,就几个,特别是女孩更加少。可以说 20 世纪 70 年代的高中生就这几个,当时有文化的人很少,一般都是读到初中。过了 70 年代,特别是 1975 年之后,高中扩大招生,就有比较多人去读高中,去荔浦中学读高中的人也多,上龙有很多人走路去兴坪读高中。

我刚当老师的时候,农村多数家庭经济是比较困难的,靠工分吃饭。很多人劳动一年一点钱没有分到,还需要交一些钱买粮食;劳动力比较少的家庭,做一年还有可能会欠钱。不过以前不读书的原因多是跟不上、厌学,不会因为家庭经济困难,当时的学杂费才几元钱,有些凑合卖杂粮或卖柴,都能想办法解决这几元钱。通常是男生辍学多,女生往往(一开始就)不读。女生不读书的原因,有的是要带小弟弟妹妹,或者家里重男轻女。有的男生不去读,家里会押着去;女生不去读,家里一点都不介意。但是这样的现象少,到该读书的年龄家里都会送到学校读书,我没有遇到想读书而没有书读的情况。另外,当时的学生也不用接送,哪怕是一年级也是自己上学。那个年代比较安全,家长也放心,基本不会出什么问题,即便有什么问题,也不是在路上,家长也不会找学校什么麻烦,一般都是说自己的孩子不听话。大概从 2005 至 2006 年后,接送小孩回家的变多了,学生出一点问题都要找老师,认为是老师的责任。

金鸡小学的校址最初在金鸡庙,是一座老房子,木头窗子小小的,里面黑黑的。大概是 1974 年,金鸡小学搬到古窑岭头,由各个生产队出力打砖,材料由各个生产队捐,窗子也是各个生产队派会做木工的人做。全大队的生产力都去挑石头,我还去挑过石头,当时有人拿秤称石头,按斤两算工分。当时建的教室比较简陋,泥砖墙,有两排校舍,一排有四间教室;但以当时的条件能建一座学校,教室能够用就很不错了。1983 年,金鸡又重新建了校舍,当时叫作"三个一点"——群众出一点、政府出一点,还有一点是哪一方不是很清楚,群众读书要交建校费。金鸡是率先建水泥房校舍的,但是这次建的水泥房在早两年修高速公路的时候毁了。后来又建了新教学楼,也是刚建成一两年,地址还在原来的岭头,面积增加了很多,全部由政府出资。

　　金鸡小学大约在 1976—1979 年办过中学,1977 年上龙还有学生到金鸡读初中。上龙小学的初中则办到 1981 年,其他学校大概也是办到 1981 年。1981 年我教五年级毕业班——当时是五年制——他们需要考试升初中。1980 年上龙小学还有六七年级。上龙撤销初中班,在 1981 年清退了蛮多民办老师,上龙辞退好几个,金鸡也辞退了好几个。那时候被辞退的人意见纷纷,没有被辞退的人都觉得很庆幸。1983 年也有清退,搞了一次精简。在 21 世纪后上面有意识将民办老师全部转为公办,逐年安排考试,条件放得很宽。搞了两三年,民办老师统统转为公办老师,但代课老师并不一定能转。

　　金鸡小学收 11 个村屯的学生,直接由学区管,大概在 2005 年改为教学点,只保留三个年级,学生变少,只有八十人左右,一个班只有十几个人。四年级以上的学生到杜小读,在学校住校,住得远的学生由家长骑摩托车送,近的学生自己走路去。当时杜小是中心小学,小学基本是同样等级,一般在配备老师上有所侧重。我了解的集中办学,主要是解决师资力量不足的问题,有的学校一个年级只有五个学生,如果配备五六个老师不现实。当然在各个村屯办,如果能适当配备充足老师,教学质量更容易提高。

　　我是在 1996—1997 年成了金鸡校长,之前是潘金开当校长,后来他调去教育组当教育组组长。改革开放之后,校长都是教育组任命,和普通老师一样上课,校长按 0.6 或者半个老师的任务量。如果当校长觉得别的老师辛苦,也会承担多点课程,不怕别人议论,就承担少点。我当校长、教导主任的时候,上两个班十九节课,还曾有老师提出,我上这么多课,后面的校长比较难跟。1991 年我在龙珠的时候,要抽出一个人建校,负责采购材料和组织施工,四、五年级有两个班,由两个老师负责,当时抽出一个老师负责建校后,我顶上这个班的课。在这样的情况下,我既要当校长,还要上两个班的课,几乎把最多的课程量留给了自己,让别人上少的课,不给别人增加太多负担。

　　1984 年以前校长和普通老师工资没有区别,1985 年之后开始有所不同。我当教导主任时,和普通老师是一样的级别,工资是 68 元,当校长之后就是 80 元,多两级工资。1985 年、1986 年是比较特别的,因为刚开始选拔年轻人当校长,原来的校长都是老教师,所以校长的工资比普通老师高。到了1991年我在龙珠当校长时就没有区别了。20世纪90年代之后按级别发工资,如果连续获得两次地区先进教师,可以提前定级,其他是按规定时间定级。

在20世纪80年代到90年代,工资变化不大。一直到21世纪,才每年加一级,按工龄级别每年加,不同级别加的也不同,级别高的加一级大约有三十元,级别低的可能只有十几元。在2005年、2006年,为了调动老师们的积极性,取消老师奖金,改为绩效工资。除了有基本绩效,比如每人300,剩下的就按照个人的工作情况来分配,获得教学奖、做班主任、做领导等会多得一些绩效。我在教学点做领导,一个学期可以多发400元。之前的绩效都是平均分配的,这次改革是从这些平均的绩效中抽出一部分,工资高的抽多些,工资少抽少些。有的老师在教学方面没有什么奖励,被抽出去的钱一点都拿不回来,他们就有意见。

到我临近退休时,也就是2010年左右,农村的老师在工资上和城里的老师才有差别。特别边远的学校,比如榕洞、下樟,每个月会多200元工资;在金鸡、三保、上龙这样一般的农村学校,补助就少点,每个月多120元。也是这时候才开始强调乡村教师的待遇问题。

现在国家对农村办学条件比较重视,教室、厕所建了几轮。在金鸡小学,厕所都建了三次,现在是第四次,每层楼都建有厕所。教学上的设备也配备了很多。国家这两年比较重视农村的教育,就是在师资方面问题依然存在,上面分配老师时注重城里,县城每年招聘乡村的优秀老师,导致乡村的优秀老师越走越少,城乡师资力量不够平衡,教育差距越来越大。在乡村老师的待遇上,现在已经考虑到乡村和城里的差别问题。越来越多的老师愿意在乡村教书,在城里居住,因为这相当于提高好多级工资。

至于学校的办公费,主要都是政府财政出。以前办公费很少,一个学生才1角钱。办公经费要节约开支才能支撑,但也没有感到有办公经费特别困难的情况。如果学生人数少,没有达到一定的数额,就按照多一些人的配给,学校各方面压缩开支,购买东西比较少。没有电的时候,能买得起火油,有电了能交得起电费就好。以前还没有打印机,都是用滚筒式油印机,办公费主要是用于买蜡纸、白纸、粉笔、油墨之类的,不会感觉很困难。

在农村,普遍来说不够重视教育,家长认为(把孩子)送到学校就行,至于学不学,好像是老师的事情。现在我看到有的家长对孩子的前途比较重视,有的农村家长特意去县城打工,租房子住,主要是为了把孩子送到县城读书。但是在农村,想要家长特别重视教育也很难,他们白天做事比较累,晚上回来做家务,哪有多余心思管孩子? 有的家长会旁敲侧击式的教育,有的全靠孩子自觉,自觉的孩子往往也比较出色。

约 2004 年,潘元金(后排左一)与师生在金鸡小学校门合影(第三次建设)

2022 年,金鸡小学新貌(第四次建设)

2022 年,上龙小学校门

2022 年,上龙小学教学楼

六、 学而不厌以传道授业

我这一生能为教育事业做出一定的贡献,心里深感安慰,感觉还是良好的。

1975 年,我刚在金鸡代课时,教的是四年级,学生比较听话,我自己感到有点惭愧,认为自己的功底不是很好,有点对不起学生,所以一边教书,一边刻苦学习,不断向老教师请教,希望能把学生教得好一点。

1976 至 1977 年,教育局的函授部会安排老师给乡村老师进行培训,针对刚从各生产队找来的青年教师教学经验不足、数学知识缺乏等问题集中给予指导,我们相当于边上课边提高。培训一般在周末,分单双周。比如一个老师负责两个乡镇,每周轮流去培训。在杜莫培训的话,就集中到杜小上课。另外,还有暑期举行的大型培训班,一次有好几个班,内容包括语文、物理、数学等,大约有一二十天,要求培训人员挑行李住在荔浦中学,我曾去参加过数学培训。当然还有全县选派老师出去学习的活动,这类学习需要通过选拔才能去。

我在金鸡小学做民办老师时,因为要给初中生上测量课,曾去参加过相关培训。教我们的是一名广西师范学院的老师,他指导我们实地测量,我学会之后就回去教学生。当时学校没有平板仪,我用木头做了一个来教学生,又苦于没有钱,就找来毛竹片做脚,一个圆木头做底盘,上面放一块六七十公分的板子,再摆放自己做的简易仪器,用来教学生测量。水平仪也是我买水管做出来的,虽然不是很标准,但是能利用它教给学生使用方法。实地测量的时候,受到条件限制,我只能带着学生们去村公所测量房子,学习相关的测量方法,即便不标准,也能让他们学到这方面的知识。改革开放后,我没有再参加过长期培训,只是偶尔去听听示范课,到过栗木、东镇、阳朔、蒙山等地小学听课。教育组组织的培训,参加过的多数是这类学习、"取经"培训。

1980 至 1988 年,我在上龙多数时候教的是毕业班。1980 年那会儿,从正规学校毕业的老师没有那么多,还有不少年纪大的老师因为社会环境的限制,只有小学、初中文凭,甚至有的老师小学还没有毕业。可想而知当时这方面的人才是非常稀缺的,老师这个岗位真是供不应求。所以我刚当老师的时候，因为没有什么经验，常常害怕自己误人子弟，但是学生们认为，有人教比没有人教要好，有书读总比没书读要好。也是因为学生们的信任和期待，使我坚持了很多年。

1995 年，潘元金（四排右三）参与全县小学教导主任培训的合影

作为老师，我喜欢肯动脑、勤快、敢于发表不同意见的学生。我曾教过一个学生，他直接在课堂上提出"老师，不是这样的"，指出我讲题时的失误。这样能够看到老师失误的学生，关注到老师没有看到的地方，说明他在认真思考，所以一般这类学生成绩都是很好的。我很欣赏这类学生，我也十分鼓励这类学生。例如我在金鸡的时候，很喜欢一位姓潘的小学毕业班学生，他是邓村人，可以自己看课外的复习资料，对课堂复习的内容也滚瓜烂熟，他就是指出我讲题失误的学生。他经常在考试中考一百分，考九十九分通常是小失误，后来他顺利考上了重点大学。

评定学生的话，对我来说，成绩占主要，品德、能力也是考量的方面。比如有的班干部，他有组织能力，可能成绩稍微欠些，也可以评"三好学生"；如果只是成绩好的学生，他胆子小，能力也不行，做一个组长都不行，就无法让他评上"三好学生"。在评定"三好学生"时，每个班按照人数分配名额，由班主任全权负责,学校领导监管。评选优秀的学生,给予的奖励不多,主要是精神奖励——颁发奖状,也会奖励本子、圆珠笔之类的,都是几毛钱的奖品;2000 年以后变成了一两元的笔记本、两三元的钢笔等,给最好的学生的奖品也不会超过五元。对于学习不好的学生,我们会口头鼓励,做得好了就多多表扬,哪怕集队时做得好,也会大张旗鼓地表扬。

在处罚学生方面,20 世纪 80 年代有过"记过",但那时候没有学籍册,都是口头处罚。20 世纪 90 年代中期还有一些"处分",到了 1995 年、1996 年有了学籍册,但 20 世纪 90 年代末要求不许体罚学生,也不许予以公开批评或带侮辱性的处罚。到 2000 年后不许随便处罚学生,也就没有记过、记档案了。

我到哪里都和同事相处比较好,没有和谁闹别扭,和大家关系都一样,没有特殊的关系好的。我做校长也都是以身作则,没有人会觉得不公平。比如上课,有的班得了倒数第一名,我把老师换下来,我自己上这个班的课,所以没有谁会有意见,他们感激都来不及。还没有退休的时候,村上队上开会我都不会参与,都是让老婆去。等我退休之后,开始做些公益事业,因为大家相信我不会吃(贪)钱,比如修路之类的事情,他们都要我帮忙管钱。有的人拿钱到我家里交,会说:是你收钱,如果是别人,不会拿到家里交。我管钱,大家都放心交钱。不过还是少数人有"红眼病"。我在村里修路捐款动员会上曾说:我很容易得罪人。我公开讲,我不是德高望重,但是要做我就会做好。他们大部分还是信任我,哪怕我不想做,村民代表他们也会让我做。

我的兴趣爱好,唱歌勉强算一个。以前学校缺乏这方面的老师,只要会一点,哪怕都不会,也要硬着头皮上。我原来是一点不会唱歌的,1975—1977 年在金鸡时,有一位潘老师会一些,他时常指导我,这样我就有点基础。20 世纪 80 年代在上龙时我教唱歌,还是比较勉强的。到现在,一般的歌我都会唱了。我是一个比较爱问的人,有什么不懂的都会问,前几年我还因为某个音谱怎么唱的疑问去请教别人。我比较喜欢打破砂锅问到底,有点疑问都要弄清楚。我不喜欢去人多的地方,人多的地方经常赌钱,我不爱赌钱,也不喝酒、不抽烟。现在退休了爱好主要是看书,做一些劳动锻炼。我从 2012 年开始在荔浦图书馆办借书证,到现在一直都在看书。我看的书主要是文学历史类,比如《隋唐全传》,还有世界风云人物传记等。别人有长处,我都是很勤学的。比如木工,我没有专门学过,但现在自己也能做出比较好的椅子。我家里盖房子请师傅来的时候,我都会很注意观察他们是怎么做的。后来家里建牛栏时,我就可以自己建。我一个朋友的牛奶场需要砌一些水泥砖,叫上我去做,我也可以做好。像安装水电的活,第一轮我不会,请别人来做,我看两轮就可以自己安装。修喷雾器我也会,修电风扇也可以,我是拿电风扇去修,看修理师傅修,跟着学会了。

我自己很喜欢动脑。建房子的时候,我会计算墙体要多少砖,我有数学知识,房子建成后,没有多少砖剩余,数量算得很合适。我卖豆腐的时候,也根据要做豆腐的量,用数学计算怎么买绿豆。我在荔浦买房子的时候,花了一晚上,计算买房要借多少钱,每年我的工资是多少、贷款能还多少,大概需要还多少年。很多问题,我都会用数学来计算,把数学应用于生活。

我有两个女儿,大女儿是 1982 年出生,小女儿是 1987 年出生。在孩子的教育问题上,我不是特别在意成绩,五根手指生出来都有长短,有的人领会能力强,有的差。一百个小孩,每个人的智力不同,努力虽可以弥补,还有天赋在。我工作之余也做了点辅导,当时根据她们的成绩,希望她们做小学老师,报考师范类学校,不上高中考大学,她们俩都在荔浦师范学校读书。

目前,大女儿在阳朔做公办老师,也是教小学数学。小女儿从荔浦师范幼师专业毕业后,在私立幼儿园做老师。我大女儿教书教得蛮好的,去年还被评为桂林市的优秀教师。她在荔浦师范学校一入学,国家就取消了分配制度。于是她毕业之后去广东私立学校教了十几年书,2015 年回来考进阳朔的一所公办学校。我和大女儿经常会交流怎么教小孩。我常常和她说,对于不听话的学生,你要有意识地多接触他一点,有意识地喊他做事,比如在拿作业本的时候,可以喊他帮着拿,这样有助于增进老师和学生之间的互动与沟通。还有数学方面,我的数学功底比她好,一直到早两年之前,她有不懂的还会来问我,比如遇到有关浓度、分数、工程等方面的问题,她都会和我探讨。这两年不太需要和我请教了,她已经有了足够的经验处理这些事情。我记得几年前聊的时候,我们还不用智能手机,都是靠打电话,她在电

约 2004 年,潘元金摄于荔浦师范学校

话里说问题,我拿笔记下来,等考虑清楚之后再和她交流,现在有了智能手机就更方便了。

我在学校的时候常和学生说,现在不努力读书,以后就要努力找工作。在农村有文化,哪怕读技校、读专科毕业的人,出去打工也可以不需要做重体力的活,能找到对口专业的工作。同样打工,有文化和没有文化的差别很大,没有文化做重体力活,有文化坐办公室或者做些管理工作。去城里找到好工作后,才能带小孩走出农村。

按照现在的形势,我希望乡村孩子也能有充分的机会读书,能够有所成就,改变命运,拥有一技之长,在社会上有立足之地,做什么工作都能做得好。如果实在读不了书,也没有一技之长的人,能认真在家中发展农业生产也很好。年轻人不愿意种田,现在种田的都是老年人。大家都愿意打工不愿意种田,以后田由谁来种? 我希望年轻人,如果在外面发展不了,能够回来,让田地不丢荒。种粮食是什么时候都不能放弃,人都要吃饭。不可能人人都去城市,没有人种菜种田,人吃什么? 现在种田也越来越先进,杀虫可以用无人机,打谷子可以请收割机。以后可能是有文化的人来种田,劳动强度没有那么大,都发展为机械化了。

马友明

我与乡村教育的三十八年

亲 历 者:马友明
访 谈 人:李兴叶
访谈助理:李廷飞
访谈时间:2022 年 5 月 2—26 日
访谈地点:贵州省黔南布依族苗族自治州罗甸县马友明寓所
访谈整理:李兴叶

亲历者简介:马友明,男,布依族,1954 年出生,贵州省罗甸县大关村重阳湾人,中共党员。1964 年 9 月就读于猴场小学;1970 年 9 月考入罗甸民族中学;1974 年 9 月就读于罗甸师范学校;1975 年 9 月开始在乡村从事教育事业,先后任教于板庚小学、

马友明(左)接受访谈

猴场小学(1995 年更名为大关福幼小学)、前进小学、令旗小学;2013 年退休。从教期间获评"小学先进校长""先进教育工作者"等荣誉。

一、 难忘求学之路

　　我祖辈都生活在乡村,爷爷那辈人从其他地方迁移来重阳湾这里居住,父亲和母亲一直以务农为生,没有受过教育,一辈子生活在农村,更谈不上有什么背景。我还有一个妹妹,本来可以和妹妹一起上学,但由于(那时候)家庭条件艰苦,劳动力人口不足,以及当时思想的原因(认为女孩子读再多的书也是要嫁人,自己家里不能享受女娃儿的福气),妹妹只上了一年级之后就没有再读了。除了生活条件艰苦外,很多基本需求也难以满足。比如看病,当时我们村没有卫生院,生病了只能用土方法,找“土医生”开草药。交通也是非常不便,生病难以及时就医;如果实在病得严重,必须走四个多小时的山路,到县里面的医院医治,因为县医院医疗设备会更健全。我可能是因为长期生活在农村的原因,经常干农活,身体素质还不错,几十年了(身体)也没有出现啥毛病。

　　1964年9月我开始上一年级,学校地址在猴场(猴场小学),离家五公里左右,每天要走上一个半小时左右。学校是一栋瓦房,由木头支撑房子的框架,石头填满墙体,盖上瓦片。我们没有桌椅凳子,课桌是由一块一块的大木板搭起来,我们用大块的石头当凳子,坐在石头上上课。幸运的是,学校属于公办性质,学费比较便宜,一个学期8毛钱。有一段时间由于“文化大革命”,我们每天都会读毛主席语录,考试的内容也是毛主席语录。每天下午四点半放学,回家已经是五点半左右,然后就开始帮着父母干农活,晚上才有时间写作业。那时的农村没有灯泡,晚上用煤油灯照亮,而且要省着用(煤油)。在1968年,那时我记得我们学校被贫下中农管理,校长要听从贫下中农的安排,(当时)管理我们学校的贫下中农也没有做成什么大事,搞了一些勤工俭学的活动、让学校喂猪以及每天下午都召集开会。

　　1970年6月我小学升初中,我们村总的有30个同学一起参加升学考试,包括我在内只有六名同学考上罗甸民族中学。9月份开学我就去学校报到了,学校在县城,离家有22公里,学费一个学期是5元。吃住都在学校,我们冬季吃莲花白,春季吃白菜、四季豆等蔬菜,食堂的饭菜是5分钱一份,很多同学吃不起食堂的饭菜,当然也包括我。初中的教学设备、教学环境都很好,每个人都有课桌椅子,可以安心学习,主要学习有语文、数学等这些课程。很快两年过去,1972年我初中顺利毕业后就回家务农了。其实在我们那个年代,初中毕业算是高学历了,但那时候有个规定:初中毕业必须先参加村里面大集体劳动两年,劳动完以后才可以参加工作。如果我们想去村里面的小学教书的话,就要先完成集体劳动,然后参与教学,这时就有了民办教师的身份。

1973年我还在家务农,听说了"马振扶事件"①,这件事发生后,当时社会上、老百姓都很歧视老师,把老师称为"臭老九"。贫下中农看不起也不信任教师,教师在当时社会上没有任何地位可言,受人鄙视;把老师骂臭了,也就造成教师入党困难这一局面。但我认为所有的错并不在老师,当时学生那种"交白卷"的行为本来也不对。事情发生转机是在1974年,我参加两年的大集体劳动后,了解到同村的两个小伙伴他们都去罗甸师范学校读中师了,我想到当时的环境,居住的地方是山区,离县城又偏又远,经济、文化、交通等各方面条件都很落后,而想要改变这一现状的唯一办法就是读书。其他山区的教师不愿来我们村任教,本村优秀的人都想到大城市发展,乡村缺乏教师的问题需要解决。我也想着村里的孩子单纯乖巧,不能让他们一辈子留在乡村,想通过教育改变他们的命运;同时,村民很淳朴、热忱,与他们相处起来也会很轻松,不会受村民为难。想到这些,我就把民办教师的身份放一边,想去读中师,我知道仅凭自己是难以改变我们村的现状,但总要去试一试。正赶上罗甸师范学校招生,于是我就报名参加考试,成绩合格后被学校录取。

当时我们的读书条件是非常艰苦的。家里拿了360斤基本口粮去仓库换钱,这些基本口粮都是平时省吃留下的,一斤基本口粮可以换9分5,总共换了30块钱给我当学费。师范学校每年的学费是5块,一部分钱就用来买

---

① 1973年7月,河南省南阳市唐河县马振扶公社中学初中二年级学生张玉勤在期末考试英语考卷的背面写了"我是中国人,何必学外文,不会ABC,也当接班人,接好革命班,埋葬帝修反"。试卷被学校发现,该生受到批评后自杀。学校校长和相关老师之后被撤职、判刑,并由此引发了一场波及全国的政治风波。

食堂饭票,当食堂饭票用完了以后,就会拿一部分钱来和城市里的学生换饭票。国家在当时也有政策,会给每位师范生补贴,一个月有17块,但要拿出2块给家里比较贫困、家庭人口多的同学,到手就只有15块。师范学校的课程除了美术以外,其他科目都要学,学习完以后参加考试,各科成绩合格后参加教师资格鉴定,鉴定后拿到教师资格证书。同时,在师范学校读书期间,我还参加了工农兵学员的学习,这个学习是由村再到乡政府的推荐下才进入的,学习内容跟平时上课是一样,工农兵学员的考试题目是自己出的,相对比较简单,所以我就去参加了,参加工农兵除了学习以外没有做其他事。那个年代,农村缺乏教师是普遍现象,很多师范学校都开设有速师班①,包括罗甸师范学校也有。我考虑到家庭经济压力大,想快点有一份工作减轻家庭负担,所以选择速师班,只需要读一年。1975年7月,我师范毕业了,刚好赶上州里面下发文件,这一年毕业的所有师范生包分配而且都有编制,也算是自己运气好,赶上了这样的好政策,我被安排到板庚乡教书,就这样,我踏进了教育的大门。

二、 乡村从教经历

我最初觉得教师这一职业很光荣,教师能转变学生思想,是人类灵魂的工程师,肩负着人民的期望、国家的未来。刚工作时,我满怀信心,认为教书应该是一件很简单的事,但真正用心去做了以后,发现并不简单。

1975年9月,板庚小学是我工作的第一站。由于板庚当时是公社,人口很多,所以对于教育很重视,整体文化水平相对于农村来说比较高,拥有大专文凭的有两人,高中学历的有30多人,中专学历的有18人,初中毕业生有200多人,上过小学的人数占65%,文盲占35%,在当时教育基础算可以。板庚小学的教学楼是砖木结构的,与村里的小学相比是要好很多,学生能坐在教室学习,也有教师宿舍。学校有12位教师,有一部分教师属于民办的,八

---

① 当时由于缺乏教师,所以开设了速师班,速师班只需要读一年,毕业以后是民办教师,工作不包分配,读两年的是公办教师,包分配工作。

个教学班,学生有三百多人。那时候实行半读制①,学生早上十点半开始上课,下午四点半放学,当时没有上下课铃,整个学校只有办公室有一个钟表,办公室门口挂着一个大铁盆,到时间了,就会有老师拿锤子敲击铁盆出声用作课铃。

　　那时小学是五年制,一个班级大概有四十名同学。对于班级里面成绩较好的同学,由班主任推荐到学校评奖,学校会给予相应的奖金鼓励,一般会按名次不同奖励5块到10块钱不等。我刚去就担任一年级学生的所有教学科目,算下来一个星期我要上25节课。如果是班主任的话,工作量还要比一般的教师更多。虽然规定每天工作时间是八个小时,但基本都会超过八个小时才下班。工作不久以后,我的感受是教学事务多且复杂,开始有所抱怨,毕竟中国有句古话:"家有二斗粮,不做孩子王。"和孩子打交道确实不是一件省心的事。比如说,对于年龄较小的一二年级的学生,除了教学以外,还得教他们扫地以及注意个人卫生、怎么和他人交流、学会帮助他人等等,不过学生们那种好奇的心理是存在的,他们喜欢问老师各种各样"为什么"的问题。各种各样的事掺杂在一起,有时候我感觉很心累,但回过头想想,既然自己选择了教师这份职业,就要慢慢适应,平时多探索新的教学方法,多向老教师请教、学习。我就这样从晨诵,到午读,再到暮省,没有了往日的埋怨,没有了烦恼和忧虑,有的是对现在教育的热爱,一切繁杂,都归于平静;一切匆忙,都归于安宁,静心地做着一份让自己沉醉的工作,也算是人生的一大幸福。

　　1976年上级给学校教师下达了脱盲工作任务。脱盲的这段时间更忙,白天在学校上课,晚上需要下组入户,给村民宣传知识。内容包括认字、农业管理、如何种水稻等。因为在那时候想要吃饱一餐饭很困难,农民没有技术,对于种植庄稼没有好的办法,就拿种植水稻来说,水稻遭害虫,他们可能晓得应该买农药来喷洒,但大多数人不识字,不知道农药调配比例,比例重了秧苗会发黄或者死掉,导致庄稼的产量很低。在那时,能安排这些基本常

---

① 为了方便离校远的同学,让他们在家吃了早饭才来学校上课。

识给村民们学习、帮助他们,我认为这项工作是一件有意义的事。

　　1978年我在假期的时候参加拼音进修,还包含教学内容的学习。以往由于缺乏教师是乡村教育发展的大问题,所以板庚小学有很多民办教师,后来随着整个教育行业的发展,教师队伍逐渐壮大,民办教师慢慢被清退,就这一年,清退了一批民办教师,现在回想起来,当初自己选择中师没有错。1979年我被调回自己所在村子的猴场小学教书,当时这个村叫五一村,村子十分落后且思想封建,村庄很分散,各个小组离学校很远,这个村大概有两千人,但是才有五个人读过高中,这个事我记得比较清楚。当时老人重男轻女,很少花钱让女娃儿去上学,所以学校里面女学生大约只占15%,导致女性文化都不高。所以在20世纪70年代,乡村中基本没有一个女教师,女生有工作的也很少,想要夫妻双方都有工作,按这个条件是很难找的,所以双职工家庭是一件很难实现的事。整体文化水平低的原因,一是地区偏远,较远的同学每天往返家和学校之间都要走上四个多小时的山路。除此之外,还有一个原因是经济条件跟不上,有的家长会因为交不起学费让自己的孩子辍学,很多乡村孩子到了受教育的年纪却没有学上;有的家长压根不认为教育能当饭吃,在家干农活才是唯一出路;只有很少的家长希望孩子通过读书走出大山。

1990年,马友明(后排右二)与毕业班学生合影

猴场小学当时有石木结构的教室五间,学校有三百多名学生,这些学生都是来自村里的各个组。由于教师以及教室不足等原因,教师给学生只能上复式班,一个班各花 20 分钟进行教学,比如,给一年级的学生上 20 分钟以后,就给他们布置作业,然后再给二年级的学生上 20 分钟,农村教育就是这样慢慢走过来的。1976 年 9 月增设初中班级,初中班级在黄连井①上课,有三间教室和八间教师宿舍,桌椅配套非常简单,开设课程都是按照上级有关部门规定的教学内容。当时条件达不到,初中生没有上晚自习,只是初中生上课时间比小学早,放学也比小学晚。因为交通不方便,导致学生每天都要起床很早,在家吃了早饭后,走上两三个小时的山路才到学校,十点开始上课。安排十点上课是因为学校没有食堂,只能让学生在家吃了早饭来学校,午休时,学生就会吃一些自己从家里带来的饭团或者红薯之类的填一下肚子。

当时学生基本没有零花钱,学费全靠家里支出,村里条件落后,无法实现勤工俭学,大多数学生有零花钱是在 2000 年以后,每天可能会有 5 角或 1 块钱的小用钱,条件差的学生只有赶场天有零用钱,中午的时候可以用这个钱在学校周边小卖部买点零食充饥。所以当时初中辍学的学生很多。一是因为离学校远;二是家长的想法是让孩子在家干活,其实家长的压力也大,学费是 6 元,书本费 5 元,这个费用很多家庭拿不出来,都要拖欠学费。面对辍学的这部分同学,我们都会进行家访,和家长交流、沟通,跟他们讲国家政策,尽量让他们配合学校安排,先让学生去学校上课,哪怕拖欠学费,也要让孩子读书,让他们多认识一些字,即使以后出去打工了,也能有一个好一点的工作岗位。一些成绩优异但家庭条件实在困难的学生,学校会给他们减免学费。因为我们知道教育真的太重要了,大山的孩子,只有通过读书走出深山,才能改变自己的命运。抛开农户经济状况不好这一情况,就连学校经费也有跟不上的时候,学校的经费大部分来自学生交的学杂费,一年大概有 7000 元,教师用的笔、粉笔和纸张也会供应不足。遇到资金困难的状况,教师们会先把自己的工资拿出来应急,当然政府也有经费补助,但只有几十或

---

①　黄连井教室离猴场小学 500 米左右。

一百多,根本不够支出。教师工资主要是由地方财政发放,有时会出现拖欠教师工资这样的情况,较为严重的阶段在1994年到2005年这几年间,会拿香烟抵教师工资。

1980年由于初中教师不足,猴场学校的初中停办,把初中年级的学生并到云干中学去。中学跟小学不一样,小学教师不足的问题比较好解决,学校会去找临时的代课教师,比如民办教师。我还是继续教着小学数学,日子虽然平淡,但很充实。1985年,教育局任命我为猴场小学的校长,学校有相应的管理体制和学校规章制度,学校领导和学校管理遵循学校内部管理体制。当时晋升机制不仅要看教师的教学效果,还有教师平时表现,主要以德、能、情、绩四大项作为考察标准。同时这时候开始有民转公考试,会根据地区的不同,制定相应的考核机制,如果地区条件差的,还是把教学效果和四大项作为考核机制,条件好的地区则要求自然高。但也有考核没过而被清退的民办教师,我知道在当时,猴场小学有九位民办教师,被清退了四人。想到被清退的这些民办教师,我感到惋惜。因为在公办教师队伍里面,有部分人看不起民办教师,同样身为老师,我们的付出都是相同的,但是收获却不一样,公办和民办教师的待遇差别是很大的,特别是20世纪80年代到90年代,民办教师的薪水很低,只是几十块钱一个人,而我们在20世纪90年代就已经一个月200多了。民办教师的工资很低,退休后他们的基本工资也少很多。大家都是在为国家培养人才,我们应该想办法去帮助他们改善生活、家庭条件,而不是瞧不起他们。

当时我作为校长,不仅要处理好同事的关系,关心学生,同时要和政府打好关系——学校很多事务的开展需要政府协调、帮助和支持;当然政府有基础事务处理困难时也会找学校帮忙处理。虽然当时学校教室也算勉强够了,但考虑到黄连井那边的教室和场坝上的学校之间距离500米,导致教师上课、学生管理等方面非常不方便,所以有了建教学楼的想法。后来我就收集、整理各种材料。1988年,我向区教办反映了这件事并提交了计划书。我的计划是打算把严家老屋基这块土地利用起来,这块地在赶集坝坝旁边,适合修建教学楼,离原来的教学楼很近。当时是政府出面划分土地,由于土地是集体所有,政府有权支配土地,所以就用其他地方的土地跟严家人换这块地,加上学校本来有一部分地,这样算起来教学楼的占地面积够了,争取早日把黄连井那边的老师和学生搬过来这边上课,学生和老师都在一个地方就方便很多。

得到教育局回应后,我就回来写申请报告。当时筹款方针有两条,一是政府拨款,二是群众集资。政府批了40000块钱,加上群众集资了4000元,一共是44000元。其中40000块钱没有直接到学校,是由教育局自己找了承包商,直接签订合同,按一个平方多少钱来修建,教育局负责出钱,我们负责管理。修建这个教学楼的时候太忙了,当时没有副校长,只有一个主任帮我,我上完课就去搞基建工作,天天待在学校监工,包括学校放暑假时我都没有回家。1989年,修建了一楼一底砖木结构的八间教室和两个小办公室,占地面积是230.2平方米,改写了猴场小学有史以来没有教学楼的历史,对于新修建的教学楼,家长、学生都很满意。同年10月份还有一个好消息,就是学校以及公路周边的农户都通电了。最终在冬季,教学楼正式投入使用,因为当时只花了一年时间就把教学楼修建好了,政府还额外奖励了10000块钱,我就用这个钱去把教学楼前面的地弄平整,当操场使用。有了活动场所以后,学校会举办一些文艺活动,包括六一儿童节或者国庆节等,学生的日常学习活动更加丰富多彩。随着这栋教学楼的修建,学校学生也逐渐增多。1990年,学生人数增加到了350人。在我当校长期间,学校也算是"白手起家"。

值得庆幸的是,在1992—1993年这个阶段,学校的教学效果相对较好,我们学校的学生考试成绩也很突出,教师获得县级和乡级的奖励也多。主要是当时经常家访(每周会进行两次),并且要求每个老师做好家访记录,教师经常和家长联系,在双方相互努力下,学生成绩得到了提升。1994年学校资金运转困难,由于学生人数增加,课桌椅子也还有欠缺,想给学生们修建水泥篮球场,让他们在课间可以打打篮球,锻炼身体。那时候就想办法去筹钱,村里面就众筹了1500元用来买水泥、沙子。而石头、沙子和铺地的小石子是我们利用学生的劳动课,让学生他们搬来放操场,在大家的努力下,学

1990 年,马友明(左二)主持学校六一儿童节活动

校的篮球场建好了。那段时间大家都很辛苦,平时除了完成教学工作以外,每周要利用一个下午的时间进行政治理论学习,以及教学知识交流和讨论。学校各方面的需要慢慢得到解决,教学质量也得到了一定的提高,教育的发展也带动了村子的变化。1995 年,何元亮①获得了全国劳动模范,由此诞生了"大关精神"②,五一村改名为大关村。与此同时,得到香港福幼基金会及各级政府的捐资,学校新修建了教学楼及教师宿舍,并将学校命名为"大关福幼小学"。

　　1995 年开始普及六年义务教育,再一次开始脱盲工作。我们白天在学校上课,下午放学后就下组,向村民讲解国家政策,让孩子接受教育。在我记忆中,去过最远的家访,单程是十公里,全程是山路,翻了一座又一座的山以后才到,看见那个地方的条件很恼火,没有通电,难以用语言去形容那个

---

①　何元亮(1939—2014),男,罗甸县大关人,中共党员,曾担任原云干乡党委副书记、大关村党支部书记。带领群众在石漠化严重的"绝地"开山凿石,啃出千亩良田,被誉为"大山新愚公""当代活愚公"。1991 年 12 月,时任中共中央总书记江泽民同志在遵义接见何元亮时说,如果全国都像大关村这样干,吃饭就不成问题了。1995 年 5 月,何元亮荣获全国劳动模范,曾当选党的十五大代表。

②　其内容为"自力更生、艰苦奋斗、坚韧不拔、苦干实干"。

地方的贫穷,很多人都无法想象那个条件,那个时候的教师工作不好做呀。随着社会的快速发展,对教师的要求也越来越高,以前我用方言给学生上课,现在要统一用普通话了,我们上学那会儿也没有接触电脑,现在我要学习的东西还有很多,所以在假期我们开始进行普通话、电脑等相关知识的培训。1997年9月,在村民强烈要求下,加上县委县政府大力支持,大关小学恢复了初中班,第一个学年报名初一的学生就有66个,学费是90元。初中教学环境、设施也得到了改善,学生开始上晚自习。学校把多余的教室留给学生做宿舍,并不是所有学生都能住校,只提供给离学校远的学生,离校近的学生回家住,如果学校附近有亲戚的同学也可以选择去亲戚家借住。学制也发生了变化,小学从五年制改成六年制,初中两年制也发展为三年制。普及六年义务教育以前,村民们传统思想封建,对教育不够重视;后来进行义务教育普及,老师每天下组去家访,给家长做思想工作动员学生上课。到了20世纪90年代,村民教育观念才转变过来,入学率达到了95%。村民们也知道他们没有知识,不懂怎么教孩子学习,对孩子的学习情况又很关心,所以经常主动和学校老师沟通,要求老师帮他们把孩子教育好,家长们尊重老师教育学生的方法。

1998年7月我被免去校长职务,同年9月调到前进小学教了一年。我知道有同事的工作调到了县城,因为城里各方面条件、工资都会比乡村教师好。我虽然没有担任校长职务了,但没有抱怨,也没有动摇过,不管处于什么岗位,我都要做好自己的本职工作,带着学生向善、向美、向上走出家乡,回报家乡。1999年9月我被调到令旗小学工作,六年义务教育结束后开始普及九年义务教育,那段时间没有周末,每家每户都要上门动员。兜兜转转两年后又调回了大关学校,在这里继续教育工作,日子就这样一天天过去了。

2008年9月,由于乡村教学设备不足以及初中年级人数越来越少,加上师资力量少等原因,大关学校初中部与云干中学再次合并,只保留了小学。2011年11月,学校得到贵阳管总及社会好心人士的帮助,让学校拥有了学生食堂,加上国家的营养政策,全体学生都走进了学生食堂,中央直拨资金

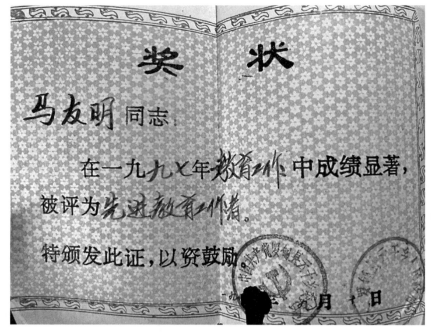

1997 年,马友明被评为"先进教育工作者"

近 200 万,对学校教学楼和学生宿舍进行重建,于 2013 年竣工投入使用。学校的教学楼越修越好,各方面条件得到了完善,但随着村民生活变好,很多家长都把孩子送往城里读书了,村里的学生也是越来越少了,在这一年,我也到了退休的年纪。我几乎把我的所有时间放在了教育工作上,对于教育我只求做到问心无愧,至少在工作中我尽心尽力了,但在家庭中,我始终觉得我是亏欠我的爱人的。

三、 组建幸福家庭

对于对象,我基本没有什么要求,当时只是觉得能有一个人不嫌弃自己,跟自己组成一个家庭是一件不容易的事,只要女方愿意嫁给我。1975 年我走亲戚时认识了我的爱人,她叫杨仕芳,罗甸县龙坪镇大关村人,我们两情相悦,开始自由恋爱,后来我请媒婆去谈结婚的事,很顺利。在 1976 年,我们结婚了，结婚时我22岁，她20岁。由于我的爱人是孤儿，所以娶她时没有要一分钱的彩礼。婚礼很简单，像样一点的东西就只有一床被子和蚊帐。即使她没有受过教育，但我们也能和睦相处。她很支持我的工作，婚后我继续去工作，我的爱人就在家参加大集体劳动。那时一个劳动日可以换10个工分，劳动力多，能换的基本口粮也就越多；劳动力少，得到的基本口粮也越少，如果家庭劳动人口少，到换粮食时还要自己掏钱补贴。由于板庚离家远，单程走一次都要花三个多小时，当时没有公路，只能走山路，所以基本是一个星期回家一次，甚至半个月回一次。我清楚地记得刚参加工作时，第一个月的工资领了19块5角，平均每天是6角5分钱；第二年的时候，工资增加了5块，是以货币的形式发放的，没有其他额外福利或者补贴，民办教师的工资是以薪粮供给的形式发放。即使有工资了，我的家庭生活并没有很大的改善，饭还是吃不饱，但是相对于很多农民来说，情况还是会好得多。

　　我一直认为教育孩子是一项"育儿"工程，也是社会主义事业中的一部分，而且是最重要部分。我国的家庭教育有个很好的传统，就是"教子之道，贵以德"，即"教以德"。古人很讲究从"家教""家风""家规"这些方面教育孩子。"育儿"关键得看父母，父母是孩子的人生导师，要树立孩子的榜样、参谋、朋友的形象。这要求父母要树立"为国教子"的思想观念。父母这一形象对孩子的影响是很大的，要提高父母的基本素养，高素质的父母能培育高水平的子女。父母不仅要掌握一定的教育技巧，还要了解和掌握不同年龄段孩子的身心特点以及个性，要把孩子培育成为全面发展的时代新人，防止重智轻德、重养轻教的倾向。孩子的教育是持续性问题，从小开始教育孩子，到读完大学以后，父母的任务都没有完成，因为社会上的经验是教不完的，也是学不完的，你得让孩子自己去感受，自己去经历。我是这样教育我的孩子，我就只有两个儿子，我自己作为一个教师，当然希望他们都能上大学，希望他们也能像我一样成为教师。但是恨铁不成钢，望子成龙难以实现，孩子们学习学不进去，我没有办法。孩子有自己的想法，我尊重他们的选择，只要不违法乱纪，我都支持，他们现在自己创业做工程，做得还可以。同样，我认为男孩女孩都一样，不存在重男轻女，但我更喜欢女孩，因为女孩听话、善良孝顺，而男孩子就不一样，太调皮了。我知道在乡村如果没有文化，是很难走出去的。

1990 年，我用自己节约下来的工资，加上我爱人在家务农、养猪赚的钱，一起支持两个未过门的儿媳妇读书，大儿媳妇是从她读初中就开始提供学费和生活费，初中三年、师范三年一共是六年；二儿媳妇也一直是我们提供资金帮助，才顺利毕业。当时，我供这两个媳妇读书，有很多人打击我，说我现在用钱支持她读书，将来她不在你家怎么办？我说如果她们不愿意和我儿子在一起的话，我会把她们当自己的姑娘看待。她们都没有让我失望，顺利完成学业并取得工作，我的大儿媳是在 1998 年正式成为一名教师，二儿媳是在 2010 年参加的教育工作。我们会经常在家讨论一些关于学生的教育问题，比如说，怎样才能让学生学好课堂知识，取得好成绩，以及会谈论一些在工作与同事友好相处，教育她们在与同事相处时要和睦、互帮互助、谦卑，如果同事选择从事其他行业，这是每个人不同的选择，我们也不要在背后议论他人。我还跟我的儿媳妇们说，农村的孩子很聪明，而且有一些很努力且刻苦学习的，平时有时间要多和学生交流、沟通，从中也会得到很多乐趣。我有空时就会问孩子们为什么要认真学习，有些聪明、努力的学生就回答是为了自己的命运，希望自己能够走出大山，改变自己现在的生活方式。从这里我们不难看出，教育对乡村孩子的激励。当然也有一部分调皮、不认真的学生，就说他学习不好、不想当官，以后能种庄稼养活自己就好了，这个虽然听着滑稽，但也是一部分农村孩子的真实写照。

我知道教师不仅是知识的传授者，还是乡土文化的传承者，联结着乡村与外面的世界。以前村里没有水井，我跑到县政府反映了以后，政府拨款给村民们修建了水池。国家主动提供资金给农村修建绿化路，但是资金还是有欠缺，我就组织村民们一起筹集资金买沙子和水泥，大家一起为村子的发展尽自己力所能及的力量，村里的泥巴路变成水泥路。我一直生活在乡村，看着村子一天天变好，村民的木房子变为砖砌的平房，村民的生活质量也得到了提高。随着日子慢慢变好，村民们的思想也得到了解放，尤其是计划生育，以前很多村民想不通这个问题，一心只想生个儿子，对于国家政策不是

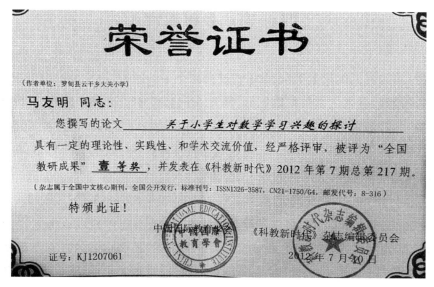

荣誉证书

（作者单位：罗甸县云干乡大关小学）

马友明 同志：

您撰写的论文 ___关于小学生对数学学习兴趣的探讨___

具有一定的理论性、实践性、和学术交流价值，经严格评审，被评为"全国教研成果" **壹 等奖**，并发表在《科教新时代》2012 年第 7 期总第 217 期。

（杂志属于全国中文核心期刊，全国公开发行，标准刊号：ISSN1326-3587, CN21-1750/G4, 邮发代号：8-316）

特颁此证！

《科教新时代》杂志编辑委员会
2012 年 7 月 10 日

证号：KJ1207061

2012 年，马友明撰写的论文被评为"全国教研成果"一等奖

很理解，现在各方面条件好了，很多问题也就想通了，女孩子的教育问题也得到了重视。以前村里面农忙时，村民会互相帮助，一幅和谐的景象，虽然现在都是各自种自家门口的土地，但邻里之间还是会紧密来往、互帮互助，包括每家办喜事或丧事，我们都会去帮忙，因为我是教师，还会叫我写对联、礼簿等。我相信时代在变好，熟人社会的关系网不会变。

现在我们是一家三代一起生活在县城，包括我和我的爱人、儿子儿媳和孙子。儿子就忙自己的事业，儿媳继续着她们的教育工作，孙子们在接受新的教育，而我和我的老伴，在农忙的时候就回老家种植一点庄稼，农闲时就待在县城。一辈子生活在农村，还是特别喜欢待在村里的感觉，在农村待久了，儿子就会打电话追我们去县城。偶尔有闲情逸致时，会拉拉二胡，我经常练毛笔字。在 2019 年时，我还参加罗甸县委组织部举办的老干部党校"五老人员"培训班，即使我一把年纪了，但我还是要时刻提醒自己要学习，多看新闻，关注国家的教育发展。

四、寄语乡村教育

从事教育工作几十年来,也遇到过大大小小的问题,其中就有对教育工作者的歧视,有人认为教师地位低,而且在同行业中也会存在鄙视,中学教师和小学教师在一起时,谈话当中他们是有点藐视小学教师的。我相信只要我不去在乎别人的眼光,认真做好自己的本职工作,就能获得尊重,更何况教师是立德树人,有崇高的理想信念的。

对于学生的教育,老师们当然喜欢成绩好能考大学的学生,但是我们也不能放弃差生,都要一视同仁。对于好生和差生,不能单独以成绩来评价,还是要看学生的全面发展。面对成绩不好的学生,那么给予的教育要适度,如果太严厉了会造成对孩子的心灵伤害,只有通过跟学生谈话,好好教导他们,才能不让他们走错路。不管是哪一行,行行都能出状元,教师慢慢地跟学生解释,引导他们往好的方向发展,不管现在能否学进去,都要认真学。我印象最深的一个学生,他在大关小学就读,后来到县城的二中读初中,初中毕业以后,考取了贵定师范学校,在那里读了三年师范,毕业了以后回了大关小学任教,并且在大关小学任过教导主任与校长。2013年,由于上级的工作需要,他前往县民政局老年办公室;第二年,他就被抽调到马场镇当副书记,管理党建方面的工作,被评为县级优秀干部,并且参加脱贫攻坚战。在2021年的时候,他调回教育岗位,在县教育局任副局长,专管人事。我欣赏他的吃苦耐劳,懂得回报家乡、建设母校。

我认为教师一是学习的研究者;二是知识的传授者;三是学生的心灵培育者;四是教学活动的设计者、组织者和管理者;五是学生的学习榜样;六是学生的朋友;七是学校的管理者。教师就像隐商,商人要具备崇高的公平交换的品质和诚信交换的信念,乡村教师是中国目前存在最底层教育思想引导家,教师是正常渠道的人脉——联校共学。采纳一线城市教育教材方案,根据乡村实际发展情况调整教学比例。乡村教师需要具备的考验很多和能力要求高,所以在社会中扮演的角色是隐商。而且乡村教师的价值没有完全发挥出来,教学设备不够完善,即使再有知识,也很难以全部发挥。面对乡村教育现状,如何改善? 我认为需要从学前教育抓起,小学阶段要重视,教育做到两手抓;其次师资条件要改善,很多教师都想在大城市发展,很少有人愿意留守边远地区,扎根乡村。

首先要重视学前教育。一方面,多渠道增加普惠性教育,特别是学前教育;另一方面,乡镇寄宿制学校办学条件、住宿、食物、交通等各方面要不断完善。特别是孩子的基础教育,至关重要。比如像我们罗甸县,大部分幼儿园都是民办,只有两个公立幼儿园,对于民办幼儿园的收费,很多家长难以承受,所以学前教育要改善。国家必须拿出一笔资金投资学前教育,修建更多公立幼儿园,这样才能解决一部分学生上学难的问题。培养一个三到四岁幼儿园孩子要比培养一个大学生要花费更多,幼儿园一个学期就是 4000 多的学费。拿撤除村小来说,农村基本没有了学校,孩子想要上学只能到县城。虽然县城的教育资源、教学环境各方面都比乡村好,而且孩子到城里读书可以选择住校,不用像在农村一样,每天家里、学校来回奔波,并且能够享用先进教育资源。但方便的同时,加重了父母的经济压力以及教师的工作量,同时学生是否能适应城里环境,也是一个问题。

其次要合理配置乡村教师编制。一是要实际合理配置乡村教师数量,针对偏远地区教师匮乏的学校,按照班级数量、学生人数,合理增加教师名额。二是尽早解决乡村学校教师编制问题,比如有些教师没有编制,在工作过程中可能会受到歧视。也存在这样的情况,就是教师有编制,但是编制年限较短的问题。三是行政层面,召回有编制但是不在工作的岗位的教师,继续他们的教学任务。四要提高乡村教师福利待遇。在政策方面,对乡村地区教师设立专项补贴,我认为这是乡村教师应该拥有的,比如说交通补贴等。在基础设施方面,改善乡村教师教学环境,完善教学设备,鼓励城镇教师到乡村任教。在奖惩方面,优先考虑乡村教师的职称评定,使得教师能够安心在山区进行教育工作。假设在边远地区的学校任教,如果不把待遇提高,一般城市教师不愿意到乡村学校上课的,这样在乡村的学生就很难享受到好的教育资源。

荣誉证书

编号：0097216

马友明 同志从事教育工作逾三十年，为培养社会主义建设人才作出了贡献，特颁发此证，以资鼓励。

二〇一一年十月二十四日

2011 年，马友明荣获"从事教育工作逾 30 年"荣誉证书

前人说得好："少年强则国强，少年弱则国弱。"青年更是祖国的未来，对青年的教育，关键在于沟通。面对不认真学习的同学，只能一遍又一遍地教育他们，你可以对学习不感兴趣，但千万不能参与社会上违法乱纪的事情。我希望乡村的青年在未来的发展中，他们能成为对社会有用的人才。在乡村振兴的路上，我们也需要更多敢于担当的人，为家乡的发展注入更多新的力量。

黄松友
"半知识分子"的学堂记忆

亲 历 者:黄松友
访 谈 人:田　佳
访谈时间:2022 年 5 月 24 日
访谈地点:线上访谈
访谈整理:田　佳

亲历者简介:黄松友,男,1955 年生于湖南凤凰大管冲村。1975 年高中毕业于凤凰县第六中学;随后参与龙塘河水库修建工作半年、在家务农半年;1976 年任大管冲村小学民办老师;1985 年任茶罗村小学主任;1986 年任大管冲村小学校长;2005 年转为公办老师;2010 年卸任校长;2015 年退休。

黄松友(右)接受访谈

一、 艰难的求学生涯

1955 年,我出生于大管冲村一个贫农家庭。我爹读了一点点书,20 世纪 60 年代"食堂化"①时期当过两三年会计,那时候集体开餐,大人一餐有四两米,小孩一餐有二两米,我经常吃不饱,(就)分我爸的饭吃。我妈不认识字,爷爷奶奶更加不认识字。家里一共有六个兄弟姊妹,我排第二,因为兄弟姐妹多,大姐读不起书,两个弟弟读过初中,两个妹妹读过小学,就我一个人读到了高中。我 7 岁在村里上小学,以前读书只交课本费,每门课 5 角钱,只有语文和数学要交课本费,劳动课不需要。语文课教识字,当时没有教拼音;数学课做算数,教一点简单的计算;劳动课是去做工夫②,挖沙、捡牛粪——捡到的粪要交集体,所以捡得不多的时候,晚上会去牛舍偷牛粪。那时候全靠集体挣工分,但我家里姊妹多,我爹和我妈做了一年工,年底去生产队结账还亏钱。我上的小学是五年制,读到三四年级的时候中断过两年多,因为家里困难,需要人看牛、看羊、捡柴,后面爹妈讲"今年条件好一点,没有事你去读下",我就又去读了。

当时条件实在是太差了,自己是一点都挣不到钱,集体发钱就有钱,集体不发钱就一分钱都没有,很多家庭巴不得小孩不读书,好到生产队去帮忙,有的小孩为了改变命运想多读点书,都是(和家里)犟着去读。我爹妈比较好,讲"你几姊妹,要有个人有点出息"。我妈陪嫁的稍微值钱的东西,如耳环、项链、带金属的(东西),都拿去变卖了,拿这些钱买油盐。我在村里读书时,早上去放牛,放完牛吃早饭,然后再去读书,晚上放了学还要放夜牛、捡柴。寒暑假得去生产队参加做工夫,给家里挣点工分,我是从三个工分开始做,做得很吃力。

1970 年,我在中寨村读初中,初中是两年制,背着米要走二十多里路去上学。每个星期从家里拿五斤米交生活费,炒一些耐放的酸菜,尽量吃一个星期,要是星期四、星期五没有菜吃了,只有去供销社打 2 分钱酱油来泡饭,

---

① 即人民公社时期,当时各村生产队都成立了"公共食堂"。
② 方言,指干农活。

有点盐味就行。1973年我到凤凰六中读高中,要从我们村子走到县里去上学,一般走得家村、金碧洞村、唐坨村、申必村那条线,背着米大概走45里山路,星期六放学,吃了中饭出发,走到家里也天黑了。每个星期要来回一次,因为如果不回家,下个星期就没有饭吃。高中的第一年是学文化课,第二年下半年分科,有数学班、物理班、农机班、医疗班。因为当时国家是普遍提倡学农学工的形势,我就选了农机班,觉得学机械高级一点,村里的另一个同学是选择跟着老婆婆学打针。当时在农机班要学手扶拖拉机,但我到最后也没学会怎么开手扶拖拉机,因为当时只是在学堂的院子里随便转几下,学生多,每个人摸几下就算了。(我们)还会去杜平村用抽水泵给当地老百姓抽水,老百姓经常给我们蒸红薯吃。

1975年2月高中毕业,当时工作和上大学是推荐制,要是家里有谁在当村干部,上面分下来了名额,他能想到你推荐你,就可以去县城的厂里当工人,要是没有就难弄了。要是(城里的)居民,人家读完高中就能安排工作进厂,要是(没有背景的)农民,就只能回村做工夫。我家没有人是干部,高中毕业后只有回村里参加生产队的劳动,挣工分。我毕业那两年,修龙塘河是县里常年施工的任务,给每个村里都分了指标,生产队本来就缺劳力,看(我们这些)年轻孩子做不得工,干脆把我们这些做工夫不太行的人都喊去修龙塘河抵个指标。我在龙塘河待了大半年,等到修得差不多了,大家就都回去了,我也回到村里继续参加生产队的劳动。直到1976年9月,大管冲村小学缺人,当时的校长是个老民办教师,他喊我去代课,因为可以挂工分,我就开始到那上课,当起了民办教师。

二、 晒屋楼上的学堂

一开始教书的时候比较困难,教室没有,课桌也没有,学堂在晒屋楼上,很简陋。晒屋是集体化(时期)用来装粮食的地方,拿劈的几块沙树架到上面就是教室,五眼六通,热天热得很,冷天四面八方都通风。搞两棵树打成桩,再搞块木板子摆到上面,就是讲台,墙板当黑板用。没有像样的课桌,

（桌子）像屠夫砍肉的屠桌，一张桌子坐四五个人，桌子有多长就坐多少个学生，不比现在的单人桌。有时板凳脚断了，拿砖头叠起来，板子摆在砖头上面，稍微摇一下就又倒掉了。

1976年前后普及初中，好多村小都有初中，我们大管冲村有初一初二，我还带过初二的物理。当时的初中物理不比现在，教得很简单，是以农业为主，讲打谷机原理这些。后面初中没办几年就被撤掉了，都合并到一个学区，我就只教小学了。最开始教书的内容是语文课、数学课、劳动课。语文学些简单的古诗、毛泽东语录、英雄人物事迹，不像我们小时候要背"老三篇"：《纪念白求恩》《为人民服务》《愚公移山》。集体化的时候专门划了一块地方用来上劳动课，在我家后面，叫"学农基地"，大多是带学生去种点玉米、花生、草烟。分田到户后，学农基地取消了，劳动课就跟着书本上了。

原来我们学校是民办公助，和现在不一样，现在是国家办学，工资也是国家发。那时候国家不发工资，老师到生产队记工分，民办教师的工资是这样算的：原来有三挂工分，一个月做多少工分，按标准记，我们教书的不按第一挂，也不按第三挂，是按照生产队的第二挂劳动力记工分。比如一个月最高有3000分，最低有2000分，中间有2500分，那我们就按2500分算。

分田到户之前，农村很贫苦，学费收得也比较少，但是要上交，（上级）会帮着留点做办公费。我一开始教书的时候，学堂没什么办公费，只能和学生搞勤工俭学。劳动课的时候去坡上摘些可以卖得出钱的东西，比如摘沙树果，卖果子得到的钱就做办公费了。不过那个时候，自己本身生活都难搞，作业本都是他们学生自己买，办公开支主要是买几根粉笔、几本备课本就行了。以前当老师觉得是找了个松活①的工夫做，人也能松活一点，在家里一天到晚做工是很累的；其实民办老师从星期一到星期五要上课，如果星期六、星期天不开会，就得去生产队做工，所以我们都想方设法讲学区要开会，开会是要去中寨，当时没通车，二十多里路要走两三个小时，20世纪90年代修通路了才坐车，之前都是走路。

---

① 方言，指轻松。

三、 干劲十足的民师

1981 年分田到户,有些分户早的 1980 年就分到了,我们是 1981 年才分到。分田到户后集体解散了,开始责任制到户,没有工分,有好多民办教师因为每个月只有 40 多块钱,又是家里唯一的劳动力,没有人在家做工,光靠着工资养不起一家人,就退出(教师队伍)了。我当时有爹妈和弟弟在家做工,加上爹妈讲"干脆(就继续干),你都干了,吃亏点,万一混出头了",我就坚持(做老师)。1983 年经人介绍我结婚了,妻子没有文化,她一般负责做些家务、干农活,我工作之外,一有时间也会帮着干。分田到户后,学费会收得高一点,每次放学都要提学费问题,"回去和家长讲下,把你学费给下",老师自己讲腻了,学生也听腻了,但很多家长还是没当回事,就必须上门收。我们每个学期都要利用晚上休息时间去收学费,有时要通宵走村串户去收,老师之间常开玩笑讲,"学费难收,有时把铁草鞋穿烂了都收不到"。有很多学生因为家里困难辍学,在我手上的有些成绩好但交不起钱的,就只能帮他减免学费和书费继续读,不然浪费人才了,那是未来的希望啊! 到年底轧账了,有部分只能自己用工资贴上去。收的学费一部分上交,剩余一点做办公费。

1984 年我被调到茶罗村小当主任,茶罗村小是片小,就是依片划为一个学堂,因为茶罗的地理位置是在麻良、大管冲这几个村的中心,所以片小设在茶罗,大管冲只有一至四年级,茶罗有六年级。1985 年桥溪口学区有15000 块钱的国家拨款,用来动员茶罗人修学堂。茶罗和黑冲两个小村是一个行政村,但这两个村有点矛盾,黑冲想把村小修在它那里,茶罗又想修在自己那里,所以僵着拖了一年多都没修。我刚好在茶罗村小当主任,就跟茶罗的干部们商量,给校长讲,"既然茶罗没修,你把这笔钱放到大管冲,去大管冲修"。他问:"你做得好工作嘛?"我讲我做得好。他说:"茶罗实在修不好,你就拿 10000 多块钱到大管冲去修。"校长说可以修了,我就回到大管冲村和村干部讲,学区有 10000 多块钱要修个学堂办一至六年级,村干部双手欢迎。1985 年我从茶罗调回大管冲,负责修学堂和教学。村里没通车,村干部发动生产队的所有劳动力挖沙子、烧砖、砍瓦材。就这样用火砖修了两排对立相向的平房，每排有四个房间，一共八个房间，教室占掉六间，办公室一间，还有一间用来下雨天搞活动。两排平房中间是操场，操场的平行顶头上是一个礼堂。修完学堂没什么钱了，村里就安排木匠给做桌椅，不是一整批做出来，而是逐步地把老桌椅换成双人桌。这笔钱挪到大管冲以后，纯靠村里的百姓把学堂建起来了，从此大管冲就有了一至六年级，老师也有七个了。片小设到大管冲，我就被调回大管冲当校长了。

办了六年级之后，老师们干劲很足，几个年轻老师都是民办教师，追求上进。当时公办老师更高级点，他们拿国家工资，不仅要高一点，还是国家工作人员；民办老师要下层一点，很多民办老师被看不起。我当校长时就不要公办老师，全要民办老师和代课老师，因为我自己是民办老师，有的公办老师服从管理，但有的比较高傲要摆架子，就会讲："你一个民办老师还管着我公办老师？"所以有段时间我们搞纯代课老师、纯民办老师，这样更好管理一点。学区校长和我商量大管冲的人事分配时，我都讲："公办老师我都不要，你帮我派清一色的民办老师和代课老师。"此外，民办老师想搞出点成绩，不怕吃亏，全都非常努力，牺牲了很多休息时间。比如上面学区不要求晚自习，但是老师想提高学生成绩，会要求给他们多补点课，下课帮辅导，晚上搞自习，老师们也不怕累。那时候还没有电灯，晚自习是点煤油灯，有时一堂晚自习下来，学生一个个鼻尖被熏得黑黑的。远地方的学生，像大板、茶罗的，都拿着米来这住校，老师们今天你俩煮饭，明天他俩煮饭，轮流着来，免费在那儿为学生做饭。当时大家都热情高涨，不是我一个决定要补课的，是老师们一起研究要求加课的，想和学区（的其他学校）比一下成绩。平房隔几年就要漏雨，也全是我们这些老师自己捡瓦维修。

那时候人们的思想单纯点，年轻老师求上进，学生也比较服管教，有些学生晚上点煤油能学习到很晚，有些女老师跟他们讲，"你们该休息就要休息，明天还要上课"，催好多次才去睡觉。到了学区统考，我们学堂有时比学区中心完小的成绩还要好点。完小的好多老师觉得，每次考试，大管冲学堂都比他们好，他们不服劲，"你们大管冲学堂年年成绩那么好嘛"，特意挑几

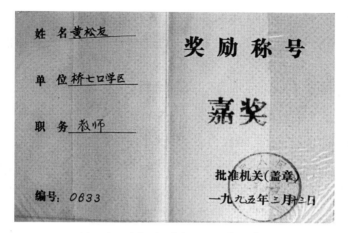

1995 年,黄松友获桥七口学区嘉奖

个老师下来给我们单人单座考试,那监督得相当严格。当时我去外头监考了,是我们老师反映给我听的,后来考完试开考务会,我有点生气,就在学区会上讲,"全学区都不这样(单人单座),只给我们大管冲这样,这怕是不太公平",第二天阅卷的时候,我们单人单座的成绩又比他们好,学区的其他老师也都服劲了。经过那次考试,完小老师都讲:"我们这样做,他们成绩还是好,人家是真真地成绩好。"所以我在大管冲当校长,有好多学堂都对我比较信任,学区校长对我也很信任,开校长会在学区讲话还是有点分量的,很多茶罗、黑冲、大板、小板都有学生过来读,人最多的时候,五年级的一个班有48 个人。

四、 国家拨款修学堂

从 20 世纪 90 年代到 21 世纪初搞了几年"普九",脑壳都被搞痛了。"普九"填表,全村的人都要去摸底,年年要统计,我们一放假就要去学区填表,表格很难填,不合格的要返工,大家经常讲:"'普九'了,又要放假了,又要去填表去略。"因为国家要向世界公布,中国已经脱盲了,所以上面要分任务,每个村子要完成多少,要达到九年制义务教育,有很多没达到的人,政府出面喊回去读书,有很多人不愿意去读,就帮他挂个名字,等到初三考试的时候,喊他参加考试。那个时候适龄儿童全要读完初三,但真真正正讲,个个都读完是不可能的事。我们学堂的片小是办了又撤,撤了又办,中间经历了很多波折。从 1985 年开始办,90 年代生源少的时候又撤掉,过了好几年我们几个老师又去教育局申请办学,因为村里离完小太远了,又没通车,孩子小,背米走山路不安全,继续办片小,孩子早晚都能回家,家长更放心,不要很多生活费,也可以给家庭减轻点负担。几次申请以后,教育局才同意我们这里继续办。国家还没免学费的时候,五年级收 180 元,六年级收 200 元,学费和书本费一起交到上面,上面再按每个学生返回来 20 元或者 30 元当学堂的办公费、维修费。学生越多,返回来的就越多,学生少的时候,办公费都不够用,但不像以前会搞勤工俭学,不够的时候只能省着用。

2000 年以后,学校条件好了,搞了两批新课桌;2002 年左右,我们村的工作队换了,他们用扶贫款搞了一百多套单人桌子;2003 年之后,国家拨款在原来的礼堂位置专门修了两层楼,每层有四间教室,楼梯间做了两间老师宿舍,学生一般不住校,外面刷了白墙,到现在还能用。大概 2010 年,县里有个领导是我们村子的,我们主动找到他,让县教育局重新又帮搞了一批课桌。当时去找领导,主要还是想学生们能有舒适的环境读书。再后来国家重视营养餐,又新建了一个厨房。

1988—2000 年,学生们读书都比较认真,但到了 2000 年(更加)开放了以后,社会干扰太大,读书就不太行了。原来读书是一种出路,山旮旯的学生想改变命运,必须读书,不然一辈子就只能在下面务农。以前好多学生考出去当老师、当干部,我们村子当老师的比较多,有几十个。后来好多学生调皮,上网有瘾,读书成绩下滑,读到初中就不读了。2010 年以后,学生更调皮一些,社会外面又有网吧,家长叫不住,老师管不住。家长觉得孩子读完初中到打工年龄了,成绩不好考不上学,还不如打工多挣几年钱。老师们看到外头是这样的光景,积极性受到打击,也不要求自习了,加上转正以后是铁饭碗了,年长点的(老师)就没有以前肯攒劲①了。

---

① 方言,指加油、努力。

2008年,黄松友(二排左四)与大管冲小学六年级毕业学生合影留念

我是2005年转正的。最开始是要考民师,到民师读一年再实习一年,最后转公办,我也考过,但是没考上。后来不用考试了,达到一定工作年限,在工作上取得成绩的可以直接转正,我是倒数第二批转的,最后一批因为没剩多少,就帮他们全转了。我有三个女儿,之前农村有那种观念,想要个儿子。计划生育我是被罚了两次,一次是在转正之前;一次是转正后,我的工资涨到了500块钱一个月,查到我老三是超生的要罚款,如果不罚款就要回去做工,被罚了6000元,相当于白干一年。

五、"头打铃头擦汗"

乡里的校长不像城里的校长,更像是生产队队长,哪样都要带头——出工要带头,收工要结尾。教书放了学,下午四点多钟又要跑到桥溪口去开会,二十多里路,以前不通车要走两三个小时。集体化的时候饭不太够吃,就饿着肚子去,到那边身上没钱也吃不到饭,或者搞一块南瓜皮缠点菜,吃一下就去开会。晚上开会的话,有时要通宵走回来,要是当晚没回来,第二天早上天一亮就要赶回来上课,鞋子穿烂好多双。当校长期间也遇到过矛盾,之前有个老师好多年都不和我讲话,最近这几年才慢慢和我讲话。主要还是为了学堂的事情,一般的老师怕得罪人不可能去讲,只能我作为校长来讲,但是现在大家也都比较和善了,因为我一般也不会找麻烦,村子(里的人)对我的评价是相当可以。2010年我不当校长了,年长了,让年轻人去搞。

2015年,我到年龄该退休了。我退休的时候,大管冲还有小学,只不过人已经很少了,因为没有那么多生源,五六年级撤掉了,只办到四年级。到2019年左右,学堂合并就撤掉了,教学楼被当作村部。现在木江坪那几个村多数都没有学校,茶罗的没有了,麻良的也没有了,都集中到了完小,学生去木江坪、吉信、凤凰上学,他们会到那边租房子住。以前吃饭都成问题,更别讲租房子,现在在外面打工的人多了,重视教育,会叫家里的老人照顾孩子读书。

现在好多乡村都没有教育了,因为撤点并校,村里没办学堂了。撤校的好处是集中到一起好管理,但是给老百姓增加了好多经济负担。小学的孩子不比读初中的可以独立,他们现在太小了,爹妈要打工,只有租房让老人陪读。现在乡村普遍存在这种情况是,村民在村里有一大栋房子空着,还要去城里买屋,买不起就租房;要是村里有个学堂,学生就可以安心在村里读了。现在国家重视,村里的精神面貌是改变了,村村通公路,木架子屋基本上都没有了,但是人基本上都出来了,只剩下老弱病残在,好多田也都放荒了。

我们只属于"半知识分子",因为还有一半是务农。除了上课,每天早上要做一轮工,放学还要做一轮工,老百姓讲我们是"头打铃头擦汗",就是一头打铃,一头擦汗——早上扎扎实实做一轮工,估着到时间了就回屋里吃个饭,吃完饭又马上到学堂去,一走到学堂就打铃了,都是压着火舌①上课。我在这个村子教了39年书,凭着兴趣(当老师),兴趣来了就有味道②,也是为党的教育事业,为国家培养栋梁之材尽自己的一份力了。我比较遗憾的是

---

① 指踩着点。
② 指有意义。

转正太晚了,之前我们叫耐穷饭①,没转正之前的工资根本就不够养活一家人,压力比较大,但是和老百姓在一起(比较),又觉得要强点。现在村里尊敬我的人还是比较多的,人家老百姓尊重你,讲你是个人才,村里喊我做什么就尽量做,也尽心尽力帮。以前有红白喜事都喜欢喊老师,一般喊到我,没有课的话,我就会去帮他们收下礼、陪陪人。教过的学生到现在都会不时请我吃个饭、喝点酒,大多都原来比较顽皮的,他们好像更记情一点,成绩好的联系的反而不多,也不知道是为什么。大多数学生都很好,因为是本村人,有几年经常来邀我一起回村。

做了39年的教师工作,一句话来说,就是"值",值得。也没什么后悔的地方,(如果)让我再选择,还是会走乡村教师这条路,可能命中注定吧。

---

① 形容收入不够支撑生活,穷困地捱着。

高坊清

山重水复,柳暗花明

亲　历　者:高坊清
访　谈　人:高坊清(自述)
访谈时间:2022 年 4 月 5 日
访谈地点:广东省珠海市香洲区高坊清寓所
访谈整理:高坊清

亲历者简介:高坊清,男,1956
年生于江西瑞昌。1973 年高
中毕业回乡,做过赤脚医生、山
地农民、煤井矿工等;1979 年
起担任民办教师,先后在瑞昌
青山中学、横港高级中学、南义
高级中学任教,兼任过小学校
长、教研组长、教导主任、总务
主任、办公室主任、校志编辑等
职务, 2016 年退休。1982—
1992 年, 先后到江西永修师

高坊清在寓所撰写回忆
记录稿(摄于 2022 年)

范、九江教育学院、入江西师范大学进修学习,获教育学学士学位。曾获
得全国省市县镇"优秀教师""学科带头人"等荣誉称号。

一、"四类分子"的孩子

我生于一个偏僻落后的山区农民家庭。父母都不识字；父亲是入赘的；母亲前夫在旧社会干过事，解放初被镇压，留下孤儿寡母，急需有人帮衬，这时身为鳏夫的父亲来了。婚后父亲因脾性与母亲家祖母不和，一气之下又独自回老家了。事实上，父亲家与母亲家相距不过七八里，一是横港河上游的洞下高村，一是下游的南湾村。大概是母亲怀了我的缘故，父亲虽然形式上离开了母亲，但只是分居而已，隔三岔五还会到母亲家来，母亲也会偶尔去父亲家串个门，我就是母亲去父亲家串门时生下来的。我小时候随母亲生活，因为前夫的关系，母亲被戴上"四类分子"帽子，那时我懵懵懂懂的，感受不到政治上的压抑和经济上的艰苦，只记得人家好像都躲着我们似的，家里人好像说话做事都是小心翼翼的。我吃过糠粑、麻根、观音土等，穿的多半是大人衣服改过的旧衣。

我六岁破蒙入学，学校带有私塾性质，家长出资聘请老师，教室在一个民宅里，学生学习费用由家长出，教师办公费用由小队开支，老师是一个小学毕业的姑娘。第二年，我正式读一年级，换了老师，是外地的，教室也换在另一个民宅里。一个班十几个孩子，一二三年级都挤在一起，一个年级上课，其他两个年级的学生就做练习。语文练习多为朗读、背诵、默写，学期结束，老师让我们背诵课文。二年级上下学期又各换了一个老师，教室换在原来的祖堂，三年级又换了老师。那时村小老师多为临时的，学历都不高，小学初中毕业居多，偶有高中的。学校学习条件十分简陋，桌、椅、凳、黑板均自备且都十分破旧。教师工资也很低，一年几十元不等。四年级时，我进入横港中心小学，这是一所民国留下来转为公办的小学，设施完备，教师多为师范院校毕业的公职人员，校内有着宽阔的运动场、简陋的教学楼、师生宿舍厨房。这时"文化大革命"开始了，造反派说了算，街上整天拉着"牛鬼蛇神"游行批斗，学生很少坐下来安心上课，学校几乎处于瘫痪状态。我们除了在毛主席语录、标语口号、大字报等政治用语中学到一些语文知识外，正规的学业几乎都被耽搁。不过当时的一些群众文艺活动仍让我增长了不少人文知识,填补了不少精神压抑下的心灵空白,也带来了些许生活快乐。

我父亲还是像往常那样,奔走于两个不完整的家庭之间。他要履行一个继父的责任,更重要的是,他从我身上看到了生活的希望。因此,他风里来雨里去,肩挑背扛着来,两手空空而去,满怀着希望而来,悻悻然彷徨而去。十几年如一日,他已经习惯了这种走婚生活,他似乎也很惬意于这种靠精神支柱式的奔波,尽管他也不知道何年何月能得到他想要的东西,或者他根本就不敢有这个奢望。

二、 在困难年代遇见了最好的老师

1968年,我12岁,"文化大革命"也已经进入第三个年头。这年发生了一件影响我人生的大事。当时认为"四类分子"在本小队因沾亲带故不利于监督改造,于是就决定把他们交换到外地。也许是母亲家解放前没有得罪过人,也许是近乎孤儿寡母的家境得到怜悯,也许是我父亲十几年劳碌奔波,辛辛苦苦照料两个家庭的艰难感动了上苍,当时的领导决定让我母亲带着我一起随我父亲生活。这对我父亲而言可谓皆大欢喜的善举,一个半死不活的鳏夫从此有了完整的家庭。我和母亲来到父亲的家,从此一直定居下来。我十分相信天意:试想,凭我父亲的老实巴交,不是一项政策的阴差阳错,怎么也不敢奢望居住在肥沃土地上的妻子儿子能够来到一个穷困偏僻落后的山沟里组建新的家庭。说来也怪,我也是我母亲挺着大肚子去父亲家帮忙时恰好生下来的。我终归父亲家,也是顺应天意,是另一种方式的落叶归根吧?

12岁前靠下南湾的水和粮长大,12岁后在洞下高成长成家立业,把孩子抚养成人,送父母老去,因而我有了两个故乡。我是吮吸了两个故乡的乳汁长大的赤子,两个故乡都值得我魂牵梦萦。我六年级是在枫树坳上学,上学要走很长的一段上山小路,崎岖不平,野兽出没。这是青景村的一个临时小学,学校寄寓在一个私人空置的土坯房里,十分简陋,连课余活动场地都没有,唯一的支撑就是有两名公办教师和两名民办教师。因为远离政治中心,这里运动气氛较为缓和,学校能正常上课,只是没有课本,学习内容完全由教师自定。语文课就是学习毛主席语录、时事报纸;记得正遇"珍宝岛事件",我写了一篇作文,老师倍加赞赏,在课堂上宣读。学校虽然不正规,但总算是可以安下心来,听到久违的老师上课和学生读书的声音,老师也常常向我们传授一些有用的知识,迁居对我的学习带来了好处。学习成绩好点,也可赢得老师的特别关爱,这也成了那年代像我这样的"四类分子"子女的一种特别保护。这一年,父亲因在旧社会当过兵而背负的"三查对象"[①]身份被解放,从此结束了被批斗被管制的耻辱生活。但母亲还是继续经常被带出去接受批斗,她是个有"三寸金莲"的小脚女人,有时夜晚也出去,吃了不少苦头。

　　1969 年下学期,横港中学恢复正常招生,对象为小学七八年级学生。但学校老师通知当时为六年级的我也去中学报名。老师说我是破格,想起来大概是我那篇关于"珍宝岛事件"的作文的功劳吧,"读书有用"在我身上应验了。当时"文革"还在继续,学校另一项重要活动是老师带领学生参加农业生产和各种水利工程劳动。附近小队是我们的生产基地,那里的水库、长河留下了我们的汗水。不过,文化课也在不定时地进行着。公社帮助学校从下放人员中借来了许多"文革"前名牌大学毕业的专家、学者、教授以及学有专长的干部做教师,这成了学校师资的一大宝贵财富,可见当时地方政府领导不少还是有远见卓识的,这些教师也确实在力所能及地发挥才干。

　　学校先后开设的文化课有语文、数学、英语、体育、工业基础知识、农业基础知识等,后两门实质上是物理与化学。这些课程的课本都是陆陆续续新编的,课文有很强的政治色彩,理科内容多半与当时工农业生产知识与技术相关,如电灯、水泵、种子、化肥等。几乎没有文化考试,成绩好坏不重要,学生是否突出,主要还是与家庭出身有关,革命干部、贫下中农、工人军人子女往往就是学生干部、优秀学生、共青团员的首要人选。这些荣誉几乎与我无缘,因此我的主要精力都集中在学习有限的文化知识上,不过客观地说,我也没有受到什么特别的歧视,因为我的学业成绩还不错——在学校,努力

---

①　指 1947—1948 年发动的"三查三整"运动的主要针对对象,"三查"即查阶级、查工作、查斗志。

学习的学生总是有意无意地受到教师和同学的恩宠,这似乎也是教育铁律。

横港中学是个比较有名气的学校。那时学校实行革命委员会制,学校负责人叫主任。学校还进驻了"贫宣队",一个忠厚老农常驻在学校,名义上是参与学校领导管理,实际上更多的是指导学生参加农事劳动。1970年,"学制要缩短,教育要革命",横港中学由初中升格为完中,开始招收高中生。初高中学制各为两年,原来的暑期招生和学生毕业改为与年度一致的寒季。学生升级和升学也没有什么文化考试,一路直上。因为改制,我初中仅仅读了一年半就算毕业,1971年的春季就自然进入了高中学习阶段。初中一年半,最大的收获是接触到汉语拼音,为后来的语文学习打下了一定的基础;另一大收获是接触到英语,虽然没有什么要求,但感觉挺有趣,而且也为后来英语学习打下了一点基础。体育课多半是军训,学习队形和刺杀;历史、地理和生物都没有开设。总之,课程残缺不全,学的也只是一些皮毛,这是那个时代读书学习的极大缺陷。该学习的时候没有好好学习,严重制约了后来的生存与发展。

1970年有几件事让我感受到生命的渺小与无常。第一,一次学校组织灭钉螺劳动后放假回家。下星期一到校后得到噩耗——班长去世了,据说是药品中毒导致脑出血。我们班同学去送葬,他父母哭得死去活来。第二,一个房侄,年龄比我大,是个民师。一天,他和另一个民师带着一群小学生到七八里外参观阶级斗争展览,回家时坐竹排渡过一个水库,不料有两个学生落水,两个老师下水抢救,最终学生得救了,老师却都溺水身亡。第三,没过多久,一个星期天我上学去,离开村子不远,看见一片漆黑的乌鸦在低空盘旋,天阴沉沉的。几天后放学回家,邻居一个四十来岁的婶婶因病去世。第四,一天晚饭后,跟着几个同学跑到学校附近的水库洗澡。我们大多不会游泳,就沿着水库边缘走,水齐腰深。突然我的脚下一闪,整个人一下子全沉到水里去了,情急中手脚胡乱划动,还喝了两三口水,心想:完了完了。这时脚下突然又踩到地面了,头也伸出了水面,算是有惊无险。我急忙爬上岸,心里突突突地跳个不停。这前后累加起来的事件,让我实实在在感受到生命的脆弱与宝贵,加上童年生活的阴影,也让我潜意识慢慢形成了顾首顾尾、胆小怕事的软弱性格,不敢在陌生的大人、长辈面前大声讲话,看见上级领导第一反应就是退避三舍。我后来的人生走向,实与这种害怕失败、不敢进取的弱点有很大关系。

进入高中,学校努力把文化教育纳入正常轨道。许多被默认的课程都陆续出现在课堂上,那些"金牌教师"也都尽可能发挥自己的专业特长,倾其所能。数理化和英语是我的强项,我的作业和偶尔考试的成绩常被老师拿到课堂上作为示范,这些任课老师也对我关爱有加。语文方面的悟性稍差,可能与胆小、缺乏表达机会有关。另外一个重要收获是,那些下放的高级知识分子身上散发出来的精神气质,绝不是一般乡村小知识分子所能比拟的。除了学科知识与能力,我记忆中的程梦、包鑫荣、程仁清、余淑仁、王志纯、漆林瑞、陈昌瑜等老师留下的学人形象和文化气象,似乎潜意识地影响着我的人生。在困难时代遇见了最好的老师,是不幸中的万幸了。

我的幸运是建立在父母的挣扎和生活的苦难之上的。父亲是一个憨厚的农民,除了体力,没有特别的技能,加上家徒四壁,维持温饱尚且为难,供养我上学就更勉为其难了。这就决定了我在学校的生活开支少之又少,带到学校的粮食以红薯、玉米为主,因为家处穷乡僻壤,稻田少,大米也少,父母很少能吃到米饭,全部留给我带到学校,向左邻右舍借的也不少。有时实在凑不够一个星期的量,父亲只好再想办法,在星期中间某天下午集体收工后,步行近二十里送到学校来——这时往往就九点多了,又赶回去,就是深更半夜了。有时我会请假回家拿粮食,有一次,我和一个同学请假回家,早晨返校时无法掌握时间,把月光当作天亮,谁知到了学校睡了一觉才天光。没钱在学校买菜,就在家里煮好,再用大竹筒装好,可以管一整星期。最常见的食物是腌制的萝卜干和辣椒酱,有时也常常饭里撒点酱油就算了。全家人一年很少添置衣服和买肉吃。我整个中学四年,钢笔很少买,偶尔买支圆珠笔,有时买几分钱一支的圆珠笔芯套上一个竹管使用。这期间,乡邻和亲戚帮衬不少,老师和同学也多有相助;没有他们的支援,我恐怕没有办法坚持到底。我身材不及中人,也与那时的营养不良有很大关系。

我能读完高中,还有一件事值得提起。高一上学期放假后,家里实在拿不出下学期的学费,无奈之下我只好准备辍学回家,去一个亲戚家当铁匠学徒。假期里,我父亲经常带着我参加集体劳动。一天下午,在山坡上开荒挖地时。忽然我和父亲挖出许多一种叫土茯苓的名贵中药材,收拾在一起,足有四五斤。按当时习惯,这中药材谁挖的就归谁私有。父亲当时高兴极了,对我说:"你还是有读书的命!"第二天一早,父亲带着我,去十多里外把土茯苓卖了6元多,4元的学费便绰绰有余了,于是开学的时候,我父亲又高高兴兴地挑着木箱和行李送我上学了。是上苍给了我上完高中的机会,我开始有点相信命运了。

本来,我应该1972年冬高中毕业,但学校恢复暑期毕业和招生制度,于是我又多读了半年。初中一年半,高中两年半,整个中学四年。1973年7月,带着喜与泪,我终于毕业了。13岁到17岁是学习的黄金时代,政治文化熏陶中自发成长起来的人文学科知识,学校有限教育下自觉建构的自然科学知识,两者统一到我身上,耽误了不该耽误的,得到了别人没有得到的,完成了残缺不全的基础教育。耽误的和得到的都是比黄金更珍贵的东西,我是不幸的,但也是侥幸的。只是耽误的远比得到的多得多,这才是终生的遗憾。

三、 莫须有的牢狱之灾

高中毕业时,我刚满17岁,成为回乡知识青年。8月初,大队通知我到合作医疗室报到,担任赤脚医生。由于没有任何医学基础,必须先到青山林场医院接受职前培训学习。我被安排跟何锦祥医师学徒。大概半月后,何医师觉得这样的培训效果很慢,就把我介绍到横港中心卫生院驻院学习。在这里,医院专门为我制订了一个四个月的培训计划,先药房,后外科室,再门诊,并按照消化、呼吸、心血、脑神经、泌尿等系统,安排专门医师为我一个人上课。医院的领导、医师、护士们对我特别好,教得特别认真,因此我进步也很快。培训结束时,医院为我开欢送会,送了一个包括听诊器等一套常用简易医疗器械在内的出诊箱,许多医师护士都送给我诸如医学书籍等礼物作为纪念。

正当我踌躇满志地要为当地农民减轻疾病痛苦有所作为的时候,1974年春,"反击右倾翻案风"运动①开始了。有人说,安排"四类分子"子女担任赤脚医生,就是阶级敌人反攻倒算的表现,必须撤职。就这样,满打满算先后不到八个月,我的第一次职业美梦破灭了。我被"发配"回本村,成为一个地道的农民。

祸不单行,这年本村发生了一桩投毒案。4月的一天早上,一个哑巴姑娘在泉洞口挑水时发现水中有一个装有农药的瓶子,队长把它拿回家并向上级报告。据说瓶口塞着有××写的借据纸条,但我没有亲见。接着村庄上就传着各种猜测,其中最多的是说有人要栽赃陷害。不久,场部派人来到村庄调查破案,结果说这是阶级敌人反攻倒算,所以我作为村子上唯一的"四类分子"子女,很快就成为嫌疑对象。他们找到我,一阵狂轰滥炸,威逼利诱,说什么铁证如山、非你莫属等等。因为我刚刚被撤销了赤脚医生职务,他们说我心怀不满,所以就投毒报复。在这百口莫辩的态势下,加上本来就胆小怕事的懦弱和留得青山在的保命心态,我只好承认投毒是我干的。我被定为"投毒犯"后,就被监督管制劳动,并经常接受审讯批斗,一些无厘头的脏水都朝我泼来,尤其还要我供出幕后指使,而且审讯逼问的方式也越来越严厉,我这时才觉得事情并没有那么简单,我想我自己被冤枉了不算,如果还要我胡乱陷害别人,那后果不可收拾。于是我觉得不能再扛下去了,就利用夜深人静时偷偷写了一封申诉状,并在一个月亮皎洁的深夜逃出监守住地,和我父亲一起来到县人民法院投诉。法院接下了我的诉状,并让我回家等候。后来想起来也不知道当时为什么会有那么大的勇气。庆幸的是,我提心吊胆地回家后,场部和大队再也没有批斗和管制我了。两三个月后,来了两位公安干警,一番走访后,还是把案子的嫌疑对象定在了我身上,不容置疑,但确实也没有使用太强制的手段,且幕后指使一说没有了。僵持了

---

① "反击右倾翻案风"是"文革"末期的一次大规模政治运动。江西地区的"反击右倾翻案风"运动开始较早,而全国范围的"反击右倾翻案风"运动则以1975年11月3日清华大学党委传达毛泽东对刘冰来信的批示为开始的标志。1977年7月邓小平复职后,运动方告结束。

两三天,我还是经不起那政治气氛下的威逼,再一次败下阵来,承认投毒是我所为。

1975 年 4 月末的一个下午,我被刑事拘留了,还是那两位公安干警,一位宣读拘留证,一位将我双手上铐,并用棕绳将我五花大绑,然后押送出村庄,去县城看守所。大约走了两三里路,我父亲赶了过来,哀声叫了我一句:"儿啊!"好像要说什么,这时跟随押送我的生产队长对我父亲大吼道:"你想说什么? 老老实实回家等着吧!"只见我父亲一愣,好像犯了死罪被判死刑一样,垂头丧气,两三秒钟后,我父亲忽然转过身去,朝着回家的路,一边踉踉跄跄,一边号啕大哭:"天啊,地啊,往后日子怎么过啊!"最后消失在远处路的转弯处。这时的我,目睹父亲那绝望的背影,心如刀绞,父亲辛辛苦苦,用有限的能力,好不容易把我这根独苗拉扯成人,殊不知这一丝希望就被这莫名的腥风血雨摧残掉了。这一刻的生离,在父亲看来就是死别! 也就是这一刻,比朱自清先生不知要伤心多少倍的父亲的背影永远定格在我的心中。也就是这一刻,我突然增加了无论如何都要活下去的勇气,为了我自己,更是为了我的父母。况且,我本来就是被冤枉的,我没有罪,我怕什么?这一想,忽然豁然开朗了许多,胸脯也挺直了许多,很有奔赴刑场雄赳赳气昂昂的豪迈。

近四个月的监禁,有惊吓与压抑,有担心也有梦想,但也不是乏善可陈。翻案是毫无意义的,好好活下去才是要义。庆幸的是,我没有受到肉体痛苦,相反,进去不到十天,就被安排到监外协助后勤做一些轻微的劳动,这种待遇是一般囚犯很少享受到的。另外,我还遇到一个解放前在南京市政厅当过秘书长的老年囚犯,他学识渊博,且记忆力强,晚上听他讲《封神演义》《七侠五义》《三言二拍》《三国》《水浒》,让我第一次知道古代文学的灿烂辉煌。8 月 25 日中午,看守所所长叫我收拾行李,开始我担心要被逮捕转移监狱,汗流满面。值班室内所长见我着急的样子,忙对我说:"别着急,公安局决定释放你,并且已经与你青山党委打了招呼,你回去后,不受管制,与你队里其他社员一样,享受所有权利。现在,你就可以回家了,出了这个门你就自由了。"开始我不敢相信这是真的,当确信无疑后,心里的一块石头终于掉下来了,激动得不知说什么好。随后,他把我送出看守所大门,说了些"出去后,好好做人做事,前途还是有的"之类的安慰话。这时的我,如脱笼之鸟,心花怒放。天那么蓝,大地一切都那么可爱。

不过,看守所所长也没有说我是被冤枉的。这多多少少还是给我留下了一些尾巴。现在想起来,在当时的背景下,恐怕这也就是最好的结果了。粉碎"四人帮"后,拨乱反正,我曾就这事找过公安局,据知情的干警说,当时公安局讨论我这个案子的时候,多数人倾向于没有直接证据证明这个案子是我所为,而且口供材料疑点较多,似乎更像是一个蓄意栽赃诬陷的圈套,尽管我是承认了,但为了负责任和慎重起见,最后他们做出了不予追究的决定。从这点上说,尽管是"文革"时期,但秉持公平正义的人还是不少。试想,在那种"以阶级斗争为纲"背景下,如果他们都要坚持"左"的那一套,给我判个几年,也是顺理成章的事,如果真是那样,我可能就没有以后这么多的幸运了。

虽然我人身自由了,但那个无形的阴影还在,而且或多或少还是影响了我的后半生。1977 年恢复高考,某些领导就以此为借口剥夺了我两次参加高考的资格。更重要的是,几十年来,我时常做有关的噩梦,梦中又有人借机要抓我坐牢,甚至要刺杀我、枪毙我,吓得我突然惊醒,大汗淋漓。影子毕竟是影子,有影响,但无大碍。遭此一劫,也算大难不死,生活总算是安定了下来。接下来,我做过两年地地道道的扶梨打耙、日晒雨淋的农民,这为我后来作为农村单职工教师亦教亦耕的生活积累了意志和技术储备。我还做过一年无任何安全保障的地下两三百米深的矿井的拖煤工人,领略到随时随地都有可能葬身九泉的生命危险;我还做过抡大铁锤操钢钎在几十米悬崖上放炮的队员,这种技术与胆量的比拼,往往是命悬一线的生机;做过柴油机发电的管理员;做过社办村办企业财会员。不同场景下接触到许多底层平民百姓,人生的酸甜苦辣咸或浅或深地尝了个遍,我强烈的底层意识大概就是在这个时期形成的。

四、 成就与别离

1979 年,国家因改革开放迎来了盛世春天,我也迎来了人生真正的春天。大年初七,我恢复了六年前的赤脚医生职务,兜兜转转,又回到了六年前的原点。我的复职,改变了所在大队合作医疗几年来半死不活的状态。但是,一朝被蛇咬,三年怕井绳。鉴于自己对医疗知识与技术的一知半解和多年的荒废,加上人命关天的顾虑,半年后我主动提出转行当民办教师。幸运的是,上级党委很快批准了我的请求,也就是这年的 8 月中旬,我正式进入教师行业。尤其搞笑的是,一天教师都没做过的我,竟然同时被任命为所在大队中心小学的校长。推脱不掉,没办法,只能赶鸭子上架,真所谓时来铁成金。尽管业务生疏,学校各项工作还是赢得了上级主管部门的嘉奖和家长以及社会的好评。

1980 年初,我辞去了兼职赤脚医生,把精力投入学校工作与学习中。1981 年上半年我通过了县教育局组织统一考试的民办教师录用证书,下半年我被聘请为小学教师文化学习辅导员。1982 年 6 月,我参加了中师招收民师考试,被录取到江西省永修师范学校脱产学习两年,终于有一次接受正规师范教育的机会,这样等于在中等教育过程中重复了两年。今天看来,中师文凭一文不值,但在四十年前,却对我有特别重要的意义。它较早地使我实现了人生一次体面的身份转换,民办转为公办,平民百姓变成国家干部,一个大山里的贫苦人家飞出了金凤凰,一个丑小鸭变成了白天鹅。这种人生价值质的飞跃,不要说别人始料未及,就是我自己也觉得恍如隔世。也就是在这年春节,我成家了;也就是这年 9 月,我的大儿子出生了。有人说我这年是三喜临门,丰收之年。

1984 年 9 月,我毕业分配到青山中学任教。我很清醒:中专学历,还是个不合格的教师,仍然需要不断地学习补课,才能得心应手。因此我参加了当时各种初中语文教师的合格培训,有套资格证教材很受用,并一直成为我的教学帮手。1986 年,我被提升为教导主任,又算是一次小小的人生进位吧? 当然也是一次小小的鞭策。

　　从 1984 年开始,我还谋划着另一件人生大事,就是为自己在村庄建造一幢住房。因为那时我还是单职工,父母妻儿的户口都在农村老家。平整地基、储备砖瓦木料,和家人一起,从体力、财力到精力,没少吃苦受累,周折不少,终于在 1986 年底基本完工。不算漂亮但宽敞舒适,一家人其乐融融。恰巧小儿子也在房子竣工的同一天出生,真所谓双喜临门了。这年我刚好 30 岁,过年时,新屋大门的春联横批我写的是"三十而立"。1987 年 9 月,异父胞兄在帮助其内侄建房时不幸失事身亡,12 年的父养翼护之恩,20 年的手足提携之情,使我黯然神伤。

　　1988 年,通过成人高考,我来到江西九江教育学院脱产学习中文专科。上有老下有小,我选择全脱产形式,虽然有点冲动和不理智,但为的是能够实实在在地读点书。两年的学习生活虽然很清苦,但很充实。为了尽可能减轻家庭负担,生活费用我一省再省。在这里,我有幸遇见江西省语文教学理论专家肖建民先生,他是学院副院长、文学概论和教材教法科任教师,学识渊博、言行儒雅、平易近人,某种程度上影响了我后来的人生和职业价值取向。如果说我后来在学业和职业上真算有一点点收获的话,首功非他莫属。

　　毕业后我回到青山中学,语文成为我的主教科目。备课、讲课、辅导之外,我也开始自学中文本科教材,并开始学习写点教育教学心得,也常常自费或公费参加省、市一些专业学会交流活动,大开眼界,收获不小。《农村初中学生作文修改能力培养》等一些习作获得九江市教育教学科研成果奖,有些在刊物上发表,我对专业教育教学工作逐渐感到轻松自如。这期间我还肩负了总务主任兼财会业务,家里还有责任田地耕种,日常生活变得异常忙碌起来。

　　也许是学而不厌,1992 年 9 月,通过成人高考,我被录取到江西师范大学教育管理本科专业函授学习。之所以选择教育管理本科,因为我觉得教学除了专业知识外,还离不开教育思想理论的指导,可是那时我对教育的认知还是一知半解,所以想系统学习教育理论,争取做一个头脑清醒、灵魂自由的教育工作者。我同样十分珍惜这来之不易的机会,三年面授,我认真完成所有的作业,做好每课时笔记,从未迟到、早退、旷课;每逢考试,我都会不折不扣地整理笔记和复习资料,以致每次我整理好的考试复习资料成为同期学员复印的"抢手货",因为用的是单位稿纸,瑞昌市青山中学这个小不点学校也因此在省城师范大学的函授学员中广泛传播。毕业时,我报名参加了江西省教育委员会和江西师范大学联合举行的函授学员学位考试,并获得教育学学士学位。有这个学位,就能证实我本科学历的含金量与众不同。

不幸的是,当年我拿到本科函授录取通知书时,我80岁的老父亲在陡峭的山上劳动时不幸坠崖身亡。恰巧那天我带着爱人和孩子去县城看望一个生病的亲戚,等我们傍晚回家时,看见早晨我们走时的饭菜原封不动,一种不祥的预感突然涌上心头,我赶忙跑到早晨父亲劳动的地方,只见他身体蜷缩僵硬成一团,我顿时天旋地转,痛不欲生。看来父亲是在准备回家吃饭时,因精疲力竭不慎摔下来,当时没被人发现,可见他是饿着肚子离开人世的。我真后悔那天不该全家出门,但悔之晚矣,这成了我终生挥之不去的痛。祸不单行,第二年,也就是1993年9月,我的母亲又因病去世。母亲病了较长时间,去世前十多天,我早出晚归、翻山越岭,每晚都守在母亲床前。死前两天,母亲忽然感觉好了很多,我就在学校睡了一宿。第二天原打算下午回家,因有事耽搁已晚,疲劳加侥幸,又在学校住宿。然而,睡梦中,突然传来咚咚敲门声和熟悉的叫门声,我一翻起身,知道大事不妙,母亲偏偏在这时与我不辞而别了。我一路跑回家,望着静静躺在床上的安详睡去的母亲,伤心欲绝。也许是母亲怕我劳累,故意在我离开她的时候与世长辞的吧?

本科函授毕业后,我还在青山中学工作了两年。边工作、边学习、边思考,写了不少读书心得和工作感想,如《学校公共关系简论》《浅析初中义务教育语文教材的特点与教学》等文章获得中国教育学会等专业学术团体机构的一二三等奖;又如《试论教师角色困惑》等文章发表在《江西教育学刊》等省市专业刊物上。当然,更多的是泥牛入海无消息,成为废纸一堆。

从1979年到1995年,从乡村赤脚医生到小学民办教师兼校长,再到学生,到中学教师兼教导主任、总务主任、学校财会、"两基"专干和工会负责,一路走来,身份由体制外到体制内,学历由高中到中师,再到大专,最后本科,四年脱产读书,三年函授学习,算是达到了当时中学教师学历的顶峰。除了尽职尽责地做好本职工作外,也有些聊以自慰的不务正业。别人四年就走完的路,我用了足足十几年。为了弥补遗失的宝贵时光,我不算努力但很坚韧,不算高效但很满足,从容不迫,姗姗来迟,算是不很风光的迟到晚餐吧?

　　人有悲欢离合,月有阴晴圆缺。最遗憾的是在这十几年间,我相继失去了生命中三个最重要的人。兄长英年早逝,父亲不幸遇难,母亲不辞而别,每一件都足以肝肠寸断。可怜我的父母跟着我长期受苦受难,刚刚熬出点头绪来,就撒手离我而去,没有或不舍得留给我半点反哺的机会,让我痛彻心扉。子欲养而亲不待。父母在,儿女尚有来处;父母亡,人生只剩归途。呜呼哀哉!

1995 年,高坊清(三排左二)的江西师范大学函授本科毕业照

五、 从山沟里走出来的"学科带头人"

　　我家在偏僻山沟,两山夹岸,百石堆岩。工作的学校在一座大山半腰,离家十余里，山路崎岖。从 1984 年到 1997 年，十余年来，我每周至少一两次，有时一天一次，往返攀爬其间。为改善工作生活环境，我多次试探调动工作单位，终于在 1997 年下学期调入横港高级中学工作。就专业学历讲，我也只是中文专科，我的本科专业是教育管理，但人家不那么认。好在我在拿到中文专科学历后，不仅自学了中文本科的所有课程，而且还接触到许多研究生课程。拿到教育管理本科学历后，我也接触过相关学科的研究生课程，并且参加过华中师范大学的教育管理研究生课程班的短期函授学习，只是后来因故没有坚持下去。

对于全新的工作，我投入了全部精力。横港高级中学实行普通高中与职业高中双混制，作为新手，我担任了两个高一职高班的语文课教学任务，并兼任一个班的班主任。为了满足职高学生以及家长积极要求参加普通高考的需要，使用的教材又一直都是普通高中的课程教材。恰巧，这年下学期，教育部主导的普通高中课程改革试验在江西、山西、天津实施，使用的教材是全新的试验教材，这又使我和其他原高中语文教师几乎处在了同一条水平线上。边教边学边探讨，为了更好更快地适应业务需要，除了备好课、上好课、批改辅导好作业之外，我还挤出时间密切注意国家和省市高中教学教研动向，积极参加全国以及省市县各级开展的新教材教学研究活动。

1997 年下半年至 2000 年暑假这三年，我两次参加全国中语会举行的教学教研活动，一次在湖北宜昌，一次在广西桂林。每次参会，都令我耳目一新，收获多多。两次参会论文《〈触龙说赵太后〉教学有感》和《〈项脊轩志〉美育琐谈》都获得年会论文一等奖，并分别收录在两次年会论文集中。这期间我还受邀参加了《高中语文知识与能力训练》《高中语文课文名篇教学设计》等学生学习辅导资料的编写工作，多次组织多名学生参加全国中学生"跨世纪"和"新世纪"作文大赛，获"优秀辅导员"称号；参加全国语文教师"四项全能"大赛，并荣获"四项全能"称号；被吸收为中国教育学会中学语文教学专业委员会会员。三年后，所教学生的高考语文成绩也不负众望，两名学生超过 120 分，近十名学生达 110 多分，这个成绩不比当年市一中学生逊色多少。2000 年，我被任命为学校文科教研组组长，获聘中学一级教师职称资格;同年,大儿子高考录取到华中农业大学,实现了全家人的夙愿。

　　2000年秋,横港高级中学一分为二,我被安排到南义高级中学,继续担任语文教学工作和文科教研组组长,并兼任学校总务主任、办公室主任、财会主管。教学以外的杂务多了,教研的时间与精力就少了,但我还是尽可能挤出时间参加教研活动,结合教学写一些心得笔记。2001年,我参编并担任编委的《高中语文新教材文言文四对照》第一、第二册由南方出版社先后出版,在华中地区广泛使用。2002年在教育部主管华中师范大学主办的《语文教学与研究》杂志上发表读书笔记《我读〈再别康桥〉》和《比较语文教育研究》。2003年又参加了中语会在江苏徐州举行的全国年会,与会论文《〈现代汉语词典〉"正"义》获一等奖,收录入年会论文集,同时被评为全国"优秀语文教师",并获聘中国语文报刊协会课堂教学专业委员会特聘研究员。这年,我还参加了江西省中学语文教学研究室在南昌江西师范大学举办的普通高中语文试验教材全面推广使用研讨会。2003年高考,我从高一一直教上来的学生语文又一次取得理想成绩,有两名学生超过120分,六名学生成绩超过110分。2004年暑期,我在九江市"一二三"教师工程活动中,被评为九江市高中语文"学科带头人"。

2003年10月,高坊清(三排左六)和爱人李琳琼(二排左二)与
南义高中教师及家属在北京天安门前留影

2004 年 7 月,九江学院合并瑞昌第一中学,取消所有农村高中学校。南义高级中学撤并入市一中和二中,教师分流。我被安排到横港中学,开始了新的人生旅途。当时我已年近半百,无意攀援,谢绝了市局给我安排行政职务的意向,心甘情愿做一名地道的普通教师,但还是挂了一个校长办公室干事的实职,负责学校一切重要文稿的执笔。这年 9 月,我正常晋升,获聘中学高级语文教师职称。

2007 年我兼管学校财会工作,业余坚持不忘读书,偶尔写点心得笔记,其中《农村初中学生作文修改五重障碍》获中国教育学会优秀论文一等奖。2008 年我负责学校为瑞昌市编写教育志提供资料工作,因为工作量不太大,有时间欣赏古典名著,同时开始《读〈左传〉,悟人生》等专著的撰写准备工作。2009 年《读〈左传〉,悟人生》初稿既成,2010 年该书由四川大学出版社正式出版并作为优秀高校教材推向图书市场。2012 年《品〈国语〉,话人生》由中国文联出版社出版,2013 年《历代经典谏文通览》由国务院政策研究办公室下辖的中国言实出版社公开出版发行。同年,在前两本书的基础上,由我代表横港中学主持、向九江市教育教学科研室申报的名为“先秦史传与初中语文教育资源的整合”的中学语文教学科研课题,经过一年多的运作,于2013 年底成功获得验收通过,并被评为优秀科研项目。

2013 年秋季,为响应教育资源均衡工作要求,已经 57 岁的我被调配到瑞昌市南义中学支教。这年底,由我代表南义中学主持申报的江西省中小学教育教学科研课题“先秦史传散文与中学语文教育资源的耦合”成功获批立项。有了前面市级课题的基础,加上南义中学从校长到教师的热情支持,投入了足够的人力物力和财力,组织了许多围绕实验课题的实打实的教育教学研究活动,经过两年多的努力,2015 年底,该项目成功获得江西省中小学教育教学科研课题审查专家验收通过,并在小组评审中被推荐为优秀科研项目。由阮国森校长主编、我主笔的《经典语录,精彩人生》一书作为课题科研成果由团结出版社出版发行。

2016 年,我的《〈战国策〉七彩人生》由中国出版集团现代出版社出版发行,加上之前出版的《读〈左传〉,悟人生》《品〈国语〉,话人生》,算是完成了

"先秦三传读悟系列",也为我的体制内职业人生交了一份最后的答卷。三年后,《〈战国策〉七彩人生》又以书名《炫彩〈战国策〉》改版再次出版发行。2016 年 10 月 14 日,我年满 60,单位为我办理了退休手续,宣告我的人民教师生涯正式画上句号,一场职业人生戏剧悄无声息地谢幕了。2019 年,我个人捐助资金 90000 元,为家乡先后修建了两座钢筋混凝土桥。从 2021 年开始策划的个人小传加文集式专著《大浪淘沙——一个乡村教师的成长笔记》,字数近 46 万,于 2022 年 7 月成功面世,颇受肯评。

六、 我眼中的乡村教师和乡村教育

乡村教师大都生在农村、长在农村,有一定的文化和见识,成为乡村教育的主力军和乡村社会生活的引导者以及协调者等重要角色。他们积极参与农村社会生活,思想观念、生活方式无不打上农村生活的烙印,尤其是他们大多还要扮演农民的角色,去田地进行农事劳动,填补家庭经济收入,这是与城市教师的最大不同。乡村学校条件艰苦,设备简陋,教师任务艰巨,待遇偏低,身体素质偏差,但他们勤勤恳恳,默默无闻又努力出色地完成国家交给的各项教育教学以及其他任务。尤其是单职工教师和民办教师,仅靠工资收入远远不能满足家庭养老育小等基本支出,还要想方设法承担补充家庭收入的责任,因此还要承受社会家长以及家庭的埋怨。

特殊条件下转正的教师和录用的民办教师,相当一部分因为特殊原因(如"文革"耽搁)而导致学历与能力都存在不足,小学毕业教小学、初中毕业教初中、高中毕业教高中,甚至还有小学教初中、初中教高中等现象,尤其是在教育学心理学教学法方面缺乏系统正规学习与训练,经验主导,教育教学方式方法不乏简单粗暴,几成积习。社会赋予乡村教师为人师表的要求,因此受到农民的尊重,可是相对于乡镇行政部门,乡村教师却绝对处于弱势,并没有优越感和自豪感,反而在现实生活中处处无不显现出自卑。随着义务教育实施和"两基"工程推进,国家加大投入,一方面努力提高乡村教师的学历和能力;另一方面不断改善乡村学校办学条件和教师福利待遇,取得显著成效。随着国力增强和城乡教育资源均衡,政府实施乡村教师支持计划和乡村振兴战略,乡村教育面貌发生巨大变化,城乡教育教师差距逐渐缩小。

在国家大力支持下,大部分教师克服困难,通过各种途径不断地学习,积极进取,不仅在专业知识水平和学历方面达标和提升,而且在教学能力和技艺方面得到极大增强,许多教师不仅在各自的教育教学岗位上为国家和人民交出了满意的答卷,而且在其业务发展和创造精神财富方面也做出了可喜的贡献,为改善生存发展不懈努力。民富国强,乡村教师前程似锦,但城乡教育是否一直并重,资源均衡是否持之以恒,乡村教师地位是否真正落到实处,尊师重教是否成为各级政府和社会自觉行为,乡村教师精神生活质量是否与物质生活同步提升,乡村教师特殊优惠政策是否成为法律保障,城市化导致的乡村"空心化"是否影响教育决策的信心和乡村学校的衰落和乡村教师的失落,等等这些,都希望引起党和政府及一些有识之士的重视。

刘金虎

要让下一代人有文化

亲 历 者：刘金虎
访 谈 人：刘玉娟
访谈时间：2022 年 3 月 1 日
访谈地点：陕西省延安市洛川县刘金虎寓所
访谈整理：刘玉娟

亲历者简介：刘金虎,男,1956 年生于陕西省延安市洛川县槐柏镇杨候村。1975 年高中毕业于土基中学;1975—1979 年在镇政府工作;1979—1983 年任杨候村小学民办教师;1983—1985 年任下操完全小学主任;1985—1991 年任杨家河小学校长;1990 年获得中专学历;1991—1995 年任钦花庙

刘金虎(右)接受访谈

小学主任;1995—2005 年任西北定完全小学校长;1997 年转为公办教师;2005 年退居二线,任槐柏中心小学生活老师,2016 年退休。

一、 成为有知识的农民

我是贫农家庭出身，我爸曾参加过游击队，父母都不识字，近亲中也没有从事教育的，他们都特别穷。那时候小学阶段的学费是 1 元钱，初中阶段 15 元钱就够了，高中也是 15 元。村里的农民整天吵架、打架，一天都有好几起，这就反映出人们的文化素质不高。再一个，老年人就说："不念书将来连农民都当不上，农民都要大学生。"这个时候人们就开始宣传（读书的重要性）了，我也相信这个。当时我没念书，因为我的父母不懂教育也不重视教育，我爷来给我爸说："你不让娃念书，当农民都不行，当农民都要大学生，文化赶不上。"这下我爸才同意让我念书，我这才去念书。我读书的钱都是我爷出的。

过去没有幼儿园，我 12（虚）岁在村里群众集资办的民办学校读一年级，那时候学制是五年制。我念书刻苦，一直是优秀学生。读四年级的时候，五年级在准备考试，老师在讲课，我在窗外看，并说出（教室内正在讲的题）答案是多少，老师问："你咋知道？"我说："题一设，第一步是乘，第二步是除，算出来的。给我再出了题，我还算得出来。"老师又给我出了题，我又算出来了，老师发现说："你这脑子还就是好。"就让我参加了五年级的考试，100 分的题我考了 70 分，老师决定说："那你就跟我参加复习，复习以后你试着考一下初中，看你考上考不上。"我就参加了 20 天复习。这个老师姓任，是西安人，因为她老公在槐柏医院当医生，她是家属，别人听说她是高中毕业，就聘请到村里教书。当时考完试以后，老师高兴地开会介绍，说："我有个学生是四年级的，现在也参加考试，有可能明天比你这一班学生还更优秀。"

我读了九年书，一年级到五年级是小学；六年级到七年级是初中；八年级到九年级是高中。1975 年，我从土基高中刚毕业，政府考试择优录取，全镇录了 15 个人，把我录上了，这下我就在镇政府搞"路线教育"，就是到农村抓人们的思想政治工作。镇上把我派到村里，我到村里就像国家的干部，晚上组织群众学习、开会，从 1975 年 8 月到 1979 年 7 月，干了四年。

1979 年 7 月，教委召集全乡的高中毕业生报名考教师，择优录取，当时报了 160 个人,只录了五个人,我在其中。选择当教师就是因为当时农村太落后,连个记工员都寻不下。在我这一级之前,村里 300 口人,大多数都没念过书,文盲最少有 70%,初中生大约有 12 人,高中生没有,师范生有两人。算上我这批之后,初、高中能各加十个人,小学也能多一点,但也没有一半,整个村子就是这样的文化水平。我当老师就是因为农村连小学毕业的都很少,一开始就是为了让人们的文化素质都提高,不但自己要有文化,还要叫下一代都有文化,这文化水平高了,也能使社会发展好一点儿。我就这样当上了乡村教师。

刘金虎的民办教师任用证书,由陕西省教委会颁发

1949 年新中国成立之后,女生就开始念书了,(我觉得)没有啥男生女生不一样,男生女生是平等的。根据家庭经济状况,屋里①有钱供就可以念书,没有钱就不让念了。不过还是大人说了算的,大人说念就能念,大人说不让念就不念。之前也有不让女的念让小子念的,为啥哩? 有些屋里工分少,分不下粮,有好多人就觉得女子是(别)人家的一口人,小子是自己人,但是1979 年往后就没有了。村里开始乡村教育的时候应该是 1960 年左右,1959

_____

① 　方言,指家里、家庭中。

年建的是三年制小学,1966 年开始是完全小学,到了 1983 年又成了三年制小学。为了管理方便,全乡只设了五个完全小学,每个村都有小学,但八个村才有一所完全小学,只有镇上一所中学。我 1979 年参加(教师)工作,一直到 1983 年,都是在本村小学教书,是民办教师,学生就来自本村大队。村里学校是大队出钱修的,各个大队把钱集起来,新建了六间窑洞、两座大房。1979 年以后,教学环境好了,教室光照好、宽大,桌椅板凳、办公桌都是新的,质量很好,能满足同学们的需要。

当时小学的学费大概就是 8 块到 10 块钱,书本费也便宜,10 来块钱,那个时候也没有啥补习资料,一个娃念书 30 块钱就够了,进了学校以后再没有啥开支,这个费用在当地都是老百姓能承受的。因为学校是民办的,国家不管,每个学生的学费 8 块钱,40 个学生就 320 块钱,再搞勤工俭学搞上三四百元,就够学校(开支)用钱了。考虑到百姓的经济收入,学费问学生收得少,不够开支,所以需要和学生再搞勤工俭学,比如说到夏季,群众把麦一收,老师带着学生出去拾麦;到冬季,像沙棘熟了、药材熟了,学生去采点沙棘、挖点药材,学校卖了(换钱)。到春季,搞茵陈①卖,学校的经济收入就大一点。再不够了,学校问村上要一点,村上补些。1982 年之前有生产队,百姓都在一块干活,1982 年开始改革,不在一起干活了,村上也有留下的地(可以作为支撑)。

我刚开始当老师就爱上这行了,感到很快乐。干这项工作我是比较认真的,自己先学,学会了,备好课,再给学生上课。当时我们村里还有其他文化教育活动,比如扫盲课、写春联、冬学(就是冬季学习)。扫盲是从 1960 年开始的,一直都扫,不识字的、识字不到一千个字的都叫文盲。村里有固定的扫盲教师,也是群众,是村上的人,像初中毕了业回来,或者高中毕了业回来,(扫盲教师)每人分到两个或者三个人,发下课本扫盲,先教识字,再教读课文,识够一千个字就扫盲过去了。像我就假期的时候参加扫盲,平时给娃上课就不扫盲,扫盲是长期不断的。

---

① 茵陈,中药名。

二、　辗转各地当民办教师

1983年后季到1985年前季,教委发调令把我调到下操完全小学。每个县有一个教育局,下设一个机关叫教委,教委专管这个学区的教师。每年开学以前教师都要调动,像槐柏镇有132名教师,教委工作人员研究调动,哪里需要,就给教委反映,教委知道了就从教师里面物色配人。每学期教委要检查两次,开学要检查一下开学工作,到了中期就检查备课怎么样、学习怎么样、群众反映怎么样。每学期会开评比会进行奖励,奖励前三名,(如果)你的成绩好、学习笔记好、思想先进、出勤好、群众评价好,你就是优秀教师,就把你调到重要的岗位上。

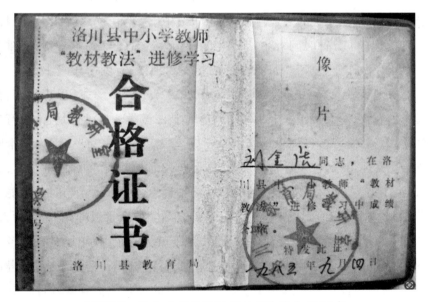

1985年,刘金虎的"教材教法"进修合格证书

我在下操完全小学任后勤主任,带三年级数学。老师经常要和家长交流,一学期要家访一次,全镇被划为五片,每片最远是五里,所以家访最远就是五里路。到家里主要是跟家长了解一下娃的思想动态、做作业情况、对学校的反应和评价,这都是为了促进教学,看学校存在啥弊端要改进。家长都

是热情招待，双手欢迎的，老师去（家访）又不是告状哩，家长也不告状，意思就说是，学校和群众打成一片，把教学搞好，这是家访的目的。家长无事都不进学校，学校秩序还是很好的。他们有时会对老师提一些要求，像是（上学）时间太早了或者（放学）太迟了，和农村吃饭配合不上；布置作业太多；有些学生是特殊儿童，特殊儿童不是聋子就是哑巴，家长会来给学校反映说："你把我娃放松些，我娃有啥弊病，不要抓得太紧了"……后来调令来了，要把我向那偏僻地方调，群众不叫走，说："这么好的老师，我这也需要，不叫走。"书记寻了一回，村长寻了一回，驻队干部还寻了一回，乡上说："不行，发了文了，哪怕到那待一天都要去。"我的决定是：偏僻的地方，年轻人去可能更合适，能磨练自己的意志，就（服从调令）下去了。

1985年后季到1991年春季，我到了偏僻的杨家河小学，当时只有我一个老师，任一至四年级的复式教学，四个年级16名学生上课，一共45分钟，每个年级只有十分钟时间，给一个年级讲课，大约就是八到十分钟，安排另外三个年级做作业、复习。每堂课一般是文和理搭，有两个年级上语文，那么另外两个年级上数学。那个时候有语文、数学、音乐、美术、思想品德，都是我一个人教，一天工作六个小时，担任11堂课教学——体育是合堂、音乐是合堂、美术是合堂，再加上语文和数学共八堂，共十一堂课。因为那个时候教学一直抓得很紧，每月有个月考，每学期有个统考，这要评出前三名，要排列、要评奖，人都怕落位，都是争先恐后的，教学任务很重。当时我可能才29岁，村子太小，仅有十四家人，每家有一两个娃，群众管饭哩，一家管两天，28天是一轮，（我考虑到）群众还要干活，这下就太累了，我想还是自己苦一点，就跟干部商量："给我推点穄子拿过来，我自己做。"一开始不会做，慢慢学，自己做饭、自己教书，这是最苦的时候。有的大队能穷到啥程度？驻队干部给编了顺口溜：人吃返销，牛吃白草。"人吃返销"是啥意思？国家收购粮食，人家都是给国家交贡献粮，县上看哪块人不得吃[1]，还要给一口人发30斤或50斤粮，那叫"返销粮"；"牛吃白草"，其他人种小麦，别的牛都吃麦秆，穷队的牛没啥吃，到山峁割点草给牛喂上。穷到这种程度就没有能力付工

---

[1]　方言，指吃不上饭。

资,所以哪个老师要是被分到那块,工资就别想要了。

1991年后季到1995年春季,我在钦花庙小学任教导主任,带六年级数学。当主任的时候要给老师分课,其他课都分出去了,六年级数学没人带,正好我也喜欢带数学,这下我就带了。把课分毕了谝干子①,有个老师说:"刘老师,你咋敢带那个数学?"我说:"我爱带数学,怕啥不敢带?"老师说:"你知道咱这学生基础是什么样?"我问:"你说什么样?""上一届考试,咱是全乡的倒数第一。"我说:"没事,我就把这带上。"带了一学期以后,乡上组织统考,你知道我考了啥? 全乡第一。有个学生考了满分,有两个考了99分,全班学生考了第一,我为学生的成绩感到骄傲。这就真实体验了:要叫学生有一碗水,首先老师要有一桶水。你要经常学习,经常总结,把这个(教学内容)学精、弄懂,讲完课以后再评估一下,看优点在哪缺点在哪。学生的成绩取决于老师,这是我得到的经验,这级有个学生后来考了一本,现在在省教育厅工作。

1995年后季到2005年前季,我在西北定完全小学任校长,带六年级数学。当校长,从过去到现在都是教育局或者教委经过考核,根据你的政治思想、工作实绩,再根据你的工作述职、学校业绩,看你称不称职,再行任命。校长和教师一样带课,教育局要求校长带主科,为啥哩? 只有你校长带主科,才能体现教学的实质,有利于管理。除非实在顾不上的可以不带课,比如像是学校特别大的、事情多的,就带些政治、思想品德课。校长就是一个分工,没有职称也不加工资。不过我个人获得的奖很多,比如"单科奖",因为我带数学,喜欢数学,讲得也比较好,几乎每年都拿奖;1991年还拿到了"德育工作先进个人";当校长的时候,全校工作好、学生成绩好,还评了个"先进学校",那是因为六个年级的语文和数学加起来一共12门,全乡考试,拿了11个第一,全校教师都积极工作,学生成绩都好,先进得很,这都不是靠嘴说的,你要干出成绩。

---

① 方言,意思是把课分完了以后和其他老师闲聊。

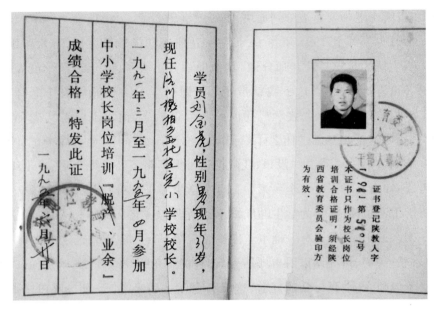

1995 年,刘金虎任西北定完小校长的校长培训资格证书

2005 年后季到 2016 年,我在槐柏中心小学任生活老师,不带课。2016 年,我按照教师的退休规定,到了 60 岁正式退休。这个时候人才就很多了,毕业的学生很多,大专院校回来的学生也很多,能力也很强,所以这个时候不再返聘了,我们老同志愿意下,新同志上岗是更优秀了。

三、 我教书赶上了好时候

我教书那个时候村里特别重视教育,村干部经常到教委问人家要好教师,每年都要。教育投资也很好,就像是学校(开支)要用钱,队上早早就问:"你有啥困难?要啥经费?"早早就送来了。一开始没有教师节,就是开学来慰问一次老师,放假把老师送回去,特别热情。老百姓的积极性也很高,他们对老师很亲切、很尊敬,过端午的时候会把甑糕端上,提着酒来,给你倒两杯酒,表示你辛苦了,教育下一代费了劲儿了。在其他村任教的时候,我和当地村民、干部的关系都特别融洽,只要努力搞好教学,群众的办学热情就高,教学搞得越好,群众热情越高。民办学校的支持和后盾就是村民,所以抓教学就是和群众打成一片的基础。我和同事、上级领导、学生的关系都很好,在任教过程中也没有遭遇过不公的待遇。就是平时工作还是很累的,因为世界上怕的就是认真,认真工作五天以后就累得睡两天觉都休息不过来,特别累。当地政府也很支持我们的工作,很关心我们的去留,有各方面的问题会为我们解决。学校缺教师的时候,还要求我妻子去教书,她说她能力不够,"误人子弟如同杀人父兄,不干这事"。我还没有遇到那种读不起书的,我们镇上的人勤劳肯干,经济状况在全县来说处于中游。改革开放以后,东片、西片和南片这几个县的群众生活水平是提高的,情况都比较好了。

当时一个班就是40个学生,学生多,一天的日程是教委统一发时间表,冬季有冬季的时间表,夏季有夏季的时间表。像现在三月份就是七点到校,三里以内的学生都是走路上学,那些娃要走大约15分钟。远处五里以外的学生住校哩,住校方便的,地方大。我还是认为住校对学生成长好,因为每个家庭的生活习惯不一样,教养也不一样,学生形成的个性就不一样,到了学校,有统一的模式和统一的教育思想,学生就(容易)养成良好的习惯。因为高考制度恢复了,再一个是全国都抓教育,学生都很努力,学习风气很浓。学生读书就是想"建设社会主义祖国"这个口号,目的是明确的。有些学生是不得学习的方法,成绩有差别,但是态度都端正。学生能认识到社会在发展,不努力学习就没有文化知识,为了谋生存、为了将来更幸福,要刻苦努力学习,老师经常给学生这么讲,学生都是很清楚的。教书这么多年,还是1979年到1995年学生多,是高峰期,1995年到2008年学生逐渐减少。这个不仅是我们村里,全国都是,因为计划生育抓得特别严,提倡一孩化,结了婚只准生一个娃,娃就少了。

学校教师都是教育局派,村里没有安排教师的权力和资格。如果学校缺老师,上报给教育专干就行,给他说短啥老师,他就给安排。教育局统一考试,你考上了再把你派下去。我是乡民办教师,教育局录用上的,一直都在册。早先之前(可能是1984年)这儿有清理教师队伍的考试,叫"精简考试"——教育局嫌有些教师文化水平低,为核实教师文化水平,召开了一次教师选拔,把不合格的清理了一部分。当时被清退的民办老师很多,整个洛川县清了 60%。当时组织了一次全县教师考试,根据各乡需要的教师确定人数,好比说是槐柏镇需要 90 名教师,这下从前头排够 90 人,把后面的就清理了;好比武石乡需要 50 名教师,从前头排够 50 人,后面的就清理了。我一个亲戚就让清理了,我留下了。后来我还参加了民转公考试,就是几门功课考完以后,达到分数就转正了。我是 1997 年转正的,当时是所有民办教师逐批转,前几批考试先紧着老教师转,好比说考了 100 分,你参加(教师工作)20 年,就按教龄给你再加 20 分。二三十年教龄的老教师转完了,剩下年轻的民办教师统转,我参加(工作)迟,加的分少。当了老师之后考的试很多,其中两个大考试,就是把教师清除的"精简考试",还有这"转正考试"。

　　老师培养学生要尊重教育方针,德、智、体、美、劳全面发展是基本的,我们平时还会进行讨论或学习,比如完全小学会在星期天开例会、在星期三政治学习,学新闻、报纸。教育部门还会进行培训,有进修学校。我也有师范的经历,就是教了几年书之后,从 1986 年 9 月到 1990 年 7 月,县上为了提高教师队伍的素质,在洛川县教师进修学校统一组织教师培训,分批进行。假期上 20 天课,自学考试,我通过培训取得了中专学历,这都是免费的。我经常学习,知识储备实质上比中专可能还高得多,我孙子现在念高中,我还能辅导他的数学,就感到骄傲。

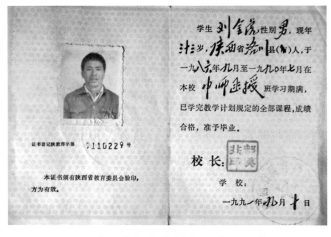

1991 年,刘金虎获得中师毕业证书

从我教书到现在,人们的观念也有很多转变,一开始就是学生识字,说是既要学知识还要会劳动。早些时候没有人给学校拨经费,就是队上给点钱,再不得开①,就叫学生去拾些麦,是(为了)培养有文化的劳动者。现在的观念就不一样了,教育要面向世界,要适应科技发展,要培养高技术人才、全能人才。现在的社会趋势也和以前不一样了,都特别重视教育,(家长都)望子成龙。我们村早先时候,连一个大学生都不出,刚恢复考试制度的时候,村里只考上了两个中专生。到了现在每年考大学,一本二本能考十四五个。原来学生都在本村念,没有可选择的地方,现在都到县城念,村民的教育观念更厉害了。我觉得国家在乡村教育部分已经改善了,乡村的学生已经进了城,对我们这来说,以后不存在乡村教师了,乡村学校基本撤完了,就没有乡村教育了。

四、 一生就落了个好名声

我教书以后就认识到:首先,孩子要从小抓起,一二三年级是基础,这个时候就要把基础打好;其次是教学生念书的过程中,学生要学一碗水,教师必须有一桶水,教师要活到老、学到老,不停地学;最后,要培养复合型的人才,不能只爱数学或者只爱语文,这就要求教师必须是复合的,在各个方面都要健全——这就是我的总结。当教师要像教师,必须热爱教育,这是政治标准,(如果)你干这一行却不爱这一行,不管学生、不好好教书,肯定不行。要言传身教,只有教师做得好,学生才能好。我是身教胜过言教,从各个方面都严格要求自己,给孩子树一个榜样。(我)给孩子买书籍、讲故事、讲优秀英雄人物事迹;抓学习、抓锻炼、要求孩子参加劳动、做家务,对孩子要求很严格。有一次我到厕所去,儿子给他同学讲:"别的同学捣②我不能捣,因为我爸是老师,还是校长,我要给同学起带头作用。"我一听,很高兴。我的教师职位对儿子影响很大,这是他亲口说的。但是当了老师就没有充足的

①　方言,形容资金紧缺,周转不开。
②　方言,指捣乱,调皮。

时间陪孩子,把人家的孩子教育好了,给自己的孩子教育太少了,把孩子都亏欠了。

作为教师,要爱生如子。我的老师给我这么说:"不管坏娃好娃,都是他妈的钱钱娃①。"不管哪位学生,都是未来的接班人,不管能力大小,每个人都有他的光和热,骆驼和羊各有所长,所以对每个学生都要平等对待,这是老师的基本规则。我认为学生没有好和差,只有成绩高和低——成绩高了的学生有可能是他基础好、努力了、对这方面喜欢;差学生有可能是家庭教育或者是生活营养不良,有多方面原因,所以要同等对待他们。我自己不会特别在意孩子的成绩,人是有差别的,智力也有差别,只要尽他的最大努力就好了,人各有志,各有所长,不是绝对的。教师要经常捕捉学生的闪光点,比如差学生哪怕只提高一分,都给他发个进步奖,激励他继续努力;优秀学生考好了,给他发个优秀奖,也是为了他继续努力。对于差生,我要求教师要面对面补差,发现有一个错题,在面对面改作业过程中就把这个错题补了;再一个是在课堂上给他"吃偏饭",课讲完了,如果还剩一点时间,就把差生叫起来再提问一下,给他补一下。

教育对农村来说,最突出的功能就是"科学",从各个方面都科学化了,也就是有一定的技巧,不仅省事还效率高,也叫事半功倍嘛!当时刚分田到户,我和我的一个亲戚有文化哩,我俩种下的油菜籽都能比别人高一半,一亩地打一担,我打十斗,别人打五斗,这为啥哩?因为我们认识了化肥,施的化肥,好多农民还不认识化肥,施的农家肥。所以说,乡村教师对农村是百分之百起了作用的,现在(我们村)的农民都是初中、高中文化,没有小学生,他们掌握了机械技术,比如开拖拉机、手扶机、摩托;掌握了修剪技术,还有科学管理,对农业的促进特别大。有文化的人最容易培养出大学生,西北定的一个农民是高中毕业,在村里当赤脚医生,三个娃都念了大学。

教书这么多年,我不会认为公办教师会比民办教师好,也不认为中学老师会比小学老师好,因为行行出状元,每个人尽你的最大努力,做你的最大贡献,这就是你的骄傲和本钱。我一直以自己是乡村教师为荣。谁下了功

① 方言,形容宝贝、珍贵之物。

夫学习,谁钻研教学,谁把教育学、心理学搞通,谁就是人类灵魂的工程师。教师就好比一位设计师,看你怎么教育、怎么引导,下一代就出怎样的人。有一个教师这样说:"可以把一批人培养成土匪,也可以把一批人培养成人才,这是由他的思想和精神来塑造。"我也不会羡慕城里的教师,没有啥可羡慕的,因为农村好好搞,成绩比城里的还高,像村里的两个学生,我从一年级教到三年级,第一批就考上师范了。所以说,(虽然)是在农村,只要你好好教,学生质量也可以很好。我没有想过去城里教书,因为民办教师定住了,要养家,到城里还是挣几十块钱,开支还大,离得还远,就养不起了。我也没有想到政府部门工作,因为我就是从政府部门出来的,我热爱教育。

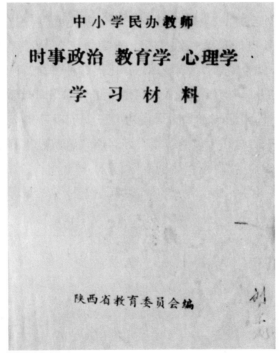

刘金虎保存的民办教师学习材料,由陕西省教委下发

　　乡村教师挣的钱很少,当时民办教师每个月只挣 24 块钱,后来是 50、120、240 块钱,相当于当地农民的中上等收入,公办教师挣的钱是民办教师

的十倍。但民办教师是最舍得出力的，尽管挣钱少，但自己目标明确，都是自愿教书的，也愿意下苦功。我没有因为乡村教师的身份遭受过歧视，群众眼睛是雪亮的。我到西北定教书，城里的娃都转到我学校了，屈家河、上黑木那里的学生还寻人托后门到我学校来。因为我们学校很出名，一开会就受奖，把教师积极性都调动起来了，所以我感觉一点都不比城里差，只要教师水平高就行了。现在国家是平等待人，农家子弟改变命运简单了，只要你发奋努力学习，思想品德好、国家考试合格，将来就有希望。

为乡村教育"献出"自己的青春，很值得！这一批批学生考上学了，我知道他的名字，心里就特别高兴，感觉乐滋滋的。我为社会培养了人才，他能给社会做贡献，也就是我的贡献，所以我很骄傲。我实现了青年时候的理想，甚至比当时的理想高几倍。我不管走到哪里教书，都把自己摆到正确的位置上，关心所处乡村的整体发展，到了哪里就爱哪里，现在去以前待过的地方串门，当时处过的景象、遇过的人、教学的状态，都能在脑子里反映出来。我走到哪片就希望哪片发展起来，好比提着种子，把种子给它深深地播种下去，"人的名儿，树的影儿"，人的名声不是看你当时教学有多好，而是你走了以后人家对你的评价有多高。我儿子长大了以后到全乡走了一遍，总结了一句话："爸，你这一生就落了一个好名声。"这就是我的骄傲，我说："你爸就要这，再不要啥。"

张生有

扎根宁夏山区,教书育人三十七载

亲　历　者:张生有

访　谈　人:张雅嘉

访谈助理:赵思瑶

访谈时间:2022 年 5 月 12—13 日、23—24 日

访谈地点:宁夏回族自治区银川市张生有寓所、甘肃省兰州市兰州大学榆中校区

访谈整理:张雅嘉

亲历者简介:张生有,男,1956 年出生,宁夏盐池县人。1973 年 9 月考入吴忠师范学校初级师范专业;1975 年 8 月中专毕业,先后在盐池县王乐井学区下辖的鸦儿沟乡三所小学任教,其间担任过教务主任和校长;1997 年通过宁夏教育学院高等师范专科历史教育专业自学考试,获得大专学历;2013 年 9 月退休。先后获得"宁夏回族自治区银南地区教育先进工作者""吴忠市教育局德育先进工作者""盐池县先进工作者""盐池县教育局先进工作者"等嘉奖。

张生有在银川市家中书房里
留影(摄于 2022 年)

一、 学至高中择师范，继续教育提能力

1956 年 10 月，我在宁夏回族自治区吴忠市盐池县鸦儿沟乡狼洞沟村出生。20 世纪 60 年代上学的时候，我们狼洞沟村里的大多数人都不支持孩子读书。四年级时我去上大队小学，从村子出发要走 15 公里，去上初中则是 25 公里。我在村里有很多同龄人，但上学的只有我一个；在我们周围十几个村子里，上初中的同龄人除我之外也只有两个。我的父母虽然都是农民，但是特别重视子女的教育，他们是很有眼界的。我的父亲是个非常勤劳刻苦的人，威望很高。我们这个家庭在我们村子里，甚至在我们附近几个村子里，在受教育程度上都是很有代表性的。

1963 年之前一段时间里，我们鸦儿沟村没有学校。可能是因为 1963 年国家政策①的倡导，我跟附近几个村子里七到十岁的一些小孩就聚集在一起，在一个空心砖砌起来的古老的庙里上学。当时的老师在供销社当过售货员，只会写十几个简单的字，他教不了什么，我们更是学不到什么。到了 1966 年，从外村调来一个高小生教我们。他教我们画画，也教我们简单地识点字。到秋天，老师就带我们给村子捡粮食。1968 年的冬季，我到鸦儿沟大队小学去上学，上的是复式班，一天上五节课，学生分成五个年级，我是四年级。教我们的两个男老师是专科学校出身，教了一学期就调走了。后来来的老师是一对夫妻，盐池县本地人，工作责任心特别强。从此我们的课程安排开始分语文、数学这些主课，还有音乐、美术这些副课，我感觉自己从此才开始接受正规教育了。

到 1969 年我念完五年级，因为小升初没有考试，就直接去离家 25 公里远的王乐井人民公社上初中了。在初中我们一周上六天课，周日单休。考虑到寄宿生住得远，学校一般周六就在中午放学。从学校走回家，我最快也

---

① 1963 年 3 月，中央同时颁布《全日制中学暂行工作条例（草案）》和《全日制小学暂行工作条例（草案）》。条例是在总结 1949 年中华人民共和国成立后 13 年，特别是 1958 年以后中小学教育经验的基础上制定的符合中国国情的一整套中小学工作制度，对办好中小学作了具体而明确的规定，不仅在当时对恢复教育秩序发挥了重要作用，而且对新中国教育的发展具有深远影响。

得花五个小时。要是碰上了拖拉机我就搭上,要是学校放早一点,我就能赶在天黑前回到家。到家我住上一晚,第二天中午在家吃饭,再带上咸菜、干粮,赶在天黑前到学校。周日学校不管饭,街上也没有饭馆,所以晚饭我就吃自己带的东西。

我们班在那所初中里是首届班,班上只有十三个学生,其中有一个女生,十三人中有七个住校生。上到1971年我初中毕业,班上有三个人没上成高中,其中一个就是我,这可能是因为学习基础的问题和家里的上中农成分问题,于是我就回家务农了。1972年大中专学校恢复招生,春季我参加了全国统一考试,但是没考上,于是我又回家务农了一段时间,后来家里面又把我送到初中复读了一年。1973年,我考入吴忠师范学校①初级师范专业。像我这样生活在文盲区的农村孩子,能接触到的好点的职业,除了大夫就是老师,还有就是当官的,其他的也就不知道了,所以我填的第一志愿就是吴忠师范。初级师范专业培养的是小学教师,各个科目都教,当时考上就是拿到铁饭碗,所有学生的农村户都转为城镇户。那时农村户都想转成城镇户,因为城镇户吃粮有保障,农民却看天吃饭,还得交公粮。转了户口之后,我一个月的三十斤粮、四两油、七尺布等等,还有十几元的生活补助,全都由国家管了。这下我们吃得要比普通农民好得多了。

我们的寒暑假安排跟现在的大中专学校差不多,每天的作息是很严格的。早上一般六点左右就起床了,起床洗漱之后就上早操,那个时候早操训练系统是相当严格的。下早操之后就去上课,上午四节课,中午午休,下午三节课,晚上还有晚自习。那个时候还处于"文化大革命",我们这些人都见识少,胆子小,很遵规守纪。每学期我们都要参加一周的生产劳动,插过秧、收过稻子、烧过农家肥。当时有个地方国营农场,我们八个班都去插秧。我当时背着背篓,想从田里跳过田埂,结果栽倒了,柳条插进手腕里插穿了,简单包扎了一下还得继续干活,现在我的手上都还留着疤痕。

第一学期按地区分班,我们盐池县43个人就组成了一个班。刚开始开

---

① 2001年2月,吴忠师范学校、吴忠职工中专和吴忠市职业教育中心合并成立吴忠民族职业技术学院,2006年更名为宁夏民族职业技术学院。

1975年,张生有(第二排左一)于吴忠师范学校的毕业合影

设的课程是按学科划分的,教语文、数学、英语、体育、美术、政治,那个时候还没有教育学、心理学这些课。老师用铁笔和蜡纸,在钢板上刻写文字,用刷子蘸着油墨印刷(教材)。实际上我们在学校只好好学了一个学期,考了语文和数学,之后就来了"批修正主义教育路线"的回潮。我们整天小组讨论、全班讨论、全校发言交流,"批林批孔"、批教育。这三学期几乎就没有考试,只让我们自我鉴定、小组鉴定,然后老师鉴定,最后毕业写的论文是跟"批林批孔"有关的。

任教后我们还会有各种考核,主要考教育理论方面。每两三年教育局会组织考核一次文化,测试简笔画、普通话、书法的基本功考核。每年的年终考核都要考核思想政治,老师的政治思想表现体现在平时的工作态度和遵纪守法情况上,这些会影响评先评优。我们每周有几天的早晨会有一个小时的政治学习,学的是报纸杂志上的政策性的东西。每周二下午,在学生课外活动的一个小时里,我们会交流自己的教学情况——校长、教务主任、其他老师一学期听多少课,这些从1995年开始是有明文规定的。凡是上级部门布置的这些任务,我都赶在前面完成。我们按照国家规定的教学计划安排上课,一周上14节主课、18节副课。我以教数学为主,不过其他课也有教过。所以那个时候说小学老师是万金油,啥都要会,不会也得学会。

　　我还有过一些进修的机会。1977年暑假,教育局组织了为期一个月的数学培训,当时我们李庄子大队学校的三个老师都去了。1985年,我在狼洞沟大队小学的时候,包括我在内有三位老师去北京东城区培训了十天。我在乡中心小学的时候,去吴忠接受过一个月的计算机培训,在盐池教育培训中心参加过一个好像叫项目评估的行政管理培训。宁夏有个面向全区中小学教师,持续地办了几年的教育学院,很多专科毕业想要深造的中小学老师,就考到教育学院里接受培训。1995年,宁夏教育学院有个盐池县的教授在吴忠市开自学辅导班,我们学校的五位老师全都报名了。每年我们去吴忠市听两次课,每次听七八天,回来还得靠自学。我害怕掉队,所以一直很重视学习。第一年我报的中文,跟了一年觉得有点吃力,就转了历史。1997年,我通过10月份国家办的自学考试,拿到了历史教育专业的大专学历。

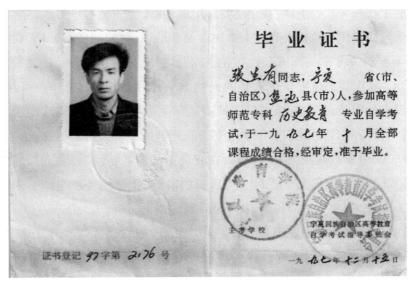

1997年12月,张生有通过宁夏教育学院自学考试获得毕业证书

二、 投身教育之业，辛劳半辈之久

　　1975 年 8 月，我作为公办教师在李庄子小学任教，学校里有八十多名学生和三位老师。老师中两位是公办老师，还有一位是民办老师。第二年担任校长的一位公办老师被调走，我转任校长，另外来了一位吴忠师范毕业的公办老师，到了 1977 年，又来了一位民办老师，至此学校一共就有了四位老师。(校务工作)没有什么好管的，我只在财务上分了一个记账的和一个管钱的。李庄子大队的书记很有远见，对学校非常重视。我当校长的时候，大队要开会的话，他都会叫我去参加。大队上吃肉什么的，也有我们老师的份儿。1981 年，我因为成家申请调回本村，我调过去后，包括我在内，狼洞沟小学也是有四位老师，两位公办、两位民办。刚调过去不久，国家开始普及九年义务教育，我们还得参与学校建设。有两个暑假我都在学校里参与建设。1984 年，经盐池县教育局民主推荐，又把我调到乡中心小学做教务主任。①

　　从 1976 年到 1984 年，我在村子里的小学担任校长，也要做老师和教务主任的工作——我要上课，甚至还要多上课；我要组织老师进行政治学习和业务学习。我作为校长要到乡上参加会议和培训，学校的所有开销，我要拿着发票走 70 华里到王乐井公社报销。除此之外，我跟几位老师还要带着学生劳动。秋天我们带着学生去捡农民挖土豆，捡到的归集体。有一段时间学校没有炊事员，我们就给中午不回家的学生做饭吃。刚到鸦儿沟小学的时候，学校经费不够，我们领上学生去医院外采挖甘草卖给供销社，这叫"勤工俭学"。但那点钱还是不够，所以在我负责的那些年，我经常因为经费问题和上面的领导闹意见。在村小当校长的时候，我拿的是跟老师一样的工资。20 世纪 90 年代的时候，校长一职才有专门的工资。

　　1986 年，我在乡中心小学的时候向组织提交过一份入党申请，1987 年我又担任了校长，这个时候学校的管理制度更加完善，更加细化，而且得上墙公开。同年我妻子意外怀孕，在那个时候农村政策是两胎，我妻子又生了一

---

① 　20 世纪 80 年代我国实行中小学领导管理体制改革，中央和省、市、县级人民政府将中小学教育的管理权层层下放，扩展了乡镇甚至村委会的教育管理权。

个女儿,就算超生了,我的入党申请也就一直没批下来。三年以后我们这些超生的中小学教师开始受到处分,我被免去了校长一职,工资降了一级,还罚了款。当时乡长让我自己写一个免职报告,我没写,于是乡政府就直接给我免去了。

1996 年,教育局换领导班子,经过民主评议,我再次担任校长。到了 2003 年,我坚决不干了,但学校让我再干一年,等"普九"验收完再卸任。第二年,"普九"验收完,我就直接不参加会议了,最后他们只好任命了其他人当校长,这样我就又到了一线,只教学生;一直到 2010 年,我才退出一线工作,到后勤去管住校生的生活起居,直到 2013 年退休。

2005 年,张生有被评为"优秀德育工作者"

2013 年,因为老师多学生少,县政府出台政策,规定老教师如果提前退休,住房公积金的待遇如常。我们全县有四百多个老师积极响应,自愿申请提前退休。当时我 57 岁,还差两三年到 60 岁。我想着我再坚持坚持,到 60 岁再退休。最后那三年我在学校干后勤,管管住校生,维护安全,挺轻松的。但是我们学校的老教师里就我没退,别人难免会有看法,所以在申请提前退休的最后一天,我还是提交了申请。退休的时候,我是小学高级老师,也就是中级职称,对应的退休金是一个月 5000 多。结果 2014 年又有了新政策,规定小学教师也可以评高级职称,而我们学区给了一个指标。如果我前一年没有退休,凭我拿的各项荣誉,在我们学区我很有可能评上高级职称,之后的退休金就可以多拿 1000 多,所以我还是有那么点遗憾的。

作为普通老师,在竞争职务职称方面,我不跟任何人争,心底无私天地宽嘛。所以在这方面我就不会和同事起冲突。作为校长,我从来都不摆领导架子,不会在同事干活的时候袖手旁观。暑假大多数老师都回家了,我还在学校搞基建,看着建筑质量。在评优评先上,不管男女老少,我都一视同仁,不会偏袒谁。最多的时候我领导的学校有二十多位老师,也没有出现过事情处理不了上交教育局的情况。一直到退休,我工作起来都是没有时间概念的,尤其是在有寄宿学生的学校。早上起来我们要组织学生做早操,早操完了要上早自习。中午两三个多小时,尤其是夏天天热,小孩不喜欢午休,我们得轮流值班,看着学生睡觉。晚上我们要给学生上晚自习。熄灯之后,我们还得查寝,看学生睡了没有,直到九点十点多我们才能休息,负责的老师早晚自习还会给学生上上课。

我很少管我的妻子和子女。从孩子上学到结婚,我几乎都没有操心过。结婚之后我和妻子按照农村的惯例分工,她操持家务,而我整个心思都放在工作上,很少帮她做家务。孩子读小学在我们学校,读初中就在对门学校,有时候就过去问一问,跟老师聊一聊。等他们去县城上高中,我都让他们自己去,而不像别的家长亲自送。他们的高中老师我一个都没见过,就连他们的班主任姓啥我都不知道。我小女儿三四岁的时候,她妈妈给中学做饭,没人带她,我上课的时候就把她带上,上课的时候就算她在教室外面哭喊,我也不管她。所以我最大的遗憾就是对自己的小家庭没有付出过什么——相比而言,我在工作上投入了太多。我们当时没有什么坐班费,补助费,学生的一切生活起居都是老师分内的工作,我们也没有别的想法。我现在常常回想,那个时候对老师的要求太严了。

不过总的来说,认真工作没有什么坏处。我在所有场合里都是发扬风格的心态,组织上主动给我评奖评优、给我晋级,我也没有跟别人争。对我来说,认真对业务能力的提高或自身发展是有好处的。从学生到家长,我跟他们建立起了深厚的感情。在我刚 20 岁、刚任教的时候,我们服务的那一片地区还没有一个大学生。但是从我带的学生开始,好多学生后来考上了大学。我在李庄子小学带的学生在 1984 年考走了四个高中,其中有两个后来考上了大学,一个学医,一个也当了老师,这在我们这些自然村里实在不易。

三、 立业成家育三孩,儿女从教承父业

在李庄子的那几年里,我通过媒人介绍认识了我的妻子。农村里有文化的姑娘不多,她念过五年级,也是我们村的。我当时 24 周岁,跟我的父亲和大哥住在一起,母亲在我 16 岁的时候就病故了,婚姻一事由我自己做主。我妻子家里条件不好,兄弟姐妹多,也就给了几个钱的彩礼。她相中我是因为我的这份工作,我相中她纯粹是因为缘分。之前也有人给我介绍姑娘,但我对她们都没有感觉。跟她初次见面我就有感觉,很投缘,我们就在一起了。

1981 年我们结婚,然后分家出来单过。因为妻子是我们狼洞沟村的农民,我就向乡级领导说明情况,申请回家,领导就把我调到了本村的小学。我跟妻子在狼洞沟村待了三年,她务农我教书。到 1984 年,盐池县教育局经过民主推荐,让我去鸦儿沟乡中心小学做教务主任,负责课程分配,组织教师开展教研活动;1988 年,我把我妻子接到乡中心小学做饭——我们这个小学的家属,基本上都是在学校里做饭。

我那三个孩子都上了本科,其中大儿子和小女儿也当上了老师,他们的伴侣同样是老师。大儿子是宁夏大学教育学专业毕业的,妻子是安徽人,东北师范大学毕业的。他们现在在省教育厅的直属学校育才学校教书,教的是高中。不知道为什么,他很喜欢当老师,当时我还不想让他当,因为 2000年那个时候,教师的社会地位确实不行,待遇也很一般。不过我还是随他的意,让他自己填了教育专业。二女儿考过了一本线,但我啥都不懂,第一志愿给她报低了,填报了天津商业学院的信息工程专业,读完了之后她出来工

作,现在在宁夏的通信公司工作。小女儿高考分数刚上重点线,我征求教育局招办同事的建议,给她填报了宁夏大学,学的是化学教育专业。毕业后她考了几年都没有进宁夏大学的附中,于是就去了银川市一个私立学校的高中部,待遇还可以,就是工作量大。我的小女婿也是教师,在银川能源学院教体育。

2020 年,张生有(右三)与儿子儿媳、两个女儿给孙女过生日

四、 师资队伍优化,教师待遇提高

我刚工作的时候,乡村教师分为三种类型,分别是公办老师、民办老师和代课老师。民办教师就是在本大队范围内选出来的文化程度相对较高的、补充学校师资力量的人。比如我们大队学校需要招一个民办老师,但大队上有几个人都想干这份工作,我们就出题组织考试,得分最高的人就任。民办教师一个月能拿 7 元钱,后来涨到了 15 元钱,另外还有和农民一样计算

的工分。跟公办老师相比,民办老师属于大队人员,不属于国家工作人员,不能像公办老师一样调配。另外,民办老师的文化程度比不过公办老师。我在狼洞沟小学的时候,同事里有位民办老师13岁参军,在部队里待了十几年。刚解放以后,他在部队里的速成班识了点字。1951年还是1953年,他回家探亲,结婚成了家,然后因为识字就在村子里当民办教师。

后来我们县上百分之八九十的民办老师通过两种途径转成公办。一种是我们县给四五十个名额,根据工作时间、文化考核和政治考核择优录取。大多数民办老师则考上简易师范学校学一年,后来一年的学习时间又改成了两年,这期间暂时不教书,毕业之后就可以转正。盐池县1976年开始办简师,每年招50个学生组成一个班。最开始简师面向全县,属于大专。我考上高中的同学里面,有六个都去读简师了。大概到1978年以后,民办老师多起来了,简师开始只招民办老师。后来因为计划生育,学生减少,师资充足,简师就给停办了。

大队的民办老师名额有限,没有拿到名额的人还可以当代课老师,不过待遇很一般。代课老师既不是国家正式编制教师,也和生产大队没有关系,工资由教育局根据城镇户工资水平出。代课老师的工作不稳定,今年学校缺老师,就找代课老师,明年上级给学校分了公办老师,代课老师就得走人。随着人口文化素质的提高,20世纪80年代王乐井学区开始清退教学能力不行的民办老师。1981年动作比较大,把老一点的、业务能力不行的都给换掉了。

在我刚参与工作的时候,公办小学老师工资一个月是30块5,转正后是36块5,干一年是41块5,中学老师干一年则是42块5。每个月到了11号,我就得去70里远的公社领学校老师的工资,领回来再发给他们。1979年我们县调资,给全县20%的年轻教师涨工资,从每月的41块5涨到56块,而我位列其中。但是好多老教师工资没涨,他们子女又多,就在会议上闹意见。我想着好多老教师以前也是我的老师,就想让给他们,不过最后还是没有让。有了三孩之后,我们一家五口人,日子过得挺紧巴的。

在我退休之前,城乡教师之间在工资上没有差别,但是城里的教师在子女上学等方面条件更好。我们身边好多同事,尤其是年轻老师,为了找对象,为了子女上学,会进城找教育局领导,抢着进城。后来农民工进城,学生减少,于是政策放开,把乡村教师往城里调。2005年以后,国家政策向乡村教师倾斜,各方面补贴下来之后,乡村教师要比城里的教师拿更多钱。在盐池县,这在2013年之后体现得很明显。而且乡村教师的学生少,工作更轻松,还没有职称限制。我没想过进城,因为我妻子是农村人,我进城的话维持不了家里的生活。而且我不善于社交,更不会巴结领导,也就进不了城。

最开始因为有文化的人少,大多数人民群众对老师挺尊重的。邻里之间有什么家庭矛盾,甚至要去公安局立案,这些事我能帮的都去亲自说和,都把这些事给调解了下来。比如说,20世纪八九十年代刚实现土地承包的时候,经常会出现两个村子因为地界问题而争执的情况,甚至还会打架,触犯法律。我们老师出面的话,就是让大家正确对待事情,不要过分,大家心平气和达成协议。后来因为大家的文化层次都提高了,大学生、高中生、中专生都太普遍了,大家对教师的看法也随之改变了,觉得当老师的不如做其他工作的有能力。不过大家对女老师还是挺尊重的,很多人觉得女同志从事教育工作最好,尤其是教小学生,因为女老师更耐心、细心。现在在小学教师群体里,女老师占比更大。

五、 历经学制变化,参与"扫盲""普九"

1976年之前,鸦儿沟村属于王乐井公社管辖,当时的行政单位结构是县下依次设人民公社、大队、小队。一个行政村包含几个自然村,设有一个大队,每个自然村设一个小队。1976年,盐池县的15个公社几乎都是分成两个乡,其中王乐井公社改为王乐井乡,鸦儿沟乡从中分出来。2003年合乡并镇,盐池县将近30个乡合并为15个乡,鸦儿沟又合到王乐井乡里去,成了一个村。乡和镇是平级的,人口多的叫镇,人口少的叫乡。1970年之前,每个自然村设一个教学点,学生在村里读完三年级,就去大队的完全小学读四五年级。1970年,我们实现了村村有小学,学生在本村就可以念完小学。

　　我工作的时候，我们那儿已经没有批斗教师的情况了。刚开始因为学生少，我们办的是复式学校，比如说二年级和四年级在一个教室里，老师就先给二年级讲，一会儿再给四年级讲，讲了以后再给二年级讲。这个时候小学还是五年制，初高中再分别读两年。有一个学生只比我小五岁，年年都因为成绩被老师留级，当时他已经十六七岁了，但还在读小学五年级。当时小学还不收学费，教材也是免费发的，也就只有学生自己用的学习文具得自己买。学生里条件最好的用的是钢笔。条件差的，买五分钱一本的本子和三分钱一根的铅笔都困难，用的铅笔短到快只剩笔头了，就找个管管插上继续写，本子也是正面写完了就写背面。

　　后来我到鸦儿沟乡中心学校教书，学校里最多的时候有两百六十多个学生，每个年级可以至少编一个班。因为中心学校处于乡政府所在地，国家工作人员的家属多，所以学生就多。2005 年盐池县实现"普九"以后，国家鼓励农民进城，农民进城也把子女带进了城里，这导致乡中心小学的学生减少。现在在鸦儿沟乡中心小学有 13 个老师，却只有三十几个学生，师生比例很不协调，我认为这极大地浪费了教育资源。至于李庄子小学和狼洞沟小学，则因为设施不达标而荒废了。1979 年，小学五年制改成了六年制。1994年开始，国家不允许留级，上小学有了年龄范围的限制。20 世纪 90 年代学杂费又开始收了，不过后来又免了，我那三个孩子上学都没有赶上免学杂费①。

　　从我工作到 20 世纪 80 年代，这个时候是绝对不允许体罚学生的。我记得我在李庄子的五年半里没有打过学生，而是给学生做思想工作，跟学生讲道理。那个小我五岁的留级生跟他弟弟，我从没打过，但只要我坐办公室把他们叫过来，他俩就眼泪都哗哗流。后来虽然说是不能体罚学生，但私下里是放宽了的。我到乡中心小学体罚过学生，打得也挺重的。但这也得看家长，家长支持才敢动。有的家长连老师指一下学生都不依，那老师就懒得管了。在小学里，我们评优生偏重成绩，当然也要考虑表现。每年过"六一"的

---

① 2006 年春季开春，农村义务教育经费保障机制改革率先在我国西部地区实行，免除了西部地区所有义务教育阶段中小学学生的学杂费。

时候,我们就会开展活动,评几个优秀少先队员、几个三好学生,发发奖状,发点学习用品,用这些激励学生。就我所知,后来发展得好的学生里,有一个在我们自治区当到了副厅级干部,还有一个在部队里发展到营级干部。再有一个是我同事的儿子,在南方航空公司当了副董事长,在盐池县七十年大庆的时候被列入"优秀人才名录"。

1998 年,张生有所在学校庆祝"六一"活动大会上的少先队员入队仪式

　　除了教学生,达成本村的扫盲任务也是学校的责任。1968 年我们这个地方开了夜校,最早时组织大家学习毛主席语录,到后来 1984 年或 1985 年,夜校就在冬季农闲的时候把不识字的人召集起来,我们每天晚上无偿给他们讲一个小时的课,用专门编的农民识字课本教常用字,让农民会打借条、收条什么的。到 20 世纪 80 年代末,我们县实现脱贫,才把夜校给停了。我刚任教的时候,学校的设施破烂不堪,有些学校里的学生是在庙里、窑洞里上学。80 年代我们这个地方通电之前,用的是煤油灯。晚上用煤油灯办公,早上一看,两边鼻子都给熏黑了。国家配的课桌不够用,就用泥砌两个台案,再找生产队弄两个板搭在上面。80 年代初开始提倡"普九",国家开始重

视学校设施建设①。我刚到狼洞沟小学的时候,学校建筑正在翻新,公社社员、农民工、老师都参与进去,把平房都给换成起脊瓦房,把门窗扩大。这个时候有10000元钱用来盖六间教室,我牺牲掉一整个暑假一起去盖房子,还没有一点补贴。这10000块钱盖房,我们只能在立柱部分砌上砖,而其他地方都砌上土坯。我们带着学生"打厕所",用土垒一个圈,形成两米高的墙,就算是厕所了。教室的房子刚盖上,地面还不平整,我们又带着学生平整地面。后来我到乡中心小学,学校几乎年年都在搞基建。2005年"普九"验收之后,国家加大教育投资,学校经费多了,老师也可以外出学习交流了。

刚开始很多家长对孩子的教育不太重视,很多家庭也还没有解决温饱问题。那个时候小孩可以挖甘草补贴家用,还可以放羊,到了十四五岁就可以参加生产队劳动挣工分,有些学生到了这个年龄就辍学回家了。当时在适龄儿童里,有百分之七八十的人来念小学,其中女孩子不到一半。家长重男轻女,觉得女娃娃大了就配人家,没必要念书。还有些女孩子得在家里带小弟弟小妹妹。在计划经济时期,家里凡是没有丧失劳动力的成员,都得参加集体劳动。那个时候也正是人口出生高峰期,一户人家有四五个孩子。家里没人,只能让大点的孩子,尤其是女孩子去带小的。

普及九年义务教育期间,一个学生都不能落,我们得上门动员学生来上课。有些学生就是不来,家长前门送来还没走,学生就翻墙跑了,那老师就只能上门去请。家长不重视,我们就给家长做工作,学生不重视,就给学生做工作。好多女孩子因为家庭条件或者带弟弟妹妹,之前没有上学,这个时候到了十四五岁的年龄,又都来上学了。很普遍的情况是,动员来的年龄又比较大的学生先读四五年级,再去读初中。"普九"验收要求100%的适龄学生都得来上课,不过全乡几百个学生里还是有那么一两个不来。对于这种实在动员不来的,我们就向政府汇报,政府会依据教育法实行行政措施。

除此之外,我们经常会上门做家访,跟表现不好的学生的家长谈谈学生在学校里的表现情况,或者给家长做工作,让家长配合。每学期我们都要组

---

① 1986年6月中共中央、国务院发布《关于进一步加强中小学危房修缮和改造的通知》。直到2005年国务院将农村义务教育全面纳入国家财政保障范围,办学经费得到保障,危房问题才得到彻底解决。

织家长会,请家长到学校来。各班班主任要向家长汇报学生的在校表现情况,而我作为领导,要给家长介绍我们学校的基本情况以及管理方法,征求家长的建议。那些学得好的学生,他们家长的期望值会高一些,很重视孩子的学习,也很支持。那些基础很差、没啥希望的学生,他们的家长一般都有失落感,不太重视孩子的学习。大多数家长还是希望老师对自家孩子多关照一下,会来学校聊一聊。

从工作到退休,我们这里的教育,变化是很大的。教师队伍的学历、素质都有提高。学生的入学率从一开始的百分之五六十提高到了后来的百分之百。教育经费也在增加,从一开始没钱,到稍有点钱,再到(经费)大幅度地提高。现在教师待遇很好,奖励很可观,再也没有拖欠工资的问题,学校的修建、教师的培训,这些都不再受到钱的限制。我们盐池县作为老边穷地区,这些年来受到政策扶持,教育是越办越好了。

王德春

乡村任教的四十年

亲 历 者：王德春
访 谈 人：王泽锐
访谈时间：2022 年 2 月 25 日、5 月 29 日、8 月 11 日
访谈地点：山东省滨州市惠民县李庄镇王德春寓所
访谈整理：王泽锐

亲历者简介：王德春，男，生于 1957 年 5 月，山东省惠民县李庄镇王集村人。1974 年 5 月毕业于惠民县第三中学；1976 年 1 月，开始担任李庄公社王集生产队民兵连长；1977 年 1 月至 1978 年 8 月担任李庄公社任六四庄联中民办教师；1977 年参加高考落榜，1978 年第二次参加高考，考入山东省

王德春（中）接受访谈

惠民师范学校；毕业后，先后在惠民县淄角镇、李庄镇的初中、小学担任教师；1989 年，获惠民县"优秀教师"称号；1999 年，获惠民县"优秀少先队辅导员"称号；2017 年正式退休。

一、从小学到高中的求学之路

我们家族本是在王集村生活,到我爷爷这辈,由于家庭贫困,我爷爷和他的四个兄弟一起投奔到了他们姥姥家。之后我爷爷和我大爷爷、二爷爷又投奔到长宋村的一个姑姑家,我爷爷一家在长宋村生活了四十多年。1976年的正月初六,我父亲带着我们一家人搬回了王集村。其实很早就想搬回来,在之前那个村里只有我家这一户王姓人,感觉很(落)单;正好赶上王集村要从老村搬迁到新村,能给安排宅基地,早回到王集村生活的五爷爷帮忙牵线搭桥,我们家就顺利搬回来了。

我生于1957年,家里弟兄四个,我是老大。我父亲高小毕业,集体(化)的时候一直在生产队上当会计。我母亲就是一般的农村家庭妇女,我父亲不善言辞,全靠母亲里里外外张罗,她很会持家。虽然我最终参加了高考,上到了中专毕业,但一直以来,我的父母对我上学的期望并不大。因为我是家里老大——和二弟差六岁、三弟差九岁、四弟差十三岁——如果能早从事劳动,可以多挣工分,减轻家庭的负担,所以他们并不希望我离开家庭;不过他们也没有强烈地反对过,我也就慢慢读下来了。

我1964年开始上学,那个时候的小学入学年龄一般是七周岁、八周岁,但是得益于父亲在队上工作,和学校老师有私人关系,所以我六周岁多一点就上了小学,这在当时是很少的。那时候村村有小学,一到四年级在村里上,叫初小,一个老师要负担一到四年级所有的教学。我们村的小学算是公办性质的,村里提供校舍,公社派老师来。一个班大概有三十多个孩子,班里男孩女孩都差不多,女孩子上学的其实不少。那时候上学负担很轻,学费一学期也就花几块钱,书本费一共才六七毛钱,一本算数一本语文就够了。我的书法、珠算底子就是在小学打下的,学得很扎实,都是因为老师教得好。小学只学数学和语文两门课程,数学只要细心、努力,考满分是经常的,我的数学作业从来没有回家做的时候,老师布置下来,我就利用课间的空闲时间写完了;但是语文不管是怎么努力学,也不见得有太好的效果,再仔细也考不了满分。

我上到三年级，"文革"就开始了，小学生都是红小兵，也跟着瞎胡闹。老师那时候算是学校的"当权派"，小学生什么也不懂，给老师写大字报，弄得老师没法正常上课。"破四旧"的时候，学校也得跟着形势走啊，就发动学生到家里找"四旧"的东西交到学校里来，算作是我们的积极表现。我家里有一个很好的瓷笔筒，上面有仕女图，我从家里偷出来了，可高兴了。我把笔筒装到口袋里一路跑，结果让一块砖头绊倒了，笔筒就摔烂了。我不敢往学校里交，也不敢跟家里说。父母亲发现丢了问我怎么回事，我也装不知道，不敢承认。到五年级，我就出村上高小了，赶上了学制改革：之前是十二年制——小学六年、初中三年、高中三年，现在要改成五四制——小学五年、初中两年、高中两年。为了这个改革，学校把四五年级合并起来，我都上了一年五年级了，和四年级合并又上了一年五年级，然后小学毕业。小学还是上了六年——六年上了五个年级。

1970 年，我开始上初中。受"文革"影响，学习生活并不安稳，基本上在学校上课上一半，参加别的活动又一半，这叫半工半读。课程有语文、数学、工业基础知识和农业基础知识。那时候还倡导学工、学农、学军，但农村里又没有大工业，所以我们学工就是学手工业，当地有传下来的车马挽具手工艺，我们就学编笼头①和草席；学农就是干农活，开荒、拔草都干过；上体育课就是学军，跑跑步、做广播体操。当时语文课只让讲毛主席的语录和诗词，有些老教师也感觉这样很别扭——上语文课光讲这些学生学不到什么东西，所以也会多讲些词性、句法方面的知识。我感觉我小学、初中遇到的老师都很好，很负责任，我受到了他们一定影响，与之后选择当老师也有关系。

初中有两个班，总共不到一百人，我考试基本上是前十名。那时没有中考，都是推荐上高中，考试也很少，上学是很轻松的。那时候是贫下中农管理学校，每个村都有个代表管理学校，挺有话语权的，他们和老师、校领导商量谁能上高中，都是一句话的事儿。不过到我初中升高中的时候，破天荒地变成了推荐加考试。学期末组织了一场考试，相当于是现在的中考了，同学们也都挺开心，觉得这意味着谁学习好谁就能上高中。但事实不是这样啊，

---

① 指牲口用的通常带有可以系上绳索的鼻羁和脖套，用绳子或皮革做成。

说是参考成绩，但是也加上了一个"政审"的环节，学习再好的，家庭成分不好，照样是上不了。我家庭出身是中农，不受家庭成分影响，学习成绩在上游，考试也没问题，挺顺利就上了高中。

我是在惠民县第三中学上的高中，是学校的第四届学生，前面三届学生都是推荐上高中，我们这级就特殊在参考了考试成绩。我一个月有2块钱的生活补助，够吃饭的。当时初中和高中的课程衔接设置得不好，知识面上有很大的跳跃，我在学习过程中也遇到了不少困难。工业基础知识到了高中就变成了物理和化学，分别叫"工业基础知识物理部分"和"工业基础知识化学部分"。物理部分我学得很轻松，像力学、热学的那些定律我都能明白；化学的无机化学部分也还行，但是到了有机化学我觉得完了，实在是不能理解。化学老师是外地的，说话有口音，他讲课我听不清楚，感觉很痛苦啊。无机化学书本上讲得很清楚，像什么元素、分子式都很容易理解，有机化学就太抽象了，这导致我化学成绩一直不太好，直到后来参加高考也没把它攻下来。快高中毕业的时候，开始让学时事政治，必须是班主任老师任课，抓得很紧。班主任老师就带着我们学报纸，学校的教研组里有几份内部的参考消息，老师带着学参考消息的时候，大家都很集中注意力听。

1973年夏天，国家组织了一次高考，我也去考了。但是发生了"张铁生事件"①，这次考试的成绩也没啥意义就作废了，然后"知识无用论"又起来了。我们学生之间讨论得不多，学生又没有什么话语权，就只能顺着来呗。但我看学校里老师们都很疑惑：怎么教得好好的，又开始不让教了呢？本来我这级在1973年底就该毕业了，但是赶上了一个入学时间的改革，从原来的冬季入学冬季毕业改成了夏季入学夏季毕业，所以拖到了1974年夏天才毕业。多上的这半年也纯粹是浪费了半年时间——受"知识无用论"影响，老师不上课了，也没有考试，在学校里纯玩了半年，最后照了一个毕业照，就匆匆毕业了。

---

① "张铁生事件"又称"白卷英雄事件"，系辽宁知青张铁生在1973年高考的物理化学考试中几乎交了白卷，并在背面写信，"四人帮"借题发挥，抨击高校招生的文化考试制度。

1974 年,王德春所在高中班级毕业照
（王德生由于个人身体原因没有参与拍摄）

二、从民兵连长到民办教师

1974 年高中毕业,我就回村务农了。当时觉得能上到高中毕业已经很好了,出了张铁生那件事后,我对升学是想都不敢想。但由于我一直在上学,干农活很不趁手,体力也跟不上,很累很累的。黄河汛期都去修大坝,我推小车都推不动。

1976 年正月,我们家搬回了王集村,正赶上村里换届。队长觉得我是高中毕业,文化水平高,就让我当了民兵连长,干农活就少点了,是挺轻快的。当时管青年的只有两个组织,一个是共青团,一个是民兵连,民兵连管的范围更大,十八岁到四五十岁都管。我们这靠近黄河,防汛是民兵连很重要的一个任务。我当民兵连长的这一年,赶上了毛主席逝世、唐山大地震、黄河发大水,这不好的事全凑一起了。那年,我们这光下雨,黄河的水已经满满的了,河滩地都淹了,差点儿就垮了大坝淹到村里来,防汛任务很严峻。我作为民兵连长得在黄河那执勤,盯着水位,及时报告。我在黄河边上的简易帐篷里住了整整一星期，从白天到黑夜地值班，没睡上一个好觉。防汛还没结束，毛主席就逝世了，得分期分批地去镇上的大礼堂吊唁，黄河这边也得有人盯着。大礼堂布置得很肃穆，进去之后感觉头皮都发麻，来吊唁的人都眼泪哗哗地流。公社书记也得有五十多岁了，成天站在礼堂里主持吊唁，眼睛通红通红的。对咱普通老百姓来说，毛主席逝世比自己亲人逝世都难受，老百姓对毛主席的感情很浓厚的。

防汛刚结束，征兵工作就开始了，我就得动员村里的适龄青年报名。我年龄合适也报名了，通过了体检。村里还有四个适龄青年，体检也都合格了。一个村一般只有一个名额，选谁去不好办。说实话，我也很想去参军，参军对于我们这些农村的青年是很好的出路了，但把这一个名额给我自己肯定不合适。最后，这个名额给了去年落选的一个人。我在公社的民兵连长里，年龄是最小的，没有什么话语权。如果当时能争取到两个参军名额，我应该也能去当兵了。

经过征兵这个事后，我心里有点埋怨，感觉干民兵连长没有什么前途。年底换届的时候，队长问我还想不想干民兵连长，我说我不想干了。队长说村里想办个"戴帽初中"，让村里的孩子不出村就上完初中，村里现在只有两个老师，办初中不够用的，我要是愿意，可以去当民办教师。之前干民兵连长的时候，有时赶上老师有事请假，没人上课，我也去代过课。孩子们的求知欲都很强，我讲他们也愿意听，说我讲得明白、讲得好，我感觉很开心，对老师这个职业也是挺喜欢的，认为当老师轻松点，我学的知识能用上，于是就答应了队长去干民办教师。当时加上我一共招了四个民办老师，学生招了二十多个，初中就办起来了。

我教六七年级的数学、六年级物理、七年级化学，还有五六七年级的体育。那时候也年轻，感觉不出累来，晚上批作业批到十二点，下凌晨一点都可以。早上五点多就起来上早操，冬天的时候点人连模样都看不出来，学生们都得点上小煤油灯。村里的戴帽初中办了差不多一年，周围的几个村子就打算联办初中，因为这几个村在东边，就起名叫"东方红联中"。学生除了放寒暑假还放一个农忙假，农忙假是放学生不放老师，老师得去参加生产队劳动。干农活的时候比较多,有时候也安排去宣传队帮忙。像三夏、三秋活动,总是成立个指挥部,让我们老师去写标语。我记得当时给民办老师的工资政策是民办老师的收入要高于或等同于农村劳动力,小学发 13 块钱,其中的 8 块钱给队上买工分,剩下 5 块是补贴;初中发 16 块钱,也是 8 块给队上,发给老师本人 8 块钱补贴。发的补贴我也不给家里,就自己留着,一年攒了六七十块钱,心心念念想给自己买块手表戴。结果去店里一看,一块手表 120 块钱,我还又找同事借了钱,才买了一块。

三、　两次高考与惠民师范学校

1977 年恢复高考,我当时有个特别强烈的想法就是一定要参加高考,离开农村。家里父母虽然没有强烈反对,但也不支持,尤其我母亲对我的态度不是很好。复习、志愿他们全不过问,有些让我自生自灭的意思。那时候我对高考没有什么概念,高中毕业也都好几年了,不知道考什么学校、怎么准备,我就跑到三中去问原来的班主任老师,我问他应该报什么学校,他说高考无非就是大学、大专、中专,考就考大专、考大学。我和老师说我肯定考不上大学,什么好考我考什么。老师说中专好考,但还是坚持让我考大专、考大学,不要考中专。我就听了老师的,参加高考,考大学。我把高中课本全找了出来,就做课本上的练习题,政治科找了老师要复习提纲,按着提纲找资料背。

到了考试的时候,我拿着准考证进考场,试卷发下来一看,题倒是不难,我都做上了。语文卷上的题目,理科考生只写作文就行,文科考生需要全做。我是报的理科,我一看作文题目是"难忘的一天",我感觉这个题目是挺好写的。1976 年毛主席逝世肯定是我最难忘的了,我就写了这个内容,结果砸锅了。题目是难忘的一天,只能写一天的事,而毛主席逝世不仅仅是一天难忘,我这不就写跑题了? 当时很多人都写毛主席逝世这个事件,抓着这个事写的基本上都失败了。我就因为语文考砸锅了,第一年没考上。虽然第一年没考上,但我还是想再考一次试试,还是想离开农村。为了保险,(第二次高考)我直接报考了中专。

这期间,家里给我说了个对象,订婚了。对象也是高中毕业,比我低两级。我鼓动她和我一起考,也给她准备好了复习资料。她一开始答应得好好的,结果到考试的时候没去,我才知道她连名也没报。不过说实在的,要是当初她考上了,我们不可能在一块了。她们家对我要参加高考出去上学也没觉得有啥,无所谓,不像现在的年轻人想得很现实。

王自美①补遗:

高考压力太大了,咱又是个女的。我在我家里是最小的,有哥哥嫂子姐姐,人家干活干了这么多年,我干得少,我要是再去上学就又花家里两三年钱,肯定不行啊!我也扔下书本好几年了,不好再捡起来了,就没去。要是有现在这个意识,我说啥也去考的,管它考好考坏的,我也得去试试。

1978年,我带初中毕业班,学生们也是去考中专。当时是中专选完了,高中再选。我相当于和学生一起复习,各科老师各自准备了很多复习资料,就一起学了。惠民县第三中学开了免费的高考辅导班,高中老师给上课辅导,我晚上下了班也和学生一起去听课。

王自美补遗:

他回家就在家里的两间小东屋里复习,怕兄弟们打扰他学习,把门锁上不让他们进。屋里那么热也不出来。

我这次考得还行,分数比较高,考上了惠民师范②。我也算是村里的高考第一人了,但说实话,我对高考也没太多特别的感受,不像现在的家长

---

① 王德春之妻,生于1957年8月,高中学历。1980年冬与王德春成婚,一直在家务农。
② 1948年10月,渤海行署在惠民县城东北建立渤海后期师范,1949年春迁至惠民城内,6月迁至原山东省立第四中学旧址,1950年改为山东省立惠民师范学校,1952年改为山东省惠民师范学校,1967年曾改为"东方红学校",1971年恢复原名。

孩子都对高考很重视很紧张,我就觉得和小学升初中、初中升高中差不多。当然,高考对我来说是一次命运的转折,考上了我就能离开农村,吃"公家饭"、吃商品粮了。

到开学了,我拿着介绍信,起了户口就去上学了,村里主任说要开村里唯一的一辆拖拉机去送我,我说不用,骑车子去就行。当时惠师还招了四个大专班,学校放不开这么多学生,就把我们中专生分到了其他两个县,分别是博兴和无棣,我在无棣上了两年。上中专,我感觉像是回到了高中一样,学习劲头特别足。学校里社会考生比较多,应届生很少。社会考生年龄也比较大了,能得到这样的学习机会不容易,大家都很珍惜,学习劲头都很足。我这帮同学之后发展得都挺不错,最好的是干到了副县级别,正科有十几人,我当了四十多年乡村教师算是最"底层"的了。

学校虽然是个师范学校,但是那时候也没有很正式的师范教材,学校的计划就是让我们再把高中的课程学一遍。我们之前上学的时候都没有学过外语,大家就提建议说想上外语课,学校答应了。学了半个学期,大家就学不下去了,又和学校提意见把英语课取消了——我们一点英语基础也没有,二十多岁了再去学英语很难啊。学校觉得我们年龄比较大了,学数理化不赶趟儿,给我们定的就是文史的培养方向。数学学到微积分那里我们就很吃力了,数理化确实学不来。语文教得很细,古代汉语、现代汉语、政论等课程都学了,初中历史高中历史也学了很多。其实我理科比较好,对文史不是很感兴趣,一开始也不适应这样的学习,但是也没办法,硬是转换过来了。

我们还参加了一次无棣县的元旦联欢会,出了一个唱歌的节目。结束之后,工作人员带我们去照相馆合影留念,免费的,怎么拍都行。我就拿了一个小提琴当道具,摆出拉小提琴的姿势,拍了一张单人照,挺好看的,就是可惜这张照片现在找不到了。

1980 年，王德春(四排右二)在惠民师范学校的毕业照

1980 年，王德春(二排右三)在惠民师范学校与同学的合影

四、回到乡村干教育

中专临毕业,学校来了一个去新疆工作的支边任务,让我们毕业生报名,我们没有敢去的——我们这些毕业生基本上年龄都比较大了,有的都已经结婚或者订婚了,不能离开家啊。我当时的想法就是离家越近越好,在外头待了两年了,还是想回家。我有正式工作了,有工资能挣钱了,还是离家近比较好。我没想过留在县城里,也不想去别的地方,总之看得不是很远——我的那些分到惠民县城和滨城区的同学,现在都混得可好了。县教育局把我们惠民的几个毕业生叫去商量工作分配的事,一个副局长让我们有啥要求先提出来,比如想留在城里、想去哪个公社,能办的尽量给办,但是办不了的就必须服从分配。我没向领导提要求,服从分配听安排就行了。

1980 年中专毕业后,我就被分配到了淄角镇的一所村小工作,一直干到 1982 年暑假。淄角镇离我的家乡李庄镇有四十多里地,平时我就住在学校里,一个星期回家一次,自己骑自行车往返。我一般星期六回家,星期天晚上再赶回学校,要是遇上阴天下雨可就麻烦了。这个学校的校舍是由一个土地庙改建的,我和一位男老师一块儿住在这里,说笑话就是我在庙里住。每周从家里带回来的口粮够吃上一两天的,然后就去供销社打点面,自己蒸一些。后来,我就和这位老师去中学食堂吃,一个月得交十几块的伙食费。我记得我第一个月的工资是 27 块钱,刨去伙食费,自己也就剩十几块钱。我的工资是交给父母的,在师范上的两年花了家里近 240 块钱,家里父母有点计较这个。那时候还没分家,兄弟们我也得帮衬着。

在淄角干了半学期,也就是 1980 年冬天,我就和之前介绍的对象结婚了。我们结婚的时候挺穷的,家里就三间屋,做饭的家伙事儿就一个大铁勺,灶台还得从屋外面用砖垒起来。到这个年龄了,看看现在的家业,(当时)根本不敢想。

王自美补遗：

> 他在淄角的时候，就我在家里操持一切。当时还没分家，兄弟们干活干得少，不攒局，我干了很多。我家老大是 1981 年十月初六出生的，九月半的时候我还下地干活，去拾棒子杆的。他在淄角也受不少苦，有一次他周末回家，星期六回来的时候没下雪，返回去的时候下大雪，顺着徒骇河堰扛着车子走，累了就在雪里坐着歇歇。当时我家庭条件好点，我父亲把我们家的自行车给了他，说他这样不能没有个好自行车骑啊！当时有过一个团聚的机会，就是我能去淄角当幼儿老师，但是公公婆婆不愿意，说这样挣的钱不得你两个人全花了，还能往回交吗？我想让他们帮忙看孩子，我去济南学个裁缝手艺，补贴家用，公公婆婆也不愿意给看。老人家这个思想，也是没法办。

在淄角待了两年我待够了，就去县教育局找领导申请调动工作。领导问我想调去哪，我说离家近的就行，如果李庄回不去，调到申桥①也行。正好教育局负责人事的领导是申桥的，他说你想离家近就直接回李庄，一步到位，暑假之后就不用去淄角上班了。快放暑假了，我有点不太放心，不知道领导说的是真是假，我又去找这位副局长了。这位副局长是转业军人，他和我说你就放心好了，我是部队作风，说到做到。我这才放心了，就等过了暑假去新单位报到。1982 年暑假之后，我被安排到了李庄镇完全小学，教五年级毕业班的语文。我教得不错，期末考试成绩排到了全公社第二，学校对我很满意。接着，李庄公社成立了新初中，挑教得好的老师过去任教，因为我在完小教得好，就直接把我调到初中去了。

1983 年春季学期开始，我就在李庄公社中学工作了。在初中，老师的工作时间可能都在十几个小时以上。当时流传一句话是这么说的：早晨起来你就从路上看吧，不是卖青菜的，就是干老师的。赶到学校去上早操，晚上还有晚自习，完了以后还要再批改作业备课。学生也很早就来上学，早上上早操，早操完上一节课，然后吃早饭。上午十一点半结束以后，吃午饭，然后

---

① 申桥乡是惠民县下辖乡镇，2001 年并入李庄镇。

下午上课,再吃晚饭,晚饭以后上晚自习。我记得当时有一个学生,我们都拿他当典型。这个小男孩是家里最小的孩子,父母年纪比较大了,家里比较贫困,但是他学习很刻苦。他每星期总有一次两次,晚上不回家,下了晚自习之后他就去老师宿舍借光读书。晚自习结束了,教室里就没有灯了,他就到老师宿舍跟前,用门缝借出来的光读书,老师熄灯了之后,他再回教室睡觉,这个孩子后来也当了老师。

当时家里想盖屋,父母让我买砖,我一个月工资46元,正好是1000块砖的钱。我想着那时候说笑话,干老师一个月的工资就是1000块砖的钱。盖六间屋,就得买10000块砖,钱远远不够,我借了四个老师的钱。同事们利用星期六星期天帮我干点活,互帮互助,那时候大伙儿都混得不是很好。最后还是剩一间西屋没盖,过了五年才盖起来。

在1984年的时候,我遇到了一个挺好的工作机会。我干民办教师的时候有一位女同事,当时帮她代课,她上课的时候我帮她看着孩子,人家就记着我的好了。她丈夫在东营的一个地方分管教育,当地学校要招老师,给的待遇特别好,她说我要是想去可以帮忙办。学校给10000块钱安家,老婆孩子也可以带去,老婆可以在幼儿园当代课老师,说实话我很心动。回家和家人商量,老婆肯定跟着我走,但是家里父母亲不愿意。我是老大,家里还有兄弟们得指着我,我走了就少了个主心骨了,所以就没去成。要是那个时候去了,我混得应该要比现在好。初中业务比较紧,我基本上还是一星期回家一次,但是这时候我有小孩了,家里有啥事都顾不上,老婆操持家里的一切,很辛苦,也有点抱怨。我就又去教委申请调到学区工作,教委让我和学校商量,得征得学校同意。第一次学校没同意,第二次转过年来到第二学期,我就又去找学校了,我说我不能光以校为家,还得以家为家,学校终于答应了,我就调到了离家最近的学区小学。

王自美补遗:

　　我一直觉得我很冤,我也是个高中生,怎么就得每天围着孩子灶台转了呢,我感觉我是最窝囊的高中生了。他在教育上,就得我付出一切了。生活也有真困难的时候，因为他不仅要顾小家，还得顾大家。他的小弟弟当时跟着他在李庄上学，学费都是他交的。那时候我连个鸡蛋也舍不得给孩子吃。所以，他从初中调到小学，公公婆婆很不愿意，说他是为了不想管小兄弟上学才调动的。

1985年，我调到了曲张学区教小学，学区里有好几所小学，我一开始去的是潘家小学，待的时间也最长。学区里的老师不是一直在一所学校待着，在一所小学里干上几年也会换换地方，我在曲张学区工作到了2010年。我刚到潘家小学的时候，学校条件不是很好，校舍是比较破旧的砖瓦房，没有院子、操场，师资力量始终是比较紧张的，经费也比较紧张。改革开放之前的学校都是谁办谁承担，村办就村里承担，联办就几个村一起承担，在经费上有主动权。"普九"之后全都是国拨了，县教育局管着经费。有很多时候是学校先垫付，再往上报，经费不够了就老师们自己凑。一开始在潘家小学是复式教学，四个年级一起上，"普九"之后复式教学才取消的。小学基本上围着桌子转，啥都得会。小学老师是多面手，普通话、音乐、美术都得考，都得拿出证书，都得过关了。潘家小学的校长是我的老师，他妻子不幸得了癌症，他忙着照顾家庭，有四五年的时间他把学校的管理工作都交代给了我，我成了一个"不是校长的校长"。那几年时间我特别忙，管着学校的各项工作，自己的教学任务一点都没减，工资也没有涨。尤其是到学期末，组织考试、编排考试都是我安排，是最忙的时候。

大概是在20世纪80年代末，小学进行了一次学制改革，从五年制改成了六年制。小学五年制的时候，一二年级是低年级，四五年级是高年级，只有三年级是中年级，中年级时间太短了。老师们感觉学生从一二年级跳到三年级，三年级马上加作文，学生受不了，老师也受不了。我记得好多老师都说过，小学如果是六年就好了。1994年国家开始推行"普九"，老师可忙坏了。我们有两个主要任务：一个是搞调查，看看哪里还有适龄的孩子没有上学，我们得动员家长，让孩子去上学，提升入学率，保证在校率；另一个是扫盲，白天学生上课不允许，等到晚上学校的教室空出来，拿出一两个小时来，教文盲认字写字。这是比较大的一项任务,进行了好几年。

1997 年或者是 1998 年的时候,曲张学区进行了一次校舍改造,这在农村是一个很大的工程。曲张学区有三所大学校,潘家一处,归仁一处,还有曲张一处。当时怎么建呢?各家各户可以不出钱,但得出力,土方工程全部包到户;出不了力的,就得出钱了。那些家里没学生的人就不理解,但是今年没学生,往后不一定没有啊,(他们)没考虑长远。不过有想法也没用,大趋势在那了。这一步迈得不小,以后校舍就达到标准了,告别了以前的黑屋子土台子,后来就有了上级配套这些现代化的设备了。到 2005 年左右吧,国家要求在小学推广信息技术,我们这些老师首先是要学会的。我当时 48 岁了,是学计算机的老师里最老的了。那还是从 DOS 系统开始学,学得真的很吃力,常常是学到后半夜。我家大儿子都说,爸爸你年纪大了,学不了就别学了。但我有个钻劲儿,必须得学会,学会了之后我还教了几年信息技术课。在曲张学区工作的这段时间,我参加了不少镇上的宣传活动。我会拉二胡,会编歌,镇上推广养蚕的时候我跟着宣传队下村去做宣传,写标语、编个歌,我都行。

2010 年,我被调到镇中心小学工作。我已经 53 岁了,年龄比较大,学校里需要年轻教师,也招了不少年轻教师,不管怎样我都该退居二线了。当时还有项政策是可以办内退,但是我年龄不够,就没办内退。那时国家对学校的安全问题很重视,要求学校配置安保人员。学校如果找外面的安保公司合作,那开销太大了,乡村学校经费哪有充足的时候?学校也是为了节省经费,就把我们这些没内退的老教师安排当门卫。从一线上退下来也是感觉空落落的,但习惯了也就适应了。这是形势所需啊,学校安全工作搞不好,一切都完了,我们也是感觉有很重的责任的。

2017 年我就正式退休了。之前调岗我倒是没有感觉不适应,都是工作,在哪不一样啊。有工作的生活很有规律,每天上班下班,退休了都得自己安排。我现在也想开了,退休金一个月 7000 多,就是享受!我和一些老同事经常组团出去旅游,我还参加了镇上的京剧协会。去年这个协会解散了之后,我就买了个音响,每天晚上带着村里的老人跳广场舞,我这也是发挥了自己的余热,给村里的老年人带来了快乐。

五、 乡村与乡村教育

　　我一直觉得教师是个很好的职业,体面,受人尊重,吃公家饭。不过自己想干好,其实很困难。当老师的付出和收入是不成正比的,但是选择了这个职业,就要把它干好。我不羡慕城市的老师,当然后来因为教育资源的分配,城市的条件要好,但关键还是看自己工作的成果,我教了不少学生,也获得些荣誉,干了大半辈子也值得,我为自己是一名乡村教师感到骄傲。我得过的奖最高的是一个省级的看图作文辅导,还有县优秀教师,就是觉得群众认可、领导认可、上级认可,这也是自己付出的回报。

1989 年,王德春获惠民县"优秀教师"称号

　　我当老师时一直有学生辍学的情况,我经常到学生家里去做动员,让很多孩子回到了课堂。有一个小男孩,他的父亲去世得早,家庭很困难,他母亲就不想让他上学了。可那时候还是在小学,我就叫着两位老师一起,去他家里找他母亲谈话。我和他母亲说孩子现在那么小能干啥活,还是得让他

上学,我可以帮你申请贫困生补助,一定要让孩子上下来。还有个女孩子,她当时上四年级,在我教的班里成绩很好。她有一个弟弟,家里比较重男轻女,她上四年级的时候,突然好几天不来上学,家长说她病了。我不放心,就找去了她家。我到她家一看,孩子还是病恹恹的,我看她父母的意思,也是觉得她是个女孩子,无所谓。我就和她父母说要是你儿子生病了你给不给他看病?如果你没钱看,我可以借给你,一定得把孩子的病看好了。这个女孩子已经大学毕业两年了,在青岛工作。

村里总有孩子在我工作的学校上学,我经常在生活上照顾他们,比如喝水可以来我的办公室喝,没有饭票可以来找我要。有的村民为了孩子上学也来找我打听情况,让我帮忙看看哪个班比较好,哪个老师态度好。“辅导热”的时候,村里的人放暑假就把孩子送来了,我也不教课,就解答问题。我不收钱,但是他们有的也给点钱,或者带点东西来家里表示一下。

我培养了那么多学生,唯一的遗憾是没有把自己的孩子培养出来。我有两个儿子,也很重视对他们的教育。作为家长,我多是从生活上关心他们。虽然我干老师,两个孩子也跟着我上学,但我从来没教过他们。我总是把他们编排到别的班去,因为我感觉教不了自己的孩子,辅导他们也不如教别的学生有耐心。两个孩子都以为自己能把学上下来,但是最后他们都没考上大学。那几年是家里学校两头操心,主要精力都放在学校了,没顾得上自己的孩子。大儿子高中毕业后去了西藏参军,在军队里考上了一所地方学院。二儿子初中升高中的时候,家里条件不是很好,上学勉勉强强也能供他上,但他成绩不是怎么好,上不了好高中,只能上最差的学校。我就问他怎么选,他选了不上。之后他就在家打绳子,过了几年我工资高了,就帮助他买了一台拖拉机,后来他自己又搞起了大货车。

一个人的志向很关键,定得高的,就能奔着这个往上走,但我是没什么大的志向。我知道自己的能力,不适合当领导,当一名普通老师就行,提拔什么的都无所谓,没有强烈的抱负。我父母都是老实本分的农村人,比他们好一点,我就很知足了。教师业务上的事我总是不服,我有一股钻劲,这些不能难倒我,哪怕我当时不会,之后我也得弄明白了。对我来说,有所谓的事就是教书不能"误人子弟",不能让学生们考砸了,学生没少付出,最后的回报要是不好,会很沮丧的。我感觉我还是一个农民,我一直生活在农村,接触很多农活,我和村里的农民差不多,不比人家好,也不比人家差。村里的人对我还是比较尊重,比其他人还是高看一眼的。有一些大小事情的,会先来我这走一趟,问道问道怎么办。像婚丧嫁娶了、孩子结婚看日子,写请帖、祭奠什么的都来问我。2001年的春节前后,村里这些妇女们凑在一起扭秧歌挺热闹,妇女们都想参加。我说这得有人领着,得有人教。我就边学边教,还创新了一下,带着他们跳了三四年秧歌。所以我退休之后带着大家跳广场舞,他们也愿意跟着我学。

作为教师,我感觉裁村小,集中起来上学有好处,它充分利用了教育资源,师资力量容易调配,质量也比较好。唯一不好的就是给家长造成负担了,接送孩子是个大趋势。校车只是几个学校有,同时村级公路不配套,校车不是村村通,也不是每家每户都停靠,还是得靠家长接送。学校门口到上下学的时候,能看见大车小车各种交通工具,加之老年人居多,不好管理。咱们国家的教育模式一直是摸索着前进,我教了41年,教学模式改了不少,到底哪些是成功的也不好说。乡村教育的进步还是得靠国家投入,不过乡村老师的待遇不用再提高了,已经是很好了,得把钱用在别的地方。中国的教育毕竟是个"金字塔",主要是基础教育,往顶上是越来越少,通过上学往上走,是"千军万马过独木桥"。我觉得我的学生们要好好学习,武装自己的头脑,要能赶上时代的发展。

程红旗
像庄稼一样拔节生长

亲　历　者:程红旗
访　谈　人:张　寒
访谈时间:2022 年 7 月 25 日
访谈地点:线上访谈
访谈整理:张　寒

亲历者简介:程红旗,1958 年生,安徽繁昌人,中共党员。1966 年起先后就读于获港镇民办小学、公办小学;1976 年 12 月高中毕业于获港中学。1977 年 2 月任获港中学代课教师;1980 年转为公办教师;1982 年考入芜湖教师进修学院(芜湖教育学院)中文专业

程红旗手持纪念木牌留念(摄于 2022 年)

在职进修;1984 年毕业重返获港中学任教;1998 年起先后任教于繁昌教师进修学校、繁昌第二中学;2000 年自考本科毕业于安徽师范大学汉语言文学教育专业;2017 年获得安徽省教育厅、安徽省人力资源和社会保障厅颁发的"从事乡村教育工作满二十年"荣誉证书;2018 年 7 月退休。

一、 求学遇到好老师

1958 年 7 月,我出生在安徽省繁昌县荻港镇,那是个因长江水道和徽商聚集而兴盛的沿江古镇,我的祖辈早年就是从徽州歙县迁徙到荻港经商定居的。我出生以后就没有见过父亲,名字是母亲同事帮我上户口时临时取的,据说当时派出所办公桌上正好放了一本《红旗》杂志。我的母亲是巢湖烔炀人,她出嫁那天,脸上抹了漆黑的锅底灰,才有惊无险地通过了日本鬼子的岗哨,进了巢湖城。丧偶后,她坐小船到无为县城参加革命工作,辗转调到荻港中心卫生院当护士,后来跟我父亲结婚。我父亲从小读私塾,又去芜湖、宣城、徽州①等地求学,20 世纪 50 年代初在荻港小学当教师,教语文和音乐,后来调到县文教科任函授教师,1958 年去世。虽然我没有见过父亲,但他教过的那些学生经常对我和姐姐说:“你父亲教书可严呢,会拉胡琴、唱歌、唱京戏,皮鞋擦得一尘不染,头发梳得纹丝不乱。”其中有一位学生后来在大学当老师,他说自己当年考芜湖一中,成绩超过了分数线,可是体检因肺部有钙化点不合格,是我父亲坚持连夜带他到芜湖医院复查,最后终于被录取了,改变了他的人生命运。

父亲去世后,母亲含辛茹苦,一人把我和两个姐姐抚养长大。我大姐是医生,毕业于安庆卫校,后来在繁昌、无锡、南京等地工作;二姐是护士,退休于繁昌县血防站。“新老大,旧老二,缝缝补补旧老三”,过年可不行,大人小孩从头到脚,讲究里外一身新。我母亲从卫生院下了大夜班,先领姐姐和我去扯布,再到中街缝纫社裁衣。母亲平时非常节省,但过年总要买最好的布,找街上最有名的师傅给我们做年衣。我记得缝纫社里人挤人,缝纫机呼噜呼噜一片响,母亲出劲说好话,师傅人也好,打包票说:三天不困觉,也保证你家小毛毛过年有新衣呢!母亲喜欢读书看报,经常默写“花谢花飞花满天,红消香断有谁怜”,“红岩上红梅开,千里冰霜脚下踩”这样的诗句,1976 年 1 月《人民文学》《诗刊》复刊时,邮局订数有限,她就托人“开后门”给我

---

① 　当时日寇占领宣城,学校从宣城迁到徽州。

订到了全年的刊物。母亲常说，"看书就是学好，看书就是学好呢！"

1966年起，我先后在荻港镇上了三所民办小学，一年级在旧的民居里上小学，都是民办教师，桌子是砖头搭木板，自己带板凳；二年级在船队的民办小学，招收船队和搬运工会职工子弟，几个年级学生都挤在一间老房子里，夏老师和汪老师两位夫妇教师，对我们进行复式教学；三年级的教室是个草房子，在公办学校旁边，暴风雨中倒掉了；1969年我因急性血吸虫病休学一年，四年级转到公办学校。印象比较深的是，我读三年级时，有一天夏老师突然丢开马粪纸油印的课本，另起炉灶，讲起了课本上没有的汉语语法知识。他不停地写出名词动词形容词、主语谓语宾语，再逐一举例解释。我云里雾里地竖起耳朵听，一笔一画地记，觉得新奇好玩。后来我经常想，要不是夏老师当年忽发奇想另类超前的语法教学，我这辈子的职业走向，又会是怎样的呢？小学四年级，学校从青山冲老四合院搬到了新学校，我们用板车搬运图书，当时大家不爱惜书，随手乱丢，我从板车上拿了一本赭红色封面的苏联《教育学》带回家，虽然看不懂，可就是觉得那应该是一本有用的好书，不能糟蹋了。1975年我在荻港中学读高中，刚从北京师范大学分配来的李老师教我们语文，他又高又瘦，戴着深度眼镜，每天早上会拎着水瓶去老街水壶炉子冲开水，手里还拿着卡片，边走边叽里咕噜地念英语，老街人都会好奇地望他，但他旁若无人。寒暑假的时候他会回偏僻的平铺农村老家，就让我晚上帮他看门，他的半间小平房宿舍紧靠轰轰响的玻璃厂车间，在刺耳的噪声中，我像发现新大陆一样读着老师宿舍里的书，《岳阳楼记》《赤壁赋》《荔枝蜜》《长江三日》等散文都是那时第一次读到的，我还读到李老师即将翻译完成的一本南非作家的长篇小说，他在文格稿纸上写的字比字帖还漂亮。后来他考上了古汉语研究生，又分配到安徽师范大学任教，他在河南读研时给我写了好多封信，关心我的工作和生活，激励我目光要放长远点，要趁着年轻多努力。

1977年春节刚过，我们班大多数同学打起背包就出发，在欢送的锣鼓鞭炮声中下放到繁昌县五七干校（螃蟹矶），或者插队到农村生产队，他们是最后一届下放知青。我因为大姐刚调到无锡疗养院工作，二姐两年前已下放

干校，属于"多子女父母身边无子女，不动员上山下乡对象"——繁昌县革委
会知识青年上山下乡办公室发的那张《知识青年上山下乡不动员对象证明
书》我还保存着。"留城"学生是由县民劳局统一分配工作，当时县里暂时没
有工作可供分配，我就去上海海运局荻港修船厂建筑工地做小工。我记得
在厂里的时候，有位女工友不小心手臂被卷扬机绞了进去，送去芜湖抢救，
我冲洗血迹时，吓得不敢朝地上看。这份工作做了没多久，就在春季学期开
学前两天，晚上下班，母亲迎出门告诉我李老师刚来过，说荻港中学领导开
会决定，让我当代课老师，明天去上班。就这样，19岁的我从拖板车、拌混凝
土的工地小工，变成了母校的代课教师，开始了乡村教师职业生涯。

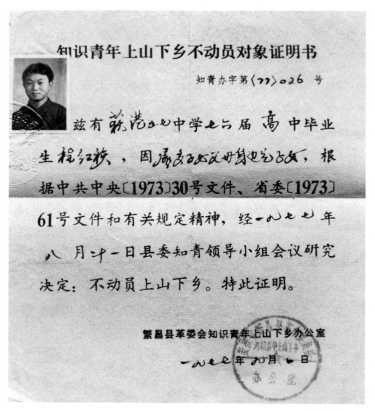

1977年，程红旗因"多子女父母身边无子女"而留城的证明书

二、十九岁成为代课教师

　　1977年春天，我们三个同时"留城"又同时在镇子上担任代课教师的同班同学，在牛歇岭山头上拍下了一张入职纪念合影，左起分别是施光忠和朱远程：施老师在20世纪80年代初考上了师范学校，一直在获港中学小学担任教务主任，教数学；朱老师长期在获港建新矿子弟学校担任校长，退休前几年厂矿学校撤并，转为在编教师，被安排到铜陵市郊区学校任数学教师。当时获港中学公办教师和代课教师大约各占一半，公办教师有从芜湖市中学下放来的，有从师范院校分配来的，也有从获港小学挑选来的；代课教师多是"留城"新人，听说民办代课教师占了全县的70%。身为代课教师，我们曾经被戏谑是"萝卜炒萝卜"，因为昨天还是懵懂学生，今天就拿起课本上讲台，就像是一道端不上桌子、滥竽充数的菜，况且压根儿就没有这道菜啊，以其昏昏使人昭昭，难免误人子弟。

1977年，程红旗(右)与同事施光忠(左)、朱远程(中)入职纪念合影

　　从教之初,我教初一两个班的语文,兼任初一(2)班班主任。初一有五个平行班,我们班五十多名学生,来自附近农村、镇上街道和驻镇厂矿,年龄只小我四五岁,有的学生个头比我还要高得多。开学那天早上,我第一次拿着点名册、课本和备课笔记走进教室,那是荻港小学的教室,因为当年荻港中学只有一幢教学楼,有三个班要借用荻港小学的旧教室上课,我们班左边是旱厕,右边是水井。兴奋雀跃的学生把我团团围住,你推我挤,叽叽喳喳,一点也不怕我,我则紧张得面红耳赤。等到排好座位,指定了班干,准备上开学第一堂语文课,教室才渐渐安静下来。我站在讲台前还是很紧张,记得端坐在座位上的学生,他们的眼睛清澈明亮,和后来1991年那张《我要读书》照片中的大眼睛苏明娟很像。当天上午我连续上了四节课,放学时喉咙嘶哑,手上身上好多粉笔灰,我瘫坐在办公室椅子上,内心有初登讲台的忐忑激动,也有精疲力竭的踌躇满志。

　　初登讲台,我一门心思都放在教学和班级管理上,喉咙都是嘶哑的,也不计较工资报酬。当时代课教师每个月的工资是22元,也没有听说过班主任津贴、超课时补助等说法,不过我已经感到很满足了,当时上调的知青去工厂当工人,工资只有18元。由于学校缺教师,我多上了好多课,学校领导主动要给我一点补助,我觉得多上课是应该的,拿补助好丑啊①,就没有接受。可是我是在十年"文革"中读的中小学,不要说师范,连岗前培训也没有,所以还是出现了很多"萝卜炒萝卜"的"教学事故",现在想起来都恨不得钻地缝。比如我把作家李准的名字念成"李淮";把《长征组歌》"雄师刀坝告大捷,工农踊跃当红军"中"刀坝"这个镇子名字,望文生义地解释成"用刀怎么样怎么样";还有"林徽因""林海音"不分等的笑话。除了硬伤,由于当时刚刚结束动乱,思想还没有解放,阶级斗争这根弦绷得很紧,有一次批改学生毛笔字,发现有个学生写的一行字,如果连起来读有政治问题,我很紧张,放学后赶紧带上大字本子,找到那个学生的家,跟他爸爸谈话。这么一对比,现在的教师确实是在比较宽松的环境中教学。那些年读书热渐渐兴起,自学也渐成风气,我买了好多书,订阅了多种报纸杂志,我想通过读书和

---

①　方言,指丢脸。

自学,让"萝卜炒萝卜"也变得有点儿滋味。

对我语文教学帮助特别大的,主要有陈望道的《修辞学发凡》,这本书是李老师推荐的,我几经周折,才从重庆(当时属四川)邮购来;还有吕叔湘、朱德熙的《语法修辞讲话》、中国青年出版社编选的《古文选读》、北京出版社出版的《阅读和欣赏》,以及《现代汉语词典》《现代汉语八百词》等工具书。印象最深的是购买《辞海》,外国地理分册是抢购来的——那是1978年的夏天,离镇子几里远的上海海运局荻港修船厂首次举办"上海图书展",展出从上海运来的书,那是我第一次看见早就听说过的《辞海》,赶紧买下被抢购得只剩下一本的外国地理分册,封面是灰色的并印有"内部发行"字样,书上印有勃朗峰、乞力马扎罗山、尼亚加拉瀑布……我翻阅林林总总、释词翔实的词条,感到这世界原来如此美好,觉得打开的不是一本工具书,而是世界大门,用今天的话来说,当时有着"世界那么大,我要去看看"的激动。后来我用发表歌颂中国女排诗歌(发表在《谷雨》内刊上)的稿费买了艺术分册,并在月底还经常要向同事借几块钱过日子的情况下,又陆续在新华书店或者通过邮购的方式买到了历史分册、文学分册、语词分册。刚工作时我知识贫乏,对汉语语法也是云里雾里,曾经还傻傻地问人:"是不是所有的句子都能分析成分啊?"通过反复学习这些书,我对汉语语法知识终于有了一些底气,修改病句、分析句子成分也渐渐得心应手了。

"你要有一桶水,才能给别人一瓢水。"除了买书,我还订了许多报纸杂志,那时候报纸杂志定价很低,《人民文学》好像就2毛5分钱一期,每年年底妻子帮我装订成册,分类保存,搬家时也一路同行。这些报刊里,对我语文教学最有实用价值的是《语文学习》《中学语文教学》和《文史知识》;对我思想影响最大的是《读书》《随笔》《中华读书报》;我最喜欢的文学杂志是《散文》《小说月报》;最迫不及待订到的是1982年刚刚创刊的《修辞学习》,创刊号我到现在都还收藏着;最看不懂的是中国社会科学院语言研究所主办的《中国语文》,因为那也是李老师推荐的,我毫不犹豫就订了,看不懂没关系,了解一点皮毛也是乐趣;最有故事的就是订了好多年的《新华文摘》,1979年的时候叫《新华月报》,先是在学校图书室看的,因为特别喜欢就自己订了,每次拿到杂志我都先看中间漫画插页,笑得哈哈的,然后才慢慢看其他理论文章、文学作品。有一年我教高三语文,大概在高考前两个月,我在《新华文摘》中看到一幅漫画,题目是《给六指做整形手术》,画的是一位患者,本该切除小手指旁边多出来的第六根指头,结果却被粗心的大夫把健康的大拇指切掉了。看到这幅漫画我忽然想到,这是个很好的漫画作文材料呀,可以让学生写一篇作文,看看他们能不能读出寓意,并联系实际引申开去。于是我把杂志拿到班上展示给学生看,布置学生写了作文,批改后又进行了评讲。那一年我不是班主任,没有去县城送考,高考结束的那天傍晚,暴雨刚停,学生考完回来,正好和我在路上遇到,他们一脸激动地围了上来,我不知是怎么回事,学生抢着告诉我说:老师老师,今年考漫画作文,两幅漫画,有一幅就是你让我们写过的啊!当时我也激动得晕乎乎的,天下竟有这样的碰巧事,真是"瞎猫子碰到了死耗子"。

20世纪七八十年代,程红旗购买、阅读的部分图书

从教期间,我除了教学论文、文学征文、读书征文多次获奖外,还多次获得过"优秀教师"表彰奖励。记忆比较深刻的有:1985年9月10日,新中国

的第一个教师节，那是广大教师的大喜日子，我因为中考语文成绩突出，受到镇党委和政府的表彰，在剧场舞台上接受了颇为隆重的颁奖，镇领导给我颁发那张好大的奖状时，激动的心情只有自己知道。1987年、1990年教师节，学校采用现场无记名投票方式评选"优秀教师"，我又有幸得到同事们的认可，看着唱票时黑板上不断增加的"正"字，心情怎能不激动。十几年前的一个教师节，校长通知我去填写县级"优秀教师"表格，我真心不愿占用这个荣誉名额，跟校长说，还是给青年教师吧，他们比我辛苦，更需要鼓励，校长说，这是根据部门提名、校长办公会议集体决定的，更改换人肯定不好办，我只好不再推辞了。

三、从教的关键几步

我非常幸运，是两年制高中毕业，又没有师范经历，却能够在家乡中学当上代课教师，这是时代给我的机遇。1977年2月乡村教师生涯起步时，动乱已经结束，当年年底高考制度就恢复了，紧接着1978年12月，党的十一届三中全会胜利召开。好风凭借力，随着时代发展进步，我也走过人生最关键的几个节点，我考试转正、考入高校、教高中语文、教广播电视大学中文专业课、业余写作……"人生的道路很漫长，但关键处就那么几步"，回想我的人生关键几步，短短几年，我就从一个懵懂无知的乡村临时代课教师，完成了身份转变和学历提升，更坚定了一辈子从事教书育人事业的信念，像庄稼一样，一天天拔节向上生长。

1978年7月的高考，是高考制度恢复后的第二次考试，也是我第一次参加高考，报名费5角钱。当时我白天忙工作，晚上在老街低矮闷热的阁楼里备好课，就抓紧时间复习迎考。没有空调，没有电扇，邻居们在街边竹床上乘凉睡觉，或者成群结队去附近厂矿看露天电影。夜深人静，我困了就洗一把冷水脸，再把双脚放到冷水里降温，接连熬夜，终于病倒了。高考前一天下午，我发热畏寒，身上起鸡皮疙瘩，裹一床厚厚的床单，颤巍巍地走下窄窄的楼梯，坐客车去了县城。城关一小考点，热浪滚滚，人头攒动，我弱弱地走

1977年，程红旗(二排左一)经李先华(一排中间)推荐成为代课教师

进考场，旁边就是有名的古建筑夫子庙。语文卷子发下来，题目一目了然：加标点符号、实词填空、关联词语填空、修改病句、文言文解释翻译，作文是将《速度问题是一个政治问题》缩写成一篇五百至六百字的短文。写到第三题，我发现卷子有毛病，关联词语一般是成对使用的，而题目有句话却少了一道横线没法填，勉强填也不合逻辑。我想应该是印错了就举手，监考老师走过来，我指着题目小声说：这里印错了吧？少个空，做不起来。老师看看题目又看看我，坚定地说：你只管做，不要管题目！考场又静下来，我不甘心也没有办法啊。过了大约半小时，有个戴眼镜的工作人员急匆匆地走进考场，他手里拿张纸，要我们全部停下来，高声宣布："大家注意了，有个更正，刚刚接到省里发来的加急电报，语文卷子有错误，第三题关联词语填空，少印了一道横线，请大家在……添加……"那次高考，我的语文成绩在镇子上排第一，但总分没有达线。

1979年7月我第二次参加高考，但是总分还是差了二十多分，再次落榜。虽然当时高考录取率只有5%左右，但镇子上毕竟有几个我熟悉的人考上了,我是教师,两次名落孙山,怎么有脸教学生呢? 这时候又有两个坏消息:一是听说我们没有学历的代课教师明年要下到小学去,或者辞退回家;二是县民劳局马上要给我们96届留城高中生统一分配工作,去向是到离获港十几里远的新港砖瓦窑厂当工人,或者到获港合作商店当营业员,如果不服从分配,就要写书面保证书,保证以后不再要求民劳局分配。那段时间的晚上,我总是一个人在江边走来走去,一片沮丧迷茫。正在这时候,有一晚我放学去老街供销社新华书店,偶然买到了一本艾思奇的《大众哲学》,是三联书店1979年版,这本书文字通俗亲切,举例具体实在,虽然写作背景还是久远的抗战年代,可我看得非常投入,这本被称为"干烧的大饼"①的通俗哲学书,曾经让众多的青年义无反顾地奔向抗日前线,奔向革命圣地延安。哲学多智慧,经典恒久远,那些哲学原理和事例,让我有了一种豁然开朗的感觉,觉得这本书就像是针对我的情况写的,比如"七十二变:现象和本质""规规矩矩:规律和因果""在劫者难逃:偶然、必然和自由"等章节给我带来了闻所未闻的世界观、人生观和价值观。1979年夏天,我做出了人生选择的重要决定——不参加组织分配。那一年,有同学服从分配,离开学校,去了获港合作商店工作;虽然当时"顶职"很普遍,但也不要母亲退休让我顶职。那时候我和爱人的工资维持一家三口的生活还是很紧张,月底还要找邻居借几块钱,也有教师想走出去,一种是时代的风气,对外面的世界更感兴趣,觉得不要局限于这个小圈子,想要闯荡;另一种是经济原因,尤其是广东、惠州、东莞等地的民办学校,工资非常高,吃饭都是免费的,入学费都要交几十万,很高端。但我喜欢教师职业,喜欢欢蹦乱跳的学生,喜欢学校工作环境,我相信只要坚持努力,机会肯定会有的。

　　1979年9月29日,叶剑英同志在庆祝中华人民共和国成立三十周年大会上发表了重要讲话,我从学校阅览室借到一份刊登讲话稿全文的《人民日报》,以当时年轻人的政治敏感,我觉得这一讲话好多提法都是前所未有的,意义非常重大,就仔细看了好几遍,画了好多波浪线,然后又自问自答,整理

①　时隔多年,程红旗把《大众哲学》这本书对自己产生的影响写成《干烧的大饼》一文,发表在《中国教育报》2004年11月18日第6版。

成十几个题目，一一写在笔记本上。当年年底，繁昌县第一次举行民办和代课教师转正考试，这是一次决定命运的考试，录取名额只有六个，城镇和农村户口的各三人。考试那天繁昌一中人头攒动，考生年龄跨度很大，我幸运地以前三名成绩入围，进入政审体检程序，1980年初正式转为公办教师。我享受到的第一份改革开放红利，就是抓住了这次转正的机遇，转正之后就觉得每天都充满了希望，每次走进课堂都充满了激情。我清楚记得，政治试卷有好几道题目，就是我整理的叶剑英同志国庆讲话的内容。紧接着，下放螃蟹矶干校的姐姐参加返城知青事业单位招工考试，同样得益于我整理的那份学习笔记，顺利考入卫生系统。1981年，我和学生还在教室门口亲历过一场音乐会，北京和安徽音乐家采风团一行风尘仆仆，来到我们获港慰问演出，"把为农民写的歌曲唱给农民听"。音乐会就在获港小学的操场上举行，简易的舞台是临时搭建的，高音喇叭架在篮球架子上，父老乡亲密密麻麻地挤在现场，还有的爬到树杈上。他们白天活动，晚上创作，就在那场音乐会不久，叶佩英、刘秉义等歌唱家在北京再次举行音乐会时，诞生了《在希望的田野上》这首广为传唱、流传至今的经典歌曲。

1982年芜湖教育学院第一次考试招生，中文专业在安徽皖南和沿江片区招收50名教师学员在职进修。因为我们县报名的教师太多，就先组织初试，初试通过再到芜湖复试。20世纪80年代初在芜湖进修的那两年，正是全民读书热的火红年代，我每个周末都要去芜湖中山路新华书店买书；写作文半夜想起好的构思和句子，怕忘记，就摸黑写在纸上；教现代汉语的吴老师让我协助他研究《邓小平文选》的语言风格，我反反复复把那本书通读了好几遍；期末古代文学考试，等交卷出门，门都被大雪封住了，食堂早已打烊，我们跑到街边1毛3分钱吃一碗光面，大雪扑面冻得直抖，心里却觉得那么快乐。1983年芜湖文联举办文学笔会，邀请了戴厚英、林斤澜、刘心武等作家讲学，我们学生的报名条件是提交一篇小说，我一连好几天中午不睡觉，跑到镜湖公园，趴在石桌子上完成了稿子，参加了笔会，林斤澜、刘心武还在我笔记本上签了名，后来我的第一篇短篇小说《撩开薄雾的轻纱》在《大江》文学双月刊发表，还收到了27元稿费，当我在芜湖新华书店买到印有自己小说的期刊走出店门时,感觉万般美好。1984 年从芜湖教育学院毕业后,我回到荻港中学任教,担任初高中班主任和语文等学科教学工作,期间担任过高考复读班、职业中专班语文等教学工作。教师职称评定启动后,先后顺利评为中学二级教师、一级教师、高级教师,1997 年任荻港中学教务处副主任。

四、 继承父亲的事业

　　我珍藏着一张 1955 年 7 月拍摄的照片,题词是"繁昌县荻港小学第六届高小毕业同学摄影纪念",背景是破烂的门窗,虽是盛夏但师生衣着保守,表情严肃呆板。照片是我父亲的学生特意翻拍赠送给姐姐的,我在照片上见到了父亲。荻港镇是繁昌首镇也是江南古镇,由于日寇入侵战火不断,解放初期,这里只有这一所满目疮痍的小学。等到我上小学时,荻港已经有了好几所公办、民办小学,荷花塘附近盖了新的校舍,老大的操场平平整整。20世纪 70 年代初,家乡兴办了初级中学、荻港中学(完中),后来荻港中心小学和荻港中学都先后重建了校园,1981 年荻港小学也早已旧貌换新,2007 年荻港中学高中部并入繁昌二中,学校再次迁址新建,硬件条件今非昔比。

　　从教以来,我觉得 20 世纪 80 年代风气的变化最明显,无论是教师的工作积极性,还是学生的学习热情,都是最好的。一是刚刚改革开放,从动乱中转变过来,深知这是美好的时代;二是国家层面积极重视教育,如果说新中国成立是第一次解放,那这个阶段就是第二次解放,我们这些教师、知识分子经历过低谷遭遇后,名誉恢复、待遇提升、政治地位提高,有种发自内心的扬眉吐气。因为我的父亲在我出生前就去世了,母亲把我们三个孩子带大非常不容易,所以我对农村家庭条件比较差的孩子也特别关爱,也有动员过辍学的学生来上课。从我们那个时代来讲,教师是一个体面的工作,我们刚开始工作的时候,当教师是为了谋生,虽然那时候待遇低,生活比较困难,但是随着工作时间久了,渐渐感受到了教师职业的价值,回过头看是不后悔的。

1955 年,程红旗父亲程道权(四排右二)与荻港小学第六届高小毕业生合影

　　我的妻子跟我是小学、中学同学,她是繁昌人,李老师是我们的婚姻牵线人。我和她确定关系的时候,她由下放知青顶去世父亲的职,是国营百货公司的员工。当时我还是代课教师,每个月只有 22 块钱的工资,很穷,而我的妻子在国营单位是有编制的。我们那个时代的择偶观念主要是人要本分、要是个好人家、要相互了解,不是很看重身份地位、经济条件,主要看的是人品怎么样。因为我是体制内教师,只能生一个孩子,所以我们只育有一个女儿。我只在孩子初一的时候教过她一年,我觉得孩子的成长与遇到好老师有很大的关系,我们对她的学习一直是很鼓励关心的。在我妻子下岗之前,我们的生活是比较平静的,对孩子的陪伴也比较多,但是 1992 年企业倒闭,妻子下岗,我们承包了一小节柜台自谋生计。周末我们要去芜湖市进货,孩子只能自己一个人在宿舍,有时候还要帮我们看摊子,我看过她小学写过的小文章《卖鞋》和日记,当时很伤心。其实参与经营活动的时候,面子上是有点难受的,有一次坐公共汽车到市里进货,老远看到了认识的人,我就躲起来了,感觉很羞,但是生活上的困难要克服。到了 1995 年前后,思想

也发生了变化，但没有动过改行的念头，只是有想过要不要去广东那边的民办学校应聘，当时甚至有看到公办教师辞职的，但考虑到孩子比较小，家庭观念比较重，就没去。我和妻子共同承担家务，家里有事情就商量着来，共同渡过难关。

我曾经工作的荻港中学，恩师李老师对我的影响不用说，当时的许多同事都令我难忘。郭珍仁老师是 20 世纪 50 年代就已成名的作家，他写过的校园生活题材的作品中有一个人物原型就是我，他还擅长旧体诗词创作，我和学生一道去郭老师家请教过冷僻的诗词格律问题，他不厌其烦地设疑解惑，让我的学生从此迷上了中国古典诗词，我也从中获益匪浅。我们学校还有另一个郭老师，他原先是个说书艺人，在学校负责刻钢板、油印试卷资料，有一年学校院墙旁边一户居民家失火，我在三楼上课忽然发现了，就带头冲下楼去救火，我踹开门救出了蚊帐、被絮、米缸等东西，不料被浓烟呛破了气管，当场咯血。当天晚上，郭老师第一个到我家看望躺在床上的我，说水火无情，以后做事也要保护好自己身体，不能蛮干。我们学校还有一位奇才刘老师，也是我的高中数学老师，他一门心思只晓得读书，有一次师母让他去街上窑货店买一个水缸回家装水，他搬回来的却是一只烧锅的缸缸灶子①，水当然淌了一地，他后来被母校中科大调回去，研究天体物理，成了著名教授。人们常说，大学之道，不在于高楼大厦，而是要看老师的实力和师德师风，以此类推，中小学教育应该也是如此。我很荣幸，在乡村教师阶段能和这些有水平、有个性的老师们共事，他们对我产生了潜移默化的影响。1998年暑假，我和语文组同事俞老师去芜湖市参加"中学语文点拨教学法"研讨会，返程途中，中巴车忽然翻车，差点就撞上了加油站，浓烟直冒，危急之中我看见车子前挡风玻璃碎了，可以从那里逃生，就赶紧拉着还在找行李的俞老师的手，迅速从那里跑了出去，一直往远处田里跑，等我们跑到安全地带，轰的一声，车子就燃烧起来，烧得只剩下了骨架。那是一次有惊无险的死里逃生。当年 9 月，我结束了 20 年的乡村教师生涯，告别从小长大的故乡，开始了县教师进修学校的新生活。2018 年退休时，我收到安徽省教育厅、安徽

①　缸灶，一种用陶土烧制、可以移动的小灶。

省人力资源和社会保障厅颁发的"从事乡村教育工作满二十年"荣誉证书，真是百感交集，激动不已。

2017年，程红旗荣获从事乡村教育满二十年荣誉证书

我觉得自己不能算是严格意义上的知识分子，因为教师承担着社会责任，所以我一直在努力把书教好。作为教师，首先要教书育人，这是最重要的；其次要通过教书这个过程影响学生、家长，对社会产生积极影响。回顾人生，我既有感到满意的一面，也有比较遗憾的一面。满意之处在于我尽到了自己的能力，虽然受到时代的制约，但是几十年从教生涯基本上还是满意的；遗憾之处在于个人发展，年轻的时候目光比较短浅，考虑到家庭等原因，读了大专就没有去读研，没有让自己更进一步，当时只想着把教师这个本职工作做好，但是人生不能只有一个标签，还应该有别的价值。

今天的乡村教育和几十年前相比，发生了翻天覆地的变化，硬件设施和城里的学校已经没有太大的差别，这得益于改革开放和教育公平；乡村教师的成分也越来越单纯，尤其年轻教师都是受过高等教育的，师资力量好了很多；乡村教师的工资待遇、福利待遇，和城里教师的差距不大。需要关注的是,学校设施和教师质量都好了,农村却没有生源。学生不愿意在乡村学校上学,尽管城里或者私立学校收费高,家长负担重,但还是不得已去。我觉得客观来讲,这是因为城乡差别仍然存在,只有进一步提高乡村教育的质量,让家长、学生看到真的和城里没有区别,才能真正实现教育公平。

2006 年 12 月,我以《寻梦,寻梦,寻得万紫千红》一文参加了"我的中国梦"网络媒体征文大赛,后来由《中国教师报》以《寻梦》为题发表在文学副刊版面上,我想分享这篇文章中的一些片段,来结束本次的访谈,也表达我对乡村教育的美好祝福:

　　父亲离世的时候,并没有给我留下一本书、一支笔,可是,我还是心灵感应般地继承了他的事业,伴随着国家教育事业的发展进步一路走来,春华秋实。我的最大感受就是,与其说我培养了学生,"桃李满天下",还不如说恰恰是那么多的学生,教育、鞭策和感动了我,是他们的"灼灼其华"丰富了我的情感体验,升华了我的生命意义。他们虽然年幼却纯美,虽然天真却朴实,虽然稚嫩却坚强。像许多教师一样,我只是默默地惊叹着祝福着那些功成名就、事业辉煌的学生,却从不主动和他们联系。一位理性的教师,只是应该在学生人生的某个阶段让他们感受到生命的美好,而不应该想着让他们感恩。我为那些事业辉煌的学生而自豪,同样,我更惦记着那些正在认真地做着一份普通的工作、过着平常日子的学生,惦记着那些成为社会普通劳动者的学生。

李商隐说,春蚕到死丝方尽,蜡炬成灰泪始干。我的乡村教师生涯有 20 年之久,那是我人生最美好的青壮年时代,也是家乡教育事业蓬勃发展的时代,教师的生命是靠学生延续的,我对家乡荻港中学,对我的同事、我的学生,甚至学生的家长都怀有无法割舍的感情,这些感情深厚而绵长,也成了如今的我美丽乡愁的一部分。

张应辉

三尺讲台,半生光阴

亲 历 者:张应辉
访 谈 人:彭秋月
访谈时间:2022 年 4 月 1 日、8 日、17 日、24 日
访谈地点:线上访谈
访谈整理:杨雨晴　彭秋月

亲历者简介:张应辉,女,1958 年出生于四川省自贡市荣县乐德镇。1975 年 7 月高中毕业于乐德中学,之后回乡在大队幼儿园任教;1976 年 3 月至 1984 年 7 月,在大队村小任教;1984 年 7 月,调至乐德镇中心校任教;2013 年 1 月退休。

张应辉在四川省自贡市荣县旭阳镇留影(摄于 2023 年)

一、 父母支持我们读书

1958 年,我出生在四川省自贡市荣县乐德镇的一个普通家庭。我的母亲家条件很差,而我的姨婆是一个有文化的人,她是原来荣中女子高中的老师。我的姨婆还算有点钱,她就资助我母亲读书,多亏了她,我的母亲在过水镇读了高小。我父亲家凭借爷爷奶奶的辛勤劳动成了中农,父亲也读了一点私塾,后面因为抓壮丁,就没有继续读下去,转而学习一些手艺,比如做篾匠[①]。我的父亲很能干,当时生产队里有一头很厉害的牛,你越打这头牛,它就越凶,以至于人们都无法驾驭它,父亲却能够驾驭,这头牛能耕更多的地,也就意味着我们能够得到更多的工分。我的母亲体质弱,干活也比较慢,一旦她给我们几姊妹洗衣服,就赶不上出工的时间。母亲割草只割牛会吃的那种,其余的都不割,同样的大背篓,当别人割了七八十斤重的时候,母亲却只割了三四十斤。因为母亲割的草少,而那头牛力气大、吃草多,所以我们几姊妹每天放学也都会帮母亲割草喂牛。父亲十分体贴母亲,他同样会在干活的空隙放牛吃草和割草;如果白天忙活,时间来不及了,就在晚上顺着月光耕种我们家的自留地,补贴家用。我的母亲是一个老实又淳朴的女人,她的手工活做得极好、极细致,我们穿的衣服属于全村最漂亮的那种;即使是我们衣服上面补的破洞,母亲都要用纱线把它们补得整整齐齐。

虽说父母养育我们几姊妹很辛苦,但是他们都十分支持我们读书,从来不会因为孩子年龄大了,就要求我们辍学去打工补贴家用;只要我们能够读书,他们就支持。当时很多家长不愿意也不支持孩子读书,我们那一代孩子多,一家有好几个孩子,我记得当时我们的邻居家起初有两姊妹读书,但是读着读着,父母就让她们辍学了。我有两个哥哥,都是初中毕业,在他们读

[①]　"篾"指劈成条的竹片,篾匠的基本功就是把一根完整的竹子弄成各种各样的篾,这在中国是一门古老的职业。随着塑料制品的出现,篾制品几乎被淘汰,但近年来随着人们环保意识的增强,篾制品又逐渐有了一定的市场。篾匠最重要的工作就是劈篾,把一根完整的竹子制成各种各样的篾,首先要把竹子劈开,再把它不同的部位分门别类进行加工。

书的时候,正好赶上了"文化大革命",那个时候讲究历史问题,看重阶级成分,如果你们家属于地主,那你就很有可能没法去上学,更别提上初中了。我的父亲因为之前被国民党抓去当过宪兵,被定为有历史问题,两个哥哥就没能够继续读书。现在哥哥们都在家务农,做做养殖、种种地,大哥主要是养蚕。我的四弟是中师毕业,他是直接初中(毕业)就考上了中专,然后通过学习还拿到了大学文凭。

20世纪50年代,国家由于缺少钢铁,为了进行建设,便叫劳动力去砍树、挖矿石,用来炼钢,家里就只剩下一些女人和小孩。当时生活很艰苦,大家在伙食团吃大锅饭,因为一个村组织的伙食团人多,一天就只能吃一顿或两顿饭,或者说一天只能吃一两或二两饭,而且都是粥之类的东西。因为吃不饱饭,营养又跟不上,很多人都得了病。我小时候上过幼儿园,当时也就一岁左右,那么小就离开父母,自然是不太能够适应,与其说那是幼儿园,倒不如说是托儿所,我在里面可能也就待了一年。之后,因为搞农业社,伙食团撤了,幼儿园就关闭了。可能是因为年幼,或者说是幼儿园的阿姨对我很好,我并没有察觉当时条件的艰苦。回家后,看着哥哥们读书,我就爱上了读书,便跟着他们学。

到我读书的时候,"文化大革命"进入尾声,阶级成分的影响没有那么大了,因而我能够持续读下去。我七岁时就去上村里面的村小,村小一共也就三位老师,我的一位叔爷便是其中之一。我们班同学年龄也是参差不齐,我当时七岁,和我一起上课的还有十几岁的,年龄相差大,有的几乎差了一半。那些年龄大的学生在回答问题的时候,不好意思站起来,因为他们已经长得很高了。村小是由当时生产队的保管室之类的改造的,桌子都是自己家带去的,高高矮矮,不整齐。有时候村小因为招不到学生,还会停办一两年,之后再开办。当时学制缩短,我小学就只读了四年半。

初中和高中,我都是在乐德中学读的,初中读了两年半,高中读了两年。至于中师,我们当时属于函授一类。在我们教书的时候,学历没有达到中师的都要边上班边学习,然后去考中师文凭。我们参加中师培训,只有拿到中师文凭才能停止中师学习。当时我在荣县教育局办的进修校学习,学校星期六不休息,就只能星期天去上课,如果确实要去参加考试,就得向学校请假。还有相应的培训机构,经过培训后,一学期基本上学一科考一科,我当时学习了教育学、心理学、语文、数学等科目。最终,我读了三年才拿到了中师文凭。

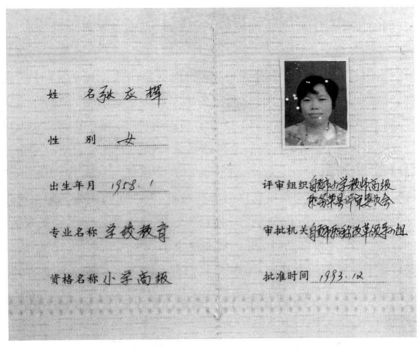

1993 年,张应辉的中级专业技术职务资格证书

二、 乡村的教学生涯

我 1975 年 7 月(高中)毕业回乡后,就去生产队带小朋友。改革开放前,生产队为了让大人们安心干活劳动,就开办了幼儿园。因为我读过书,大队的人就叫我去。当时幼儿园还有另外一位老师,如果学生不听话,那位老师就拿着棍子追着他们揍,我则是靠着搞一些活动吸引小朋友,因而他们都很愿意听我的话。到 1976 年 3 月,我们队的知青要回城了,我们大队的队

长看我教学生教得很好,就推荐我去大队当民师①,教小学生。当时我们大队有两个高中生,除了我之外还有一个女的,但是她的哥哥有在读书的,有在当兵的,她家里的条件更好,所以她就去工厂了,而我就留在了农村。大队提出让我去村小教书的意见后,大家都同意了,我就这样走上了教书的道路。

我们的校舍十分差,教室的墙最早是土墙,后面又慢慢进行改造,利用田里的泥巴、谷草之类的砌二式墙。这样的墙相对于之前虽然要稍微好一些,但一下雨,教室里面便全是泥巴,地面也不是用水泥做的,学生一进教室,就会把地上的泥巴踩上来,有的还会带一些泥巴进教室,他们在桌脚上把他们脚上的泥巴刮下来,以至于教室的地面坑坑洼洼的,等到那些泥巴干了后,或者是天气好一点了,我们老师还要拿着锄头把教室铲平。那个时候教室没有讲台,只留了一个空间,好让我们老师讲课。有时,老师够不着在黑板较高处,学生会主动把板凳拿给老师站着,或者在前面给老师留一条板凳。后来慢慢地条件好了,才有了讲台,但教室的桌子是学生家里带的,有高有矮。为了改善教学条件,我们就向村支书反映情况,当时村小的学生多,也有很多干部的子女在村小读书,我们村又刚好有两棵大的黄果树,有的人就提议把较小的那一棵树砍来给学生们做桌凳,大队同意了,就请人去砍树。砍了后,树干还没有干,人们便急着给学生做桌凳。桌子是长长的,板凳也是长长的,学生们并排坐。在每间教室里面都放了一些桌椅,虽然数量不多,但是学生和老师们都很开心。不过当时教室还十分紧缺,校舍是由一座庙改造而成的,起初还是乱七八糟的,(甚至)菩萨之类的都还在,楼都是用木头修的,之后才慢慢改进了。

最初学校只有两个班,后面因为学生多了,也就有三四个班,最多的时候才五个班。我们村小起初只有一间小小的办公室,但后面还是把它改成了教室,老师便在大一点的教室后面的角落里,靠着墙摆上几张桌子,在那里办公。当时上课只有那种手摇的电灯,改革开放后,电灯得到普及,学校才得以安装。在村小教书的时候,学生多,但是没有那么多的教室和老师,

---

① 这里指的是代课老师。

六十多个人只好打紧着坐，人行道和老师旁边的过道都十分狭窄，要斜着身子才能够过去。我去中心校教书的时候，情况也是如此，有一个班有92个学生，大家就挤着坐在一间大的会议室上课。

　　当时由于要普及小学教育，需要把那些小学没有毕业的人动员回来读书，他们有的到三年级插班，有的到二年级插班。有的学生家庭条件差，就不缴费，而学校要求我们把收到的钱往上交，还要求我们入学率达到百分之九十几。那些家长没有钱交学费的话，有时我们老师还要用自己的钱垫上。总之，只要有一个（学龄儿童），我们就要动员一个来读书，当时我们一个月的工资也就只有7块5，垫上的一个学生的学费就有1块、2块、3块的。即便是在义务教育执行之后，学生仍旧需要缴纳书本费，直到21世纪初，书本费才取消。那个时候的学费和书本费加起来一共三四元左右，大多数的老百姓还是能够承受的，但是对于有的老百姓来说，还是不能够承受，比如说如果家里有三四个孩子，仅一学期就要交很多钱，他们就会只给老大，或者听话一点、成绩好一点的孩子交学费。

　　我们需要通过生产队的户口管理人员了解有多少学龄儿童，九年义务教育开始执行后相关核对更为严格。为了在暑假准确地把下一学年需要多少书本报上去，我们只能利用上学期间进行核对。当时经费紧张，如果哪个老师没有统计准确，就得承担责任。当时学校会安排老师去生产队核对，一般来说你在哪个生产队，就去核对那个生产队。因为星期一到星期六要上课，我们大多利用星期天去核对。在村小时，有时星期三要到中心校去开会，回去的路上就顺带去生产队进行核对。因为老师人数少，而一个大队有十多个生产队，导致一位老师往往要跑两三个生产队（做核对）。核对了之后，我们要编新的册子，挨家挨户地去通知孩子上学。我们上门去动员孩子读书时，那些家长会说："啊，读来咋子啊，诶，还不是捹泥①。"特别是姑娘，有的家长更不愿意，他们说："以后读出来了，还不是别人的，反正要嫁到别人家去，干脆就不要她们读。"如果家庭条件本来就差的，就更不愿意让孩子去读书。有时候，家长会批评我们，把我们说一顿，但即使是挨了骂，我们也要

———————————————

① 方言，意思是搓泥，指干农活。

尽力做好自己的工作。当时我们每个星期得去家访一次或者两次,基本上一个学期下来每个学生家都会去一次,有的甚至是两次或者三次。

当时村小的学生主要来自本村,如果学籍不是我们那里的,我们还不一定会接收他,但是也有个别离得比较近的(外村学生),我们还是会接收。那时已经不看重阶级成分了,评"三好学生"主要还是看学习成绩,还会看一下其他的,比如,如果他十分调皮,我们是不会评他为"三好学生"的;对于那些成绩不是很好,但是热爱劳动的学生,我们会给他评个"热爱劳动"的称号,或者在评语上写上其他优秀的方面。总之,我们会尽量鼓励学生。那时的学生,在下课、放学之后,会在学校割黄麻树,能够分到一点工分。他们也会跑回家去割草喂牛,这样也会获得一些工分,借此改善家里的经济状况。

我在村小上班,早上从八点到十一点半,下午从一点半到五点,如果要留学生补习,时间就还要多一些。从星期一上班到星期六,只在星期天休息,到了中心校之后也是这样的。以前,我什么都会教,要尽自己所能,尽量学习,通过不断地相互学习来教学生。我们学校的条件很差,需要改善,我们就通过下午的劳动课,带着五六年级的学生去割黄麻,然后拿去卖,卖得的钱用来给学校买教学用具。村小最多也就五个班,老师根本不能教完一届学生。有时学生在村小读了几年后,就要到中心校就读。中心校的老师更多,也教得更好,但凡村小教得好的老师都被提到了中心校教书。所以,之后村小就越来越少了。

当时村小的负责人,一般来说都是由最先在那里教书的人担任。除了负责人,还有一个管理经济的,负责人和管经济的人也都是要给学生们上课的。起初人少的时候就随便找一间屋子,摆几张桌凳,这就算是一间教室了。后面慢慢地学生多了,就增加老师、增加教室,并由村里面的干部去召集一些老师来举办学校。那时没有合同,人选要经过干部的选拔和讨论通过,才能去当老师,需要填写村里面文书给我们的干部履历表,然后就在村小正式上课当教师了。我们村小有五个班的时候,有五位老师,其中三位男老师,两位女老师,后来我去中心校教书,学校的女老师比男老师多。20世纪90年代的时候,我转成了公办老师,获得了编制。那段时间,年年都有无数的师范生成为老师，后面因为计划生育，出生的孩子少了，不需要那么多老师了，于是就进行民办老师的清退，根据你教书的时间进行一刀切——只要你是1981年上半年之前教书的，就能够获得编制，反之就会被清退，即使你是1981年下半年开始任教的，即便你已经教了十多年的书了，即便是教办的子女，你也无法获得编制，都只属于代课老师。如果想要获得编制，就需要向教育局申报，去参加教师资格考试，在拥有教师资格证以及五项考核基本功合格的情况下，你想去哪所学校教书，就去报考哪所学校。在退休之后，国家会根据教师任教的时长发放补助金，即便是那些代课老师也有补助，不过钱的多少还是有差别的。

　　我在村小的时候，工资是乐德镇政府发放的，有时候还会拖欠工资。那时我们公社有点资金，会给我们发放3块5，还会额外有一点工分，一般最高的是十分，发放的工分是比其他干活的人要少的。像我们女老师，劳动力差点，就只会给我们评个七分，和男老师也不会差太多。在中心校的时候，就是国家拨钱发放工资。最早我在村小教书的时候，一个月7块5，之后慢慢地增加到了15块。到了20世纪80年代又增加到了39块——我领39块的时间比较长。进入21世纪之后，工资便上百了，我当民师的时候，一个月有

1998年，备课中的张应辉

百八十块钱,转正之后有 600 多块钱。因为我的教龄比较长,所以当时的工
资还算比较多的。改革开放前,发工资会根据你的学生多少来发,如果要涨
工资的话,还要经由大家讨论哪个人应该涨工资,按上面的政策,大家举手
表决,而不是看成绩决定。

三、 根植于心的教育情结

对于教育学生,我不会死板地进行知识灌输,而是会因材施教。在教学
过程中,我会不断地总结经验,让我的教学更具趣味性,让学生能够更好地
吸收知识。我一边教学一边总结,每个新学期,我都会采用不同的教学方
法,用一种学生能够适应的方式进行教学,以达到更好的效果。学生写有关
植物的作文,我会建议他们写一种他们最喜欢的,并画一张图画在上面,如
果学生十分喜欢自己的图画,还可以在上面涂色。我发现微信里面的一个
学生,现在已经四五十岁了,她的微信头像还是当时作文本上的那个图
画——她当时写的是有关樱桃的(作文),现在微信的头像也是樱桃,这些东
西对他们产生了终身的影响。我经常在班上组织一些文艺节目,也会参加
学校举行的活动,对班上的学生进行文艺方面的培养。我们节目的质量还
是很不错的,大队还会派干部来观看我们的表演。当时的教学环境相比现
在轻松得多,我在保证学生安全的前提下,会带他们春游、搞野炊。我教了
这么多年的书都没有觉得厌烦,即使偶尔感到不舒适,也会尽量冷静下来,
换个思维。第二天一走进教室,站上讲台,我都会呈现给学生一个精神饱满
的形象。

我对一次生病的经历记忆犹新。当时我去医院检查,医生一会儿说是
阑尾炎,一会儿说是卵巢囊肿。那时我没有多想,拖了几天之后,中午值班
的时候肚子突然很痛,我就连忙叫一位还没午睡的老师送我去医院。那时
只能送到乐德医院,给我做手术的是一位年龄大、很有经验的医生,但医院
的条件确实很差。医生给我做手术的时候,我的伤口血流不止,当时打了麻
药,却没有多大作用,我身体十分痛。有一位老师见我血流不止,就去找另

1998 年,张应辉的学生在乐德镇宏光水库野炊

一位老师来帮忙,那个老师便抓一把纱布把我的血搅干,又把我的血管夹住,就这样,我的血才止住了。当时,之前毕业的学生和在教的一年级学生听说我生病了,都带着家长来看望我。他们一见到我就哭,我便安慰他们说,我没事的。第一天我还是清醒的,到了第二天实在是痛得不行了,我母亲就赶紧去喊医生,把我的情况告诉了在政府上班的弟弟。然后,他们就把我转到了荣县人民医院。人民医院的医生给我全身插上了管子,然而消毒工作没有做好,七八天后,医生给我拆线,才发现因为手术的时候伤口感染,里面的肉都腐烂了。后面因为没有办法,医生就拿创可贴来,每天都像搭桥一样,用钳子、夹子清理我的死皮。我生病的那段时间,学校的老师、同学、领导,还有亲人、朋友都很关心我。我的同事、学生都很爱护我,所以说我没有理由不教好那些学生。

　　以前,学生们走路上学特别辛苦,那时的路都是泥路,下雨之后路面就会变得特别泥泞,学生们的脚会陷在泥巴里面。有的学生年龄太小了,根本就无法自己走。很多时候孩子们来上学,都要杵着一根棍子,一双鞋早上走出去的时候还是干干净净的,到了学校之后,满脚都是泥巴,裤脚上、衣服上也都粘着泥巴。因为早上到校早,路边草上的露水会把他们的衣服、裤子打湿,导致他们一天都要穿着湿衣服、湿裤子上学,到下午回去的时候,湿衣服、湿裤子都已经捂干了。我们乡村教师给学生们补课是不收取任何费用的，补课都是利用中午时间，不午休，给学生讲那些他们没有懂的知识点。放学之后，我们还会对学生进行额外的讲解。如果学生住得远还不敢把他留下来，我们就教他如何学习的方法，让他回去消化，在回家的路上一边走一边想，回忆今天老师所讲的知识点，这样他就会对这个知识理解得更透彻。

我不会骂人，也不会和别人争强好胜，我只是做好自己的工作，因而无论走到哪里，和邻居之间都相处得很好。人们有时也会委托我多照顾照顾他们的孩子。我非常喜欢教书，这一辈子能够从事教育事业，我感到很光荣，也很自豪，教师职业也很符合我的性格。除了教书，我另外的爱好就不是很多了。我对于婚嫁也没什么追求，只要能把日子过好就行。我有两任丈夫，均是朋友介绍的，双方觉得合得来，就走到了一起。我的第一任丈夫在县办的地方企业上班，后因疾病去世，我与他育有一子。现任丈夫是央企的，他有两个孩子。我们的孩子现在都没有和我们住在一起。我和第一任丈夫结婚后，都是各尽所能，我上班的时候还是会去买菜做饭，总之，我不会闲下来。

我一直在乐德镇教书。1984年的时候，我生下了儿子，当时学校师资紧张，我又想着还是要把自己的班级管理好，在孩子才三个月的时候，就不亲自带了，一直往返在学校和家之间，持续了一年多。由于教师这个职业，我没有很多的时间陪我的儿子，把别人的孩子教好了，却没有时间精力教好自己的孩子。不过，教师这个职业还是有好处的——因为我是教师，我的儿子又恰好在我教书的学校上小学，所以我会让他的老师多管教他。到了中学的时候，他去旭阳镇上学了，不过我还是会在开家长会的时候听听他们老师的反映，了解孩子的情况。我的儿子最后读了大专，现在在打工。我的教师身份并没有使儿子对教师职业产生兴趣，相反，他从小看着我上班劳累，因而并不愿意当老师。

以前，别人会称有文化的人、被打成右派的人以及老师为"臭老九"。不过在我教书时，这种情况基本上不存在了。当时有些老师，即便教书教得再好,也会被打成右派失去工作,但是平反之后,他们都恢复了工作。在当时的教学系统当中,还是存在着歧视链的,公办老师会比民办老师更有地位,不过因为我的工作做得好,教出来的学生成绩有时候比公办老师的还要好,所以我并没有受到过他人的歧视。我去中心校教书之后,学校历来都叫我当年级组长,负责组织年级的一些活动。再后来,他们又让我当教研组组长,负责整个区的教学管理。那时民办教师和公办教师的待遇差别也是很大的。我们(工资)只有百八十块的时候,公办教师就已经有几百块了,不过也怪不得哪个,没有什么好抱怨的。改革开放后,我家人叫我去做生意,我没去。虽然当时的条件很艰苦,但是我也从未打过退堂鼓,从未想过退缩,我一直都是保持积极向上的心态,想着把每一天的工作都做好。教书的过程当中还是会遇见一些困难,最大的困难是家长们对我的工作不理解,比如有些家长无法理解我为什么把他们的孩子留下来做作业。

对于当今乡村教育的发展,我认为乡村教育的语言至关重要,虽然说是要追求现代化的教学,但是对于农村学生,还是要实际一点,要结合农村的实际。记得当时有个老师,他刚刚教了六年级的学生,接着教一年级的学生。他对一个一年级学生说,他有一种行为不道德,但是那个学生并不懂得什么叫道德不道德。所以说,对于乡村教育,我们用的语言要朴素,要有地方特色,结合农村的具体实际,以及学生的年龄来给他们讲课。如果给农村的孩子讲一些城市里面的字词,或者他根本就没有听过的字词,那孩子根本无法理解老师讲授的是什么东西。在乡村教书,对地方的语言要有一定的了解,如果不了解这个地方的语言,不根据这个地方的文化教书,是不行的。不过现在的情况不一样了,现在是科学化、现代化的时代,学生们通过电视和手机可以了解各方面的知识。

乡村教育仍存在需要改善的地方。我认为,应该安排专门的校车接送学生,不要让家长和学生那么辛苦。记得当时有一家人,他们家爸爸和妈妈外出打工了,爷爷带着孙子读书。爷爷为了孙子,有时候就会耽搁家里面的农活,本来他可以做一些农活补贴家用的,但是因为要接送孩子上学,就无法安心干活。这样孩子爸妈的压力就更大,他们既要赚钱供孩子读书,又要赡养老人。我认为我们那时的政策确实好,特别是改革开放之后,我亲身感受到这几十年国家的变化,对这种变化也是十分感谢。如果说还是以前的老观念,我可能读过初中之后就不会读高中了,那就不一定会叫我去教书了,更不可能像今天这样衣食无忧。

夏祖玲

从教四十年的风雨与彩虹

亲 历 者：夏祖玲
访 谈 人：刘若雨
访谈时间：2020 年 5 月 17 日
访谈地点：河南省郑州市夏祖玲寓所
访谈整理：刘若雨

亲历者简介：夏祖玲，女，1959 年生于河南南阳邓县（今河南省邓州市）刘集乡（今刘集镇）后桥村夏营。1976 年高中毕业后不久成为后桥初中的一名教师；1982 年通过民办教师招考成为正式民师，调刘集乡小学任教；1984 年调至后桥小学；1986 年考上中等师范函授学校，被聘往刘集乡齐集村小

夏祖玲（右）接受访谈

学任教；1992 年调动赴小杨营乡中心小学；1995 年任杨营教办室计生主任；2000 年在邓县花洲街道办事处成人学校教养蜂课，之后调至邓县花洲街道办事处十三小任教；2016 年退休。

一、 老农民的孩子意外走上教师岗

　　我 1959 年出生在河南南阳邓县刘集乡后桥村,是家里的第五个孩子。因为要带小妹,我没有上一年级。我常背着小妹哭着往学校去,不敢进别人班里,看哪个班上在讲课,就趴窗户后面去听。高玉宝的《我要读书》是我印象最深的课文了,老师讲他哭着说"我要读书! 我要读书!"听得我也直哭。

　　二年级下学期,我开始上学了。记得上到三年级第七课,是"刘文学拖住偷辣椒的地主",歌颂刘文学见义勇为、敢于与坏人斗争的事迹。没两天,大姐有了二女儿,又让我去带。带了一段时间后我再回到学校上课,就(直接)上四年级了。四年级那会儿已经学到毛主席的一首七律诗——"红军不怕远征难",老师让背默,可我都没学过。我回来就死记硬背,"磅礴""泥丸"那几个字还愁①得很,我就死记着在哪个位置。第二天老师让我背,我说我不会背,但我会默写。老师很吃惊——只有会背才能默写,咋会默写不会背! 就让我站在那儿。我说我不是说瞎话,是真的会默不会背。老师就让我上去默,结果真默下来了。

　　1976 年,我在后桥农中高中毕业,每个毕业生都发了本《毛选》和一个粪篮。上完高中到农村生产队里干活,干了几个月。不久,后桥初中因为有俩姑娘出嫁离开了,缺俩老师,要招老师。当时招的是民师,民师有地,在学校里教书就当也在劳动,记工分。也因为是要记工分,所以学校缺老师时必须找村大队支书(解决)。大队支书当时是让他的女儿去的,但去了三天,理化教不下来,只能回家了。我们大队会计又叫他儿子去,又去了两天,又没教下来。那时候凭关系,县里招工的那酒厂啊、化肥厂啊、造纸厂,招工都是大队会计和大队支书的子女们去,老百姓就别想去。后来大队干部的子女都拿不下来,支书建议说你们学校自己去招吧,招到了通知村里,让村里生产队给开工分。

　　我的初中数学老师李老师,觉得我成绩好,便通知我去。他先通知了我

_____

①　意思是不认得,不知道读音。

的一个堂哥——说起来我就生气——他在学校当老师,让他给我送通知,但他说我教不了,就没通知我。最后还是李老师写了一封信,让他的学生给我送过来。我姥爷收到信一看,说有个李老师找我,让我去学校。我那天吃了饭就去学校找李老师,他说初中化学已经讲到第三节,让我先试讲,能讲下来就留,不行就还是回去。我便拿着教科书回去备课,第二天上午第二节课就叫我去甲班上课——过去有两个班,甲班和乙班,就是现在的一班、二班——讲化学第三节"溶液"。学校领导班子都(对我的授课)挺满意,就让我留在了学校。我当老师也是因为喜欢这一行,上学时候我的学习就好,老师总提问我。凡教过我的老师,英语啊、数理化啊,都喜欢提问我,让我上去演板,就像做小老师一样。

我们夏营有两个(生产)队,两个队都想不通我咋会进学校,他们不知道我是凭本事进去的。我们大队支书的兄弟也在学校里,他们都想着我是被说①给大队支书的兄弟(做媳妇)了。那时候给我说的啊,说是婆家给安排的工作,因为我爹是个老农民,怎么(有能力让我)进的学校。我们那学校想进去(当老师)难得很! 整个乡里都这样说。越解释就越抹越黑,我就不解释了,(谣言)就跟一阵风一样,刮过去就好了;等看我没跟大队支书的兄弟结婚,也没有订婚,不就说明没这回事了吗? 所以有些事就不用去解释。

二、 有实力却没势力,经历多少风波

一个学校教师分三等。一个国家公派的,比如说过去不也有师范生嘛,师范生毕业了分配到学校来了,那都是有国家补贴有工资的,公办老师一个月几十块钱。第二个是级内民师②,国家也拨钱,承认有你这个老师,报酬是"工分加补贴"。补贴是国家给的,但一个月就几块钱,不过那时候一个鸡蛋

---

① 安排的意思。
② "级内民师"指的是在上级教育主管部门备案的"在编"的民办教师,是当地对此类"在编"民师的一种俗称。

才5分钱。第三个是我们这样的级外民师①,没有国家的补助,就大队承认,给工分,每个月再发1块5,是生产队给的补助。那时学校里的正式教师少得很,最多时也只有四名公办老师,其中一个一般都是校长,是国家正式分来的。民师又分两个档次,别人是省里地区都挂上名的,是级内民师;我是才进去的(级外民师),国家不给钱,只是村里给生活补助。

但最后(这些区别)也不重要了,1982年国家出了政策,(以后就)不存在级外民师了。原来凡属于级外的老师,统统要参加考试。我们属于构林镇②,构林有个高中,我们跑到那里去考试,考上了才真正算不是级外了。(那是)全国的一次(考试),跟考大学是一样的,有分数线。比如说(分数线)350分,如果你没考到,就算教的年数再多,也得被裁回家。(但是如果)人家名额分完了,你这个分数就算达到了也不会被录取。比如说,我们后桥刘集乡如果要50名老师,达到这个分数线的有80人,还多了30人,那就按成绩排列,录前50名,后30名就回家。1982年我考试通过,成了级内(民师),可以调动了——(之前)你是级外民办(老师),村里开工分,你调走了,谁给你开,是不是?你不为这个大队服务,人家大队会给你开吗?根本不可能。考上正式的(编制),我才能调到刘集,教语文,工资就和级内民师一样了,我记得是每个月17块多。我是1982年调到刘集小学的,1984年又调回了后桥小学。

1979年,我还到进修学校学过物理。当时进修学校培养初中老师,叫全乡所有教初中物理的老师去进修物理,培训半年,学校有指标(可以去参加考试)。我们后桥学校总共两个班,就我一个物理老师。校长想叫我去,可是支书想让他兄弟去,(所以)后桥学校去了我们俩(参加考试),实际上支书兄弟去是想把我比下来,不想要让我去。可是我非要去,因为我是教物理的,而他不是。全乡一共八所(初中)学校,只给了两个(考试通过)指标。最

---

①　与"级内民师"相对应,"级外民师"属于"临时民办教师",没有民办教师"编制",上级教育主管部门没有备案。

②　构林镇,隶属河南省南阳市邓州市,1985年由构林乡改构林镇。

后我和另外一位男老师考上了,我俩就去了(进修学校参加培训)。(培训)多好啊,半年学知识,不用交学费,吃住都在那儿,又有大队给粮食和补助,我们那时候发的粮食就是玉米糁、红薯干等等。

夏祖玲的小学骨干教师证书

进修学校一个月给 18 块生活费,每个月过完了才给钱,才能去买衣服、裤子。我去进修学校上学还穿的布鞋,连球鞋都买不起,做了两双鞋就穿上去了。(当时)我穿了我二哥的黄布衫,布衫有两个口袋,像军用的一样,我还穿了他的裤子,所以穿得跟个男孩似的。我不吃食堂的菜,只买点咸萝卜菜,这钱就省下来了。物理化学(学起来)很简单,但你实际去教,要让孩子们都会,就得拼命地学(教学方法)。我学习抓得很紧,当时学校统一买票,叫去看电影《少年犯》,我都没去看。我那时候穿个黄布衫,长得也秀气,小小个,有个县教育局领导去进修学校参观,人家转了一圈,他看到我年龄小,以为我是领导的孩子,来培训班沾国家的光,复习半年去考大学的。所以他直接和进修学校的财务说,一个月 18 块不发给我了。学校先通知班主任,说不给生活费了,我听到都哭了。俺们班主任李老师好得很,我在班里每次物理考试都是九十多分,他看我学习踏实,也不咋去玩,就说:别哭,我给你想办法,给你打听,你们教改组来开会了我通知你。过了几天,局里召集各乡镇教改组长去开会,我们教改组组长也去了,我和班主任就坐在后面等。半场休息时,我和我们教改组组长把这个情况一说,他说他找局长去,证实我是个老师,不是来补物理考大学的。(这才把)两个月的钱一次都(给我)补了,共30多块钱。

因为那个时候上学学的知识都浅得很,我就想着拿个中师文凭对自己来说有点帮助。于是1986年,我在后桥小学教书的同时,就上了中师函授学校自修。函授学校要上三年,因为每个月只去五天,所以时间拖得长。这每个月的五天不是随便去,人家是集中几天上的。去上几天课,学校把作业布置下来,就回来做,下回去了再把作业交上,人家给你改。学校对老师外出进修是有规定的,你不在学校的这几天得把班上学生安置好,没有老师给你代课。比如说,数学等其他科老师的课可以先排过来,叫他们先多教几节,你回来再把这几天的语文课补上。

我去(函授学校)还是歪打正着。因为当时刚刚办这个(中师函授)学校(我们是第三届),怕人录不够,所以只要你能考上,学校同意你走(就行)。当时教改组开会,给校长们传达市里的文件,鼓励老师们报考中师函授学校,但(校长)回来后都不在老师会上说,怕老师们都去参加函授学习了,学校里留的老师不够,所以这个消息都不告诉老师们。我知道这个消息也是运气:1982年我在刘集教学时认得的一个朋友仍在那里教学,她是大队支书的侄女,报上了名,给我也报了名。刘集是乡政府所在地,地位高;况且人家亲戚是大队支书,教改组的都得听大队支书的话,毕竟在人家的地盘上,教改组用的这个地都是这个村的。俺俩关系好得很,到现在都还有交往。她对我这么好,因为我是个实在人。我俩(在刘集教学时搭)一个班,她教数学,我教语文。她女儿是8月24日(生的),那时候孩子满月了就要上班。周一、三、五第一节是数学,是她教;周二、四、六第一节是语文,是我的。9月间天已经冷了,她有个小娃娃一早来不及,我就给她交换时间上课。我们老师星期一晚上开会安排一周的事,她不来,我都得替她答点名,人家喊她的名字,我喊"到",下面喊我,我再喊"到"。时间长了,校长发觉了,还把我批评一顿。

我是 1985 年秋里考上的。当时上（函授学校）的时候我还在后桥，晚上就必须到刘集那儿，一早才能坐上车去学习。因为我们后桥不通车，刘集也没有汽车，只有那蹦蹦车①，就跟咱们那三轮（一样），三个轱辘的有大个棚子。所以每回下午放了学我都得往刘集走，晚上先到刘集，第二天早上就坐蹦蹦车，才能上县里的函授学校。

1986 年县里有搞聘用制的想法，让刘集乡试点。教改组的领导们先选校长，比如说，28 所学校，聘 28 位校长。28 位校长，你到后桥，我到齐集②，反正都给你们分个学校去当校长；校长安排了以后，再由校长聘用老师。我原来在的后桥学校不想让我走，又有三所学校都聘用我。聘用是自由的，想上哪个学校就上哪去。我最后离开了家，调到齐集去——因为齐集学校在公路边，交通方便，我就不用每次住在我（刘集的那个）朋友家了，我直接出学校截到刘集的车坐上就走了。来到齐集，吃住都在学校，扎了根，还在那里结婚了。

这个聘用制搞了一年多就不适应了。从今年春上到明年春上，一年，秋里都又不使用聘用制了。之前安排好的那几个校长还干你的校长，需要调动再调动，老师一般也想动就动，不想动了就算了。为啥干不下去？因为有民师编制的老师没聘用上，有的都是多少年的老教师，四五十岁了，没聘上，就去教育局，说你们都是凭关系的，不是真正的聘请老师，有编制的不要，聘用那没编制的。1982 年（考试）刷下来多少老师，这回又把（这些）没编制的聘用上，把有编制的

夏祖玲工作时的照片

_____

① 即安装三个轮的脚踏车，装置车厢或平板，用来运货或载人。
② 齐集，指河南省邓州市刘集镇齐集村，位于邓州市最南边。

挤下来了。当时规定,教师两年不被聘用就等于下岗——比如说,如果今年没校长要我,明年又没校长要我,等于我就要自动下岗了,教师证也就失效了——老师们就着急了,毕竟原来也是好不容易才得到个编制的,都开始不满意,所以去教育局反映情况,县教育局也就不搞试点了,宣布聘用制试点失败。

三、 在教师岗位绽放光芒

1985 年,国家确立了第一个教师节,(我)可高兴了! 原来教师是"臭老九",没人尊敬,就是个教书匠,没啥前途。我们的学校在村里的西头,老师的称号就是"那西头的臭老九"。现在工资也涨了,又受人尊敬,当时教师节一经确立,我们老师可高兴,说咱们也有自己的节日了! 老师们劲头足了,都说要在教学中更上一层楼。我的教学经验就是"以理治人"。上课是严肃的,下课是活泼的。我给你举个实例:过去没有玩具,跳绳、踢毽子就是过去上学时的玩具。我跟学生们讲得很清楚:下课了我们打成一片,你们也不要认为我是老师,我们比赛,看谁跳绳跳得多、毽子踢得多;可是到上课的时候,你们就要严肃认真地听讲。

有个学生,他看到体育项目中那些跳高跳远的,便也学着立到课桌上(模仿),从这个课桌跳到那个课桌上,再从课桌上跳起来去抓屋顶上的钢筋梁。我看着很危险,人要是没抓牢掉下来,蹬着桌子边,桌子一倒,砸下来不得把腿砸断? 过去的课桌都是榆木疙瘩,多高多沉哦! 我当时看到,也没有嚷他,而是把他喊到办公室,就给他讲道理。我说就你这跳,要是抓着梁或是跳下来蹬到课桌中间还好一点,要蹬到课桌的边缘,桌子倒下不把你腿砸断? 他说:"没事啊,夏老师。"我说:"好,咱们做个试验。"我就搬了两个小方凳出来,从打扫卫生的扫帚中抽了一根竹条放上去,让他跳,方凳就那么高,一下就跳过去了。我又找同学搬来两个方凳摞上,他又跳,没跳过去,扫帚竹条掉下来扎住他的腿,扎流血了。我就教育他说:"你看,这就是个指头粗的扫帚枝,没跳过去都能给你腿上扎流血,你可想想那个桌子,咱们是榆木桌子,多沉? 你要跳过来蹭到桌子边缘落下去,桌子倒了不得给你小腿轧断? 这个责任谁负呢?"他说:"夏老师,我错了。"知道错就行了。人家跳远有自己的坑,跳过去也是沙,损伤不了哪里,可是在教室里,都是硬对硬。说完我就带着他去校长那儿擦洗处理。从这以后,这个学生再也不做这样的事了。

那时候都是农村娃儿,给他们讲道理的时候,就要以农村的语言和事例来说服他们。我(教育他们)说,你们作为学生,家里辛辛苦苦干活掏钱来让你们学知识,你们(怎么能)不学? 我还给他们举例子,拿了个树苗,说你们看这个树如果没人修剪,就指头这么粗的小树枝,它长不成参天大树;我今天要拿个刀给它修剪修剪,栽到教室东北角,这个树长到胳膊这么粗的时候,长了一层小树枝,需要我们再给它修修;(因为)树不修剪成不了材,学生不学习将来也成不了大器。我们这里是棉花(种植)区,(所以我又教育他们说)就算回家种棉花,从育苗、长成到挖窝、栽上、浇水,这个工序这么多,如果(因为没有知识)在给棉花打药时把药液比例兑错了,给棉花浇死了,爸妈不就劳而无功,几个月的辛苦,都白白浪费了吗? 所以说得好好学习。过去是"有理走遍天下",现在呢? 是"有知识改变天下,无知识寸步难行"。再一个,在教学生的过程中,不应该打骂。学生时代就是犯错误的时候,就看老师怎样引导。学生犯了错,上去就打、骂、体罚,这个学生就永远改变不了,因为他对你有抵触情绪,那怎么办呢? 我就给他攒起来,犯了小错就攒起来,不轻易说他,等他的错误犯得多了、攒得多了,才把他叫进办公室,一一教导。

1992年秋,我丈夫被调到小杨营乡①(工作)了,因为当时儿子还小,才两三岁,所以我得跟着他一起过来,互相有个照应。我钢笔字写得好,当时杨营中心小学校长叫我备节课,他一看教案,说我是个女老师,咋看着我的字像男老师写的钢笔字? 通过讲课,我就留在杨营中心小学了。

这个学校在街边,学校出来就是一条街。有个学生姓孙,他父母是做生

---

① 指河南省邓州市小杨营乡。

意的，一早起来卖胡辣汤卖油条，他有钱，不乖，街边的学生害娃①多，门道眼子多。那时候，花生、糖疙瘩、瓜子是最主要的零食，他买了嗑啊、吃啊，每次扫地扫他那里都是糖纸啥的。我上课他还听，其他老师上课他就吃。他数学好，我教他数学总是考100分，但汉语拼音不好，他不愿意学。有一次他买冰棒，给我一个，他自己一个，我说我不吃，你自己吃。我问他，这钱，是你妈给的还是自己拿的？他说，有时候妈妈给，有时候自己拿。我说，是啊，做生意，要钱方便些。那妈妈的钱都哪儿搁着呢？他说，就在那桌斗里。他妈不是有那个抽斗嘛，卖油条收的钱都搁那。我说，你每天吃花生瓜子那皮，都给嗑桌子底下，同学们为你扫这个多不好，能不能改了，在教室里不吃？你想，都是四年级的学生了，你吃，人家不吃，你看多不礼貌，能不能不在教室吃？他答应了。

隔了几天，他又买糖，在教室外面吃，被学生们发现糖纸。我规定谁的垃圾，自己得捡起来，并且罚一星期扫地。我问他，你还有糖没？他说还有。我说，"同学之间啊，有福同享有难同当，你这还有十来块糖，给大家分分吃嘛，大家对你不也有个好印象？"他也高兴，叫同学们分分吃了。分吃了，他也（把这个）当成个营生了，说："夏老师，今儿又称的瓜子、买的糖，你还给他们分分。"我真是哭笑不得。我说，你看你妈起早贪黑的，五更里起来提面，挣个钱多不容易啊，你称这些瓜子、糖，叫我给班里同学分分吃，你妈知道了心里啥味？你得把分数搞上去，你数学基本上满分，语文就是二三十分，能不能语文达到及格分，评个先进、三好学生，让你妈也高兴高兴？我让他每天课间操来我住室里，给他从一年级的汉语拼音教起，今儿十个背背默默，明儿二十六个韵母、声母给他拼拼。最后他语文考了六十多分，评了"三好学生"。班上学习好的同学不乐意，我说这是个鼓励奖，后来这个娃成绩就上去了。我做这些是很平常的一些事，所以说当老师跟当家长是一样的。

县教育局要安排教研室的人下去听（示范）课，比如说去杨营听杨营乡小的四年级语文，或者说五年级数学，提前（一天）通知你，第二天就坐车来

----

① 指顽劣的孩子。

了。因此，乡里让老师讲个示范课，老师都不想讲，觉得要费很大脑筋，跟平时讲课完全两码事。平时讲课相对轻松，示范课就要认认真真，使万倍的力气去备优质课。但乡里安排我讲，我就认真准备。我想着趁这个机会，也让全乡的四年级数学老师都来听听，一是听我的讲课，二是来评评、指指哪里讲得好，哪里讲得不好。示范课那天，教改组通知全乡的所有教四年级数学课的任课老师来听课。那天是在一个会议室里讲课，老师们都坐着听。我讲的数学小数除法，讲得很不错，除数、被除数、几倍，我就拿黑板擦盖着，两位数除以两位数，先看哪两位，后看哪两位，先（用黑板擦）盖着。听了以后，我把老师也当学生，请他们回答问题，（他们）听了以后，再指指我的缺点。

每次无论是乡里教改组让讲课，还是县里派来听课，只要我在乡里，都是我讲的。因此，所有任课老师、校长都认识我，评劳模的时候也都评我。这个劳模是咋评的？是投票。初中小学，一个学校只推荐一个。比如，我们学校推荐我，当时每一个学校的校长带一个先进个人，到乡教改组投票。被推荐人都上去念念自己的教学事迹，重点是成绩和荣誉证书。全乡的校长和老师互相打分投票。我也能投票，一人一票。最后全乡选五人还是几人，反正有我一个。为啥都认得我，投我头上来？除了课讲得好，每次抽考，一个班全体参加考试，我们班成绩都得第一。如果是每个班挑尖子生考试，比如，所有四年级每个班都挑数学前十名到教改组统一考试，我们班又是第一。

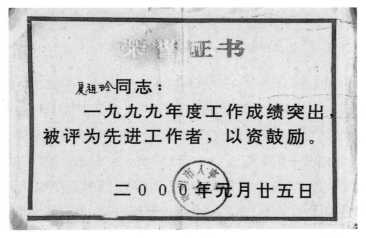

2000 年，夏祖玲被评为 1999 年度"先进工作者"

1995 年,我从中心小学调到教办室,干到 2000 年。我到教办室是因为教改组听我的课,觉得我思路很清晰。教委有计划生育工作,每个教改组都需要选个计划生育专干,不任课,专抓计划生育。组长记得我,所以给我调去了乡里教办室,当计生主任,管乡里老师们的计划生育。我给分来的大中专生登记名字和联系方式,他们要结婚了,都得通过我开介绍信,需要生孩子了,我给他们办准生证。教办室里我抓了三项,一个是计划生育,一个是幼教,一个是妇联。计划生育这一块,数学得好,(因为)月月(要)上报。全乡新婚的有几个,未婚的有几个,孕检对象有多少个,女老师有几个,生育的有几个,未生育的有几个,出生一个汇报一个,结婚一个汇报一个,然后全县再统计。

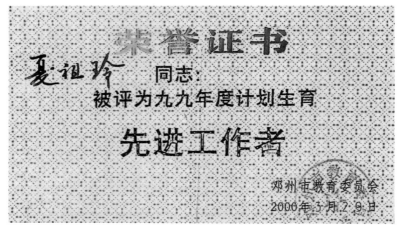

2000 年,夏祖玲被评为 1999 年度"计划生育先进工作者"

2000 年,因为儿子上学,我跟着调到城里,就在成人学校负责养蜂教学。成人学校里,有人负责裁缝教学,有的负责养殖(就是养猪这块儿)教学。我们住在邓县时,对门就是养蜂的,因而总向人家请教。我后来借了他一本书,选了一章中的一节备课,去讲养蜂优质课。后来成人学校解散了,我们就合并到中心小学工作。东城教办室想给老师们安排到学校担点课,减轻点学校老师的压力,实际上我们还是成人学校的人。我就到邓州东城第十三小学,减轻他们小学的负担,干到 55 岁退休。

四、 教学没失败，却最对不起儿子

我是1982年转成级内(民师)，1994年又考成公办(教师)。跟考大学一样，要考试，就考语文和数学。我是1982年变成级内民师，为啥1994年才考公办呢？因为我一直在教育一线，(为了)拿中师文凭，又一直在学习，再一个又有儿子了，拖着腿了。1994年儿子五岁了，我才考公办教师。我记得我1984年在刘集考上(过一回)，但人家说我年限不够，不让我上，我一下哭成啥了，枕头都哭湿了。不够级内的整五年就不行，卡多严？我1982年才转成级内，这一年还不算，到1987年才能参加(公办)考试。

我1987年结婚，1989年有了儿子，又忙教学。那时候级内民师分的有地，嫁人还分的地，地里有活儿，我忙得瘦得走样——地都包了，我不干谁干？我丈夫是个工作狂，印象最深的是那一年制身份证，他成天领着照相馆老刘查大户，一家一户的，够18岁的，通通给人家照相。一个村十几个营，全村一家多少人啊，18岁以上都要办。有的老婆婆有四五个儿子，儿子又有多少孙子。(这样的生活)从1988年到1992年，一直到了杨营，把儿子送学前班，我才脱壳①。

那三年真的太忙了。儿子几个月的时候，我都抱在学校里，吃住都在学校。为了不耽误学生们上课，我给他撒些白糖到作业本上，让他揽着吃，省得他往教室里爬，一爬到教室，学生们只顾逗他呢、看他呢，不就上不成课了？结果他吃糖太多了，吃得尿不下来尿，一直哭，哭得多凶。叫医生看，尿的都是白点子，医生说是热气，让我给他灌茶，他尿不下来，哭得更厉害了。我没办法，星期六抱上回去找我爹，他说娃脸哭得没颜色，赶紧上邓县。县与县之间有车，那时候乡里没车，我坐新野的车上邓县，到邓县下车碰见熟人，一问，说是吃糖吃多了，他家开小卖部，孩子吃糖多了也是这样，回家灌白开水就好。我回去又灌白开水，(终于)尿下来了。哎呀，这事儿颠动了三天，(孩子)哭成啥了。后来不能喂糖了嘛，我就用围巾拴着他腰，另一头绑

———————
① 脱身出来。

在床腿上,不让他往教室爬。很多老师添了孩子都请了假让人代课,我不请假,因为会没工资,也不能管学生们了。

孩子一岁多时,我把他带到学校里,有次孩子差点儿冻死了。那时过了正月十五,十六就开学了,我就抱着他上学校里。早上上早学,我五点多就起来了,给他盖到被窝里,让他睡着别动,我就去带学生跑操去了。(跑操过程中)炊事员老齐突然跑过来喊我,说夏老师你娃儿冻得跟个乌萝卜一样,在大门那儿哭,我要不是出来拿柴火,都没发现,抱他回家,他也不让抱!原来儿子醒了没见我,从住室里跑到大门外头,想找我。人家老齐是起来做早饭的,我们校园大门外面有柴火垛,他去拿柴火,听见孩子哭,去看发现孩子冻得跟个乌萝卜一样,喊妈妈。正月间天,多冷啊!我坐被窝里给他暖着,我也哭,我打他,说他不听话,给他屁股都打出印子了。

还有一次,两岁的儿子感冒了,我也没当回事。谁知道烧得搐过去了,又掐回来,想着要把这节课上完,不然几十个学生老早过来,白白耽误了时间。上完课没吃饭,我跟校长请个假,抱小孩去看病,到医生那儿又抽搐好几回。医生说你再不来,你孩子都要成羊羔疯了,高烧不退,动不动就抽搐过去,脑子烧坏了,就成憨娃儿了。还有一回我也是只顾着教学,孩子喊着胳膊疼也没管他,我说疼就是摔着了。谁知道是打那个防疫针(过敏),等到我给他穿衣服,才发现特别大一个脓包,脓水流了一手。教学是没耽误,但我的孩子可受罪了!医生说必须得用一捻子,包上药棉纱布,就是指头那么宽的纱布蘸着药往脓包里捣,到现在他胳膊还塌了多大一个窝。

以前早上谁吃过正经饭,都是贴馍烧茶。赶上要去学校打钟或值日,就得五点到学校,不打钟五点多去,因为六点钟早操。早上放学回来个把钟头,来不及打面糁,就馏馍、烧茶,(这个)不用刷锅,不耽误时间。儿子二年级,八岁左右,自己做饭,天天吃馍喝茶,他喝茶喝烦了。我口头禅就是,班主任是"来在学生前,走在学生后"。早上五点多我就去学校了,回回要等学生都走了才回家。儿子比我早回家,怕我还给他馏馍烧茶,就弄点水想煮面汤。当时哪有现在的条件,现在的液化气多快,那时候早起、晌午、晚上都是烧煤,有时候煤放得不对,火上来得很慢。他想吃,但不会做,水都没开,面就往里倒,倒得猛了,煤炉上溅得到处都是面。我怕烫到他,不让他做。为做这个饭,我打过他多少次。他虽然不上早学,但必须得跟我一起吃早饭。他吃饭慢,我得在学生去之前到,我只好催他。我脾气不好,急了打他,他到现在胃都不好。

　　总之,我兴许是个称职的老师,却不是一个称职的母亲。2016 年我正式退休,做了四十年的人民教师。从小学跳级,到高中毕业,再到自修中师;从"黑"民师,到民师,到考成公师,再到晋升为高级教师;从后桥初中,到刘集乡小学,再到后桥小学、齐集村小学,后来跟着爱人工作调动去小杨营乡中心小学,最后跟着儿子升学进了城里的成教学校和邓州十三小……我见证了教育行业的很多变迁,也把最好的年岁都献给了这份终生的事业。

顾世银

扎根农村半余生，一人一校十四载

亲 历 者：顾世银
访 谈 人：邹　娟
访谈助理：梁思凡
访谈时间：2022 年 6 月 10—13 日
访谈地点：甘肃省平凉市崆峒区香莲乡薛冯教学点；电话访谈
访谈整理：邹　娟　梁思凡

亲历者简介：顾世银，男，1961 年生，甘肃平凉人。1975—1979 年，就读于甘肃省平凉县（今甘肃省平凉市）白庙中学；1979 年 12 月—1996 年，任教于平凉县香莲乡薛冯小学，1982 年 9 月 9 日，经考核合格正式成为甘肃省平凉县民办教师；1996 年，前往甘肃省平凉地区师范学校学习中师民教专业两年，并于 1998 年 7 月 6 日毕业后转为公办教师；1998 年 9 月，被分配至平凉市崆峒区香莲乡三里小学担任

顾世银（左）接受访谈

校长；2002 年 9 月，被调往香莲乡宋塬电力希望小学任教师；2006 年 9 月，调回三里小学任教；2007 年 9 月，被调往香莲乡薛冯教学点任教师，直至 2021 年 9 月 30 日退休。

一、 求学:"要改变穷困面貌，还是要有知识"

我一生都定居在香莲乡薛冯村第三社。那个时期的人普遍对学习不太重视，家长不重视，学生自己也不重视，家长对孩子的学习成绩从来不过问。我的父母一生都是文盲，老师也成天带着学生植树造林，或者去给生产队拾洋芋、掰玉米。1975 年到 1979 年 7 月，我在崆峒区白庙中学念完了初中和高中——初中两年、高中两年，一共四年。初中学习了物理、化学、语文、政治、数学、历史、地理七门课，高中加了一门生物，共八门课。

过去的学费全由自己承担，上高中的时候一学期是 5 块钱。当时主要是靠家里养的牛、驴或者猪（卖钱）来供孩子上学。那时家里也没有其他经济收入，就连几块钱的学费，有时也会发愁。我上初中的时候，非常羡慕解放军能背黄挎包，那个黄挎包一般学生都背不上——我自己背的书包还是老母亲省吃俭用给我的。到高一之前，我都没能穿上过一双袜子。当时生产队种甜菜，我在高一的最后一个学期，从家里去学校的时候背上甜菜，背到供销社去卖，一斤甜菜 5 分钱，一共卖了 1 块 1 毛钱还是 1 块 2 毛钱。当天我就买了一双丝袜，给我高兴坏了！然而，由于不知道自己的尺码，我袜子买小了，一走路，袜子就往下滑，但当时的人们都很羡慕我还能穿着一双丝袜。

上学的时候，我每天起早贪黑。早上要走十五余里的路，特别是冬天，五点左右我就要起床，从家里背着两个馍馍就出发了。这段路要走一个半小时，都是土路，比较难走。当时我们三个同学结伴，天蒙蒙亮就到学校了。那个时候吃的都是黄面馍馍，条件相当艰苦，中午我们就把馍馍放在一个泥做成的炉子上烤一烤，吃上一点。日复一日，我在这个白庙乡奔波了四年。在这四年间，我看到了我们这个地方的贫穷和人们思想上的落后。从那个时候起，我就深深体会到，人没有知识就很愚昧，要改变穷困面貌还是要有知识。以前上初中的时候，我还没有认识到"知识会改变命运"，到了高一的第二学期，我对此才深有体会，开始重视学习。1979 年 7 月份，我从高中毕业了。

对于知识的重要性，至今仍有一件令我印象深刻的事情：以前的人不认识化肥，那会儿化肥很便宜，但大家不了解，都说化肥没有什么用，还要花钱（买）。之前种地都用农家肥，过去叫"土粪"。那会使用土粪的时候，不像现在，会把粪倒在地里，用锹扬开，而是会直接用驴把粪驮到地里，然后将粪袋子背在身上，一碗一碗地朝里撒——那个时候农民种地就是依靠毛驴，从家里驮上农家肥，起早贪黑，驮到山子里，然后倒在地里。我第一次使用化肥尿素的时候，有人就说我把麦子苟死①了，等第二年麦子出穗的时候，看到麦子并没有被我苟死，发现化肥好用后，他们就说："哎，你们年轻人就是比我们强。"

1979 年，顾世银（三排左六）所在白庙中学 79 届高中毕业生合影

二、 从教："人还是要下苦功夫，才会有一定的收获"

高中毕业后，我就回了家。有一天，我在路上碰到了薛冯小学的一位民办教师，他喊住我，并问我："你想当教师吗？"我说："我非常想当教师，我念

---

① 　方言，意指施肥过量导致作物无法正常吸水而出现失水萎蔫的情况，即烧苗。

书的目的就是为了谋得一份工作,我非常羡慕教师。"我接着问他:"你有什么消息吗?"于是他便告诉我,文教办公室下发通知,今年县上要招聘一批年轻教师,在几月几号将会举行一次考试。他将这个消息告知我以后,我当时非常高兴,一再叮咛他:"等考试的时候你一定记得提醒我一下具体时间。"不久之后,大约是1979年的11月份,他就通知我去考试。于是,我走了十几公里路,到乡上去参加了考试,考的科目是语文和数学。

那个时候招收的是小学教师,考试有21人参加,我们村上去了三个人,最后一共录取了七个人。考试过后,我一直没有收到录取信息。等到了12月份,我就自己找到了县上的文教办,询问事情的结果。他们便告诉我,你们七个人已经被乡政府(当时称"人民公社")聘中,成为香莲乡(当时称"什字公社")的民办教师。我得到这个消息之后十分高兴,待走出乡镇人民公社,走到大窑陷①的时候,我便放声高唱了一首歌——当时的人唱歌都是歌唱毛主席、周总理,"一唱周总理,人民的好总理,好总理……"——为了把高兴的情绪从内心发泄出来,我就唱了这么一首歌。等回家后,我将这个消息告诉家里人,当时家人的工作都是务农,我能够谋得这一份教师工作,他们也为我感到高兴。我从1979年12月开始加入教师行业,通过选拔考试后,政府将我任命为薛冯小学民办教师,我在薛冯小学一直任教到1996年。

我初次参加工作、第一次踏进教育战线时,心情非常激动,认为自己的书没有白念。刚到薛冯小学任教时,我教的是二四年级的数学和一二年级的语文课。当时小学一共有三个班——一年级单独成一个班,二四年级一个班,三五年级一个班。因为学生多、教师少,教学师资有限,当时学校就将两个年级的学生安排在同一个教室授课,称为"复式教学"。我参加工作之初遇到过一个难题,一直印在我的心中:在我上小学的时候,并没有学过汉语拼音,所以我刚开始教一年级学生的时候,自己也是边学边教。当时的期末考试是由乡政府出题。虽然边学边教,我带的一年级班级在这次汉语拼音的统考中还是获得了全乡第一名。

那时候,我们整个村子里大部分人都是文盲、半文盲。由于学生人数

---

① "大窑陷"为方言音译,具体地点未知。

1981年,顾世银(一排左二)与薛冯小学81级全体师生合照

多,教师缺,所以经常在本地招一些民办教师。以前民办教师在农村非常普遍:一是费用低;二是公办老师要求毕业于国家正式师范院校,毕业后由国家分配工作,民办教师则是由乡政府通过统一考试招聘的,一般就是雇佣本村的教师。比如我们乡上有一些学校缺老师,国家没有分配,就会由当地乡教育办公室根据全乡的教育现状来进行招聘,他们向各个学校发通知,让各个学校做动员、宣传工作,组织毕业的学生积极参加考试,成绩合格者就录取为民办教师。我在1982年去草峰镇参加了平凉县组织的民办教师考试,合格后被甘肃省教育厅人民政府聘为甘肃省雇佣民办教师,这也意味着甘肃省承认了我的民办教师身份。民办教师是没有编制的,只有转为公办教师成为国家正式人员后才算有编制。1996年,我经由学校向乡教育办公室推荐,参加了泾川县民教进修班。通过选拔后,我前往甘肃省平凉地区师范学校中师民教专业进修了两年,毕业后就从民办教师转为了公办教师。

　　泾川民教进修班实际上就是由甘肃省平凉地区师范学校开办的一个教师进修班。当时我学的是中师民教专业,培训内容包括政治、文选、语基、语教、几何、代数、数论、口语、音体美等课程。在我通过所有的课程考试之后，学校就会将考试成绩下发到当地的教育局，再由教育局将我纳为公办教师。

当时我的家庭条件很困难，家里只喂养了几只鸡，将下的鸡蛋卖了换钱供我上泾川民教进修班。我记得我在泾川的两年培训中，仅仅在泾川县城吃过一顿饭。去进修班以后，作为民办教师的92块5毛钱的工资就停发了，平凉师范每月会补助43块钱的饭票，我们就会拿着饭票去学校食堂打饭吃。每周离开家的时候，家里老婆或者父母都会给烙上一些馍馍，然后背到学校去吃。

我上进修班时，每周返校的时候一般会揣着10元钱，从家里骑上自行车，经过四十多里路，才能到坐车的地方。放下自行车后，再花3块钱坐上从兰州到西峰的长途班车，才能到泾川。一般是礼拜六的下午返家，坐上从泾川到平凉的小巴车，车票是3块5毛钱，将我们载到放自行车的地方。到了冬季，我下了车后天就黑了，骑上自行车又要走四十多里的路。等我到家时，已经是深更半夜了。来回的车费是6块5毛钱，还剩3块5毛钱，我通常会买上两盒1块钱一盒的烟，剩下的1块5毛钱就是"机动费"，比如老师布置了美术作业后，我就会用这笔钱买些美术纸。

当时，我们的学习任务非常重。在开学典礼上，泾川民教班进修学校的校长朱老师，就对我们说了一句话——"放下臭架子，甘当小学生"，这就说要我们放下当老师的架子，重新像一个初次入学的小学生一样，遵守学校的所有规章制度，认真学习。整个崆峒区前往泾川民教进修班的人一共有32人，我们这些学生一般都是在"文革"时代长大的，之前学的知识都非常少。当时科目很多，学习起来非常吃力，特别是在理科方面，比如数学、物理和化学，有些知识在高中时就是一知半解。此外，给我们代课的老师都非常年轻，要求比较宽松。在民教班进修的时候，我们这些人的学习成绩大多一般。我在泾川民教进修班学习的第一学期，感到压力重重，一学期下来，我的头发就少了很多——头发一股一股往下掉。因为我实在不擅长数理化，于是就下定决心要在文科方面做出成绩。第一学期末的语文基础考试，我考了92分。在放学回家的路上，我碰见当时给我们上语文基础课的赵老师，她很高兴地夸奖我说："顾世银，你这次考得非常好，没想到你语基考了92分。"这一学期下来，我获得了学校的奖励——20元钱。

在泾川的两年，我虽然生活艰苦，起早贪黑，但感到充实而满足。从距离考试十多天前开始，我就会开始复习。晚上（睡的是）上下铺的架子床，当时是18个人一个房间，我睡在上铺。等别人睡着后，我就悄悄趴在床上背书，也不能开灯。早上我们都会起得很早，特别是在冬季，天蒙蒙亮，钟声一响后我们就起床，然后出操。两年的进修班生活，四个学期下来，我总共拿到了60块钱奖金。毕业的时候，毕业证上我的考试成绩都比较好。这一次的进修经历给我带来了很大的进步，既磨练了我的意志，又让我学到了很多知识。我认识到，人还是要下苦功夫，才会有一定的收获。

1998年，拿到甘肃省平凉地区师范学校的毕业证之后，我就正式转为一名公办教师。当时民办老师人数较多，要想转为公办教师，可以通过两个渠道。第一个渠道是通过考试，但只有具有民办教师任用证的人才有资格参加"民办"转"公办"考试，没有任用证的人是不被允许参加考试的。后来，政策又放宽了一步，1984年之前参加工作的人可以参加转公考试，1984年以后参加工作的人则不能参加。第二个渠道就是参加泾川民教进修班培训。通过这两个渠道，逐年慢慢解决了民办教师的问题。最后，剩下的那些在1984年以后参加工作的民办教师就全都被解聘了，大约在2002年、2003年以后，学校里再也没有民办教师了。

三、 丰收："这份榜单是对老百姓最好的交代"

1998年7月，我从甘肃省平凉地区师范学校中师民教专业毕业后，被上级分配至平凉市香莲乡三里小学任校长一职，工资从之前的每月92块5毛钱涨到了369块。那时，我所在的三里小学一共有六名教师、一百七十余名学生。后来，因为教师资源非常紧缺，学校又雇了一名新教师，最后一共是七名教师。在这七名老师中，三名是公办教师，四名是民办教师。

为了更好地教导学生，当时的薛冯小学和三里小学规定，所有的教师必须住校，晚上不允许回家，这算在教师的考核指标之内，教师无故不住校的，还会被扣钱。若有特殊情况，教师可以随时向校长请假。教师住校的好处是能够及时批改作业、做好第二天的备课等教学工作，在以前这叫"常住备课"。比如我有时带的学生比较多的话，需要批改生字、作文、日记等作业，这个时间就非常紧张，所以晚上都不能回家。作为父亲，我大部分时间没有办法陪伴自己的孩子。周一的早上，我还要带上本周的教案，拿到教务处给负责人批阅。

在我当校长第一天给全体教师开会讲话时就强调，要紧抓学生的学习成绩。从自己片面的观点来看，我一直认为，作为一名教师，学生的成绩是衡量其工作的重要标准。一个教师工作再努力，学生没有成绩，我认为你的工作还是没有做到位。那个时候的小学学制是五年制，五年级毕业班的升学考试就是对我们工作的一次检验。当时，香莲乡会把全乡所有五年级的毕业班都集中到一起，由中学统一组织考试和评阅试卷。阅卷以后，乡政府的中学门口会将学生的成绩以"出榜"的形式公布出来。我当校长的第一年，在全乡举行的五年级毕业班升学考试中，前十名的学生，三里小学就占了五人，其中第一到第三名都是三里小学的学生。榜单公布后，有人不知道三里小学的校长是谁，就问："这三里小学是谁当校长呢？学生的成绩这么好！"人们就说："这是谁谁谁，今年才当上校长。"我认为，那是我最荣耀的时刻之一。这并不是我个人的成绩，而是说在我们全校师生的共同努力下，我们取得了一定的成绩。当时，三里和薛冯两个村的五年级学生全部都在三里小学上学，我觉得，这份榜单是对三里和薛冯两个村老百姓最好的交代。

四、坚守："我退休后，薛冯教学点就关闭了"

在三里小学任校长四年后，2002 年我被组织调到平凉市香莲乡宋塬电力希望小学任教四年；2006 年又被调回三里小学任教。直到 2007 年 9 月，我被派到香莲乡薛冯教学点，在这里一待就是 14 年。

过去，香莲乡共有 11 个大队，每个大队有一所完全小学，11 个大队共有

11 所完全小学。此外,全乡还设有四个教学点,薛冯教学点就是其中之一。薛冯教学点成立于 1958 年,因为我是本村人,对薛冯教学点的艰苦环境非常清楚,所以当 2007 年我被下调,组织来找我谈话的时候,说实话,我确实是有顾虑的,于是跟组织说让我再考虑考虑。回家后,我翻来覆去想了很久,最终还是同意了组织的这个要求。我为什么同意呢? 以前来薛冯教学点任教的教师都是临近退休的老教师,他们在这个地方待一两年就走了,走了以后又来人,来了就又走了,总是留不住老师,年轻人也不愿意来。我想着,第一,薛冯这么贫困,薛冯的孩子们需要接受教育,我如果不回来的话,有些幼龄儿童就可能面临失学的困境;第二,我是本村人,条件再艰苦我也应该来,我念书后选择走进教育战线,就是为人民服务的,我想把我学到的知识传给下一代,让他们一代比一代强,跳出农门,走出大山,让他们把学到的知识服务于家乡与社会建设。就是怀着这样的想法,我来到了薛冯教学点。

香莲乡薛冯教学点门口的顾世银

薛冯教学点辐射薛冯村三社和四社的学生,只设一二两个年级,三年级的学生则需要去香莲乡三里小学就读。我刚来的时候,教学点有七个一年级、五个二年级的学生，再加上两个跟班走读①的学生，共有 14 名学生。我来到薛冯教学点后，看到这里的教学设施这样简陋，最初产生了一种失落感。但是，为了家乡的孩子们，我还是坚定信念，努力调整思想观念，坚持留守在薛冯教学点。

原先的教室是土砖木结构，2008 年汶川大地震后，出于安全考虑，教学工作被转移到两间民房内进行。待在民房里的时候，我的心里非常酸苦，那种酸甜苦辣的滋味令我印象最为深刻。民房是借来的，一共三间，一间房是原先那家农户用来放东西的房间，不能占用，所以只有两个房间能用来教学。一块木黑板没地方放，我就把这个木板搁在土炕上，给学生书写板书的时候，我人必须在土炕上面，便只能半蹲半站地给学生写板书，然后又跳下土炕给学生讲课。在这两间民房内，我度过了半年多的教学时光。2008 年末，经乡政府和教育主管部门出资，重新选址建成了新的校舍，也就是如今的薛冯教学点。

当时建成的学校属于"四无"学校：无水、无电、无院墙、无厕所。一直到2016 年，教学点才通了水、通了电、修了院墙和厕所。在这之前，我和学生想要喝一口水，都要自己提着水壶去山沟里打水，那个山路非常难走，也很危险，因为水特别浑浊，有时打回来的一壶水还不能直接喝。没有厕所，我就自己刨了个土坑，用树枝围成一个厕所。下大雨的时候，学生去上厕所，小便还好，不会溅出来，上个大便就（不行了）。为了美化校园环境，我自己拉着架子车，到十多里之外，拉回来了 26 棵树苗，自己刨坑，把树栽下后，辛勤地浇水，这 26 棵树现在苗壮成长了。我看着自己的劳动成果，感到非常自豪，对我们村的村民说："这就是我们薛冯村三社、四社一道亮丽的风景线。"由于条件艰苦，薛冯教学点的人来了又走，只有我一个人始终留在这里。之前有一位刚分配过来的老师，当时组织把她分配到香莲乡薛冯教学点任教，她的母亲陪着她走到我们这个半山腰的时候，就向村民打听了一下这个学校的情况，在半山腰又看了一下学校的位置，说过这样一句话："这么一个艰

---

① 当时 7 岁的孩子才能上一年级，4—6 岁的孩子虽还没有到上学的规定年龄，但因为家人要进山劳作，孩子年幼无法随行，就会被送到薛冯教学点跟班学习，不算作正式学生。

苦的条件，宁可不要这份工作，咱们就不到那个地方去了。"后来她们就走了，没有来薛冯教学点任教。

2014年或2015年左右，我曾到平凉市区接受小班化教学培训，时长为一周。为了不停课，三里小学每天轮流派来两名老师到教学点给我代班。之前他们会说："老顾的薛冯教学点非常舒服。"通过那一次后，我们有老师就说："哎呀，不容易啊，能在薛冯教学点待这么长时间，确实不容易。"为什么呢？他们两个人在那个地方待着，都感到非常寂寞。另外，香莲乡的教育办公室平均每半年就会组织年轻老师来我这个教学点体验生活，也就是来条件最艰苦的地方，看一看这里的教师是怎么生活、怎么教学的。因为有些年轻人，在工作条件好的地方还不认真工作，所以有时候领导就会说气话："不行就把你们调到薛冯教学点去。"2020年有一次，学区干事给我打了一个电话说："看到你在这里辛苦了这么多年，组织也考虑给你再分配一个人。"我说："那确实求之不得，那好得很嘛！"第三天，这个干事又给我打了一个电话说："实在抱歉，对不起你了，给你派的这位老师他不来了。"当时宋塬小学有一位老师，他刚分配过来不长时间，但他放弃了这份工作，不敢来。

在薛冯教学点教书的时候，我（每天）的工作时长远远超过十小时。因为薛冯教学点只有我一名教师，学生不仅人数少，而且有些学生的年纪太小了，也没有办法打扫卫生，所以我每天早上需要早早地去打扫卫生，以致体验生活的年轻老师来了后的第一印象都是教学点的卫生非常干净。中午，由于学生离学校比较远，他们来校的时间并不固定，我担心他们来得早，出安全事故，所以中午也去得早。晚上，学生放学回家，我要看着没有家长接送，看着离学校比较远的学生过河。因为我们这个地方是山区，有一条河，特别是夏天的时候，我必须看到他过河，待他走到安全的地方后，才能回家去。在这样的情况下，我在学校待的时间就比较长。平时，我的课程任务也非常重。以前在没有提倡小班化教学的时候，我教一二年级的语文和数学课，这就是"四门主课"；再加上体育和美术课，还有一门思想品德课——现在被称为社会与法律课——这些课程都由我负责。从实行小班化教学以后，音体美实行了走教式上课，指完全小学、三里小学专门带音体美的老师每两周会来薛冯教学点，给学生上一节体育、美术或音乐课。小班化实行的时间还不长，在此之前，这些课都是由我一个人承担的。

　　在薛冯教学点的这些年，我听到最多的都是薛冯村三社、四社老百姓对我的赞誉。他们原来以为，我是因为自己是本村人，为了照顾家庭才愿意来薛冯教学点，认为我会以家庭为重，对待工作不会认真。我最后以实际行动证明了自己：来到薛冯教学点以后，我把主要的精力、主要的时间花费在了学生和学校的工作上，很少有时间陪伴自己的孩子，辛苦了老婆、愧对了儿女。我把别人的娃娃都能培养成高职生或者大专生，而我的一双儿女却连一个高职、大专都没有考上。从2007年到2021年，我一个人在这个地方坚守了14年。2021年9月份我退休后，薛冯教学点就关闭了。

2021年的薛冯教学点

五、 无悔："太阳底下最光辉的职业是教师"

　　从教以来，我多次获得"优秀教师""教学能手""年度模范班主任""先进个人""师德标兵"等荣誉称号。我的论文《小学教师的言行对学生学习态度的影响及策略》《小学低年级写字教学经验谈》在香莲乡教育教学论文评选中被评为优秀论文,课件《酸的和甜的》在优秀课件评比中被评为优秀课件。2016 年,我因从事乡村教育满 30 年,为我国乡村教育做出积极贡献,获得了中华人民共和国教育部颁发的"乡村学校从教 30 年"荣誉证书。2020年 3 月,我入选第十一期"崆峒好人榜";同年 6 月,入选第十二期"平凉好人榜";12 月,又荣获"甘肃好人"称号,并入选"中国好人榜"。2021 年 3 月,我被评为第二届"感动崆峒人物"。

我特别留恋薛冯教学点,这个教学点是我一人亲手把它建成现在的样子的,我在这个地方生活了这么多年,对这个教学点确实产生了浓厚的感情。现在,我还时不时地到这个教学点去,就在大门外转一转、看一看。我看一看我亲手栽的那 26 棵树、看一看这四堵墙里面我所做的一切,就像我上班的时候一样。今年 6 月 8 日高考那天,我又去看了一回。

2016 年,顾世银荣获"乡村学校从教 30 年"荣誉证书

从我的思想观念来说,学生就是以成绩为主,虽然现在农家子弟改变命运更容易了,但无论是从师资还是教学条件来说,农村和城市依旧存在很大差距。比如农村的学生想要课外补课,如果这个费用比较高,学生就没有办法承受。再者,"人往高处走,水往低处流",虽然农村教师有生活补贴,但是每年考试报名,人们还是愿意往城里考,毕竟城市具有优越的条件。所以我

认为,(要发展乡村教育)一是要提高乡村教师的工资。当然,现在教师的工资有向农村教师倾斜,但是虽然宣扬说教师的工资要和公务员齐平,在实际过程中还是没有落实,国家对农村教师的工资、待遇方面还有待进一步提高。二是希望国家给教学环境建设再投资一些钱,这样才能既留得住乡村教师,也留得住学生。当然,国家现在对教育特别重视,特别是在教学设施等方面——原来我上学的时候,课桌是由两个泥台搭着一块木板组成的,现在的学生都一人一个小方桌了,这都是国家出资配齐的;现在香莲乡的有些完全小学,在冬季也不烧煤了,而是买了空调,这些也都是由国家投资的,这种改变是让人意想不到的。三是农村现在的音体美教师还是薄弱环节,就我们香莲乡的几所完全小学来说,依旧十分缺少音体美的专职教师。

我以前听过这样一句话:"太阳底下最光辉的职业是教师。"人们经常把教师比作蜡烛,燃烧了自己,照亮了别人。虽然这些都是场面话,但是既然我进了这个行业,无论如何,都要想尽一切办法,完成自己的教学任务,竭尽一切全力教好自己的学生。条件再艰苦,环境再恶劣,为了学生,我没有什么好抱怨的。在读书的时候,我的志向就是成为一名教师。后来我不仅实现了我的理想,还把所学的知识传授给了我们穷困山区的孩子,我用学生的成绩肯定了自己的工作。如今,我带的第一届学生中很多人已经走出大山,走入大学。我一直把我的学生当成自己的孩子来看待,和他们保持着联系。比如有一个从薛冯教学点毕业的学生,他后来随父母去了宁夏彭阳上学,在宁夏的育才中学读高中,今年参加高考。因为宁夏的放假时间和甘肃不同,有时,他放假后就会来学校里看我,我就会和这个学生聊一聊他的学习情况——这种现象很普遍。我在教育战线上默默耕耘了42年,觉得很自豪、非常值得。现在我无论走到亲戚家还是朋友家,遇到教过的学生,都会关心他们的学习情况,问一问他们的考试成绩。我希望,未来乡村的孩子们都能够成长为思想健康、学习优秀、对社会有用的人。我希望,无论走到哪一个行业,他们都能把所学的知识用到实践当中。

强德庆

乡村教育卅年耕耘,为国育才不改初心

亲 历 者:强德庆
访 谈 人:强恩芳
访谈时间:2022 年 6 月 2 日、6 月 29 日、7 月 5 日
访谈地点:电话访谈;河北省沧州市沧县旧州镇强德庆寓所、沧州市新华区强德庆儿子寓所
访谈整理:强恩芳

亲历者简介:强德庆,男,1963 年生于河北省沧县旧州镇强庄子村,中共党员。1971 年 3 月—1976 年 1 月,于本村小学学习;1976 年 3 月—1981 年 7 月,于本村初中学习(由于学制调整和重修等因素,修学年限延长);1981 年 9 月—1983 年 7 月,于沧县东关中学读高中;1985 年 9 月—1988 年 7 月,于河

强德庆(左)接受访谈

北电视大学汉语言文学专业在职学习;1995 年 9 月—1997 年 6 月,于沧县职教中心师资班学习。1983 年 10 月开始在村小学教学;1984 年 9 月于村中学教授初中;1987 年 9 月调至旧州镇中学从事教学工作,其间于 1989 年起任旧州镇中学团总支书记兼旧州镇少先队总辅导员,1994 年任教导主任;1997 年 6 月转公办教师;1997 年 10 月调

于旧州镇中心校工作，先后担任职成教校长、业务校长、副校长；2020年至今任沧县教育局督学。

一、 偏科落榜当民办教师

我叫强德庆，1963 年 11 月出生在河北省沧县东关公社强庄子村。我们村位于冀中南平原，我的祖父及以上世代务农，父母主要也务农。父亲在实行联产承包责任制之前，在当时的村办工厂做木工。我上面有三个哥哥和一个姐姐，下边有一个弟弟和一个妹妹，兄弟姐妹一共七人，我排行老五。在我这个年龄段，当时的家庭子女都比较多。1971 年 3 月份，我 8 周岁，在本村小学入学读书——我们村只有一个生产大队、一所小学。我们那时候上学岁数就比较大了，不像现在，要求 6 周岁入学。入学后分成了两个班，大家的入学年龄相差很大，有 8 岁的，有 9 岁的，甚至有 10 岁的同学，一个班里各个年龄段的人都有，比我大三四岁的都有。

我上学时候的环境太差了，最初的学校是原来的土地爷庙，教室是土地爷庙的厢房，都是土房，地面也是土的。我们没有课桌，上课用的是长条案板，案板的腿是砖头砌起来的，上面铺的案板有人说是地里拉回来的棺材板做的。不过不长时间，大队便出资在原学校南侧建了新学校，教室和教师办公室都是砖土结构的几排平房，教学条件有了改善。再后来，学校的校舍又翻盖了一次，都是浑砖结构的平房。"普九"之后，校舍就是国家建了，通过"项目校"来建设。根据乡镇实际情况、覆盖区域和人口上报学校项目建设计划，整个学校完全由国家投资建，包括辅助设施、教学用具，都是国家投资。2013—2016 年，在村两委班子的努力下，上级政府批准了强庄子小学新建项目，最终为建筑面积 2600 平方米，按照双轨设计，教学楼内配置齐了舞蹈室、音乐室、图书室、计算机室、少先队活动教室等。

我上小学的时候学制是五年制，读书期间比较顺利。当时除了课本知识的学习之外,还有政治思想课。那时正赶上贫下中农管理学校,负责管理学校的贫下中农不认字,没有给我们上过课,只是一周利用早上、晚上或者其他时间给我们开会。印象里给我们开过忆苦思甜会,跟我们讲,他们那时候吃野菜加棒子面儿。1976 年 3 月,我小学顺利毕业,升入本村初中继续读书。当时的强庄子学校既有小学,又有初中,是小学、初中一贯制的学校①。强庄子小学的建校时间非常悠久,民国的县志里就有记载②;抗战爆发后,原有的学校遭到破坏,后来村里建了私塾;解放后恢复了学校建制。

我们那一批学生本来应该在 1978 年 1 月份初中毕业,但正赶上国家调整学制,将春季入学改为秋季入学,我们的在校学习时间就延长了半年,初中一共读了两年半。1978 年的六七月份,我们参加了全县的第一次高中入学统一考试,少数考得好的同学考入沧县中学,还有同学考到了东关中学,班里大概有三十多人被要求重读初中——不是重读初三这一年,而是从初一开始重新读。四十多年过去了,我也没明白重读初中的真实原因。一种可能性是"文革"结束了,教学内容和教学计划发生了变化;我记得我们上初中那两年的教材数量很少,全班三四个人共用一套教材,到重读的时候,就全班统一教材、人手一册了。

1981 年,经过了五年半的"扎实"学习,我初中毕业了,夏天参加了全县的高中入学考试,考到了东关中学。高中是 9 月份开学,当时的高中学制还是两年。1983 年,我高中毕业,因为偏科太严重,高考成绩不太理想而落榜。在家待了两个月,计划复读参加来年的高考。9 月份,初中教过我的孙老师受强庄子学校于校长之托找了我,后来于校长又亲自找我,说现在学校缺老师,你想干吗?我一想,当老师也行,一是我喜欢教学工作,二是可以一边教学一边复习,再有机会还可以参加高考。10 月份,我到强庄子学校报到,就这样,我当上乡村民办教师。

---

① 访谈人曾访谈过强庄子小学初中班的第一批教师强世彬老人。据强世彬老人回忆,强庄子村于 1969 年 6 月在本校小学成立初中班,他初中毕业后回村以民办教师身份教数学。
② 据 1933 年《沧县志》记载,民国时期村里即建有"区立强家庄初级小学校",学生数为二十人。

二、 教学和求学皆不甘人后

1983 年 10 月,我接替崔老师教小学三年级语文、数学兼班主任。那时候主科都包班,音乐、体育、美术等课①由其他老师上。我开始教课之前没有接受过什么培训,当时到了学校以后,领导问我教三年级没问题吧？我看了看教材,说没问题,就这样开始了教学工作。那时候高中毕业教小学还是比较少的②。我小学只教了一年,1984 年 9 月份,我就在本村中学教初中一年级语文,兼着历史和地理课。让我改教初中的原因,一是(我)小学教学成绩好,二是课上得可以。那时候镇上管教学的校长过来听课,一看我课上得不错,三年级的成绩在公社统测中排前二三名,认为我只教了一年学就有这样的成绩很不容易,就选拔我教初中了。经过师生共同努力,初一学年期末,我们班的语文在全县统测中取得了第一名的好成绩。学生们的成绩提高了,让我有了成就感,对老师这一职业也更加热爱了。

1985 年 9 月,镇文办室通知,河北电视大学有招生指标,鼓励老师们进修。为了系统学习专业知识,我报考了河北电视大学汉语言文学专业,学费 1000 元——当时 1000 元的学费对我来说还是一大笔钱。入学考试比较简单,准备了两三个月。当时,想学中文专业的,就只考语文方面的知识;学数学专业的,就只考数学知识。入学后,周六、周日上沧州学习去,不管刮风下雨,骑车子去,单程 40 里地。学习地点不是在县文教局就是在河北电大沧州分校,烈士陵园那里,那边更远。经过三年的刻苦学习,我取得了大专证书。我们虽然入学比较松,但毕业卡得非常紧,有不及格科目的话,绝对不能毕业,属于宽进严出。我学的是师范类汉语言文学,对语文教学非常有帮助;学的教育学、心理学、教学案例等课程,对教学指导也有直接的帮助。我通

---

① 根据资料记载,1972 年,沧县中小学使用河北省编教材,1974 年使用北京等四省市编教材,1980 年开始使用全国统编教材。1989 年,沧县小学开设语文、数学、思想品德、自然、地理、历史、音乐、体育、美术、劳动诸科,使用全国统编教材。

② 1985 年,沧县实行教师聘任制,小学正式应聘教师 2405 人(含民办教师 2054 人),试聘教师 76 人(含民办教师 31 人)。是年,全县中小学教师文化结构基本情况是,小学教师 3026 人,其中中师、高中毕业 349 人,占 11.5%,余为中师以下。(见沧县教育志编纂委员会编:《沧县教育志》,教育科学出版社 1994 年版,第 230 页。)

过电大的系统学习,极大地提高了个人知识水平,改善了知识结构,提升了课堂教学水平。

1986年之前,全镇各个村都有初中,师资必然不集中,我们镇上的升学率在县里比较落后。当时的镇委镇政府决定办一所镇办初中①,1985年筹建,1986年10月份建成,招收了第一届初三的学生。那一年镇中刚成立,集中了全镇最优秀的师资,升学率在全县名列前茅,一炮打响。1986年村里初三年级的学生转去镇中读书,1987年初二年级的学生转去镇中,到1988年,村里只剩下小学了。

我在强庄子学校教了三年初中,由于教学成绩出色和教学水平比较高,得到了镇文办室领导的认可,经过考察、考核等程序,于1987年9月份调到旧州镇中学教学。那一年,在全镇各村初中的语数外三科教师中各选拔两名,一共选拔了六名优秀教师充实到镇中的教师队伍中。我们能够被选到镇中任教,心里也是很自豪的。镇中离我们村直线距离也就五里地,家人对我去镇中教学非常支持。我一开始教初中二年级语文,跟班走,教到初三毕业,然后又从初一开始教到初三,小循环。1994年,我还是民办教师的时候,被上级任命为镇中的教导主任。那时候用人制度对于身份也不太重视,民办教师仍然可以提拔。当时,镇中的政治学科成绩不太理想,每年中考的时候总往下拉分,为了提高学生成绩,我决定自己教政治,不教语文了。在我教政治的几年,镇中中考成绩平均分、全县统测没有低过前三的时候。县文教局的政治科目教研员也帮着咱总结经验,在沧州市学术会议上交流。

1997年,我调到镇中心校工作。2004年我担任职成教校长,2007年担任业务校长,2020年开始任沧县教育局督学,基本上不再直接给学生上课,主要是指导教师上课。但是,我认为自己的业务也必须得过硬,所以仍然报名参加县里和市里的优质课比赛。

自打从教第二年开始,我获得过市县两级的"模范班主任""少先队优秀

①　1983年,河北省政府制发了《关于办好农村中小学的意见》,实行"谁办学,谁受益,谁负担"的方针,将农村中学交由乡办、小学改由村办。根据此精神,旧州镇政府筹建旧州镇中学,镇中正式运营之后,下辖各村的村办中学逐步削减。

辅导员""师德先进个人"，各种听评课、比赛竞赛的各项奖励每年都有，没有落空的时候。直到调任镇中心校工作以后，就退出了一些荣誉的评选，以激励更多的年轻人努力争先。参加工作以后，随着自己教学经验的不断丰富和教学质量的不断提高，我的职称也发生了变化，1998年，我被评为中学一级教师；2007年晋升为中学高级教师。我的中学一级和中学高级教师的评审都是在民师转公以后完成的。其实，民办教师也是可以评职称并且按系列晋升的，当时，评职称是两条线，公办教师有公办教师的标准，民办教师有民办教师的标准，相对来说，民办教师的标准低一些。民办教师评上职称以后（如果转正，职称）就带到公办来了，所以这些教师实际上沾光了。

三、"要想有地位，必须有作为"

我自1983年10月参加工作、担任小学三年级班主任开始，就积极参与青少年工作；到1985年我担任初中班主任的同时，兼任强庄子学校的少先队中队辅导员；从1989年开始，我担任旧州镇中学的团总支书记，兼全镇的少先队总辅导员；1997年，我调到了沧县旧州镇中心校负责德育工作，继续兼任全镇的少先队总辅导员。我与青少年工作的缘分，从1983年开始，直到2004年我在镇中心校担任职成教校长为止，前后一共持续了21年。我非常喜欢共青团和少先队工作，也做了很多工作，其中印象最深刻的事发生在1985年。

1985年，我担任初中班主任，兼任强庄子学校的少先队中队辅导员，其间我们参加了一次全国少工委提出的创新活动——根据全国少工委的要求，结合咱们自己的实际，在学生当中开展了"家乡历史探究"系列活动，其目的是培养学生热爱家乡的情感、提高创新能力。活动的第一步是发动学生搜集强庄子的历史，访谈老人，然后扩大到全镇，探究旧州的历史变迁，发动学生搜集历史传说故事，等等。第二步就是（资料）搜集回来之后，整理加工，订成了一本小册子——太遗憾了，小册子没有能够保存下来。第三步是把活动成果通过故事会、演讲会、队会等形式表现出来。这个活动大概持续

1985 年 6 月，强德庆获得市"优秀辅导员"嘉奖

了得有近一个学年。学生们进行民间采访的时候，不仅采访了村上的老人，还采访了旧州镇党委书记。我当时带着学生到镇上找书记，书记去王槐庄调研了，我们又追到王槐庄。书记给我们讲了旧州镇的发展变化及国家的形势，学生们收获很多。

书记对我们搞的活动评价也很高，通过一级级推荐，1986 年 10 月份，县教育局和团委、少工委，在强庄子学校组织了一次全县规模的少先队活动现场会，活动成果通过相声、故事、情景剧表演等形式反映出来，反响非常不错。我在现场会上做了典型发言，会上有来自全县各乡镇的教师参加，共百十来人。县教育局的宋局长还有县团委满书记都参加了，两位领导给予了高度评价。那次活动非常成功，我也因此被评为 1986 年度沧州市"优秀少先队辅导员"，并且在 1986 年 8 月代表沧州市参加了中国少年先锋队河北省代表大会，受到了当时的团省委书记的接见。沧州市一共有两名少先队辅导员代表参加了大会，除我之外，还有青县实验小学的陈老师，陈老师是"全国优秀少先队辅导员"；还有三名少先队员代表参加了大会，分别来自新华区、运河区和郊区。陈老师是老前辈，我在会议期间向陈老师学习了不少东西，也得到了陈老师的鼓励，说咱年轻，要好好干。这更坚定了我从事教育事业的信心。

1986 年 8 月，强德庆（后排右一）与参加河北省第一次少代会代表合影

我在镇中工作的时候，还兼任全镇的少先队总辅导员及团总支书记，后来调到镇中心校以后也专管少先队和共青团工作。我负责少先队工作期间，旧州镇的少先队和共青团工作是沧县乃至沧州市的一面旗帜。比如，东关小学少先队是全国优秀少先队，全国少工委给东关小学少先队赠旗；北关学校的手拉手活动，也是在全国挂号的。搞少先队活动，需要认真谋划、努力践行。少先队工作非常锻炼人，能提高人的组织能力、协调能力，能促进人的成长。1992 年左右，我去北京参加了一次由共青团中央组织召开的学校青年干部培训会，当时共青团中央学校部部长给我们讲了一次话，有一句话让我印象特别深：要想有地位，必须有作为。我反复琢磨这句话，还真是——不管在哪个行业，你要想有地位，就必须做出一番成就来。这次培训时间不长，仅一周左右，虽然只有一周时间，但能听领导们给咱们讲课，让人受益匪浅。

四、 教育的突出功能是为国育才

有人说,教育最突出的功能是选拔"城里人",我不那么认为;我认为,教育的重要功能是选拔为社会做贡献的人。没有去城市而留在农村的人就没有用了吗? 不是,他们在农村,对农村的发展也做出了贡献。农民知识水平普遍提高了,对于乡村的发展也是一个推进作用。不只是为城市输送人才,对于农村发展也是起推动作用的。为了实现这个目标,乡村需要教育工作者,乡村教师群体可以说为乡村发展做出了不可磨灭的贡献。中国的乡村教育,尤其是小学教育靠的就是乡村教师,没有这些乡村教师的付出,就没有中国乡村教育的今天。

从事过乡村教育的民办教师中,除了本乡本土的人之外,还有一个特殊群体,就是下乡知青。我上学的时候,有三位天津来的知青老师。我印象当中,咱们这儿的天津知青都是回乡知青,都是老家在这里或者有亲戚在这里的。比如在本村教学的张老师,是村东头张家的;黄老师的姥姥家是强庄子的;孙老师的老家也是强庄子的。后来沧州来的知青是插队知青,没有什么亲属关系,直接派过来的。知青们为乡村教育做了很大贡献。

我在镇中工作的时候,曾经有过两次借调的经历。第一次是1998年,到镇党政办公室给领导写材料,有半年时间。第二次是2003年"非典"的时候,到镇上搞宣传,搜集抗击"非典"的先进人物和先进事迹,帮了半年时间的忙,也给他们写经济会议或其他会议的大材料。那时候镇政府需要人,有人跟我说,和领导搞好关系,直接留下就算了,但我从来没有生出念头,没有不干教师的想法,我还是认为在学校教学比较好,尤其是在政府帮过忙之后,更是觉得当公务员不如当老师好,教学工作更单纯一些。在我之后,旧州镇一共有四五位老师调到了政府管土地,后来也有提拔为乡长和局长,我不羡慕他们。也有人劝我调到县直学校工作,我也始终没有过这种想法。咱本身家就在农村,在乡村教学我也没有觉得累,作为教师,在哪里都可以发光发热。咱把农村的孩子培养出来,通过自己的努力挽救一个农村孩子,就是挽救了一个农村家庭,这些都让我更有成就感。每当看到自己培养出来的学生改变了自己的命运,都是一种莫大的幸福。我为国家、为社会,培养出了一部分人才,达成了自己的人生目标,实现了青年时的理想,也算实现了自己的人生价值。

有文化的家庭,对于教育特别重视。我教学的时候,有位家长,他两个孩子在我班上,就老是问孩子的情况。还有一位家长是当大夫的,也有文化,对于孩子教育特别重视,只要见我就问孩子情况,而且有所托付。从早期到现在,村民的教育观念也发生了一些变化,最初的情况是,得有 50% 的家庭认为,孩子该上学就上去,考上考不上无所谓,考不上回来还有两亩地种。现在不是了,(家长)对教育越来越重视了,都感觉到改变命运的唯一出路就是上学,即使种地,你文化程度高了,也比文化程度低有优势,能较快地接受新生事物,在农业技术、手工制作技术等方面比文化低的进步快。家长们从最初对孩子的学习顺其自然,你上我就供,不上就算,到现在是努力供孩子学习了。

20 世纪 90 年代,初中生辍学现象比较多见。对于辍学的学生,我也积极动员他们回学校读书,有的动员成功了,有的失败了。比如有一个邻村的女孩子,学习不错,初二寒假结束后,说什么也不上学了。我去了解情况,说是那孩子寒假让算命先生算了一卦,算命先生说她学习再好也考不上学。那女同学和家长都相信了算命先生的话,怎么劝也没有劝回来。这样的情况让我也很无奈。

我教的学生中,有些取得了较大成就,比如有学生后来当上了中国医学科学院的研究员兼博士生导师、沧县职教中心的副校长、沧州中西医结合医院 ICU 主任、化工集团的部门经理,还有市妇幼的大夫、沧县职教中心的老师,等等。家长们重视教育,所以孩子们都取得了不小的成绩。这些学生的成长经历,很好地说明了"读书改变命运"这个道理:如果不读书,男生顶多学个手艺,女生也就围着锅台转了;上了大学的都在各自专业上有了一定的发展,可以为国家和社会多做贡献,与不读的命运就不一样了。

对于学生,不管学习好还是调皮的,我对他们还真是一视同仁的。对于学习好的,会给他们单独辅导一些;对于调皮的同学,我也会经常做工作,对他们不放弃,耐心地教育他们好好学习,跟他们说父母生活不容易,如果不好好学习,对不起父母。我还成立学习小组,小组里学习好的、中流的、差的都有,通过开展"比学赶帮超"活动激励学生。对于学习较差的孩子,我花的心血比学习好的同学要多很多。对于违反校规校纪的学生,因为是在义务教育阶段,没有开除一说,故以批评教育为主,过去时候也进行一些体罚。即使体罚学生,我也都会跟家长沟通,说明体罚学生的原因。家长反过来会安抚我,因为他们都知道,我体罚学生是为了孩子好。

从事乡村教育的老师们安心农村教育的精神是值得提倡的,但还有改进的空间,主要是加强教学研究,这一点和城市的老师比还是有差距的。老师们应该搞搞教研,提高一下教学水平,应该在这方面加强一下力量。市里的教研员应该多到下边来指导一下教学研究,农村老师的教学水平还有待提高。我听过市里老师的课,他们的教学研究氛围深厚,咱农村是存在一定差距的。他们的理论水平和教研水平也高,咱农村老师的理论水平和教研水平还有待改进。

现在农村孩子的学习两极分化比较严重,一方面,与手机、电子产品(的普及)有关系,一些孩子沉溺于网络虚拟世界;另一方面,现在的孩子怕吃苦,体能差,没有经过一些磨炼,也是一种担忧。一个民族,孩子们既不好好读书,又怕吃苦、怕受累,体质又差,确实是令人担忧的事。周一升旗仪式不到20分钟,一千多名学生,就有十几个人倒下,体质太差了。大多数孩子怕吃苦,家长也溺爱,不去有意识地锻炼孩子。现在孩子的家长都是吃苦长大的,他们不希望自己的孩子再吃苦。孩子们不爱学习,怕动脑子,怕吃苦,这其实是大环境的问题,思想上家长也知道,这样宠爱孩子不好,但在实际行动上,却表现出来怕孩子吃苦,溺爱孩子,宠爱孩子。这些问题,仅靠教师是解决不了的,需要依靠全社会的力量。现在的孩子经不住挫折,就是没吃过苦造成的。军训的时候能够吃点苦,但军训完了还是那样了。

我希望未来乡村的孩子们长大以后能够有知识、有担当。凡事尽自己最大的努力,充分发挥自己的长处。对于家庭来说,应该成为家庭的顶梁柱，对于社会来说，能够积极为国家对民族做贡献。这就是我对乡村孩子的期望！

五、 转公办教师

我 1983 年当民师教小学的时候，每月的工资是 40 块钱；第二年教初中了，月工资是 42 块钱，加上班主任费是 47 元①。那时候已经没有工分了，都是挣钱，由镇上文办室直接发钱。到 1990 年左右，民师的工资虽然上调了一些，但和同龄务农劳动力的收入相比明显偏低。当时有民办教师说，去砖窑场干活推土，一天就挣个十好几块，四五天就比当教师一个月挣得多。那时候，有一大批民办老师感觉收入低，纷纷辞职，自己去打工了。我为什么坚持下来了？是因为觉得教书是一个非常不错的职业，和孩子们打交道，看着孩子们进步成长，觉得有成就感。我没有单纯从工资这个角度考虑这个职业，就是想一心一意把工作做好。不是说咱境界多高，但当时确实是这么想的，有一种信念。

我刚当教师的时候是民办教师，也有编，当时是一级一级统计上去，省里"在号"了，就属于在编的民办教师，河北省发过一个民办教师资格证书。到 1986 年之后，河北省不再招民办教师了，再招收的教师就没有民办编制了。如果还缺少教师，再招的教师叫代课教师，不叫民办教师。再有转正什么的，也没有这些人的事了。转为公办以后，就有公办教师的编了。

---

① 沧县民办教师的劳动报酬分为几个阶段，第一阶段是 20 世纪 60 年代，耕读教师劳动报酬是一方面由生产队记同等劳动力标准工分；另一方面是由国家发给少许补助，一般每月 6—8 元。"文化大革命"时期民办教师的报酬方式基本延续了耕读教师的取酬方式，1972 年以后，沧县民办教师补助费为每月 10 元，按月发放到教师本人。根据时任村民办教师孙玉峰老师回忆，当时村里发放的月补助费是 4 元。1981—1982 年，国拨民办教师补助费采取一次性拨到公社的办法，县局留 20% 集中使用，以解决民办教师的特殊困难问题。1984 年，民办教师的工资全部划归乡村负担，工资标准为：中学 22.5 元，小学 17.5 元；下半年改为小学民办教师每月最低限额为 47.5 元，中学为 52.5 元，另外加有浮动工资。1985 年，中小学民办教师每人每月增加 9 元，按学校隶属关系，由当地财政开支。1988 年，民办教师工资增加 10%，即每人每月增加 7 元，其中国拨 5 元，民助 2 元。1989 年，全县小学民办教师工资平均为 77 元，中学教师略高些。

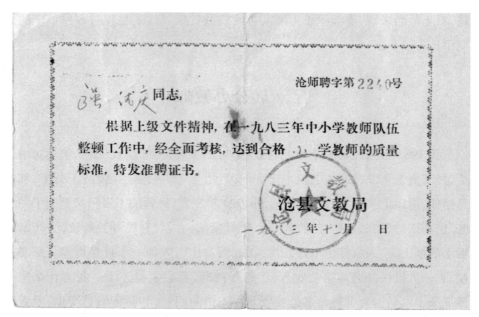

沧师聘字第 2240 号

强德庆 同志：

根据上级文件精神，在一九八三年中小学教师队伍整顿工作中，经全面考核，达到合格小学教师的质量标准，特发准聘证书。

沧县文教局

一九八三 年十二月 日

1983 年 12 月，强德庆的小学教师准聘证书

我刚参加工作时的收入和公办教师差不了多少，公办教师也基本上这个钱，但后来随着社会发展，民办教师和公办教师之间的收入差距越来越大，到 1995 年左右，差了得有三五百块钱。当时，国家出台了政策，符合条件的民师可以分批转公办，我也想早日转正，从民办教师编制改为公办教师编制。

沧县的民办教师转公工作分为三个阶段。第一个阶段是 1994 年以后，当时国务院连续三年给了很多转正指标，县里也分配到了指标，民师们需要参加一个自然减员考试。我参加了自然减员考试，考了全县第三名，从成绩排名完全能够转正，但由于我生了老二，不符合转正政策中的计划生育项，因此就没转成。第二个阶段是考取政府主办的中师班。为了解决部分民师转正问题，县政府决定在沧县职教中心开设中专层次的师资班，专门招收在职的民办教师，毕业后直接给转正。我已经于 1988 年取得了河北电大的大专文凭，但为了转正，1995 年我报名参加了这个中师班，学费是 7500 元，利用寒暑假时间函授上课，1997 年 6 月毕业，我就顺利转正并按国办教师标准

起薪了。第三个阶段是 1999 年左右，县里出台了一个政策，前两种途径没能转正的民办教师，只要是在岗教师，全部无条件转正。到 2000 年底，沧县就不再存在民办教师了，也就不存在有编教师与没编教师的区别了，这些教师退休后的待遇完全一样。2012 年开始，原来当过乡村教师但中途退出的那些人，到了退休年龄之后，政府也给了一些补助。根据教龄计算，最初的补助标准是一年教龄每个月 20 元，2017 年开始提高到了 26 元。

我是 1997 年 6 月份第一次领取公办教师工资，具体发了多少钱我不记得了。我找到了 1998 年 1 月份的工资表，由基本工资和各项补贴构成，其中，基本工资分为职务工资 179 元和津贴 76 元，共 255 元；各项补贴分为剩余津贴 50 元、职务津贴 20 元、燃料补贴 10 元和教龄 5 元，共 85 元；两项相加为 340 元①。该工资表中还有一项补发工资但未注明补发了几个月，但可以说明 1997 年 6 月份的工资，应该比 1998 年 1 月份的工资稍低。在那之后，工资调整很频繁，随着我的职称于 1998 年从中教二级晋升到中教一级，再到 2007 年晋升为中教高级，工资增长也很快。可以说每年都涨，2022 年也涨了，我一下子涨了 2000 多。涨的工资可能是绩效，现在打到工资卡的工资是 9200 多。沧县的工资标准跟运河区一样，比新华区高②，比其他县市也要高一些。教师们的归属感、荣誉感挺高的。现在农村老师还有一个农村补贴，一个月 400 多块钱，比较起来比市里的老师还多一些。这工资比较有吸引力了，所以好多 211、985 学校毕业的学生也参加教师招聘了。2017 年，旧州镇招了六名小学教师，其中三名是 211 大学毕业生，还有一名研究生。现在招老师不像以前那么难了。

虽然民办教师都想早点转公办，但从我的从教经历看，没有感受到来自公办教师的歧视。我虽然是民办教师，但照样走上了学校的领导岗位，担任了教导主任。我当总辅导员时做出了成绩，其他老师也是羡慕的："看人家做出了成绩。"从我个人来说，没有体会到也没有见到歧视民办老师这种现象。在旧州镇应该也没有这种现象，大家在一块儿，还是很平等的。因为计

---

①　同村孙老师 1999 年转正，转正当月的工资是 688 块钱。
②　运河区和新华区均为沧州市的两个辖区。

划生育政策没有能够第一时间转公,也没有影响我与同事们的良好关系,完全是因为自己原因没有上去的,对于转正的同事,咱也不嫉妒人家。

　　不管是我当普通教师还是当领导时,与同事们的关系处得都非常好。咱一心一意工作,也不给领导们添麻烦,不提一些过分的要求,几任校长对我的评价都很高。作为我个人来说,因为职业原因,社交这块就不如其他行业那样广泛,但在工作中也能交上好朋友。镇中有位朱老师,我和他很谈得来。在一起谈教学、谈哲学、谈政治、谈国家大事,可以说是无话不谈。朱老师教物理,谈一些前沿的科学知识,很少谈家长里短,也不喝酒,生活很清淡,思想比较深邃。我在工作中也没有遭遇过不公或委屈,政治上也没有遇到什么困难,1990 年就加入了共产党。教师入党相对于村民来说容易一些,只要老师们要求进步,向党组织靠拢,按照规定写入党申请书,符合入党的条件,每年都有八位左右入党。现在全镇有二百多教师,小学有一百三四十人,初中有五六十人,其中党员有六七十人,占到了教师总数的三分之一。

六、 不离土不离乡的家乡建设者

　　我和爱人是邻居介绍认识的,她是本镇邻村人,比我大一岁。1985 年五六月份,有一天邻居耿三哥跟我说,给你介绍个对象吧。媒人约定了个日子去女方家见面,我第一印象感觉小女孩不错,长得挺好,我比较满意,女方也对我很满意,就算认识了,确定了恋爱关系。那时候找对象也没考虑对方家庭出身,也没考虑对方的学历。两个人熟悉了之后才知道,我爱人是初中毕业,在那时候的女孩子里学历不低了;并且她家庭出身很好,老岳父是退伍军人,参加过解放战争,1949 年 10 月 1 日的开国大典上还参加了天安门广场阅兵式,接受了党和国家领导人的检阅。

　　1986 年元旦我们结婚了。我爱人非常支持我的工作,无论我是在本村还是去镇中教学,都非常支持。当时我们对于家里的活计有个大体分工。我爱人在家做家务、哄孩子、种地,农闲时还绣花,挣钱补贴家用;周一到周五，我在学校教学，周六、周日休息的时候，帮忙做地里的活。遇到农忙的时候，就一早一晚地干。那么多年，种地和教学两不误，平衡得非常好。家里的大事由两人商量着决定，小事谁主都行。大事也不多，也就是盖房搭屋的。

我年轻的时候，一直认为"生男生女"都一样，对儿女没有性别歧视，但还是有"儿女双全"的思想。我老大是男孩，当时计划生育政策非常严格，本来没有要老二的计划，但老二意外地来了，计生检查没有检查出来，就生下来了，又正好是女孩，我们两口子非常满意。因为有了老二，对自己的工作产生了负面影响，要不可以早两年转公办老师。现在年纪大一些了，想法不一样了。我儿子的老大是个女孩，我就想着法希望他再要个男孩，这样平衡一些，更是觉得后继有人。

我只要在家就会辅导孙女功课。咱当老师的和不当老师的辅导方法不一样，我辅导的时候注重孩子智育的开发，不完全盯着分数。现在的孩子还是死记硬背的内容多，在开发智力上欠缺一些。还有一个感受，现在孩子们的题确实难度大一些，教材注重开发孩子的智力，培养孩子的学科核心素养，但有时候孩子想不到那里去，老师也没有办法，只好让孩子背下来。

我兄弟姐妹七个，除了我之外都务农了。姐姐和妹妹嫁到了外村，哥哥和弟弟还在村里生活。我在强庄子生，在强庄子长，哪怕后来到旧州镇中教学，但还是回强庄子住。2013年以后，为了帮儿子儿媳带孙女孙子，在沧州市居住时间比较多一些了，但我还是习惯在强庄子的家里住，所以对家乡的感情和体验一直没有断。我比较推崇"家和万事兴"的观念，这个"家和"不仅是指家庭和家族的"和"，也包括与乡邻的"和"。

工作之余，我还在2008至2009年发起过续写我们强家家谱的活动，这事我是受镇党委董书记的影响。当时《河北农民报》的主编姓强，董书记去石家庄出差的时候遇到了他。他问董书记，你们那里有一个强庄子，传说我们就是从强庄子搬走的。强主编后来还到强庄子考察过，看看到底是不是从咱这里搬走的。董书记跟我说，你也算是文化人了，你编编家谱。我就开始搜集老强家的历史资料，从网上找资料还有原来遗留的东西，在家族族长们的支持和年轻人的帮忙下，开始续写 20 世纪 60 年代后的家谱。从 2008 年动手，到 2009 年就成形了。后来找了一个印刷厂，印了五十本家谱。我的意思是多印点儿，家族中有人不同意，说印得多了人们就不重视、不好好保存了。物以稀为贵，印得少，人们就觉得珍贵。

对于自己曾经任教的两个村子，我都非常关心它们的发展，但是我的感觉和做法是不一样的。对于强庄子，我是土生土长的本村人，在村上的文化建设方面，领导们经常问我的意见，我也积极出谋划策，但不会太主动参与乡村治理活动，因为村里情况太复杂。如果村领导找咱商量，咱绝对尽心尽力地去做，但不会主动去干这干那。有时候太主动了，会带来一些不必要的麻烦。我个人感觉，虽然自己不是文化权威，但是因为从事教师这个职业，无论是村民还是在某些场合遇到学生，大家都挺尊重我，我自己也觉得很光荣。村民们不光尊重我，对所有老师都非常尊重，对男老师、女老师都一样。我在村上说话也好、办事也好，还是比较有地位的。比如有的家里闹矛盾了，让我过去调解调解矛盾；有大事小情，都找咱商量商量。我认为这就是尊重你，如果不尊重你，找你干嘛啊！我在闲暇时候回强庄子了，和朋友坐着聊天，就谈论一下国家大事、国家政策。有的上年纪的人，也愿意让我给他讲讲国家政策、国际形势和国内形势。

对于任教的东关村来说，我是东关村民的"自己人"，也是旧州镇的"自己人"，和领导们处的关系都很好。镇中的所有学生都是咱的学生，不管他们是来自东关村或者镇上其他村，我是对他们一视同仁。我认为自己是强庄子、旧州镇的建设者，不管贡献大小，毕竟为乡村教育做出了一定的贡献。

乔玉玲
艰难困苦，玉汝于成

亲 历 者：乔玉玲
访 谈 人：原璐璐　张　寒
访谈时间：2022 年 1 月 21 日
访谈地点：线上访谈
访谈整理：原璐璐

亲历者简介：乔玉玲，女，1963 年生，河南焦作人。1980—2018 年担任乡镇中学英语教师，任教期间曾于 2001 年获全国中小学生素质教育英语知识能力竞赛优秀辅导教师奖、2008 年获焦作市教育科学优秀成果"农村中学生成长领导制实验研究"一等奖，2002 年获评博爱县

亲历者乔玉玲（摄于 2023 年）

"优秀教师"，2008 年被评为焦作市"教育科研先进工作者"。

一、《我的前半生》：蓦然回首坎坷路

我在 32 岁时写过一篇名为《我的前半生》的自传，里面曾说"周围的人都很羡慕我，认为我有福气、命好"。他们之所以这样说，是认为我最起码有工作，觉得我在学校里教学，应该是比在地里种菜要轻松一点、好一点。再一个就是认为我的家庭也比较幸福。但现在回想起那三十多年走过的路程，我也经受了不少挫折，拥有的前半段人生也是坎坷不平的。

我于 1963 年出生在河南农村的一个贫农家庭，父母亲都是忠厚老实的农民。我们兄弟姐妹六人，全靠父母去地里干活挣的那几个工分钱养活，物质生活条件可想而知。记得小时候，每年临近过年时，才添一身新衣服；一年一双鞋，都是妈妈一针一线手工做的，鞋底也是用麻绳纳的。妈妈是白天去地里干活，晚上就在那个煤油灯下做衣服。平时鞋子脏了，晚上脱下来洗洗，放在炉火边烘干，第二天就又穿上了。整个家庭过得十分艰苦。

我八岁上小学，当时没有学前班，直接是从一年级开始上的。刚开始学写字时，课本上第一页写的就是"毛主席万岁！""中国共产党万岁！"我当时学习很认真，由于家庭贫困，再加上我的性格内向，总觉得自己低人一等，不爱说话，老师也不容易发现自己。但到二三年级学习就冒尖了。上二年级时，我第一批加入了少先队员。当时老师亲手给我系上了红领巾，我在队旗前宣誓时，那别提多激动了。然而不幸的是，在上四年级的时候，夏天不知道怎么回事，我的手、脚和脸都肿了，眼睛眯成了一条缝。到医院检查，医生说是急性肾炎。当时在焦作市人民医院没有床位，我就到阳庙乡医院住了二十来天。那时由于妹妹还小，妈妈需要照顾妹妹，是爸爸陪着我在住院。出院后我还要继续服用中药，前后总共服了四五十副药。之后又到焦作化验检查了好几次，彻底好了，去了根了，这才放心。这是我长那么大得的最严重的病。当时，因为病情甚至有三个多月都没吃盐。这对我的学习自然有着不小的影响。

但我上初中的时候，学习就又赶上去了。记得我们当时开设的课程很少，只有语文、政治和数理化。我遇到了两位好老师，他们是数学老师赵云安和理化老师郭连永。他们对工作认真负责，对我们学生也关心、爱护。当时刚粉碎"四人帮"，1977年恢复高考、中考制度，是他们的说服教育和正确引导，使我们明确了学习目的、增强了信心，知道要努力学习，考上大学继续深造，将来成为对祖国有用的人才。所以那时我们班大多数学生学习都非常刻苦，老师们也百问不烦。他们还给我们刻印复习资料：当时没有像现在这样能买到的现成的铅印资料，全是他们一笔一笔、一页一页刻印出来的，每科都有厚厚的一本。我们就一道一道题地做，老师们也一道一道地都给我们批阅。

我就这样努力地学习着，但当时妈妈却不允许我再继续学习，也就是说不允许我考高中。原因说是家里的劳动力少；再说哥哥姐姐都没上高中，我一个女孩子，上那么高的学，没用处。那时候的农村，初中以下的，可以说男孩、女孩都一样，都叫上；但你一说上高中，往外走了，那女孩子有的就都不让上了。所以那时候读初中的人多，高中是考上了才能上。我因此非常苦恼，自然学习上就分心了。这时我的数学老师非常细心，他看出我有了思想问题，就主动找我问清情况，并和理化老师商量，让理化老师给我妈妈做了两三次思想工作——理化老师和我们是一个生产队的，他和妈妈比较熟悉。这样妈妈才答应让我参加考试，但有一个条件，就是在复习期间，我必须承担起家务活，也就是每天放学后，做一家八口人的饭，包括每天蒸一锅馍。就这样，我每天放学后边做饭、边看书，下决心非考上高中不可。我想着只要能让我去考，就是累点也没关系。虽然当时心里面肯定不是很满意，但是也没办法。最后通知下来了，我考上了，成绩很好，并且分到了重点班。我们那一届

青年时期的乔玉玲

初中的两个班一共有六七十个人,考上高中的就十几个,在全乡还算是名列前茅的。妈妈看到我考上了,也觉得很光彩,只好让我去上高中了。所以我能上高中,真是从心底里感激赵云安和郭连永两位老师。

我到高中后,在重点班里成绩不算很优秀,也还可以,但高考还是落榜了。那时我们村有四个人考上高中的重点班,都是女生。虽然我们在初中学习挺好的,但到高中以后,和别人比,觉得人家的脑筋真是聪明。人家做的数学题,那真是又快又准。那时女生还是考上的少,男生考上的多。我们村的那几个女生那年都没有考上(大学),所以我妈妈也没有多说什么。最后我们班一共考上了一半多,剩下的人大部分都去补习了。其实我当时也有想去补习的念头,但妈妈还是觉得,女孩子上那么高的学校干嘛?于是在家休息不到一个月后,学校招收民办教师,我就以应届生第一名的成绩考入了我们本村的学校。那时是每年比如说有老师去进修了,或者因为计划生育问题不让在编的教师教了,这样学校老师不够了,村里边就会又招一些民办教师。那时候公办教师少,不够,他就从村里边儿招。有的是考试,有的是退伍军人回来,安排他进学校。我是考进去的,当时还想着可以一边教学一边复习,第二年再继续参加高考。可事情不像想象的那样容易,总是心有余而力不足。

那时一进学校,校长就分配我教初中英语。可之前都没学过英语,哪有基础?当时就把我给吓哭了,但也只好硬着头皮干下去。好在当时收音机里有与教材同步的讲座,我就学一课、教一课。好笑的是,我那时还担任着一个学前班。每天早上给初一上一节英语,然后给学前班上两节课,十一点准时听广播,下午再接着给学前班上课,可以说是超负荷地工作。所以当时很多同龄人看的小说、课外书,我都没看过,因为我每天晚上都要看英语书、语法书。刚开始教学时我只会 26 个字母,连 be 动词 am、is、are 的用法都不知道,但就在我这样的努力下,所教的班级经常取得优秀的成绩。记得有一年我教两个年级的英语课,一个年级考了全中心校第一名,另一个年级考了全乡第三名(一共有十几所学校)。以至于在教师节表彰会上,校长的话到现在我仍然记忆犹新,他说:"乔玉玲老师是我们乡一位年轻的教师,担任两个年级的课,还能考出这样的成绩,说明她不但有水平,而且有责任心。"

那时我在教学中遇到问题大多是自己查资料解决,查不出来就向老教师请教。但后来越来越觉得自己的知识不够用,就萌生了参加成人高考的想法。而且当时有文凭的人才有机会转正,于是我就参加了县里的成人高考补习班。那时每天下午放学后,得骑二十来里路程的自行车去县城,晚上听课,下课住在以前同学的宿舍那里,第二天早上再骑车回村学校上课。这样辛苦了一个多月,终于考上了焦作市教育学院,需要脱产进修两年。

9月份开学后,我高高兴兴地到学校报到学习,一切正常。谁知两个星期后学校组织体检,偏偏我当时就怀孕了。学校说,成人班也不能允许有腆着肚子上课的,要求做出决定,要么流产,要么退学。流产? 那怎么可能?我结婚两年没有孩子,年龄也都不小了,吃了好多药才好不容易怀孕了。退学吧? 自己艰苦奋斗这么久,终于实现了自己的大学梦,退学那怎么甘心啊! 在这样的两难困境下,我该怎么办呢?

二、 命运弄人,何得两全之策?

我不敢再去学校,在家想着怎么能找个两全之策。当时我们英语系还有两个人也怀孕了,一个是和我一样刚怀孕的,还有一个是已经出身(显怀)了;数学系也还有一个。听说已出身的那个老师待在学校,就是不退学,也不回家。后经过多方求情,学校给我们几个都办了休学,允许下一年再去上。

我当时是停薪留职去上学,学费自己出。在家休息没有几天,村学校就又让我去上课了。因为当年还有两位老教师也去县城进修校进修了,学校教师的确太缺。于是我又上了一个冬学段的课,腊月二十二放假,我大女儿在正月初七就出生了。后来女儿刚五十多天,学校就又让去上课了。虽然家里离得近,骑自行车几分钟能到,但每半晌午就得回家喂一次奶。又干了一学期,到9月份开学,我就把孩儿丢在家里去焦作教育学院上学了。当时女儿才七个多月,我每天放学骑个大自行车回家,风雨无阻,因为晚上还要给孩子喂奶。到女儿一周岁时就给断奶了,之后天气好的时候还是每天骑车回家,因为婆婆白天带一天孩子也很累了,不能让她老人家晚上再带,天气不好的时候才住校。

那时为了自己的学业,再苦再累也心甘。但大概在1990年的5月份,突然听到一个消息,说市里有个文件,凡是当时还没有大专文凭的民办教师,都要被裁掉。于是,我们在教育学院的一些同学就都一起找到市教委求情,说我们辛苦深造了两年,马上6月份就毕业了,不能在这时候把我们裁掉吧。市教委说找县教委解决,于是我就找县教委,找中心校长,还有找我的恩师卢老师,他当时是县进修校的校长,到教委能说上话。但卢老师当时在郑州开会,要四五天才能回来,于是我和我爱人情急之中做出决定,当天就去郑州找卢老师。当时没有电话,我们就到郑州教委打听到他开会的地址。找到卢老师时已经是下午六点多了,人家已经开始吃晚饭了。我们对卢老师说明缘由后,卢老师就给教委写了个字条。当时交通不便,等结束我们骑摩托车回到家,已经是晚上十一点多了。经过这样的努力,也由于当时英语教师的稀缺,最后才总算把我的在编指标保住了。当时只有在编教师才可以考转正。

大学毕业后,我又回到了本村的学校,之后教学得心应手,教学成绩自然也更好了。1992年参加民办教师转正的考试,我以全县第四名的成绩转为公办教师。当时规定,转正的教师有大专、中专文凭的,还需要再培训三个月,没有文凭的,还要再上两年师范,然后才能转为正式公办教师。但这三个月我几乎没有培训,这是我和别人不一样的经历。因为我当时已经不在村里教学了,转到了由周边四五个村的初中合并为一个的乡镇一中。当时我教初三的毕业班,比较紧张,校长就去进修校给我请了假。于是我报到后只上了两天课,就又回学校教学了。到培训快完结时去了几天,参加完考试,就算结束了。记得当时本来是说任何人都不准请假的。所以我去培训班时,还有同学问:"你门势儿咋这么硬?"我笑笑说:"是俺校长门势儿硬。"

两年很快过去,1994年暑假,我们这批准备转正的教师终于要办转正手续了。可偏偏命运弄人,这个时候我又怀孕了。当时计划生育执行得非常严,办转正手续要体检。可我明知怀孕了,怎么还敢去体检办手续?于是称病在家,不敢露面。这时教委主任到家里给我做思想工作,说考个正式教师不容易,教委也为失去这样的好老师感到惋惜,让我做出决策。那我怎么决定呢?说实话,我非常热爱教育事业,走到这一步确实付出了不少心血。平时教学之余,我还要看语文、数学书,演算了不少数学题。因为虽然我是英语老师,但转正统一考的是语文、数学和政治。然而,放弃孩子吧,也确实舍不得。在这农村家庭,重男轻女的思想非常严重。当时已经检查出来是男孩了,若不要这个男孩,家里都通不过,今后的生活也不一定幸福。所幸后来有贵人相助,加上也许因为我一直没露面,教委以不知道我的决定为由,暂时不予转正,但也没有开除,就先挂在那儿了。我因此就在家休息了,实际是躲在亲戚家里。后来儿子出生后,又经多方求情,老天青睐,加之或许客观原因可能是当时英语教师还是比较缺,教委舍不得失掉我这样的好英语教师,我才回到了学校,并最终转为了公办教师。

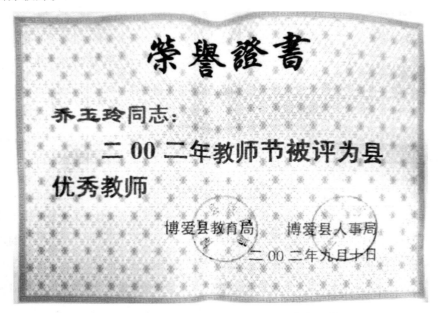

2002 年,乔玉玲被评为县级"优秀教师"

回到学校后,我下定决心努力教学,不能辜负领导的信任,因此教学上的兢兢业业自不必提。那时每学期不知道要印多少张复习题,因为以前不像现在,能买到那么多现成的复习资料,学生做的题大多是我们自己用蜡纸和钢板刻出来,再一张张用油墨推出来的,有时晚上还带回家刻卷子。在这之上,学生的课更是大于一切。记得大女儿五六岁的时候,有一段时间婆婆在医院照看公公,孩儿她爸在城里做生意,我就一个人带着孩子在家。学校一周要上三天早读。七点半上早读,我七点二十左右就得离开家。虽然女儿八点半才上学前班,但是到点儿了,没办法,我走,就得把孩子也赶出家门,让她自己走路去学校。我家在村北边,学校在村南边,约一里地的路程。现在想想,真是苦了孩子了。还有她感冒、发烧,需要输液,我就让孩儿的奶奶照看,也没有舍得请假看孩子,(其实)当时请假也不扣工资的。不仅女儿,儿子也是,穷人的孩子早当家,记得他从一年级起,有感冒打针(的情况时),我就带他去看一次、打一针,剩下的针就都让他放学后,路过医疗所自己去打。现在的孩子,大人带去,还哭着喊着也不打。

不仅如此,自古忠孝不能两全。记得父母生病那两年,我经常放学后才能抽空去陪父母。那时教初三,每周要上两个晚自习,不上晚自习时就到父母家。母亲年龄大了,有病需要照顾,姐妹几个人排班,我被排在了星期天。但毕业班星期天也要补课,我就给姐姐商量,调到我没课的时候看护。然而精力毕竟有限,那学期期末考了个中心校第二。之后母亲中风半身不遂,父亲也因脑梗阻行动迟缓需要锻炼,我就放学后带他去街上走走。记得那是2004年,一个冬天我家里先后失去了三位老人。母亲9月、公公11月、父亲12月先后病逝。

老人孩子之外,自己就更不在意了。记得一次生病在医疗所输液,一手扎着针,一手还要拿着卷纸看题。因为要想课上四十五分钟有质量,课前就必须备好课。工作之余,生活过得也是紧紧张张。有时候放学回家打开火,锅里放两把米,就去地里管理自己种的黄瓜、西红柿等各种菜,那时农村都是自己种菜吃。长此以往,也不知是由于积劳成疾,还是更年期提前,大约在2006年那时候吧,因为腰疼去医院检查,查出得了肾炎,吃了好多中药。

因此,送走了那年毕业班后,我开始要求不再担任毕业班教学,之后接手了两个八年级的班。那两个班在七年级期末考试是倒数第一,但成绩差不要紧,我有信心能把他们的成绩提上去。可是只教了两个月不到,突然校长找我谈话,说教九年级的一位英语老师怀孕了,不能把学生送到毕业,需要我再上去教毕业班。说实话,我很不情愿接这个任务。因为刚摸清八年级学生的底子,学生很聪明,我很有信心提高,他们也舍不得我走。另外,我不想接九年级的最大原因,主要也是因为我当时身体不舒服,之前医生就给我开病假条,说让工作量减半,可是校长说,这两个班非我莫属。最后好说歹说,才同意让我期中考试过后再过去,然后允许我上完课就可以休息。但校长让休息,咱也休息不了呀。大概校长也知道我的性格,只要接了,就会努力干好的。

1997年,乔玉玲指导的学生在全国中学生英语能力竞赛中获奖

这么多年来,我取得的教学成果与自己的努力是分不开的。有荣誉证书为证,我辅导的学生参加英语竞赛、英语会话表演,都取得了好成绩。那几年几乎每学年的教学成绩也都是中心校第一。有时候考了第一也没要荣

誉证,都让给年轻人了——我2006年晋升中学一级教师后,因计划生育问题就不打算再晋升高级了,但年轻人晋级还要用——所以这些年我和同事们相处得也很融洽。记得有一年,我的一个学生在师范毕业后开始在村小学教语文,后来又调到我们学校教英语,和我教同行班。我把习题方法总结了两张卷子复印了送给她,她很是感激。这个学生上进好学,她知道我对她不保留,就也经常和我探讨教学方面的问题,后来她成长为了一名优秀的英语老师。这样青出于蓝而胜于蓝,年轻人多了,再之后我就可以教些政治课等副课,最后临退休时,退居二线管理学校的教师食堂等事务,直至2018年退休,教龄38年。

三、 家庭美满,终能聊以慰藉

家庭方面,我和先生算是自由恋爱。当时他也是民办教师,比我早进学校一年。他1979年进,我1980年进。我和他第一次碰面就是在学校附近的一个水泵那里,因为我和他妹妹是同学,我知道我同学她哥哥在那儿教学,那时候我也考过教师了,所以我就跟他搭话,简单聊了几句。到学校里后,他教小学数学,我教初中英语,头一两年也没有什么。我因为各方面一直都比较忙,所以没有很关注他。后来就是每次考试的时候,他们班的成绩在整个乡的小学里都是数一数二的,我教的初中英语也是数一数二的。这样我就觉得他在教学方面是有一套的,教的成绩比较好。另外,比较吸引我的就是他还在学校里办黑板报,我觉得他办的黑板报非常好,写的字、画的画都很漂亮,他好像有这方面的天赋一样,我就觉得这个人还是比较有才华的。而且他自己洗衣服、洗被子,比较勤快。再一个因为我跟他妹妹是同学,我对他的家庭也算是比较了解,他家里的成员我也都知道,他嫂嫂和他大姐也在学校里教学。

我当时是和他的一个好朋友在同一个办公室,他有空闲的时候就会去我们办公室找他好朋友聊天。就这样,我对他的性格、谈话和举止等也算是有点了解,觉得他同事关系也比较好,性格开朗。这样慢慢地,我对他的印象就比较好。他对我可能也有好感，开始是他让那个好朋友去给我说的，就是给我提亲，但是当时我婉言谢绝了。一个是因为虽然我对他也有好感，但是年龄上还是觉得他大了一点，他比我大四岁，我那时候才20。另一个是我说自己闲下来还想复习考大学，我太小了，还不想谈论婚姻这方面的事。这样我婉言谢绝后，他就好像觉得碰钉子了。之后可能是经别人介绍，他就给邻村一个女的定亲了。但定亲的当天，可能两个人闹矛盾了，然后就又退亲了。后来我听他说，也许是他的心还在我这里，他就又去找我了。这一次，他给我写了封情书，写的也不是什么花言巧语，反正让我一看，觉得还挺真诚的，然后我就答应了。我不太在意长相和家庭成分，我当时还主要想的是两个人都在学校里边，互相能有个照顾，也算是志同道合。不仅在学校教学上可以互相帮助，放学后也有时间，这样家庭生活可能也会轻松一点。虽然答应了，当时还是觉得自由恋爱那样的情况不太多，都不敢说，然后就让他托媒人去给家里边说。还好那时我妈妈也不是很封建了，说你们两个都在学校，只要你了解，你觉得行，就行，所以这样就定了，之后一切按农村的习俗定了亲。当时定亲就是买几身衣服，有八身的，也有六身的。我们当时是六身，买两身成衣，把亲戚们拿来的布配够六身衣服，就行了。

　　之后我们谈了两年才结婚。那时候结婚办婚礼，彩礼嫁妆这块儿大多数都是二三百块钱。我之前的都是200，后来有的要300，最多的也就400。但要400的就有人说太多了，"卖闺女哩？"我就说我也不多要，咱就300，咱就折中。然后他还说："哎呀，太多了，200。"当时我就说："你敢拿200来，我就给你扔出去。"最后反正还是拿了300。那时候就只有300块钱的彩礼，剩下家里边的家具都是娘家陪的。那时候说谁家嫁姑娘，娘家都是做的木家具。当时在农村里，主要就是高低柜、箱柜和当屋放的方桌子。还有的就是陪缝纫机，喜欢做活儿的、做衣服的，就可以要缝纫机，我姐姐就陪了缝纫机。有的有钱人家还有自行车，那时还没有说陪电视机的。这个陪嫁妆的情况，就是根据你的家庭条件，有的好，有的差，有的陪得多，有的陪得少。婆家只管说拿几百块钱彩礼，就行了。没有首饰，那时候谁知道首饰是啥呀。我当时就是比别人多要了一个书柜，没有要箱——我姐姐那时候有

箱——我当时就说,我要个书柜。因为咱在学校里边教学,毕竟书稍微多
点,所以我就要了个书柜,另外还有个收音机。

1985年正月,乔玉玲与丈夫结婚旅行时在北京毛主席纪念堂前留影

　　我们是1985年正月结的婚。结婚前十天,我们带上那300块钱彩礼,去
北京旅游了一周,这在当时算是比较超前的。但在这之前,还有一个小插
曲。我们定好正月结婚,但春节前学校放假了,他借钱去买了辆三轮车,然
后就说把学校的工作辞了,年后要去倒卖菜。原来因为当时教师的工资太
低了,一个月只有40多块钱,根本养活不了家,于是1984年夏天开始,他就
在星期六、星期天跟着村里的一个人去外边拉菜、卖菜。那拉一趟菜可能都
挣十几二十块钱,卖两天菜就顶着教师一个月的工资了。然后应该从那时
起他就不好好教学了,不想在学校干了。但他决定不干的时候,都没有跟我
说一下。所以我当时一听就非常生气,我说连给我商量都不商量,你给我来
个先斩后奏是吧?他说知道商量了我肯定不愿意,索性就来了个先斩后奏。

我当时非常不满意,就想说给他吹了算了,可想想他也是为了家,并且婚期已近,也只能这样了。之后他就开始他的倒卖菜,一年后又和三个好朋友合伙买了一辆拉货的汽车,再一年后自己又买了辆旧货车,开始跑北京、上海,到处跑。当时也没有电话,他出车几天不回来,老人都担心得睡不着觉。于是他就把车卖了,去县城里开店卖种子。之后又去经营摩托车配件和修理店,开始准备做摩托车零件批发的时候,进了很多货,结果生意失败,赔了20000多块钱。再后来又开饭店,也赔了。总之那几年,他生意换了一样又一样,没少折腾,投资都还是借的钱。

婚后在经营家庭方面,不管在经济上还是家务活上,我们是既独立又合作。他生意屡次失败,借钱都是他自己的事。我的工资主要用来维持家里的开销,有时他也给家里买东西。但如果他借别人的钱,人家来要,我也会拿出我微薄的积蓄,以解燃眉之急。家里经济状况好转是从2003年开始的,那时因为亏损已经不能支撑他继续在城里做生意了,正当生活境遇十分困窘的时候,恰巧遇上中石化公司在农村设置网点,于是他就回来承接了中石化公司的项目,在村头开了家微型加油站,这样才慢慢地还完了债,有了一点积蓄。存款方面主要由我保管,但也都是透明的。平时家里有事,都是商量着来。大多不是违背原则的事,我一般也不会和他计较。另外地里有活儿,我不用去学校的时候,都会一起去干。整体而言,我们夫妻算是恩爱和睦,和邻里相处得也很友好,普遍比较受尊敬。

在教育孩子方面,我的三个孩子不是特别优秀,但我也都比较满意。大女儿大专毕业后自己创业当老板,二女儿南京大学博士在读,小儿子郑州大学研究生毕业后在做建筑工程师。一家供出了三个大学生,这在农村里是很不容易的事情。我不太在意孩子的成绩,但作为老师和家长,我和爱人会努力给孩子创造好的学习条件。教育方法主要以说服、鼓励为主。至于孩子自己,他们只要尽力就行。虽说如此,最开始时大女儿也挨过我一次打,还打得惊天动地。那是在她上一年级的时候,有一次我给她辅导默写汉字的作业,她不会写就只管哭,再往下提问也不写,感觉是在故意挑衅我。我当时可能也是心情不好,就把她拉去卧室,关上门开始打。只打了两下,她爷爷护犊子,就踹卧室的门要进来。结果把门给踹破了,还摔伤了腿。我对此很后悔,之后就再也没打过。后来好多事情就都是在饭桌上给她讲道理,什么事情都提前打预防针。所以后面他们选什么学科、报什么志愿,我只是提建议,最后的决定权还是在于他们自己。记得大女儿考大学时,我建议她报师范专业,毕业后当老师,但她不想当老师,就报了商务日语。

二女儿是个乖乖女,我没打过她,连骂她都很少,不记得什么大事骂过她。她比较独立、懂事,从小到大学习成绩也总是名列前茅。但我们河南的高考毕竟是"地狱模式",学习是异常紧张的。记得一次高中月考后,我去看她,感觉她很不高兴,就问为什么。她说这次名次掉下来了,考了个年级第十。我一听马上说,没关系,一次考不好,不算什么。这次也许是身体原因,或者是出题原因,只要自己努力了就行。这时只见她如释重负,说没考好心情很差,都郁闷了好几天了,还以为我要批评她呢。后来高考严重失利,她只考上了省内的二本学校,不甘心加上一贯的高志向,她考研第一年便报了北京大学。结果差了十来分没进复试,她也很是沮丧。这时我也说,那有什么,可以再补一年,之前也没补,就当是高考补习了。和她姥姥那时候不同,我说不管怎样,只要你想学,我们就支持。

儿子也是比较听话懂事的,但小时候也挨过一次打。那大概是在他四五岁的时候,一次见他去小卖铺买了个东西回来,记不清是什么了,我问他,你在哪里弄的钱,他说是在我的枕头下边拿的。我就给他讲了道理,说不能随便拿钱,你想买什么跟妈妈说,再不打招呼拿钱,就要挨打。为了防止他继续犯错误我不知道,我就在枕头下又故意放了些零钱,并留心着钱数。过几天我一看,就是又少了2毛钱。一吓唬,他就承认了,承认之后,之前说过再拿要打手,就一定得打,我就让他伸出手,用尺子打了一下,后来他就再也没拿过了。所以我的教育理念就是,对孩子的错误,一点也不能迁就。

杨泽忠

深山里的教书匠,红土上的传道者

亲 历 者:杨泽忠
访 谈 人:王李宏
访谈时间:2022 年 4 月 23 日
访谈地点:云南省大理白族自治州云龙县杨泽忠寓所
访谈整理:王李宏

亲历者简介:杨泽忠,男,彝族,1965 年生于云南省大理白族自治州云龙县,中共党员。1982 年毕业于永平县双河完小初中部,随后在南新新房子一师一校点任教;1991 年大理师范学校三年制中师函授班毕业,次年在离家 30 千米外的石城校点任教;1997 年调到偏

杨泽忠(左)接受访谈

僻的贫困村福利完小任校长;1999 年到南新大塘一师一校点任教;2001年,因集中办学,校点被撤并后,到南新完小任教至今。2018 年获得云南省"乡村学校从教二十年及以上优秀乡村教师"称号。

一、子承父业：我的民师入行

新房子村①的民办校点建校于 1972 年，是个"一师一校"点。建校的时候，我的父亲在这里教书，他就是这个学校里的第一任老师。在我大概七八岁的时候就到校点上学，父亲带着我和几个同龄人读"幼稚班"。当时像我大哥、二哥他们年纪大一点的就在读一年级和二年级。因为新房子校点是民师校点，只设置一到三年级，所以我们在新房子读到三年级以后，就又要翻一座山去附近的大塘小学②接着上学。

1973 年，杨泽忠(二排左二)在新房子小学与全体师生合影

我爸爸是民办教师，就相当于现在说的"半公半私"。最开始是国家发给他们一点工资，8 元一个月，生产队又补助给他们一点粮食。钱都是按时发的，当时一个月 8 块钱相当于现在的几百块钱，其实很少，主要靠生产队补贴一点粮食：玉米 250 斤，稻谷 250 斤，一样一半。那个时候吃得上稻谷也算好的了，集体(经济)时代，我们这边水田比较多，都是栽秧③，产量倒是相当

---

① 新房子村，隶属于云龙县宝丰乡南新村，为自然村，位于南新村东部山区。
② 位于云龙县南新村东南部的大塘自然村。
③ 即栽种水稻。

低。我三年级上完就去大塘小学的公办点，公办点的公办老师大多是从外面来，我们就在那里读四年级，四年级读完之后是五年级，当时小学是五年制，五年级以后就初中了。

　　1979 年，小学毕业以后我去我们南新（村）①的南新完小读初中②，初中读了一年以后，南新这个校点又拆掉了，要并到宝丰（乡）中学，那个时候全宝丰乡的学生都是去宝丰读初中。当时我们家里条件相当困难，宝丰去不了，父亲就把我转到和我们家只隔了一座山的双河完小。双河完小隶属永平（县）白鹤（乡），虽然名义上只是一所小学，但是附设初中，我就去那里接着读初二初三。到了 1982 年 7 月我就初中毕业了，毕业以后就回家里。一开始我想去当兵，当时是自己去报名然后（核）验，我就去报了名，但是我母亲不太愿意我去，她得知我要去当兵了以后就整天哭，说当兵会很危险，我那时候个子也小，身体也不好，胃病经常发作，后来再三考虑，我就没有去当兵。

　　当时我妈生病，我父亲年纪也大了，他不仅要养我们家三兄弟和三姐妹，还要照顾我妈，觉得继续教书会承受不了，就提出最好是能有人来接替他的工作。为了让我们这个 1972 年就建校的学校不要垮掉，生产队就着手准备重新推选一位民办老师来接我父亲的班。当时我们生产队里的人最高学历就是初中，而且全生产队初中生只有七人，其中有两个已经结婚，还有两个是到外面给人家"做儿子"③，所以当时包括我在内就只剩三个初中生，生产队就在我们三个初中生里进行推选，看看哪个适合（当老师），后来把我推选出来。其实当时我心里还是挺忐忑的，觉得自己没有教书的头脑。但是父亲跟我说不用担心，既然大家都推选你，你就去试一试，把学校巩固起来。我就同意了去校点教书，当起了民办老师，并逐步适应了当老师这份工作。我从 1982 年 9 月开始一直在新房子校点，教到了 1992 年，一共 11 年。

---

①　南新村，隶属云龙县宝丰乡，为行政村，位于宝丰乡南部。
②　当时本地的村级完小普遍附设初中。
③　方言，即入赘。

二、自力更生：我的民师岁月

当时新房子是一师一校点,采取的是复式教学的办法,三个年级一起上课,有几年是一二年级在一间教室,还有几年是一三年级在一间教室。整个校点就我一个人、两间教室。像一三年级在一间教室的时候,我就先上一年级的课,上完课把一年级的作业布置下去了以后,让他们做作业,三年级的照顾一年级的,我又去另一间教室上二年级的课;上完二年级的课,把二年级的作业布置完了以后,又上来教三年级的;上完三年级的课,把三年级的作业布置下去以后又教一年级,就这样三个年级循环授课。每天早上只上两节课,两节课上完以后,这些学生就放学了。

这附近的学生都来校点上课,有些学生放学以后还要走三四公里的路回家。家住得远的学生,一般早上做一缸饭抬到学校来,中午我弄一些火炭,帮他们热一下;家住在附近的学生就跑学,跑回家里吃。当时我家也在学校附近,我就回家吃,吃完了中午饭以后又去上课。我在新房子校点的11年民师生涯基本上每天都是这样度过的。

1986年,杨泽忠(后排左一)在新房子校点授课

我刚开始当民师的时候,每个月的工资是 17 块 5,相当于现在的几百块钱。民师的工资在我父亲手里教书的时候是 8 块,后面国家也逐步给民师增加工资,我教的头五年是 17 块 5,后面国家又给我们加到 37 块 5,加了 20 块,后来又加到 77 块 5,我当民办老师的最后那年,工资就是 77 块 5。以后我就通过考试转为了公办老师,转公办的那一年,我的工资从 70 多直接变为了 600 多,收入区别还是相当大的。

20 世纪 90 年代的时候,木材开放,就是国家允许村民山上伐木,不是像现在你敢砍一棵树,直接就被抓起来了。我们民师的工资一个月 17 块 5,砍几根木料就可以挣老师一个月的钱,所以当时跟我们一起教的有几个民师就辞职不干了,去砍树。当时他们赚了很多钱,但是后来木材开放的政策变了,不允许乱砍滥伐,政策一变,钱用完了,他们又想回来继续教书,就不可以了。那个时候教书还是要有毅力的,听说别人一天就可以把一年的工资挣回来,我都想过去伐木。刚开始教书那会我怕自己不会教,教了几年以后,每年学生成绩都还是可以的,考出去的学生多了,我积极性也就高了,想着培养这些娃娃还是快乐的。最后我自己的荣誉感也有了,逐步也开始提高自己的学历,边学边教,就想着一辈子好好教书,不然抵制不住当时的金钱诱惑。

像木材开放那段时间,如果校点没有人教书了,生产队就在本地学历比较高的人里面重新选一个教书,如果一直没有人教,这个校点就垮台了,校点里原来的学生就只有到其他周边学校上学。但是垮台的校点非常少,那时候的生产队长、会计也都努力让自己生产队的学校不要垮。之前的民办教学点是没有公用经费的,县、乡也不会拿钱来,学校里面需要开支经费的时候,就只能带着学生勤工俭学。生产队分给学校地,在上面栽种桐子①树,归给学校,由学校的老师和学生收了桐油拿去卖,换一些钱。桐子需要组织学生背到山下面去卖,有些学生背不动,就让家长来帮他们背,背到山下面以后又请马,那时候没有车子,用马把桐子驼上去南新卖掉。那时候生产队分核桃的时候也给学校分了一些,学校旁边那几棵核桃树就归学校。学校

---

① 山桐子,俗名桐子树,毛桐、臭樟木、大马桑叶,桐子果实能制造生物柴油。

还有一个基地，就是校旁边的一块地，我带着那些学生去栽苞谷，苞谷熟了以后就把它收回来，把籽籽抹出来以后卖给别人。卖到的钱要开单子（发票），卖了东西要把单子拿回来。

当时每一笔钱都要记账，年末要算学校一年的勤工俭学收入，桐子收入多少、核桃收入多少、我们基地的玉米收入多少，要建一个台账，然后报给完小的会计，会计每个月都要核账。最后你去买了篮球几个，或者买了擦包①几个、粉笔几盒，都要有记录。那个时候是去供销社买，你买什么他们都会给你一张发票，每个月要把发票拿去会计那里，因为你的收入多少他是登记在那里的，每个学期开支的钱也要记在账上，都要计算结余，会计给你盖一个章，写上这学期你们学校的勤工俭学收入多少，开支多少，结余多少。我离开新房子校点的时候，这个学校的账上最后剩着600多元，每一年用不完的钱就积攒起来，最后移交给后面的老师。我调走了以后生产队召集开会，新老师来了以后要移交账务，那时候的勤工俭学收入也不敢乱用，等你从这里调走的时候，都要跟新老师对接账务。对接账务的时候要开群众大会，生产队队长、会计宣布我手里面还有多少钱。

当时勤工俭学的钱还剩一些，刚好那年我们准备把之前土木结构的校舍翻盖成新的瓦房，家长就捐来了一些木板、木料。但是刚好遇到了撤点并校，民校点要撤销，校舍这些就移交给了生产队，资金也就交到了生产队会计那里。准备建校舍的时候，上面还给我们划拨了一点钱买瓦，当时在我手里面就买了8000张瓦，堆在校舍旁边就等着盖房子了，校点被撤，也就没有盖成。最后剩下的钱可能就不多了，瓦还有其他物资移交给生产队处理，他们把瓦卖了就变成（公）社上的用费了。

三、 进修学习：从民办教师到公办教师

当时我报考了大理师范的中师函授学习班，开始一边教书一边读中师

---

① 即黑板擦。

函授。中师函授就是教育部门面向我们民师开设的进修学习班，招生对象都是民师，目的是帮助民师提升学历。采用的是不脱产的学习方式，一边给学生教书，一边上培训班的课，就相当于现在的函授，也要进行考试。考上了以后有老师来云龙这里给我们上课，我记得当时报名参加考试的有120多人，最后这些人里面考上的就只有21人。

中师函授入学考试考的是语文、数学、教育学和心理学，还有历史、地理这些学科，通过考试总分择优录取。录取以后就到大理师范参加开学典礼，典礼后发放课本，然后我们就回自己上课的学校，假期之前边上课边学习。当时就是自己在学校里面一边教学生，一边晚上看一看发的课本，一直到假期学生放假。学生放假以后我们就到云龙县教育局的教师进修学校，上学期是在县上培训，县上的辅导老师专门在假期里面给我们上课。上课要上二十几天，上完课就考试，考试要去州上的大理师范考，考一科就算你合格一科。下学期是去大理师范培训，像这样要学习三年。三年以后把科目全部考及格，就颁发一个大理师范的中师函授毕业证。我们去读中函之前每个月的工资是17块5，于是就想办法每个月只用10块钱，剩下的钱攒起来，因为放假要去大理师范读中函，需要用钱。当时在一起培训的三个人都挺幸运的，所有的科目都考核合格，就成功地把中师函授学历拿到手了。之后又开始进行"民转公"考试，就是民办老师转公办老师的考试。当时的"民转公"考试有两条限制，第一个条件是1981年底以前参加工作的民办老师；第二个条件是具有中师合格学历的。符合这两个条件的就可以参加教师职业道德的考试，考试合格的就可以转正，即转为公办老师。我通过考试转为公办老师以后，就被调到宝丰乡的石城（村）①教书。

现在是没有民办教师了，民办老师存在的最后一年他们叫"关门"，具体年份我也记不太清，但应该在1997年以后，因为1997年我在福利（村）教书的时候还存在民办老师，后面就没有了。那些原来的民师有一些被辞退了，有一些转正了，后来国家每一年都给转正的机会，也不限制学历和条件了，每一年你都有机会参加考试，考试合格以后就可以（转正）。到最后都没有

---

①　石城村，隶属云龙县宝丰乡，位于宝丰乡北部。

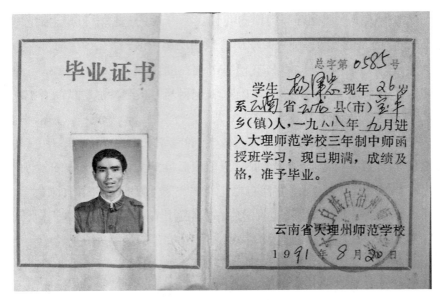

1991年,杨泽忠取得中师函授毕业证书

考上的,就只能辞退回去。只要你当过民师,国家就给一些辞退补助,那年是一次性地发给他们一笔钱,按照一年补助多少定了标准,教了几年就发几年的,要是你教十年以上就拿得多一些。还是党的政策好,要是没有相关政策,你怎么会享受到这些(补助)嘛!国家觉得你不合格把你辞退的也好,你年纪大了想退下来的也好,你觉得家里面条件不允许、自己辞职的也好,都有补助。

四、 辗转多地:成为公办教师的那些日子

石城校点在石门县城到宝丰乡的公路旁边的石城村,是"三人一校"点,里面有三位老师,教到四年级。学生比较多,大概有八十几人,属于公办点。去那里上课要先下山到南新村,当时没有车子和通车的路,只能从小路走到山下的村子里才有公路,就只有几辆班车,如果时间没有赶上,或者哪怕赶着了但是坐满了,司机也不会搭你,就只能走去。

记得"8·29"洪灾①导致路不通,我就整整一学期都走着去学校。当时每周就星期六回家里一趟,星期天早早地把该背的菜收拾一点背起就走,一般中途走到南新还要休息一会儿再出发,下午五六点才能到学校。有时候遇到拖拉机之类的交通工具就打一辆,我坐拖拉机过去的次数非常多。我与其他两位老教师共同办这个"三人一校"点,在那里一直待到1997年,整整教了五年。

1996年,杨泽忠(一排左一)在石城校点与师生合影

一开始我从来没有去过石城,不熟悉环境,心里面还是有一点怕。另外两个老师是附近的(不住校),只有我住校,通过他们两个的介绍,完小的校长直接就把我介绍给当地的社干部,(他们)是相当支持的。当时没有住校的老师,学校里面没有电,我去以后才把电接上。而且不光是那些领导干部支持,家长也支持。都讲石城的家长(比较严格),老师去那里会有压力,但我去了五年以后,1997年调到福利,感觉那些家长很舍不得我。只要老师认真地把娃娃教好,他们就相当高兴了;但你要是不好好教书,他们可以把你

① 1993年8月29日,云龙县境内普降单体特大暴雨,形成严重洪灾及泥石流灾害,境内沘江流域受灾严重,沿江而建的各条主干公路均严重毁伤。

撰出去。现在石城我们这辈的,或者比我小一些的,跟我熟悉的相当多,遇见就会问我"你现在在哪里教? 过得好不好?"或者聊聊娃娃现在读什么。

　　1997 年 9 月,福利(村)①校点的校长要退休,上级经过考虑,就让我去那里当校长。福利那个学校属于完小,就是公办的村完全小学。当时我也是有压力的,因为我的学历比较低,虽然选定当民师以后,就觉得教书这个工作挺好的,跟娃娃打交道,可以多培养一些人,把自己知道的尽量发挥出来,但是要让我当领导,我就觉得自己能力不是很强,怕干不好。但经过领导的鼓励,我也就去了。在福利的几年里,我们除了教书上课,还办了几期"扫盲",目的就是扫除文盲、半文盲。以前很多人因为家里经济困难,读不起书,导致中途辍学,长大成家立业了以后,虽然他们的孩子都在学校里面读书,但是自己还属于文盲或者半文盲。我们当时白天给学生上课,晚上去给家长上扫盲课。上级部门补助给我们一盏汽灯,天黑就把汽灯点着给那些家长上课。那些人也比较勤学好问,他们把农活做完、饭吃完以后,都自觉地来扫盲班上课。

1998 年,杨泽忠(右一)在福利村扫盲路上

---

①　福利村,隶属云龙县宝丰乡,位于宝丰乡东南部、南新村东北部。

　　当时村民们都是很积极的，来上课的人也很多，扫盲班也是一个正规的教学班，来上课的村民都要登记学籍，上完课还要进行考试。每天晚上都是给村民上几个小时的课，结束之后我回到自己家，第二天早上又去给学生上课。扫盲班上课的时间也不长，一般只上一个季度左右就要组织扫盲班的村民考试，由我们县乡的扫盲干事出题，考试合格以后就发给他们一个"脱盲证"。他们到现在见到我都还说，收拾屋子的时候翻到红红的一张证照，打开一看是个"脱盲证"，我就对他们说，那个证留着还是有纪念意义的。通过扫盲以后，学生里考出去读高中生、师范生这些的就多了。家长的素质一提高，孩子的素质也就提高了。那些家长当年读书的时候条件差，所以书才读得不够，现在晚上来扫盲班学一学，以后至少可以自己记账，会写自己的名字。扫盲其实是让家长更支持娃娃的教育了，他们也都认识到自己这一代被耽误了，就不能再耽误下一代了。

　　我在福利（教书）的时间短一些，但是这几年我们搞教研服务回到福利，不仅是学校里面的老师会跟我交谈一会，周边的家长看杨老师你回来了，他们还会提到这些，也就是（我）还是受到家长的尊敬。

　　在福利当了两年校长以后，因为家里面媳妇生病，当时医疗条件各方面也比较差，我就只能申请回离家近点的地方照顾她。一开始领导们还是让我尽量克服，但是后来实在没有办法，她的病情越来越严重，我多次申请，到最后也就批准了我回来的申请，于是我就回到家旁边这座山后面的大塘公办点，也就是我读小学四五年级的学校。那个学校是"两人一校"点，一开始只有个老教师在，我回来了以后跟他一起教了两年。那两年也是教复式班，他专门教一年级，我专门教二三年级。

　　在大塘教书两年以后，也就是 2001 年，南新村完全小学需要老师，就又让我去南新完小。当时我的意思是家里面媳妇病情还没有完全好转，我在大塘（继续）教一两年会好一点，但是他们就跟我说，年轻教师要多为我们乡里、村里，为完小出出力。我也就同意了，就下去南新完小教书，一直到现在。我到南新以后，多年一直都是跟着班走，从一年级一直带到六年级，上一届学生毕业了以后又从一年级开始带下一届。我这样连续带了两三届，

1999 年,杨泽忠(三排右一)与大塘公办点师生合影

中途从其他老师那里接手带的也有。现在有很多我教过的学生也当老师了,像我们大理的新世纪中学的杨老师,我从他一年级的时候就开始教他,他也经常讲我是他的启蒙老师。

五、 扎根乡村:我眼中的今日乡村教育

现在小学是五门课,语文、数学、道德与法治、科学、英语。我教了40年的书,当了38年的班主任。我现在就带一个班,去年带的那个毕业班有47个人,今年接手的这个班是33个人,基本上每年带班的学生人数都不低于30个人,去年带的那个班是最多的。我一般就是当班主任,教语文、道德与法治两门课,其他老师就插进来教数学、科学、英语,再加上一些美术课、劳动课。现在要德智体美劳全面发展,美术课你必须让学生画一些美术,劳动课就带他们去校园里面进行社会实践。随着年龄大了,有些时候感觉任务还是有点重,特别是带毕业班的时候。特别忙(的时候)我们也不一定回来(家里),你要把学校里的工作做完,个人生活的时间也比较少。

住校的学生一般是七点起床,走读的也是要七点多到学校,在南新走读

的就是村子里的几个，学生基本都住校。他们早上起床，然后出操，出操以后上早自习，早自习以后上三节课，三节课以后吃午饭，午饭以后就预备，两点左右上课，下午一般上到四点，四点以后还有一个课后服务——近几年才开始有这种课后服务，一般让学生根据兴趣选择小组，比如书法、科技，手工、英语、朗读、下棋等等，有的是班级统一；哪位老师擅长什么就承担哪种兴趣小组，爱好书法的就指导他们写毛笔字、钢笔字，爱好音乐的就教他们音乐，民族风情方面的，就教他们吹笛子、葫芦丝。像我们乡村小学虽然属于乡村，全面贯彻教育发展以后，学生全方面发展，逐步还是学到了很多的，什么都会一点。

现在学杂费是全部免了，学生家长就交一交伙食费，早饭那些国家全部解决了。这几年开始"减负"，想给学生订一本书都不行了，不过学生想要自己买一些书去看看、想多学习一下，这些可以。所以现在的娃娃读书是相当幸福了，家长供（读书）比较简单。老师要进行一些政治学习，我是党员，像"学四史""学总书记讲话"之类都是我必须做的事情，每年、每月都要集中学一学，还要自学。老师必须提高自己的政治思想，考核晋升也包括政治素质和业务素质两方面。政治站位高但是教学能力不行不对，只把书教好但是不关心政治也不对，两手都要抓。在义务教育普及方面，我们是深入基层，"划片包村"，像南新这片就我上，立档卡户的学生、低保户学生、困难学生、残疾学生，我们都必须专门去家访、采访收集材料，有些时候还要动员，宣传义务教育政策。

现在学校都有电子白板、投影这一类的东西，刚投入使用的时候我们都有点吃力，特别是网络教学这些，我们老教师要虚心向年轻的老师学习，不然就要被淘汰了。年轻老师想再进修一下也可以，国家也重视，每年都安排一些（培训），前几天安排州级的/省级的青年骨干教师培训，都直接（报送）那些年纪小的去学习。现在年轻人就是（要）多去培训，把新鲜的（知识）学了以后传授给老教师，老教师是校内培训的多。我们学校现在有 50% 是年轻教师，多数是本科（毕业），专科的相当少。有一些是自己主动回来的，还有一些是来异地交流的。我觉得他们在工作各方面是认真的，也相当尊重我们，因为我们属于老教师，经验丰富。我跟他们讲，你们觉得我们经验丰富，但是现在这个时代变化太多了，我们要向你们学。

　　这几年增加工资以后，我们心里感觉比以前好多了，城市与乡村的待遇区别不大。假期里，附近的亲戚、学生来这里叫我们教他们，我们就不是为了收他们钱，是照顾着提高一下他们的水平。这几年我们也不搞了，一是精力也不多，二是不要让人家误认为我们是在搞家教。我们是土生土长的乡村教师，你收村里学生娃娃的钱是不对的，但是城里面就不同了。小学（学生）带手机的可以说是没有，但是回家玩手机的肯定有，几乎个个回去都玩。作为班主任，我在班会上、家长会上就讲，手机有利有弊，娃娃回去想在手机里搜一点有关学习的知识，可以拿给他们，但是搜完以后要还给你们，不要把手机丢给孩子，他可能会玩游戏，甚至会学一些不好的。去年大厂（村）那边有个学生，父母在外面打工，他在家里跟奶奶住，家里面给他买了部手机方便联系，他就开始打游戏。我就说，最好是买电话手表之类的，有的学生（玩手机能）把父母的几万块钱搞没有了，这种习惯小学时候要及时纠正，不然到初中以后就来不及了，这是相当危险的。

六、继续前行：让乡村的孩子们得到成长

　　我喜欢的学生很多。有一些是从一年级教到初中，（学生）小学毕业以后到初中也常常联系我。像（学校里的）杨老师，也是我从一年级开始教起，现在他跟我是同事。我教过的学生多了，像石城的一个学生，我教他的时候才二三年级，他就相当好学，因为当时他们是跑学，家里面条件也比较艰苦，他有一个黄色的书包，里面装着不是课本就是连环画。（他）最爱看连环画，放学以后别人是回去了，他就扑在那里看书，后面（他）是到宝丰完小读，宝丰的老师们都讲他相当用功，最后就考出去到公安大学，现在已经工作了。

　　多数学生见我都有一点怕，觉得我严，我是属于严中有爱，课堂上你要是做错事，我是严肃的，但是课后我就要跟他们建立良好的师生关系。刚开始他们就感觉我太严了，但是接触一段时间他们的感觉就变了。在我手下

读书是学着知识，也学着做人的道理。

我希望我的孩子跟我一样当老师。当时我女儿报高考志愿的时候我就讲，可以考虑一下学前教育这些，你爷爷教过书，我也是老师，我的愿望就是你们能够继承下去。当老师是光荣的，一个无知的孩子在我们手里面逐步学会（成长）。当老师确实受人尊敬，（有些人常说我）培养那么多人才，不光是培养外面的人才，还培养了自己的娃娃，这跟家庭教育有关。一些家长和附近的人就是喜欢来跟我吹吹①，特别是星期六、星期天、假期的时候。家长要来接学生，我们送出来，家长都要来问一问自己子女的情况，有些还说把娃娃放在我们手里就放心了，我感觉还是很欣慰的。

（乡村）地区的文化差异（比较大），比较落后，我们就是想趁着年轻还有精力的时候，多为乡村的教育事业做一点贡献。我跟娃娃们讲，我教书一辈子，其实现在想来想去，感到光荣的就是为我们乡村培养出了一些人才。现在各方面的条件越来越好了，家长也比较重视，我希望下一辈的生活水平、文化素质都能有很大的提升。老师之间的区别会有，但不会说（羡慕）他们是中学老师，我们只是小学老师，现在基础教育也被重视。

乡村教师的待遇严格来讲应该提高，因为乡村教师毕竟条件艰苦，工作环境也不好。特别是现在有的是一工一农，有的是双职工，有的是上有老下有小，像我们一工一农这种，我这两个娃娃读书读大学这几年，我的工资就全部寄给他们，我们只能回来家里面相互扶持一下。相比以前工资是提高了，也觉得满足了，但是乡村教师的待遇还是不足的。

我觉得对于农村而言，教育最突出的功能就是帮助孩子成长。现在农村的孩子都往城市跑，有一些宁可在外面打工。所以我们现在对孩子们讲，我们的愿望不是让你们出去一辈子，我们的想法还是要（让你们）回来建设自己的美丽乡村，外面虽然条件好，但是要爱家乡。（如果）你在外面学到一些技术或者说一技之长，可以回来为家乡做点事。现在去外面闯也好，出去打工也好，但读书的时候要抱有一种热爱家乡的心态，毕竟你是从这里出去的，是在那个土房子里面读出来的，不能忘本。我讲课的时候会忆苦思甜，

---

①　方言，指闲聊。

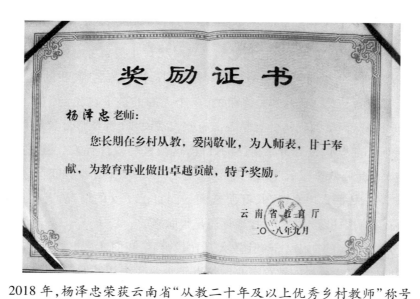

2018 年，杨泽忠荣获云南省"从教二十年及以上优秀乡村教师"称号

讲我们的父母亲、爷爷奶奶那时候读书的情况是怎么样，现在读书的情况是怎么样，对他们还是有教育意义的。现在的孩子应该要爱家乡，应该要有高素质，我们的目标就是一代要比一代好，而且是要成为"四有"新人。我的目标就是自己教的每一个学生都要爱国、爱家乡、爱学校、爱父母，这个是我们教育的宗旨。

孙晋芳

长风过乡村:从一而终的教学路

亲 历 者:孙晋芳
访 谈 人:孟　帆
访谈助理:董　莉
访谈时间:2022 年 5 月 16 日
访谈地点:线上访谈
访谈整理:孟　帆

亲历者简介:孙晋芳,女,1966 年 10 月生,山东诸城人。1984 年考入诸城师范学校,1987 年中专毕业后进入诸城市皇华镇初级中学教学,成为一名乡村教师;1990 年因乡镇学校合并进入朱家村中学教学;1994 年应聘到诸城

孙晋芳(右)接受访谈

市龙源学校。先后被评为诸城市"优秀教师""优秀班主任""十佳教师"。

一　漫漫求学路

　　1984年,我考入诸城师范学校读书,在这之前,我的求学之路十分坎坷。我出身农村家庭,家里比较贫困。父亲没进过学校,但我小的时候对文学的爱好或者是对那些书的尊重,都是从父亲那里继承来的,父亲的支持也是我后来能够一直坚持上学的重要原因。我父亲比较开明,在我们那个年代,多数家长对女孩子的要求就是能认得自己的名字,出去丢不了就行。我算是比较幸运的,因为我父亲觉得虽然自己不识字,但子女不能当睁眼瞎。我是我们家上学时间最长的,我哥哥和弟弟都是小学没毕业,妹妹是初中毕业。弟弟上学的时候,有一天回来说自己的作业本被猪啃了,就不上学了。我妹妹考高中的时候英语特别差,老师让她去考职业类学校,但那个时候不光是农民,很多人对职业类学校都不大认可,觉得上了也没用,她就没去上,学业就这么耽误了。我看到家庭的困难,又因为父亲对我的期望很高,就觉得应该努力。家庭能够供应我就上(学),不能让父母太失望。当时看到我的同龄人初中没毕业就打工或回家干活了,然后找一个农村的对象,一辈子就是围着锅台转,我觉得这种生活毕竟是最基本的,人还是有点追求比较好。

　　我1976年上一年级,1981年升初中。我上小学的时候,学校校舍是破破烂烂的,冬天下雪,墙皮哗哗地掉。上初中以后,当时我们村是一个片区中心,村子里就有一所联中,这时候我们才用上木头课桌,但教室里依旧没有电灯。我上了一个月,乡镇里面的公社组织考重点班,我就考上重点班,到了外村吕标①去上学,隔着家大概有八里路,自己找房东。第一次找的住所,住着住着住不下去了——房东家里有一个小伙子,不是很正常,我晚上回去的时候,他就在院子里面的草垛后面盯着我看,我回到屋里的时候,他想跟过去,我关上门,他在外面推,我就很害怕。那时用白纸糊窗户,我早上起来发现窗户纸上有一个拳头大的洞,他往洞里看。我提心吊胆,寒假的时

---

① 即山东省诸城吕标镇,古属青州,此后区划几经变迁,到民国时称诸城城西区,1947年解放后建立起区、乡人民政府,1958年更名吕标人民公社,1984年4月社改乡时改称吕标乡,1994年10月重新调整乡镇行政区划,改称吕标镇,以镇政府驻东吕标得名。吕标镇已撤销,原辖区现属于龙都街道办事处。

候回家和父亲说要不然就不上学了。我父亲说他会再给我找房子，我不能不上学。最后他又给我找了一家，这一家算是比较顺利。

　　我平时住在房东家里，自己带干粮，背着干粮去上学。干粮用小包袱、网兜盛着，就在课桌一边挂着，有时挂在后墙上，吃饭的时候就拿下来啃干粮。老师特别好，他们当天在办公室里生炉子，我们值日生去抬凉水，老师就撩（煮）了水灌到暖瓶里。我们放了学就到老师的办公室去领暖瓶，那时候很少能每人一把暖瓶，至少我没有——家里总共就两把暖瓶，我没法带去上学。我有个同学，他带着一把小暖壶，我就跟他一起（用）。初二毕业，初三上了一个月，我们这里的诸城一中招考重点班。我到一中之后，生活环境变化很大：我父亲用他的车拉着玉米、小麦到皇华（镇）换了饭票，我们也不用找房东了，因为有宿舍。宿舍是大通铺，也有上下床，一般就是几张床合并在一起。考上一中，应该是我人生当中的一个转折点。

山东省诸城市第一中学老校区①

　　首先就是学习环境的变化。在乡镇上的时候没有那些实验室，当时升了八年级就加了化学课，要学习怎么制取氧气，老师让我们把实验过程背下来，但因为没有实验室，没有条件操作。到了一中以后，有专门的物理实验室、

---

① 　照片来源于诸城市当地论坛，经亲历者确认，系山东省诸城市第一中学老校区。

化学实验室和生物实验室,这改变了我的学习环境,让学习内容从抽象变得直观——上生物课我们真的解剖青蛙,上物理课就真的研究那些电路。我想如果当时我还在乡镇上,可能很多知识都理解不了。

1984年我考入中专,就是诸城师范学校,到城里读书,条件越来越好。说起来这个事情还很偶然:小的时候,不知道什么是选择,我父母都是农民,大字不识,根本就不知道还有什么中专、大专;到了城里之后,班主任跟我们说,我们学校分了五个中专的名额,三个女生、两个男生,因为成绩好,我就很侥幸地又选上了考中专。班主任跟我们说:"你们都报考诸城师范,诸城师范在我们本地,在本地上录取率高,招生多。"

后来我知道那一批招生就是五莲和诸城两地的学生,我当时也不知道师范是干什么的,就问老师师范毕业之后出来干什么工作。老师笑了,说:"师范不就是当老师吗? 就像我一样。"我觉得当老师也挺好的,因为对老师比较尊敬。看着老师什么都会,能唱、会写、会画。我们小的时候,那些农村的老师虽然是民办老师,但他们确实是多才多艺,我就觉得当老师会的东西很多,就报名上了师范。上了师范以后,一看师范的老师气质很不俗,知识面也很广,干什么就喜欢什么,我觉得自己的性格也适合当老师。

诸城师范学校校门①

———————————

① 照片来源于网络,经亲历者确认,系诸城市师范学校。

那时候,考师范、考中专在农村人的眼里,就是把户口考出来,端上国家的碗,吃上国家的饭,这就是一辈子。那个时候的农民,希望孩子们能够跳出农门跳龙门,能够端上"铁饭碗"。我到师范之后,不用交学费,只交了60来块钱的书费,其余的学费、生活费都由国家管着。我一直很感谢那一段时间,以我们当年的家庭情况,如果不是考上师范,而是去上高中的话,很难说有没有经济能力完成学业。我觉得自己上中专、师范这个路子是走对了,基本上这三年不用家里操心花钱。我们这一代人,非常感谢当年那个时代,国家为我们这一代人付出了很多。

二、 从学生到老师

1987 年我中专毕业,被分配到皇华镇初级中学。皇华镇中学离我们家有三十多里路,以前我并不知道还有这样一个镇。报到的时候,是我的哥哥和他的一个伙伴用自行车带着我去的。刚刚走出校门,我内心还想着要多学习,就带了一些自己上学时候的和教学有关的课本,还有一些自己喜欢的课外书。那时候学校外面都是山路,爬坡的时候要从自行车上下来推着车子走。刚去的时候,他们说我们这些师范毕业生是科班出身,教育局专门接待了我们,算是一个欢迎仪式。等到安排课程的时候,教导主任问我们喜欢什么课,想教什么课,我们并不知道哪门课比较轻松,哪门课教起来比较困难,当时是初生牛犊不怕虎,刚出校门,有一股热情,觉得没什么不好教的,就根据我学的专业和自己的爱好选了语文。后来老师们对我说,你怎么还要教语文呢? 语文是最难的学科。那时我年轻,觉得没什么大不了的,就这样教下来了。

当时这所学校是新建的,建在了半山坡上,山坡底下几排平房,山坡上面几排平房。我们那个班级是在半山坡上,办公室也在半山坡上;后来教室搬到了山坡底下,我住的房子则是在半山坡上。每周日返校之后,学校都要开例会,由校长主持。校长主要总结上一周的教学工作,然后布置下一周的任务。我们作为刚去的老师,领导格外注意,也好好地鼓励我们。

1987年，孙晋芳（右一）在皇华镇初级实验中学与其他实习教师的合照

那时会上会表扬刚来的老师谁上课认真，办公坐得住，不迟到，不早退。我们工作时间比较长，早上要早起办公，不到一小时吃早饭，早饭后办公到十一点半放学，中午吃饭，下午又是四节课，晚饭以后还要坐班。晚上我们也办公，上两节自习。那时乡镇学校学生住校的多，老师多数也有宿舍，如果不住在学校来回跑很累。尤其是冬天，天还不亮我们就在办公室里办公。有些孩子不习惯住校，离家又比较远，他们晚上放学之后骑着自行车回家，早上骑车子再上学。当时工作量也很大，讲完课以后，我需要准备资料。乡村学校没有别的资料，除了课本就是课本，我们得自己找资料。从报纸上找一些题抄下来，到城里买一本资料，刻钢板刻印。有时候周日也不回家，在学校里刻印资料。我那时候学习还是比较积极的，读书读报，遇到和教学有关的，能剪的就剪下来，不能剪的就抄下来。我有一些摘抄本、集锦本、剪贴本，多数都是和教学有关的。

1989年，我参加了成人函授学习，考取了潍坊教育学院。函授学习集中在每年的寒假或是暑假，那个时候我精力充沛，每次函授都是按时去报到，上课听得很认真，一次也没有请假或者迟到，每次考试分数都很高。我记得外国文学那一门，我好像是得了满分。参与函授学习的原因是想提升学历，也想扩大自己的知识面。因为我初中毕业就接着考了中专,学的那些东西太少了,像古代文学、现代文学,还有一些汉语语法、外国文学(都没有学过),跨入高一级门槛,确实是大开眼界,对教学很有用处。比如上课的时候,教课文不光要针对课文,还要给学生拓展一些。有的时候我介绍一位作者的时候,就有话可说,也可以联系到古今的作品,为学生补充很多知识。

三、 我的学校与学生

我任教的学校是一所公办学校,经费是国家提供的。当时的条件比较艰苦,校舍比较简陋,冬天没有炉子,夏天也没有电扇;后来办公室里冬天有了炉子,到了20世纪90年代以后才安了电扇,但教室里还没有,达不到那个水平。在学费这方面,我当班主任的时候,手里有一部分学费。每个学生一学年是5块钱,由班主任支配,用于平时班级日常的一些花费,比如买个大铁锅,买粉笔、黑板擦,或者是窗玻璃坏了,需要换玻璃,那些物品就从学校里购买。这一部分钱一般老师节约的话还能有剩余,剩余的钱怎么办呢? 学期结束的时候我们会买点水果、糖块,给班里开一个小联欢会之类的,也会为了鼓励学生买点小奖品,比如圆珠笔、笔记本,来奖励那些优秀的孩子。

那个时候,我工作中一个重要的事情就是做顾生①工作。我当时工作的皇华镇是山区,孩子多数是住校生,住得远的孩子要跑二十多里路来上学。到了八年级毕业班的时候,他们看看不能考中专也考不上高中的话,有些孩子就没有指望了,学生的流失现象还是比较严重的。我们为了顾生工作,经常下去家访,动员学生回学校上学。有些孩子的家长说孩子去打工了;有些孩子打工累了,觉得打工也不容易,会再回来上学。我的记忆里,女生辍学的多,因为女生到了八年级那个时候,就是大孩子了,她能帮家里干很多活,有的也是早早地出嫁。那时候家庭里面,孩子还是比较多,一般三四个。有些比较困难的(家庭),女生如果早出嫁的话,还可以带点彩礼帮持家里。我

---

① 指对辍学学生进行家访劝返的工作。

觉得这个现象还是和重男轻女有关,多少年的传统思想,觉得女孩早晚是人家的,少上和多上没有什么区别;少上学能够给家里省点,早去干活还能给家里挣点。

　　在学校里日常教学工作分年级,每个级部相对独立。级部里面一般是任课老师、班主任、教研组长、年级主任。学校总的领导是校长,还有业务副校长和教导主任,主要是抓教学这方面。那个时候对老师的奖励就是过年发张奖状——和对学生一样——奖励优秀教师;后来就是发一个大镜框,里面镶着奖状。好像是1990年的时候,市里教师节召开表彰大会。全镇推荐一名优秀教师,我就被评为了诸城市优秀教师,参加了教师表彰大会,带回来一床毛毯。再后来,乡镇上每年教师节也组织教师表彰大会,每所学校都评出镇级优秀教师、优秀班主任,总之就是荣誉奖励,虽然它就是一纸证书,没有物质方面的奖励,但毕竟是一种荣誉,对很多人来说也是可望不可即的。有些老师可能干一辈子,连个镇级荣誉证书都得不到。我们当时年轻,比较上进,工作上特别卖力,这种荣誉对我来说很有吸引力。

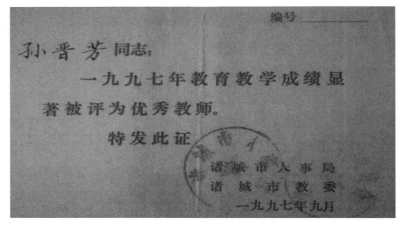

1997年,孙晋芳再次被评为"优秀教师"

　　在教学工作之外,我还有一些事情要做。当时只交学费和书本费,学生住宿舍没有附加费用,是大通铺,校舍非常紧张。说起来,有些学生辍学和校舍简陋也有关系,几十个同学挤在一间屋子里。我当班主任的时候,经常到女生宿舍去,宿舍怎么样紧张呢? 即使床上被子叠得方方正正的,依旧排都排不开,都把被子挤成块了。有的时候女生之间为了这个床位互相闹矛盾,为了给她们解决这些矛盾,我们还要去用这个米尺量多少厘米来进行划分。

孙晋芳(一排左三)在皇华镇朱家村初级中学与其他乡村教师合影

但即使这些学费和书本费,对当时皇华镇的老百姓来说依旧是不容易承受的。有些家庭孩子多,尤其是男孩多的家庭,家里的负担比较重,要给孩子盖房子、娶媳妇,花销很大。我记得当时有一个小男生,很聪明,学习很好,是他们家最小的孩子,因为上学拿不起书费,就不上了。我们去家访,他父母也没办法,两口子年龄也大了,孩子上学的费用还是他哥哥嫂子给出的,现在他们的孩子也要上学,就顾不上他了。那时候的孩子特别好管理,因为都是农村的,特别懂事,他们知道这个家庭不容易,只有上学才是最好的出路,所以课堂纪律很好。学生基本上没有不交作业的,没有说是让老师今天找明天找的问题。那时候(作业)也不用家长签字,真的很自觉。难题就是顾生工作,学生流失严重。我们的老师跟学生之间的关系很亲密,很多学生对老师很尊敬,在家里种着果树的,就经常给老师带个苹果、带一把枣子,有的还会带个鹅蛋。

我比较喜欢那些品质好,能够体谅老师、理解老师的学生。比如说我那时候有劳动课,每周上一次,需要学生自己带工具。有的孩子学习很不好,考试一塌糊涂,但他劳动很积极,从家里带小推车或者是筐子、铁锨,这样的孩子,他学习不好,但劳动挺好的。我印象里有一个孩子,她在作文里写到她的奶奶重男轻女,她上面有哥哥姐姐,下面还有个弟弟,她在中间基本上就是被忽略的。她的奶奶就反对她和她姐姐上学,经常在她父母耳边絮叨什么"女孩子家家的上什么学,不早晚还是人家的"。但这个女孩非常争气,她暑假自己到山里挖草药、晒草药,卖点钱当自己的学费。她后来觉得考文化课有困难,就考专业课,学的是美术。后来她上高中也学的这个专业,考上了北京一所大学。她之前经常给我们写信,那个时候是写信,没有手机,后来有了手机也联系过。再后来我的手机丢了,我们就联系不上了。

　　还有一个男生,很调皮,文化课一塌糊涂,不想上学,老师三番五次家访动员回来。动员回来以后他突然对书法产生了兴趣,后来初中毕业以后没考上高中,因为文化课太差了。他想参军,到部队里面以后他还是喜欢硬笔书法,因为字写得很好,在部队里面很有用处。后来这孩子出版了几本硬笔书法帖,还考上了军校,现在过得很好。我希望看到孩子通过读书改变命运。

四、 家庭与教学生活

　　我和我的丈夫是师范的同学,同年级不同班,在学校里没有什么交往,可能是命运让我们分配到了一起。那个时候结婚,农村有不同的要求,什么三大件几大件,例如自行车、收音机、电视机、手表、大衣橱之类的。我没有那些想法,用两个人的工资,能置办点什么就置办点什么。结婚以后,家务活方面我们之间没有纷争,谁愿意干谁就干。有孩子以后,我对孩子的学习成绩不是特别在意,但是想将她引上读书的道路,让她喜欢读书。我在路上用自行车带着她的时候,就让她背一些唐诗。在家里,在一些纸上抄了唐诗贴在餐桌旁边,让她随时都能看见,这是一种影响、一种熏陶。但是孩子后来就不喜欢背了,不喜欢的话我也就不强求,她喜欢听故事、听童话,我就去买了《安徒生童话》《格林童话》，孩子每天晚睡之前都是听着故事入睡的，有的时候我因为疲劳讲错了，她也能指出来。

孩子上了初中之后，学习任务重了，也没法苛求让她读书。她喜欢读什么书就让她自己选。我因为比较忙，当着班主任还要教两个班的语文，还要参加各种活动，对孩子的学习关注得不太多。她的数学课很弱，这就是后来我要到城里应聘的一个原因。我当时希望跟孩子一个学校，到城里的主要原因就是想给孩子提供一个良好的学习环境。当时城里建了一所龙源学校，算是最好的学校了，孩子的学习环境变了，了解得也多了。我们这一代人对工作特别热情，家庭和工作不能平衡，还是以工作为重。我很少能顾得上孩子，只有假期里边有时间顾孩子。我到城里之后，每天工作十三个小时，要陪着学生到晚自习。晚自习之后，还要看着学生入睡，就顾不上自己的孩子。有的时候你要顾孩子，就顾不上吃饭。

在皇华镇教学的时候，我喜欢干单纯一点的工作，入党、提干这些事情我没想过，就想把我的工作干好。我是个要强的人，要干什么就干好，一边教学，一边还要当着班主任，工作量比较大。只要是跟教学有关的活动，我基本上都是参加的。即使没有考试，也要去参加什么评选，比如说是教学新秀、评选优秀课件、优秀教学能手，上课、教学设计、板书设计之类的教育活动，我都喜欢参加，都想获奖，基本上也没有让自己失望。那个时候的思想考核是考试打分数，我们平时教学不可能跟社会脱节，脱离这个社会，所以我们学习专业之外也学习政治知识。有时事政治学习，读书、报纸之类的，也做一些学习笔记。那个年代的老师素质都比较高，说是默默无闻地奉献，一点也不为过。我们身边大部分都是民办老师，应该说他们很不容易，还要回家种地，学校里边工作也不能落下。但是他们也不抱怨，开会都很积极。

我 1987 年参加工作，第一年算是实习，实习期内我记得第一年工资不到50 块，一年之后定级就 50 多块了，1990 年之后是 90 来块钱，之后慢慢工资就涨了。记得 2004 年的时候，我的工资就是 1200 来块。在乡村时我们学校的公办老师非常少，我们当时是四名同学分去的，在我们去之前，那个学校里面的公办老师加上校长总共是四位公办老师。其中有一位原来是民办老师,因为参加函授学习取得了专科文凭,就转成了公办教师,有一年的政策是取得专科文凭的民办老师可以转成公办老师。1983年招聘了一大批老师,1985年招聘了两批老师,后来招的叫作编外,这一批编外的老师在1993年被清退了。民办的老师也是在编的,有编制。在编的民办老师也有机会转成公办老师,但一是要符合条件,比如说你有本科学历,然后教龄特别长,根据政策可以转公;再就是分配名额,你去考师范(学校),那个时候是考诸城师范(学校),再就是考潍坊师专、昌师①。因为民办老师的工资待遇特别低,我记得很多年就是28块钱,为了改变这种命运,转成公办老师,很多民办老师对于考师范学校特别努力,一边教学一边务农,同时还要学习。那个时候要考师范特别难,有名额限制,也是考试选拔。比如说有两百位老师,就两三个名额。

民办教师和我们的差别很大,这也是为什么民办老师都拼命学习,拼命争取名额。当时考公办老师、考师范学校转正,能影响到家庭子女。那个时候的农业户口和非农业户口对将来就业影响很大,如果考上公办老师,他的家庭就是农转非,转成非农户口,那么子女可以就业当工人,有资格上技校培训。很多年前,平民子弟是没有资格上技校的,只有这些职工的孩子可以。前些年民办老师有个政策,干够多少年给你补贴,我觉得这个政策非常好。民办老师对农村教育做出了很大的贡献,有很多老师没赶得上转公办就退休了,他们就是农民,没有任何待遇;而现在有了政策了,他们又补上了,相当于给他们回报。假如说当年没有那一大批民办老师的话,那农村的教育根本就没法谈。

在学校里教学的时候,我对学生的态度就是尊重。我从来不挖苦学生,也不会让一个学生下不来台,我觉得老师对学生就像对自己的孩子一样。对学生来说,有的时候因为一句话会改变命运,必须小心谨慎,不能伤害(他们)。工作一天的时间算一算,白天八节课,加上早读和晚自习,一共十一节课。我记得最累的时候是教两个班的语文。因为我们学校还有试验田,试验田分到每一个班级种药草、种红参、水杉、银杏,还有小杨树,给学校搞创

---

① 即山东省昌乐师范学校。

收。这个收入,学校到了年终会给老师发一点福利。那个时候当老师可真的是辛苦,干活得领着干。后来有一年,在校外边有一片地,每个班级分了一部分种万寿菊。我们跟着一个男老师干,浇水施肥,早上起来(干的时候)满是露水、泥水。

我们那个时候没有电脑,所有的备课都要手写。前期的检查都有规定,规定一周不少于几份教案。像语文要写的字很多,一份教案是四张纸,都规定好了。每周批大作文、小作文,还有日记本,把时间安排得满满的,有的时候完不成任务,我还要带回家里去,一些读书笔记都是晚上在家里写的。那个时候工作很忙,但是感觉每天很充实,也很单纯,没有那些人和人之间的利益冲突,就是工作。日子单纯,心情也很好,把晋升这个事看得很淡,现在老师对晋升职称这个事看得很重,很烦恼,甚至为了职称的问题想不开。当时在乡镇上工作很单纯,我觉得老师都非常朴实,交往起来也简单,没有那些什么你争我斗、钩心斗角,我工作很安心,就是这么多年从来没有过别的想法。我们那时候工资只有几十块钱,所以有的老师就改行跳槽去纺织厂当工人,那时候纺织厂工人的工资比我们要高出一截,我倒是没有那些想法,觉得自己喜欢这个工作,就按部就班、安安分分的。

五、 做教师是从一而终

我在乡镇工作了七年,始终以自己是名乡村教师而自豪。我记得有一回,从学校里往家走,一个小孩儿看起来是上幼儿园的,他看见我之后就仰着脸看我。跟在他身边的应该是他的爷爷,他的爷爷就说这个人是老师。这个眼神,你看着非常崇敬,我就想当老师还是很好。那时候农村的人特别尊敬老师,觉得当老师是一件很荣耀的事情。在乡镇时,农村的家长对我们很信任。我们去家访的时候,那些家长都非常热情,有的要留我们吃饭,有的要送我们点东西。有些孩子不听家长的,却听老师的,家长就说:"你们快说说,这个孩子怎么说也不听,你们说他就听了。"我出了校门以后基本上就是在学校里工作,没有参加过什么社会活动。老师在人们的心目中,就是教书育人的，自己要行得正、坐得端。我从来没想到干那些出格的、不符合教师身份的事。来到城里的新学校以后，我感觉自己还是比较平庸的。当时这个学校的老师就是精挑细选，层层选拔，通过考试招考过来的，所以说是人才济济。在这个环境里，你看到身边的人都在默默地上进，自己也不甘落后。我们从农村来，对这个电脑、网络很陌生。一直不断地学习、请教，慢慢地赶上来，也是有压力的。

我觉得自己是一直在努力的，从踏上工作的那一天就很努力，一直要求自己干就干好，干到极致，当一个优秀的老师，我确实也做到了。在乡镇上，我几乎是年年被评为优秀先进，后来又被评为诸城市的优秀教师班主任，在业务上被评为教学新秀、优质课教学能手。后来，我还参加了潍坊的优质课评选，获得二等奖。有的学生毕业之后，我们聊起来，他说老师当年在初中的时候，那个语法知识幸亏你给我们讲得那么细那么扎实，以至于高中之后都很受益。我觉得自己的付出很值得，也很自豪。

我当老师从来没有懊悔，也从来没有想过要改行。有过什么焦虑呢？就是看到有些同事，人家调往城里，说明人家有本事，看看自己，这么多年了，还是在农村。毕竟说人往高处走，城里还是很有吸引力的。再就是后来城里有了私立学校，可以招聘了。看到同事或者同学应聘去了，自己也就蠢蠢欲动了。看到自己的孩子学习有弱科，人家城市的孩子在城里上学，感觉环境好，觉得应该为孩子创造一个比较好的学习环境。

在乡镇教学的这七年，我觉得非常值得。很多农村的孩子，在接触到我们这些老师之后，从我们身上也会吸收到很多，就像我们小的时候，对老师那种崇敬一样。我觉得在农村当老师，对农村孩子的影响是不可估量的，有的时候不一定你哪一句话能够改变这个孩子的一生。我记得有一个孩子，他考高中没有指望，就不想上了。我们家访动员他去考职业类学校，他就去了。他到职业学校之后，学的是焊工，在学校里就参加了潍坊组织的大赛，结果好像是获得了一个全市二等奖，得到了奖金以后学校也奖，我们市政府也奖，他毕业之后就留校当老师了。这些事情对农村的孩子影响很大，就是说只要你上学都是有出路的。

同时，作为公办老师，可能我们自己并没有表现那种优越感，但是在其他民办老师的眼中，我们都能看出来他们对我们的羡慕。尤其是经济方面，毕竟是同样的工作、同样的贡献。我们因为是正式分配的，工资比他们高出一截子，而他们应该是比我们更辛苦。他们除了工作，还得回家务农。那个时候，对个人利益可能想得少一些，年轻人都是这样。他们对工作是很热情的，像周日都不回家就在学校里备课、刻钢板，这都是自发地干，也不是说做给领导看，更不是说为了什么荣誉，就觉得当老师，只要教学就把学教好。我觉得当老师就是教育者，就是要帮助孩子健康成长，起码身心健康，将来对家庭、社会不至于是有害的。我们不光看他们的学习成绩，主要是看他们做人。我们说教学，要先教孩子做人，做人是第一重要的。在我的教学生涯当中，仔细想一想，没有伤害过任何一个学生，他们应该是通过我（的言传身教）也能学到很多做人方面的东西。在乡村也好，在城市也好，我觉得当老师是我一生最正确的选择。

1996年的时候，我教了一批学生，那个班的学生特别优秀。我那一年获得了诸城市"优秀教师"的称号，因为教学成绩突出，班主任的班级工作也突出，1998年又获得了诸城市"优秀班主任"称号。我们那个班的学生在全镇成绩遥遥领先，教委主任他们也讨论说，我们那个班就是奇迹。这一年考重点中学，我们班好像是升学率最高的。学生升学率高，这是对一个老师工作的肯定。就现在来说，农村学校的学生越来越少，基本上都向往城里。现在成为城里人，方式很简单，就是父母在城里买上房子，户口过来，那么孩子就可以在城里上学，就是城市人了。我们那个时候城里人和乡下人差别很大，农村人要成为城里人很难，不是说你买房子就可以的。那时候变成城里人就是我们的向往，甚至是目标。

现在因为生活水平高了，农村人这些年对读书也重视了。年轻的父母对孩子上学特别重视，他们想方设法也要将孩子弄到城里的学校。在城里买房子，就是为了孩子能上城里的学校。他们也意识到，城里的教育环境要比农村的好一些。大环境下，乡村学校有些就裁撤了。因为孩子太少，有的学校一个年级只有几个孩子，一个老师只有几个学生，农村的孩子纷纷地涌

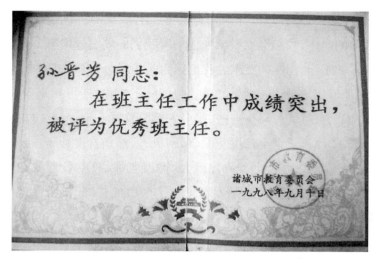

孙晋芳 同志：

　　在班主任工作中成绩突出，
被评为优秀班主任。

诸城市教育委员会
一九九八年九月十日

1998 年,孙晋芳被评为"优秀班主任"

到城里来了。现在乡村教育比较好的方面是很多年轻的大学生刚毕业考编之后,按照编制合同先到乡村,一待多少年,八年或者十年。这个政策很好,乡村的学校老龄化严重,多数老师是老龄教师,精力有限。而这些年轻的老师一去,就添了一股活力。我觉得年轻老师多到乡村任教,对农村教育是一件好事。

　　作为一名曾经的乡村教师,我的价值得到了充分的发挥和体现,得到了家长和学生的认可。自己的学生升入更高一级学校,参加工作,取得成就,这就是老师的价值体现。我希望未来乡村的孩子可以成长为有责任心、有担当、有爱心的人。不管是对家庭、对工作,或者对社会都要勇于担当、勇于奉献、一直尽责,从事什么样的行业都要做到最好,希望每一个孩子都是身心健康的、正直的人。

江锡海
热爱与坚守

亲 历 者:江锡海

访 谈 人:李 鍪

访谈时间:2022 年 2 月 24 日、5 月 22 日

访谈地点:安徽省安庆市怀宁县金拱中心学校会议室;线上访谈

访谈整理:李 鍪

亲历者简介：江锡海，男，1966 年生于安徽省安庆市怀宁县马庙镇。1986 年毕业于怀宁师范学校，同年 9 月分配到马庙中心学校工作，任教至 1995 年 7 月，其间除执教外，还主持了由镇教委领导的马庙中心学校的"普九"宣传教育工作；1994—1997 年在安

江锡海（右）接受访谈

庆师范学院进修;1995 年 9 月调至金拱中心学校工作,其间先后任教于金拱中心小学、祖庄村小学、人民小学①,并先后担任金拱中心小学主任、

---

① 彼时各村小学均隶属于镇中心学校。

祖庄小学校长;2017年调至金拱中心学校任中心办公室主任至今。任教期间先后获得过怀宁县"教坛新秀""优秀班主任""骨干教师"等荣誉。

一、 知易行难，跳出"农"门

我是1966年夏天在马庙①出生的,小时候家里的生活条件应该是还说得过去。父亲是开织布厂的,那在20世纪五六十年代算是一个产业,母亲一直是务农,所以总体上来说,要比一般的农户家庭好一些。可是天有不测风云,父亲在我还没有入学念书的时候,就英年早逝了,生活的重担全落在了母亲一个人的肩头。那时候母亲务农,家里姐弟三个,我是老二,生存压力是很大的。但即使生活艰难,我还是接受了基础教育,因为我母亲对我念书这件事非常重视,可以说没有我母亲的坚持我早就没书念了,也不会有今天的我。

那时候春季招生,我是1974年2月入的小学,在马庙洪桥②小学,这也是我后来工作的地方。那年头念小学真是糊头糊脑的,什么也不懂,只知道玩。我念书可以说是一点也不努力,就是玩着学,学着玩,但是成绩却一直都很好。这当然不是吹嘘或者标榜自己,因为那些知识是我天生能够接受的东西。但是有一点,我特别喜欢打架,那个时候又调皮又野,也没有别的玩乐,打架就成了我的乐趣。一放学我便跟其他几个学生搞到一块儿打架瞎玩,到了星期六星期天,又跟同生产队的小伙伴一起玩,反正没有一点心思在学习上。

上了初中以后,读了第一个学期我就懂事了,知道要把心思放在学习上。但我也知道家里条件艰苦,要供我读书是一件很不容易的事,所以读完第一学期,到第二学期我不想读了。不读书总得为自己找点出路,也想分担

---

① 为安徽怀宁县辖镇。
② 为马庙镇下辖村。

点家里的压力。那个年代做篾匠的很红火，我也想学习这门手艺，于是自己找了一个亲戚来做我的师傅。这事被我母亲知道了，她是不同意的，让我必须去读书；因为那个时候小学升初中的升学率不像现在，是很低的，所以能上初中已经不容易了。当然，农民想让自己孩子读书的原因不会很深刻，但最直观的事情往往就足够让我坚持读书。当时我母亲给我讲了一个例子：村里有一个姑娘是我小学一年级的老师，她是高中毕业以后回来当民师的。那时她教书下班之后，我母亲经常看到她脚上穿着袜子，就跟我说："你看人家教书的，脚上还能穿袜子，不像我们老百姓种田，身上搞的全是泥巴。"母亲当时就羡慕啊，觉得孩子们去念书才是有出息的。我深受母亲这个教育观念的影响，在母亲的坚持下，在家耽误了一个星期以后，还是回归课堂了。

　　一直到从怀宁师范①毕业以后，分配在马庙中心学校教书，我才真正地可以为家里分担压力了。那时我能不能当上老师，在我母亲看来倒是无所谓的，因为真说起来，她也不懂这些，就是觉得我中专毕业了能找到一份工作就行，能跳出"农"门是她对我最大的期望。虽然说我自己完成了这样一种跨越，实现了孩童时期对教师这一职业的憧憬，但要达到这一成就，离不开一家人的支持和付出——我母亲一生操劳，给予我经济上的支持和精神上的鼓舞；我的姐姐也为我做出了很大的牺牲，那时候农村重男轻女的观念是很深的，姐姐大我十岁，不过只读了二年级就因为我的出生在家带我，我读书以后她也在经济上极大地支持了我。所以说，我很小的时候就懂事了，知道家里的种种不易，唯有背负着全家人的期盼继续前行。

二、　几经流转，初心不改

　　1986年从中专毕业以后，我直接被分配到了我老家的马庙中心学校参加工作。能够回到家乡工作对于我来说是幸运的，因为那个时候的工作分配原则不是就近分配，而是按需分配。由于我从小就憧憬着教师这份神圣

───────────────

①　当地一所中专院校，位于安徽省安庆市怀宁县石牌镇境内。

的职业，所以从刚参加工作那会儿，就全身心投入。到马庙中心学校的第一年，我第一学期教的是二年级，第二学期教的是四年级，这两个年级在期末考试中都是全镇第一名，可以说是相当不错（的成绩）了。但待了这一年以后，乡里分管教育的副乡长就要把我调走，具体原因我也搞不清楚，反正就是坚持要调走我。最后还是当时的校长和主任说了情，讲我这个小孩才刚20岁，教书成绩也好，是很有前途的，坚持不想把我调走，这样我才得以留下来。但是又过了两年，到第三年的时候，那个副乡长还是想把我调走。这个时候我意识到，社会关系是很重要的，因为我家境平凡，跟社会上的交往又不是很密切，没有社会关系支撑，遇到这样的麻烦也在所难免。鉴于当时这种情况，我干脆自己打了报告，从马庙中心学校调到洪桥村小去了。可以说，那段时间我在工作上是有些焦虑甚至是动摇的。

被调过去是在1989年，正好是我结婚的那一年。我跟我爱人是自由恋爱认识的，那个年代的爱情都很纯真朴素，我最看重她的就是有文化这一块，毕业以后她被分到了家乡金拱镇①参加工作。到1989年结婚的时候也很简单，不像现在要车要房的，那会儿有个电视机就够了。当时一个月几十块钱的工资，就更别提彩礼的事儿了，简简单单地请村里人吃了一顿饭，这个婚就算结了。婚后的家庭生活也很和睦，家里有什么事情都商量着来，大家互相尊重。

到1990年，我们的儿子出生了，他从小是跟着我爱人在祖庄小学念书，但到了放学或者周末，我还是要抽出时间陪伴他，做些辅导功课这类事情。因为我们还算是一个知识分子家庭，所以他也是在我们两口子耳濡目染的熏陶下成长起来的；我们对他的教育一直是以身作则，言传身教。他在小时候念书还是很自觉的，比我那时候自觉多了，但上了高中以后出现了逆反心理，真是拿他没办法。当时是想让他做个医生或是老师，因为这两个行业不管过去还是现在，都是很好的，但他都不愿意。所以我们也不打算过分强硬地干涉他的选择，都是让他自主决定，顺其自然地发展。不过最后他还是选择了当老师，这也算是一种传承吧。

1989年调到洪桥村小以后，我也没有因为看透了现实从此萎靡不振，还

---

①　为安徽怀宁县辖镇。

是兢兢业业地工作,有追求、想进步。我记得 1993 年那会儿搞了扫盲班,晚上给老百姓上课——主要针对那些一个大字不识的群众,其中主要是女同志——真是没有歇息的时候。1994 年我还参加了成人高考,到安庆师范学院①汉语言文学专业进修,那时候下班有空了就学习备考,有拼劲有干头啊!同时我还负责"普九"的工作,连夜加班,包括暑假都在搞"普九"资料。1993—1995 年搞了两年,很累很头痛,印象也深刻。1995 年的时候,因为家庭需要,我申请调到金拱工作,但当时因为在搞"普九"啊,所以学校里不放我走,毕竟你这资料搞到一半,换个人来前不着村后不着店的,很麻烦。所以领导讲我不宜调动,如果非要调动,就有一个条件,即让我在验收之前把这资料搞到底。所以我调到金拱这边位于黄马村②的金拱中心小学之后,还经常到马庙跟接手的那位老师一起完善"普九"资料——不能耽误人家工作啊,所以做一件事善始善终也很重要。

到了 1996 年,这个"普九"算是彻底搞完了,小升初的升学率从 20 世纪 80 年代的 50% 变成 100% 了。在"普九"之前,主要因为初中名额都有限,学生多但学校班级少,所以上初中的人都不太多。但是想念书的孩子还是多,所以后来又办了许多初中班,比如东丰初中班、双车初中班。这种其实属于小学编制,在小学抽调一些老师去教书,不过学生也不少,一个班五六十人。主要也是因为在计划生育之前,每家都有好几个孩子。1997 年我从安庆师范毕业,在黄马村小继续做教导主任,一直到 2004 年因为工作需要,调到祖庄③村小当校长,就是我爱人一直工作的那学校。在那里待了九年,2013 年又调到人民学校④去教书,然后 2017 年我调到了现在这个金拱中心学校做办公室主任。到这个时期,那些乡村小学差不多都凋零了,(每个学校)从过去几百人到只有几十个学生,直至倒闭——祖庄小学就是在 2015 年的时候倒闭的。现在整个金拱镇只有三所完整小学了,除了这所中心学校,还有人

---

① 现为安庆师范大学。
② 为金拱镇下辖村。
③ 为金拱镇下辖村。
④ 为金拱镇高湖村小学。

形河和王山①（的村小），不过学生也少了。

放学回家前，江锡海（左一）对学生做纪律要求

现在我也到了快退休的年纪了，回顾这么多年的教书生涯，我觉得教师算是一份体面的工作。过去教师虽然说在经济收入和政治参与等方面有所缺失，但是对我来说，寒门出来的，找了一份很稳定的工作，也就不错了。从入师范大门到现在，我永远记得当时进学校时在大门前看到的一句话——"教师是太阳底下最光辉的职业"，印在墙上，字写得很漂亮，我印象很深。中间有很多曲折，有很多困难，但是回想起过去这三十多年，我认为教书虽然很平凡，没有多少钱，但总体上来说还是不错。

三、 以理服人，老少不欺

以前教书不像现在，老师除了在学校里要教好学生，跟家长的关系也要好好处理；那时候没手机没电话，什么通讯工具都没有，想跟家长交流，只有

① 均为金拱镇下辖村。

通过面对面的方式,所以家访是经常有的事情,得挨家挨户地去。好在我有一辆自行车,最远要骑十几里路,全是泥巴路,下了雨根本没法走。家访的时候,家长们最明显的态度就是特别客气,全是客气话,左谢右谢千谢万谢的。要不就是无论如何都要留我在家吃一顿饭,上午去的就吃午饭,晚上去的就吃晚饭。家长们能这么客气也说明他们重视教育。不光家访,还经常有家长到学校来,我在黄马教书的时候,这种家长特别多,都让老师抓紧一点他的孩子。

在我读书那个年代,基本上是有钱的人家会让孩子念书,迫于生计去做生意的人家,对子女念书这方面的事情就得考虑考虑了,也有极少数学生是真想念书但家里确实拿不出钱的——那时候学费贵,收费也不规范——学校就给他免费。这主要是因为学校收学费都是校内自收自支,所以个别学生有这种情况还是可以通融的。后来就是砸锅卖铁都要让孩子念书了,都想让孩子多读点书,好跳出农门啊!这跟现在又不一样了,现在虽说大部分(家庭)都是重视(教育)的,但也有些财大气粗的,有了钱就带孩子做生意、办厂之类的,对念书也无所谓。

再一个,从请客这件事上也可以看出家长重视教育的意识。我待过的这么多学校,在马庙的中心学校、洪桥村小学时,家长在吃喝这一块请客比较多;到了黄马——黄马是大村——请客的就少一些了;后来到了祖庄,一学期也会有一次;到了高湖①就一餐都没有。这里存在地区差异,在马庙、洪桥的时候,那些家长还到学校去,后来其他几个地方,家长不经常到学校去。但是这也是可以理解的,后来家长们忙着搞钱,没有心思搞这一块,并不是不尊师重教,也不能怪他们。村里的老百姓对我们老师还是很尊重的。有一年我教了一个学生,教了她三四年级,后来五年级要转学去合肥,那边说农村小学没教英语,转过去后最好还是继续读四年级。她爸爸妈妈很信任我,问我的看法,我说不需要留级,因为小学英语校外培训班就可以补回来。现在她读初三了,在全年级都是前三名,她父母也很感激我,不然差点耽误孩子一年时间。

但是不太讲理的家长也有,不过是因为事先没搞清楚状况。有一年元

———————————

① 为金拱镇下辖村。

江锡海召开主题班会

旦前后,下着毛毛雨很冷,有个学生放学后自己跑亲戚家去了,那个年代没有通讯工具,家长到天黑了没等到孩子回去,跑学校来吵,找我要他孩子,那我又上哪找去呢? 还有一次,有一个家长讲我体罚他家孩子,虽说那时候允许体罚学生,但是那一天我没有,主要是有些学生编造一些假话对家长讲,讲自己被老师打了。那次我正好提前回家了,因为是周末,家里又正好收稻子。星期一早上校长就喊我过去了,说上周我回家之后,有一个家长到学校来要打我,我问为什么要打我,他讲我把他孩子打了,我说那好呗,然后当天晚上我就到他家去了,他跟村长在一个生产队里。那时候我跟村干部关系都很不错,去了以后,村长叫我没必要去,因为那个人太莽撞了,我讲我不怕,有什么好怕的呢? 到他家去时,他已经睡着了,我就问他星期六是不是到学校去了,他说是的啊,我讲听说你讲我打了你小孩,他讲没有啊讲错了。其实如果他打我我也不怕,他那时候有四十多岁,我就二十多岁。但是我没有打他孩子,那不是我一个人说了算的,因为那时候我教的班上有 37 个学生,他们都可以做证老师没有打学生。他不管三七二十一把庄稼丢一边,就直接撺到学校去,如果当时我在那里,肯定就动起手来了。但是我不跟他争,也不怕他,因为我有理、有据、有节。

这些事情一方面是我有理,另一方面我在村里不惹事也不怕事,跟村民基本都打成一片了。我在村里平时很低调,不是当了老师高高在上的样子,而是跟家长平等相处。低调做人，以笑待人，见人的时候一笑，什么事都没有。所以到哪个村我跟村民都能和睦相处，他们也把我当自己人，等于说我融入了当地村庄这个大集体。

一直到现在这个工作岗位上，我都是这种随和的态度。比如评职称的时候，条件都有限，我是尽量能让则让。2017年的时候，我们晋升副高职称，因为我年龄大些，就让（年轻教师）先报名，最后名额多了，我才进来了，不会跟年轻教师争，礼让在先。在入党这方面也是这样，我前后递交了四次入党申请书，最后一次已经到了最后一个环节了，但因为学校里年轻人比较多，我又考虑到自己即将退休，所以把这个名额让给年轻人了。所以说，我这个性格也还好，叫作老少不欺，和老年人能搞得起来，跟年轻人也搞得起来。

四、 无怨无悔，继续坚守

刚开始教书的时候，工资是一个月56块5，我记得很清楚。县财政把钱拨到镇教委，然后再发到各个学校。20世纪80年代的时候，老师们因为学校拖欠工资吵得很厉害，到1990年左右都还有拖欠的，实际上是因为县财政拨不下来钱。我在马庙中心学校的三年时间，每个月56块5的工资，还要交10块钱到学校作为伙食费。当时条件很苦，柴米油盐醋包括菜都用这10块钱去买，学校不出钱，每个人一个月必须交10块钱，不然钱就不够。但是（实际上）只有一个菜，就是腌萝卜，一日三餐吃腌萝卜；虽说那个时候吃鱼吃肉的也不多，但（别人）有新鲜蔬菜吃，而我们一星期六天都是吃腌萝卜——那时候没有双休日，只有星期天。不过日子就这样过来了，无所谓了，对生活质量这一块我也比较随便，好的日子能过，差的日子也能过。

那时候经费困难，学校条件又差，很可怜的。没钱就找教委要，但是（经费）要开会审批，走很多程序。20世纪八九十年代的学校宿舍都是砖瓦房。1995年前后为了建学校，都是村里老百姓出一部分，乡镇里财政方面拨一部分，多渠道筹措资金。在学校层面，外部的经济条件都很差，教师工资水平也就很低，所以那个时候有很多人改行，不愿意教书。都改行到银行、供销社、粮站、行政部门(工作)。

这种情况下很容易出现师资力量不够的现象,就会有很多代课老师。那时候正式老师中女老师少,好多(女老师)都是代课的,主要是因为重男轻女,女孩子念的书都少些。代课老师的要求低,初中毕业能教书就行了;待遇也差一些,我那时候工资100多块一个月,他们代课老师就只有我们工资一半的样子。除了代课老师,还有很多民办教师,我是(师范)毕业分配过去的,所以属于公办;民办教师一般都是初中毕业。那时候公办教师少,学生又有那么多,说实话还是民办教师挑了大梁,他们很辛苦。20世纪90年代政府把所有的民办教师都转(公)了,就不存在民办教师了,"民转公"之后工资水平有所提高,民办教师的工资就变成(和)公办教师的工资(一样)了。

我们的工资一共是经历了两次大的改革——1993年第一次套改①的时候,我从不到100块钱涨到100多;2006年第二次套改的时候,从不上1000变成1000多了。但要是跟县城里的老师比,还是比不过他们,那时候就觉得县城里那些人待遇好像比我们好些,好在哪里我也搞不清楚,可能工资是一方面,但就是感觉他们更幸福,乡村老师很可怜。所以也想到县城里教书,那待遇肯定好,县城里文化生活也更好,在农村里教书,如井底之蛙,见识肯定少些。但工资不是我最看重的方面,因为我始终感觉到教书是一份我很热爱的工作,虽然过去工资不高(近几年工资收入有点改善了),但是可以说,我对工作始终是尽心尽力的。在念书的时候,我就很羡慕老师的工作,老师在这上课,我也想把这粉笔拿到黑板上写一写,觉得老师是至高无上的,如今我也算是实现了小时候的理想。

我30岁到40岁这段时间,不说多高光,但却是最辉煌的时期。那时候教书有干劲,几乎每年都有发表论文、评比获奖之类的成果,喜欢看书,记忆力也好。在那期间学制还改革了,2002年小学从五年制变成六年制,但对我来说依然平平淡淡地上课,反正每天都是这么做。以前教书确实很累,年轻

---

① 薪酬套改,是根据一定的套改规则,依各岗位所处的岗位等级和薪资档位,将员工的薪酬套入新的薪酬结构,并对薪酬数据进行反复测算以确定最后的套改决策。列入实施范围的单位中,除工勤人员以外的工作人员实行国家统一的职务与级别相结合的工资制度。

的时候课又多,那时都是两位老师带一个班,还有三个人带两个班的,那么多学科由两位老师分担,每个班学生五六十人,老师教起来也累。现在规范化了,一个班不允许太多学生,小学规定一个班 45 人,初中 55 人。不过现在乡镇学校的学生也少了,一个班就四十个人左右。虽说划了校区,但(村民)都到县城买了房子,学生也到县城去了。现在村里小学渐渐拆掉了,搞了中心小学制度,这些孩子要不住校或者租房子,要不就是坐车或由家长接送,现在这个学校到今年暑假就要通校车了。如今这种形式家长就要多花心思了,花的钱也多一点,路远了,安全风险也大些。

那时候在学校里除了教书还是教书,没有其他的活动项目,不像现在学校里活动多,比如法治进校园、黄梅戏进校园,都是很有特色的。3 月份还有业务考核,(考核)德、能、勤、绩、廉五个方面,10 月份还有职称评定。每年全镇所有在编人员还要一起参加政治培训,因为政治肯定是第一位,不管哪个时代都必须抓政治。但对于老师来讲,教书成绩这方面也是很重要的,所以在全国教师这方面还有奥鹏培训[①]。学生这方面(校园生活)也更加丰富多彩了,以前是应试教育,现在是素质教育,主要搞课后服务,我们学校从 2021 年 9 月 1 日开始搞。课后服务即学生在下午四点十分放学过后,还要在学校里待两个小时(参加活动);我们学校搞了几个兴趣班,如打乒乓球啊、踢足球啊、打篮球啊,还有书法班之类的。这个项目是家长自愿学生自主,发个告知书给家长,一个学期 350 块,愿意把孩子放在学校里头就放,不放也可以,放在学校里做什么也由学生自主选择。

在对待学生这一块,无论哪个老师都喜欢听话和成绩好的学生。俗话说三岁看小,七岁看老,从小学就能看出一个孩子的发展前途;一个孩子是不是念书的料子,(小学的时候)真能看出来。但是,对于差生还是要鼓励的,一是语言激励,再一个是在下课放学时间进行辅导——作业做错了,找出原因来辅导他。但现在条件不允许了,不让加班加点。学生成绩差有两

---

① 奥鹏远程教育中心(简称奥鹏教育),是由教育部门于 2005 年 4 月正式批准的远程教育公共服务体系运营机构。奥鹏教育自 2007 年涉足教师培训领域,2010 年全面进军教师培训市场,成立教师培训中心。

种情况,一种是调皮捣蛋的,心思不在念书上的;另一种是智力不行的。智力不行的毕竟是少数,大部分成绩差的都是心不在焉的孩子,讲课注意力不集中,作业马马虎虎的,一天到晚想着玩的那种。但是不管面对什么样的学生,我们都要平等对待,不光学生之间要平等,师生之间也要平等。不是说念书不行,这个孩子就不行,现在更要注重全面发展。我明显感觉大学里面的农村孩子比城市孩子的素质差一些,城市里的孩子吹拉弹唱,样样都行,农村孩子受条件限制了。所以我希望现在乡村里的孩子也能像城里的孩子一样,真正实现德智体全面发展。

2022 年暑期,江锡海(左三)在金拱中心学校组织社会实践活动

我现在还带了两个班的写字课。除了教书,我还会动员全社会力量,在我的能力范围之内,把学生教育好。比如防止学生溺水,通过政府这一块,结合学校努力,现在溺水的现象很少了。从 2016 年到现在,我参加了政府组织的扶贫工作。从扶贫中我发现,我们的乡村教育仍有很多不尽如人意的地方,虽说过去上课就是老师一支粉笔,条件很差很差,这几年学校里这些音体美设施齐全了,但进一步改善办学条件依然很重要。比如,现在学校这栋教学楼还是 2000 年修建的,楼上没有卫生间,满足不了学生的需求,四楼的学生必须走下楼去卫生间。政府要是能加大在这方面的投入那就更好了。另外,国家在乡村教育方面还要提升的就是依法执教——如教师法讲

到了待遇问题,教师的工资应当不低于当地公务员的工资,这方面的改善对老师们来说肯定是一个福音。

我现在回想起来过去,虽然遇到很多挫折,但也走过来了。在乡村教育这一块,我能做的就是发狠教书。我连续教了十四年毕业班,成绩基本上来说还是不错的。这么多年从事教育,我感觉很值得,都说桃李满天下是值得高兴的,我觉得我拿了人民工资,就要热爱自己的工作,为人民做点事。我凭自己的良心,努力教了书育了人,这是教育最主要的功能。对于我来说,在工作上无怨无悔,对得起党和政府,对得起人民。

黄小荣

教育让我走出乡村,也将我留在了乡村

亲 历 者:黄小荣
访 谈 人:黄毓婕
访谈时间:2022 年 3 月 7 日、3 月 14 日、3 月 29 日、4 月 15 日
访谈地点:线上访谈
访谈整理:黄毓婕

亲历者简介:黄小荣,男,1971 年出生于福建省浦城县万安乡。1987 年初中毕业后入读福建省建阳师范学校;1990 年从建阳师范毕业后,被分配回原县籍地浦城县,成为九牧乡蒋坑小学的住校教师;先后任教于八所乡村小学,荣获市级、县级、乡级"先

亲历者黄小荣(摄于 2024 年)

进教师"等荣誉称号;2010 年,被调任至浦城县万安乡中心小学,先后兼任中心小学教导副主任、总务主任,在学区范围内推广电子学籍,负责农村小学、幼儿园基础设施建设等工作。

一、　教育让我摆脱农民的身份

我们家三代只出了我一位老师。我 1971 年出生在福建省浦城县万安乡大游村的一个农民家庭,爸妈都是贫农,一家五口靠种田为生。1978 年改革开放以后,国家规定每户需要缴纳的稻谷任务数,每百斤可以兑现 17 元,余下的粮食能以每百斤 19 元 6 角的议价卖给国家粮站,比任务数价格略高。我爸是个勤劳的农民,为了多赚些钱,从那些决定外出打工的亲戚朋友那儿借一块稻田来种,连续种了两三年三四十亩的双季稻,最多的一年卖了一万斤,赚了 1000 多元。结果没想到 1984 年、1985 年全国大丰收,国家粮站的议价也便宜了许多,每百斤只能卖到 14 元,那之后的几年,全国的粮食价格一直不高。我爸用存下的这些钱盖了新房,这栋房子一直住到现在。在 20 世纪七八十年代,我们家算是条件不错了。

1977 年恢复高考后,我们村出过几个大学生。有一家人是村里的红人,妈妈是隔壁村小学的一个民办教师,有三个儿子,大儿子比我高几届,我读二年级的时候,他已经五年级了。这人从小学开始就特优秀,我记得每年学校办"六一"表彰会,村干部都会参加,按流程是先发县级表彰,再发乡和学校的表彰,领导在台上叫到"郭明"①获奖,那人(上去领奖)刚拿着奖状和奖品下来,走到半路的时候,台上又叫:下一个"郭明",他又跑上去领了,我们坐在台下一片哗然,这事给我的印象特别深。后来他初中就被浦城一中录取了,最后考上南开大学,还读了研究生。大家都说他之所以那么优秀,是因为是老师的儿子。他还有两个弟弟,较大的那个叫郭辉,是我的同学,我们俩从小学开始就在一个班级,那时候经常是要么他考第一我考第二,要么我考第一他第二,两个人就这么比赛到中考。

我爸虽然没上过几天学,但很重视我们兄妹三人的学习,一天到晚要求我们要好好念书,说读出来就是我们自己的,每次考试的考卷都要拿过去给他过目,一看没达到要求,就少不了一顿打骂。我爸对我哥和我姐的要求比

---

① 为保护亲历者朋友隐私,本文中部分涉及的人物,除亲历者及妻子外,均为化名。

较低，因为他们俩都不爱读书，成绩不太好，所以我爸只要求他们及格就好。我姐对读书不感兴趣，到初一就没读了；我哥没考上师范和中专，去莲塘读了高中，但最后还是没考上专科。而我因为成绩一直不错，所以我爸对我的要求也相应提高——每回考试至少80分。以前的80分比现在要难得多，与现在普及性教育不同，那时是以选拔为主的教育方式，"双高""普九"还没有实行和推广开。

我出生在1971年，正赶上了中国人口出生的高峰期，那时候上学的小孩比较多，交通也没如今发达，有好多地方的人上学比较麻烦、困难，所以当时有个号召，"要把学校办到老百姓的家门口"，以至于一个行政村有好几所小学。比如我所在的大游村有四所小学，大游作为总行政村，在当地建立的小学叫完全小学，有一至六年级（当时为一至五年级），其余三所小学分布在三个自然村，叫村小或民小，最多只办一到三年级。

我小时候周围的读书风气不如现在，大家都不想读书，一二年级班上有四五十人，到了六年级毕业的时候，只有三十人左右了。不想读书的原因和钱有很大关系，我模糊记得一二年级的学费可能是2至3元钱；不过考上万安中学后，录取通知上写着需缴纳学费26元，这我记得清清楚楚——当时看到这个数字我惊呆了，这在那时算是特别贵了，我能将这事记得这么清楚，说明和以往的学费相差极大。

因为小学时候成绩好，我被班主任选为班长，我想老师肯定是把我的成绩和当班长这事写到我的档案里了，（因为）刚进入中学，班主任就说，这人小学是班长，就选你吧。在初中，班长的活比小学要麻烦很多，我们上晚自习的时候，值班老师经常不见了，走之前嘱咐班长把不听话的人名字记下来。上初中后，周围的男生长得特别快，一个比一个高大，我和他们不同，到了初一体重才60斤，又瘦又小，生怕把那群捣蛋的人名字记下来后，被他们揍，我可真打不过他们，所以总管不住纪律。

更让我头疼的是英语课。我小时候比较害羞，害怕讲英语，每回英语老师来上课，进来便直接说英文，还要求班长一定要用英文叫起立。我从前没学过英语，底子差，所以总是不敢叫。后来每次英语老师一进来，我就故意蹲下整理课本。但这样做的次数多了后,也不管用了,老师说这人怎么每次都在整东西,那就稍等一下叫起立吧。我没有办法,班长当了不到一年,就向班主任请辞说不想干了。初中时,教英语的老师也不专业,教我们时用中文拼音的方法,所以我一直对英语提不起兴趣,学不进去,每次英语考试只能照蒙,比如全部打错,或者全部选 A,靠这种办法得几分,后来干脆放弃读英语了。

我们那个年代,大家对初中毕业后的去向,选择顺序是"师范好过中专,中专好过高中"。首选师范的原因很简单,农村的学生家里很穷,大家都想早点出来工作,师范是最吃香的,不要交钱,出来就分配工作,可以马上出来为家里分担压力。相比之下,过程最慢且花钱最多的是高中,所以对于我们农村孩子来讲,除了部分家庭条件好的,或者所有科目都学得非常好的,可能会继续读高中去考大学,剩下被迫选择读高中的都是考不上师范或者中专的学生。此外,影响这个选择的还有英语——英语是考高中的必考科目,但是师范录取不计算英语分数,对于英语不好的学生算是最好的选择。

1986 年中考时,我背水一战,结果差两分落榜。1987 年,我复读一年,英语只考了 20 分,但是若不计算英语成绩,我在班级排名前五,终于顺利被建阳师范录取。而我的那位同学郭辉,他中考虽然扣除英语外的科目总分没我高,但因为有学英语,顺利考上高中,两年后还被福建师范大学录取,如今在我们县城的中学教体育。万安中学那年有两个毕业班,合起来才三个学生考上建阳师范,其中有个男生和我一样,都是没读好英语而剩下的科目却名列前茅的,而另一个女生的英语还行,但她因为家里穷想早点工作,所以选择把师范放在第一志愿。剩下的同学里,五六个平常有学习英语的同学考上了浦城一中,三个上了中专,那时浦城二中没有招生,县里规定万安乡只能报莲塘中学,所以我们这届还有 17 人去了莲塘中学,剩下的初中毕业后就没读书了。

1986 年，黄小荣（三排左五）在浦城县万安中学的毕业合影

二、 师范生走进校园

我读小学的时候，学校和学生都很多，老师却特别稀缺，在农村的小学基本上见不到师范生（出身的公办教师），全是靠民师撑起来的。民师是村里读过书的年轻人，大部分小学或者初中毕业，偶尔也有个别高中毕业的，村里把这些人招来当老师。这些民师的教学质量参差不齐，有好些民师都用方言上课，我们这代人的普通话普遍不标准，与启蒙老师是民师有很大关系。有的民师教学方式比较极端，比如我们村有个人成绩很差，常常不交作业，第二天老师检查的时候，他说不出个所以然来，于是那民师就用力拉扯他的耳朵教训他，那只耳朵好几次都被拉出了血。

但我的运气还算可以，遇到的民师不会特别糟糕，而且读三年级的时候就遇到了师范毕业的公办教师。那时候我还不确定他是不是师范毕业的，只是觉得他教书特别规范正式，无论是讲课还是管理学生都很有条理，与以前的老师有明显的不同。他带我们的第一年就赶上全乡期末评比，结果我们考了全乡第一。我小学毕业后,这位老师调到城关实验小学,等几年后我工作,再从同事口中听到他消息时,他已经调到市实验小学了。这是我对师范毕业老师的最初印象,后来初中毕业填志愿的时候,我背水一战选择了师范,一方面是考虑到要挣钱,另一方面自己在那之前确实从未质疑或犹豫过关于成为师范生的这个选择。

1990 年,黄小荣(五排左七)在建阳师范的毕业合影

　　1990 年,我从建阳师范毕业,被分配到原籍浦城县,县教育局又将我分配到九牧乡。遵从乡学区领导的决定,那年 9 月,我赴蒋坑小学任教。那年,蒋坑小学包括我在内一共六名老师,除了我之外,其他五名老教师全部是民师出身,其中有三名资历较深的已经转正了,而另外两位三十来岁的年轻民师还没转正。一年后,我又被调到九牧乡杉坊小学,学校有八位老师,情况和我在蒋坑小学时差不多。

　　那时实际上民师制度已接近废止,师范生陆续毕业走上工作岗位,学校也停止向社会招募新的民师。可在农村小学,依旧普遍是学生多老师少,一个老师通常要兼任两个班、两个科目,有时候忙不过来,还会出现一个老师在一间教室同时给两个年级上课的复式班。因此,为了缓解教师短缺的情况,之前招募的民师即便没有转正,还是有好多被保留了下来。

　　但招募民师这事其实一直没有系统的规范,也不是学校基于整体考虑安排的。我们学校曾经有一位民师,是位校领导的老婆,她因为这层关系一直留在学校。这人只知道最简单的数学列式计算,遇到分数计算,就不懂该怎么通分了,直接分子加分子、分母加分母一通乱算,所以学校只安排她教一年级数学,其他课程她更教不来,也没办法教二三年级。这人的普通话不标准,以前她上课给学生讲数学题,在台上一下子解不出来,于是就用方言对学生说:"你们等一下,我的母鸡要生蛋了,我要去捡蛋。"实际上,她是赶快跑去问她老公,这里该怎么讲。

　　师范生分配到学校后,或多或少都会成为学校里"扛事"的那位。学区十几位老师都已经中年了,还都是民师转正的,素质普遍不太高。有一次要学区演讲,校长就把这任务交给我。我从来都没有过演讲的经历,有点犹豫,对校长说,我尽量把演讲稿写出来,但讲我肯定不行。校长没答应,说:"现在学校里就你文化最高,你是正宗的师范生,我们这些人都不是,你不去让我们怎么办?"我只能忐忑地接下这个任务,认认真真写了一篇六七页的讲稿拿给校长看,结果他只看了一眼,说:"这个我也看不进去,你按自己弄的准备去就是了。"我没办法,每天早上早早起来背稿子,花了好大的精力将七页的内容背得滚瓜烂熟。比赛那天我发挥得很好,得了一等奖。后来乡里举办建党七十周年知识竞赛,校长又来找我,我担心自己不是党员,去参加这比赛不合适。校长说学校里除了我实在派不出代表了,给了我一堆党史学习资料,于是,我又把所有材料一字不漏地背了下来,跑去参加比赛。最后,我在加时赛中以一分之差遗憾输给来自乡政府的选手,获得第二名。

　　我们新来的师范生除了在工作上受到了更多的关注,在生活上也同样也受到了大家的照顾。刚工作那几年,学校的老师除了我之外都是本地人,他们每天傍晚放学都会回家,而我家离九牧乡大约 40 公里,周一去周六回,所以晚上学校里只留下我一人。刚分配到蒋坑的时候,学校的硬件设施还很差,我的宿舍在一栋泥瓦房中,里面有一张由几块木板简单拼接起来的床、一张桌子、一盏橘黄色的瓦灯,虽然我有心理准备,领导也照顾我是刚毕业的外乡人,将我安排到离国道不是太远的蒋坑村,但是学校的情况还是比想象的荒凉简陋不少。

每周，我都会去乡所在地街道上买回来一点点菜，比如一打海带、一箩筐的芋子，买回来后将它们处理好，摊在屋子里囤积起来，这样一周里我需要吃的菜就有着落了。学校的几位本地老师待我特别好，他们中午在学校打午餐，每天到了饭点就主动来到我宿舍，每人都带过来一两碗家里煮好的菜，加上我自己煮的，大家坐下来一起吃，吃不完的菜他们都会留下来，说我晚上可以吃。虽然都是些普通菜，但从家里带来的总归会比我自己弄的丰盛些，吃饭的人多了也热闹。

当时校长也很照顾我，给我弄来一辆学校的旧自行车，告诉我如果出行不方便的话，可以把这辆车修起来骑，修车花了多少钱拿来报销。不过他还特地交代，不要怎么大修它，这也没法大修了——其实大致的意思是学校没什么经费，大修要花很多钱。有了这辆自行车后，我往返乡镇和村校方便了很多，几年后我又买了摩托车，就这样在九牧高山地区待了近十年。

三、 在大山深处的学校

我刚分配那几年，每学期开学初最重要的任务，就是花大概一个星期时间到学生家里动员孩子上学。1986 年国家开始实行义务教育政策，我 1990 年刚进入工作岗位时，正是这个政策推广的关键阶段。那时在农村，辍学的小孩比例大概达到 20%，有些最多读到一二年级就不读了，只读过小学的比例我估计也仅达到百分之七八十。辍学的原因有好多，其中最主要的是家里没钱，交不起学费。

在班级上，上学的男生会普遍比女生多一两个，不过男女生总体的入学比例差别不大，可如果再仔细观察辍学的那部分学生，会发现贫困对于女生辍学的影响可能更大。男生辍学大多是因为调皮爱玩，不想学习了，大部分家庭即便真的很穷，也不会让男生放弃读书去帮家里放牛或者出门打工挣钱；但是我们问女生为什么想辍学，那基本上是因为家里穷。我遇到过一个小女孩，家里虽然很穷，但是她的爸爸妈妈其实是支持她上学的，可是她自己怎么也不愿意去，估计是小姑娘懂事，不想加重家里的负担。我们只能一直对她说，付不起学费没关系，你先来读，学费的事之后再说，可以慢慢交——其实每个期末，都会有部分学生没有交完学费，可一学期也结束了，当时没设立学籍，不交钱对他们几乎没有影响，这事最后总会不了了之。可在开学的时候，我们都不敢对学生说可以不交学费免费来上学。20世纪90年代初，我们那里的学费大概是80元左右，如果学生不交，迫于学校的压力，这钱很可能要班主任垫上，而我们的工资就130元左右，80元对于我们来讲不是小数目。当然也有部分老师遇到特别招人喜欢的学生，最后还是会忍不住帮他们这个忙，可是一旦为一个学生开了先例，让其他人知道可以不交学费或者拖到最后老师会帮忙垫付，那其他交不起学费的人很可能会跟风，这事就控制不住了。最后，我们几位老师和一位被动员成功的学生家长一起到这小姑娘家很多次，对他们讲读书好的道理，大家努力动员了好久，这小姑娘才愿意到学校上学。

以前小学除了设有语文、数学这类常规课程外，还有一门很重要的劳动课，规定每一位学生都必须参与劳动。那时候，学校厨房靠烧柴火来烧水煮饭，这些柴火都是由学生上山砍伐收集来的。每周，学校会安排一个固定的下午作为劳动时间，负责老师分配好任务后，就由学生带着柴刀上山自由行动，每个学生要在傍晚带回规定重量的柴火才算过关。在没有老师看管的情况下，大部分学生都会按时按量自己完成任务，不过也有少数家庭条件较好或者比较宠爱学生的家长拿出家里的柴火帮忙上交。那时候也会发生学生到了傍晚规定时间还没有背着柴火回来的情况，好在最后都是有惊无险，但现在想想，这件事是多危险啊，实在有太多不可想象的不确定因素了，在现在安全第一的理念下是绝对不可能再开展这类活动的。所以大概在2000年之后，类似这样的学生劳动课就没有了。

刚从师范毕业的那十年，我的工作干劲是最足的，教书成绩是最好的，这很大程度上得益于当时住校的优势。那时候就我一个老师住学校，一有空就待在教室，然后才是宿舍。我教过小学所有科目，其中最擅长的是教数学。住校的那几年，我每天中午都会到教室，帮学生一对一当面批改和辅导作业,这种方式特别有效,那届学生的成绩在全乡评比中进入前三。那个时期周围老师都在学校打午餐,中午会像我这么做的也不少,所有老师都很认真地抓学生的成绩,这种竞争的氛围给我的感觉特别好。

1993 年,黄小荣(一排右三)与杉坊小学毕业生合影

　　小学生其实对学习都没有太明确的目的,他们不会真的想到自己需要通过读书出人头地,基本上都不知道自己未来究竟想干什么。所以如果说他们是为了自己的梦想而好好读书,太不切合实际,那些成绩好的孩子大多也只是明白自己应该要听老师和家长的话,认真学而已。我在杉坊工作时遇到过三名特别聪明乖巧的女学生,其中有个学生叫刘檬,我是她五、六年级的数学老师。这孩子出生在大山深处,虽然家里穷,但是自己争气,学习成绩一直在班级前列,她读五年级的时候,我曾经单独辅导过她做奥数题,还骑摩托车载她到 30 公里外的城关参加数学竞赛。

　　学生在毕业后和我们小学老师联系并不多,但这个学生记住我了,后来她考上浦城一中,又被福建医科大学录取,过去通讯不发达,她就经常用写信的方式将自己的这些喜讯和我分享。毕业后,她回到县医院工作,我还找她补了好几次牙。现在,刘檬已离开我们县到福州一所牙科医院担任副院长,成为牙科领域有名的专家,她算是我最自豪的学生。

四、令人羡慕的双职工

我和我老婆是在九牧杉坊小学认识的。我老婆1992年毕业于南平市职业中专,1993年3月被分配到杉坊小学。那时学校里就我们两个刚分配的年轻老师,我们俩都不是九牧乡人,所以每周都同坐一趟班车回家。两个年轻人在一块话题多,聊多了自然也就熟悉了,所以待在一块儿越来越轻松。当时找对象很流行一个词叫作"双职工",意思是夫妻二人都在事业单位上班,属于拿工资的人。那会儿粮站、银行、卫生院、广电、车站、供销社以及国企是最火热的事业单位,也是在单位工作的人找对象的首选。相比于这些单位的职工,老师属于略被看不起的那类,因为教师的工资比这些单位低太多了,而且早在20世纪六七十年代,老师还被人称作是"臭老九",所以那时候女老师都喜欢找在别的单位工作的人。若是按这样的婚姻选择方式,男老师就很难找对象了。

1993年,黄小荣(一排左一)和妻子周兴敏(一排右一)在杉坊小学与同事合影

我是进入师范后才知道这回事。入学开大会的时候,校长在台上说,大

家放心，从我们建阳师范毕业的没有一个是打光棍的。他虽然是在鼓励我们，但是听了之后还是不舒服，周围的人也常抱怨当老师工资低，又待在山区，最后可能连老婆都找不到。听多了这种话，我也跟风认同这样的看法，所以开始放松对自己的要求，抱着考试"60分万岁"的心理，白天常常从教室后门溜出去打球、吃饭、逛街，每天和几个同学七搞八搞，直到考试前一周才躲在餐厅加班加点复习。我们几个还蛮滑头的，带我们班的有一位年轻老师，我们经常跑到他宿舍玩，还老拉他出去和我们一块吃饭喝酒，算是拉拢他，让他给我们些人情分。这样一来，我们的考试才通过。

1987—1990年，黄小荣在福建建阳师范就读时留影

从建阳师范毕业后，真实的状况没我们当时想的那么糟糕，我们几个都陆续找到自己的另一半。不过事实证明，双职工的生活会比单职工的舒适很多。这不是说看不起农村女孩，只是我们的工资普遍不高，当时一个月也就100元左右，如果仅仅靠这一份工资，养活没有工作的老婆孩子一家三口，会过得很拮据、很辛苦。所以当年我想着至少得找个有工作的，结果遇上了我老婆。她也是这么想的，觉得我还可以，鼻子蛮大的，就是眼睛小了点。她还说过不要抽烟的，我到现在为止也没有抽过一根烟。

　　谁也没想到，仅仅过了十来年，当年那些看不起老师的人就都后悔了，粮站、供销社早已撤出，车站、广电部门渐渐衰落，国企职工从 20 世纪 90 年代开始陆续下岗，只有银行、卫生院还勉强维持着。近十多年来，我开始听到好多人说，还是羡慕两个老师的组合。我和我老婆是自由恋爱，我老婆分配到学校后，我们俩很快就在学校两位老教师的撮合下在一起了。我们的父母对我们结婚没什么要求，一切都由着我们自己计划，于是很快我们就开始为结婚存钱了。1993 年，我的工资大概有 140 元，和刚工作的时候差别不大，我每个月只需要三四十供日常花销，然后把剩下的 100 元都存起来。等到 1997 年我结婚时，我的工资涨到了 700 元。

　　那几年开始流行大彩电，一台"大屁股"电视要 2000 多元，DVD 是高档用品的代表，加上音响要 1000 多元，村子里只有非常少的几户条件好的人家里拥有它们，我想既然是结婚，那一定得买彩电、DVD。我们都在 40 公里外的九牧乡上班，所以自行车也是必需的了，几年后又开始流行摩托车，比自行车更高档些，另外冰箱、液化灶也都是结婚后的生活必需品，所以我们把这些都列入了结婚必需品里。两个人一起存了大概五六千才将这些东西买齐。学校对老师的婚姻不会有较多的干涉，不过一旦谁违反计划生育政策，就会马上让他离职。我们结婚时，先要让学校查看我们身份证上的年龄是否达到 22 岁，达到了才会给我们开证明，带着这份证明才能领到结婚证。我 1997 年 11 月 1 日结婚，那年我 26 岁，对于那个年代的普通人来说，已经属于晚婚了。

　　1999 年，我们的女儿出生时，我和我老婆已经调离九牧乡，来到家庭所在地万安乡工作。为了方便带孩子，我们提前一年把孩子带到学区中心小学，让她尝试着读一年级，我老婆在中心小学上班，正好可以照顾她。女儿坐在班上，我们见她挺乖的，虽然还不足龄，但能跟上老师教的内容，所以就这么将她升上去了。女儿在我们学区中小读到二年级，三年级是小学课程的转折点，她要开始接触英语了，我们决定将她转到城关小学。关于女儿到城关上学这事，我们在几年前就已经计划了。2003 年，女儿刚进幼儿园时，我们在城关贷款买了商品房，房价加上装修在 11 万左右，我们两个工资合起来一个月大概 1600 元，每个月还 500 元贷款，还需要存部分钱用来还买房时借的两万元，剩下的再供三个人生活。所以，刚买完房的那几年，我们一家经济压力挺大的。

如今快二十年过去，女儿早已先后从城关的第二中学、第一中学毕业，现在研究生在读，虽然不是最顶尖的高校，但本硕都算是国内的重点大学。在老家村子，她是同一批长大的孩子里在学业方面最优秀的，这让我们感到欣慰。在我身边，职工子女考上好大学的比例远远高于其他群体，农民的孩子也有出人头地的，但是这类情况非常少。我觉得这样的结果受地域的影响并不大：这些年，国家已经为农民子女的教育创造了很好的条件，至少在我所在县域内，城关小学和乡村中心小学的教学条件相差已经不是很大了。现在很多农民选择外出打工经商，挣了钱后大多都会往子女教育这块砸钱，他们的孩子在教育资源这块，已经和城里出生的孩子差距不大了。以农民为代表的非职工人员的子女学习成绩之所以偏低，在我看来，一是农民大部分自己文化水平低，没有能力教孩子学习；二是农民没有时间更没有花精力认真抓孩子学习。并不是说让孩子在某个很好的学校读书，上特别贵的补习班，成绩就可以上去，有时候家长给孩子的条件越好，比如为他们配上各种高档电子设备学习，孩子就越爱玩，小孩子不懂事，哪里会珍惜？但对朝九晚五的职工来说，我们可能会把很大一部分的时间和精力花在辅导小孩学习上，这便产生差距了。过去十几年，农村百分之七八十的父母对孩子的教育问题还是挺重视的，都会积极送小孩去上学，但总有一部分家长不重视这件事，觉得上学不仅要花很多钱，而且起不了很大的作用，有些人没上学最后也能吃饱、喝饱、赚大钱，而那些上学的人还是当个穷教师，拿一点点工资而已。

近年来，农村的待遇渐渐提高，但农村教师和村民的关系并没有因此得到改善。我刚毕业那会儿，虽然老师的待遇很低，但由于扫盲、夜校农机教育等等的缘由，我们经常入户和村民打交道，所以老师和村里的联系得挺紧密的。村民对老师也挺热情，每年教师节，村委会都会拿几百元请我们聚餐，剩下的钱再为每个人买个纪念品。但现在，老师和村里几乎没有联系了，除了在学校上课外，我们没有参与村里的任何事情，村民们也觉得老师是县里派来的，我们拿着国家工资，理所当然为农村教育做贡献，我能感受到我们和村民因为距离问题导致的人情疏远。反而是乡政府更照顾我们，去年教师节乡政府给学校发了 5000 元，用来给我们一个人分一张 100 元的购物卡，以前没发钱的时候，还会发雨伞、热水瓶、折叠椅、不锈钢餐具等。所以，乡村教师这身份绝对说不上好，但也不能算差。

五、 新的乡村教育工作

大概从 1995 年开始，我们县各乡镇的村小、完小就陆续被撤销。这么做一是因为大部分农村孩子都进入城关小学就读了，我们县城关近几年不断扩大招生规模，面向全县放开招生，农村孩子靠摇号就可能进入城关小学读书，去年万安乡因为完小撤除而无法在本村就读的几个学生，最后全部靠摇号进入城关小学。二是因为县城小学的总体生源减少了，由于早些年国家实行计划生育政策，现在的小学生都是独生子女的子辈，加上人口出生率不断下降，全县中小学学生数量大概在两万左右，在读学生人数最多的时候，也只有我刚工作那会儿的二分之一。

相较于城关小学，农村小学生源的流失更加严重，2001 年我到万安乡任教时，全学区有一千多名学生，如今不到 300 人，是 20 年前的四分之一。在这样的背景下，首先被撤除的是位于最偏远农村的村小、完小。这类学校人数本就不多，我刚工作那会，蒋坑小学只有 50 名学生，后来我调任到万安乡的各村小、完小工作时，学校学生人数都在 100 左右，之后生源逐年减少，到 2005 年大规模撤除点时，部分村小、完小的学生人数不足 30 人。可这么点学生却分布在六个年级中，这样的情况下学区该为这所学校分配几位老师合适呢？这让学区很犯难，所以必须做出改变，减少底下学校老师的数量。到现在，一个中心小学加一个行政村完小基本成为乡镇小学的标配。不过也有例外：村小完小的合并需要各村百姓点头合作完成，而位于县城边界高山地区的盘亭乡，因为当地百姓不愿意合作，所以至今还保留着好几所村小、完小。

2021 年，黄小荣重走九牧洋墩小学，当年的教学楼早已荒废

　　与"普九"时期大规模建校相比，农村小学撤点集中办学集中了资源，除了因此改善农村的办学条件外，也能凭此最大限度利用好有限的教师资源。学校生源减少后，农村不再面临老师短缺问题，学校也不再请代课老师了，所有在岗教师几乎都在编制内。现在老师很少有直接分配的，大多数都是靠招考进来，参与教师招聘的也不一定是师范生，都是些普通本科、大专毕业生。几乎没有名牌大学毕业生会来小县城的农村小学当老师，我们学区近十年的新进老师里，条件最好的是一位毕业于福建师范大学学前教育专业的女生。她 2013 年毕业，报考了我们县的乡村教师招聘，上岗后学校安排她先到村小交流三年，直到中心幼儿园原来园长调离后，她才从小学重新回到学区幼儿园，还接任了园长职务，直到现在。而随着村小、完小的撤除，和我一样原来在村小、完小工作的老师也都陆续被调回中心小学工作。

　　如今老师的调动基本也只能发生在乡镇范围内。1997 年，我们县的教师被纳入编制，在全县范围内设定教师编制的总数。但在 2007 年，编制发生改革，改为每个单位的编制是固定的，同时工资与编制密切关联，一旦工作发生调动，原有编制下的职称关系无法随着工作地点一起变动。除非新工作单位有对应的职称空缺，或者原工作单位愿意为他保留职称关系，否则一切就得从头开始。所以现在除了副校长因为工作需要可以带着职称关系经常变动外,普通的教师原则上都不能再随意调动到除本乡镇之外的其他学校,一旦报考教师时选择到乡镇学校工作,就很难再进城了。

以前,我们老师都比较羡慕在教育局工作的人,他们整天坐在办公室里,不用上课,手里有权,给人一种荣誉感。但是后来教育系统的权力往上级部门收紧,教育局下面各股室的办公人员,都和我们一样,只是干活而已。现在乡镇小学的校舍基本已经全部翻新,学校配备了标准的美术室、音乐室、体育活动场所等,一切都向城市学校建设的标准对齐。我所在的万安乡又是离城关最近的乡镇,每天上班开车仅需要 15 分钟,与去城关边缘位置小学需要的时间其实差不多,所以对我来说,在乡镇和城关工作的体验感基本没有差异了。

从 2017 年开始,福建省还设立了乡村教师补贴的专项经费,根据乡镇离县城的远近发放补贴,多的一年合计有近万元,是一笔很大的额外收入。不过与公务员相比,教师的收入还是有很大的差距。国家出台政策规定“教师工资不得低于当地公务员工资”,但这个说法仅仅体现在基本工资表上的总额一致,公务员的各类奖金补贴比教师还是高出不少的,可能我们年收入只有七八万,但同一地区的公务员达到十来万了。

大概五年前,我曾有个机会可以被借调到教育局工作。那时候我是学校的教导处副主任,负责学校所有排课事务,而我老婆正处于癌症术后化疗康复的关键阶段,学校领导在综合考虑后决定给予她特殊照顾,一周只安排了几节课。这事招来部分同事眼红,每回我排代课,有些人就会回我:“我们可不像某些人哦,一周只需要上几节课……”“让你老婆去代……”,以我老婆的事来抗拒我的安排。我干得很憋屈,就想要换个环境,刚好一个领导告诉我局里有个股室有空缺,股室领导问我是否愿意去。这事我犹豫了两天,没有去主动争取,结果这岗位马上被其他人占去了,我没去成。不过现在想想,这事也没什么后悔的。那时学校的原总务处主任也要退休了,我很快就离开教导处,去填补总务处主任的位置。这份新工作不再整天和人打交道,负责学校的财务、后勤类工作,事情很烦琐,但是我干起来舒服多了,刚好我是比较喜欢业务工作的。

我年轻的时候，曾经羡慕过那些通过赛课进城或者被借调到政府部门工作的同事，也曾经尝试过到福州的私立学校应聘，但最终都因觉得自己不合适那样的工作环境和工作内容告终。如今，随着乡村教育工作环境的改善和年岁的增长，我再没有想过要离开这个岗位。如今，乡村教师虽然地位不能算高，但算得上是幸福感和舒适度较高的职业了。

教育给我最大的影响就是，让我摆脱了农民的身份，而对现在的乡村孩子来说，他们拥有比我们那个年代更好的机会。我不太赞同"寒门难出贵子"这说法，因为现在的教学条件普遍上差别已经不是很大了，真正造成差距可能是教育方式和课后陪护问题。我也不太认同"寒门（易）出贵子"，这更多是一个概率问题，可能上千户贫困家庭仅会出一个优秀的孩子。在我看来，乡村教育还需要坚持，要把擅长或不擅长读书的人都培养出来，有能力读书的继续读好书上大学，学习能力偏弱的上职业学校，毕业后依然能够成为建设祖国的栋梁。在农村孩子接受教育的最初阶段，想办法培养好这群孩子的基本能力，就是我们能做的了。

和国锋
用青春照亮纳西学子前行之路

亲 历 者:和国锋
访 谈 人:和星昀
访谈时间:2022 年 3 月 3 日、8 月 4 日
访谈地点:云南省丽江市和国锋寓所;电话访谈
访谈整理:和星昀

亲历者简介:和国锋,男,纳西族,1973 年生于云南省丽江市纳西族自治县,中共党员。1996 年 7 月毕业于云南省保山师范高等专科学校英语教育专业,同年 9 月被分配到原丽江县龙山中学(原丽江市古城区金安中学)任教;2004 年 9 月被聘为

和国锋(左)接受访谈

一级教师;2005 年 9 月调到古城区民族中学任教至今。和国锋一直从事英语教育工作,先后担任班主任、总务主任、教导主任等职。

一、一直梦想着当一名英语老师

我家有八口人,六个兄弟姊妹,两个姐姐、大哥和二哥是初中毕业,三哥小学毕业。父母亲都是农民,母亲没有读过书,父亲初小毕业,1954年入党,当过生产队长。我1993年考上保山师专,后边进修的(本科学历)①。我家姊妹多,家庭条件非常不好,家里的围墙都用土基筑成。当时从村里边看,哪家书读得多,哪家的房子盖得就最差,因为钱都投到读书上了。家里经济来源单一,靠父母亲种地、卖粮食和水果拼凑我的学杂费和生活费。有时候假期我就出去打工、搬砖,姊妹也给了一点(钱)。两位老人培养出一个大学生已经很了不起了,我也算是我们村里边的第二位大学生吧,父母还是为我自豪的。

作为少数民族,在我受教育的过程中,语言学习对我来说有一点压力。当我学习汉语的时候,必须先把纳西话转化成汉语,然后把汉语转换成普通话才能听得懂老师讲的课。② 所以我在学习方面更要严格要求自己,要不然人家听不懂自己说出来的话。

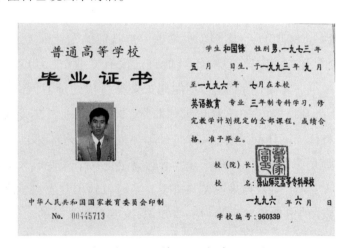

1996年,和国锋的大专毕业证书

---

① 2003—2005年,和国锋在职进修,通过自考获得英语教育专业本科文凭。
② 这里的"汉语"指丽江地区的汉族方言,"普通话"则指全国范围内推广的规范用语。

　　我为什么要当一名老师？首先是我当学生的时候就受到老师的影响，特别是初中班主任对我的（影响）非常大，她是一名体育老师。有一次上学途中我意外落进水沟里并迟到了，她发现我的鞋子湿了，就拿自己的一双鞋子给我穿。我当时就觉得非常暖心，老师就跟父母一样。所以我初中就有一个梦想，就是当老师。我们的英语老师教得非常好，我对英语有偏爱，所以就努力、发奋，一直梦想着当一名英语老师。其次是因为我父母一辈子都是农民，所以我（想）至少要通过自己的努力找一份工作。我们大家庭里边，（除了我之外）有工作的只有一个，在地区地税局上班。我作为一名教师，其实是很值得骄傲的，虽然地位不是很高，但至少有一份工作，蛮受人尊敬的。现在呢，就让我当家族的"族长"嘛，家族里边大大小小的事情都让我参与。他们说我是文化人，所以有关写的方面（都让我做）。最后是师范类（学校）有国家的补助，比如我读的保山师专，每个月有50多元的菜票补助，然后家里边再寄100多点，就能解决我的生活问题。但有时候，我还是需要跟同学借钱来买菜票。

　　我们老师不能说是知识分子，这个称号太大、太抽象了，只能说是文化人，意思是懂一点知识的人，多多少少掌握一点技能的专业人才。因为我是老师呀，至少专业人做专业事嘛，不可能自己没有专业（能力）就当人民教师。教师是一个非常高尚的职业，不能用工资衡量他的价值，各行各业（的人才）都是由教师培养出来的，所以教师非常了不起，我非常热爱我的职业。其实工作没有体面不体面之分，只有热爱不热爱的（问题）。父母（当初）对我当乡村教师是非常赞同的，教师虽然不能突然把某个人变成大官，但是可以改变一代人，（这）对乡村来说尤其重要。乡村教师培养农村学生，首先让他们掌握做人（的道理），然后学习一些知识，改变乡村学子的命运。工作后虽然龙山（中学）离家远，（我只能）每个礼拜六回家，礼拜天下午又要去（学校），不能天天回家，但父母还是比较支持。

　　我那时候是政府包分配，1996年毕业后直接由教育局分到原丽江县龙山中学，属于编内人员。当时学校里都有编制，但是岗位不同，分工不一样，有些是不从事教育的技工。学校离我家有二十多公里，要翻过一座山，属于山区。当时因为家里虽然原来是八口人,但到我参加工作的时候只有父母亲和我,而且父母六十多岁,体弱多病,所以他们写过申请,希望(把我)分配到近一点的学校。所以(分配到龙山中学)也算是政府给予关怀了,但还是在山区。后来(2005 年),由于小孩需要入学,家里边父母年纪大等多方面原因,我只得申请调下来。① 话又说回来,其实我就很说不得这个,本来我就想留在那里,因为那时候(我已经是)教导主任了,如果再坚持几年,不是说当校长,至少也是(有了自己的事业),九年已经过来,我对这个(岗位)有一种非常离不开的感情,付出太多了!

作为一名乡村教师,我非常自豪,因为经历过那样的条件的老师才能真正懂得教育——教育真的是需要用爱心、忠心、耐心去做。在山村本来条件(就很)艰苦,如果没有耐心、没有爱心、没有忠心的话,那几年是非常难过的,可以说度日如年。学生时代,我(觉得)老师太辛苦,"辛勤的园丁"付出太多了——老师教了别人的孩子,就误了自己的孩子,好多时间就花费在别人家的这个孩子上,(所以我一直)对这个工作有一种崇敬之心。但是想想,舍小家才能顾大家嘛,只讲索取不讲贡献不行,献身教育是值得的。

我青年时的理想是培养一个人首先(学会)做人,然后是掌握一些技能。我觉得我做到一些了,虽然做得不是尽善尽美。我的初心当然是教的学生个个都优秀,不仅是成绩这一块,更要关注他的成长过程。首先(要)让他学会做人,然后才去让他读点书,让他为自己的未来负责嘛。

二、 扎根"三无"学校

我 1996 年 7 月被分配到龙山中学,8 月开始教书。当时看到学校没有大门、没有围墙,也没有球场,可以说是"三无"学校,比较辛酸。学校旁边刚开始没有房子,四周没有居民,树也没有,又冷,风又大,有时候我们冬天早

---

① 2005 年,亲历者由于家庭原因从位于龙山乡的龙山中学调任至坝区丽江市古城区民族中学并任教至今,由此结束了近十年的乡村教师生涯。

上洗脸,水马上就结冰,所以(当地)有"刀饶"①的叫法。当时学校里只有七八位教师,我们住的宿舍是十间一字排开的砖瓦平房。然后(有)一栋两层混凝土的教学楼,龙山中学的招牌就挂在一侧,比较简陋。但是因为是政府的工程,构造非常好,地震②也没有倒下来,一直到我调走那年还在使用,后面还进行了加固。住校生睡在教室里边,一个大间整成学生宿舍,男生女生分开。睡得比较简单,就是砖头垫起、木板铺起,睡地铺。(还)有一栋厨房。我们老师还在花坛里种起树,我去年去看都长多大了。那时候我们宿舍跟教学楼之前有一堵墙,有个喜欢书法的语文老师,在墙壁上写了《出师表》。慢慢地政府争取到资金以后,才给我们建了(新的)教学楼、宿舍楼、围墙、大门,还有一些其他设施。

龙山的教学资源相当贫乏,教学设施简陋,黑板是像两个弹弓叉一样地叉起来,(上面)放一块木板。我们上英语课就提一台录音机,学生还以为是不是把老师要讲的话都录在这个地方。有些名词比如 pizza(比萨),还有 Italy noodle(意大利面),学生娃娃很难(在现实生活中)看到,无法从字面上理解,我们就做一些道具,或者画图来让学生体会。当时我们考试(的考卷)是要打蜡刻字的,刻好以后油印,条件很艰苦。有时候我们还勤工俭学,因为龙山有种山嵛菜,我们就去帮瓦莎毕公司③挖山嵛菜,然后把他们给的钱又补助给学生,买一些笔墨纸张。

龙山气候比较恶劣,海拔应该有三千多(米),种的农作物也少,就卖一些柴火,所以他们(指龙山老乡)供读子女的条件非常差。当时因为禁伐天然林,他们只能偷偷摸摸地卖(柴火),然后用这个钱来供学生娃娃读书。龙山离城二十多公里远,车子又少,(有的老乡)就用拖拉机或者是手推车卖柴,生活很苦。当时也没有什么托儿所、幼儿园,孩子直接读小学,所以基础非常不理想,但是经过努力,考上好的初中、高中甚至名牌大学的学生也有。

过去那里三四个村一所小学,单人独校的情况也有,因为一个村跟一个

---

① 纳西语,意即下雾的地方。
② 指丽江 1996 年 2 月 3 日发生的 7.0 级大地震。
③ 当时在龙山种植加工山嵛菜的民营企业。

村之间太远了，一所学校四五名学生，一个老师全部包办，又是班主任、又是任课老师。后来把村小去掉，建一个中心小学，便于管理、整合资源，对学生培养是有好处的；但不利的是学生家里边的负担加重，因为单人独校的时候可以回家吃饭，几个村小归并以后离家远了，当时小学也没有学生食堂，所以学生那么小就要自己做饭。他们做饭时放两个石头，把锣锅放在上边焖饭，手指都是黑黑的，反正是左吃右吃以后，脸上就抹起来了；还有的饭也不会做，多可怜呢！小学老师就手把手教他们。学生娃娃来学校读书的口粮是人背马驮的，自己背不了就父母亲背，或者是哥哥姐姐背，当时路也不通，只有一条人走的道，要走几个小时的山路才能（到学校），有些娃娃连他读的书本都背不动，都是父母亲（背过来的）。

　　我们学校就是一个民族大家庭，（除了纳西族之外）还有其他少数民族，比如傈僳族、藏族、苗族、白族。少数民族与少数民族、少数民族与汉族之间也相处得非常融洽。民族之间都是平等的，虽然我是纳西族的老师，但是我不会偏爱纳西族，不管学生是哪个民族的，我都一视同仁；不管哪个民族，我们互相都非常尊重各自的习俗，这些方面我们还是做得很好的。我们的学生主要来自龙山各个山区，一处跟一处相隔很远，要爬好几个山，至少走几个小时才能到，交通非常不便利。有些学生家庭情况非常糟糕，是住在高山上，非常远的地方。龙山平坝里边的生活比住在山上的稍好点，金安、增明①离金沙江近，气候好一点，作物就好一点，所以他们的生活条件要好一点。那些家离学校远的学生，有些是父母开拖拉机送过来，金安、增明的则坐班车来学校，因为我们学校旁边刚好是丽永公路，我记得班车车费是5块钱。

　　有些学生交得起学费，有些却很难交，家里边揭不开锅，吃饭都成问题，有时候几十元钱（学费）还要等好几天。开学那天，虽然有些交不起钱，书本还是照样拿给他，用老师的工资先垫着，他们卖了菜、柴火以后又拿给我们。最后有些还是交不起的，（老师垫的学费）就当是做慈善、献爱心。因为学校离家远，我们是以校为家，天天住学校里面。早上六点多起床，一直到晚上学生睡觉，从早到晚跟学生学习生活在一起。平时除了教书之外，值班时要

①　原龙山乡（今金安镇）辖区内行政村。

敲钟,因为没有电力的,就在宿舍门前挂一个铁圈圈,然后用铁锤敲,学生只能听那个钟声。钟声是有节奏的,"哒,哒哒,哒,哒哒"——上课啦,"哒,哒哒"——下课啦。

我们师生的用水比较紧张,水源是从离学校三四公里远的地方引来的一管水,农民犁地的时候容易(把先前埋在土里的水管)犁断,(所以就经常要接水管)。我们还喝过水沟里边的水呢!食堂的炊事员开始是我们老师自己出钱请的,政府后边才发放补助。有一段时间教师食堂亏本,我们是在学校旁边的一家商店里面排队吃饭的。因为当时我们饭菜不好购买,到城里边的路费加上伙食费相当贵了。21世纪初我们还整了个大棚,在里面种蔬菜,充在我们的这个教师食堂里边,有时候也充在学生食堂里边,都是免费的。有时这个大棚就当成校田,劳动课的时候老师带领学生在里边浇浇水、除除草,做一些校务劳动。学生生病了我们就带他们去看病,因为学校没有校医室,只能步行去距离学校两三公里的卫生院,当时也没有车子,只有一些有条件的老师开摩托车。

学校里该有的课程都有,那时候没有电脑(课),有音乐课、美术课,但是没有专职的老师,排了课也只是偶尔上,没有场地,教室紧张,老师也紧张。我记得有一位老师,他的专业是音乐,但是教语文,因为分到的语文老师少。我也顺带教过地理、历史,有一年还教过全校的英语,虽然只有三个班。玩的设施也没有,就一块空地让学生活动,踢足球、打篮球,老师也是这样。也没有图书室,就在教室里边自己看书本。住校生(早上要)跑操,因为龙山雾比较大,所以我们只敢在学校旁边的空地跑操,也不敢很早,提前画好线,就跑两三圈,前后都是老师带队。

我们的工资跟城里面老师的差别老实不大①,但城里边没有烤火费。城里边哪需要烤火?龙山冷啊,特别是冬天,一到晚上,宿舍里边不放一盆火非常难熬,所以每个老师都发一个火盆,从每年10月到次年1月,每个月有10元烤火费。

师范院校大学毕业生来(龙山中学)以后,(民办老师被清退)很正常,替

———————————
① 方言,此处意为不是很大。

换了嘛！民办老师通过自学考试转成公办老师的也有，有些给他机会他考不上。我们来中学以后，先是未定级，三个月以后定为三级，然后二级、一级。一级相当于教师的中职，中职很难，很不敢想的，有些十多年也没有升上来，评聘非常严。我们学校的中职名额经常被乡教委①占去，他们占了好几次才给我们学校，这个也是因为我们学校的成绩摆在那。那一年我是跟校长一起进中职，因为教学成绩突出，所以没有被刷下来。2004 年我就晋升中一②，相对来说很不错了。当时我先是任课老师，教两个班的英语兼任英语教研组长，后边就当了班主任和总务主任，还是学校学生会的督导员，监管学生会的工作。2004 至 2005 年，经学校公推，我全票通过，当了一年的教导主任，总管各年级教学工作，那一年我的教学成绩非常优秀，取得了丽江市乡村中学第四名的成绩，并受到嘉奖。我获评"先进教师"也有很多次了，还有一次（获得了）丽江纳西族自治县"优秀教师"二等奖，"优秀党员"也评上过。

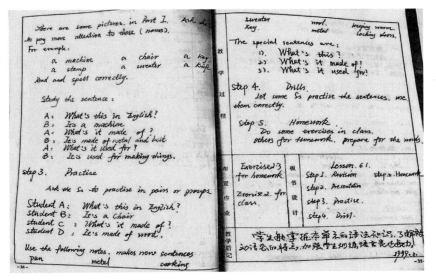

1999 年，和国锋教案（部分）中的课堂设计

---

① 龙山乡教育委员会。
② 即中小学一级教师。

1998 年，我作为教龄只有两年的最年轻的教师参加了丽江第一届中小学课堂教学能手大奖赛，并获得了"优秀教师"的称号。那届竞赛是校长叫我去的，他说，"你去吧，我相信你是认真的，人家虽然是首届教学能手比赛，你不消①有什么压力"，我就去参加了。当时丽江教育局请我们所有选手在丽江最高的旋转餐厅里边吃了一顿饭，到现在都是难忘的。我记忆犹新的是，当时丽江教育学院的一位副教授对我提的一点意见，意思是说，"和老师你教学只有两年，但是课堂教学一点都不紧张，状态还很自然，只不过和城里边的老师比，教学资源使用度有点少；课堂设计也非常好，但是课堂调动（有点欠缺），你好好地干，会有很大的突破的"。于是回到学校以后，我就听广播里的英语新闻强化自己，修炼内功。我还搞了一个"英语角"，当时其他学校都没听说过这个。我还邀请其他老师参与进来，让那些喜欢（英语）的学生去学英语口语。

三、 有一点遗憾，但是我无怨无悔

参加工作以后，父母年纪大了，就催我成家，我哪有时间啊？在乡村又没有条件，学校里女教师少，择偶范围比较狭窄，我就找不到合适的人选。到 1999 年，有一次我去新团卫生室②找药，有位护士给我量体温，我当时只认为她是护士，但她其实是云南省中医学院中医专业毕业的医生，然后我们就这样认识了。我们是同一个行政村的，她比我小一岁，自考毕业，先是开药店，然后开诊所到现在。当时找对象就是老师找老师，（都是找自己）身边的同事，因为圈子就那个圈子嘛，教师工资比较稳定，被称为"金饭碗"，而且有共同语言。但因为家里边有两位老人，所以我对医生有一点敏感，医生也好，老师也好，对人都相当有爱心，都是最辛苦的职业。我就想，这个人非常真诚，还是自考毕业，那品质和毅力各方面肯定不会差到哪儿去，所以我就认定她了。我们是 2001 年结婚的。

---

① 方言，意为不用。
② 亲历者所在行政村的卫生室。

2001年，小孩出生以后我就找时间陪小孩，当她的朋友。礼拜六从龙山下来到丽江坝区的家里，陪她到原来丽江电影城旁边的娱乐城玩，去新华书店里看书，但是她三四岁的时候，我给她的陪伴非常少，感到对不起小孩子。我还是不太希望她成为乡村教师，希望她多了解外面的世界。家庭和工作二者不可兼得，所以我陪家人的时间有点（少），有一点遗憾。

当时山区里面信息闭塞，天气不好路就不通，邮政运输非常困难。从龙山的邮电所到我们学校还有一大截，邮递员一周来一次或两次，通知也好、各种资料也好，他们拿过来的时候，信息是滞后的，特别是教育方面，下来之后才知道原来有这么个事情。山区周围商店少，自己想买的一些生活用品、教学资料（大多买不到），除非到城里面去买。（进城）买东西也只能是礼拜六，因为交通不方便，买完还要赶紧回学校。我也想过去城里面教书，因为城里面的教学资源肯定比龙山好呀，当时挺羡慕城里的老师，有一段时间还有点困惑，比如我接一个班，成绩不理想，（我就想）怎么我们跟其他（城里的）学校的差距这么大？怎么我费尽努力但是成绩提不上，付出努力的效果不是很好？但后来就不这么觉得了，我在那里奋战了九年，慢慢适应了那里的生活，离不开淳朴的学生了。

虽然有一点遗憾，但是我无怨无悔，觉得值得。我付出了可能三分之一的青春，但九年的生活，我走的每一步都是踏踏实实的、非常充实和有意义的。有时候教三个年级的英语，一个周下来三十多节课，都不觉得累呀！因为与十三四岁的学生为伴就感觉非常年轻。

我当时是想以自己的一份热情改变乡村学生。这个学校以前分下去的英语专业（的大学生）都没有留下来，我是这里第一个英语专业毕业的英语老师，而且他们对英语肯定是好奇的，所以我非常有信心把他们教好。那里的学生相当朴实，师生互动也非常融洽。我经常帮助学生，教会他如何做家务，教他（解决）生活方面遇到的一些困难。见到学生会主动地问学生家里边的情况，以力所能及的方式帮助家庭有困难的学生。有时候买一些作业本送给家庭生活非常困难的学生，还垫付过一些学费。外语教授对于少数民族学生还是有难度的，因为他首先要听得懂我说的汉语，然后汉语又转换成英语,这是一个语言转换的过程。有些人对语言非常敏感,所以学得特好,但有些人纳西话讲得好,汉语未必就讲得很好。那些很喜欢语言的人,问题相对要少一些,如果是对于语言方面不敏感的,要付出更多的努力,才能把自己的普通话说好。汉语讲得很困难的那些同学,我们就在课堂里边给他多提问题,让他有发言的机会,让他多练;课后帮他辅导,然后也请同学相互帮忙,因为同学与同学之间的沟通更能拉近他们的距离。通过师生之间的互动,课后课内多与学生沟通,慢慢地帮他们解决学习问题。作为一个纳西族的英语老师,把这种语言转换的方式传授给学生,学生还是容易接受的。我还喜欢买一些英文歌曲的音像资料,自学以后,组织班里学唱(虽然唱得不是很好),使学生的学习变得轻松。

和国锋(左四)在龙山中学门口和学生合影

学生有问题,我就主动去跟家长沟通;要是没有问题,也会跟家长交流学生的各种表现。20世纪90年代我有了手机以后就打电话家访。我们到农户家就像到了自己家,什么话都敞开心扉谈。通过民族语言交流的时候,就觉得非常亲切,沟通也很自然,更能拉近我和家长之间的距离,便于我掌握学生的一些情况,事半功倍。了解家长的心态是关键的,沟通以后他们就非常理解我们的教学,更支持我们的教育,更关注自己的孩子。我来的前一年,这里没有一个考上高中,而我们是大学生来教书,和原来民办代课老师比,专业跟不专业还是有质的区别的。后来经过我们的努力,一个又一个的学生考上高中,2004 年,我们学校作为农村学校获得丽江市初中升学率的第四名,还获得"先进集体"奖。教学成绩逐年提升和我们老师调动的频率低(也有很大关系),老教师的爱岗敬业影响着新教师,至少任职七八年以后才考虑申请调动,我就在那个地方待了九年。但也有个别的老师待了一两年,就动用(关系)调到坝子里边去了。

最初人少的时候,同学的学习态度不明确,学生慢慢多了以后,竞争就有了,学的劲头也足了。学校成绩上来以后,有些坝区里读书的学生转到我们学校来读,然后考上重点高中的也有,每年考上"英才班"①的也有啊。有一个学生在中考前的统测中成绩相当好,丽江县一中的校长亲自来我们学校要这名学生,他中考成绩更厉害,后面又考上公费师范生,现在在古城一中教物理。我教过的考得最好的一个学生,现在在国税局当办公室主任,他在学校②里拿过英语年级第一,也是第一个考到"英才班"去的。我还指导学生参加奥林匹克英语口语竞赛,有个学生拿到丽江赛区的优胜奖,去昆明参加了决赛。还有一个学生,他考到云南师范大学,招考以后被我们古城区民中录取了,现在成了我的同事。

其实不仅老师关注学生的成才过程,学生也关注老师的生活。有一段时间,我们是自己做饭,有些学生家里种的洋芋特别多,一袋一袋地提过来,我说这个不能要,要给他钱,他说:"老师,钱不收,这个土豆我们家有的是。"他们家杀猪③的话还会带来一点肉。有时候我们还是把钱拿给孩子,但孩子说:"不要,老师你们太辛苦了。"现在有手机了,有的学生毕业以后还有联系,还有的现在成了我同事。有一个在我原来的龙山中学当校长④,还邀请我来学校故地重游。

---

① 英才班是 1998 年由县政府提出的招生政策,最初设于丽江县一中,招收当年中考佼佼者,时任县教育局长兼任该班名誉班主任。2003 年丽江区县分设后设于丽江市古城区一中至今。

② 指亲历者自龙山中学调任的丽江市古城区民族中学。

③ 丽江纳西族有杀过年猪的习俗。

④ 龙山中学自 1992 年建立,2003 年龙山乡改为金安镇,龙山中学改称为金安中学,2010 年裁撤,原址变为金安镇光彩民族完小,这里的校长即任光彩民族小学校长。

四、 教育才能跳出农门

　　龙山教育还是有良好的风气的。有些家长素质好一点,意识到读书才有出路,不读书的话就越过越穷,所以即便家里边穷,还是把娃娃送进学校里面来。有些人学习很认真,首先是父母对他的教育,学习不是为谁读,是为自己读的,认真是对自己负责。他们读书有一个明确的目标,有家教方面的原因,还有老师的投入、学校的宣传、政府的资助,然后意识方面慢慢就提升了。有一个家长对子女的教育非常重视,自己省吃俭用,但是对娃娃购买文具书籍毫不吝啬,他家姐弟俩都考上了大学,成为老师。如果家长的文化水平不理想,只是小学毕业,对他来说,只要孩子不捣乱、不逃课、听老师的话,按照学校作息时间去上课就可以了,要求不是很高。所以我们有一个难题就是,不仅要培训小孩,还要培训家长,对家长也需要耐心地说服。我有一个学生,他爸爸是复员军人转业,对娃娃很严厉,娃娃就产生了厌学情绪,经常辍学,我就多次去他家家访,让家长转变教育娃娃的方式、观念,然后娃娃慢慢地又来学校读书,但是过一天又按照他(原来)的脾气(对待娃娃),娃娃又不读了。之后这位家长又跟老师沟通,询问娃娃在学校里面有什么表现,他要怎么教娃娃,还买过一些关于如何教育娃娃的书,转变非常大呢!然后娃娃慢慢地又返校读书,考上了高中。有些小孩也比较努力,虽然父母亲不是文化人,但是他经过自己的努力,变成非常优秀的学生,还拿到了奖学金。

　　一些读书不认真的同学,不知道读书要读到哪去,没有目标,就像是在田地里边种地一样,种地是干什么的?是要自己吃还是卖出去?他不明确。有些是家里边环境非常糟糕,家长一次又一次地伤害学生,"我们没有钱,你不读书就算了",当时家长的意识没有提高到要读好书的层面。还有些成绩不理想的学生,老师批评教育说一句,他不高兴,父母又说一句,他又不高兴,三天两头就辍学,躲在家里边,找借口不来,所以我们就多次家访,去农户家劝返,让他回学校读书。还有些娃娃知道家里边苦,父母可怜,想帮父母解决眼前的问题。我说这不行,教育是一辈子的事情,再说教育才能跳出农门,改变自己的一生,至少读书对他以后的人生选择也好,生活选择也好,会有很大的利处。我们耐心劝导家长,跟他们说学习的重要性:如果不读书,就会跟父母一样,拿起手推车,砍柴以后卖出去。今天卖50块,城里边吃一顿饭,然后回到家里边就只剩10块钱。一天出去只能解决一天的生活费,第二天又上山砍一些木料去城里卖,有时候被检查站没收,就空手回来。(劝完以后)家长就说,即便是我们再苦再累,也不能穷教育。

龙山这个地方有一些暴发户,有时候他卖一些柴火就挣到一百两百多,感觉很优越。但是读书要花那么多钱,能不能找到工作都是问题,他就当(老师的)面说:"哎呀,(孩子读不读书)无所谓。"他们只把赚钱看作最重要的事情。有时我们去家访,他就不配合。学生的认辨能力还没有形成,只能通过老师的主题班会引导学生关注学习的重要性,讲一些身边的实例感化他。因为学生学习肯定是一件不轻松的事情,但是只要读,总有一天会跳出农门。然后也需要家长支持,老师跟家长经常沟通互动,家校共育,因为教育离不开家庭、社会、学校,三方面缺一不可。所以只要没有课,老师就去家访,跟父母沟通。有时候学生领着我们去,有时候学生上着课,我们自己去。最远的家访要走十几公里山路,有时候路上碰上下雨,雾就下得大,人一个也看不见。

有些村民认为乡村教师来中学教书只教这么几个学生,要那么多老师干什么?是不是天天休息?其实不是的。有些家长还说英语老师最舒服了,拿着录音机在上课,说的话就录在那个地方,他们就在旁边坐着。因为有些家长根本没读

1998—1999 年,和国锋的家访记录(部分)

过中学,他不懂中学的课程是什么。学生读了一年后,家长慢慢感觉原来初中的课程是比较多的,要读七八本教材,学生回到家里边也给家长沟通,后来有些家长对老师的评价慢慢就转变了。

五、 教育是振兴乡村的关键

我所教学生的家长文化水平普遍不高,学校就组织老师开办扫盲班,让那些家长多识几个字。比如,至少要会看说明书,这是非常有用的。当时党委、政府就写了一个口号:"民知教,师乐教,党兴教。"经过我们师生的共同努力,扫除了龙山青壮年文盲。县里还有农科站、兽医站、林管站、文化站,都会帮龙山居民搞技术指导,因为龙山经济条件差,所以政府对龙山的支持力度是相当高的。龙山可卖的农作物很少,政府扶持龙山乡种过山嵛菜,当时的全国政协主席李瑞环还来过龙山乡考察山嵛菜种植情况。老师也会参加这些活动,有时候是做宣传员,有时候是当志愿者。龙山有了街子天①以后,我们就充当执勤的"交警",进行安全教育,有时候也会带领学生参观文化站。有时候到了传统民族节日,比如纳西族春节正月十五的棒棒会、三多节,我们也给学生进行一些宣传教育的活动,让学生记住先民们的节日文化,注重对纳西文化的传承。

教育对农村的贡献可大了,因为教育影响的是一代人,它提高农村人的素质,为建设家乡培养各级各类的人才。山区(少数民族)孩子多掌握一些知识的前提是他们听得懂汉语,所以我们在学校里边言传身教,经常组织一些演讲或其他一些活动,然后在课外也与家长沟通交流,让他们知道掌握汉语的必要性和重要性。比如说,最简单的,农村的孩子要去县城买东西,至少要会用汉话与别人交流。语言是一种交际工具,沟通好才能做好其他事情,人与人之间的沟通离不开语言。作为新时代的学生,掌握语言才能做好其他事情,所以掌握语言是非常重要的。学汉语对纳西族学生自身素质的

---

① 龙山乡镇的一种集市。为方便周边居民单位购买生活日常用品和农业物资等,由龙山乡政府于每月2日、12日、22日在乡政府旁组织,自1992年设立至今依然活跃。

提高有很大的促进作用,掌握了汉语,就相当于多掌握一门语言,他们就很刻苦、很认真地去学。掌握一些先进的汉语知识文化以后,对少数民族文化传承更有帮助,因为这样就可以用文字或者是其他形式更好地宣传我们少数民族的一些风土人情,有更多的宣讲队了嘛! 这个是相互促进的。

未来,乡村的孩子应该是多面手,不仅要提高文化成绩,还要学会生存,掌握一些技能——农村学校其实可以开展一些手工的(技能培训),因为在乡村搞一些劳动技术课有非常好的条件,可以利用一些闲置土地作为校田让学生体会劳动创造财富,培养学生互帮互助的支农意识。考不上高中的学生也可以进职业高中,掌握一门技术后到乡村发展,经营当地的农产品也好,发展养殖业也好,为家乡(建设)添砖加瓦。他们的未来应该是一片光明的,乡村这个大舞台任学生遨游。努力不一定成功,但是如果不努力,连经历失败的机会都没有。只要掌握一门技能,他们的发展空间是越来越大的。

振兴乡村,不是说靠哪一代人,而应该是一代又一代人传承壮大。乡村经济发展以后又反哺教育,乡村的学校(质量)自然而然就会慢慢提升。我们知道现在国家比较关注乡村的民生问题,但是应该特别关注教育,因为科教兴国,只有教育才能振兴乡村。教育这一块首先是开发人才资源,如果建设乡村的人少,好多问题就做不来。现在大学生来这个乡村当这个"一把手"、志愿者,为的是什么? (就是)让更多的(大学)毕业生、各种各样的人才来乡村锻炼,为乡村做一些力所能及的事情。

国家改善乡村教育,首先要调查,因为每个区域不一样,调查以后就知道这个区域缺少的是什么,为什么落后。首先调查教育方面投入得怎么样,如果在投入一定教育资金的情况下,还是不能产出教学质量的话,肯定有影响。其次要调查乡村的民风还有学校的校风,影响当地舆情环境的因素,以及民众对读书的态度。有些农村"读书无用论"讲得更多,都在说现在考大学有什么用,考大学以后还要再考(研),找不到工作,还不及我们农村人,因为有些土地现在开发了,拿到一些钱了,所以陷入了一定误区。我们作为乡村老师应该及时传达最新的形势,至少要宣扬自己的理念——书是为自己读的,唯有读书才能改变自己的命运;改变命运不仅仅是找一份工作,而是找一个自己能做的事业。

国家需要提高对教育和基础设施的投入,提高乡村教师的待遇,还要增加培训机会,多给乡村的老师提供平台,让乡村教师走出去,多了解一下周边富裕地区乡村教学的路是怎么走的,可以相互借鉴学习嘛!我觉得这一块是政府可以做的。

其他参访亲历者简介

（以姓氏拼音为序）

因篇幅所限，以下44位参加访谈的亲历者的口述史料未能刊印，但我们同样对他们深怀敬意。

晁增辉，女，1975年出生，云南昭通人。1995年毕业于昭通师范专科学院，随后任教于水富县（今云南省水富市）两碗乡成凤小学，此后辗转多校，现任教于向家坝镇方新小学。曾获得"优秀班主任"等荣誉称号。

陈建帮，男，1945年出生，云南陆良人。1963年毕业于陆良县第二中学，随后任三岔河镇大咀子生产队会计，兼任大咀子学校代课教师；1964年起兼任耕读班教师；1970年起任教于大咀子小学；1999年转为公办教师；2001年退休。

程方斌，男，1958年出生，河南信阳人，中共党员。1976年高中毕业，随后返乡任中学教师；1978年应征入伍，服役于上海国防科委某基地；1981年起任教于晏岗中学；1995年起任教于程弄小学；1996年起任教于晏岗完全小学；2018年退休。

窦润花，女，1949年出生，河南鹤壁人。1968年高中毕业，随后任窦马庄小学辅导员、教师；1970年起任吴家洞小学民办教师；1992年被评为"高级教师"；1997年中师毕业于安阳市市区教师进修学校，次年转为公办教师；2004年退休。

段泰宇，男，1949年出生，云南陆良人，中共党员。1968年毕业于陆良县第一中学；1970年起先后任教于陆良县垢甸学校、刘良学校、陆良四中、陆良三中、陆良联办高级中学；1981年转为公办教师；1984年函授本科毕业于云南师范大学中文系；1992—1995年任陆良三中副校长兼教务主任；1998—2002年任陆良联办高级中学教务主任；1998年被评为"云南省特级教师"；2010年退休。

段远新,男,1979年出生,河南平顶山人,中共党员。1999年毕业于叶县职业教育培训中心,随后任教于龙泉乡单营小学;其间曾短暂任教于彭庄小学、龙泉乡实验学校;现任单营小学校长。

付玉琴,女,1939年出生,辽宁锦州人,中共党员。1947—1952年就读于白马石初级小学;1952—1954年就读于稻池高级小学,后肄业于高桥六中;1958年起任白马石初级小学教师;1966年随爱人苏润恩工作调动,先后任教于宁夏回族自治区银川新区三小、河南省三门峡市十化建、内蒙古包头市十化建;1974年起在管道局通讯供应站、电讯公司幼儿园等单位工作;1992年退休。

高尚仪,男,1946年出生,甘肃通渭人。1970年毕业于通渭县毛家店学校,次年起任教于通渭县先锋小学;1995—1996年任教于通渭县马路湾小学;1996年调回先锋小学;1998年转为公办教师;2007年退休。

桂中华,男,1979年出生,安徽马鞍山人,中共党员。2000年毕业于淮南师范专科学校,随后任教于马鞍山市第十九中学,2019年起任该校副校长。曾获得"全国优秀教师""中国好人"等荣誉称号。

呼碧霞,女,1963年出生,陕西神木人。1976年毕业于神木县南关完小;1978年初中毕业于神木中学;1980年高中毕业于神木中学;1982年毕业于陕西省榆林师范学校,随后任教于神木县西沟中学;1984年起任教于六里碑小学;2000年被评为"陕西省特级教师";1992年起调任神木市教育中心教研员;2018年被评为"中小学正高级教师"。

胡典,男,1942年出生,上海浦东人,中共党员。1958年毕业于海东中学;1958—1959年就读于南汇农业大学;1959年大学停办,先后任教于上海市南汇县(现已并入上海市浦东新区)三墩小学、施庙小学;1961年被分配到郑州铝业工作,次年应征入伍;1963年退伍返乡后响应国家"知识青年支援边疆"号召,前往新疆参加师资干训班;1964年起任教于巴里坤哈萨克自治县奎苏公社闫家渠学校;2002年退休返沪。

黄德惠,男,1950年出生,浙江杭州人。1967年初中毕业于浙江省临安中学;1971—1973年就读于杭州师范学校;1973年起任教于浙江省横畈中学;1989年起任教于潘洪完小;1995年起任教于横畈中学;2005年起任教于横畈小学;2010年退休。

黄少华,男,1970年出生,江西九江人。1986年毕业于江西省都昌师范学校,随后任教于徐埠乡苍山小学;1987年起任教于张岭乡初中;1989—1991年脱产进修于九江教育学院;1991年起任教于都昌县大港高中;1993—1994年停薪留职下海深圳,后重返教职至今;2011年被评为"江西省特级教师";2017年被评为"正高级教师"。

李贵生,男,1951年出生,云南陆良人。1968年毕业于陆良县农业职业技术学校,随后作为回乡知青任旧州村宣讲员;1970年起任教于板桥镇旧州民族学校,先后兼任学校团支部书记、少先队大队辅导员、板桥镇中心学校团委副书记、旧州小学副校长;1994年辞职经商;2000年起任教于昆明市官渡区雄兴学校;2012年退休。

李来涛,男,1937年出生,广东潮州人。1960年起任教于二马路学校;1979年转为公办教师;1997年退休。曾获得潮州市"优秀教师"等荣誉称号。

李玉仙,女,1953年出生,河南汝南人,中共党员。1969年毕业于板店小学;1971年毕业于板店初中;1973年高中毕业;1976年起任教于冯屯学校,1985年任该校少先队大队辅导员,1986年任学校总务;1989年中师毕业于汝南教师进修学校;1999年转为公办教师;2009年退休。曾获得"扫盲先进工作者"等荣誉称号。

卢爱香,女,1967年出生,安徽宿州人。1984年初中毕业,先后任教于张村小学、董店小学、卢村小学、白土小学、戴村小学;1993年中师毕业于萧县师范成人卫电;1997年转为公办教师;2002年大专毕业于宿州师范学院;2022年退休。曾获得"优秀教师""青年岗位能手"等荣誉称号。

罗金平,男,1965年出生,河南宜阳人。1981年高中毕业;1984年起任教于莲庄镇中;其间中师毕业于宜阳县教师进修学校;2011年起任莲庄镇中校长。曾获得"优秀辅导员""师德标兵""优秀校长"等荣誉称号。

罗康健,男,1943年出生,贵州贵定人,中共党员。1947—1952年在私塾接受教育;1957年起任教于光明小学;1963年任良田小学副校长、校长;1968年任打铁小学革命委员会主任;1973年任旧治小学校长;1982年任新场中学校长;1984年调任贵定县教育局副局长;1989年调任贵定县中共城关区委副书记;1990年调任县纪委驻农业局纪检组组长;2001年退休。

潘金生,男,1953年出生,云南宜良人,中共党员。1971年起任教于马家冲小学,1976—1978年主持学校日常工作,1978—1984年任教导主任,1984—2013年任校长;2013年退休。曾获得"先进教育工作者""先进教师""优秀共产党员"等荣誉称号。

彭现伟,男,1969年出生,河南宜阳人,中共党员。1991年作为委托培养师范生毕业于洛阳师范学院,随后任教于莲庄镇中,1993年任校团委书记,1994年任副校长,1999年起任校长。曾获得县级"骨干教师"等荣誉称号。

钱志庚,男,1942年出生,江苏溧阳人,中共党员。1962年高中毕业;1965年起任教于南钱小学;1970年转为公办教师;1971年起任教于沙河中学中西分校;1976年在公社林场创办农高中,任校长;1979年重返南钱小学任教;1983年起任教于天目湖镇中心小学;1999年退二线,任学校支部书记、教研员;2003年退休;2003—2006年被溧阳市文化小学返聘。曾获得"县教育系统先进工作者""市优秀共产党员"等荣誉称号。

郄明德,男,1955年出生,陕西神木人。1974年高中毕业于高家堡中学,系花石崖郄家圪村第一个高中毕业生;1975年任郄家圪村大队会计;1976年起任教于郄家圪小学,在该校连续教书27年。曾获得"教学模范""先进工作者""优秀教师"等荣誉称号。

秦姣根,男,1941年出生,山西长治人。1962年毕业于长治师范学校,随后任教于壶关县石坡公社郭家沱学校,其间曾短暂辗转晋庄公社、杜家河公社等地;1974年起任教于百尺公社;1980年起任教于壶关县实验中学;2001年退休。

容铭坚,女,1974年出生,广西钦州人,中共党员。1989年初中毕业,随后任教于那垌小学;2015年起任教于那垌分校。曾获得"市优秀班主任"等荣誉称号。

　　孙庆荣,男,1964 年出生,内蒙古赤峰人。1988 年毕业于内蒙古大学,随后任教于赤峰市松山区初头朗中学;2012 年起任教于地质二中。

　　王国林,男,1942 年出生,安徽定远人,中共党员。1958 年毕业于严桥小学;1961 年初中毕业于定远中学,随后返乡任大队会计;1964—1965 年就读于凤阳师范学校;1972 年起任教于红岗小学;1973 年被批准为民办教师;1990—2000 年任红岗小学校长;1996 年转为公办教师;2000 年起任教于严桥小学;2003 年退休。

　　韦瑜,男,壮族,1968 年出生,广西南宁人,中共党员。1990 年高中毕业,随后任教于加方初中,1994—1996 年任该校政教处主任兼团支部书记,1996—1999 年任副校长,1999—2001 年任校长;2001—2003 年脱产就读于南宁高等师范专科学校;2003 年重返加方初中任教;2005 年转为公办教师;2006 年起任校长、党支部书记。曾获得"先进工作者""优秀教育工作者""教学骨干"等荣誉称号。

　　吴凯麟,男,1966 年出生,四川越西人。1985 年毕业于凉山州越西师范校,随后任教于越西县下普雄中学;1990—1995 年就读于四川省教育学院;1995 年起任教于越西县新民中学,其间于 2002—2004 年就读于宜宾师院。曾获得"优秀教师""特殊贡献奖""骨干教师"等荣誉称号。

　　吴敏芳,女,1975 年出生,广西贵港人。1998 年毕业于广西教育学院,随后任教于桂平市西山镇第一中学;2000—2004 年借调至桂平市西山镇永培初中、永培小学;2005 年起任教于桂平市西山镇第一中学。

　　吴儒波,男,1958 年出生,贵州福泉人,中共党员。1970 年毕业于灯田小学;1972 年初中毕业于凤山中学;1979 年起任教于太平小学附中;1981—1983 年就读于榕江师范学校;1983 年起任教于寨蒿中学;1985—1987 年就读于黔东南教育学院;1989 年起任教于乐里中学;1992 年调任中共福泉县委宣传部;2008 年调任福泉市文联;2016 年提前退休。

　　邢育红,男,1952 年出生,山西太原人。1968 年毕业于太原市十九中;1969—1971 年作为知识青年回乡劳动;1971—1973 年就读于太原五七学校;1973 年起任教于小井峪中学高中部;1976 年起任教于小返中学;1978 年起任教于新阳中学;1981年起任教于阳曲中学;1984年调任北郊区委通讯组任组长;1999年调任尖草坪区文联副主席;2012年退休。

熊秀娟,女,1977年出生,江西丰城人。1990年毕业于皮湖小学;1993年初中毕业于曲江中学;1996年毕业于高安师范普师班,随后任教于曲江镇杰路小学;1997年起任教于百岁小学;1998年起任教于巷里小学;2004年因计生政策辞去公职。

杨朝春,男,1951年出生,云南保山人。1958—1960年就读于清水塘单小;1960—1966年就读于午马小学;1966年起任教于清水塘单小;1971年转为公办教师;1971年起先后任教于柳树坝小学、窝角小学、鲁图小学;2006年退休。

杨焕维,男,1946年出生,江西万载人。1959年毕业于潭埠镇芳林小学;1962年初中毕业于万载株潭镇株潭中学;1966年起任教于路下村小学;1972年起任教于王布小学;1974年起任教于黄茅中心小学;1985年调任万载县教育局会计;1986年起任教于白水镇中心小学;1991年起任教于黄茅中心小学;2008年退休。

杨文起,男,1957年出生,山东阳信人。1974年毕业于中等师范学校,随后任大队团支部书记;1976年起任教于杨大夫村小学;1985年起任教于褚家中心小学;1997年调任乡镇教委,同年任前营小学校长;2010年内部退养;2010—2021年被育友小学返聘。

杨衍钊,男,1951年出生,江西赣州人。1967年初中毕业于田村中学;1970年起任教于赣县白石乡浓树村小学;1980年起任教于下白石村小学;1987年起任教于下白石完全小学;1996年转为公办教师,同年任教于西坑完全小学;2002年起任教于下白石完全小学;2011年退休。曾获得"优秀教师"等荣誉称号。

叶竟时,男,1945年出生,安徽安庆人,中共党员。1967年高中毕业于太湖中学;1968—1978年任教于团岭小学,其间于1970年因成分问题中断教学一年;1978年转为公办教师;1978年起先后任教于中山小学、罗家、象狮等地;2005年退休。

于朋民,男,1970年出生,内蒙古赤峰人,中共党员。1990年毕业于乌丹二中;1993年起任教于灯笼河牧场大那格娄教学点;2004年起任教于翁牛特旗亿合公镇杨树沟门中心小学,同年转为公办教师,其间曾于2005—2007年就读于内蒙古广播电视大学。曾获得"先进教育工作者""赤峰市骨干教师"等荣誉称号。

张顺芝,女,1947年出生,湖南长沙人。1960年毕业于白箬铺小学;1963年初中毕业于含浦中学;1966年高中毕业于高春中学;1969—1974年先后任教于白箬小学、推山中学、白合小学;1977年考取民办教师,任教于天龙小学;1990年转为公办教师;2002年退休。

赵小利,男,1970年出生,江西宁都人。1983年毕业于王沙排小学;1986年初中毕业于田埠中学;1989年毕业于宁都师范学校,随后任教于田埠乡东龙小学;1991年任教于田埠乡马头小学;2001年起任教于田埠中心小学,兼任教研组长、电教管理员、学籍管理员、教导处干事等。

郑曙云,女,彝族,1968年出生,云南楚雄人,中共党员。1986年毕业于香水中学;1990年毕业于楚雄州民族师范学校,随后任教于插甸小学;1997—2001年就读于云南师范大学;2009年起任教于香水小学;2015年起兼任古柏小学校长。曾获得"优秀共产党员""优秀校长"等荣誉称号。

朱晚成,男,1941年出生,广东茂名人,中共党员。1959年毕业于高州二中;1962年毕业于高州师范学校,随后任教于金塘镇民主小学;1972年起任教于五联小学;1985年起任该校校长;2001年退休;2001—2006年被白土分校返聘。

资云聪,男,1970年出生,云南曲靖人,中共党员。1983年毕业于松毛小学;1986年毕业于罗平县第二中学;1990年毕业于曲靖师范高等专科学校,随后任教于歹墨附属初中;1994年起任教于歹墨完小;2004年起任教于宜那完小。曾获得"师德标兵""先进教育工作者""优秀共产党员"等荣誉称号。

后　记

　　民族复兴的基础在教育,而教育的基础在中小学。新中国成立初期,百废待兴,国民教育更是处于极低的水平,文盲、半文盲占总人口的80%,学龄儿童入学率仅有20%左右。而与城市相比,乡村的教育境况更为严峻。因此,普及教育,尤其是普及乡村的中小学教育,成为新中国教育工作的重中之重。在党和政府的积极倡导和推动下,一场轰轰烈烈的"村村有学校、人人有学上"的乡村教育大发展拉开了序幕。在这场惠及普通农民且极大提升了中国民众文化素质的伟大事业中,数以千万计的乡村教师奋战在农村教育一线,用辛劳的汗水浇灌了原先那片思想落后、知识贫瘠的土壤,用数十载的光阴岁月谱写了一曲曲荡气回肠又振奋人心的青春赞歌。时至今日,我们不但早已摘下了文盲大国的帽子,全面实现了九年义务教育,基础教育也实现了从规模扩张到内涵发展的巨变。从"没学上"到"有学上"再到"上好学",回望七十五年的发展历程,中国的基础教育取得了举世瞩目的成就;其中,乡村教师群体所做的工作和付出的辛劳功不可没。在经济落后、物资短缺的年岁中,乡村教师们扎根农村、克服种种困难,无悔坚守,在提升乡村教育水平的同时为新中国的建设培养和输送了大量优秀人才。时光荏苒,白驹过隙,耕耘于乡间的一代"教书匠"逐渐老去,大多数人业已退出工作岗位,但他们的故事应为世人知晓,他们为新中国基础教育所做出的历史贡献应为后人铭记。

　　基于此,南京大学当代中国研究院依托"双一流"建设卓越研究计划"社会学理论与中国研究"项目支持,于2022年1月1日,正式启动筹划已久的"新中国人物群像口述史"之"乡村教师口述史"项目。在团队进行口述史访谈的同时,为保证本项目在地域上的广泛性,亦向全社会征集在中国各地乡、镇、村各级各类中小学有任教经历的乡村教师的口述史,记录和存留下个体的经历和感悟,还原共同体的集体记忆,致敬为共和国的乡村教育发展做出贡献的乡村教师。这一征集活动获得了数百位社会各界尤其高校教师和青年学子的热烈响应,共有 233 个个人或团队报名参与乡村教师口述史访谈,组成了一支地域分布广泛的研究团队。最终,我们收到了全国各地尤其是各大高校参与者提交的口述史访谈资料 90 套(包括访谈逐字稿、整理稿、访谈录音、图片资料等),来自全国 23 个省、自治区、直辖市的 95 位乡村教师接受了口述史访谈。经初步检查,除有 9 套材料不符合要求外,其余 81 套作品进入评审环节。之后,研究院组织了三轮评审,从中选出 57 套乡村教师口述史料,而这些史料的提供者也作为团队成员获邀参加 2022 年度的口述史研习营活动。2022 年 8 月 3—7 日,入选者受邀参加了由南京大学当代中国研究院主办、大理大学民族文化研究院协办的第三届"口述历史与集体记忆"研习营暨口述史稿修订会。

在为期五天紧锣密鼓的培训学习中,周晓虹、张乐天、吴晓萍、金一虹、王爱丽、余秀兰、王茵、周海燕、刘亚秋、陆远、胡洁等教授和博士们,为学员们提供了十场口述史及文稿修订的专题讲座,并分成八个小组分别辅导团队成员进行文稿修订和打磨。在此之后,南京大学当代中国研究院口述史团队对这些口述史文稿进行了整理,并再次邀请部分访谈者和撰稿人对相关内容进行核实和加工。综合文本质量、代表性和典型性等多方因素,加上研究院院内团队完成的若干份乡村教师口述史稿,最终遴选出 39 篇文稿。

本口述实录收录的 39 篇口述史文稿,其中一篇为师徒两位乡村教师的合访记录,因此一共收录了 40 位乡村教师的个人生命史。这 40 位乡村教师分布于全国 20 多个省、自治区、直辖市;其中男性 30 人,女性 10 人;年龄最大的出生于 1932 年,最小的出生于 1973 年,26 人出生于 20 世纪四五十年代;他们中绝大多数人的乡村教龄在 30 年以上,更有数位超过 40 年。他们的乡村教学经历覆盖了自新中国成立至今的各个历史时段,见证了其间中国乡村教育发展的全过程,包括学校学制的变化、校园基础设施的改进、师资队伍的优化、办学水平的提升,以及具有重要意义的"两基"和"普九"工程的推进和发展。可以说,乡村教师的个人生命史嵌入在中国乡村教育发展史之中,透过这些乡村园丁的口述,我们得以窥见整个中国乡村教育一路走来的艰难不易和取得的斐然成就。

　　乡村教师口述史能够顺利完成，首先要感谢南京大学人文社会科学资深教授周晓虹。作为"新中国工业建设口述史"和"新中国人物群像口述史"两大口述史项目的主持人和主导者，周老师极力倡导并促成了乡村教师口述史项目。从最初的组织研究团队、确定访谈主题，到开展口述史征集、举办口述史研习营，都离不开周晓虹教授的指导和支持。还要感谢上述所有专家教授和南京大学当代中国研究院的诸位老师和同学，无论是在口述史研习营的组织还是在后期的改稿编辑过程中，研究院的同仁们都做了很多工作并给予无私的帮助，这一来自学术共同体的支持和鼓励是我们前行的力量源泉。同样要感谢所有参与乡村教师口述史采集的访谈者们，你们的热烈回应和积极加入是我们这项工作得以顺利开展的基础，而大众的广泛参与也为这一口述史项目增添了独特的意义。当然，最应该感谢和致敬的是这些平凡而又伟大的乡村教育建设者们，也就是本书的主人公——可爱的乡村教师。感谢你们接受访谈，留下这些生动丰富的个人生命史叙述；感谢你们用自己的才智和坚守为乡村孩子撑起了一片希望的天空，为中国乡村教育和民族文化事业发展做出了历史贡献。

　　最后，需要说明的是，本书前插部分收录的珍贵历史照片由亲历者陈洪波、陈建帮、段泰宇、费镇寅、高尚仪、和国锋、蒋世昌、李贵生、李玉仙、罗康健、马友明、强德庆、吴泽晶、杨朝春、杨泽忠和袁培香诸位老师提供，虽然其中一些老师的口述史未被全文收录，但他们一样为本书的出版做出了自己的贡献。收集这些历史照片的项目参与者金荣、郑世志、王李宏、韩恒、李兴叶、费爱华、赵辰璐、杨轩宇、和星昀、曹潇雨、曹敏、李炜、强恩芳、刘彦东、赵艺晨，也以自己的方式为本书的出版提供了不可或缺的支持，值得我们记之谢之。

　　本书的编撰过程，遵从本系列以往口述史文本的处理方式，对入选个案的整理与改写工作，基本的原则依旧是按主题调整口述文本的顺序，根据实际内容删减、调整叙事的顺序、增加上下文之间的连接词，但不增添与亲历者的经历、行动、态度与评价相关的任何文字。《不灭的薪火：40 位乡村教师口述实录（1949—2024）》由胡洁担任主编，张寒担任副主编。胡洁对 24 篇口述史文稿逐一进行了段落调整、文字修订、细节确认、历史核实等工作,张寒则完成了 15 篇文稿的相关整理工作,最后由胡洁对全书 40 位乡村教师的 39 篇口述文稿进行通读和调整并完成全书的统稿和编排。

　　行文至此,我突然想起在整理书稿的过程中多次看到的一句话——"教师是太阳底下最光辉的职业",这句近 400 年前的教育家夸美纽斯的名言,是一代乡村教师的信仰,曾在艰难岁月中激励他们砥砺前行。我想,这也是"薪火不灭、代代相传"的意义之源。对教师职业的认可坚定了乡村教师扎根农村教书育人的决心,即使需要面对清贫而又忙碌的生活,绝大多数乡村教师似乎认定了自己就是为这一职业而生的。诚然,这样一种"遂生乐业"的社会心态与教师这一职业具有的神圣感有关,但在急遽的社会转型及由此可能导致的心态秩序危机之下,乡村教师何以做到"安贫乐道""遂生乐业"? 这对于我们重新思考社会转型与心态秩序之间的关系具有启发意义。今天是 9 月 10 日教师节,自 1985 年设立教师节以来,这是我们迎来的第 40 个教师节,恰巧本书收录的乡村教师也正好是 40 位。冥冥之中似有约定,谨以此书献给那些曾经或现在依然坚守在广袤乡村那一张张"三尺讲台"上的老师们!

胡　洁
2024 年 9 月 10 日

图书在版编目（CIP）数据

不灭的薪火：40位乡村教师口述实录：1949—2024 /
胡洁主编 . -- 北京：商务印书馆，2024. -- (新中国人
物群像口述史). -- ISBN 978-7-100-24580-7

I .K825.46

中国国家版本馆 CIP 数据核字第 2024MC8124 号

新中国人物群像口述史

不灭的薪火

40 位乡村教师口述实录（1949—2024）

胡 洁 主编

商 务 印 书 馆 出 版
（北京王府井大街 36 号 邮政编码 100710）
商 务 印 书 馆 发 行
南京新世纪联盟印务有限公司印刷
ISBN 978-7-100-24580-7

2024 年 12 月第 1 版 开本 720×1000 1/16
2024 年 12 月第 1 次印刷 印张 41¾ 插页 6

定价：219.00 元